Der See
52
14
53
69
70
47
46
45
44
15
16
35
36
37
5
38
43
25
39
C
A
H
27
F
40
E
G
D
42
72
41
28
24
73
23
22
nach Berg – Esslingen
A. Das Fürstliche Schloß. B. Der
Fürstl: Stall. C. Die Cantzleÿ.
D. Der Fürstl: Lustgarten. E: Das=
Newe Lusthaus. F. Alte Lusthause.
G. Die Grotten vnd wasserkunste.
H. Die Stifft kirch. I. Das Raht=
hause. K. Spitalkirch.
L. Eßlinger Vorstatt. M. S. Leon=
harts Kirch.

Legende zu umseitigem Merian: Stuttgart um die Mitte des 17. Jahrhunderts

Tore und Türme

In der Altstadt:
1 Oberes Tor (1344)
2 3 Gefängnis-Türme
4 Schultörlein, später Neues Tor (1476)
5 Tunzhofer Tor (vor 1394)
6 Inneres Esslinger Tor (1350)
7 Kleines Törlein oder Ilgen-Tor (1600)

In der Liebfrauenvorstadt:
8 Seeltor (Tübinger Tor) (vor 1536)
9 Folterturm (1566)
10 Rotebildtor (1465)
11 Pulverturm (1566)
12 Bollwerk und Oberes Seetor (1465)
13 Büchsentor (1494)
14 Bauhoftor (1564)
15 Seegassentor (Friedrichstraße, 1494)
16 Siechentor (1499)

In der Esslinger Vorstadt:
17 Letzentor (1465)
18 Befestigungsturm
19 Hauptstättertor (1474)
20 Weißer Turm oder Nachrichtenturm (1451)
21 Kastkellereiturm, heute Schellenturm-Rest (1564)
22 Äußeres Esslinger Tor (1448)
23 Lederturm (Holzstraße—Charlottenplatz)

Im Lustgarten:
24 Pfistertor (1557)
25 Falkentor (1577)

Gebäude

In der Altstadt:
26 Rathaus (1456)
27 Marstall (1560)
28 Münze
29 Adelberger Hof (1459)
30 Stadtschreiberei (1360)
31 Bebenhäuser Hof (1502)
32 Vogtei (Turmstraße 7, 1436)
33 Lorcher Hof (1486)
34 Neue Propstei (1440)
35 Alte Propstei (Reuchlin-Haus)
36 Fruchtkasten (1578)
37 Kommishaus (späterer Prinzenbau, 1601)

Im Lustgarten:
38 Falkenhaus (1476)
39 Ballhaus (1476)
40 Mühle
41 Schießhaus (1556)
42 Reiherhaus
43 Jägerhaus (1566)

In der Liebfrauenvorstadt:
44 Futterhaus (1599) (heute Königsbau)
45 Marschallenhaus (1500)
46 Zeughof (1560)
47 Landschaft (Landtag) (1580)
48 Stock (1551)
49 Städt. Waaghaus
50 Landhaus (Zeughaus) (1492)
51 Schützenhaus (1569)
52 Bauhof (1560)
53 Hofmarschallenhaus (1578)

Straßen und Plätze

54 Marktplatz
55 Marktstraße
56 Leonhardsplatz
57 Hauptstätterstraße
58 (Leonhardstraße)
59 (Jakobstraße)
60 (Eberhardstraße)
61 Ilgenplatz
62 Gaisgasse
63 Hirschgasse
64 Schulgasse
65 (Linden-)Graben (Königstraße)
66 Wette (Alter Postplatz)
67 Rote Gasse
68 Der besetzte Weg (Büchsenstraße)
69 (Kanzleistraße)
70 Seegasse (Friedrichstraße)
71 Kirchgasse
72 Garten der Gräfin bzw. der Herzogin
73 Holzgarten
74 (Holzstraße)
75 Esslinger Straße
76 Judengasse (Brennerstraße)
77 Käs oder Hauptstatt = Schafott (Wilhelmsplatz)

Ortsangaben in Klammer geben die neuere Bezeichnung wieder. — In der Original-Legende von Merian muß es bei Buchstabe B statt „Der Fürstl. Stall“ richtig „Neuer Bau“ und bei I statt „Das Rahthause“ richtig „Herrenhaus“ heißen.

Borst, Stuttgart

Otto Borst

Stuttgart

Die Geschichte der Stadt

Konrad Theiss Verlag

CIP-Kurztitelaufnahme der Deutschen Bibliothek

Borst, Otto:
Stuttgart: d. Geschichte d. Stadt / Otto Borst. –
3., durchges. u. erw. Aufl. – Stuttgart: Theiss, 1986.
ISBN 3-8062-0477-2

Schutzumschlag: Erich Plöger, Frankfurt, unter Verwendung eines Fotos
von Werner H. Müller, Stuttgart

3., durchgesehene und erweiterte Auflage 1986

ISBN 3 8062 0477 2

Gesamtherstellung: Grafische Betriebe Süddeutscher Zeitungsdienst, Aalen
Printed in Germany

Inhalt

Meiner Frau
und unseren Kindern

Signatur einer Stadt

Stuttgart hätte nicht Stadt werden dürfen. Eingelagert in einen hundertmal zitierten Kessel, läuft Stuttgart aller ›Standortslehre‹ ebenso zuwider wie vielen Erfahrungsgrundsätzen mittelalterlicher Städtebildung. Ausgerechnet in einem kleinen Seitental des Neckars, in dem das Ausräumungswerk zahlloser Wasserläufe im weichen Keupermergel eine kesselförmige Erweiterung herausgewaschen hat, mit hohen Wänden, die sich in unregelmäßigen Terrassen gegen die schmale Talsohle herabsenken, oben steil, unten etwas sanfter, die schließlich ausmünden in räumlich bescheidenem, sumpfigem und früher seenüberzogenem Baugrund: ausgerechnet in diesem mit Furchen und Rücken und Köpfen zerschnittenen Gelände ließ sich eine Großstadt nieder.

»Schtuggart sott halt am Neckr liega / dees wär a feine Sach, / doch leider müaß m'r ons begnüga, / mit'm kleina Nesabach!« — so hat man noch in den zwanziger Jahren unseres Jahrhunderts gereimt. Hinter dem Verslein liegt arge topographische Bedrängnis. Man hat ihn geliebt, den Nesenbach, wenn er auch nicht gerade in gutem Geruche stand. Am Ende des vergangenen Jahrhunderts war er noch zu sehen, als ein öffentliches und stadtberechtigtes Rinnsal, das Brücken und Brücklein trug und Laubfrösche die Menge zeigte. Und noch ein paar Generationen weiter zurück trieben die Pferdeknechte ihre Tiere in den Bach, der spät genug, so artig nach einem Frauennamen, der Agnes benannt ist. Man sieht ihn heute nicht mehr, den ominösen »Weltzimdreckh«, wie ihn Ladislaus Suntheim getauft hat. Auch den Fangelsbach oder Dobelbach oder Klingenbach kennt man nicht mehr. Allenfalls die schweren Überschwemmungen, bei denen diese Bäche und Bächlein mithelfen konnten, sind eine Weile im Gedächtnis geblieben. Stuttgart liegt bis heute in einem hydrologischen Gefahrenherd besonderen Grades. Das jüngste Glied in dieser Kette ist die Stuttgarter Unwetterkatastrophe vom 15. August 1972, wo die Fluten in die Schächte schossen und die Straßen in ein paar Minuten zu einem Chaos zusammenschwemmten. Was heute Stuttgarter Innenstadt ist, war früher so sehr nasser Boden und See, daß in diesem Ineinander von Oberem See (erste Hälfte 14. Jahrhundert), Mittlerem

See (1390) und Unterem See (1440) wohl Pferdeschwemmen und Roßwetten am Platze sein mochten, aber nicht Wiesen- und Weidewirtschaft. Auch als man im 18. Jahrhundert daran ging, die Seen vollends aufzufüllen oder auszutrocknen, hielt sich bei den Historikern hartnäckig die Meinung, einst sei das ganze Stuttgarter Talrund ein Sumpf gewesen. Für das Lusthaus an der Stelle des heutigen Kunstgebäudes rammte man 1583 eintausendsiebenhundert Eichenpfähle in den »Boden«. Das Neue Schloß, für das Herzog Carl Eugen am 3. September 1746 den Grundstein gelegt und das man 1807 als vollendet bezeichnet hat, ruht auf einem Pfahlrost. Bis 1808 hieß die Friedrichstraße zwischen Großem See und Seetor, drei Jahrhunderte lang, Seegasse. Im alten Marquardt kann man, steigt man die Kellertreppe hinunter, noch heute die Inschrift finden: »Erbaut im Jahre 1817 auf 447 Pfählen von Christoph Heinrich Gauger, Hofküfer«.

Baut man Städte auf solchem Grund? Ist es gut, Stadtarchitektur in der Versenkung verschwinden zu lassen? Als man den Gesetzen kommunalen Lebens überlegter nachging, schrieb die Stuttgarter Rentkammer am Ausgang des 17. Jahrhunderts einmal an den Herzog, zu Handel oder größerem Gewerbe habe Stuttgart keine taugliche Lage, es befinde sich in einem für Warentransport ungeeigneten Tale, entbehre eines schiffbaren Flusses und habe eine zu kleine Feldmarkung. Das verteuere die Lebensmittel unverhältnismäßig. Im übrigen habe man die Stadt wegen des engen Tales und des schlechten Wassers von jeher für ungesund gehalten. Sicher ist in diesem Gutachten viel von der barocken Idealvorstellung, daß eine Stadt regelmäßig zu sein und klaren, konkreten Umlandfunktionen nachzukommen habe. Eine Stadt von der Stange gibt es nicht. Aber es muß dann doch zu denken geben, daß der Göttinger Hofrat Christoph Meiners, ein kluger und vielgereister Mann, 1793 ins Land kam und meinte, unter den größeren Städten Deutschlands gebe es schwerlich eine, deren Lage der Zufall in jeder Hinsicht so unglücklich bestimmt habe wie die Stuttgarts. Selbst das Tal, das sich von Stuttgart nach Cannstatt ziehe, sei höchstens eine halbe Stunde breit. Fast schon romantische, ästhetische Positionen beziehend, räumt Meiners ein, daß Stuttgart eine schöne Lage habe, daß die Stadt aufgeräumt sei und keine Spur »von Armseligkeit oder Verfallenheit der Wohnungen« zeige. Es ist nicht diese mißgünstige Mäkelei in seinen Sätzen, die Wilhelm Ludwig Weckherlin ein paar Jahre zuvor veranlaßt hat, in Stuttgart nichts als »eine Masse häßlicher Gebäude« zu sehen, ungebildete Manieren und »spießbürgerliche Galanterie«, eine Stadt ohne »Polizei« und ohne »Nationalschauspiele«. Es ist nicht diese von absolutistischer Gebärde gehaltene, von der Ungeduld der Stürmer und Dränger getriebene Art, in den Städten nur Bürger und in den Bürgern nur Nachtwächter zu sehen. Meiners will der Sache auf den Grund gehen. Er ist einer der ersten, der sich seine topographischen und typologischen Gedanken über die Ursprünge Stuttgarts macht. »Endlich können weder der Lauf und die Zusammenkunft von großen besuchten Landstraßen, noch die Fruchtbarkeit des Bodens, noch der nahe Schutz des Stammschlosses der regierenden Familie die Wahl der Lage und die Vergrößerung von Stuttgart veranlaßt haben. Stuttgart würde die Vortheile eines schiffbaren Flusses und die Frequenz einer der größten Landstraßen in Deutschland genossen haben, wenn es da läge, wo Cannstatt liegt. Aller dieser ungünstigen Umstände ungeachtet würde die Lage von Stuttgart noch zu erklären seyn, wenn die umliegenden Gegenden so fruchtbar wären, als die von Würzburg, oder wenn das Stammschloß Württemberg auf einem benachbarten Berg läge.«

Ob Meiners wußte, daß Leibniz mehr als ein Jahrhundert zuvor, im Mai 1669, beim württembergischen Herzog eine Denkschrift abgeben ließ, mit der vielsagenden Überschrift »Ursachen worumb Cannstatt füglich zur Hauptstatt des Herzogthums Würtenberg zu machen«? Leibniz hat in den vierundsechzig Paragraphen des Gutachtens einen Katalog aufgestellt, wie eine Stadt von Serenissimus Gnaden auszusehen habe, so formalistisch und mechanistisch, wie das 17. Jahrhundert den Städtebau einer überquellenden Hofwelt unterworfen hat. An gewachsene und historisch bedingte Stadtindividualitäten denkt Leibniz nicht. Von den drei Städteklassen liest man vielmehr, von der Residenzstadt, der Handelsstadt, der Universitätsstadt, wobei Leibniz, in deutlicher Abwehr der immer noch spürbaren Konkurrenz freier Reichsstädte, dem Landesherrn plausibel zu machen sucht, daß es das Beste sei, wenn alle drei zusammen seien, Hof, »Kaufstatt« und Universität. Dann erst habe das Land sein Haupt und »gleichsam ein Politisches Herz«, von »welchem des ganzen leibes bewegung und nahrung hehrrühret«. Eine entsprechende Komponente bietet die wirtschaftlich-verkehrsgeographische Dreiheit: diese »wohlbefestigte und ziemlich große« Hauptstadt habe »billig mitten im Lande« zu sein, »an der straße und ordentlichen passagen« zu liegen und einen Strom bei sich zu haben, weil dieser »desto beßere zu und abfuhr« ermögliche und dazuhin viel »fortifications-Kosten« spare. Lege man die Residenz von Stuttgart und die Universität von Tübingen dorthin, so sei Cannstatt der ideale Punkt. »Es liegt ohngefähr im Mittelpunkt des Landes, die Posten und straßen gehen da durch, der Necker der das ganze Land durchschneidet, laufft da vorbey, und wird nicht weit drunten zu Hailbronn schifflich.« Von Stuttgart ist weiters gar nicht mehr die Rede. Jedermann weiß, daß es, von seiner nicht einmal ungeteilten Residenzfunktion abgesehen, in keiner der beiden anderen Beziehungen mithalten kann.

Verrät diese hartnäckige, eigensinnige Konstante, Haupt- und Großstadt gegen alle Regel zu sein, den geheimsten Wesenszug dieser Stadt? Zu Eberhards des Milden oder Ulrichs des Vielgeliebten Zeiten wäre eine Verlegung des Hofes nach Cannstatt noch eine wirtschaftlich tragbare Sache gewesen. Aber die württembergischen Ortsrechte in Cannstatt standen damals noch auf sehr schwachen Füßen. Mit dem Ausbau des Alten Schlosses in der zweiten Hälfte des Reformationsjahrhunderts wie überhaupt mit der Etablierung der Renaissance-Residenz Stuttgart war zu viel investiert, als daß man so ohne weiteres wieder hätte ausziehen können, wo nicht im ökonomischen, so doch im politisch-administrativen Sinne. Die Residenz war Hauptstadt geworden, in einem eingefleischten und schon gar nicht mehr reparablen Maße, so daß selbst Ludwigsburg, die hochfahrende und dutzendfach privilegierte Konkurrentin, am Ende mißbrauchte Soldatenstadt blieb. Selbst der kühle Staats-Rationalismus Friedrichs, des ersten Königs, kapituliert schließlich, nach anderen Konzeptionen, vor Stuttgart, diesem umständlich-mittelalterlichen Geschenk. Als am 14. März 1811 der Stadt ein unmittelbar dem Innenminister unterstehender Stadtdirektor dekretiert und am 18. November 1817 seine Amtsgewalt auch über Cannstatt ausgedehnt wird, wäre wenigstens eine Kopulation Stuttgart–Cannstatt vollzogen gewesen. Aber die Verbindung der beiden Städte wird schon am 15. Mai 1818 wieder aufgehoben. Immer noch bleibt Stuttgart von der Neckarachse, der großen Verkehrsstraße des Landes, abgeschlossen. Erst 1836 wird die Stadtgrenze durch die Eingemeindung von Berg an den Neckar, um genauer zu sein, an das kurze Stück eines Seitenkanals vorgeschoben.

Stuttgarts Lage und Situation hat sich durch diesen allenfalls von Kanzleibeamten registrierten Verwaltungsakt nicht geändert. Wie sehr sie den Konditionen der Wirtschaft, zumal der industrialistischen Wirtschaft entgegensteht, betont die Stuttgarter Fabrikantenschaft und Kammer seit 1850 immer wieder. Wer daran weniger dachte, aber um so mehr an die geistigen und künstlerischen Aufgaben einer Hauptstadt wie Friedrich Theodor Vischer, griff die »alte nie ruhende Frage über den Sitz unserer Universität« wieder auf. Er plädiert dringend dafür, die Landesuniversität vom kleinbürgerlichen Tübingen nach Stuttgart zu verlegen. »Noch ist Stuttgart«, so Vischer 1867, »nur halb und halb eine moderne, d. h. vom weltbürgerlichen Geiste der Gegenwart bewegte Stadt. Die Zeit, da unser Land eine vom großen Völkerverkehr fast abgeschlossene Sackgasse war, geht uns noch nach. Etwas Enges, eine gewisse Beschränktheit des Horizonts, ein falsches Selbstbegnügen, als gäbe es draußen in der Welt nicht auch Leute, hängt unsern Vorstellungen und Gewohnheiten noch an. Zur Belebung dieses halbstagnierenden Zustandes würde die Hochschule, in die Hauptstadt verlegt, gewiß als heilsames Salz mitwirken.«

Niemand hat es in die Tat umgesetzt, dieses vorher und nachher immer wieder angegangene Projekt. Man könne sich versucht fühlen zu fragen, meditiert der geistvolle Gustav Rümelin 1884, »wie eine Haupt- und Großstadt an einer Stelle hat entstehen und heranwachsen können, wo für den Ackerbau der Raum, für die Industrie das Wasser fehlt, und der Verkehr fast nach allen Seiten durch einen Kranz steiler Berge erschwert ist, so daß den Fremden, von welcher Himmelsrichtung er auch kommen mag, die Eisenbahn nur durch einen Tunnel in die Stadt führt, warum insbesondere nicht das nahe Remsthal und das bereits durch den Vorgang der Römerzeit empfohlene Cannstatt der Centralpunkt des Landes geworden ist.« Fast genau mit denselben Worten mokiert sich ein knapp vor 1900 erschienenes Büchlein darüber, daß man »nur durch die Enge eines Tunnels« nach Stuttgart komme. Es habe den Anschein, als ob sich Stuttgart »vor den Augen der neugierigen Außenwelt so gut als möglich habe abschließen wollen. Und in der That hört man draußen wenig von dem, was in ihr vorgeht, und wenn's mit den Städten wäre, wie mit den Frauen, und diejenige die beste, von der man am wenigsten spricht, so hätte Stuttgart alle Aussicht auf den ersten Preis.«

Stadtlandschaft und Stadtgeschichte sind im Falle Stuttgarts auf höchst wirksame Art miteinander verknüpft. Man muß die Signatur, das Wort ganz äußerlich, ganz konkret zu verstehen, immerzu im Auge behalten. Die Mentalität, die Atmosphäre, das Schicksal Stuttgarts will nicht aus den dynastischen und hauptstädtischen, sondern aus den geographischen, den topographischen Gegebenheiten erklärt sein. Weite, Perspektive gewährt der Talgrund, gewährt das alte Stuttgart, bevor es um die Mitte des letzten Jahrhunderts begann, die Hänge hinaufzuklettern, auf keinen Fall. Wir wissen aus den Stadtchroniken noch der Barockzeit nur zu gut, wie sehr der Horizont des Städters im buchstäblichen Sinne des Wortes sein Urteilen und sein Denken bestimmt hat. Was er sieht, notiert er. Was jenseits des Berges ist, existiert für ihn nicht. Mörike hat »den Ausblick ins Freie«, wie er sagt, in manchem seiner Stuttgarter Jahre leidenschaftlich, schmerzlich vermißt. Ist »Das Stuttgarter Hutzelmännlein«, das er, Älteres und Jüngeres mit feiner Feder zusammenschreibend, im Herbst 1852 erstmals vorliest, anderes als der dunkel erträumte, im Schreiben beglückend wahr gewordene Exodus aus der Stadt Stuttgart?

Das Fernweh des Schwaben – ist es primär der Stuttgarter Situation entwachsen? Vieles an dieser Sehnsucht wird erklärbar aus dem beständigen Entfliehenwollen, aus dem Vorsatz, die Enge zu überwinden und Freiheit zu atmen. Der junge Schiller, der droben auf dem Bopser vor den Carlsschulkameraden Verse aus seinen »Räubern« deklamiert, einer Dichtung, die vom glühenden Verlangen nach Freiheit und Tat diktiert ist: die Szene und ihr Bild, so gänzlich verschieden von den salonhaften oder ständisch-theatralisch arrangierten Lesungen, ist zum unausgesprochenen Sinnbild der Stuttgarter, der schwäbischen Situation geworden. Die späteren, in jährlichem Ritus wiederkehrenden Schillerfeiern, die das Thema des fliehenden Schiller immer wieder neu variiert haben und variieren, mögen von dort her wesentlich inspiriert sein. Friedrich Theodor Vischer notiert in seinem genialen Panoptikum der Schwabenart »Auch Einer« knapp und bündig: »Weltlosigkeit, Versessenheit, Stagnation. Hauptstadt im Kessel, können nicht oben hinausgucken.«

Es ist schwer, dieses topographische und sozialpsychologische Widerspiel, die Lage Stuttgarts vor diesem Hintergrund, in ein paar geschichtlich-gegenwärtigen Zusammenhängen näher zu fassen. Stuttgarts frühere und spätere Verkehrssituation rückt dabei an vorderste Stelle. Man hat, nach – allerdings zögernden – Hinweisen der Vor- und Frühgeschichtsforschung in früherer Zeit, jüngst einen alten, aus der späten Keltenzeit datierten, das Stuttgarter Tal und den Nesenbach überquerenden und zu den Fildern hinaufführenden Fernweg erkennen und aus ihm die notwendig gewichtige, siedlungsbestimmende Funktion einer Rechtsgrenze herauslesen wollen, ohne sich freilich auf nähere Kontrollmerkmale für die Linienführung festgelegt oder entschieden zu haben, ob diese »Straße« überhaupt befahrbar war. Hansmartin Decker-Hauff, dem wir diese Erhellungen verdanken, konstatiert an anderer Stelle seiner Stuttgarter Geschichte, daß Fernstraßen »in Stuttgart völlig« gefehlt hätten, auch noch zu Beginn des 14. Jahrhunderts. Er bestätigt damit die Forschungsergebnisse von Helmut Dölker, der zu Anfang der dreißiger Jahre im Hinblick auf die Verkehrsverhältnisse Tunzhofens meinte, unter den – nachgewiesenen oder vermuteten – Wegen um das alte Tunzhofen sei ein Fernverkehrsweg »wohl so wenig darunter wie für das spätere Stuttgart«. Der Expansionen und Neuerwerbungen aller Art sich anbietende Filderraum war noch in den ersten Jahrzehnten des 14. Jahrhunderts nicht durch Straßen erschlossen. Erst damals scheint man die (Alte) Weinsteige angelegt zu haben, als Fernverbindung auf die Fildern hinauf und darüber hinaus. Sie gehört nicht zu den gebotenen Reichsstraßen, zu den internationalen Verkehrsadern des Mittelalters: dafür war es längst zu spät, nachdem Stuttgart als Stadt auf dem Höhepunkt der Stauferzeit, als das Reichsstraßen-System Profil und Gesicht bekam, sich noch ganz im Stadium der Entwicklung befand. So blieb diese Straße auch später, über den »Haigst« (die höchste Stelle der alten Stadtmarkung) zum Einkehrgasthof »Ritter« in Degerloch führend und von dort über Echterdingen und Waldenbuch nach Tübingen, eine lokale und durch dünn besiedeltes Gebiet führende Linie. Diese »Schweizer Straße«, literarisch geworden durch Goethes Benützung, war keine Straße in der Bedeutung des Wortes, sondern eingebürgerte Naturlinie auf unvorbereitetem Gelände und ohne alle Kunstbauten, die erst nach 1753 chaussiert wurde. Mit der großen Straße von Speyer über Cannstatt nach Ulm, einer der Hauptadern zwischen Flandern und Oberitalien, zwischen den beiden großen

Wirtschaftszentren des Alten Reiches, hat sie weder dem Alter noch der Frequenz nach konkurrieren können. Karl Gerok hat sie in seinen Erinnerungen geschildert, als das Verbindungsstück, auf dem der Bauer in langem weißem Kittel seine Krauthäupter in die Residenz führt und »die rotbäckige Dorfdirne ihren Grasbund nach Hause« trägt – wir haben keinen Grund, dieser Idylle zu mißtrauen. Erst um 1700 erhält Stuttgart ein Taxis'sches Postamt: Cannstatt ist Generationen älter und noch zu Anfang des letzten Jahrhunderts bedeutsamer als die Stuttgarter Poststation. Noch am Ausgang des 18. Jahrhunderts ist der tägliche Briefeinlauf in Stuttgart klein genug, um von den beiden Mägden des Postmeisters im gleichen Korb mit den Markteinkäufen besorgt zu werden. Man glaubte sich schon Wunder wie weit in der Vervollkommnung der Verkehrsmittel, seit jeden Tag von irgendwoher ein Postwagen ankam und man durch die »Journalieren«, die im Reichspostamt in Cannstatt anliefen, mit der zivilisierten Welt in Berührung stand.

Erst 1749 wird der Bau einer neuen Straße von Stuttgart über Ludwigsburg nach Bietigheim und Heilbronn beschlossen, und erst in den frühen Jahrzehnten des 19. Jahrhunderts hat man so viele Straßen nach Stuttgart hereingeholt, daß jetzt die Straßen von Ulm her, von Nürnberg (über Ellwangen oder Hall), von Würzburg über Heilbronn, von Karlsruhe über Vaihingen an der Enz, von Straßburg über Freudenstadt und Herrenberg, von Friedrichshafen über Ehingen–Urach in Stuttgart zusammenfinden können. Vorher hat sich nichts getan. Nicolai hat 1781 von Stuttgart nichts zu berichten, was einer Fabriktätigkeit, dem »Kunstfleiß« und der damit zusammenhängenden, davon lebenden Kommunikation mit dem Umland ähnlich sehen könnte. Allein die Tatsache, daß er, was er 1781 sah, zwölf Jahre später veröffentlichen kann mit der Bemerkung, nichts von Bedeutung sei in der Zwischenzeit geschehen, genügt, die damalige Weltläufigkeit Stuttgarts zu illustrieren. Die wesentliche Auswirkung der Stadt, jeder Stadt, geht nicht auf die Nähe, sondern auf die Ferne. Ob Stuttgart vor 1800, in einem Straßenverbund, der zu löchrig, zu fragmentarisch war, um als »Straßennetz« so recht angesprochen werden zu können, eine großzügigere Funktion der »Stadt« überhaupt erfüllt hat?

Wenn mit »Stadt« in historisch-typologischem Sinne eine vorwiegend durch präindustrielle Wirtschaftsformen bestimmte Großsiedlung gemeint ist, deren wichtigste Grundlagen sich aus wirtschaftlichen Faktoren rekrutieren, aus dem Fernhandel vor allem und der rechtsorganisatorischen Verselbständigung einer Kaufmannssiedlung, kurz: ein Siedlungstypus, in dem Handels- und Gewerbebeziehungen alle anderen Beziehungen überwiegen, so macht das alte Stuttgart, gemessen an diesem – in Hunderten von Varianten belegten – Idealtypus einen auffallend derangierten und inadäquaten Eindruck. Wo ist der »Markt« Stuttgart? Wo ist die »Stadt« Stuttgart? Von einem Dorf Stuttgart wissen wir nichts. Eher noch etwas vom Gestüt (»Stuotgarten«), das aber nicht Sache von Bürgern, sondern von Dynasten war. »Herzog Ludolf von Schwaben hatte mit dem Gestüt einen Mittelpunkt geschaffen, der sich als Kern eines bis heute andauernden Kristallisationsprozesses erwies.« So Hansmartin Decker-Hauff. Nicht der »Markt Stuttgart« ist die Ausgangsbasis, nicht der Handels- und Wirtschaftsplatz, in einer wie immer gearteten genossenschaftlichen Fassung, sondern ein herrschaftliches, womöglich mit der Liebhaberei eines Tiergartens durchsetztes Einzelunternehmen. Auch noch zu Beginn des 14. Jahrhunderts ist Stuttgart, neben den anderen württembergischen Städten, als Stadt nur lebensfähig, »wenn ein Landesherr sie deckte und stützte« (Decker-Hauff). Das spricht nicht gerade für das, was wir suchen: ein kommunales Eigenleben. Herausgefordert durch die stadttopographischen Konstruktionen von Karl Weidle, in denen ein Sonderbezirk zwischen Graben- und Schulstraße ausgewiesen werden sollte, glaubte Decker-Hauff neuere topographische Forschungsergebnisse aus alten bayerischen und österreichischen Städten in die Gestüts- und Burg-Siedlung am Nesenbach übertragen und in diesem Sonderbezirk eine dreieckige Kaufmannssiedlung außerhalb des Burgfriedens entdecken zu dürfen. »Die gleichen Hausbreiten, die Speichergiebel, die Geschlossenheit nach außen« deute auf eine Siedlung von Gewerbetreibenden oder Kaufleuten hin. Aber nun tritt fast jede mittelalterliche Stadt in einzelnen Partien mit homogenem architektonischem Material auf, ohne daß wir hieraus gleich konkrete ständisch-soziale Rückschlüsse zögen. Bedauerlich bleibt, daß wir die originalen Bauten ebensowenig kennen wie den, etwa durch Grabungsfunde an Ort und Stelle belegten Dreiecksplatz an der Stelle der heutigen Schulstraße. Aber selbst wenn es dieses »Bürgerhöfle« gegeben hätte: mit seinen zwei Dutzend Häusern ist es gegenüber den mächtigen Patrizriervierteln in Basel und Nürnberg, in Straßburg oder Augsburg eine minimale Liebenswürdigkeit. Gewichtige historische Resonanzen in der älteren Stadtgeschichte hat die mutmaßliche Anlage denn auch ebensowenig zu verzeichnen gehabt wie das eigentliche, 1290 erstmals genannte forum mercatorium (Marktplatz). Natürlich haben Burg und Hofhalt ohne Handwerker nicht auskommen können. Eine berufsständische Differenzierung und — gemächliche — städtebauliche Erweiterung hat sich da gar nicht vermeiden lassen. Und gewiß hatte das mittelalterliche Stuttgart dann auch seine Nahverbindungen mittels der Pragsteige, der Esslinger Steige und der Hasenbergsteige; ein derartiger Konnex war, wie bei jeder größeren, auch nichtstädtischen Siedlung, gar nicht zu »umgehen«. Eine überlegene Wirtschafts- und Handelsmetropole, womöglich mit monopolartigen Reservaten für einzelne Wirtschaftszweige, ist daraus nicht geworden. Auch nach 1300 sei »noch in späteren Jahrhunderten« Stuttgarts Abgelegenheit »allen Beobachtern offenbar« geblieben. »Eine noch junge, an Menschen nicht allzu starke, zwar angenehm gelegene, aber auch abgelegene Stadt in einem Waldtal – mehr war Stuttgart nicht, sobald man die Stadt mit den sie umgebenden Reichsstädten verglich« (H. Decker-Hauff). Nichts von frühkapitalistischem Geldreichtum, keine Familie Rem wie in Augsburg, die früh genug ihre Grundstücke verkauft und sich mit dem ganzen Erlös auf den Handel mit Venedig wirft. Stuttgart versinkt immer wieder in neue Armut, sobald die Stadtherren, die württembergischen Grafen, sich in außenpolitischen Abenteuern oder überzogenen Hoffestlichkeiten verlieren und in Schulden geraten. Die alte und die jüngere Stuttgarter Ehrbarkeit hat Grundbesitz, in kräftigem, in überraschendem Maße. Aber sie beteiligt sich, von geringen Ausnahmen abgesehen, nicht am Fernhandel. Man könnte ein städtebauliches Exempel statuieren: eigene Adels- oder Großbürgergassen in der unmittelbaren Nähe des Schlosses, als architektonisches und soziales Gegengewicht dazu, zeigt das alte Stuttgart nicht. Grafenschloß und Grafenkirche bleiben der unangefochtene und einzige Akzent. Die Demonstration der »Stadt« läßt Jahrhunderte auf sich warten.

Auch von den regionalen Gegebenheiten her war sie im genauen Sinne des Wortes »ursprünglich« schwer gemacht. Der Stuttgarter Raum ist Teil einer Landschaft, die als solche wenig Akzentuiertes hat. Die Geographen haben für dieses Gebiet zwischen den Löwensteiner Bergen und dem Schönbuch, dem Welzheimer Wald und dem Kraichgau keinen Namen: das »Neckarland«, den »Mittleren Neckarraum«, wie man das heute von Verwaltung und Wirtschaft her nennt, empfindet man im Vergleich zu so charakteristisch profilierten Räumen wie der Schwäbischen Alb, dem Schwarzwald, dem Odenwald oder der Hohenloher Ebene als indifferentes Zwischenland. Stuttgart liegt irgendwo mitten in diesem Zwischenland, ohne irgendeine originäre Aufgabe in kulturgeographischer Hinsicht. In Köln beginnt der niederländische Kulturraum, ihn vermittelt die Rheinmetropole für Deutschland seit alters. München erschließt für die Gegenwart das Alpenländische und ein Stück des mediterranen Raumes, wie es Augsburg in noch prononcierterer Art für die Vergangenheit getan hat. Die Mittlerrolle Wiens für den Südosten und Balkan, Freiburgs für die deutsche Schweiz und das Elsaß sind uns ebenso vertraut wie die Heidelbergs zwischen Neckar, Rheinland und Pfalz, Halls zwischen Schwäbischem und Fränkischem, Ulms zwischen altwürttembergischen Neckarland und vorderösterreichischem Oberland und so fort: Städte im gewichtigeren Sinne des Wortes scheinen solche Mittlerfunktionen immer zu erfüllen. Stuttgart hat sie nie gehabt.

Auch von dieser Sicht her bietet man uns ein Paradoxon: ausgerechnet die Landesresidenz lebt, als Stadt, aus »natürlichen« Gründen ohne den permanenten Verbund zwischen Stadt und Landschaft, zwischen ökonomisch-kultureller Metropole und Hinterland. Auch den späteren Stuttgarter Märkten, die eine solche Zentral- und Versorgungsaufgabe für das Umland hätten haben können, haftet der eine Schönheitsfehler an, daß sie das gleiche Einzugsgebiet – Schurwald, Remstal und Filder – haben wie der benachbarte Esslinger Markt. »Ulmer Land«, »Ulmer Kunst«, »Ulmer Schachteln«, »Ulmer Doggen« – bei genauem Zusehen ergibt sich eine ganze Kette von Belegen für die prägende Ausstrahlungskraft einer Stadt auf ihr Umland. Das frühere Stuttgart hat nichts Entsprechendes zu bieten. Eine spürbare Spannung zwischen Metropole und Provinz läßt sich hier erst mit Ausgang des 18. Jahrhunderts konstatieren. Noch die – rasch konkurrenzlos hingenommene– Hauptstadt Stuttgart des 19. Jahrhunderts war primär eine Sache der hier ansässigen königlichen Verwaltungsinstanzen, und erst in zweiter Linie Ausfluß eines Reservoirs von kulturell und brauchtümlich-autoritativer, auf den provinzialen Raum abfärbender Potenzen. Die Überlegung, warum das Herzogtum Württemberg fast bis zu seinem Ende eine so geringe Rolle in der großen, der deutschen Geschichte gespielt habe, muß auch mit der herzoglichen Hauptresidenz Stuttgart in Verbindung gebracht werden. Der Separatcharakter der Siedlung, die ein Herrensitz war und erst spät, im Verlaufe der Barock- und Aufklärungszeit, den dynastischen Habitus abgestreift und sich zur Stadt – zur Bürgerstadt – entwickelt hat, wird dadurch unterstrichen, daß es den großen See oder den großen Fluß hier nie gegeben hat, den Geruch der freien Handelsstraße, des wirtschaftsbildenden Stromes, der ins alte Basel das andere und das Fremde bringt. Wäre es Zufall, daß sich Basel mit der beginnenden Renaissance als ein Sitz städtisch-bürgerlichen, das heißt kritischen Geistes präsentiert, daß Erasmus von hier mit der Hand des souveränen Arbiters Grobianisches und Revolutionäres mit gleicher Strenge rezensiert und Johann Froben, der Drucker und Verleger, dem Strom des Geistes, urban und generös, Tor und Türen öffnet? Stuttgarts Geschichte wirkt gegen dieses Beispiel – Süddeutschland hat noch eine Reihe anderer Kapitalen dieses Schlags – distanziert und unlebendig, von pausbäckigem, philiströsem Firnis überzogen, ein Gemeinwesen, das einen nicht von weitem mit strahlender Silhouette begrüßt, selbstbewußt und provozierend zugleich, sondern entdeckt sein will: in das »hinuntergefahren« werden muß. Daß der Neckar, ja der Neckarhafen zum Stadtgebiet gehört, seit anderthalb Jahrzehnten, registriert man in Stuttgart heute noch nicht. »Die Stuttgarter kennen nur den Killesberg, die Wilhelma, den Fernsehturm. Vom Hafen nehmen sie so gut wie keine Notiz.« So jüngst der Leiter des Hafenamts.

Die binnenterritorialen Umrisse dieser Stadt und ihre Entwicklung waren zu stark, als daß sie von heute auf morgen überspielt hätten werden können. »Die

Württemberger lieben das Fixe, und wenn sie einmal festsitzen, so stehen sie so bald nicht wieder auf« — so in einer Schrift der dreißiger Jahre des letzten Jahrhunderts. Gewiß, mit der Heirat zwischen Eberhard dem Jüngeren und Henriette von Mömpelgard kam 1417 auch »Mömpelgärtisches« in die Stadt. Aber Henriette hat Stuttgart nie besonders geliebt, und das dürfte auf Gegenseitigkeit beruht haben. Obwohl württembergisch, blieb Montbéliard immer etwas anderes. Später sind auch ein paar Refugiés und Waldenser und Reformierte nach Stuttgart eingelassen worden. Aber das geschah auf persönliche Verwendung des Herzogs hin. Es läßt sich ahnen, wieviel Abneigung gegen die »Reingeschmeckten« hinter solchen Formeln steckt, wie: »auf fürstlichen Befehl hat zum Burger angenommen werden müeßen« oder »ist anzunehmen befohlen worden«. Die Unduldsamkeit, die exklusive Einstellung des Stadtmagistrats gegen Andersgläubige zu durchbrechen, ist dem Herzog je länger, desto weniger gelungen.

Das alte Stuttgart macht einen abweisenden Eindruck. Das Binnenländische führt zu einer unverwechselbaren Art von Eingezogenheit. Es fehlt die Begegnung, die Polarität, das Gespräch. Das Verhockte, das Penetrant-Säuerliche, das sozusagen Ventillose, das im älteren Stuttgart zu Hause war, hat hier seinen Ursprung. War das überhaupt eine »Stadt«? Stadt ist Forum, Gespräch, Dialog, Diskussion — wo wäre das in der Bürgerstadt Stuttgart vor 1750 in läßlicher Form zu Hause gewesen?

Auch im 19. Jahrhundert wird Stuttgart nicht »Schnittpunkt« in dieser tieferen, kultursoziologischen Bedeutung des Wortes, nicht die Drehscheibe kontroverser Ideologie-Konzepte. Eher künstlich geschaffene Zentrale, und dies auch in sehr konkretem Sinne: man holt den Eisenbahnknotenpunkt her, wie man eine, zwei Generationen zuvor die Straßen geholt hat. Das Stuttgart des 19. Jahrhunderts hat in diesem Sinne nie eine »Schule« gehabt, wenn man von der »Schwäbischen Schule« zu Zeiten Gustav Schwabs, einer freilich höchst summarischen Etikettierung, einmal absehen will. Strauß oder Vischer, Mörike oder Kurz waren schon wieder Sonderfälle. Erst das 20. Jahrhundert, in dem der Durchbruch »zur Welt« gelungen ist, stellt die bedeutenden Stuttgarter Architekten- und Künstlerschulen vor. Lange noch im Jahrhundert der Schnellpressen und Kreditvereine ist Stuttgart nicht eigentlich Umschlagplatz, auch nicht im geistigen Sinne: bis ins 19. Jahrhundert hinein zählt man Stuttgarts größere Geister — mit Ausnahmen — nicht zu den hochfahrenden und genialischen Anregern, sondern eher zu denen, die zwischen den Extremen auf das Solide und den Bau des Überdauernden zielen. Hegel, Stuttgarts größter Sohn, ist der Zimmermann des Systems, das triumphiert über den Gegensätzen. Der Schwabe habe, wie Vischer einmal in der ungemein feinen Bemerkung eines Nebensatzes festhält, ein »Organ für Idee«.

Angesichts dessen, was aus Stuttgart geworden ist und was die Stadt heute darstellt, wird man in diesen Eigenheiten schwerlich nur Nachteile erkennen können. Es ist richtig, daß Stuttgart, zunächst und bis in die frühe Neuzeit hinein, ein glanzloses Aussehen hat. Es ist (noch heute) eine durchaus nüchterne Stadt, eine Stadt ohne Geheimnis, ohne die Wirrnis verführenden Dekors. Es ist ein merkwürdiges Exempel: Stuttgart hat keine einzige barocke Kirche. Da ließe sich mit Historischem argumentieren, und mit Kirchengeschichtlichem dazu. Aber das Faktum bleibt: eine Halbmillionenstadt mit tausendjähriger Geschichte. Und keine einzige barocke Kirche. Nichts, was bestechen, faszinieren, betäuben wollte, nicht die unerhörten Exhibitionen, die Demagogie der Architektur. Keine üppig schwellenden Turmhauben. Keine Leidenschaft zu repräsentativer Führung, zur Breitung von Freitreppen; aber viele »Stäffele«. Keine modischen Radien und Dimensionen in der Planung; aber ein Bündel Straßen, in denen die Luft dieser schönsten Landschaftlichkeit weht. Nicht die kapriziöse, verwegene, schwindelnde Lust, aus dem Reiz des Landschaftlichen dieser Sonderlage eine getreppte, in hundert Perspektiven und Brechungen sich fangende Stadt zu machen. Es sei ein eigentümliches Verhängnis, meint einer der großen Landesplaner noch vor dem Ersten Weltkrieg, daß »gerade diejenige Eigentümlichkeit, die Stuttgart so außerordentlich interessant machen könnte, seine Berge, all denen, die berufen waren, diese Berge zu überbauen, stets eine Art von Furcht eingeflößt haben.«

Wir sind heute dankbar dafür. Indessen: das Sinnlich-Musikalische fehlt. Es gibt keine Stuttgarter Musik, nicht die Melodien Wiens oder Salzburgs, nicht das heiße und alles dreingebende Verlorensein, das jenes »Innsbruck, ich muß dich lassen« geboren hat, nicht die sentimentalische Verliebtheit des »Alt-Heidelberg«, die Trauer »Zu Straßburg auf der Schanz«, das treuherzige »Zu Fuß nach Kölle«. Kein Lied, das sich an diese Stadt gehängt hätte. Ja, Kirchenmusik hat man geschätzt, und auch eine Hofkapelle war da. Und Schubarts »Kraftgesang«, wenn auch arg fromm geworden, um nicht zu sagen gebrochen, hat auch in Stuttgart noch getönt. Und den »Herrn Kapellmeister Zumsteeg« hat Goethe besucht, einen Liedersetzer und Liedersänger von Bravheit und Fleiß. Der Stuttgarter Liederkranz hat im vergangenen Jahrhundert mitsamt seiner Liederhalle eine Rolle gespielt. Aber Musik quillt nicht aus dieser Stadt. Die Jahre Max von Schillings' und die Ära Busch an der Stuttgarter Oper, vor und nach dem Ersten Weltkrieg, waren die Episoden je eines halben Jahrzehnts.

Und doch hat man diese Stadt geliebt (und liebt sie heute, wenn wir den demoskopischen Erhebungen glauben dürfen, mehr denn je): wer hat sie, von denen, die in ihr geboren und aufgewachsen sind, »draußen« je vergessen können? Und wer beanstandet von den Fremden, die heute kommen, daß in Stuttgart, wie in Würzburg, kein »Käpelle« zu finden ist, daß man aus den Hängen nichts »gemacht« hat? Gerade das Absichtslose besticht hier, die Natürlichkeit, die Landschaftlichkeit, die immer noch bis in die Innenstadt hineingreift, in den duftigen, zarten, pastellartig aufgetragenen Linien der Frühlingstage, wenn knallgelbe Forsythiensträucher die Staffelwege zu den Villen hinaufziehen, in den klarsichtigen Herbstwochen, wo reine und leichte Luft noch einmal die Süße dieses Stadt-Landes bindet. Stuttgarts »Verführung« liegt in dieser Polyphonie von Stadt und Natur, in der Ehrlichkeit und Durchschaubarkeit dieser Stadt, in ihrem geheimen Zwang zur Konzentration. Daß man hier die eigene Stadtlage nicht herausstreicht und nicht mit irgendwelchen Superlativen operiert, sondern sich auf redliche und fast treuherzige Weise um die »eigenen« Dinge kümmert, ist von eigentümlich suggestiver Kraft. Wo man sich anderswo in Schaustellungen und Deklamationen gefallen kann, geht man hier mit Bedacht und Gründlichkeit ans Werk. Es ist sehr bezeichnend, daß Stuttgarts »Französische Revolution« in den neunziger Jahren des 18. Jahrhunderts nicht in lauten Aktionen sich vollzieht, sondern in hartnäckigen Kämpfen mit Traktaten und Resolutionen und Kommentaren.

In dem halben Jahr vom September 1796 bis März 1797 ist in Stuttgart nahezu jeden zweiten Tag eine Flugschrift auf den Markt gekommen. Die Autoren, kleine Staatsangestellte, Vertreter der bürgerlichen Intelligenz, waren kaum vermögend genug, um lediglich zum eigenen Vergnügen zu schreiben: die Postillen mußten auch abgesetzt werden. Sie *sind* abgesetzt worden. Der Kampf spielt sich hier nicht auf den Barrikaden ab, auch nicht, wie es hätte immerhin denkbar sein können, in augenblicklichen, dumpfen Eruptionen, sondern als ein Schlagabtausch von Begriffen, von Worten. Damit zwingt man sie, die Landtagsdeputierten. Und waren sie es nicht, dann sollten sie es, in der Lektüre, zumindest werden.

Die schwäbisch-württembergische Wortkultur, das wird späterhin noch zu belegen sein, ist in Stuttgart auf unvergleichliche Weise daheim. Daß sie durch die lutherisch-pietistische Grundfärbung der neueren und neuen Stuttgarter Stadtgeschichte wesentlich bedingt ist, müßte wohl kaum mehr betont werden. »Mageren dogmatischen Ernst« hat Heinrich Laube in der Stadt gefunden, »die Armut und Strenge des Protestantismus«. Daß tatsächlich vorreformatorische Zustände damit nicht im geringsten zu charakterisieren sind, wissen wir. Narretei und Mummenschanz und Lust an derbem Spiel waren im Neckarschwäbischen, im Altwürttembergischen vor der Reformation ebenso zu Hause, wie sie im Oberschwäbisch-Alemannischen heute noch geübt werden. Warum der Entzug an »Weltlichem« gerade in dem Geviert um Stuttgart so nachhaltig praktiziert worden ist, wäre noch zu klären. Daß der Verbund zwischen Kirchenregiment und Opposition gegen den Herzogshof, die Auspowerung des Landes durch Kriegszeiten und Steuerlasten dabei eine Rolle spielen, ist sicher. Was bleibt, ist jene charakteristische Verbindung von Rechenhaftigkeit und Frömmigkeit, von Zucht und Ökonomie. Bengel, einer der großen Schwabenväter, hat das auf einem seiner Merkzettel in diese appellative Sequenz gebracht: »Gebet und Danksagung, Vertiefung, ernster Eifer, Mildtätigkeit, Sparsamkeit, Nüchternheit. Ein Aufatmen zu Gott in der Tätigkeit.«

Schwäbische Wesensart ist hier auf einen Nenner reduziert, auch die Stuttgarts, der Stadt der Konventikel und »Stündler«, der Heimat der Pietisten bis zum heutigen Tage, der großen Kanzelredner, der Stadt Geroks, der für das ganze 19. Jahrhundert *die* Repräsentationsfigur der Residenz war, der Stadt Friedrich Rittelmeyers und Rudolf Steiners: der kirchlichen Stadt mit den seltsam wenigen Kirchen. Die pietistische Haltung ist unter den kirchlich-theologischen Traditionen zumindest in Stuttgart immer vorrangig geblieben; daß die Pietisten-Tugenden – Fleiß, Ehrlichkeit, Ordnungsliebe und so fort – bisweilen als schwäbische Tugenden überhaupt verstanden worden sind, nimmt kaum wunder.

Negative und positive Resonanzen lassen sich auch hier konstatieren. Weit weniger Heiterkeit und unbefangene Hingebung, meinte Vischer, sei im Schwäbischen daheim als selbst in den protestantischen Distrikten am Rhein und in Franken. »Es ist etwas Nachdenkliches, Skrupulöses, Sorgenvolles, ja Tristes, was den Schwaben auch in seinen Zerstreuungen verfolgt.« Der »düstere Rigorismus«, »der unverkennbar mit der Einführung der Reformation in unserem Lande sich verband«, habe einen melancholischen Lebensernst aufkommen lassen. Das hat städtisches Lebensgefühl, urbane Haltung nicht gerade stimuliert. Der württembergische Pietismus gab sich als »Separatismus« auch insofern, als er seine Konventikel gerade von städtischen Zentren fernzuhalten oder, in Stuttgart, so lange wie nur möglich das landschaftlich-naturnahe Verbundensein zu pflegen suchte. Ihm ist daran gelegen, mit der einfachen, mit der bäuerlichen Seele einen Bund zu schließen. Aus dieser Verschmelzung mit der agrarischen, mit der antistädtischen Ordnung und Tradition ist diese pietistische Volksfrömmigkeit sui generis erwachsen. Die in der Populärliteratur seit alters geliebte, im Alten und Neuen Testament im Wort belegte Ächtung der »Hure Babylon«, die Verdammung des Städtischen als dem a priori Zweifelhaften, Tückisch-Klugen, Dekadenten, hat bei den württembergischen, bei den Stuttgarter Pietisten Urständ gefeiert. Auch von dieser Sicht aus wird klar, warum Stuttgart auf eine so schwerlebige Weise »Stadt« geworden ist, warum es bis heute den – draußen so geliebten – »Landstadt«-Charakter sich erhalten konnte. »Ländlich«-kirchlich ist Stuttgart geblieben, auch im 18. Jahrhundert, wo man da und dort in den Städten Niedergang und Zerfall registriert, wo Albrecht von Haller über Stuttgart berichtet, daß hier der Glaube tiefer sei als andernorts, daß in der Stadt die Priester geehrt seien, »auch die Schulen ohne Verachtung, der Gottesdienst eifrig, die geistlichen Gesänge sehr gemein und alles der Frömmigkeit gemäßer«. Wenn vorhin, im Blick auf Hegel, von der Haltung »zwischen den Extremen« die Rede war, so darf das hier ergänzt werden mit dem Hinweis, daß die Geschichte der Stadt die Bemühung um die »Mitte« in besonderer Weise verrät. Es gibt keine Stuttgarter Revolution. Zunftkämpfe wie man die bürgerlichen Stadtrevolutionen genannt hat, finden nicht statt. Der unmittelbar in der Nachbarschaft, im Remstal ausbrechende Aufstand des »Armen Konrad« schlägt seine Wellen auch in die Residenzstadt. Aber man läuft doch nirgendwo mit Pauken und Trompeten zum »Armen Konzen« über: einem Bündnis zwischen Herzog und Stuttgarter Ehrbarkeit wird der Boden bereitet, so daß es zu einer förmlichen Einnahme der Stadt – wie in Schorndorf – gleich gar nicht kam und Stuttgart »verhältnismäßig ruhig« blieb. Daß die Stuttgarter am 11. Dezember 1516 als Zuschauer mit dabei standen, als Sebastian Breuning auf dem Stuttgarter Marktplatz enthauptet und der achtzigjährige Konrad Vautt gevierteilt wurde, ist ebenso bemerkenswert wie der geradezu zynische Justizmord an den beiden hochverdienten Männern selber: man überlegt sich, was an grotesker Tyrannenszenerie noch hätte geboten werden müssen, um auch in die Stuttgarter Bürgerschaft Funken des Aufruhrs zu bringen. Nach des »roten Narren« heimlicher Flucht, als der völlig gebrochene Wille der Landschaft hätte wieder zu sich finden und aufgestaute Aggression sich hätte entladen können, bleiben die Stuttgarter fürs erste auf Ulrichs Seite. »Noch eine ganze Woche lang hielten sie seine Stadt.« Und: »Sie wollten möglichst glimpflich davonkommen« (Decker-Hauff). Man übersteht es, in einem Jahr wie 1519 viermal den Stadtherren wechseln zu sehen. Bauernkrieg und Reformation illustrieren noch deutlicher, wie sehr diese Stadtgeschichte von einem seltsam antirevolutionären Grundzug bestimmt ist. Der Bauernkrieg hat »in der Hauptstadt der Ehrbarkeit einen gemäßigten, fast möchte man sagen, zahmen Charakter angenommen« (Decker-Hauff). Daß das nicht allein aus der politischen Struktur der Oberschicht erklärt werden kann, mag daraus hervorgehen, daß sich auch der wirtembergische Bauernhaufe »merkwürdig konservativ« benahm. Der Fortgang der Stuttgarter Reformation entbehrt der radikalen Züge, der hektischen oder fanatischen Machenschaften völlig. Die »neue Lehre« kommt langsam. Sie erhält durch Maßnahmen »von oben« ihr Heimrecht. Von Stuttgarter »Bürgerprozessen«, revolutionären Unterströmungen gegen den Hof am Ausgang des 18. Jahrhunderts, hören wir nichts. Das Jahr 1848 endigt hier damit, daß die deutsche Nationalversammlung vor den Augen der Stuttgarter auseinandergetrieben wird. Unter den Residenzstädten der deutschen Bundesstaaten dürfte Stuttgart die einzige gewesen sein, in der im November 1918 keine »Revolution« stattgefunden, in der man unter den eigenen, eingesessenen Arbeiterkreisen die Entgleisung im königlichen Palais bedauert und eine Räterepublik schon gar nicht inszeniert hat. Stuttgart war (und ist) keine von Ideologien gepeinigte, keine politisierte Stadt. »Verdammt sei jeder in Württemberg«, schreibt der Stuttgarter Kanzleiadvokat Johann Friedrich Zeller 1796, »in dessen Kopf Revolutionsideen spuken.« Wobei er im gleichen Atemzuge einräumt, daß »in jedem Gebäude Reparationen nötig« seien. Zwei Jahre vorher hatten Stuttgarter Gesellen einen Aufstand gewagt, dem sich ein paar Weingärtner, eine Menge »Buben und vorzüglich viel Weibsleut« anschlossen. Bürger sind in das Geschrei von Freiheit und Gleichheit nicht eingefallen. Der Herzog hat ihnen hernach für ihr »gutes Betragen« gedankt. »Theilnahme an politischen Umtrieben und vor allem an revolutionären Treiben«, steht in der Ordnung der Hahnschen Brüder noch von 1876, »und Gemeinschaft mit Aufwieglern und Unruhestiftern geht bei Gemeinschaftsgliedern durchaus nicht an und hat ihren Ausschluß zur Folge.« Die Hahnschen Pietisten haben sich schon 1848 an diese Regel gehalten.

Hätten wir das schwäbische Charakterbild, von hier aus gesehen, in die Nähe eines von schweren Hemmungen, wenn nicht von pathologischen Zügen beladenen Phänomens zu rücken? Was diesen Alt-Stuttgarter Menschenschlag anlangt, wesentlichem oder gar grundstürzendem Wandel vor der Industrialisierung – in Städten dieser Größe ein seltenes Exempel – anscheinend nicht unterworfen, so fällt immerhin auf, daß ein so sensitiver Geist wie Wilhelm Hauff, geborener Stuttgarter, bekennen kann: »Hergebrachte Vorurteile und Erziehung machen uns furchtsam und schüchtern.« Als Gustav Schlesier 1836 Stuttgart besucht, konstatiert er überall »Hemmungen«, und Laube, fast zur selben Zeit, meint, es sei auffallend in Stuttgart, daß die geistreichsten Männer »von der Freude, der rücksichtslosen roten Farbe des Lebens« wenig wissen wollten. Friedrich Ritter, gleichfalls in Stuttgart geboren, einer von den wenigen, die im Stadtrat saßen, aber auch Lyrik publizierten, schreibt in dieser ersten Jahrhunderthälfte: »Wenn auch die natürliche leichte Jovialität nicht in der Blutmischung des Stuttgarters liegt, so ist derselbe doch nichts weniger als trübsinnig, und er weiß bei mäßiger Anregung sich freudigen Ergüssen hinzugeben, wohl auch in vorzüglicher Laune auszusprudeln. Bei gewissen Anlässen aber, welche vielleicht anderswo die Gemüter in Massen zum Enthusiasmus erheben, der wie ein Blitzstrahl entzündet, möchte man versucht werden, eine ungewöhnliche Kälte oder Zurückgezogenheit wahrzunehmen, die jedoch offenbar nicht Gleichgültigkeit ist. Waltet hier etwa eine psychologisch-pathologisch zu erklärende Scheu vor zu mächtigen Eindrücken, oder wird, wie bei manchen

anderen Naturerscheinungen, gerade der entgegengesetzte Pol bewegt? Deutet es gar auf eine eigentümliche Organisation im innern Seelenleben, oder ist es ein Gefühl, das nicht in die Höhe will, aber desto mehr in die Tiefe geht?«
»Neigung zum Dumpfen und Engen«, meldet Friedrich Theodor Vischer 1867 über Stuttgart und Schwaben, sei widerspruchsvollerweise mit Beweglichkeit und Tiefe gekoppelt. »Ich staune, dies seltsame Geschlecht zu sehen, an dessen Gehirn und Nerven Flügel schweben und Bleigewichte hängen, wie man es nirgends in der Welt wiederfindet.«

Wie mans auch nehmen mag: ein gebrochenes Verhältnis zur Umwelt wird in diesen und anderen Analysen auf alle Fälle konstatiert. Ob man nun von »Beklemmungen« reden will oder anderen, natürliche und gesunde Lebensdynamik hemmenden Faktoren: Ängstlichkeiten sind es auf alle Fälle, Ängstlichkeiten gegenüber der Welt. Daher die – angebliche oder tatsächliche – Eile, »Häusle« zu »baue«, irgendwo das gesicherte Gehäuse zu haben, in dem man abgeschirmt ist. Daher das ausgeprägte Sicherheits- und Versicherungsbedürfnis, das Sparen zur Lebensmaxime macht, das Dutzende und Aberdutzende, teilweise bis unmittelbar in die nachreformatorische Zeit zurückreichende Witwen- und Waisenkassen, Konsum- und Kreditvereine, Sparvereine und Sparkassen hervorgerufen hat: die schwäbischen Versicherungen und Bausparkassen gehören heute zu den ältesten und gewichtigsten Exportartikeln Stuttgarts und des Neckarschwäbischen.

»In der physischen Lebensweise der Bewohner Stuttgarts von jedem Stande«, heißt es in einer akkuraten Beschreibung des letzten Jahrhunderts«, »zeigt sich im Allgemeinen eine Regelmäßigkeit, welche von der Genußsucht wie von Kargheit gleich weit entfernt ist. Wenn für den Taglöhner, wie überall das trockene, aber gutnährende Brod die Hauptnahrung bildet, und die ärmere Classe sich vorzugsweise an die Kartoffel hält, so hat der Wohlhabendere seine zwar reichliche, nahrhaft und gut zubereitete, doch bescheidene Hausmannskost.«

Der Schreiber dieses kann kaum der Sympathie für die Feudalklasse bezichtigt werden: er war Stadtarzt und hat die Quartiere aller Schichten kennengelernt und betreut. Sicher weckt die Vokabel »bescheiden«, in der Nähe dessen, was wir mit Versicherungsbedürfnis signiert haben, eine Kette von Reminiszenzen an jene Glossen, die man bis in die Gegenwart hinein über das biedere, spießbürgerliche, nur schwer zur Großstadt entschlossene Stuttgart gemacht hat. Abgesehen davon, daß die Liebeserklärungen an das »ehrliche« Stuttgart in neuerer und neuester Zeit immer lauter geworden sind: daß gerade in dieser Abwehr auch der sozialen Gegensätze, wenn man so will, in der Demonstration von solidarer Bürgerlichkeit ein großes Positivum liegt, kann nicht verkannt werden.

Die württembergische, die Stuttgarter Geschichte kennt diesen Augenblick nicht, in dem man den Herzog oder den König hat in wegwerfender Geste über die Klinge springen lassen. Was den »Männerstolz vor Königsthronen« anlangt und die Idee, für die sich die Stände Württembergs in die Bresche schlagen – man wird da vorsichtig sein müssen. Wir haben noch davon zu reden. Und dennoch liegt gerade in dieser antirevolutionären, modifizierenden, hartnäckig aushandelnden Haltung *das* Geschenk des württembergischen Staatskörpers an Umwelt und an Nachwelt. In den Kämpfen der Landschaft hat sich das Verstehenkönnen und das Verstehenwollen von politischer Arbeit und Verantwortung eingestellt, auch jene gewisse Anerkennung des kleinen Mannes als eines nicht wegzudiskutierenden Partners. Vielleicht war das mehr wert als der effektvolle politische Eklat, der dann wieder ausläuft in einer neuen Herrschafts-Untertanen-Maschinerie. An ihrer Stelle steht hier wache, permanente politische Auseinandersetzung, eine bestimmte soziologische Ausgeglichenheit, die – Probe aufs Exempel – beim Aufkommen des vierten, des Arbeiterstandes keine Explosion und keine Revolution gebracht hat, sondern eine vergleichsweise schmerzlose Integration.

Es fällt auf, daß die Eigenschaften des alten Stuttgart und die Schattenseiten seiner Signatur immer wieder als die des ganzen Landes zitiert worden sind. Ganz Württemberg liege abseits des Verkehrs. Das ist, zumindest bis zum Eisenbahnbau, unermüdlich wiederholt worden. Wer weniger verkehrspolitisch und mehr territorialpolitisch dachte, sprach von dem »zwischen unzähligen Herrschaften eingekesselten Lande«. Eine »kleine Welt für sich« sei es gewesen, »wie durch eine chinesische Mauer von der großen Welt draußen geschieden«, dadurch besonders signiert, daß der »Absonderungstrieb« seiner Bewohner fremden Beobachtern bis um die Wende zum zwanzigsten Jahrhundert aufgefallen ist. Wenn man also am Ausgang des 18. Jahrhunderts dazu überging, in Stuttgart das ganze Land verkörpert zu sehen und eine Rechnung Stuttgart gleich Württemberg aufzustellen, so ist das kein Zufall. Bald gewöhnt man sich daran, aus Schilderungen des Landes unmerklich solche Stuttgarts werden zu lassen, und umgekehrt. Daß dies im ökonomischen und industrialistischen Maßstab geschieht, liegt nahe. Um 1900 referiert der Stuttgarter Kammerbericht, daß die Residenzstadt das »Abbild der Lage des ganzen Landes« sei. »Was vom Lande im allgemeinen, das gilt von Stuttgart im besonderen Maße.« 1910 konstatiert Franz Caspar Huber, einer der intimsten Kenner der industriellen Verhältnisse Württembergs damals, württembergisches Erwerbsleben und die Residenzstadt seien in besonderem Maße miteinander verwachsen. Kein anderes Land habe einen derartigen politischen und kommerziellen Mittelpunkt, wir fügen im Blick auf das Königreich hinzu, auch im exakt-geographischen Sinne. Die gesamte Kulturbewegung des Landes könne ohne besondere Berücksichtigung Stuttgarts nicht richtig beurteilt werden.«

Noch heute ist Stuttgart fast identisch mit der Wirtschaftslage des Landes. Daß dies auch in einem stammespsychologischen Betracht gilt, ist das Besondere an der Sache. Stuttgart ist das Kompendium des Schwäbischen, das Konzentrat seiner Lebensart und Lebensform, um es genauer zu sagen, des Württembergisch-Schwäbischen. Im heutigen Landesteil Württemberg steht keine der anderen größeren Städte dafür, Heilbronn nicht, das auch schon fränkisch-pfälzische Ingredienzien aufweist, der Sonderfall Ludwigsburg und die alte Reichsstadt Esslingen nicht, Ulm und Reutlingen nicht, die einen ebenso anderen Zuschnitt hatten wie die dem Altwürttembergischen entwachsene, innerlich heterogene Universitätsstadt Tübingen. Unter den namhaften Städten deckt sich Stuttgart allein erschöpfend mit der württembergisch-schwäbischen Wesensart. In Stuttgart habe er, berichtet Nicolai schon 1781, »die Hauptzüge des schwäbischen Charakters« wiedergefunden.

Niemand hat dieser Stadt das seither bestritten, wenn es auch fürs erste eine Last gewesen sein mochte, eine Aufgabe, mit der fertig zu werden war: das Defizit an »Welt« blieb lange. Es war das Ergebnis einer Lage und eigenen politischen, soziokulturellen Schicksals. Daß Stuttgart diese seine Aufgabe gelöst hat, nicht mit Bravour, sondern mit Bedacht, mit Redlichkeit, mit Fleiß, bleibt seine große, für das Land stellvertretende Leistung. In Stuttgart hat sich das Schwäbische bewährt und zugleich selbst überwunden: nirgends hat man die schwäbische Enge so durchlitten, und nirgends so gesprengt. Man ist, im genauen Sinne des Wortes, über sich selbst hinausgewachsen, zu einer Größe, die nichts Neureiches und nichts Talmihaftes an sich hat. Selbst der Wiederaufbau nach diesen Höllennächten der Jahre 1943 und 1944, ja die Etablierung der Großstadt auf einem Geviert, das sich zu allem, nur nicht *dazu* geeignet hat, selbst der Weg von der residenzlichen Konsumtionsstadt zur industriellen Produzentenstadt bleiben sekundäre Schritte dagegen. Sie berühren wesentliche, aber nur Teilbereiche. Die das ganze Spektrum umfassende historische Leistung Stuttgarts liegt darin, daß es sich sozusagen am eigenen Schopf aus dieser in Generationen sich erhärteten Mediokrität, aus dieser Distanz von der Welt herausgezogen hat.

Ob das ein bewußter Akt gewesen ist, wird man schwerlich sagen wollen. Eine Menge von historischen und sozialen und geistigen Entwicklungslinien fließt auch hier zusammen. Tatsache ist, daß die Carlsschule Zöglinge aus der ganzen Welt nach Stuttgart bringt und die Stadt, um einen amerikanischen Slogan zu nehmen, »der Landkarte einverleibt«. In den siebziger Jahren des 18. Jahrhunderts habe, wie ein profunder Kenner meint, »noch eine dumpfe Schwüle des geistigen Lebens« über der Stadt gelegen. Ein, zwei Jahrzehnte später kann in diesem ausschließlichen Sinne davon nicht mehr die Rede sein. Was vorher Laune und Privileg des Hofes war, beginnt jetzt auch in den Bürgerhäusern möglich zu werden. Das Haus Gottlob Heinrich Rapps weiß mitten in den Grenzen altwürttembergischer Solidität vielleicht zum ersten Male feinste Bürgertugend, sagen wir ruhig: Urbanität zu zeigen. Eine »behagliche, heitere und liberale Existenz« nennt ihn Goethe – für das Prädikat »liberal« dürfte zuvor in Stuttgart kaum viel Platz gewesen sein. Der Frankfurter Bürgersohn und der Stuttgarter Bürgersohn finden sich, der Geheimrat von Goethe und der Geheime Rat von Rapp. Stuttgart ist in den Rang jener Metropolen aufgenommen, in deren geistigem Raum sich der unblutige Sieg des Bildungsbürgers angemeldet hat.

Es ist für Stuttgart ein langer Weg geworden, dieser Weg in die Welt. Aber man spürt die Fortschritte der Selbstbefreiung von Jahrzehnt zu Jahrzehnt. Man denkt an die vielen, die von draußen kommen, an Wolfgang Menzel, den Volkstümler und Franzosenfresser, der in Stuttgart ein souveräner Literaturmakler wird, an Hackländer, den dauernd schreibenden und agierenden »Hack«, der nahen und fernen Zauber in die Stadt bringt, Renaissance und Exotik, Italienisches und Maurisches, wie's beliebt: »Welt« nach Stuttgart. Aber es beginnen jetzt auch Kräfte aus der Stadt selbst heraus zu wachsen, Männer, die plötzlich in der Lage sind, Stuttgart in ein Gitternetz größerer, ja großer Beziehungen zu setzen, Gustav Schwab, der das süddeutsche Dichtervolk vor seinen mit viel Tüchtigkeit geladenen Wagen spannt, Johann Friedrich Cotta, der Verleger und Diplomat, der Staatsmann und Sozialpolitiker. Cotta ist literarischer Weltmann par excellence, einer, wie David Friedrich Strauß jetzt bezeugt, »der mit allem, was sich während der Zeit seines Wirkens geistig hervorthat, in einflußreicher Verbindung« stand. »Das war ein Mann, der hatte die Hand über der Welt.« Das ist ein Wort Heines, der dem Schwäbischen nicht eben hold war.

Steinbeis, der große Industrieförderer, hat kaum eine Generation später Wege zur Weltwirtschaft gewiesen, ein weltläufiger und »draußen« hochverehrter Mann. Die Stuttgarter Industrie übernimmt hier überhaupt eine mehr als nur ökonomische oder kommerzielle Funktion. Die Talente, von denen Friedrich Theodor Vischer in Stuttgart meinte, sie hätten im Schwäbischen halt latent zu bleiben: die Talente stehen jetzt im Licht. Sie machen aus dem protestantischen Kernland der introvertierten, sinnierenden »Stundengänger«, aus den Biblizisten und Kritizisten geniale Operateure des technischen Ingeniums, Männer, die ein Stück, ein maßvoll abgegrenztes Stück höchstentwickelter Fertigindustrie in die Welt hinausschicken. Daimler ist in England und Frankreich ein Begriff, noch ehe man ihn daheim so richtig registriert hat, und Bosch hat in England eine Tochterfirma, bevor an den Rändern Groß-Stuttgarts die agrarischen Traditionen auch nur angetastet, geschweige denn erschüttert sind. Im Wandel vom spekulativen Philosophen zum geduldigen, schöpferischen, honorige Industrietradition hemmungslos überspielenden Erfinder und Techniker liegt eine unerwartete, kopernikanische Wendung. Aus der Stuttgarter Verlegenheit ist eine Stuttgarter Führung geworden.

Aus der Residenzstadt partikularen-dynastischen Zuschnitts ist eine Industriestadt mit veränderten Beziehungen und veränderter Mentalität geworden. Dies, daß der Wandel auch im geistigen Gesicht Stuttgarts sich ausgedrückt hat, ist das wichtigste und bleibende Ergebnis des Prozesses. Um 1900 ist »Welt« da. »Die Wellen des Verkehrs«, schreibt Hermann Losch in einer in Stuttgart erschienenen Flugschrift über Gegenwartsfragen aus dem Jahre 1901, »des geistigen wie des wirtschaftlichen, brausen mit Macht herein in die abgesteckten Zäune eines mitunter selbstzufriedenen, vielfach verletzt durch die Ungemütlichkeit des modernen Daseins sich in sich selbst zurückziehenden Lokalpatriotismus, welcher oft die Eigenart in Dinge verlegt, welche nur Ausflüsse der Eigenbrödelei sind.« Die Stuttgarter Kunst, die Stuttgarter Architektur sind jetzt Begriffe, die Ausstrahlungen nach weithin verbuchen dürfen, auch die Stuttgarter Oper, nicht mehr, wie zu Carl Eugens Zeiten, für ein Jahrzehnt erlesenster und fortschrittlichster Tanzkunst, sondern über Jahrzehnte hinweg.

Die alte Erblast, nicht »hinausgucken« zu wollen oder zu können, hat dieses Stuttgart des 20. Jahrhunderts in geradewegs institutionellem Sinne abgeschüttelt: mit dem Institut für Auslandsbeziehungen, dem Deutschen Auslands-Museum, wie es ursprünglich hieß. Bei seiner Gründungsversammlung am 10. Januar 1917 hat sich in Stuttgart noch einmal die Gesellschaft der wilhelminischen Ära ein Stelldichein gegeben, mit Gesandten und Exzellenzen und Hofmarschällen aus dem ganzen Reich. Aus den Trinksprüchen von damals mag man Tonarten deutscher Imperialismus-Konzeptionen herauslesen, gewiß. Insofern ist das keine spezifische Stuttgarter Sache. Vielleicht hat sogar der Württembergische Verein für Handelsgeographie, den man 1882 in Stuttgart gegründet hat, etwas von den modischen Allerwelts-Allüren der Zeit an sich. Aber in seinem Willen, zu lehren und zu belehren, verbindet er sich nahtlos mit der schwäbischen Magister-Tradition, und in seinen beglückten Ausgriffen auf die Kontinente wirkt er wie späte Genugtuung. Ausgerechnet Stuttgart, das noch vor zwei, drei Generationen in binnenländischer Separation sich befand, wird jetzt zur Drehscheibe für Übersee. Wenn mit den unvermeidlichen, ideologischen Etikettierungen des Dritten Reiches aus diesem Stuttgart im Jahre 1936 »Die Stadt der Auslandsdeutschen« geworden ist, halten wir das dem totalen Propagandabedarf der Diktatur zugute: die originär schwäbische Tradition hat sich auch mit dieser Vokabel nicht verdecken lassen. Sie hat im Grunde das latente und unabdingbare Gesetz dieser Stadtgeschichte, ihren existenzbedingenden Weg zur Welt zum Ausdruck gebracht, wenn auch verballhornt durch die Intentionen Hitlers, eines Mannes, der außer seinem minden Deutsch keine »ausländische« Sprache gesprochen hat. Der Slogan »Stuttgart, die Stadt zwischen Wald und Reben« ist in diesem Zusammenhang so etwas wie ein Rückfall, geboren aus der schwäbisch-unstädtischen, der antistädtischen Lust an freundlicher Landschaft und Gartenidylle: »Hortulus«, Gärtchen, heißt eine der frühesten schwäbischen Dichtungen. Aber auch diese, von nationalsozialistischer Großstadtfeindschaft, wie wir noch hören werden, nicht ganz freie Version hat den Grundzug der Stuttgarter Lebensgeschichte in keine anderen Bahnen gelenkt. Das Motto »Stuttgart – Partner der Welt«, geboren 1971 und daheim fürs erste mehr mit Kopfschütteln aufgenommen als geliebt, ist nichts anderes als die exakte Entsprechung einer Stadtgeschichte, die von beidem geprägt ist, von umgrenztem Behagen und Heimweh nach Fremde, von ihrer statischen Signatur und ihrer Sehnsucht nach Welt.

Bruchstücke der Frühzeit

»Die älteste Geschichte Stuttgarts liegt im Dunkeln.« So die Beschreibung des Stadtdirections-Bezirkes von Stuttgart aus dem Jahre 1856. Hundert Jahre später hat sich daran nicht viel geändert. Der Fächer der Disziplinen ist größer, das Material reichhaltiger, die einzelne Methode schärfer geworden. Aber die Reihe der Hypothesen ist dort, wo die Urkunden fehlen, auch gewachsen.

Fast scheint es, als ob man in vor- und frühgeschichtlichen Bereichen noch am sichersten gehe: die Botschaft aus Gräbern und Gruben bringt auch urkundenwertige, verläßliche Kunde. Daß die Knochenreste, die man in der Baugrube des Zeppelinbaues beim Hauptbahnhof fand, einer Eiszeit zugehören, war nicht zweifelhaft. Schwieriger, ja unlösbar erscheint die Frage, warum diese Eiszeiten entstanden sind und wie lange sie gedauert haben. Erste menschliche Reste hat die Grabung von Eduard Peters auf dem Stuttgarter Birkenkopf in den Jahren 1937 und 1938 zutage gefördert: aus Feuerstein gefertigte Klingen, überaus fein behandelte Pfeilspitzen, Stichel und Bohrer, Schaber und Kratzer. Der Forschung war bald klar geworden, daß mit den Tausenden von Bruchstücken ein Rastplatz der Mittleren Steinzeit bloßgelegt war, auf trockener, dünn bewaldeter Sandsteinhöhe und engstem Geviert. Peters hat damals von der »Stuttgarter Gruppe« gesprochen, mit Hinweisen darauf, daß die gleichen Werkzeugformen auch auf anderen Stuttgarter Höhen, am Frauenkopf, beim Bopser, auf der Burgholzhöhe oder drüben über dem Neckartal auf dem Kappelberg gefunden wurden. Im Verlaufe von zehntausend Jahren, von etwa zwölftausend bis ins dritte Jahrtausend v. Chr., haben sich auf den Höhenzügen um Stuttgart immer wieder andere Sammler- und Jägerhorden zur Rast niedergelassen.

Eine weltgeschichtliche Zäsur erster Ordnung kündigt sich am Anfang des neolithischen Zeitalters an, als die Menschen beginnen, seßhaft zu werden, ihr Schicksal mit einem Stück Erde zu verbinden, das wie ein Garten kultiviert wird: die Beobachtungen am Wachsen und Reifen der Frucht vermitteln den Zeitbegriff, das Abgrenzen des eigenen Landes fordert organisatorische Bemühungen um Eigentum und »Territorium« heraus, der Gebrauch des Rades macht die Probleme des Verkehrs und der Kommunikation zur Aufgabe. Bis jetzt war der Mensch, ziehend und wechselnd wie die Großtierherden, beim Tier zu Gast. Jetzt wohnen, wie gefundene Steingeräte und Gräberreste im Gelände bei der Prag, beiderseits des Feuerbachtales oder in den Lerchenwiesen südöstlich Degerloch bezeugen, Bauern im späteren Stuttgarter Raum. Da und dort verraten sich Ansätze zu anspruchsvolleren, künstlerischen Fertigungsformen. Die Tonwaren, die durch glatte Zickzackbänder auf schraffiertem Grund verziert und seit 1875 in den steinzeitlichen Moordörfern im Federseeried bei Schussenried herausgeholt wurden, kennt man auch von einer ganzen Reihe von Fundstellen der Stuttgarter Gegend, vom Nesenbachtal in Kaltental, von Vaihingen auf den Fildern, vom westlichen Ausläufer des Raichbergs bei Gablenberg. Gegenüber dieser Masse indifferenter Steinbeilfunde auf den Stuttgarter Bergen, von Leuten, die ihre Geräte bei der Arbeit oder Jagd verloren haben, ist das eine historische Nachricht von erster profilierter Form: da die »Schussenrieder« sonst im Lande so gut wie gar nicht belegt sind, ist die Vermutung nahe, daß sie wegen eines Klimawechsels ihr nasses Moorland verlassen und auf den trockenen Neckarhöhen, der Heimat ihrer Rössener Vorfahren, Schutz gesucht haben.

Die Berge der Stuttgarter Gegend sind, viele Bronzefunde bestätigen das, auch in der späteren Bronzezeit aufgesucht worden, auf der Jagd, beim Weidetrieb, beim Holzfällen. Die Lage und die Häufigkeit der Funde hat immer wieder auf das Vorhandensein von Siedlungen, von Bauerngehöften, von Bauerndörfern hingedeutet. Die Grabhügel, auf die man auf fast allen Höhen im Gebiet von Groß-Stuttgart gestoßen ist, weisen in dieselbe Richtung. Durch Baugrabungen sind aber auch Siedlungsstätten selbst angeschnitten worden, auf dem linken Ufer des Feuerbachs, in einem terrassenartig über dem Neckar liegenden Travertinbruch bei Untertürkheim, in Mühlhausen auf der Höhe über dem Fluß, auf der Steig in Cannstatt unter dem Westteil des Römerkastells und dem Ostflügel der ehemaligen Reiterkaserne.

Daß Cannstatt im ständig dichter werdenden Koordinatensystem der vor- und frühgeschichtlichen Funde eine quantitative und qualitative Sonderstellung hat, ist kein Zufall. Das Cannstatter Becken, durch seine Lage zwischen Rhein und oberer Donau begünstigt, ist das eigentliche Herzstück der »Stuttgarter« Landschaft, auch in historischem Sinne. Man wird der Bemerkung, die Streufunde des Stuttgarter Kessels erhielten »eigentlich nur mit Cannstatt zusammengesehen einen Sinn« (Decker-Hauff) zunächst zögernd gegenüberstehen. Für die jungsteinzeitlichen, bronze- oder eisenzeitlichen Zeitabschnitte scheint das Stuttgarter Hügelgelände, wie wir sahen, beste Siedel- und Schutzfunktionen

geboten zu haben, die originäre, sich selbst versorgende Siedlungen haben wachsen lassen. Für die differenzierter werdenden Epochen wird man das Wort jedoch gelten lassen. Aus der Keltenzeit sind im Stuttgarter Tal, damals vielleicht schon gar nicht mehr völlig bewaldet, keine Siedlungen mit Sicherheit nachgewiesen. Die Cannstatter Talweitung hat für die Zeit der Keltenwanderungen und beginnenden römischen Besetzung, von 400 v. Chr. bis zum ersten nachchristlichen Jahrhundert, einen derart konzentrierten Fundbestand an keltischen Gräberfeldern und Schmuckstücken – die älteste bekannte rundplastische Menschendarstellung des Landes ist darunter – zu bieten, daß Cannstatt als ein Mittelpunkt des damaligen Verkehrs angesehen und als eine bald auch politisch und kirchlich faßbare »Drehscheibe des Landes« (Decker-Hauff) angesprochen werden darf.
Auf der Cannstatter Steig haben die Römer ein 1894 entdecktes Erdkastell angelegt, dem, gleichfalls in den achtziger Jahren n. Chr., ein mit Stein aufgeführtes, 170:220 m großes Kastell für eine Reitertruppe von einem halben Tausend Mann, die Ala I Scubulorum, folgte. Die überregionale Bedeutung dieses Kastells – heute steht, seit 1910, sinnvollerweise eine Reiterkaserne auf seinem Platz – ist schon durch seinen respektablen Umfang ausgewiesen. Mit seinen zwanzig Türmen und allen seinen Haupt- und Nebenbauten war es das größte der römischen Neckarkastelle. Wie immer, war ein Dorf dabei. Die 1920 in Angriff genommene Überbauung der Steig hat so viel zutage gefördert, daß wir uns heute gute Vorstellungen von dieser »bürgerlichen« Siedlung machen können. Ihre Bewohner waren wohl in der Hauptsache Kelten, »Gallier«, zu denen sich mancherlei, auf der Weltverkehrsstraße durchziehendes Volk gesellte, so daß bald eine stadtartige Siedlung heranwuchs, ein Gewerbeort, ein – vielleicht schon in vorrömischer Zeit angegangener – Marktflecken, auf dem vor allem die Produkte der rheinischen Industrie zu haben waren. Ein Kranz von Gutshöfen, manchmal zu förmlichen Gehöften erweitert, lag um dieses, uns dem Namen nach immer noch unbekannte römische Cannstatt, bei Münster und Zazenhausen, bei Zuffenhausen und Feuerbach und so fort. 1930 hob man nahe dem Bahnhof von Bad Cannstatt einen Grabstein mit dem Relief eines Reiters aus dem Boden. Die Inschrift auf dem Stein besagte, daß hier zwei Brüder beerdigt wurden, die in einer persischen Panzerreitertruppe gedient haben. Wir wissen also jetzt, daß Kaiser Alexander Severus, als im Jahre 232 die Germanen über den Limes ins römische Reich, auch ins Neckarland einbrachen, ein großes Heer, darunter persische Panzerreiter, zusammenzog. Mit ihm hat sein Nachfolger Maximinus im Jahre 235 den Feind wieder vertrieben. Der Grabstein bezeugt, daß damals auch bei Cannstatt gekämpft wurde. Für die römischen Waffen war das der letzte Sieg. Bald darauf, im

Jahre 260, verlor Rom das rechtsrheinische Gebiet bis zur Iller an die Alemannen und Schwaben.
Wenn Theodor Plieninger in seiner sehr fleißigen und überlegten »Beschreibung von Stuttgart« im Jahre 1834 noch vermerkt, »nirgends auf Grund und Boden der Stadt, noch in ihrer nächsten Umgebung«, hätten »sich je altdeutsche oder römische Überreste gefunden«, so können wir diese Enttäuschung nun auch für die Römerzeit korrigieren: im Westteil des Rosensteinparks stieß man um 1830, nahe dem Löwentor, auf römische Grundmauern, im Rotwildpark in unmittelbarer Nähe des Bärenschlößles auf ein Stallgebäude mit Hirtenwohnung, am Ostfuß des Kriegsbergs, der beim Hauptbahnhof sich bis an den Nesenbach heranschiebt, auf keltisch-römische Siedelreste, in der Ludwigsburger Straße, als man 1933 eine Wasserleitung baute, entlang der Schloßgartenmauer auf ein römisches Badgebäude; der Hauptteil dieses Gutshofes — Anzeichen eines römischen Gehöfts birgt auch die ehemalige Flur Immenhofen am Fuße des Bopser, Ecke Heusteig- und Bopserstraße — ist heute vom Hauptbahnhof überbaut. Auf römische Siedlungsreste weist auch das Stück eines Falzziegels aus einem alemannischen Kindergrab in den Anlagen. Indessen spürt man deutlich, daß der engere Stuttgarter Kessel jetzt nunmehr als Randgebiet fungiert, als Zubringerbereich für das Zentrum Cannstatt. Die Cannstatter Weihedenkmäler und Gigantensäulen, mitunter meisterliche Arbeiten der Steinmetzkunst, sind in der Mehrzahl aus dem Stubensandstein der Geroksruhe gearbeitet. Dort stieß man 1881 bei der Anlage eines Spielplatzes auf einen von den Römern angelegten Steinbruch. Wo der Feuerbach südöstlich der Spielplätze unterhalb der Doggenburg an den Fuß des Kräherwalds herankommt, haben römische Töpfer Ton abgebaut, in einem Ziegelei- und Töpferbetrieb und vielen Dutzenden von Brennöfen, zu dem eine Reihe von Wohngebäuden gehörte: alles in allem eine große Gewerbs- und Wohnanlage. Der Vertrieb der Kräherwalder Erzeugnisse ist von Cannstatt aus erfolgt.
Das Stuttgarter Tal zeigt sich für den, der über die Folgezeit farbigere Auskunft haben möchte, immer noch recht spröde. Zwar trifft es nicht ganz zu, daß »aus den auf die Vertreibung der Römer folgenden ersten Jahrhunderten alamannischer Landnahme«, entsprechend gleichen Vorgängen im Lande, »über das Stuttgarter Tal völliges Schweigen herrscht« (Decker-Hauff). Alemannen haben sich das Kulturland des beim Hauptbahnhof gelegenen römischen Gehöfts zunutze gemacht. Schon aus dem Jahre 1607 haben wir eine Nachricht darüber, daß dort ein schöngemauertes Grab gefunden worden sei. 1910 ist beim Bau der Anlagenmauer neben dem Hauptbahnhof ein Steinplattengrab, 1912 ein Grab in der unteren Wolframstraße freigelegt worden: es ist die gleiche Gegend, auf der man Tunzhofen (im 15. Jahrhundert auch »Tunz-

lingen«) zu lokalisieren hat. Auch am jenseitigen, östlichen Talhang, wo man 1878 beim Haus von Gaisburgstraße 2 drei gemauerte Gräber fand, ist ein kleiner Friedhof der frühalemannischen Zeit gesichert.

Freilich sind das zu geringe Zeugnisse, um sie größeren, greifbaren, im genauen Sinne des Wortes »namhaften« Zusammenhängen zuordnen zu können. Daß Stuttgart nicht zu den vom Römeradel gesalbten Bischofsstädten Straßburg, Basel, Konstanz oder Augsburg gehört, in denen spätere alemannische oder fränkische Bevölkerung, praktisch und rechnend, zuweilen für die Tradierung der Kontinuität gesorgt hat, spürt man aus der Retrospektive des Historikers allemal. Das alemannische Cannstatt hat seine Hauptsiedlung in der Niederung südwestlich des Kursaals; hier war die römische Trümmerstätte verlassen worden, so daß von einer faktischen Kontinuität in diesem Falle also nicht gesprochen werden kann. Aber ein Zentrum war dennoch wieder vorhanden, auf dem »Stein« beim Burgholzhof in der Nähe der Altenburg, wo die umwohnende Hundertschaft der Alemannen ihren Gerichts- und Versammlungsort hatte. In diesem nun schon mit geschichtlicher Würde begabten Geviert ist auch die älteste Mutterkirche der ganzen Gegend, Sankt Martin auf der Altenburg, errichtet worden, in der zweiten Hälfte des 7. Jahrhunderts, an einem Platz, »an dem der christliche Herzog spätestens um 700 Hof halten konnte« (Decker-Hauff).

Um die Altenburg legt sich ein – weiterer – Ring von »hausen«-Orten, die einen – engeren – Ring von »hofen«-Orten schützen. Man glaubt annehmen zu dürfen, daß die »hausen«-Orte (unter anderen Mühlhausen, Zazenhausen, Zuffenhausen und Rommelshausen), um 600 bestehend, »etwa auf die Zeit zwischen den Jahren 496 und 536 zu datieren« sind (Decker-Hauff). Auch »heim«-Orte (so Stammheim, Kornwestheim, Schmiedheim, das heutige Schmiden, und die beiden Türkheim) waren um den Mittelpunkt Altenburg konzentriert, ein wenig später, in der Mitte des 6. Jahrhunderts angelegt. Was die »hofen«-Gruppe anlangt, so gehören dazu, außer dem heutigen Hofen und einem abgegangenen Niederhofen, zwei Dörfer, die auf heutiger Stuttgarter Stadtmarkung liegen: Tunzhofen und Immenhofen. Tunzhofen, 1229 erstmals mit Stuttgart zusammen erwähnt, geht in seinen Anfängen wohl bis ins 7. Jahrhundert zurück. Eine eigene Markung ist für diesen im 14. Jahrhundert verödeten, wohl im Städtekrieg 1388 vollends zerstörten Ort sicher belegt. Den Flurnamen des Dorfes nach könnte, was seine Besitzgeschichte angeht, an Vererbung vom alten Herzogshaus an die Karolinger und von diesen an karolingische Hochadlige gedacht werden. Immenhofen, weiter talaufwärts gelegen als die Schwestersiedlung (heutiger Wilhelmsplatz) und 1229 nicht mehr genannt, war damals wohl schon verlassen und in die Stuttgarter Markung eingefügt.

Es wäre überhaupt denkbar, daß in den »Markungen der zwei Gruppensiedlungen Tunzhofen und Immenhofen« das »Stuttgarter Tal völlig aufgegangen« (H. Dölker) ist. Aber da ist noch ein drittes Dorf »Frankenbach«, in dem frühere Forschung oder Chronistik wechselweise Realität oder Legende gesehen hat. Gerhard Wein datiert den Ort, »wenn wir annehmen wollen, er sei wirklich einmal dagewesen«, spätestens in das 8. Jahrhundert und korrespondiert so mit Hansmartin Decker-Hauff, der, von seiner einstigen Existenz überzeugt, gleichfalls seine Anfänge »bis in die Tage der letzten Merowingerkönige« zurückrechnet. Beide bringen die Lage der Siedlung mit dem »Bach« (dem späteren Nesenbach) und dem Übergang der Straßen (Esslinger Straße, »Burgsteige« zu Bopser und Filder) in Verbindung: »Frankenbach« müßte »am Übergang dieser Straßen über den Nesenbach gelegen« haben (G. Wein).
Auf alle Fälle muß die Siedlung, wenn man sie als historisch interpretiert, vor die aus der Ausbauzeit stammenden Dörfer Tunzhofen und Immenhofen gerückt werden. Möglicherweise sagt sie schon durch ihren Namen, daß inmitten der von Schwaben bevölkerten Dörfergruppen auch einmal Franken gesiedelt haben. Daß Konrad II. (1024–1039), der erste salische Kaiser, bei den ältesten Stuttgarter Chronisten als Frankenbacher Ortsherr genannt wird, ist jüngst von Hansmartin Decker-Hauff wieder geltend gemacht worden. Konrad habe schon vor seiner Erhebung zum König in Frankenbach eine Kirche erbaut oder wieder erbaut – so die spätmittelalterlichen Landeshistoriker. Was die Lokalisierung im näheren anlangt, so wäre der Name »Frankenbach« womöglich durch »Nesenbach« abgelöst worden. Wir müßten beides dann »irgendwo zwischen der heutigen Planie, dem Charlotten- und dem Wilhelmsplatz, in oder vor der späteren Leonhardsvorstadt und in der Nähe des alten Bachlaufs des Nesen- oder besser Frankenbachs suchen« (Decker-Hauff). Gerhard Wein macht im Hinblick auf die Jakobs- und Magdalenenkirche, die König Konrad gegründet haben soll, auf den St. Jakobsfriedhof aufmerksam, an der Stelle der heutigen Jakobschule, wonach auch die Jakobstraße benannt ist. »Wenn hier ein Zusammenhang bestehen sollte, so könnte freilich die Jakobskirche ebensogut zu Immenhofen als zu Frankenbach gehört haben.«
Gleichviel: die siedlungs- und besitzgeschichtlichen Verhältnisse im Stuttgarter Tal vor dem 13. Jahrhundert, vor dem Auftreten der »Stadt« Stuttgart, bergen eine Menge von Fragen und Hypothesen in sich. Urkundlich ist im Groß-Stuttgarter Stadtgebiet als Grundbesitzer erstmals das Kloster St. Gallen genannt: Herzog Gottfried von Schwaben beurkundet um 700 in Cannstatt die Schenkung des vicus Biberburgus an der Neckarmündung des Biberbachs, des Feuerbachs, an das Kloster St. Gallen. Bald danach müssen Sankt Galler Mönche ins Tal gekommen sein; die beiden Galluskirchen in Fellbach und im obersten Feuerbach-

tal sprechen dafür. Sie gehören, neben einer ganzen Reihe anderer Kirchen des Cannstatter Raums, zum Großsprengel St. Martin auf der Altenburg. In Cannstatt ist der Sitz der schwäbischen Herzöge, bis sie im sogenannten »Cannstatter Blutbad« des Jahres 746 gestürzt werden.

Punkt im Plan der Dynasten

Und Stuttgart? Das neue schwäbische Herzogshaus – oder noch das alte? – sorgt in unmittelbarer, dafür offenbar geeigneter Nähe des Cannstatter Herzogssitzes für die Anlage eines Tiergartens. Er ist, für den heutigen Stuttgarter Innenbezirk, mit mehreren methodischen Hilfsmitteln erschlossen worden. Aus ihm wuchs – möglicherweise liefen beide Einrichtungen auch für eine Weile nebeneinander her – ein Pferdegestüt heraus, der »stuotgarte«, welcher der späteren Stadt den Namen gab. Die sprachliche Ableitung von stuot, der Pferdezuchtherde, ist ebenso gesichert wie das »Stutenhaus«, mit dem man noch im Reformationsjahrhundert ein Haus nördlich der Stiftskirche bezeichnete. Das älteste Siegel der Stadt Stuttgart, an einer Urkunde des Jahres 1312 hängend, zeigt in einem länglichen Dreiecksschild zwei nach rechts schreitende, übereinander gestellte Pferde. Eine Spur von Pflanzenwuchs deutet auf den Gestütsgarten. Daß Gestüt und spätere Stadt in lokalem Betracht identisch sind, ist nicht zweifelhaft.

Fraglich bleibt nur, wann man das Gestüt angelegt hat. Wer der schon klassischen Tradition der Stuttgarter Stadtgeschichtsschreibung folgt, wird Herzog Ludolf dafür in Anspruch nehmen. Er hatte – Sohn des Sachsen Ottos des Großen – von 949 bis 954 das schwäbische Herzogtum inne und ist 957 im Mainzer Albanskloster begraben worden. Die Ländereien für die räumlich gewiß großzügige Umwandlung des alten Tiergartens in ein Gestüt dürfte er von seiner Gattin Ita erhalten haben, die ihrerseits das Erbe der Mutter übernahm: Reginlinde, zuletzt Äbtissin in Zürich und Gemahlin Herzog Hermanns I. von Schwaben, war, auch das ist ziemlich wahrscheinlich, vorher Besitzerin des Stuttgarter Tals.

Jüngst ist Gerhard Wein über die Interpretationen von Hansmartin Decker-Hauff, der aufs neue die Echtheit der alten Sage von Ludolf, dem Gestütsgründer, unterstrichen hat, hinausgegangen mit dem Hinweis, manches spreche dafür, daß Ludolf das Gestüt von seinem 926 ins Land gekommenen, 948 verstorbenen Schwiegervater Hermann I. übernahm. Ludolf hätte demnach in

seiner bemerkenswert knappen Regierungszeit um 950 das Gestüt nicht erst angelegt, sondern »im Bereich des Stutgartens zu dessen Schutz und zur Sicherung der hier zusammenlaufenden Straßen eine Wasserburg« gebaut, »die den Kern der Burg Stuttgart, des heutigen Alten Schlosses bildet«.
Als die Persönlichkeit, die, wie Hansmartin Decker-Hauff einmal schreibt, »Stuttgart gründete«, wird man Ludolf, einen übrigens in tragischen Verstrikkungen endenden Mann, deshalb nicht ansprechen wollen. Er muß projektierte, wo nicht seit einem oder zwei Jahrzehnten vorgegebene institutionelle Linien weitergezogen haben. Von seinem Vorgänger würden sie sich freilich ganz wesentlich dadurch unterscheiden, daß dem Gestütsplatz jetzt auch eine Sicherungsfunktion und ein militärisch-fortifikatorischer Charakter gegeben worden ist: Keim der späteren befestigten Residenz, Anfang der militärischen Bestimmung Stuttgarts in den nächsten Jahrhunderten.
Wo dieser erste befestigte Platz zu suchen ist, wissen wir: das heutige Alte Schloß ist seit eh und je als das ehrwürdigste Signum Alt-Württembergs angesehen worden, auch nach dem Brand von 1931 und den sehr viel schwereren Zerstörungen des Zweiten Weltkrieges, wo man beidesmal ohne Diskussion an den millionenschweren Wiederaufbau ging. Schwieriger ist die nähere Lokalisierung des Gestüts. Der Untergrund des Schillerplatzes beim Alten Schloß, wo immer wieder die Urzelle der Landeshauptstadt vermutet worden ist, hat auch während der jüngsten und umfänglichen Bauarbeiten für eine Tiefgarage sein Geheimnis nicht preisgegeben. Grob gesagt, entstand die Königsstadt zu Anfang des 19. Jahrhunderts auf dem Boden des Gestüts, auf dem oberen, dem obersten Teil der Anlagen. Sie markieren, in ihrer ganzen, ursprünglichen und unmittelbar bis Cannstatt und bis zum Neckar reichenden Länge freilich, noch heute das Gelände, das einst als Stutgarten diente. Früher in den Händen der Grafen, der Herzöge, des Kurfürsten und der Könige, heute staatlicher Besitz, war und ist dieser Bereich ein Sprengel eigener Art, in seiner Nutzung und seiner baulichen Struktur noch im Stuttgart der Gegenwart ein »anderer«, vom bürgerlich-kommunalen Geviert um Marktplatz und Altstadt deutlich differierender Bezirk. Das vorhin genannte »Stuthaus«, das in seiner turmartigen Form an die mittelalterlichen Wohntürme in Augsburg oder Regensburg erinnerte und das, unmittelbar hinter der Stiftskirche (Stiftsstraße) stehend, Teil der Zahn-Nopperschen Häuser, im Kern selbst die Zerstörungen des Zweiten Weltkrieges überstand, um dann doch einem Parkplatz geopfert zu werden: dieses »älteste Haus der Stadt« lag am Südwestende des in Cannstatt an das alte Herzogsgut anstoßenden Gestüts. Aber es muß auch im Mittelpunkt eines ältesten »Burgfriedens« gelegen haben, der vor der Ummauerung der Siedlung Stuttgart abgegrenzt worden ist. Diesen Burgfrieden, den Kernbezirk des Gestüts, steckt

Hansmartin Decker-Hauff mit der Linie Kreuzung Kronprinz–Kanzleistraße–Prinzenbau–Schillerplatz–Chor der Stiftskirche–Markthalle–Marktplatz ab; vom Marktplatz müßte die Grenze über die Häuser Kurtz und Tritschler und über die Königstraße zur Kreuzung von Büchsen- und Kronprinzstraße weitergezogen werden.

Unnötig darauf hinzuweisen, daß die weitere Entwicklung des Gestüts eine dynastische Sache war. Wir hätten zu gerne gewußt, durch wessen Hände das Gehege im einzelnen ging: für den Adel des früheren und hohen Mittelalters kam ein gutes, ja optimales Reservoir von Pferden modernem Kriegspotential gleich, zumal die Einfälle aus dem Südosten gerade dem süddeutschen Raum jetzt die Bedeutung des Pferdes als eines Kampf- und Bewegungsmittels schicksalhaft demonstriert hatten. Von den Wirtembergern zeigt sich noch keine Spur. Konrad von Wirtemberg, der diesen Namen wohl aus seiner Heimat Luxemburg auf die Burg auf dem Rotenberg übertrug, wo er von der zweiten Hälfte des 11. Jahrhunderts an residierte: von ihnen ist noch keine Rede. Über Ludolf, den schwäbischen Herzog, mag das Gestüt über den Schwabenherzog Otto I. (973–982), über Gerberga von Burgund, die Gemahlin Herzog Hermanns II. von Schwaben (997–1003) auf Gisela (geboren 989, gestorben 1043), die Gemahlin Herzog Ernsts I. von Schwaben (1012–1015), übergegangen sein. Nach dessen Tod müßte Giselas letzter Gatte, der Salier Kaiser Konrad II. (1024–1039), den Besitz Stutgarten in die Hand bekommen haben. Gerhard Wein, der wie Hansmartin Decker-Hauff der Möglichkeit zuneigt, Konrad könne Besitzer des »Fleckens« Stuttgart geworden sein, stellt zur Debatte, ob Konrad seinen Besitz nicht in drei Teile geteilt haben könnte, in einen Teil, der zunächst beim Reich oder doch dem salischen Haus verblieb, wozu vor allem die Burg gehört haben dürfte, in Vergabungen an Halbgeschwister des Königs und schließlich in eine Vergabung an den Markgrafen Hermann von Baden im Jahre 1025.

Auf alle Fälle scheint im ersten Viertel des 11. Jahrhunderts eher eine Zersplitterung als eine Konzentrierung des Stuttgarter Besitzes stattgefunden zu haben. Gewinner an Stuttgarter Boden sind vor allem die bedeutenden Grafen von Calw gewesen, die auch östlich des Neckars und schließlich auch im Filderraum bedeutsame Gebietskomplexe in ihren Händen hatten. Adalbert von Calw hat möglicherweise durch Tausch von seinem Vetter Kaiser Heinrich III. das Gebiet um Stuttgart erhalten; Decker-Hauff leitet von seinem Namen (»Azzo«) das Gewann Azenberg her. Der Blaubeurer Abt Christianus Tubingius, ein gelehrter Mann, hat in seiner zu Beginn des 16. Jahrhunderts verfaßten Klosterchronik vermerkt, als Erbauer des Stuttgarter (Alten) Schlosses sei der Speyerer Domherr Bruno, ein Wirtemberger Graf, bekannt geworden. In zweiter Hinsicht irrt er sich offensichtlich. Einen württembergischen Grafen Bruno gab es nie. Dem ersten Teil der Nachricht hat man in neuerer Zeit wieder Glauben geschenkt, jüngst Hansmartin Decker-Hauff, der in ihm einen Sohn des Calwer Adalbert sieht, einen aus Metz verjagten Bischof Bruno, der ab 1089 die Burg Stuttgart erbaut habe. Gerhard Wein hingegen, der Nachricht des Tubingius gleichfalls vertrauend, sieht in diesem Burgbau aus dem Ende des 11. Jahrhunderts »nur einen Umbau«.

Aber nun reißt wieder der dynastische Faden ab. Wer war der Nachfolger des Stuttgarter Burgherrn Bruno? 1947 hat Karl Otto Müller in den Traditiones Hirsaugienses, einem um 1160 im Kloster Hirsau zusammengestellten, pergamentenen Traditions-Kodex, eine Entdeckung gemacht, die er 1950 veröffentlichte. Wegen der grundsätzlichen Bedeutung des Fundes darf die entsprechende Partie hier ganz zitiert werden: »Eine besonders wertvolle, für die Geschichte der württembergischen Hauptstadt wichtige Nachricht erhalten wir in den Traditiones Hirsaugienses durch den Eintrag über Jahrtagsstiftungen eines Hugo de Stůkarten. Wir erhalten aus der durch Rückfärbung für gute Augen wieder lesbar gewordenen Notiz zugleich die älteste urkundliche Schreibweise des Namens Stuttgart, die in bemerkenswerter Weise der heute im schwäbischen Munde gebräuchlichen Sprechweise nahekommt. Der Stifter schenkt zunächst für seinen Jahrtag zwei Talenta (= 2 Pfund Pfennige) aus Einkünften zu Stammheim. Da Hirsau mit Stammheim OA. Ludwigsburg keinerlei Beziehungen hatte, so muß auch hier Stammheim OA. Calw angenommen werden, woselbst das Kloster auch Eigentümer der Kirche war. Nach den vorhergehenden Einträgen zu schließen, dürfte diese Stiftung in die Zeit um 1160 fallen. Da sie wohl gegen Ende der Lebenszeit des Stifters gemacht wurde, ist das Bestehen des Ortsnamens und der Siedlung Stuttgart mit diesem Eintrag nunmehr durch eine Originalhandschrift, wie es die Traditiones Hirsaugienses sind, für die erste Hälfte des 12. Jahrhunderts urkundlich verbürgt. Die bisher älteste urkundliche Nennung Stuttgarts war die Erwähnung in der Urkunde des Klosters Bebenhausen von 1229, 8. März, worin Papst Gregor IX. dem Kloster Bebenhausen seinen Güterbesitz bestätigt.«

Karl Otto Müller selbst hat damals die Vermutung ausgesprochen, dieser – nach anderen früher, um 1100 anzusetzende – Eintrag nenne einen Mann, der in nahen verwandtschaftlichen Beziehungen zum Calwer Grafengeschlecht gestanden habe. Decker-Hauff nimmt an, der vor 1156/64 gestorbene Hugo habe den ein halbes Jahrhundert nach 1101/05 verstorbenen Bruno beerbt. Gewohnt hat er auf einer der Stuttgarter Burgen, vielleicht im »Steinhaus im Forst« zwischen Feuerbacher Tal und Stuttgarter Tal. Aber auch eine längere Dynastie dieses Hauses Stuttgart–Calw existiert nicht. Wir wären am Ende und müßten uns mit der allerdings bündigen Erklärung begnügen, der wirtembergische Graf Ulrich I., der Stifter »mit dem Daumen«, der von 1241 bis 1265 regierte, habe Stuttgart gegründet (»gestiftet«), wenn nicht der Stuttgarter Ratsherr Sebastian Küng in die 1554 verfertigte Chronik seiner Vaterstadt die Notiz eingerückt hätte: »Das stuthaus, das vor alters her gewesen, ist hernach ein dorff und nachvolgender zeitt durch markgraff Rüdolff von Baden ummauret und anno 1119 mitt stattrecht begabett, nun fürohin ain statt und ort der fürstlichen haus- und hofhaltung im landtt Wirtemberg worden, treffenlich an leitten und gebeiwen, für all ander stett, nitt alain in Schwaben, sunder auch in nachgelegnen landen zugenumen und erweitert, wie mier hernach an gelegnen orten hören werden; das ist gewiß und war, daß sie baldt aus ieres stiffters marckgraff Rudolffs handen komen und graff Hannsen von Wirtenberg von wegen seiner gemachell, wie oben erzelt, zuthail worden.«

Die Nachricht ist öfter wiederholt worden, von Nikodemus Frischlin, der in einem Opus des Jahres 1577 davon redet (»Badens Markgraf gründete sie, so lautet die Sage«), von Jakob Frischlin, mit wörtlichen Anklängen an Küng, von anderen Chronisten. Nachdem aber eine »amtliche« Persönlichkeit wie der württembergische Kanzler Johannes Feßler fast zur selben Zeit wie Küng ausdrücklich die »württembergische« und nicht die »badische« Version vertrat, glaubte die württembergische Landesgeschichtsschreibung, fortan sich damit zufrieden geben zu sollen. Erst Eugen Schneider, mit viel Scharfsinn gerade den Anfängen Stuttgarts auf den Fersen, hat dem »Markgrafen« Hermann I. von Baden Grundbesitz in Stuttgart zugebilligt. Und Julius Hartmann, neben Gustav Bossert damals der unbestrittene Repräsentant der Landeshistorie, schreibt in der von den Bürgerlichen Kollegien Stuttgarts gelegentlich der Rathauseinweihung 1905 herausgegebenen »Geschichte der Stadt Stuttgart«: »So ist es denn nicht unwahrscheinlich, daß Stuttgart mit seinen Zubehörden an das Haus Württemberg durch die eben genannte Mechthilde (oder Mathilde, d. Vf.), Tochter des badischen Markgrafen Hermann V. gekommen ist, als Graf Ulrich I. mit dem Daumen sie als seine erste Gemahlin heimführte.«

In der Tat ist diese Nachricht nicht unwahrscheinlich. Die Jahreszahlen der humanistischen Gewährsleute lassen wir aus dem Spiel. Sie haben damals nicht den Stellenwert, den sie seit der kritischen Ortsgeschichtsschreibung aus dem Anfang des 19. Jahrhunderts haben; die Namen »Rudolf« und »Hans« sind nach dem modernen genealogischen Material zu verbessern. Freilich bleibt die Frage immer noch offen, wie der Stuttgarter Besitz der Linie Calw–Stuttgart an Hermann V. von Baden (1190–1242) und seine Gemahlin Irmgard von der Pfalz (1202–1259), die Mutter Mathildens, schließlich gelangt ist. Wenn man nicht in der oben genannten Vermutung – Vergabung eines Teils des Stuttgarter

Grundes durch König Konrad II. an den ersten badischen Markgrafen Hermann – einen Fingerzeig sehen will: urkundliche Belege für diesen Erbgang gibt es nicht. Um die Küngsche Auskunft zu stützen, hat man heraldisches Material herangezogen und, ältere Forschung ausbauend, auf jenen Dienstmannen-Kreis aus dem niederen Adel hingewiesen, der vom Ende des 12. Jahrhunderts an rund um die Altenburg saß. Was ihre Wappen – Schrägbalken, das Wappen der Markgrafen von Baden – angeht, gehören diese sieben Familien zu einer geschlossenen Gruppe, die den Markgrafen von Baden gedient haben müssen. »Die Heraldik gestattet den Nachweis, daß um 1200 – oder kurz danach – ein Markgraf von Baden in Stuttgart Ortsherr gewesen sein muß« (H. Decker-Hauff).

Selbst wer den hypothetischen Charakter dieser – und anderer – Hilfen unterstreichen sollte, wird Stuttgarts badische »Gründung« innerhalb der historischen Zusammenhänge doch als naheliegend ansehen müssen. Vor 1200 sind im Stuttgarter Tal vornehmlich die Calwer und die Welfen begütert. Die Staufer fehlen ganz. Ihnen aber verdankt man vornehmlich die um 1200 praktizierten Städtegründungen in Württemberg. Keines der Adelsgeschlechter in Schwaben war ihnen damals ebenbürtig, was politische Macht, staatsmännisches Niveau und administrativ-organisatorische Leistung anging. Nur die Zähringer gingen ihnen da voran, mit einem überlegenen, durch Gründungen und Weiterbildungen von Städten operierenden Territorial-System. Daß die älteste Seitenlinie des zähringischen Herzogshauses, die Markgrafen von Baden, von dieser Städtepolitik nicht inspiriert und nicht belehrt worden wären, ist kaum anzunehmen. Neueste Forschung hat denn auch, unabhängig von der Stuttgarter Gründungsfrage, überzeugend nachgewiesen, daß es eine spezifisch markgräfliche Städtepolitik nicht nur gegeben hat, sondern daß sie, und zwar vor den Württembergern, nach einem konkreten territorialpolitischen Konzept ausgerichtet war. Man braucht dabei nicht so weit zu gehen, mit dieser badischen Städtepolitik auch einen übertragbaren, im badischen Pforzheim idealtypisch angelegten Grundriß zu erkennen, mit dem Endergebnis: »Stuttgart hat den Pforzheimer Grundriß übernommen« (Decker-Hauff). Einläßliche topographische Untersuchung ist heute der Meinung, der bisher als ursprüngliche Stadtanlage angesehene Kern der Stuttgarter Altstadt weise »keine sofort in die Augen scheinende Übereinstimmung mit dem Grundriß von Pforzheim auf« (G. Wein).

Innerhalb des badischen Städtekonzeptes kann Stuttgart aber sehr wohl eine Bedeutung gehabt haben. Die – historisch unbezweifelten – badischen Städte beginnen vor den Toren Stuttgarts mit Hoheneck, Backnang, Besigheim, Lauffen, Eppingen, Sinsheim, Pforzheim. Sie standen nicht beziehungslos da, sondern lebten immer auch aus den gemeinsamen Beziehungen, in personaler, in wirtschaftlicher, in administrativer Hinsicht, die aus den – freilich spärlichen – Urkunden zu erschließen sind. Daß einzelne solcher Beziehungen zwischen Pforzheim und Stuttgart bis jetzt herausgearbeitet worden sind, fällt immerhin auf. Von Selz im Elsaß geht *eine* politisch-territoriale Achse der Markgrafschaft Baden bis Backnang. Sie wird, endgültig im 16. Jahrhundert, bis auf das Stück Beinheim–Pforzheim verkürzt; das neue politische Kraftfeld war schon ein Jahrhundert zuvor aus der Ost-West-Linie in die Nord-Süd-Linie gedreht worden. In dieser ursprünglichen Achse Selz–Backnang muß das unfertige, allem Anschein nach als »Stadt« jüngste Stuttgart seinen Platz gehabt haben. Es ist *auch* ein Punkt der Dynasten, jetzt für die badischen Markgrafen, deren Ausgriff nach Osten der militärischen Stützpunkte bedarf.

Daß Stuttgart, gestern noch Burg und Gestütshof, heute kaum eingefügt in diese flächenstaatlichen Intentionen, nicht gleich auch mit den vorzüglichen Würden einer Residenz begabt ist, nimmt nicht wunder. Hermann V., der Stuttgarter »Stadtgründer«, um ihn so zu signieren, ist nicht in Stuttgart, sondern zunächst drüben in Backnang begraben worden, wo von den Markgrafen vor 1116 ein ehrwürdiges Chorherrenstift etabliert wurde, die gleiche Institution, welche die Wirtemberger als Grafen 1321 aus Beutelsbach dann auch in »ihre« Stadt holen. Eine militärische, eine strategische Gunst und Bedeutung hat Stuttgart längst vorher. Letzten Endes liegt in dieser Bedeutung auch eine der Antworten auf die Frage, warum Stuttgart als Residenz- und Hauptstadt Konkurrentinnen wie Urach oder Tübingen aus dem Feld geschlagen hat.

Man wird sich hinsichtlich der militärischen Bedeutung mittelalterlicher Städte von Kategorien moderner oder gar modernster Kriegführung völlig trennen müssen. Im Falle Stuttgarts gilt es zu bedenken, daß Oberbürgermeister Strölin, assistiert von Kreisleiter Fischer, im April 1945 Reichsstatthalter Murr und seinen verzweifelten Verteidigungsplänen gegenüber erklärte, »Stuttgart als Verkehrsknotenpunkt« habe »keine Militärbedeutung, da die Vormarschstraßen des Feindes an Stuttgart vorbeiführten«. In der Tallage als solcher muß eine Schutzfunktion gelegen haben. Die Lage der Nachbarstadt Esslingen, deren Stadterhebung von neuesten Forschern auf die in zeitgenössischen Berichten immer wieder hervorgehobene militärische Bedeutung zurückgeführt wird, war der Stuttgarts im Prinzip sehr ähnlich. Die Gunst der Stuttgarter Lage wird dadurch noch verstärkt, daß die – sonst stadtfeindliche – Verkehrsentlegenheit der Stuttgarter Wasserburg der gräflichen Familie einen besseren Schutz bot als selbst die wirtembergische Hochburg über dem Neckartal, die von Esslingen ständig bedroht war und auch einmal zerstört wurde. Überdies war Stuttgart von einem Kranz fester Burgen umgeben.

Wie sehr man sich, wohlgemerkt in mittelalterlicher Zeit, auf die »Befestigung«

durch die bloße Lage verlassen konnte, verraten die qualitativen und quantitativen Verhältnisse der Stuttgarter Ummauerung. Daß sie im 13. und 14. Jahrhundert dem »Umfang nach nicht bedeutend« war, ist schon der Stuttgarter Geschichtsschreibung des 19. Jahrhunderts aufgefallen. Als Herzog Ulrich, intimer Kenner der Stuttgarter Fortifikation, im August 1519 noch einmal gegen die Stadt zieht, lagert er sein Heer im Nordwesten der Stadt, an der allerschwächsten Stelle: die Liebfrauenvorstadt hatte für weite Strecken noch immer einen einfachen Graben, Plankenzäune und einen Dornverhau. So sah die Residenzstadt des Herzogtums Württemberg aus – so konnte sie es sich leisten, auszusehen. Im Bauernkrieg macht die Stadtobrigkeit geltend, sie habe nicht nur eine wenig waffenfähige Mannschaft, sondern sei auch eine unverwahrte Stadt. Und 1740 meint Johann Hermann Dilhelm, Stuttgart sei »an sich nicht gar feste, sondern nur mit einer Mauer umgeben«.

Eine Residenz – und zumal eine württembergische – wählt man nicht nach Laune oder deshalb, weil es die Altvorderen auch so machten. Irgendwann einmal kommt die Phase, in der die Dinge überprüft und relativiert werden müssen, in der die Residenz ihre »Haltbarkeit« beweist oder nicht. Stuttgart hat diese Feuerprobe bestanden. Im August 1287 wird die Stadt von Rudolf von Habsburg belagert, vom deutschen König, der in diesen Tagen und Stunden den Versuch wagt, das Herzogtum Schwaben wieder dem Reich zurückzuerobern. In diesem, für die deutsche Geschichte entscheidenden Augenblick, hält Stuttgart stand. Das ist ein objektives Faktum, das die Stadt für sich buchen kann. Das Subjektive liegt in ihrer Natur und Landschaft. Die »Herren« im Schloß hat auch der Wald- und Wildreichtum der unmittelbaren Umgebung gelockt. Auch von dieser Sicht her ist Stuttgart in schöner Weise auf eine mittelalterliche Residenz zugeschnitten. Zu Ackerbau reicht es nicht. In den urkundlich belegten Stuttgarter Bürgeraufnahmen des 17. und 18. Jahrhunderts taucht die Berufsbezeichnung des Bauern oder Landwirts gar nicht auf. Dafür betont Graf Eberhard gelegentlich der Stiftsverlegung in der Urkunde vom 25. Januar 1321 ausdrücklich, daß das Stift »uf dem lande lag, von unfride dicke gebresten«. In der Stadt Stuttgart war das Stift sicherer.

Wir sprechen von der »Stadt«: wann ist Stuttgart Stadt geworden? Die Erklärung, in der von Küng gebotenen Jahreszahl 1119 stecke ein Schreibfehler, der in 1219 zu verbessern sei, so daß Stuttgart »etwa von 1219/20 bis 1246/48« eine »badische Stadt« war (H. Decker-Hauff), hat wohl auszuscheiden. Es ist überhaupt nicht unproblematisch, im Hinblick auf die mittelalterliche Stadt des deutschen Südwestens generell von einer »Stadtgründung« zu reden. Das Etikett erweckt den Eindruck, als ob durch so geschlossenen wie gezielten Verwaltungsakt eine Stadt aus dem Nichts und ohne Vorgang »gegründet« worden sei. Für manche der kleineren und kleinen freiherrlichen Städte des Südwestens in der zweiten Stadtgründungswelle des 14. und 15. Jahrhunderts, unter denen viel ehrgeizige Kopien und noch mehr Fehlgründungen waren, mag das zutreffen. Für die größeren, gewichtigeren Städte der staufischen und unmittelbar nachstaufischen Epoche wäre das die Ausnahme. Sie greifen meist auf eine so alte Siedlungsentwicklung zurück, so daß hier richtiger von gewachsenen Städten und Stadterhebungen gesprochen wird. Auch sie sind natürlich durch konkrete, in manchen Fällen auch historisch greifbare Rechtsvergaben fixiert. Aber auch eine derartige Stadtrechtsverleihung – 1330 wird Cannstatt durch den deutschen König Esslinger Stadtrecht verliehen – meint nicht einen punktuellen Akt, sondern einen historischen Prozeß: die Stadtwerdung ist, in historisch-realem Sinne, nicht mit diesem oder jenem Tag da, sondern umfaßt mit allen ihren rechtsorganisatorischen, fortifikatorischen, sozialen und kulturellen Konsequenzen einen Vorgang, der sich über Jahre oder Jahrzehnte hinziehen kann. Die Badener haben, das gehörte zu ihrem städtepolitischen Konzept, ihre Städte kurz gehalten. Die hohe Gerichtsbarkeit haben sie ihnen nie gegeben, wenn auch der Rat den Titel »Gericht« führte: die Bindung an den Herrn war die Hauptsache.

1286, als Stuttgart schon württembergisch war, erscheint urkundlich erstmals ein Stuttgarter Stadtgericht, mit dem ersten, dem Namen nach bekannten Stuttgarter Schultheißen Reinhard aus dem Geschlecht der Herren von Berg und Brie und seinem Nachfolger Konrad genannt an dem Raine: beide kommen sie aus jenen ehemaligen, wohl in badischen Diensten stehenden Ministerialengeschlechtern mit dem Schrägbalken. Im gleichen Jahr trotzt die Stadt der Belagerung Rudolfs. Und 1312 siegelt Stuttgart seinen Kapitulationsvertrag mit Esslingen durch die Siegelumschrift: »Si(gillum) UNIVERSITATIS BURGENSIUM IN STUTGARTEN« (Siegel der Bürgergemeinde von Stuttgart). Möglicherweise ist diese Umschrift, ein Jahrhundert zuvor schon von Esslingen gebraucht, von dort inspiriert. Immerhin erscheint die Stadt Stuttgart jetzt in komplettem Sinn, mit einem Schultheißen, dessen Wahl Esslingen den Stuttgartern fortan frei überläßt, mit Richtern, mit der »gemainde«. 1343 taucht die Stadt noch ein einziges Mal mit einem Stadtsiegel auf, mit der Bezeichnung »civitas«, die für die vorhandenen oder werdenden Reichsstädte, aber auch die württembergischen Städte schon des 13. Jahrhunderts geläufig war. Dann verschwindet das Stuttgarter Stadtsiegel für viele Jahrzehnte. Daß Stuttgart im Jahre 1286 Stadt ist, darüber gibt es keine Zweifel. Die Konstituierung der Stadt beziehungsweise der Stadtgemeinde kann eine, kann zwei Generationen in Anspruch nehmen, womit wir, von diesem immer noch zufälligen, aber nicht gänzlich abseitigen Datum ausgehend, für die entscheidenden Schritte zur

Stadterhebung Stuttgarts in die Mitte oder das zweite Drittel des 13. Jahrhunderts kämen.

Das ist zugegebenermaßen für modernes Empfinden eine höchst unpräzise Sache. Aber mittelalterliche Geschichte weicht unseren an exakte Daten und Fakten orientierten, naturwissenschaftlich-ungeduldigen Vorstellungen gerne aus. Vielleicht ist die rein chronologische Frage der »Stadtgründung« auch, von der verständlichen Zahlenneugier abgesehen, eine sekundäre Sache. Sehr viel entscheidender war, daß und wie die junge Stadt Stuttgart 1286 König Rudolf die Stirne bot. Am 23. September rückte das Heer Rudolfs heran, unter ihm so hervorragende Männer wie Graf Albrecht von Hohenberg. Man nimmt wohl mit Recht an, daß die »Wagenburg«, die Rudolf errichtet haben soll, beim heutigen Eugensplatz aufgerichtet worden ist. Von diesem festen Lager aus betreibt Rudolf alle Anstrengungen, um die Stadt in die Hand zu bekommen. Aber auch die Stuttgarter setzen alles daran. Am 27. September überfallen sie die Königlichen bei Hedelfingen, töten den Edelfreien Diepold von Bernhausen, machen Gefangene, schnappen sich Pferde. Ein Wolfram von Bernhausen stand damals in den Diensten des Stuttgarter Stadtherrn, des Grafen Eberhard des Erlauchten (1279–1325): so eng waren die Fronten zwischen Freund und Feind. Rudolf holt Verstärkung beim Erzbischof Heinrich von Mainz, den er kurz vor der Belagerung auf Fahrt nach Thüringen geschickt hatte. Sieben Wochen dauert die Belagerung. Dann bricht Rudolf ab und schließt mit Eberhard, dessen Widerstandsmöglichkeiten sicher bald erschöpft gewesen wären, einen glimpflichen Frieden: der Rechtszustand vor dem Krieg soll wiederhergestellt, die Gefangenen und Bürgen sollen frei werden, Eberhard muß als Friedenspfand seine Burgen Rems (bei Neckarrems) und Wittlingen (oberhalb von Urach) Vertrauensmännern des Königs übergeben, seine Schulden an Juden und Christen bezahlen und Stuttgart zur Schleifung der Mauern ausliefern. Ein Teil der Befestigung Stuttgarts muß sofort geschleift worden sein. Spätestens zu Beginn des Jahres 1287 scheint der Mauerkranz wieder intakt zu sein. Eberhard leistet erneut Widerstand. Im Oktober 1287 hat er wieder mit dem Erscheinen des Königs vor der Stadt zu rechnen. Schon sind ihm mehrere starke Burgen zerstört worden. Der württembergische Graf sieht die sichere Niederlage voraus. Er nimmt am 23. Oktober 1287 in Esslingen den Frieden an, einen drückenden, aber im ganzen annehmbaren Frieden. Von Stuttgart oder seiner Zerstörung ist nicht mehr die Rede.

Eberhard und Esslingen, genauer gesagt: der Vertreter der feudalen Herrschaft und die Repräsentantin der bürgerlichen Genossenschaft benützen die folgenden Jahre nur zur Ruhe vor dem Sturm. Es gibt da ein paar juristische Divergenzen zwischen beiden Gegnern, Anzeichen eines kalten Krieges. In Wirklichkeit aber geht es um die Frage, ob im Neckarschwäbischen ein eigenes, städtisch-genossenschaftliches Territorium aufgerichtet werden kann, ein auf eidgenössischen Verbindungen ruhendes unabhängiges Reichsterritorium, oder ob die flächenstaatliche Konzeption der »Herren« die Zukunft hat. Die Kämpfe mit und neben Rudolf waren nur ein Vorspiel. Der Reichskrieg Heinrichs VII. gegen Eberhard wird auch für Esslingen zur günstigen Stunde. Esslingen schwingt sich zum Vorort des eidgenössischen Vereins auf. Es ist so sehr von der Verwirklichung des städtischen Projekts fortgerissen, daß es städtische Güter verpachten, ja verkaufen muß: die Stadt hat alles auf eine Karte gesetzt. Sie scheint zu stechen. Rotenberg und Beutelsbach werden zum Abfall gebracht. Eberhard, vom Kriegsglück verlassen, flieht heimlich aus dem Land. Esslingens Haß bohrt sich im Herzen des wirtembergischen Gegners fest: in der Stiftskirche zu Beutelsbach wird die Familiengruft der Wirtemberger zerstört, eine noch für nachkommende Generationen unverständlich gräßliche Tat. Und dann kommt es zur Kapitulation: am 31. Juli 1312 unterwirft sich Stuttgart dem Reich und der Stadt Esslingen. Am gleichen Tage kapituliert Neuffen, längere Zeit vorher muß Beutelsbach die Waffen gestreckt haben. Am 5. August folgen Leonberg und Waiblingen, am 22. August Schorndorf, am 29. August Backnang. Allen voran zieht Stuttgart. Das Territorium und die Stadt Stuttgart erscheinen erstmals in schicksalshafter Identität.

Es ist keine Frage, daß niemand damals dem landesflüchtigen Grafen und seiner Herrschaft Wirtemberg auch nur eine einzige Überlebenschance gegeben hätte. Esslingen schien sein Ziel erreicht zu haben. Die Stuttgarter indessen haben Esslingen geschworen, »daz wir in iemerme beholfen und undertaenig mit liebe und mit guote sien ewegeclich«. Stuttgart hat Esslingen die dem Landesherrn Eberhard gezahlten Nutzungen zuzuwenden. Aber die Stuttgarter dürfen sich dafür auch ihren Vogt selbst wählen, und mit der Schultheißenwahl haben sie etwas, was vor dem Kriege nicht einmal den Esslingern zustand. Stuttgart ist eine Reichsstadt minderen Ranges unter Esslingens Führung. In Esslingen selbst mag man in dieser indefiniten Rechtssituation, die Ludwig der Bayer ausdrücklich bestätigt hat, das augenblicklich Notwendige gesehen haben: eine königliche Sanktion des eigenen Lavierens zwischen den Ansprüchen des Reiches und den Interessen der eigenen Tasche.

Aber der Erfolg verschwand so schnell, wie er sich einstellte. Der Reichskrieg zwischen Ludwig dem Bayern und Friedrich von Österreich findet am Sonntag, dem 19. September 1316, sein Ende. Damals verliert Ludwig durch ein Gefecht, das zufällig beim Wasserholen der Troßknechte an der Esslinger Pliensaubrücke aufgeflackert war, seine Position in Innerschwaben. Der Sieg neigt sich auf seiten Friedrichs. Esslingen sieht sich gezwungen, am 20. Dezember 1316 in der

Reichsstadt einen Vergleich mit dem wirtembergischen Grafen zu schließen. Er stellt im wesentlichen den alten Status wieder her und läßt dem Grafen die Rechte, die ihm bis dahin in der Stadt Esslingen zustanden.
Für Esslingen ist keinerlei Gewinn geblieben. Den Vertrag haben zehn Bürger der württembergischen Landstädte – »uz unserre der vorgenannten graven von Wirtenberge stêt« – mitbeschworen. Die kurz zuvor versuchte Reichsstandschaft dieser Städte legt jetzt den Keim zu einer ersten bürgerlichen Landstandschaft. Stuttgart, bezeichnenderweise in einer Zeit, in der das wirtembergische Territorium gerade der Katastrophe entging, der Sitz des Grafen, erweist sich in dieser Stunde höchster Bedrängnis als ein ruhender Pol. Die Verlegung des wirtembergischen Erbbegräbnisses von Beutelsbach nach Stuttgart, nicht ohne Eigenmächtigkeiten des Grafen vollzogen und erst hernach durch den Konstanzer Bischof legitimiert, rundet dieses Bild nur noch ab. Das Stuttgarter Chorherrenstift hat die doppelte Aufgabe, den Gottesdienst an der Stiftskirche zu besorgen und das Erbbegräbnis des Grafenhauses in seine Obhut zu nehmen. Es hat das Recht der freien Vermögensverwaltung, der Einberufung zu Kapitelversammlungen, der Beschlußfassung und die volle Disziplinargewalt über seine Mitglieder. Es ist unter den übrigen Stiften des Landes, Tübingen ausgenommen, bald das größte. Für die Residenz ist der Anfang gemacht.

Der Garten der Gotik

Wer die Geschichte einer Stadt zu verfolgen hat, deren Geschicke so unmittelbar mit Laune und Lust der Dynasten verknüpft, ja aus topographischer Bedrängnis heraus den feudalen Eingebungen ausgeliefert ist, gerät in die Versuchung, auf den blassen Konturen der »Stadt« eine Geschichte von Stadtherren zu schreiben. Sicher liegt der primäre Sinn aller Stadtgeschichte und Stadtentwicklung darin, spezifisch kommunale Aufgaben: die Befreiung des Menschen aus den Mechanismen egoistischer Herrschaft, die Ermöglichung eines Zusammenlebens innerhalb selbstgesetzter, auch sozial und geistig durchwirkter Ordnungen verwirklicht zu sehen. »Stadt« meint nicht Monopol von Macht und Wissen, das zuerst in der Hofhaltung, in der Zitadelle errichtet worden ist, nicht die unangetastete Autorität und die hierarchische Sozialordnung des Feudalismus, nicht Imperium, auch in seiner sinnlos-kleinsten Ausprägung nicht, sondern Vermittlung und Umsetzung von Ideen in gemeinschaftliche, in kollektive Gewohnheiten. Stadt ist in diesem Sinne die kostbarste Erfindung der Zivilisation. Als Gefäß, als gesellschaftlich angemessene Verkörperlichung steht sie nur hinter der Sprache zurück.

Die Rolle der württembergischen Grafen innerhalb dessen, was mit der »civitas« Stuttgart angelegt war, kann auf diesem Hintergrund nicht ernst genug genommen werden. Haben die Grafen das kommunale Eigenleben und die inneren Ansprüche des Bürgers gefördert? Oder war Stuttgart lediglich das Anhängsel an eine von niemandem kontrollierte, ehrgeizig verfolgte Eigenherrschaft? Der Blick auf die Grafenstandbilder im Stuttgarter Stiftskirchenchor, die kunstgeschichtlich heute zweifellos zum Interessantesten gehören, was Alt-Stuttgart zu bieten hat, hat Hansmartin Decker-Hauff in seiner Stuttgarter Geschichte den Ausruf entlockt: »Das waren Kerle!« Es ist kein Zweifel, daß eine Handvoll Männer innerhalb von zwei Jahrhunderten ihr Land von einem aus größeren politischen Kraftfeldern noch kaum heraustretenden Besitzkonglomerat zum angesehenen Herzogtum gebracht haben, daß Eberhard der Milde, nach dessen Tod sich das alte Württemberg bis 1800 nicht mehr wesentlich vergrößerte, im

Jahre 1400 von den deutschen Fürsten für die Kandidatur zum deutschen König vorgeschlagen worden ist. Ob diese, um es modern zu sagen, expansionistische Politik zu Gunsten oder zu Lasten der Kommune Stuttgart zu setzen ist, wäre leicht zu erraten. Ganz abgesehen davon, daß sich diese wirtembergische Grafenreihe, Dynasten des 15. Jahrhunderts, bei näherem Betrachten doch als eine sehr ungleichartige Phalanx zeigt: »Ulrich der Vielgeliebte war als Regent nicht glücklich«, Eberhard der Jüngere, »recht dilletantisch als Heerführer«, nicht minder. Er ist 1498 »wegen krasser Unfähigkeit in den Ruhestand geschickt worden«, im gleichen Jahr, in dem die Dynastie gerade auf diesen vier Männern ruhte: »einem eingekerkerten Tobsüchtigen, einem geflüchteten Tyrannen, einem elfjährigen Jungen und einem Säugling von acht Wochen« (H. Decker-Hauff).

Was mit territorialstaatlichen Maßstäben gemessen ein fragwürdiges, wo nicht belastendes Unternehmen sein mochte, konnte für die Stadt Stuttgart höchst förderlich sein. Mit dem Jahre 1442, in dem Ulrich der Vielgeliebte mit seinem Anteil Wirtembergs auch Stuttgart erhielt, beginnt eine neue Epoche der Stadtgeschichte, deren sichtbarste Verdienste Ulrich selbst zuzuschreiben sind. Im Hinblick auf Stuttgarts Fortgang war Ulrich ein Mann von Einfällen und Tatkraft, der nicht nur bauen, sondern auch die Straßen pflastern ließ. Sein »Beilager« mit der zweiten Gemahlin Elisabeth, der baierischen Herzogstochter, muß für die kleine, karge, an den dumpfen Ton der Belagerungsmaschinen gewöhnte Bürgerschaft wieder eine große, freudige Sache gewesen sein.

Verglichen mit dem, was jetzt geschah, war das Jahrhundert zuvor in Stuttgart nicht eigentlich von dynamischen Entwicklungen gezeichnet. Es ist wie ein Sinnbild, daß sich, außer den Urkunden der Jahre 1312 und 1343, aus dem ganzen 14. Jahrhundert kein Stuttgarter Stadtsiegel mehr gefunden hat. Die Fehlmeldung spricht nicht gerade für eine übertrieben selbständige, kommunale Geschäftigkeit. Am 7. Mai und am 24. Juli 1376 bittet Graf Eberhard der Greiner seine Stadt, ihr Siegel an Briefe zu hängen. Vorher hat er, der Graf, für die Stadt gesiegelt. Sollte hinter der Bitte eine förmliche Verleihung und also ein deutlicher Schritt vorwärts im kommunalen Prozeß verborgen gewesen sein? Oder haben diese Schreiben einer Sache gegolten, die längst Übung und Selbstverständlichkeit war, lediglich mit dem Hintergedanken, sich eines Gemeinwesens zu versichern, dessen der »Herr« in einer von antifeudalen, nämlich bürgerlich-städtischen Bewegungen geschüttelten Zeit besonders bedurfte? Ein paar Monate später nach dieser doppelten Bitte des Grafen stand tatsächlich ein Heer der schwäbischen Reichsstädte, unterstützt von Herzog Lupolt von Österreich, vor Stuttgart. Aber es zog, nachdem es einen Tag lang nach Kriegsbrauch die Rebenberge um die Stadt umgehauen und so wenigstens der Stadtwirtschaft einen

Schlag versetzt hatte, wieder ab. Der Nimbus der Uneinnehmbarkeit der Stadt war aufs neue gewachsen. Aber die politische Situation war nicht viel anders, als während und nach der Belagerung von 1286. Der Städtebund war von Kaiser Karl IV., von »des Heiligen Römischen Reichs Erzstiefvater«, wie Maximilian ihn nannte, genehmigt. Der wirtembergische Graf hatte die niederschwäbische Landvogtei, die sein Haus seit dem Ende des vorigen Jahrhunderts mit ein paar Unterbrechungen verwaltet hatte, eingebüßt.

Jetzt, unter Ulrich dem Vielgeliebten, ist man über das bloße Erhalten der Existenz hinausgekommen. Jetzt beginnt Stuttgarts städtisches Leben zu blühen. Ulrich macht aus Stuttgart eine spätgotische Stadt, im besonderen aber: er gibt der Stadt das, was sie zur Entfaltung eines eigenen Lebens braucht: ein Rathaus. Daß das mit Schreiben vom 29. November 1456 in Verbindung mit sehr nüchternen Bestimmungen über Steuer, Schatzung und Waaggeld geschah, war damals üblich. Häufig waren diese ersten Rathäuser auch Kaufhäuser, in denen man, wie in Stuttgart, auch Salz verkaufen, Zoll und Lagergeld »sollte nehmen dürfen«. Immerhin brauchte sie die Stadt jetzt nicht mehr in die herrschaftlichen Gebäude, »in unser rathuser« zu tragen. Stuttgart hat dieses manchmal auch »Bürgerhaus« oder »Stadthaus« genannte Rathaus bis zum heutigen Tag an der gleichen Stelle gehabt. Das alte, ein Holzbau auf steinernem Unterstock, unter Herzog Ludwig 1582 verblendet, bekam unter den Fenstern des ersten Stockwerks Wappen der mit dem Hause Württemberg verwandten Fürstengeschlechter in Blendnischen, unter denen des oberen solche der fürstlichen Vorfahren mit Kyriatiden verziert. Die Erneuerung durch Groß im Jahre 1824 nahm ihm diesen Schmuck und verlieh ihm das nüchterne Äußere des 19. Jahrhunderts, bis dann dieser Bau dem am 1. April 1905 eingeweihten neugotischen Stuttgarter Rathaus wich.

Jetzt spürt man auch ein wenig vom sozialen und organisatorischen Ausbau des Gemeinwesens. Eine perfekte, das Zusammenspiel aller gemeindlichen Kräfte und Interessen berücksichtigende »Communordnung«, wie man das dann in der Barockzeit hieß, darf man noch nicht erwarten. Die in den umliegenden Reichsstädten weiter fortgeschrittenen Tendenzen zur kommunalen Autonomie, sicher aber auch das sichtbare Wachstum Stuttgarts legen indessen nahe, die administrativen Aufgaben und Notwendigkeiten inmitten dieses Kräftespiels zwischen gräflichen und gemeindlichen, zwischen herrschaftlichen und genossenschaftlichen Interessen klarer zu fassen. So erscheint in den Stuttgarter Urkunden des 15. Jahrhunderts allmählich schon ein ganzes Spektrum städtischer Verwaltungsbereiche und Dienste. An ihrer Spitze steht der Vogt, der maßgebenden Einfluß auf die Besetzung des Stadtgerichts hat, das seinerseits ein ebenso verwaltendes wie richtendes Kollegium ist. Der Vogt, ursprünglich nicht auf Lebenszeit, sondern für eine bestimmte Frist ernannt, vereint beide Bereiche in seiner Person; er ist herrschaftlicher und kommunaler Beamter. Ihm gegenüber steht, als Vertretung der bürgerlichen Gemeinde, der Rat. Ob er in Stuttgart als echte Gemeindevertretung in der Epoche Ulrichs tätig war oder größere Bedeutung hatte, bleibt dunkel. Man hat eher den Eindruck, als ob die Funktion des Vogts mehr in den Vordergrund getreten wäre, zumal er den erstmals 1286 belegten Stuttgarter Schultheißen im Verlauf des 14. Jahrhunderts verdrängt hatte. Zwar stellt Eberhard im Bart 1482 wieder einen Stuttgarter Schultheißen an, freilich nur in der Absicht, dem Vogt, der mit seinen Geschäften sehr im Rückstand war, dadurch assistieren zu lassen, »Frevel und Fälle einzubringen und zu verrechnen, auch sonst tägliche, geringe Geschäfte auszurichten, damit der Vogt desto besser den Kanzleigeschäften abwarten« könne. Er ist bis ins 19. Jahrhundert der eigentliche Stadtvorstand.

Die Bürgermeister, zunächst vom Stadtgericht gewählt, erst nach einer Verordnung des Jahres 1547 in geheimer Abstimmung durch den Magistrat, hatten ihre Hauptaufgabe in der Führung der von 1451 an belegten Stadtrechnungen zu sehen, des Stadthaushalts, mit dessen zunehmendem Volumen natürlich auch das Instrumentarium dieses Amtes wuchs. Vom 14. Jahrhundert an erhebt die Stadt Stuttgart als Stadt mit der Staatssteuer vom Grundbesitz, einer reinen Vermögenssteuer, noch einen Zuschlag, den »Stadtschaden«, den sie bis ins 19. Jahrhundert als die gewichtigste städtische Steuereinnahme behalten darf. Die Staatssteuer hat die Stadt als Steuerschuldnerin nur vorzuschießen, beziehungsweise weiterzugeben. Daß außer der Zunahme der Steuersummen auch noch die Verwaltungsapparatur, vor allem die um sich greifende Schriftlichkeit, den spezifisch städtischen Instanzen zu einer zunehmenden Bedeutung verhalf, leuchtet ein. 1451 ist in Stuttgart eine Stadtschreiberstelle errichtet worden, ein Amt, das mit dem seit 1452 amtierenden Lorenz Rüttel oder dem 1483 aufziehenden Mathias Horn wie in den Reichsstädten Männer präsentiert, die bedeutenden Familien angehören, akademisch ausgebildete Juristen sind und mit den Grafenfamilien engste Beziehungen unterhalten.

Die städtische Verfassung ist damit, wie gesagt, nicht komplett. Den Anfang dazu macht das von Eberhard 1492 der Stadt überreichte Paket »ordnungen und satzungen«. Die Grundinstanzen sind indessen ausgewiesen. Im übrigen scheint gerade Ulrich der Vielgeliebte seine politische Aufgabe nicht in einem Ausbau der »Stadt Stuttgart«, sondern im Ausbau der Residenz gesehen zu haben. Er ist es, der die Stellung Stuttgarts als Sitz eines Obergerichtes festigt und damit für die oberste Verwaltungsinstanz Stuttgart eine wesentliche Beisteuer leistet. Dem Dorf Murr hat Ulrich am 7. Juli 1456 befohlen, künftig sein Recht in Stuttgart zu holen, da er Marbach und anderen Städten seines Landesteils geboten habe, ihr Recht gleichfalls in Stuttgart zu suchen. Am 8. Dezember 1468 verordnet er, daß es in Frickenhausen in Erbfällen und sonst künftig »nach Gewohnheit und Recht der Stadt Stuttgart« gehalten werden und deren Gericht auch für Frickenhausen Obergericht sein solle. Stuttgarts Vorzugsstellung erscheint in einem bereits sehr deutlichen Licht. Man erinnert sich in diesem Zusammenhang an das vom Grafen Ludwig am 24. Januar 1432 den Stuttgartern gegebene Privileg, solche Kinder, die sich gegen den Willen ihrer Stuttgarter Eltern verheiraten, enterben zu dürfen, ein Recht, mit dem die Stuttgarter »von unsern vordern seligen begnadet« worden seien.

Es ist nicht gewagt, diesen rigorosen »Stuttgarter Brauch«, gegen den es kein Rechtsmittel gab, mit der Sonderstellung der Residenzstadt ebenso wie mit dem Vermögensstand der ersten Stuttgarter Bürgerfamilien in Verbindung zu bringen. Langsam gewinnt auch hier die stadthistorische Landschaft an Profil. Am Ende des 13. Jahrhunderts ist noch von »den« Bürgern die Rede, die ihrem Herrn in der Abwehr im Kampf gegen die Großen Schützenhilfe geben. Zwei Jahrhunderte später zeichnet sich ein gesellschaftliches Tableau ab, das Höhen und Tiefen und entsprechende Farbunterschiede hat. Da gibt es Leibeigene, »arme luite«, die dem Grafen mit Leib und Gut zugehören und neben den gewöhnlichen Steuern auch noch besondere Leibeigenschaftsabgaben zu entrichten haben. Da gibt es ein »uraltes herkomen«, nach dem die Bewohner der Stadt zu Diensten oder Frohnen verpflichtet waren, zwei- oder dreimal im Jahr zu einem halben Tag Handfrohn, zur Schuldigkeit, Hunde auf die Jagd zu führen oder beim Büchsengießen zu helfen. Die Kärcher hatten statt der Handfrohnen dreimal jährlich »mit Roß und Geschirr« Dienste zu leisten, »nach Cannstatt und sonst an den Neckar und sonst, wohin man es verlangte«, die Weingärtner durften im Sommer die sechs Morgen herrschaftlicher Weingärten im Falkert »mit aller Handarbeit« versehen.

Das alles spricht noch nicht für eine auch in der historischen Wirklichkeit dieses 15. Jahrhunderts praktizierte Abtrennung in deutlich akzentuierte Schichten und Klassen. Aber die Privaturkunden der Zeit machen doch klar, daß sich neben den Armen, neben dem jetzt sich bemerkbar machenden städtischen Proletariat, das Stuttgart fortan nie mehr verlassen hat, auch eine städtische Führungsschicht herausarbeitet, die halbe Dörfer und bedeutende Vermögen besitzt, die Ehrbarkeit, die sich von den immer noch ackerbürgerlichen »Großen« der württembergischen Landstädte draußen sehr unterscheidet und am ehesten mit dem Patriziat der großen Reichsstädte in Verbindung gebracht werden kann. Als Eberhard im Bart im November 1492 seine große Stadtsatzung »hiemit zuschickt«, ordnet er gleichzeitig an, »die gemaind« mit den Glocken zusammenrufen und vorlesen zu lassen, nicht »der Stadt« in summarisch-egalem Sinne, sondern »gemainer statt Stutgarten und aller erberkeit daselbst«. Zwischen den gemeinen Leuten und der Ehrbarkeit ist ein deutlich akzentuierter Strich gezogen. Nach den unterprivilegierten, unkontrollierbaren Unterschichten gibt es die große mittlere Gruppe, die Handwerker aller Abstufungen und Tätigkeiten, dazuhin die Weingärtner, gleichsam ein besonderer Staat im Staate.

Natürlich trägt auch die institutionelle Konsolidierung der Handwerkerschaft zur Aufrichtung eines bürgerlichen, städtischen Selbstbewußtseins bei. Die Ordnung der Bruderschaft des Stuttgarter Schmiedehandwerks besteht seit dem 20. Januar 1455. Aber mittlerweile war die Stuttgarter Ehrbarkeit zu einem, auch im politischen und rechtlichen Sinne greifbaren Staat im Staate geworden, mit einer Bedeutung, die natürlich auch auf die Stadt Stuttgart und ihre Funktion als Gemeinde zurückwirkte. Das ist nicht nur in der Stadt zu registrieren, in der Herausbildung von Stadtvierteln und bestimmten Gruppen dieser Schicht vorbehaltenen Wohnquartieren, sondern auch im Gebaren der Stadtverwaltung selbst. Gerade im 15. Jahrhundert hat sich Stuttgart von der Herrschaft bestätigen lassen, daß man von den Sprüchen der Stuttgarter Untergänger, der städtischen Beamten also, die vor allem als Baurechtsbehörde zu fungieren hatten, nicht weiter als an das Stadtgericht appellieren könne. Erst vom Stadtgericht ging der Instanzenzug vor das Hofgericht.

Ein Widerstreit zwischen der Stadt und dem Stadtherrn, dem württembergischen Grafen, hat sich da gar nicht vermeiden lassen. Daß die Stadt als kommunale Institution nicht eigenmächtig davonlief, dafür war gesorgt. Für die Besoldung der städtischen Ämter und Dienste hatte sie jährlich ein paar hundert Pfund auszulegen; die Bezahlung selbst ergeht nominell durch den Stadtherrn. Von der Herrschaft werden auch, nicht aus purer Liebenswürdigkeit, die Kosten »für der Stadt Bau« in der Hauptsache getragen. Den Bauplatz für Fischhäuser oder eine öffentliche Waage erhält man vom Grafen, der von einem zum anderen Mal auch eine Mühle schenken kann: Wohl und Wehe der Kommune sind, kaum daß sie begonnen, an die Hand des Grafen gebunden, auch wenn die soziale Struktur der Stadt anspruchsvoller und differenzierter geworden und die Bevölkerung der bloßen Zahl nach gewachsen ist.

Gerade dieses einfache Rechenexempel – um 1400 hat die Stadt rund viertausend Einwohner, um 1500 dürften wenigstens weitere zweitausend dazugekommen sein – macht verständlich, warum jetzt in der Mitte des 15. Jahrhunderts aus der romanischen Burgsiedlung eine spätgotische Stadt gemacht wird. Die Burg selbst hat als erstes und wichtigstes »Gebäu« der Stadt vielleicht um 1100, im zweiten Viertel des 13. Jahrhunderts und im zweiten Viertel des 14. Jahrhunderts durch Häuser und Vorburg so viel Erweiterungen erfahren, daß aus dem Wehrbau auch ein Wohnbau wurde. Sie kann noch so lange zurückstehen, bis die neuen Belagerungstechniken nach einer Modernisierung verlangen. Dagegen bedarf die Kirche jetzt der baulichen Anpassungen an die neue Architektur und die erworbene Reputation der Grafschaft. Unter den heute noch erhaltenen oder wenigstens im Kern noch erkennbaren gotischen Kirchen auf Stuttgarter Markung, unter denen wir die beiden Cannstatter Kirchen, die Uffkirche und die Stadtkirche St. Cosmas und Damian, hervorheben, die Michaelskirche in Wangen und die Martinskirche in Feuerbach, St. Maria in Untertürkheim, St. Hippolyt in Zuffenhausen, die Barbarakirche und die Laurentiuskirche in Rohr, die Hedelfinger Dorfkirche und natürlich die gut erhaltene Veitskirche in Mühlhausen, ist die Stiftskirche die architektonisch bedeutsamste und würdigste. Daß sie späterhin in aller Selbstverständlichkeit als die rangälteste, höchste evangelische Kirche des Herzogtums fungieren wird, ließe sich schon dem großzügigen Um- und Neubau aus der Epoche Ulrichs des Vielgeliebten entnehmen.

Schon Karl Stenzel hat 1936 die Frage gestellt, ob nicht Sankt Leonhard, der Pferdeheilige, einmal der Hauptheilige der späteren Stiftskirche zum hl. Kreuz gewesen ist. Er hat dabei auch auf den bis zur Reformation reich ausgestatteten, 1343 dem hl. Leonhard geweihten Altar der Stiftskirche verwiesen. Das unterste Geschoß im Südturm der Stiftskirche, das »älteste heute noch in Stuttgart aufrecht stehende Bauwerk« (Decker-Hauff), stammt nach den stilkritischen Forschungsergebnissen von Adolf Mettler und Hans Koepf aus der Zeit um 1170. Decker-Hauff fügt an, es scheine nicht ausgeschlossen, »auch hier an den unbegrenzt freigebigen, ja verschwenderischen Welf VI. als Bauherren zu denken«. Jedenfalls ist damals an die vermutete, älteste Leonhardskapelle, den Betraum des Pferdeheiligen, ein südlicher Turm in romanischer, geduckter Schwere und ein entsprechendes, gedrungenes Schiff angebaut worden. Von dieser immer noch als Kapelle fungierenden Kirche ist außer dem Turmsockel nichts mehr erhalten geblieben. Die oberen Geschosse ihres Turmes sind unter dem vermuteten badischen Markgrafen um 1240 aufgeführt worden. Die Männer, die an dieser Aufstockung gearbeitet haben, kamen aus einer Pforzheimer Bauhütte. Mit der Verlegung des Beutelsbacher Stifts in den Jahren 1320/21 gibt es auch eine Stiftskirche, genauer eine Heilig-Kreuz-Kirche.

Die neu in Stuttgart etablierte Institution fordert auch eine neue Kirche. Ihr Chor wird in den Jahren 1327 bis 1347 nach dem Wimpfener Maßwerkschema aufgeführt: eine langgestreckte, dreiseitig geschlossene Anlage, nicht gerade aufwendig, aber doch von fester, klarer Würde. Unter Ludwig I., der von 1426 bis 1442 Stadtherr war, nimmt man den Faden wieder auf. Mit dem Jahre 1433, in dem sein Bruder Ulrich der Vielgeliebte die Regentschaft mit übernimmt, geht man an das Langhaus des wichtigsten Bauwerkes der Grafschaft. Die Planung geht auf den ersten urkundlich erwähnten gräflichen Baumeister, auf Hänslin Joerg zurück. »Der Entwurf läßt das Vorbild der Esslinger Frauenkirche deutlich erkennen. Beide Anlagen haben dieselbe Jochzahl, dieselbe Portalanordnung, ja sogar eine gewisse Ähnlichkeit im Aufbau des Südwestportals gemeinsam. Auch die Profilierung der Pfeiler, das Verhältnis der Schiffbreiten sowie die Triangulation sind in Stuttgart ähnlich wie bei dem Esslinger Vorbild.« Hans Koepf, dem wir diese Hinweise verdanken, hat auch darauf aufmerksam gemacht, daß der Turm der Stiftskirche, ganz ähnlich wie in den anderen Kirchen der Ensingerschule in Esslingen, Ulm und Bern, in den Kirchenraum einbezogen ist, so daß die untere Turmhalle ein Teil des Mittelschiffs wird.

Es ist also eine spätgotische Hallenkirche entstanden, eine spezifische Gemeindekirche, ohne jene schwerlebige und auch trennende Düsternis, die noch den basilikanischen Räumen der Bettelordensgotik anhaften kann. Der Wiederaufbau der 1944 gräßlich mitgenommenen Kirche, so naiv und so eingezogen, ja ländlich er im einzelnen wirken mag, hatte Gelegenheit, die sozusagen kommunale Gleichheit und Offenheit der Staffelhalle zu unterstreichen. So spürt man heute noch den Atem der großen Predigtkirche im Innern, die Wirkungen, die alle jene Stiftsprediger von Johannes Brenz bis Theophil Wurm, von Lukas Osiander bis Theodor Schrenk, von August Hermann Francke bis Helmut Thielicke nicht nur im Herzen der Stuttgarter, sondern weit ins Land hinein gehabt haben. Die Stiftskirche war und ist das eigentliche Gefäß des Reiches Gottes in Württemberg, Versinnbildlichung einer von den Vätern zu den Söhnen weitergegebenen Überzeugung, Wahrzeichen der Landeshauptstadt im tieferen Sinne des Wortes.

Ihrer Vollendung ist sie unter Aberlin Joerg entgegengegangen, dem 1455 erstmals genannten Sohn des zwischen 1447 und 1451 verstorbenen Vaters Hänslin. Aberlin hat die Einwölbung durchzuführen und den Turmbau weiterzutreiben. Der Turm, 1490 dann begonnen und erst 1531 »fertig« geworden, macht mitsamt seiner beachtenswerten Höhe doch einen merkwürdig gekappten Eindruck. Er steht ganz für sich. Er macht das liebenswerte Kunsthistoriker-Spiel, den Verweis auf irgendwelche Vorbilder im Lande, letztlich unmöglich. Er ist so unwiederholbar wie sein Zifferblatt am Glockenhaus, ein Rund, von dem versichert wird, daß es das größte sei, das ein Kirchturm in Württemberg habe. »Der alte Stiftskirchenturm mit der Uhrtafel« hat auf Mörike, unter anderen, tatsächlich einen unvergessenen, immer wieder neu variierten Eindruck gemacht, der Turm mit der Uhr, der so das Ewige und das Zeitliche auf ganz individuelle Weise verbindet, unvollendet, in gedrungener Kraft, in eigenwilliger Würde.

Mit der Stiftskirche ist also mehr geschaffen worden als nur irgendein neues Bauwerk. Stuttgart hat in diesen spätgotischen Jahrzehnten seine Farbe, sein persönliches Gesicht erhalten. Und gilt dies für das bauliche Ensemble nur bedingt, weil die Zutaten der Renaissance erst noch hinzuzurechnen sind, so gehören Ausbau und Fertigstellung des städtebaulichen Grundmusters ganz diesem 15. Jahrhundert zu. Die Leonhardsvorstadt und die Reiche Vorstadt sind damals angelegt worden. In dieser um die Altstadt erweiterten Dreiheit lebt Stuttgart bis zum Ausgang des 18. Jahrhunderts, bis um 1800.

Die Neustadt bei St. Leonhard reicht von ihren Anfängen überraschend weit zurück. Schon das Esslinger Lagerbuch des Jahres 1304 nennt Häuser, die »am Bach«, am Nesenbach gelegen waren: man wird diese Häuser zwischen dem heutigen Leonhardsplatz und der heutigen Esslinger Straße zu suchen haben. Die eigentliche Achse der neuen Vorstadt ist aber die Hauptstätterstraße bis hin zum Hauptstätter Tor, so genannt nach der »Hauptstatt«, der Hinrichtungsstätte, die unmittelbar außerhalb des Tores aufgemauert war. Es war keine Gasse, sondern eine echte Straße, eine Ausfallstraße, wie wir heute sagen würden, und mehr: ein langgezogener, aber auch großzügig ausgebreiteter Straßenmarkt. Diesen neuen Stadtteil beginnt man unter der sympathischen Regierungszeit Eberhard des Milden, in den ersten Jahrzehnten des 15. Jahrhunderts anzulegen als ein breit projektiertes Fünfeck mit regelmäßiger, jedenfalls durchschaubarer Straßenführung, wie das mitteleuropäischen Gepflogenheiten des Städtebaus jetzt entsprach. Die Gewerbsamkeit rührt sich, die Nahverbindung hinauf auf die Filder und in das Cannstatter Becken durch das Esslinger Tor macht sich geltend. Der Markt der Innenstadt wird zu klein. Die neue Vorstadt wird gleichsam die im nachhinein gewonnene Separatausgabe des Marktorts Stuttgart. Die breite (Hauptstätter-)Straße und der (Leonhards-)Platz geben Gelegenheit, einzelne Märkte abzuteilen: der Hafenmarkt ist im Abschnitt Leonhardsplatz und Wagnerstraße, der Holzmarkt am Ende der Hauptstätterstraße, der Krautmarkt gegen Pfarr- und Brunnenstraße. Dazu kommen Buden, die längs der Kirchhofmauer gegen diese Marktplätze zu angebaut sind, und nicht zuletzt die »Wette« des Nesenbachs am Ende der Bachstraße, die den Fuhr- und Karrenleuten natürlich eine willkommene Sache waren: die Hauptstätterstraße und die Handvoll Nachbarstraßen ist das Revier der Fuhrleute und Boten und Karrenknechte aus dem ganzen Lande.

Mag dieses Bild auch zu sehr durch die Eindrücke inspiriert sein, die der Hauptstätterbereich zu Schillers Zeiten, ja noch in unserem Jahrhundert oder noch im 19. Jahrhundert mit dem größten Stuttgarter Marktplatz gemacht hat: ein neuer Ton ist mit diesem neuen Viertel ohne Zweifel in die Stadt gekommen. Gegenüber dem Leben hier wirkt das alte Geviert um Schloß und Stiftskirche distan-

1 Die Wiege des Landes: »Schloß Würtenberg« nach Merian, auf einem in Frankfurt 1624 bei Eberhard Kieser erschienenen Kupferstich

2 Reiterbildnis und Truppenmanöver Herzog Johann Friedrichs (1582 bis 1628). Im Hintergrund Stuttgart von Westen: links hinten Hospitalkirche, davor das Rotebildtor, in der Mitte Stiftskirche mit Altem Schloß, rechts Leonhardskirche, davor das Hauptstättertor. Kupferstich um 1625

II   10   9   8   7   6

3 *Die Grafenstandbilder im Chor der Stiftskirche, 1574 von Sem Schlör teilweise nach alten Vorlagen auf Befehl des Herzogs Ludwig begonnen und unter Herzog Friedrich, der bis 1608 regierte, vollendet: die Ahnengalerie der frühen Landes- und Stuttgarter Stadtgeschichte. Von rechts nach links in chronologischer Folge:*

1 *Ulrich der Stifter (ca. 1226–1265)*

2 *Ulrich II. (1253/54–1279), ältester Sohn des Grafen Ulrich*

3 *Eberhard der Erlauchte (1265–1325); er hatte die Belagerung Stuttgarts durch Rudolf von Habsburg 1286 ausgehalten*

4 *Ulrich III. (ca. 1292–1344), Sohn Eberhards des Erlauchten*

5 *Ulrich IV. (nach 1315–1366)*

6 *Eberhard II. der Greiner (1315–1392)*

5 4 3 2 1

7 *Ulrich, Sohn des Greiners (geb. 1342, gefallen in der Schlacht bei Döffingen)*

8 *Eberhard III. der Milde (1364–1417)*

9 *Eberhard IV. der Jüngere (1388–1419)*

10 *Ulrich V. der Vielgeliebte (ca. 1413–1480)*

11 *Graf Heinz von Mömpelgard (1448–1519), zweiter Sohn Ulrichs des Vielgeliebten und Vater des Herzogs Ulrich (1487–1550)*

4 Inneres der Hospitalkirche gegen Osten vor der Zerstörung: eine Hallenkirche ohne Seitenkapellen, mit schlichten Achteckpfeilern, schmal, schlank und in die Länge gestreckt. Links neben dem ersten Pfeiler Danneckers, 1834 von ihm gestiftetes Christus-Modell

5 Südseite der Stiftskirche vor Zerstörung und Wiederaufbau, mit dem romanischen Sockelgeschoß des Südturms aus dem 12. Jahrhundert (ältester Teil) und dem 1531 vollendeten Westturm (jüngster Teil): erste Kirche des Landes und eigentliches Wahrzeichen der Stadt bis heute

ziert und statisch. Decker-Hauff hat konstatiert, mit der »Sant Lienharts vorstat«, wie sie zu Beginn des Reformationsjahrhunderts genannt wird, habe Stuttgart das Vorbild des Prager Wenzelplatzes »sehr genau und überlegt« nachgeahmt; es sei »ganz eindeutig von diesem abhängig«, wenn man auch in Stuttgart »das Prager Modell um 90 Grad drehte«. Man wird schwerlich entscheiden wollen, ob Graf Eberhards ein paar Tage umgreifende, übliche Hoffahrt zu König Wenzel nach Prag 1392 auch die verbindlichen Pläne für die neue Vorstadt mitgeliefert, ob die Nominierung des Jahres 1400 als Thronprätendent auch den Ehrgeiz, aus Stuttgart eine deutsche Hauptstadt und Konkurrentin Prags zu machen, erwärmt hat. Neben dem konkurrenzlosen Prag weisen zu viele bayerisch-böhmischen Städte Straßenmärkte auf, als daß ein einziges Beispiel hier zum Vorbild deklariert werden könnte. Und die Zahl der mittelalterlichen Straßen, die von Häusern mit Hofraum und Garten flankiert werden, ist zu groß, als daß man sich hier lediglich auf das »Prager Vorbild« festlegen wollte.

Gleichviel: aus der Vereinigung der alten Ansiedlung »am Bach« vor dem Esslinger Tor mit den neu errichteten Häusergruppen um St. Leonhard, um die etwa 1330 errichtete Leonhardskapelle und den 1393 erstmals erwähnten »neuen Friedhof«, entstand um 1400 die »Vorstadt«. In einer Urkunde vom 26. März 1413 werden Altar und Pfründe der St. Leonhardskirche »in der Vorstadt« genannt. Damals muß das neue Viertel also im wesentlichen angelegt gewesen sein. Es wird offenbar rasch bevölkert. Der Bach lockt die Gerber und Färber und Walker. Da die – sehr kleine – Innenstadt für handwerkliche Feuerwerkstätten nicht sonderlich geeignet ist, findet jetzt schon eine Art ersten Auszugs von »Gewerbsbetrieben« statt: die Hafner oder die Schmiede ziehen in die neue Vorstadt. Der Straßenmarkt in der Mitte gibt den Kaufleuten und Gastwirten Brot, die Weingärtner sitzen im Süden, im Fronackergebiet um die spätere Leonhardskirche, die Juden, womöglich auf städtisches Geheiß aus der Innenstadt kommend, vor allem seit den sechziger Jahren des 15. Jahrhunderts im Osten beim Esslinger Tor.

So scheint alles wohlgeordnet, auch wenn die Tore der Altstadt gegen die Tore der Leonhardsstadt nachts merkwürdigerweise geschlossen werden und die Vorstadt Generationen braucht, um ihre eigene Mauer zu bekommen. Erst in den Jahren von 1448 bis 1450 wird, unter Ulrich dem Vielgeliebten, ein Graben um die Vorstadt gezogen und der Fangelsbach und Furtbach in ihn geleitet. Auch mit dem Bau der Mauer und mit den Mauertürmen beginnt man. Aber zu einem gänzlichen Mauerring reichen die Mittel gar nicht. So verstopft man die Lücken mit Palisaden. Mühselig genug, kommt man erst unter der Regierung Herzog Christophs, nach den bösen Erfahrungen aus den Tagen Herzog Ulrichs und des Bauernkriegs, damit zum Abschluß. Damals ist auch das kleine, in Resten noch erhaltene Schellentürmchen entstanden, das seinen Namen übrigens erst von dem 1811 abgebrochenen Turm an der Ecke Kanal- und Weberstraße übernommen hat.

Nur der Kirche, genauer gesagt, des erweiternden Umbaus der vorhandenen Kapelle, nimmt man sich zügig an. Um 1400 muß die genannte ältere Leonhardskapelle nochmals eine bedeutende Erweiterung erfahren haben. Seit 1408 beschäftigt die Kapelle eine geschäftig arbeitende Kirchenfabrik, die schon im Jahr darauf den Chorbau beendigen kann. Auch der Turm, dessen erste Glokken 1462 und 1484 erwähnt werden, steht 1409 im Mauerverband. In diesen Monaten beginnt sich auch eine Welle von Pfründ-, Meß- und Altarstiftungen der Kirche zuzuwenden: der Bau des Stiftskirchenlanghauses ist noch nicht in Angriff genommen, so daß die Kirche St. Leonhard gegenüber der gräflichen und stiftischen Residenzkirche die Chance für sich hat, zur Bürgerkirche aufzusteigen. An den Stiftungen beteiligen sich nicht nur führende Geschlechter der Bürgerschaft, sondern auch Stiftsherren und sogar Angehörige des Grafenhauses. Als dann 1433 der Neubau der Stiftskirche in Angriff genommen wird, hebt man den dortigen alten Stadtkirchhof auf und läßt den Friedhof in der Vorstadt zum Stuttgarter Hauptfriedhof aufrücken: ein Grund mehr, Bürgerfamilien und Leonhardskirche einander näher zu bringen.

Ein neues, eigenes Bürgerzentrum, eine favorisierte »Neustadt«-Konkurrenz gegen die schon altmodisch gewordene Innenstadt ist aus Sankt Leonhard nicht geworden. Sie bleibt Filialkirche der Stiftskirche. Dafür sorgen die Stiftsherren selbst. Der zentralistischen Landes- und Residenzpolitik, die irgendwelchen Separatismus noch im Keime erstickt, leisten auch die Stiftsherren Vorschub; sie gehören mit zum Instrumentarium der über alles dominierenden Residenz. Erst nachdem ihr eigener Kirchenneubau gesichert und der Vorrang der Stiftskirche augenscheinlich geworden ist, erklärt sich um 1440 der Stiftspropst damit einverstanden, den Leonhardspfarrer draußen in der Vorstadt wohnen und dort auch bei Nacht die Leute mit den Sakramenten versorgen zu lassen. Die Abhängigkeit vom Stift wird im Revers freilich auch festgehalten. Erst 1806 wird die Leonhardskirche Inhaberin einer selbständigen Parochie. Was ihren spätgotischen Weiterbau anlangt, so kamen neben den unmißverständlichen stiftischen Aktionen auch die Rückschläge in der pfälzischen Außenpolitik des Grafen dazwischen. Erst nach der Rückkehr vom pfälzischen, sogar in Gefangenschaft treibenden Abenteuer kann Ulrich der Vielgeliebte an die Beendigung des Kirchenbaus gehen, mit dem Ehrgeiz dessen, dem außenpolitische Unternehmungen den Erfolg versagten. Noch im gleichen Jahr 1463 sieht eine große päpstliche Bulle zugunsten des Stiftskirchenbaues vor, daß der Überschuß des angefallenen Opfers für die Leonhardskirche zu verwenden sei. Damals ist der Umbau des Langhauses in eine dreischiffige Hallenanlage – 1466 wird über den Ausbau des Dachstuhls verhandelt – unter der Oberleitung Aberlin Jörgs abgeschlossen worden.

Der Langhausbau, sparsam gehalten vor allem in der Detailbildung, aber unverkennbar gezeichnet von der dem Raum geltenden Könnerschaft der Parlerschule, ist dem Luftangriff vom 25. Juli 1944 zum Opfer gefallen. Der in den Jahren 1948 bis 1950 unter der Leitung von Rudolf Lempp durchgeführte Wiederaufbau hat die äußere Gestalt zwar im wesentlichen wiederherstellen können. Die südliche Pfeilerreihe war indessen zerstört, so daß man sich im Inneren darauf beschränken mußte, die Kirchenhalle mit einer flachen, nur noch von den Pfeilern der Nordseite gestützten Holzdecke zu versehen. Vom Bild der dreischiffigen, durch Netzgewölbe akzentuierten Halle läßt sich also kaum mehr etwas erahnen. Nur die Kreuzigungsgruppe auf dem Platz vor dem Chor draußen, der jetzt in der Westwand zu findende Leonhardsschlußstein, der Grabplatte Reuchlins von 1501, oder die drei Barock-Epitaphien, zeugen vom Bürgergeist und vom künstlerischen Niveau, die in dieser Kirche vereint waren. 1501 im Auftrag des reichen und hochangesehenen Bürgers Jacob Walter genannt Kühorn und seiner Gattin Clara, einer geborenen Mager, geschaffen, überragt diese Kreuzigung – hier in einer 1890 von F. Reichelt geschaffenen Kopie – alles, was in den letzten Jahrzehnten des 15. Jahrhunderts entstanden und in den künftigen des sechzehnten entstehen wird. Der Künstlername, der sich mit Sicherheit mit diesem Werk verbinden läßt, ist Hans Seyffer von Heilbronn, der den Hochaltar der dortigen Kilianskirche geschaffen hat. Name und Datum verknüpfen die Stuttgarter Gruppe mit dem oberrheinischen Kunstkreis; Nikolaus Gerharts steinernes Kruzifix in Baden-Baden von 1467 ist der künstlerische Ausgangspunkt. Der Schwabe imitiert freilich nicht: sein Kruzifixus ist straffer, seine Körperlichkeit lebendiger und gleichsam provozierender, die Komposition raumhaltiger. Die prachtvolle Rückenfigur der knienden Magdalena ist von jener Würde und jener plastischen Geschlossenheit, die zum künstlerischen Wesen des schwäbischen Stammes gehört.

Die Leonhardsvorstadt, von Anfang an auch als »Esslinger Vorstadt« erscheinend und seit der Reformationszeit auch amtlich so genannt, hat die Bevölkerungsentwicklung, vor allem die politischen und ständischen Ansprüche der Stadt »Stutgarten« allein bald nicht mehr zu befriedigen vermocht. Das schmale Anhängsel vor dem Hauptstätter Tor mochte den wirtschaftlichen Aufgaben helfen, den Handwerkern und Fuhrleuten: der Residenz war damit nur mittelbar gedient. Ulrich der Vielgeliebte, obwohl er nur noch halb so viel Land besaß wie sein Großvater, bereicherte Stuttgarts Geschichte um eine neue, zweite Vorstadt. Nördlich der Altstadt zeigt sich schon anfangs des 14. Jahrhunderts ein Siedlungskern, der etwa zwischen dem heutigen Rotebühlplatz und der Alten Poststraße lag. Karl Stenzel hat in diesem Bereich einen vorstädtischen Siedlungsbezirk gesehen, mit sehr viel unregelmäßigeren Wegeführungen, als dies notwendig gewesen wäre. Neben diesem, vor dem Oberen Tor liegenden Wohngelände, in dem eine mindestens bis ins 14. Jahrhundert zurückreichende Ziegeleisiedlung nachgewiesen werden kann, liegt ein zweites, vom Tunzhofer Tor aus zu erreichendes Gebiet, der »Acker«, auf den dann, nicht vor der Mitte des 15. Jahrhunderts, die Bezeichnung »Turnieracker« angewandt wird. »Gegen 1440 muß bei den Grafen Ludwig und Ulrich der Plan zu einer völligen Umgestaltung des bisher als ›Acker‹, zum Teil auch zu Gärten verwerteten Bezirks vor dem Tunzhofer Tor gereift sein« (K. Stenzel). Man beginnt mit der Anlage eines großen Stausees im Vogelsangtal, läßt das ganze Gebiet zwischen Schloß-, Büchsen-, Holzgarten-, Kriegsberg- und Keplerstraße in einen großen Stausee verwandeln und die dazugehörigen, sperrenden Dammwege bauen und geht schließlich daran, die völlig ungeschützten Flanken dieses dritten, schon als Vorstadt anzusprechenden Bezirkes zwischen der Seenlinie und der Innenstadt mit Mauerwerk zu schirmen.

Zusammengewachsen war die alte »Obere Vorstadt« vor dem Obertor und die neuentstandene »Vorstadt beim unteren See« bis jetzt nicht. Der Turnieracker, eine im wesentlichen von der Überbauung freigehaltene Fläche, schob sich dazwischen. Es ist das große stadtgeschichtliche Verdienst Ulrichs, daß er mit der Freigabe des größeren, in Richtung Innenstadt gelegenen Teils des Turnierackers Wandel geschaffen und das Konzept für eine »regelrechte« Vorstadt geliefert hat. Wann das geschehen ist, läßt sich freilich auch nicht mit einer exakten Jahreszahl belegen. Stenzel datiert diesen Entschluß auf die Zeit »gegen 1465«, Decker-Hauff schließt aus einer Urkunde Ulrichs vom 22. Mai 1464, »daß die planmäßige Erweiterung zu dieser Zeit bereits im wesentlichen abgeschlossen war«, vorausgesetzt, daß mit den hier genannten »vorstetten zuo Stuotgarten gegen den See hinus« schon die Turnierackervorstadt und nicht die in den fünfziger und sechziger Jahren entstandene Vorstadt beim unteren See gemeint ist.

Was mit der, die beiden Flanken zur Linken und Rechten bald überschattenden, dem gesamten Außenbezirk nördlich des Grabens den Namen gebenden »Turnierackervorstadt« geschaffen worden ist, war freilich eine moderne Sache: eine schachbrettartige Anlage, mit schnurgeraden, im rechten Winkel sich schneidenden Straßen, mit großen, klaren Baublöcken. Kein Wunder, daß die Gründerzeit am Ende des 19. Jahrhunderts sich hier zu Hause gefühlt und das geometrische System in geistloser Weise verlängert hat. Das Abtötende des späteren Stuttgarter Westens hat hier einen seiner Ursprünge. Wie diese städtebaulichen Konstruktionen der frühen Renaissance nach Stuttgart gekommen sind, danach könnte man in einem sehr persönlichen, dynastischen Sinne fragen, in der Suche nach den fremdländischen Gemahlinnen der Grafen, wenn man sich nicht damit begnügen will, daß Rasterstädte in der Mitte des 15. Jahrhunderts natürlich in ganz Mitteleuropa angelegt worden sind. Ältere, mit Barbara Gonzaga, der Gemahlin Eberhards im Bart in Verbindung gebrachte summarische Hinweise auf italienische Vorbilder hat Decker-Hauff variiert. »Nicht so sehr Ferrara oder Mantua können als Vorbild für Stuttgarts ›Reiche Vorstadt‹ in Anspruch genommen werden. Turins auf römische Grundlagen zurückgehende Anlage hat von allen norditalienischen Städten die meiste Ähnlichkeit mit dem, was Ulrich der Vielgeliebte und seine savoyische Gattin in Stuttgart errichteten. In beiden Städten hat eine vorgegebene Achse die spätere Anlage bestimmt: in Turin die schnurgerade Hauptstraße der Römersiedelung, in Stuttgart die gerade Nordmauer der Innenstadt.«

Der Name »Reiche Vorstadt« hat sich erst im 18. Jahrhundert an das Neubaugebiet gehängt. Zunächst übertrug man mit der Etikette »Obere Vorstadt« nur den Namen der alten Siedlung vor dem Oberen Tor, dann, um 1490, wird die Bezeichnung »Unser lieben Frauen Vorstadt« herrschend. Ein Kirchenbau und eine Klostergründung sind daran schuld. Zunächst war ein größerer, mit der 1468 genannten »kapellin ad sanctum spiritum vor dem obern tor« nicht zu verwechselnder größerer Kapellenbau am Rande des Turnierackers entstanden, dort, wo noch Platz frei war und eine kirchliche Versorgung des neuen Wohngebiets doch noch möglich war. 1465 wird von diesem kleinen Bau, »mins herren cappel«, der Bauschutt weggeräumt; drei Jahre später nennt man sie »unser Frowen kürchen«. Aber die Siedlung füllt sich rascher, als man denkt. Nicht nur Neuzugezogene sind zu verzeichnen, sondern vor allem auch Stuttgarter, die bereits in der Innenstadt Haus und Hof haben. Die neue Vorstadt, manchmal fälschlicherweise auch als »Suburbium« bezeichnet, obwohl sie doch oberhalb der Altstadt, und nicht »drunten« liegt, mit ihrer guten Lage und ihrer gesunden Luft, scheint sich zu bewähren. Die zunehmende Wohnbevölkerung bestimmt Ulrich 1471, die kaum errichtete, auch St. Ulrich geweihte Kirche zu vergrößern. Am Margarethentag, am 15. Juli 1471, beginnt man mit dem Chor. Ob Ulrich damals schon den Gedanken der Klostergründung im Sinn gehabt hat, ist schwer zu sagen. Daß zwischen 1470 und 1471 Abgesandte des Predigerordens in Stuttgart weilten, ist sicher. Ulrich jedenfalls erweist sich auch durch die 1473 vollzogene Übergabe des begonnenen Kirchenbaus mit geräumiger Hofstatt, freigebliebenen Resten des Turnierackers, an die Prediger, einmal mehr als der Mann des inneren, des städtischen Ausbaus. Er entwindet sich

dem, was den Vorvätern zu bleiben schien, der engen Grenze zwischen Sparsamkeit und ungehemmter, brutaler Bewährung auf dem Schlachtfelde auf überlegte Weise. Seine Vorgänger wollten alles, nur keine Klöster.
Ulrich holt ein Kloster, das erste und das letzte in der Stadt, nachdem das benachbarte Esslingen seit Generationen allein vier Bettelordensklöster in seinen Mauern hat. Der Akt war bedeutsam genug. Das Dominikanerkloster hätte neben Hof und bürgerlicher Marktstadt einen einzig farbigen, originellen Akzent in Stuttgart abgeben können. Und wieviel hätte die stupende Gelehrsamkeit der Prediger – Albertus Magnus, einer der führenden Geister des Mittelalters, war ein Jahrhundert zuvor Provinzial der deutschen Dominikanerprovinz – in die Stadt bringen können: die Präzision der scholastischen Dialektik, die Herausforderung eines immer fragenden und suchenden Denkens, die für das geistig arg distanzierte Leben des bürgerlichen Stuttgart ein wichtiger, ein notwendiger Impuls gewesen wäre! Aber die Gründung kommt zu spät. Während in Stuttgart den einziehenden Brüdern vom Grafen, in frommer Freundschaftlichkeit, zur Auflage gemacht wird, daß sie, »solange sie ordentlich nach ihrer Reformation leben, die Zeit singen und lesen sollen, wie es ihnen dienlich sein würde«, macht sich draußen in den Landen eine Laisierung des Bildungswesens und ein von kirchlicher Umgestaltung gelöstes, von Vorbildern der Antike genährtes neues Zeitbewußtsein breit. Genau im Jahr 1473, in dem sich in Stuttgart das – übrigens aus Nürnberg kommende – Dutzend Mönche in der neuen Stiftung etabliert, druckt man in Esslingen das erste Buch des neckarschwäbischen Raumes. Bald ist von den, in subtilen Streitfragen erstarrten Dominikaner-Diskussionen nichts mehr zu hören. Der Sturm einer tiefgreifenden Bewegung fegt über das Land.
In der Reformation ist denn das Stuttgarter Dominikanerkloster auch aufgehoben worden. Am 5. Februar 1536 übergab Herzog Ulrich die Kirche mitsamt dem Kloster der Stadt Stuttgart. In das Kloster wurde das alte Spital in der Breiten Straße verlegt, als »Bürgerhospital« für Pfründner und Arme, das trotz Verlegungen, Zerstörungen und Umbauten bis heute weiter lebt. Die »Hospitalkirche« war damals im äußerlichen Sinne wohl »fertig«. Aber in einheitlicher Ganzheit war sie nie ausgeführt worden. Der von Aberlin Jörg erbaute Chor verrät ganz das vom Meister entwickelte System. Das Langhaus indessen scheint nach der Übergabe an die Dominikaner in die Hände anderer, vielleicht aus Urach kommender Kräfte gelangt zu sein: die Südseite ist mit Strebepfeilern versehen und also für eine Wölbung berechnet, an der Nordseite fehlen sie. Auch die Gewölbeansätze sind verschieden behandelt worden .Die Wölbung selbst wurde im Mittelalter gar nicht mehr ausgeführt. Erst im 19. Jahrhundert hat man ein Holzgewölbe eingesetzt, das zu den Ansätzen dann freilich nicht

mehr gepaßt hat. Die Grundkonzeption des Baues gehört ohne Zweifel zur Stuttgarter Jörgschule, zu den Konzeptionen und Maßen vor allem der Leonhardskirche. Anderes, so die reiche Ornamentik der 1479 so genannten Grafenempore oder Details an den Schlußsteinen in der Sakristei, weist in andere Richtung. Die nie behobene Armut des Klosters hat übrigens auch dem Klosterbau zugesetzt. Ließen sich die siebziger und achtziger Jahre noch einigermaßen gut an, so waren die Wohnungen gegen Westen doch erst im Jahre 1505 gebaut. 1513 stellt man fest, daß Almosen und Schenkungen nicht wie erhofft eingehen, daß ernstlich zu fragen sei, ob die Klausur überhaupt je vollendet werde. Sie ist ein Torso geblieben.

Indessen ist die Kirche, die mit dem Einbau des Chorgestühls der Jahre 1490 bis 1493 als fertig gelten konnte – das schöne und historisch ansprechende Gestühl steht heute unverständlicherweise in der Leonhardskirche –, den Stuttgartern bald ans Herz gewachsen. Zusammen mit der Klausur, von deren Kreuzgang vor der Zerstörung 1944 noch drei Flügel mit fein gefaßten Maßwerkfenstern erhalten waren, war ein Baukörper entstanden, der sich rasch zum Mittelpunkt der neuen Vorstadt entwickelte. Von den Bürgern und Adligen, die allmählich in der Oberen Vorstadt Fuß faßten und Häuser bauten, unter ihnen Aberlin Jörg allein mit drei Häusern und Scheuern, machten viele von dem Recht Gebrauch, sich im neuen Kloster begraben zu lassen. Bald entstand ein Friedhof bei der Klosterkirche, den man auch nach der Aufhebung des Klosters benützte und erst 1746 in den gepflasterten Hospitalplatz verwandelte. Der Kirche hat auch dieser letzte Schritt zur Verweltlichung keinen Abbruch getan. Als sie, wie die Leonhardskirche, 1806 das Recht einer selbständigen Parochie erhielt, war sie nur dem Turme nach eine andere geworden: der einstige Dachreiter wurde in den Jahren 1730 bis 1738 durch einen vierseitigen, fein empfundenen und von einem Stück urbaner Eleganz getragenen Turm ersetzt.

Auch in dieser neueren Geschichte der Kirche wirkte immer etwas von Abgeschiedenheit nach, vom Gefühl, »hinter« dem Graben beziehungsweise hinter der Königstraße zu liegen. Die klösterlich-periphere Vorstadtlage gab die Möglichkeit, von 1686 bis 1699 den französischen Einwanderern und von 1826 bis 1847 den Reformierten die Hospitalkirche mit zu überlassen. Die stille Schönheit des Kreuzgangs war namentlich in unserem Jahrhundert zu einer wahren Idylle geworden. Die Nacht vom zwölften auf dreizehnten September 1944 hat sie grausam zerrissen. Damals ist der Hospitalkomplex, in Bomben und Bränden, fast ganz zusammengesunken. Nur der Chor blieb, ein Teil des Turmes, die Süd- und Westfassade des Schiffes, Seyffers berühmtes, seit 1905 in der Hospitalkirche stehendes Kreuz, Rudolf Schäfers Auferstehungsbild, drei Epitaphien der frühen Barockzeit, schließlich, an der Außenwand zum Hospitalplatz, Jakob Brüllmanns Reformations-Denkmal von 1917. Rudolff Lempp hat, nach Vorarbeiten anderer, im Jahre 1956 die Wiederherstellung des ganzen Kirchenbaukörpers übernommen und die schwierige Aufgabe meisterlich gelöst. Am 21. Februar 1960 ist die Hospitalkirche wieder eingeweiht worden, nunmehr unmittelbarer Mittelpunkt eines großen Stuttgarter Evangelischen Gemeindezentrums.

Die drei spätgotischen Stuttgarter Kirchen, die einzigen in der Stadt bis zum Beginn des 19. Jahrhunderts, sind in gewissem Sinne auch die sozialen Spiegelbilder ihrer Stadtteile. Die Leute des Adels, die Prälaten, die Stiftspröpste und ein paar der ersten Beamten hatten ihre Grabmale in der Stiftskirche. In der Hospitalkirche fand die Mehrheit der Adligen, die hohe Beamtenschaft und die erste Gruppe der Ehrbarkeit ihre Grablegen und Grabplatten, während die Epitaphien der Leonhardskirche überwiegend zu Grabstätten einer Mittelschicht gehörten, zu denen die Handwerkerschaft sich freilich selten zählte. Zwischen den beiden neuen Stadtteilen gäbe es eigentlich nur die Parallele, daß beide mit der Reformationszeit ihren Namen wechseln; statt dem Kirchenpatron tritt eine weltliche Bezeichnung. Jetzt gibt der alte Turnieracker, für Häuser und Grundstücke als Quartierbezeichnung unvergessen und noch in den Steuerbüchern des 19. Jahrhunderts stehend, der ganzen Vorstadt den Namen. Seit 1583 nennt man sie, nach ein paar anderen Versuchen, amtlich nur noch den »Turnieracker«.

Auch sie ist, wie die Esslinger Vorstadt, nicht durch lückenlosen Mauerbau gesichert. Eine Handvoll Bollwerke soll dafür stehen. Noch gegen 1500 entsteht eines unterhalb des großen Sees beim Seegassentor und beim Rotenbild im Westen. Dort, beim Rotenbildtor, beginnt man auch mit einem Graben, der freilich zunächst auch nicht zustande kommt, so daß man sich 1491 und 1492, von den zusammenhängenden Mauerstellen abgesehen, zu einem Holz- und Palisadenzaun entschließt. Im Gegensatz freilich zum fluktuierenden Wirtschaftsleben der Esslinger Vorstadt bietet sich die Vorstadt »oben« als reines Wohnviertel. Das Rotenbildtor, das Büchsentor, das Seegassentor und Siechentor waren zwar in der Barockzeit die Nahverbindungswege. Aber eine Hauptverkehrsachse, zu der sich vielleicht die seit 1474 erwähnte Straße »zu unser lieben frowen kirch« in ihrer schnurgeraden Linie vom »Großen Graben« zum Dammweg zwischen mittlerem und unterem See hätte entwickeln sollen, gibt es nicht. Dafür ein feines Wohnquartier. Männer wie der Kanzler Fünfer, aus der altwirtembergischen Ehrbarkeit und mit Patrizierfamilien Schwäbisch Gmünds versippt, oder Johannes Reuchlin wechseln aus der Altstadt in die Obere Vorstadt schon am Ende des 15. Jahrhunderts. 1456 steht sie mit ihren Steuererträgen noch weit hinter der Leonhardsvorstadt zurück. 1503 hat sie an

Steuerkraft alle Quartiere überflügelt, mit Ausnahme der vierten »Linea« der Innenstadt, die ihren ersten Platz auch künftig behält. Der 1616 verstorbene Chronist Oswald Gabelkhover erzählt ausdrücklich, der Turnieracker habe die schönsten Häuser, die lustigsten Straßen, die »habhaftesten« Leute. Und Johann Hermann Dielhelm meint 1740, die »reiche Vorstadt auf der andern Seiten« sei »von bessern Gebäuden, als die Stadt selber ist« und sei das Geviert, »wo die meisten Ministri wohnen«.

Übrigens hat Gabelkhover auch stolz vermerkt, daß durch die Addition beschriebener beider Vorstädte Stuttgart zu »einer feinen Größe erwachsen« sei. »Vom Siechentor bis zum Rotenbildtor« (Hotel Marquardt bis Alten Postplatz) sei sie »1270 starke Schritt lang, und breit 1400 starke Schritt«, nämlich vom Büchsentor bis zum »Kleinen Thörlin« (Schwimmbad–Liederhalle bis Schulstraße) und »von dannen über den Markt und durch die Esslinger Vorstadt hindurch gestracken Weg der äußeren Ringmauern zu (bis Katharinenstraße beim Schellenturm) auch 700 Schritt«. »Inmaßen ich Gabelkhover diese Stadt beschritten und in ermeldter Quantität befunden hab.«

Man wird sich hüten, rein quantitative Maßstäbe an unsere mittelalterlichen Städte zu legen. Die Größe einer Stadt sagt damals nur bedingt etwas aus über ihre politische und kulturelle Potenz. Wer genauer zusieht, wird genauso wie bei der modernen Stadt vergeblich nach Prinzipien suchen, mit denen man Gemeinden in ihrer Größe unterscheiden kann. Indessen ist Stuttgart damals keine große Stadt, allenfalls gerade das, was man eine Mittelstadt nennen könnte. Ulm ist doppelt so groß, Esslingens Einwohnerzahl noch um die Mitte des 15. Jahrhunderts größer, und die Tübingens zumindest in der Hälfte dieses Jahrhunderts nicht sehr viel kleiner. Überall stehen in Stuttgart Baukräne herum, die engen und krummen Altstadtgassen sind durch Kellerhälse und Treppen verengt, durch Miststätten und Unrat verunstaltet: erst in der Ära Ulrichs des Vielgeliebten und Eberhards im Bart beginnt man, »wegen der Winkel« und hundert anderen Unarten und Unsauberkeiten »Maaß und Ordnung vorzuschreiben«, die Straßen zu pflastern und, um bei einfallender Nacht auch nur einigermaßen nach Hause zu kommen, an den wichtigen Stellen »Fuerpfannen« aufzustellen.

Stuttgart ist noch wie seine Silhouette: kaum im Werden, kaum akzentuiert, bescheiden in jeder Hinsicht. Nur ein Bezirk springt ins Auge, der erste unter den Stuttgarter Lustgärten, der »Garten meiner Frau von Mailand«, der 1405 verstorbenen Tochter des grausamen Barnabo Visconti in Mailand, mit der sich Eberhard III. der Milde 1380 verehelicht hat. Wegen seines immensen Reichtums konnte sich der alte Visconti mit den vornehmsten Familien Europas verschwägern. Mit den Gulden seiner sagenhaft reich dotierten Mailänder Gemahlin war etwas von der ungetrübten, der verwöhnten Festlichkeit oberitalienischer Stadtstaaten in die karge wirtembergische Stadt gekommen. Nicht, daß rauschende Renaissancelust auch im Nesenbachtal daraus geworden wäre. Dafür sind die beiden Phasen noch zu sehr voneinander verschieden. Aber die italienische Gamben- und Lautenmusik kam damit an den Stuttgarter Hof. Eberhard, der rundliche Pykniker, der als Königsanwärter dann die Stimmen an seinen Vetter Ruprecht von der Pfalz in Heidelberg hatte abgeben müssen, hat sich solche Entschädigungen wohl gefallen lassen. Und die »fraw von Mailant« hat den Formungssinn und die rationalisierte Virtus des ›Uomo universale‹ wenigstens insoweit in ihrer neuen Heimat walten lassen, als sie Gärten und Seen anlegen läßt: die Gartenstadt Stuttgart ist ein wenig von der wasser- und gartenreichen Lombardei inspiriert. Dort, wo heute der Karlsplatz ist, dehnte sich der Garten der Gräfin, der ersten Stadtherrin mit fremder Muttersprache. Man wird ihn nicht lange nach der Ankunft der reichen – und schuldentilgenden – Visconti angelegt haben. 1393 wird er urkundlich genannt.

Ulrich und dieser Garten, so könnte man in gröbster Vereinfachung sagen, sind die beiden großen »Erwerbungen« Stuttgarts in diesem vierzehnten, vorreformatorischen Jahrhundert. Der Raum, den Ulrich der Stadt Stuttgart gibt, reicht bis zum 19. Jahrhundert aus. Den Garten verkauft Elisabeth, die Gemahlin Eberhards II. des Jüngeren, am 12. September 1491 für 260 Gulden an Barbara Gonzaga von Mantua, die Gemahlin Eberhards im Bart. Der Garten, vergrößert durch früher erworbene Stücke, ist gegen den Nesenbach und den Graben hin mit einer Mauer eingefaßt. Ein Gartenhaus mitten darin, auf Säulen ruhend, enthält »allerlei aus Stein gehauene Thiere, die mit ihren natürlichen Farben angestrichen waren, damit sie desto kenntlicher wären«. Vom Tempelchen laufen vier Wege aus, die den Garten in ebenso viele, wiederum mit einem Hag umzäunte Vierecke teilen. Auf ihnen blüht »größtenteils allerlei schönes, lustiges Blumenwerk, einheimische Kräuter und fremde, seltsame Gewächse«. In einem zweiten, achteckigen Gartenhaus gegen den Stadtgraben hin sieht man schließlich »die Gemälde von aller Nationen Trachten, sowohl von Manns- als Frauenspersonen«.

Kein Zweifel, daß der am Ende des 14. Jahrhunderts importierte italienische Garten, in Stuttgart zu einer spätgotischen Bereicherung umgeformt, der Residenzstadt einen einzigartigen Zuwachs an Originalität erbringt. Immer noch ist Stuttgart ganz auf sich selbst verwiesen. Davon, daß das Umland von kulturellen oder künstlerischen Exporten aus der Stadt leben würde, wie Tiroler oder Kärntner Dörfer und Städte von Salzburg, wie das schwäbische Voralpenland von Augsburg, davon kann noch keine Rede sein. Aber immerhin werden in diesem Jahrhundert auch erste friedliche Ausgriffe Stuttgarts deutlich. Die städtischen Steuerbücher aus der Mitte des 15. Jahrhunderts bringen nach den eigentlich Alt- und Vorstadtbezirken regelmäßig auch Heslach und Gablenberg mit Häusersteuern, außerdem Stuttgarter »Ausleute« als Einwohner von Botnang, Feuerbach, Cannstatt, Gaisburg, Kaltental, Degerloch oder Vaihingen. 1514 werden Gablenberg, Heslach und Böhmisreute als die der Stadt »zugehörigen« Weiler bezeichnet. Ihre Heimburgen (Vorsteher) haben diese Weiler nicht selbständig zu wählen: sie werden von den Stuttgarter Bürgermeistern eingesetzt. Ihnen, genauer gesagt: der Stadt Stuttgart haben sie Treue zu schwören. Als unter Ulrich dem Vielgeliebten zwischen Stuttgart und Cannstatt ein böser Streit darüber ausbricht, wer eigentlich von beiden Gemeinden auf der – noch wüsten – Prag die Steuern einziehen solle, wird die Prag Stuttgart zugesprochen. Langsam beginnt sich die Dominanz der Stadt abzuzeichnen. Gelegentlich hat die Stadt dem gnädigen Herrn Geld zu leihen. Langsam, noch ganz im Verborgenen, ist Stuttgart auf dem Wege zu einer eigenen Potenz.

Die siebentorige Renaissance-Residenz

Aber der Weg ist noch lang. Er ist, wie sich noch herausstellen wird, ein Umweg: auf der direkten Straße hält die Residenz ihren Einzug. Was in Generationen zuvor angelegt wurde, zufällig oder mit allem Bedacht, wird in den aufwendigen, mit allerlei Prunk beladenen Gesten der Renaissance attraktive Wirklichkeit: die Residenzstadt Stuttgart ist etabliert, in einer Gewichtigkeit, wie man sie dem Gestüt von einst, einem vom Aufziehen und Abrichten von Pferden lebenden Zweckunternehmen, nie vorausgesagt hätte.

Zunächst sieht es freilich nicht so aus, als ob Stuttgart, als »fürstlich gezierete Residentz«, eine Selbstverständlichkeit sei. Die Unarten und Unsinnigkeiten der »Teilung«, in Nachbarterritorien geübt und dort schon der Anfang vom machtpolitischen Ende, greifen auch in die Grafschaft Wirtemberg über. Nach dem Tode Eberhards des Milden regiert sein Sohn Eberhard IV. für die drei Jahre von 1417 bis 1419. Nach seinem Ableben muß die Gattin Henriette, die Tochter des Grafen Heinrich von Mömpelgard, die Regierungsgeschäfte führen. Als deren Söhne herangewachsen sind, Ludwig I. und Ulrich V. der Vielgeliebte, sind sie beide Regenten. Schon einmal, zu Zeiten Eberhards des Greiners und seines jüngeren Bruders Ulrichs IV., war das so. Während aber damals die Teilung dank der überragenden, wo nicht brutalen Autorität des »Greiners«, des »Rauschebarts«, ein Intermezzo blieb, sorgt man jetzt, in der Mitte des 15. Jahrhunderts, für die mit Brief und Siegel versehene Befestigung des leidigen Zustands. Der Nürtinger Vertrag von 1442 gibt Ludwig die westliche und südliche Hälfte des Landes mit Urach, Tübingen und anderen Teilen des Neckarraumes, der Alb und des Schwarzwalds, mit Asperg, Bietigheim und Brackenheim, Ulrich den östlichen Teil mit Stuttgart, Cannstatt, Waiblingen, Schorndorf, Marbach, Großbottwar, Göppingen, Nürtingen, Neuffen und anderen Städten. Den Part Ulrichs hieß man den »Neuffener Teil«, ein Zeichen dafür, daß man den alten Dynastensitz über dem Städtchen als Haupt- und Mittelpunkt der neuen Herrschaft empfand. Eine Residenzstadt Neuffen, eine Konkurrenz für Stuttgart ist indessen nicht daraus geworden. Dafür saß in Stuttgart seit rund hundert Jahren die gräfliche Kanzlei zu fest. Sie gewann an Bedeutung, weil die Urkunden- und Aktenregistratur zusehends wuchs und die Verwaltungszentrale immer unentbehrlicher wurde, mochte der Graf mit Gefolge noch so sehr im Lande herumreisen und der »Reiseherrschaft« huldigen. Das unverbrüchliche soziologische Gesetz, wonach die mit den Details vertraute und aktenführende Zentrale immer den längeren Arm hat, bewahrheitet sich auch hier. »Der Ausbau der Kanzlei ist es in erster Linie, der Stuttgart noch in der ersten Hälfte des 15. Jahrhunderts zur wichtigsten Stadt des Landes macht« (Walter Grube). Kaum ein paar Jahre vergehen, und landauf landab spricht man vom »Stuttgarter«, nicht mehr vom »Neuffener Teil«.

Eine komplette, unangefochtene württembergische Residenzstadt ist Stuttgart freilich damit noch nicht. Gerade deshalb, weil der jüngere Ulrich, wenn wir den Berichten Glauben schenken dürfen, sogar durch Losentscheid Stuttgart und damit die größere Stadt und die besser ausgebaute Hofhaltung erhielt, dürfte Ludwig in den Uracher Hofhalt so ehrgeizig investiert haben. Der Schloßbau wird unter seinen klugen, außenpolitisch erfolgreichen Händen eine respektable Sache, die Uracher Bürger führen ein Rathaus auf und in die Gütersteiner Kartause westlich der Stadt kommt die – für jede Residenz unentbehrliche – Grablege. Dort werden Ludwig und sein gleichnamiger Sohn bestattet. Der jüngere, Eberhard im Bart, läßt die Stiftskirche bauen, eine bald weitberühmte Druckerei aufziehen und die Stadt mit dem achtbaren Wasserschloß auch als geistigen Mittelpunkt erstrahlen: Urach ist nicht nur Stuttgarts, in Einzeldingen spiegelgleiche Nebenbuhlerin, sondern das wacher und origineller geführte Gemeinwesen, das Stuttgart zu überflügeln beginnt.

Vielleicht waren es nur Zufälle, die Stuttgart doch die Partie gewinnen ließen und es vollends in den Sattel der Residenzstadt hoben. Die Grafen der Stuttgarter Linie, mit schlimmem Erbgut belastet, aber auch komplizierteren, diffus gewordenen außenpolitischen Situationen ausgesetzt, kapitulieren schließlich vor den Aufgaben, die ihnen die Zeit gestellt hat: Heinrich, der jüngere, wird mit linksrheinischen Besitzungen abgefunden, Eberhard entsagt am 14. Dezember 1482 im Münsinger Vertrag der Herrschaft zugunsten seines Vetters Eberhard im Bart. Die zwei Herrschaften, der Uracher und der Stuttgarter Teil, sind wieder vereinigt.

Was die beiden Vettern an diesem Dezembertag droben im Münsinger Schloß, dem großen Steinhaus mit den festungsartigen Fensterchen, hinsichtlich des gemeinsamen Wohnsitzes festlegten, hat das Schicksal Stuttgarts bis auf den heutigen Tag entschieden. »Wir baid sollen und wollen auch in unser baider land an ainem bequemen end, als wir yetzo Stuttgarten achten bequem (zu) sein, mit sampt unseren baiden gemaheln bey ainander ainen hof und ain frowenzimmer, auch ain cantzly und ainen landhofmaister haben und halten«, der »mitsampt etlichen reten« die Landesgeschäfte »zum besten« ausrichten soll. Hof und Kanzlei des neu geeinigten Landes kommen nach Stuttgart. Was an dynastisch-familiären Nachspielen folgt, zwischen den Grafen, nicht zu vergessen zwischen den Gräfinnen, alle jene publizierten oder nur getuschelten Geschichtlein und Gerüchte, bleibt nebensächlich für Stuttgarts Stadtgeschichte. 1483 kommt Eberhard im Bart mit seiner Gemahlin Barbara von Gonzaga und dem ganzen Hof nach Stuttgart: Eberhards souveräne Persönlichkeit mußte aus den Familienquerelen als Sieger hervorgehen.

Das Wörtlein »yetzo« im Vertrag blieb, genau besehen, eine verdächtige Sache. Nicht die am 21. Juli 1495 in Worms vollzogene Erhebung des Landes zum Herzogtum hat das Provisorische dieser Abmachung hervorgekehrt, sondern der Tod Eberhards im Bart, des Mannes, dem die Erhöhung zu verdanken war. Eberhard hatte sich vor seinem Tode im Jahre 1496 testamentarisch ausbedungen, in der Stiftskirche zu Einsiedel bei seinen »Knappenherren« begraben zu werden, mit »ain glaten grabstein wie die zu Stutgarten In dem Chor ligent«. Sein Nachfolger Herzog Eberhard II. blieb das erschreckende Gegenbild, eine unstete, zwischen seltsam theatralischen Aktionen und kaum je ganz gelüfteten Lüsten hin und her getriebene Erscheinung, nicht der fromme Landesvater, als der sich Eberhard im Bart in der Vorwegnahme reformatorischer Dynastenbilder begreift, sondern ein unberechenbarer Spieler ohne tiefere Bindung. Tatsächlich plant Eberhard II. noch 1496, die Regierung von Stuttgart wegzuverlegen. Wohin, war er sich nicht ganz schlüssig, nach Urach, nach Tübingen, nach Nürtingen, wo er aus seinem halben Jahrzehnt früherer Regierungszeit noch mit bürgerschaftlichen Sympathien zu rechnen schien: Hauptsache, der mächtig und argwöhnisch gewordenen Stuttgarter Ehrbarkeit war der Rücken gekehrt.

Aber gerade die Ehrbarkeit, genauer genommen, das Kollegium der fürstlichen Räte ist es, das jetzt Stuttgart, die Stadt, die Eberhard im Bart in seiner Stadtsatzung von 1492 noch als »gemeine Stadt« ansprach, in einer Vorzugsstellung lassen will. Auch Eberhards Vorfahren hätten ihren Sitz in Stuttgart gehabt, meinen die Räte, alle Register von möglichen Argumentationen ziehend, und es sei den Altvorderen so »wohl ergangen, daß sie einen fürstenmäßigen Stul« hätten errichten können. Stuttgart sei die »fürnehmste Stadt« im Herzogtum, die reichste an Leuten, Gut und Vernunft, es sei hier die vornehmste Pfarrkirche und Leichlege und eine gute Gelegenheit, Gäste zu beherbergen, wie denn schon Kaiser, Fürsten und Herren da gewesen seien. Die Stadt sei ferner zur Kanzlei bequem, weil man von allen Ämtern des Fürstentums mit geringen Kosten dahin kommen könne. Und weil man weiß, wie Herzogliche Gnaden die Abende und die Nächte zu verbringen belieben, fügt man rasch noch hinzu, daß Stuttgart nicht teurer sei als die anderen, vom Herzog vorgeschlagenen Orte, daß aber der »viele, zum Theil geringe Wein, welchen die Herrschaft vom Zehnten in Stuttgart beziehe«, am besten für Hof und Kanzlei verwendet werden könne, daß es dort, wo der Herzog sich niederlassen wolle, allenthalben an Gebäuden, an Gewölben für die Urkunden, an Wohnungen für die Hof- und Kanzleileute fehle, während Stuttgart das in Fülle habe, daß sich endlich Stuttgart selbst, um seinen guten Willen zu zeigen, »öfters über Vermögen angestrengt« habe.

Ob der jüngere Herzog Eberhard durch diese lückenlose Gedankensammlung, geradezu einer Parade jener »Punckte«, die eine spätmittelalterliche Residenz für sich buchen können mußte, sehr beeindruckt war, mag bezweifelt werden. Schließlich kam es dann gar nicht mehr auf die Entscheidungen des heimtückischen Mannes an. Schon 1492 war er, für den Fall seiner Regierung, im Esslinger Vertrag unter die halbe Vormundschaft eines Regimentsrats gestellt worden. 1498 hat der Landtag dieses heiße Eisen über den Regimentsrat aufgegriffen, den Herzog abgesetzt und schließlich seinen noch minderjährigen Neffen Ulrich, den Sohn des geisteskranken Grafen Heinrich, zum Herzog erhoben. Der in der deutschen Territorialgeschichte dieser Epoche gewiß nicht alltägliche, von König Maximilian aus eigenem Interesse vollends erledigte und legitimierte Vorgang hat die Stellung Stuttgarts nur insofern berührt, als die Stuttgarter Ehrbarkeit, allen voran der Bürgermeister Sebastian Welling und der Vogt Hans Gaisberger, die Motoren dabei waren. Wenn auch die Potenz Stuttgarts hier gänzlich mit der Existenz des Staates und der »Herrschaft« verknüpft erscheint und die kommunale Selbständigkeit noch nicht entdeckt ist: die Hauptstadt Stuttgart scheint schon gar nicht mehr angezweifelt zu sein. Wie sehr sie bereits mit der Landesdynastie verwachsen war, mag daraus hervorgehen, daß viele der natürlichen Söhne des Hauses Württemberg im 14. und 15. Jahrhundert den Namen »von Stuttgart« oder »Wirtemberg genannt von Stuttgart« führen. Im Tübinger Vertrag vom 8. Juli 1514, in dem Herzog Ulrich der Landschaft außenpolitisch bedeutsame Rechte zugesteht, von der Landschaft aber Landesschulden in Höhe von mehr als neuntausend Gulden übernommen werden, in diesem Grundvertrag des künftigen württembergischen Staates ist von Stuttgart nicht die Rede. In Ulrichs »Einsicht« der durch Kaiser Maximilian I. am 23. April 1515 vollzogenen Bestätigung des Tübinger Vertrags liest man von »vogt, gericht und rat unserer baider hauptstet, Stutgarten und Tüwingen«.

Daß Tübingens schließliche Überrundung durch Stuttgart einen im Verborgenen sich abspielenden, zeitlich weitausholenden Prozeß begreift, an dem die Stuttgarter Ehrbarkeit den entscheidenden Anteil gehabt haben dürfte, darauf wird im einzelnen noch hinzuweisen sein. Tatsache ist jedenfalls, daß mit der paritätischen Behandlung beider Städte – im landständischen Zwölferausschuß, dem eigentlichen Regierungsorgan nach Eberhards Absetzung 1498, saßen je zwei Vertreter Tübingens und Stuttgarts – schon ein paar Jahre vorher unter österreichischer Herrschaft aufgeräumt worden ist. In der habsburgischen, mit großen Landpartikeln arbeitenden Verwaltungspraxis ist man an Zentralen gewöhnt. Seine beständige Residenzfunktion verdankt Stuttgart Österreich. Als am 11. März 1520 die kaiserlichen Gesandten in Ulm den Tübinger Vertrag zu »erläutern« haben, bitten sie den Kaiser in Übereinstimmung mit dem ehemaligen württembergischen Kanzler und jetzigen kaiserlichen Kommissar Gregor Lamparter, »daß diß Lanndts ausrichtung und Regiment fürterhin im Land blyb zu Stutgartenn gehalten unnd auß disem Fürstenthumb in khein weg« gezogen werden solle. Die dem Landtag zugestandene Praxis »mit der Regierung zu Stutgarten« ist in den folgenden Generationen – erst das 18. Jahrhundert hat wieder daran gerüttelt – nie mehr angetastet worden. In Herzog Christophs Bestätigung und Erläuterung des Tübinger Vertrags vom 13. April 1551 ist die durch den kaiserlichen Generalorator Maximilian von Zevenbergen vollzogene, von Karl V. ausdrücklich legitimierte Bestätigung der Landschaftsrechte gerade im Hinblick auf Stuttgarts Stellung wörtlich übernommen worden, auch mit dem Zusatz, die Regierung nur dann von Stuttgart »zu verrucken«, wenn »strebend leuff oder ander zufell, die ye zu zeiten wurden einfallen«, dies verlangen. Christoph, in den Jahren nach 1815 als der großartige Garant des alten, guten Rechts gefeiert, hat das Herzogtum als Kirchen- und Staatswesen organisiert, mit der Großen Kirchenordnung von 1559 oder mit der Schaffung eines eigenen Landrechts. Er hat Stuttgart in dieses System eingefügt. 1552 wird die Stelle des Landpropstes in Stuttgart errichtet, der als Oberhaupt der gesamten württembergischen Geistlichkeit zu fungieren hat. Bis 1560 hat der Vorstand der Stuttgarter Lateinschule, die von Christoph in ein fünfklassiges Pädagogium umgewandelt worden ist, als Pädagogarch alle Lateinschulen, von da an die lateinischen Schulen wenigstens im Lande unter der Staig (unterhalb der Alten Weinsteige, also nördlich davon) zu visitieren. Wie ernst schon Herzog Ulrich die Zentralfunktion Stuttgarts genommen hat, verrät sein am 15. März 1547 dem Stuttgarter Bürgermeister Sebastian Scherding übergebenes Reskript, eine knappe Liste von Mahnungen, mit dem Hinweis, er habe an den trutzigen, argwöhnischen und eigennützigen Handlungen des Herrn Bürgermeisters gar kein Gefallen: wenn das zu Stuttgart geschehe, wo er, der Bürgermeister, und seine, des Herzogs Kanzlei sei und wo »in allen Sachen billig Einsehen gescheh'n sollte, wie mags dann an andern Orten zugehen«.

Daß aus diesem Revers kein Zeugnis für irgendwelche Emanzipationen der

Kommune Stuttgart gemacht werden kann, ist klar. Gegenüber den eigentümlich ungeklärten und labilen Rechtsverhältnissen der Stadt Stuttgart noch zu Ulrichs des Vielgeliebten Zeiten war freilich Wesentliches gebessert worden. Auch hier zeigt die verantwortungsvolle Persönlichkeit Eberhards im Bart eine Zäsur an. Eberhard hat am 6. November 1492 diese Rechtssammlung ergehen lassen, von der wir schon sprachen und über deren Abschrift wenig später eine Hand den Vermerk anbrachte: »Ordnungen und satzungen von minem gnädigen herren der statt Stuotgarten zuogeschickt«. Natürlich wird der enttäuscht, der hier ein komplettes, Stuttgart als autonomen Verwaltungskörper wertendes Stadtrecht erwartet. Für moderne Vorstellungen hat die Sammlung einen sehr fragmentarischen Charakter. Immerhin findet man hier eine Reihe von Bestimmungen kodifiziert, die den Gerichtszwang betreffen, die zur Verfügung stehenden Rechtswege und Rechtssprechungen, die Gerichtsorganisation und die Belohnung der Richter, die Siegelführung der Stadt, den Status des Stuttgarter Bürgers, Rechtsbestimmungen über Grundstücks- und Hauskauf, über Hauszins und Erbfolgen, eine sehr ausführliche Feuerordnung, eine Reihe sozialrechtlicher und verwaltungsrechtlicher Verpflichtungen und schließlich Rechtssatzungen, die den Stuttgarter »wingarten« und die »wochenmerkte« betreffen. Daß die Gesetzesausstattung der Stadt damit einen merklichen Schritt nach vorne getan hat, ist ohne Zweifel. Man spürt den Stolz, wenn die Stadtverwaltung 1508 ein »Ehehaftenbuch« (»Ehehaften« sind verbindliche Gesetze) oder auch, nach seinem roten Einband genannt, ein »Rotes Buch« anlegen ließ, in das alle Gesetze aufgenommen wurden, auch das Eberhardinische Stadtrecht. Stuttgart hat sich dieses Rechtsbuch durch mehrere württembergische Herzöge und 1565 auch durch die Landstände bestätigen lassen. Damit ist nicht nur eine »höhere Gültigkeit« des Stuttgarter Rechts erreicht, sondern auch die nötige Kongruenz zwischen Stadt- und Landrecht erzielt worden: manches im Stuttgarter Stadtrecht wurde durch das württembergische Landrecht aufgehoben, wie umgekehrt mehrere Bestimmungen des Stuttgarter Rechts ins Landrecht aufgenommen wurden.

Daß die in den beiden Jahrzehnten vor und nach 1500 für Stuttgart spürbar gewordene Welle von stadtrechtlichen Fixierungen, Ausfluß der »Verrechtlichung« des öffentlichen Lebens, aber auch der Vergrößerung und der Differenzierung der Verwaltungsaufgaben überhaupt, die »Residentz-Statt« offiziell nie besonders goutiert hat, fällt auf.

Es ist, wenn überhaupt, von »unserer Stadt Stuttgart« die Rede oder von »unseren Untertanen zu Stuttgart«. Nicht eine Bevorzugung ist gemeint oder irgendwelches Übermaß an Privilegierung, sondern ganz im Gegenteil eine besonders akkurate rechtliche und soziale Kontrolle derjenigen Stadt, in der Hof und

Kanzlei beherbergt sind. Der Bürgereid von 1492, künftig von jedem Neubürger zu schwören, verlangt von jedem Bürger das Gelöbnis, »uns und unsern erben truw und holde ze sinde und dieser unser statt nutze und frommen ze schaffen und schaden ze warnen und ze wenden nach sinem besten vermögen, und darzu uns und unsern amptlüten und der oberkait diser unser statt und iren gepotten und verbotten gehorsam und gewertig ze sinde, und nit von hinnen zu ziehen noch sich diser unser statt zu empfrömbden, er habe denn das burgerrecht zuvor unsern amptmann und der statt rechnern abkündt«.

Zwischen Bürgern und übrigen Einwohnern ist reinlich geschieden. Der große Schritt von der Bürger- zur Einwohnergemeinde wird erst durch das Gesetz vom 10. Juli 1849 getan, »betreffend einige Abänderungen und Ergänzungen der Gemeindeordnung«: erst die 48er-Revolution bringt die aufklärerisch-demokratischen Gleichheits- und Mehrheitsvorstellungen in den nach mittelalterlich-genossenschaftlichen Grundsätzen ausgerichteten Gemeindeverband. Daß das württembergische Gemeindeangehörigkeitsgesetz vom 16. Juni 1885 demgegenüber »die im Volke lebende und berechtigte Anhänglichkeit an die Einrichtung des Bürgerrechts« wieder in den Vordergrund stellte und den Rückweg zur Bürgergemeinde beschritt, sei noch am Rande vermerkt: der bloße, »seine« Stadt nur passierende Einwohner ist auch dem 19. Jahrhundert, je länger, desto mehr eine fragwürdige Sache.

Dadurch, daß in Stuttgart der Stadtherr zugleich Landesherr war, sind diese Bürgerprobleme von allem Anfang an Probleme des ganzen Staates gewesen. Stuttgart ist durch die besonders überlegte Rechtskodifizierung gewollt oder ungewollt, in die Stellung eines Oberzentrums hineingewachsen. Von denen, die »under den stabe diser unser statt Stutgarten gehörig ze tunde« hätten, ist im Bürgereid von 1492 ausdrücklich die Rede: sämtliche Orte, die in Stuttgart ihr Obergericht haben, sind verpflichtet, dieses Bürgerrecht anzunehmen. Aber gerade diese Bestimmung kann nicht als Ausweis einer kommunalen Eigenentwicklung interpretiert werden, in deren Gang die Stadt Stuttgart den übrigen staatsrechtlichen Einschränkungen des Herzogtums gleichsam davongelaufen wäre. Immer noch ist der Vogt der Stadtvorstand, und er ist zugleich herrschaftlicher und städtischer Beamter. Davon, daß die Stadt in diesem doppelgesichtigen Amt ein Übergewicht hätte, kann keine Rede sein. Als der städtische Magistrat 1610 verlangt, der Vogt solle jedes Mal vor der Abhör der Bürgermeisterrechnung noch einen besonderen Eid schwören, wird das vom herzoglichen Rat rundweg abgelehnt. Der Vogt führt den Vorsitz in Gericht und Rat, alle drei Instanzen zusammen bilden die regelmäßige Vertretung der Stadt nach außen und fungieren als Stadtregierung im Innern. Der Vogt ist Vorstand der städtischen Polizei, hat die Oberaufsicht über die Wohltätigkeits- und Bildungsanstalten, über das städtische Finanzwesen über die öffentlichen Gebäude, über die Straßen, über die wichtigen Wasserleitungen. Alle herzoglichen Dekrete gehen zunächst an ihn. Er leitet die Magistratswahlen und nimmt den neuverpflichteten städtischen Beamten die Eide ab.

Der Vogt ist in den Reformationstagen vor allem aber deshalb zu einer eminent wichtigen Figur geworden, weil er faktisch über ein Besetzungs- und Zensorrecht gegenüber dem Rat verfügt. Es handelt sich hier um eines der augenfälligsten Momente, in denen das landesherrliche Reformationsrecht einen Einbruch in wesentliche administrative Rechtsbereiche möglich macht. Die genossenschaftlichen, einfacher gesagt: die städtischen Rechtssituationen mußten sich für derlei Machtabgaben als besonders anfällig erweisen, weil sie gegenüber dem Herrschaftsrecht in jeder Hinsicht in der Rückhand waren. Die Jahre der zweiten Hälfte des 13. Jahrhunderts, in denen der Stuttgarter Rat Mann für Mann namentlich genannt wird und zweifellos in dieser territorialrechtlich noch gänzlich tastenden Anfangszeit auch erstrangige politische Funktionen innegehabt hat, in denen der Mauerbau der Stadt als »eine der großen Gemeinschaftsaufgaben der mittelalterlichen Bürgerschaft« (E. Ennen) ebenso wie die – erfolgreiche – Verteidigung der Stadt wesentlich von den Bürgern Stuttgarts getragen worden ist: diese Jahre sind längst vorüber. Damals war Stuttgart auf dem Weg, einem vergleichsweise freien, gemeindlich-genossenschaftlichen Verfassungsraum entgegenzugehen, wie ihn die aus der staufischen Ära herausgewachsenen Reichsstädte der Umgegend, Esslingen oder Reutlingen, über kurz oder lang praktiziert haben: mit mancherlei Freiheiten, mit zunehmender Bedeutung des Bürgermeisters als der ersten, in wichtigen Bereichen selbstverantwortlichen Instanz der Stadt, jedenfalls mit erkennbaren Anzeichen einer organisatorischen Weiterbildung der städtischen Ratsverfassung. Stuttgart hat diesen Weg je länger, desto weniger mitgemacht. Wo sich andernorts heftige Kämpfe innerhalb der städtischen Schichten und in immer wieder neuen stadtrechtlichen Kodifizierungen die Fortschritte des Emanzipationsprozesses deutlich ablesen lassen, zeigt das Stuttgarter Urkundenmaterial einen offensichtlich nicht weiter diskutierten Rechtsstand an oder verrät überhaupt rückläufige, von der städtischen Verfassungsautonomie her gesehen destruktive Tendenzen.

Wenn spürbare Erfolge auf dem Wege zu einer kommunalen Verselbständigung festzustellen sind, dann in einer soziologischen Unterwanderung des Bürgermeisteramtes, das im 15. und frühen 16. Jahrhundert – Sebastian Welling ist nur *ein* Beispiel dafür – vor allem von Angehörigen der alten, »großen« Ehrbarkeit besetzt ist. Aber gerade darum geht es in den Tagen der Reformation: die Männer der Ehrbarkeit müssen aus diesen Machtpositionen herausmanövriert werden, weil sie großenteils altgläubig geblieben und zu einem Faktor potentieller Opposition im flächenstaatlichen Konzept geworden sind. Der landesherrlich-städtische Vogt dient als wichtigste Instanz bei diesem Säuberungsprozeß. So, wie Herzog Ulrich den katholisch gebliebenen Stuttgarter Vogt Rudolph Strölin am 3. September 1537 seines Amtes enthebt, so läßt er nun durch seine protestantischen Nachfolger, nicht selten Angehörigen des Landadels der Umgegend, die Mitglieder des Stuttgarter Magistrats sondieren und gegebenenfalls streichen. Jetzt wird die Sache so praktiziert, daß der Vogt nach einer kurzen Anfrage beim Herzog, ob eine neue »Wahl« vorgenommen werden solle, ein Gutachten über die bisherigen Mitglieder anfertigt, diejenigen, die auszuscheiden haben, besonders markiert und dafür neue Namen vorschlägt. Ist das herzogliche Placet eingetroffen, beruft er Gericht und Rat zusammen und teilt ihnen mit, aus welchen Mitgliedern der neue Magistrat besteht.

Zu Lebzeiten Ulrichs hat der Stuttgarter Magistrat nicht gewagt, gegen diese seltsame Praxis anzugehen. Nach seinem Tod hat man im Jahre 1551 eine Beschwerde abgeschickt, nicht an den Herzog, sondern an die Landstände, »daß seit Jahren die alte, von den Landesherrn bestätigte Ordnung in Besetzung des Gerichts und Raths aufgehoben sey und nicht mehr gehalten werde, indem der Herzog bisher die Mitglieder beider Behörden allein nach seinem Gefallen und Gutdünken gewählt« habe. »Weil hiedurch der Stadt viel Nachtheil und Schaden zugefügt worden« sei, bitte man, die alte Ordnung doch wieder herzustellen. Aber daraufhin erklärt Herzog Christoph, der gleiche Mann, der zur Dokumentation eines »gemeinsamen« Staates Prälaten und Landschaft zur Taufe des jungen Prinzen ins Schloß bittet, unmißverständlich und knapp, die Besetzung von Rat und Gericht stehe dem Landesherrn und nicht der Stadt zu. Daran halte er sich. In beiden Gremien sei niemand anders zu bringen als »ehrbare, ehrliche, tapfere und glaubhafte Personen von ehrbarer Geburt«. Dabei bleibt es.

Übrigens hatte Christoph so unrecht nicht: im genannten Ehehaftenbuch ist vom Wahlmodus, etwa nach älterem Herkommen, gar nicht die Rede, nur davon, daß Gericht und Rat in der Martiniwoche (11. November) eines jedes Jahres zu »besetzen« seien. Wie unmittelbar die Residenzstadt an die Residenz, das heißt an die Landesherrschaft jetzt gebunden ist, zeigt sich deutlich. Die Tendenz der Entkommunalisierung des Stuttgarter Stadtkörpers nimmt in der folgenden Generation nur zu. Bei der Vorzensur durch den Vogt spielen kirchlich-konfessionelle Gesichtspunkte weiterhin zunächst die Hauptrolle. Männer, die »der Mönche Diener« sind, fallen. Seit 1617 sind bei der Besetzung des Stuttgarter Magistrats »gewöhnlich auch etliche Oberräthe als fürstliche Kommissäre« zugegen. Jetzt scheint weniger das Einverständnis mit der Confessio Wirtembergica Auswahlmodus zu sein als vielmehr die Absicht, Leute in die beiden Gremien zu bringen, »die studirt hätten oder in der Schreiberei geübt seyen«.

Tatsächlich wird jetzt der Stadtschreiber eine der wichtigsten Instanzen. Er hat dem Landesherrn, dem Vogt und dem Magistrat Treue zu schwören, das heißt: er ist keinem allein verantwortlich, während alle drei Instanzen sich im Regelfall nur allein an ihn wenden können. Er hat eine clearing-Stelle innerhalb der fester und enger werdenden Machtstruktur: er unterhält ein eigenes, zentrales Büro, nimmt Funktionen eines öffentlichen Notars wahr, ist dem Gericht und dem Rat als gesetzeskundiger Fachmann beigeordnet, führt die wichtigsten, auch für den Stadthaushalt ausschlaggebenden Bücher und koordiniert schließlich die wirtschaftlich-sozialen Belange der Stadt. Er wird von der herzoglichen Regierung ernannt, er führt die Protokolle, er entwirft die Verträge: er ist in den immer differenzierter werdenden Verwaltungsaufgaben der hauptberufliche und unersetzliche Experte.

Es liegt nahe, daß ein Amt wie das des Vogtes generationenlang zu illegalen Alleingängen verleiten mußte. Natürlich bietet uns ein in unmittelbare Staatskontrolle eingebettetes Gemeinwesen, wie Stuttgart es war, keine städtischen Diktatoren vom Schlage Heinrich Topplers, der vor seinem jähen Sturz für Jahre hin Rothenburgs Herr und Meister war. Der Stuttgarter Vogt Stephan Grüninger zeigt vielleicht Ansätze dazu. Er hat Urteilen des Stuttgarter Gerichts, die er der herzoglichen Kanzlei hätte weiter geben sollen, »mit trutzigen, freventlichen Worten« die Siegel abgerissen oder den Stadtwächtern erklärt, er sei »Herr und Herzog«, »die von Stuttgart sind nur ein Dreck, und hätten nicht einmal Macht, einen Kuh- oder Schweinehirten anzustellen«. Die fürstlichen Räte haben das auf eine Beschwerdeschrift des Stuttgarter Magistrats vom 22. Dezember 1565 hin rasch wieder in Ordnung gebracht, unter anderem mit dem pointierten Vermerk, der Stuttgarter Magistrat sei »doch nicht dem Pöbel gleich zu achten«.

Die Affäre zeigt, wie sehr wir es hier mit einem ausbalancierten, mit herrschaftlichen und genossenschaftlichen Interessen gleichermaßen austarierten Gemeinwesen zu tun haben. Der Stuttgarter Bürgermeister vor oder nach der Reformation kann gar nicht in die hybride Kondottierengeste seines Reichsstadtkollegen verfallen: er hat, wie sein 1503 verfaßter »Staat« (Dienstanweisung) sagt, »wie vor alten Zeiten« einen »anderen« Bürgermeister neben sich, mit dem zusammen er zu arbeiten und zu handeln hat. Sein Geschäftsbereich liegt (zunächst) nicht im Politisch-Administrativen, sondern im Sozial- und Volkswirtschaftlichen, bei der Rechnungsabhör, bei der Untersuchung von Maaß und Waage, bei der Kontrolle der Straßen und Wege, bei der Aufsicht über die »Truche im Stadtgewölb«. Er hat, modern gesagt, die Stadtkämmerei und das Tiefbauamt und das Sozialamt in einem. Im übrigen ist auch für sein Amt die Vorsorge getroffen vor gefährlichem Machtzuwachs. Eine Verordnung vom 6. April 1547 bestimmt, daß kein Stuttgarter Bürgermeister in Zukunft länger als zwei Jahre im Amt bleiben darf. Die typischen Absicherungen der kommunalen Staatlichkeit in Form der Kollegialität, der gegenseitigen institutionellen Kontrollen, Vorläufer der Kontrollfunktionen in der modernen Demokratie, werden mit allem Nachdruck geübt.

Wenn wir also unserer Frage nachgehen wollen, wann und in welchen Formen sich ein kommunales Eigenleben Stuttgarts, im rechtsorganisatorischen und soziologischen Sinne dieses Wortes, nach vorne kehrt und sichtbar wird, so sind für die Renaissancezeit höchstens Ansätze zu buchen. Von einer städtisch-bürgerlichen Emanzipation oder Eigenständigkeit kann nicht gesprochen werden. Wer bauen will, muß das »der Obrigkeit« anzeigen. Sie bestimmt darüber, ob der einzelne »dem gemeinen Nutzen und der Zierlichkeit nach« baut oder nicht. Das würde eher nach einer Verstärkung der kommunalen Machtstruktur aussehen. Tatsächlich hat sich ja die kommunale Selbstverwaltung vor allem über den Weg der kommunalen Bauaufsicht organisiert. Gerade Stuttgart, als Residenzstadt, teilt indessen die gerade einschlägigsten Rechte mit dem Staat. Nur Zwinger und Gräben sind Eigentum der Stadt. Die Erhaltung und Ausbesserung der Befestigungswerke besorgt nicht die Stadt allein, sondern sie zusammen mit der Herrschaft und dem Amt Stuttgart. In einer eigenhändig niedergeschriebenen Resolution läßt Herzog Christoph am 18. Dezember 1563 die Stadtväter wissen, daß die Herrschaft nunmehr die Verbindlichkeit übernommen habe, die Stadttore auf eigene Kosten zu erbauen. Eine städtische Autonomie, eine volle bürgerliche Verantwortlichkeit wird nicht praktiziert.

Es fehle »jenes selbstbewußte Bürgertum«, meint Hansmartin Decker-Hauff für das frühe 15. Jahrhundert. Ob es im Sinne eines politisch und sozial emanzipierten, wirtschaftlich unabhängigen Großbürgertums im Stuttgart der vorreformatorischen Zeit je aufgetreten ist, ist sehr die Frage. Nach 1534, nach »dem jähen Absturz in der Katastrophe der Alten Ehrbarkeit durch und unter Herzog Ulrich« (Decker-Hauff) scheint die Zeit der großen Möglichkeiten ohnehin vorüber gewesen zu sein. Für das Aufwachsen einer durchaus eigenständigen Bürgertradition lag allein die Abkunft vieler begüterter Stadtgeschlechter Stuttgarts zu sehr in Fürstennähe. Die Dagersheim und Welling, die Lyher, Volland oder Königsbach, allesamt Repräsentanten der großen Ehrbaren Stuttgarts, sind teilweise, wenn auch als Bastarde, unmittelbar gräflichen Geblüts. Schon dies wirkt wie eine Illustration der soziologisch freilich sehr viel ernsthafteren Frage, ob diese Stuttgarter Ehrbarkeit nicht eine letztlich der Dynastie zugeordnete Gruppe war. »Viele reiche Stuttgarter Bürgergeschlechter sind langsam in den Adel hineingewachsen und in ihm aufgegangen« (Decker-Hauff). Sicher ist eine ähnliche zielstrebige Angleichung auch beim Patriziat der Reichsstädte zu beobachten; die Wappen- und Turnierfähigkeit, die ehrgeizig gesuchte, ist dort ja nur *ein* Zeichen dafür. Indessen war die Firmierung eine andere: in Nürnberg und Augsburg, aber schließlich auch in Schwäbisch Gmünd oder Weil der Stadt bucht man den sozialen Aufstieg zugleich auf das Konto der reichsfreien, der reichsimmediaten Würde. Vergleiche liegen nahe mit dem Geltungswillen einer nicht vor den Toren der Residenz liegenden, mit eigenem Reichtum und eigener Ehrbarkeit ausgestatteten württembergischen Landstadt vom Schlage Schorndorfs.

Nur Stuttgart hat da einen Sonderrang: Ehrbarkeit und Fürstenhaus sind in diesen frühen Generationen unmittelbar aneinandergebunden. So sehr man in Fragen täglichen Lebens divergieren mochte, so sehr ist man in grundsätzlichen Dingen aufeinander angewiesen. Daß die Stuttgarter Ehrbarkeit, hier nur der älteren Tübinger Ehrbarkeit vergleichbar, großes Weinbergland und halbe Dörfer besitzen konnte, ist typisch für dieses Bild: der Zuschnitt des feudalen oder feudalähnlichen Grundbesitzers prägt das Fürstenhaus wie die Ehrbarkeit. Beide leben zunächst einmal vom Status quo des Territoriums. Alle Veränderungen, alle Teilungen können da nur vom Übel sein. Man wird deshalb kaum, wie das bislang geschah, von Vorkämpfern für die »Demokratie« reden wollen, wenn Sprecher der Stuttgarter Ehrbarkeit, dieser legendären »vierzig Familien«, das Staatsschiff aus der Hand gaben, wofern auch nur ein unerfahrener Herzogsknabe – Ulrich im Jahre 1503 – da war, wenn ein Konrad Breuning, Repräsentant der Tübinger Ehrbarkeit, 1514 mit dem Tübinger Vertrag den Staat »rettete«: nie hat die Ehrbarkeit, auch bei nächstliegenden oder möglichen Teilungsmanövern nicht, für die Zertrümmerung des Staates plädiert. Sie lebt selbst von diesem Staat. Es bleibt nicht »unverständlich« (Decker-Hauff), sondern liegt sehr nahe, eine derartige politische Haltung zu erwarten, einfach deshalb, weil man in den Reihen der Alten Ehrbarkeit, einer keineswegs »das Volk« vertretenden dünnen Oberschicht das Gefühl haben mußte, mit dem Fürstenhaus im gleichen Boot zu sitzen. Deshalb strebt die Stuttgarter Ehrbarkeit der vorreformatorischen Epoche »nicht darnach, an der notwendigen Neuordnung der Regierung selbst mitzuwirken« (W. Grube).

Gewiß wären Renaissance und Humanismus als geistige Strömungen durchaus in der Lage gewesen, in Stuttgart jener schöpferischen Erneuerung und jener selbstsicheren, ja schon selbstgefälligen Bürgerlichkeit zum Sieg zu verhelfen, wie sie das in Straßburg oder Nürnberg, aber auch in Territorialstädten wie Freiburg oder Konstanz getan haben. Aber alles das, was diese gärende Bewegung mit sich brachte, den aufkeimenden Gegensatz zur kirchlichen Wissenschaft und den Lebensgenuß im Stil der Antike, das nationale, vielleicht schon nationalistische Kämpfertum und die pralle Lebens- und Wirklichkeitsnähe, den nachdenklichen, aber auch egozentrischen Individualismus, in dem wir ebensoviel Historismus wie Vorwegnahme frühneuzeitlicher Aufklärungsstimmungen erkennen: alles das hat Stuttgart nur im Vorübergehen, nur in Augenblicken ergriffen. Wer hämisch sein wollte, könnte das einzige Ergebnis der geistigen Stuttgarter Renaissance darin erblicken, daß späterhin den Lehrjungen der Stadt, die lateinisch konnten, gegenüber den Nichtlateinern ein halbes Jahr geschenkt werden konnte: wir sind im Lande der Schreiber, wo das Hochgefühl des Renaissance-Menschen und das unvorstellbar stolze Selbstgefühl, Vorkämpfer der wahren Wissenschaft gegen das Dunkel zu sein, in gängige kleine Münze geprägt wird, in das Lehren und Lernen und Weitergeben, wo das aufjauchzende Gefühl, ein goldenes Zeitalter anbrechen zu sehen, im Grau der Lateinschulstuben versickert, wo sich in Stuttgart alljährlich zu Pfingsten die klosterschulwilligen Schüler der Lateinschulen im Lande versammeln, um vom Stuttgarter Pädagogarchen und Konrektor in Gegenwart einiger Kirchenräte geprüft zu werden: der Ursprung des »Landexamens«, eine der wichtigsten Hürden auf dem altwürttembergischen Weg zur gesellschaftlichen Placierung.

Eberhard im Bart, kein Geringerer als ein Stuttgarter Stadtherr also, war es, der den Geist des Frühhumanismus und der »humanitas«, der weltlichen Bildung, von Heidelberg und Rottenburg, von Urach und Tübingen her nach Stuttgart gebracht hat. Eberhards Stuttgarter Hof hat für die Pflege des geistigen Lebens etwas bedeutet – wir betonen das, weil seine Nachfolger im Stuttgarter Schloß, so ganz den Jagd- und Tafelvergnügen der verspäteten Stuttgarter Renaissance hingegeben, sich kaum je zu geistigen Originalitäten aufgeschwungen haben. Für Stuttgart und für Württemberg war, mit Johannes Haller zu reden, »ein solcher Intellektueller etwas Neues«. Es ist kein Zufall, daß man sich gelegentlich des von Eberhard in Einsiedel bei Tübingen gegründeten Stifts der »Blauen Mönche«, dieser eigenartigen neuen Schöpfung, in der die Stände – je ein Dutzend Geistliche, Edle und Bürger – in gleicher Gemeinschaft leben sollten, an Herzog Carl Eugens Hochschulgründung erinnert hat. Beide Gründungen haben ihre Schöpfer nicht lange überdauert. Beide markieren sie aber auch Zäsuren, die nicht nur durch eine politische, sondern auch eine geistige und kulturelle Verantwortlichkeit geprägt sind. Gewiß hat der Humanismus das historische Bild des Universitätsgründers – die Eberhard, als erster deutscher Graf 1477 nicht nach Urach, sondern nach Tübingen gelegt hat – stark verbürgerlicht. Die heimatliche Legende, auch hier vornehmlich durch Uhland gewoben, hat seine Regierung aus der Düsternis späterer Landesschicksale heraus wie die goldene Zeit Württembergs verklärt. Eberhards realistische Züge fehlen in Wirklichkeit keineswegs. Als Territorialpolitiker hat er seine Zwecke mit unbedenklichen Mitteln verfolgt, wenn auch mit einem Charakter und einem Rechtsgefühl, die gegenüber seinen Mitregenten, seinen gräflich-herzog-

7 Das Schellentürmchen, letzter und im Stumpf bis heute erhaltener Rest der Stuttgarter Stadtummauerung, das seinen Namen von dem 1811 abgebrochenen Turm an der Ecke Kanal- und Weberstraße übernommen hat. Vorkriegsaufnahme

8 Grabmal des 1512 verstorbenen Stiftspropstes und Kanzlers Dr. Ludwig Vergenhans in Rotmarmor im Chor der Stiftskirche

6 (umseitig) Eindringlichstes und mit dem heimischen Wesen ganz verwobenes Zeugnis der Stuttgarter Gotik: die Magdalena der Kreuzigungsgruppe Hans Seyffers (1501), gestiftet von Angehörigen der Stuttgarter Ehrbarkeit. Original im Chor der Hospitalkirche

lichen Vorgängern oder seinem unmittelbaren Nachfolger, auffallen mußten, Aber der Haudegen war auch ein kluger, zielbewußter Verwaltungsmann, der alle Kräfte zum Nutzen des Staates, namentlich für Finanz- und Heerwesen heranzuziehen wußte.

Während der kaum mehr als zwölf Stuttgarter Jahre regierte Eberhard nicht ohne einen Beisatz von schwäbischem Eigensinn und Schulmeisterlichkeit, die das Leben unter ihm für Ratgeber und Untertanen nicht immer leicht machten. Daß er Italien auf drei Fahrten persönlich kennen und lieben gelernt hatte, daß so wichtige Männer wie der Übersetzer Niklas von Wyle und der Facetienschreiber Augustin Thünger zu seiner persönlichen Umgebung gehörten, muß gerade für Stuttgart nicht ohne Bedeutung geblieben sein. Mit dem württembergischen Kanzler Johannes Fünfer, einem Angehörigen der alten Stuttgarter Ehrbarkeit, stand Wyle, der von 1469 bis 1478 noch Ulrichs des Vielgeliebten Kanzler in Stuttgart war, auf freundschaftlichem Fuß.

Eberhard selbst hat in diesem, hier nicht einmal angedeuteten, immer größer werdenden Zirkel frühhumanistischer Poeten und Übersetzer, Briefeschreiber und Universitätslehrer je länger, desto weniger die Rolle eines auf modisches, intellektuelles Prestige bedachten Mäzens gespielt: er gehört zu ihnen. Die Liebe zum Bidpai, jenem wohl am Hof der Pfalzgräfin Mechthild, seiner Mutter, entstandenen altindischen Weisheitsbuch, das er dann gleich zweimal bei Fyner in Urach drucken ließ, beweist das, nicht zuletzt das Eberhardgebetbuch, 1492 in Stuttgart in Auftrag gegeben und bis heute ein untrügliches, wundervolles Zeugnis für die Haltung eines Mannes, den der Weg von frivol genossener Jugendlust zur Bescheidung und zur Frömmigkeit geführt hat: ein Beter wie drüben der betagte Landhofmeister Hermann von Sachsenheim in der Stiftskirche, der den Grafen auf der Pilgerfahrt ins Heilige Land begleitet hat. Sachsenheims Monument erinnert heute noch an jene Generation, die sich, das Aufbegehren der Mehrzahl wohl vernehmend, in Gottes ewige Ordnung schickt, die Hände demütig aneinanderlegt. Der Sturm, das neue Wesen, die Reformation kündigt sich an. Aber diese Männer ruhen, bei allem Willen zu Reformen, im Hergebrachten.

Reuchlin, unstreitig das wichtigste Gastgeschenk Eberhards an Stuttgart, steht mitten inne. Noch als junger Mann begleitet er, geschliffenes Latein beherrschend und also der Repräsentation des württembergischen Grafen nur dienlich, Eberhard 1482 nach Florenz und Rom. Als dieser seinen Hof ein Jahr später nach Stuttgart verlegt, zieht er mit ihm, als Berater, als Mitglied des Hofgerichts. In Stuttgart bleibt Reuchlin, zweimal verheiratet mit Frauen der Stuttgarter und wirtembergischen Ehrbarkeit, die ihm Vermögen und Landbesitz bei Sindelfingen einbringen, mit großen Unterbrechungen freilich, bis 1519. Er ist am

30. Juni 1522 im Liebenzeller Bad gestorben und im Familienbegräbnis seiner zweiten Frau in der Leonhardskirche bestattet worden. Die bescheiden-nüchterne, die »römische« Grabplatte sieht man heute noch dort.
Gut ein Jahrzehnt vor seinem durch äußerliche Zeitläufte verschuldeten Weggang aus Stuttgart – die Stadt ist 1519 dreimal von feindlichen oder herzoglichen Truppen besetzt worden, so daß er Mühe hatte, sein Herzstück, seine Bibliothek zu sichern – gerät Reuchlin, dieser seiner Natur nach sammelnde und bewahrende Mann, in einen lebensgefährlichen Konflikt mit dem jüdischen Konvertiten Johannes Pfefferkorn. Niemandem lag Kampf und öffentliches Hervortreten ferner als dem zartbesaiteten Gelehrten. Nun, nachdem sich Reuchlin in der Streitfrage – ob jüdische Bücher zu verbrennen oder zum Studium des Hebräischen zu verwenden seien – für die Erhaltung des jüdischen Kulturguts einsetzt, der Streit zu einer großen, leidenschaftlich erörterten Sache wird, die vor den Richterstuhl des Papstes gebracht und dort schließlich gegen Reuchlin entschieden wird: nun knüpft sich erstmals ein Stück geistiger Auseinandersetzung an den Namen Stuttgart. Man fühlt sich schon erinnert an Friedrich Theodor Vischers Stuttgarter Gründerzeitjahre, wo ein unfreiwilliger Kritiker und Kämpe wieder die geistige Atmosphäre der Stadt bestimmt. Nicht nur, daß das Eintreten der Kölner Dominikaner für Pfefferkorn Öl ins Feuer gegossen hat, auch mit den Stuttgarter Dominikanern ist Reuchlin, natürlicherweise, in schwere Gefechte geraten. Sicher hat der württembergische Registrator Friedrich Rüttel maßlos übertrieben, wenn er in seine Dokumentensammlung auch die Bemerkung hinzürnt, die »gottlosen, idiotischen, schandbaren« Mönche des Stuttgarter Klosters hätten dem mittlerweile reichsbekannten, der Ketzerei verklagten Humanisten »sein Leben lang alles Leids erwiesen«. Aber es ist ein typisches Zeichen dafür, dieses ausfallende Wort, wie die Leute und gerade die Stuttgarter nicht nur in der Barockzeit, sondern schon während der erregten Tage des Gelehrtenstreites gedacht haben mögen. Reuchlin, damals nicht ganz sicher, ob er dem Gelächter der Welt preisgegeben oder zum Vorkämpfer eines freiheitlichen, eines humanen Bildungsanspruchs werde, war bei den Stuttgartern ein hochangesehener, ein beliebter Mann. Die Stuttgarter Bürgerschaft habe ihn, schreibt er in der Vorrede zu seiner hebräischen Grammatik, oft stürmisch um Auskunft angegangen, nicht über sein humanistisches Wissen, sondern über Holz- und Wegerechte, über Abtritte und Pfützen und derlei Kram: in unverfälschtem Schwäbisch, mit dem munteren Sonderton seiner Vaterstadt Pforzheim, dürfte er Rede und Antwort gestanden haben. Und sicher hat das der Sympathie keinen Abbruch getan, wenn er die Beziehungen Stuttgarter Predigerkloster aufgehoben und seinen dort im Kreuzgang schon 1501 angebrachten Grabstein einfach hat stehen lassen.

Mit Reuchlin – ein paar Reformatorenköpfe treten sogleich hinzu – beginnt das Spezifische, das Originale in der Stuttgarter Stadtgeschichte sichtbar zu werden, eine im Geistig-Individuellen gegründete Sonderart, in der sich Wesenszüge des Bürgerschaftlichen verbinden und die nicht durch irgendeinen Regentennamen markiert ist. Es paßt in diese Bedeutung, daß Reuchlin, Mitglied der Stuttgarter Salve-Bruderschaft, beides präsentiert, einen unverkennbaren Konservatismus in religiösen Dingen und eine Bekennerfreude, die ihn aus dem Gelehrtenbereich schon mächtig hinausstreben und ihn das Ohr der Nation gewinnen läßt. Wir haben wohl keine schriftlichen Belege dafür, daß und wie Reuchlin den öffentlichen, den politischen Verantwortungssinn der Stuttgarter Ehrbarkeit, den emanzipatorischen Prozeß der Stuttgarter Bürgerschaft auf ihrem Wege zur kommunalen Eigengröße sichtbar gefördert hat: derlei Dinge pflegen sich nicht zu bestimmten Daten und Tagen zu vollziehen. Aber daß Reuchlin ein Posten auf diesem Wege war, der erste vielleicht und der stärkste auf alle Fälle, ist ohne Zweifel. Der Kampf mit dem Pfefferkorn, die Sache mit den »Dunkelmännerbriefen« ist zeitgeschichtlich bedingt. Daß Hutten und seine Leute ein Spektakulum daraus gemacht haben, war auch zeitbedingt. Aber es kam damit ein großes Element des Spürens und Wissens um die Verantwortung der geistigen Dinge in neue Schichten herein. Hätte es den Krach nicht gegeben, wäre Reuchlin wahrscheinlich als der Retter hebräischer Schriften eine philologische Anmerkung geblieben. Indessen ist eine Verbindung des wissenschaftlichen Ethos mit dem Verantwortungsgefühl der hellhörig und einsichtig gewordenen Bürgersleute daraus geworden, die nun wirklich eine neue Zeit eingeleitet und, über kurz oder lang, auch ein anderes bürgerlich-kommunales Klima geschaffen hat.

Daß Stuttgart gerade in diesem ersten Ansatz in eine Abfolge von Existenzfragen geworfen wird, macht das Kapitel »Humanismus in Stuttgart« zu einer fast tragischen Sache: die Kontinuität ist abgebrochen, kaum daß sie angelegt war. Eine kulturorganisatorische Rückwirkung auf Stadt und Stadtverwaltung findet nicht statt. Der Buchdruck zieht in Stuttgart nur für Augenblicke auf, mit Konrad Fyner vielleicht, in den achtziger Jahren des 15. Jahrhunderts, mit dem Erfurter Hans Sporer für die kurze Zeit von 1522 auf 1523. Die ersten Anschaffungen für eine »liberey«, ganze vier »Kollender uf das Bürgerhaus« tätigten die Stadtväter 1537: mit den weltläufigen Druckerstädten Straßburg oder Basel, mit irgendeiner der reichsstädtischen Kirchen- und Ratsbibliotheken darf sich Stuttgart nicht vergleichen. Die politischen Ereignisse lassen auch gar keine Zeit dazu. Das Dominikanerkloster, der einzige männliche Konvent im Herzogtum, dem die Stadt mehrfach Stiftungen vermittelt, einen Steinbruch eingeräumt und Weinspenden geschickt hat, beginnt zu kränkeln. »Wir haben noch zu trinken bis auf den Herbst, aber kein Korn mehr, wissen auch keins zu überkommen.« So die Mönche um 1516 in einem Bericht, der offenbar an Herzog Ulrich gerichtet war. Korruption, will heißen: Mangel an Ziel und Aufgabe kommt hinzu. Sebastian Wellings überlegener politischer Blick sieht 1532 das Kommende, als er einen Weinberg dem Kloster schenkt und hinzufügt: »ob Sache wäre – da Gott lange vor sei –, daß das Kloster abginge und nicht mehr Brüder Predigerordens da wären, solle der Weinberg an's (städtische) Spital fallen«. Vier Jahre danach ist es soweit. Das Kloster, Heimstätte auch des Stuttgarter Adels und Stiftungsanlaß für manches Mitglied des Herzogshauses, verschwindet.

Aber auch die größere, die große Politik hat in die Stadt hineingegriffen. Daß das Regiment Herzog Ulrichs in heillose Zeiten hineinführe, müßte manchem der mit den Dingen vertrauten Ehrbarkeit geschwant haben. Ulrichs Versuch, der riesigen Schuldenlast mit einer neuerlichen, indirekten Verbrauchssteuer zu begegnen, ist nur ein letztes Zeichen der Ohnmacht und Anlaß zum Aufruhr des »Armen Konrad«. Stuttgart hat in diesem Frühsommer 1514, in dem der »Arme Konz« auch gegen die Residenzstadt rückt, Ulrich kaum noch zu bewegen ist, seine Residenz nicht von Stuttgart weg zu verlegen und der Landtag von ihm auf alle Fälle nach Tübingen einberufen wird, am 7. Juli gegen tausend Weingärtner und Bauern in der Liebfrauenvorstadt versammelt sind, um ihre Bevollmächtigten nach Tübingen zu senden: Stuttgart hat sich in diesen Tagen mit erstaunlicher Bravour zwischen den Fronten gehalten. Ein »großer Teil der Bürger niedern Standes« sympathisiert mit den berechtigten Forderungen der Remstäler. Aber der Magistrat und die Ehrbarkeit, allen voran Sebastian Welling, beschwichtigt oder stellt sich offen vor die Sache des Staates und des Herzogs. Ein paar Tage später versammeln sich achthundert Bürger auf den Seewiesen vor der Stadt und schicken, nach einläßlicher Beratung, Abgeordnete an die auf dem Rathaus versammelten Landschaftsmitglieder: sie seien einig damit, daß der Herzog ihr rechter, angeborener Herr sei. Die kurz danach kursierende Nachricht, in Stuttgart sei ein Aufruhr ausgebrochen, erweist sich als ein Gerücht.

Auch im Bauernkrieg zeigt Stuttgart dieses, in anderen Zusammenhängen schon skizzierte Gesicht. Die – mittlerweile österreichische – Regierung war, unsicher und kopflos geworden, nach Tübingen geflohen. Auch Gericht und Rat der Stadt Stuttgart bröckelten auseinander. Der zurückgebliebene Rest ergänzte sich zunächst selbst, rief schließlich, wie in den Tagen des Armen Konzen, einen Bürgerausschuß an seine Seite, der nach Wahlen, aber nur mit Mühe und Not eine neue Stadtobrigkeit zustande brachte. Eine kleine, in Waffen gesteckte Mannschaft sollte die Bauern in Marbach aufhalten. Als diese aber die Marbacher

Gegend verließen, »zog das Stuttgarter Häuflein still nach Hause«. Zugleich versuchte man mit den Bauern auf den Wunnensteiner Bergen zu verhandeln. In der Gruppe, die zu ihnen geschickt wurde, war auch Jörg Ratgeb, der Maler des Herrenberger Altars. Er soll ihnen, als Stuttgarter Gerichtsmitglied, den Plan seiner Mitbürger verraten haben und deshalb später in Pforzheim gevierteilt worden sein. Aber das Verhandeln half nirgendwo. Der Bauernschwarm, angeblich sechstausend Mann hoch, steht auch vor Stuttgart und ergießt sich schließlich, nachdem ein Ratsherr geistesgegenwärtig die versuchte Gegenwehr eines seiner Mitbürger im letzten Augenblick erstickt, auch in die Stadt.

Stuttgarts Politik ist die vieler anderer Städte und Ämter: man hält es so mit den Bauern und sucht es gleichzeitig mit dem österreichischen Landesherrn nicht zu verderben. Das Kontingent, das die Stadt für die Bauernsache stellen muß, zwei- bis dreihundert Leute, wird von Theis Gerber ausgeführt, nicht ohne dessen Zögern und nach allerlei Rückversicherungen, die er sich geben läßt. Zum Kriegsrat läßt sich Jörg Ratgeb verordnen. Zwischen Gäu und Filder, in Böblingen, Sindelfingen und Herrenberg wird der Stuttgarter Haufe eingesetzt. Als sich, Tage vorher, Übles und Böses in den Bauernreihen auftut und man bei den Stuttgartern zu raunen beginnt, daß Bauern nur saufen und fressen und verwüsten können, fährt sie Gerber an: »Ihr Lecker, ihr Buben, wie könnt ihr euer böses Wesen und Übelhalten vor Gott und der Ehrbarkeit verantworten?« In der Böblinger Schlacht am 12. Mai 1525 halten sie sich tapfer, die Stuttgarter. Aber es wird eine Niederlage daraus. Der mehrere Male diskutierte Plan, sich mit dem vertriebenen Herzog Ulrich zu vereinen, ist zunichte. Wie gerne in solchen verquerten Fieberzeiten, sind die Kleineren, die sich haben vor den Karren spannen lassen, hernach die Dummen: noch in der Nacht nach dem Böblinger Treffen verlangt Gerber auf dem Stuttgarter Rathaus, während Weg und Steg von fliehenden Bauern gefüllt sind, Schutz für seine Person. Aber die Stuttgarter Ratsherren sind »gut österreichisch«. Sie waschen ihre Hände in Unschuld. Man hat über die Stadt im Hauptquartier des Truchsessen von Waldburg, des Bauernjörg, die Plünderung verhängt. Die österreichische Regierung, wieder auf dem Wege nach Stuttgart, setzt die Streichung der Strafaktion durch. Für Stuttgart ist der Spuk vorüber.

Dies, daß die »guet wirttembergische« Stadt jetzt österreichisch ist, ja über Nacht zu einer treuen, konsequent habsburgischen Haltung gefunden hat, will einem nicht in den Sinn. Die Sache hat ihre chronologische, jedenfalls erklärbare Seite. Ulrich, dem der Tübinger Vertrag keinen Frieden brachte und der mit der eigenhändigen Ermordung seines Stallmeisters Hans von Hutten, wegen seines gleißend schönen Weibes, der Welt ein schauerliches Schauspiel bot, verfiel ein und das andere Mal in Reichsacht. Aber nicht die eingeschüchterte Ehrbarkeit

und nicht ein Regimentsrat, wie seinerzeit beim jüngeren Eberhard, haben ihn zu Fall gebracht, sondern die folgenden außenpolitischen Fehlgriffe, die Belagerung Reutlingens im Januar 1519 und der Aufzug der Truppen des Schwäbischen Bundes, diesmal unter der Führung des Bayernherzogs Wilhelm, dessen Schwester Sabine, Gemahlin Ulrichs, vor dem Rohling und Narren aus dem Land gegangen war. Jetzt steht Ulrich vor der Übermacht aller nennenswerten südwestdeutschen Territorien. Er flieht. Als er im Sommer 1519 ein paar Fetzen seines Landes wieder erobert, gelingt ihm das nur für wenige Wochen. Vom Schwäbischen Bund kommt die besetzte Stadt Stuttgart und das Territorium Württemberg am 6. Februar 1520 durch Verkauf an Kaiser Karl V. als Erzherzog von Österreich: der Kaiser ist nicht nur Reichsoberhaupt, sondern auch landhungriger Habsburger. Er ist bereit, einem Reichsfürsten sein Gebiet abzunehmen, auch wenn ein solches Reichslehen seinem Fürstenhaus nicht hätte entzogen werden dürfen. Zwei Jahre darauf hat Karl V. die Neuerwerbung seinem jüngeren Bruder Ferdinand überlassen, der nun im Jahre 1522 einen beträchtlichen Gebietskomplex kontrolliert, die fünf östlichen Herzogtümer Österreich-Habsburgs, Tirol und die vorderösterreichischen Lande. Vierzehn Jahre, von 1520 bis 1534, sitzt eine österreichische Regierung in Stuttgart. Unter den Habsburgern ist Stuttgart erstmals, wie wir hörten, durch Landesgrundgesetz zum ständigen Regierungssitz deklariert worden. Sollte die Stadt, innerhalb des mitteleuropäisch-habsburgischen Territorialkonzepts, noch zu weiteren, größeren Funktionen aufsteigen?
Ferdinand, der am 25. Mai 1522 nach großartig-ausladendem Protokoll in die Stadt einzog, hat Stuttgart mit »unterthänigsten Freuden« empfangen, will heißen: was die Herren Räte sich an burgundischem Zeremoniell für die fanfarenschmetternde Introduktion hatten einfallen lassen, mit lateinischen Orationes und kranztragenden Jungfrauen, hat die Stadt am Nesenbach hergegeben, so gut sie es konnte. Alle sind sie erschienen, die pausbäckigen Buben und »gegen siebenhundert Jungfrauen«, der Vogt und der Magistrat, die Prediger-mönche und die Stiftsherren im Ornat, die Pröpste der sieben Landesstifte in ihren »Kutzenkappen«, die Männer und die Weiber im Sonntagshabit. Es muß so etwas wie eine staatlich-städtische Prozession gewesen sein, von sinnenstarker, katholischer Farbkraft, ein halbes Jahrzehnt nach Luthers Thesenanschlag. »Die Straßen der Stadt waren zu dieser Feier mit Gras bestreut und mit Maien geschmückt, auf dem Kirchplatz und auf den benachbarten Bergen brannten Freudenfeuer und von den Thürmen ertönte der Donner des Geschützes.«

»Nach Gott diß Lands ein Ufenthalt,
Erbarm' dich über jung und alt,

Die dir hie werden unterthon,
So gibt dir Gott die ewig Kron'.«

So hat man in der Würde eines Chorals den neuen Stadt- und Landesherren, den neunzehnjährigen Ferdinand »angesungen«. Die Landesgeschichtsschreibung noch unseres Jahrhunderts hat in diesem fahnenschwingenden Tag und seinen unaufhörlichen Kniefällen, von einem – wörtlich so genannten – starken »Heimatgefühl« bewegt, ein »abstoßendes« Spektakel gesehen. Bürgerliche, um nicht zu sagen kleinbürgerliche Tradition hat den verschwundenen und offensichtlich zeitlebens kranken Ulrich zum leidgeprüften Volksmann gemacht, den die mitgeführten Musikanten – ach, er war selbst ein Sänger vor dem Herrn – auch im bittersten Exil nicht verlassen hätten, hätte der Verstoßene nur auch Geld gehabt. Der vom Unrecht Verfolgte in der Nebelhöhle: Hauffs Lichtenstein hat für die milde Leuchtkraft dieses wahrhaft patriotischen Bildes gesorgt. Tatsächlich dürfte der einfache Mann um 1519 so etwas wie eine Sympathie für den armen, verlassenen Teufel gehabt haben, für Ulrich, der es den feinen Damen vom Adel heimzahlte, der die großen Herren – auch die der Ehrbarkeit – über die Klinge springen ließ und hinterher ein Geschöpf aus dem Volk an sein Herz drücken konnte. Derlei Regungen sind während der österreichischen Besatzung in Stuttgart nicht unerkannt geblieben. Als Ferdinand 1524 die Stadt wieder besucht und man, ohne alle Festlichkeit, wie selbstverständlich neben dem Wappen des Erzherzogs auch die des Papstes und des begleitenden Kardinals Laurenzo Campegi an die Stiftskirchentür hängt, werden sie über Nacht mit Kot beschmiert und mit einer Spottschrift verziert. Als in den Bauernkriegstagen in Stuttgart das Heer des Schwäbischen Bundes angekündigt war – der »Bauernjörg«, jetzt Bundeshauptmann, war schon bei der Vertreibung Ulrichs dabei – zog eine Magdalene Schwerer, eine Stuttgarterin, durch die Gassen, auf einen gewissen entblößten Körperteil klopfend und mit dem Sang: »Beiß mich nicht, Bündlein«. Das »volck« ist im Grunde auf seiten des Aufruhrs, weil es jammerbar geknechtet und ausgepowert ist. Die Ehrbarkeit ist auf seiten der Obrigkeit, ist »Staatspartei« und konservativ auch in Dingen der Reformation, weil sie, wie immer die politischen Fäden auch laufen, ihren Besitzstand halten will.

Habsburg ist die dritte Kraft im Spiel. Sie ist gerade in Stuttgart von handfesten territorialen Projekten inspiriert. Noch neueste Darstellung gerät hier in einigermaßen konträre Perspektiven, wenn sie auf der einen Seite konstatiert, nicht »Fremdherrschaft« sei das gewesen, man habe die Habsburger in aller Form geladen und geholt, auf der anderen Seite Karl V. und seinem Bruder bescheinigt, sie hätten »mit dem Erwerb Wirtembergs einen hervorragenden staatsmännischen Weitblick bezeugt« (H. Decker-Hauff). Eine Gelegenheit war's. Und Habsburg hätte auch ohne Einladung zugegriffen. Von unpolitischem Altruismus und reichischer Fürsorge keine Spur. Selbst Reichsstädte haben vorher und nachher den Hunger Habsburgs zu spüren bekommen. Österreichs Räte in Stuttgart sind nicht nur Mittler einer sehr spezifischen Geistigkeit, sondern auch Funktionäre für ein politisches Ziel. Württemberg, längst zum Kernland Innerschwabens geworden, ist, von Wien oder von Innsbruck aus, als Mittelstück und Schlußstein eines gewaltigen Länderkomplexes gedacht, der sich von Österreich über Tirol, Oberschwaben, den Breisgau, den Sundgau bis zu den burgundischen Ländern hinzieht. Es soll Bollwerk gegen Frankreich und die Schweiz sein, von wo die genossenschaftlich-demokratischen Kommunen und die Bauernbünde beunruhigend Neues bringen. In und mit diesem Württemberg wird sich entscheiden, ob die Grundmauern jenes staufischen, großschwäbischen Herzogtums als Basis einer dominierenden deutschen Königsmacht noch tragfähig sind, ob sie sich wieder aufrichten lassen. Ob Stuttgart zum Vorort habsburgischen Kaisertums assimiliert werden kann, zum Gegenspiel eines Glanzes, in dem die Kapellen und Mariensäulen und Bildstöcke am Neckar und im Schönbuch und auf der Alb nur um so heller leuchten können? Wird österreichisch-musikantische Lust, wird die Freude am Mimisch-Theatralischen auch hier ihre Reichtümer ausschütten?

Ulrich ist 1534 zurückgekehrt, unterstützt vom tatkräftigen Landgrafen Philipp von Hessen. Im gleichen Jahr hat Habsburg im Frieden von Kaaden Stuttgart-Württemberg aufgegeben. Wird das Licht der habsburgischen Auszeichnung schon getrübt, ein erstes Mal, vom unaufhaltsam dunklen Verhängnis? Für Stuttgart, von Ferdinand einst offiziell als »Hauptstadt« angesprochen, sind ein paar organisatorisch-verwaltungstechnische Neuheiten geblieben, mehr nicht. Die Habsburger haben ihre Städte so kurz gehalten wie die Württemberger. Am 15. Mai 1534 zieht Ulrich in »seine« Residenz ein. Das Volk jubelt und brüllt, »wie es zuvor niemals gehört worden war«. Man habe stets gehofft, das versichert der Magistrat, der Herzog werde mit des Kaisers Willen wieder ins Land kommen. Der Stuttgarter Magistrat hat keine andere Politik verfolgt wie die Reichsstädte damals: sich nämlich möglichst ungeschoren zwischen den Fronten der Großen hindurch zu lavieren. Ulrich, mit siebenundvierzig Jahren fast ein alter Mann, bewilligt die vielerlei »Supplicationen« der Stadt. Nur Geld hat er keines mitgebracht, eben das, wovon die Buben in der Stadt schon sechs Jahre vorher sagen, als man wieder an einen Überfall Ulrichs glaubte:

»Bide, bide, pomp!
der herzog Ulrich kompt!

er ligt nicht weit im feld,
bringt ein großes seckel mit gelt!«

Die Stuttgarter Reformation ist mit diesen politischen Entwicklungen, insonderheit mit dem österreichischen Zwischenspiel verquickt. Sie ist nur von diesem Hintergrund her zu verstehen. Die Bauern wollen 1525 – ein paar Monate später ist in der Nachbarstadt Esslingen ein evangelischer Prediger angestellt worden – das »lautere Evangelium« statt des »Dimperlin, Damperlin«. Kritische, reformatorische Ansätze zeigen sich in der Stadt schon um 1519, als der lateinische Schulmeister Ägidius Krautwasser angestellt und Doktor Johannes Mantel, Ordensbruder des Esslinger Augustinermönchs und Lutherfreundes Michael Stifel, auf die Kanzel von Sankt Leonhard zurückberufen wird. Aber das Engagement Mantels, der sich auch mit den Bauern und den Bauernsympathisanten des Jahres 1525 zusammentat, brachte keine Veränderungen. Die deutliche soziale Unterströmung, die kaum mehr verborgene Frontstellung gegen »die Habsburgischen« und für Ulrich, diese besondere, individuelle Seite der Stuttgarter Reformation kann sich erst mit der Rückkehr Ulrichs entladen. Am Tag nach seinem Einzug, am Samstag, den 16. Mai 1534, öffnen sich die Türen der Stiftskirche für den evangelischen Gottesdienst.

Wie überall, nimmt der organisatorische Ausbau des »neuen Wesens« geraume Zeit in Anspruch. Ulrich hat dafür den Marburger Professor Erhard Schnepf, einen gebürtigen Heilbronner, an die Stiftskirche berufen. Ihm, seiner besonnenen und freundlichen Wesensart, vor allem aber seiner geistig-theologischen Rüstung verdankt die Stuttgarter Kirche das Fundament. Nachdem aber die unvermeidlichen Gefechte mit dem Hof ins Unerträgliche gewachsen waren und Ulrich den ernsten, fleißigen Schnepf 1544 an die Universität Tübingen schickt, kann auch sein Nachfolger Valentin Vannius nicht damit rechnen, mit seinem ausgeprägt lutherischen Bekenntnis am Hof unangefochten zu bleiben. Im übrigen können Vannius und seine Amtsbrüder nicht mit dem gänzlichen Zuspruch der Bürgerschaft rechnen. Namentlich unter der Ehrbarkeit finden sich manche, die sich strikte vom Abendmahl der neuen Kirche fernhalten. Das Interim, jene leidige Zwischenlösung, die, am 30. Juni 1548 Reichsgesetz geworden, den Protestanten Priesterehe und Laienkelch gab, aber die Messe wieder einführte, tat das ihre dazu. Erst Johannes Brenz, der am 10. Januar 1553 mit dem Amt des Stuttgarter Stiftspropstes betraut wird, oder auch: erst Herzog Christoph, der 1550 seinem Vater Ulrich folgt, gelingt es, den Gang der Reformation in gesicherte, in ruhige Bahnen zu lenken. Die beiden verbindet rührende Abhängigkeit. Kaum eine wichtige Akte, die nicht Christophs Vermerk, sie dem Stiftspropst vorzulegen, trüge. Christoph hat späterhin befohlen, nach seinem Tode

Brenzens Jesaiakommentar ihm unters Haupt legen zu lassen. Und Brenz gestand, als der Herzog an Weihnachten 1568 starb: »Wie gerne hätte ich sein Leben mit dem meinigen, ja mit allem, was ich habe, erkauft, wenn es mit Gottes Willen hätte geschehen können.«

Beiden lag es am Herzen, im Selbstverständnis von Patriarchen, ein Kirchenwesen aufzubauen, einen Bau, der durch seinen obrigkeitlichen Charakter mit einer fraglos schweren Hypothek belastet war, der aber durch seine Geschlossenheit und Wohlgeordnetheit ein außerordentliches Gewicht unter den deutschen lutherischen Kirchen bekam. Das Württembergische Bekenntnis, das 1551 noch dem Trienter Konzil vorgelegt worden war, bewahrte mit seiner großen Unterstreichung des Wortes als der einzigen Vermittlung des Heils dem Luthertum Gedanken, die Melanchthon preisgegeben hatte. Von ihr konnte die innere Kraft ausgehen, die zerstrittenen lutherischen Kirchen wieder zur inneren Einheit zu bringen.

Für Stuttgart selbst hat dieses eigentliche Reformationsjahrzehnt zwischen 1550 und 1560 in kirchenorganisatorischer Hinsicht nichts grundstürzend Neues gebracht. Zur Stiftskirche als der einzigen Parochialkirche in der Stadt, zum Stifts- und Landpropst trat 1547 ein eigenes Dekanat, das Stadt und Amt Stuttgart mit Nellingen und dem Klosteramt Denkendorf umfaßte. Christoph verdankt die Stadt, wie gesagt, ein sechsklassiges Pädagogium und mit der Kirchenordnung von 1559 die Grundlage, auf der sich eine Volksschule entwickeln konnte. Das alles ist zweifellos erkauft worden mit einer gleichzeitigen, jetzt auch kirchlich gefestigten Verstärkung des landesherrlichen Regiments, mit dem herzoglichen Reformationsrecht, dessen Gefahren schon Schnepf erkannte, mit einer institutionellen Konzentration, die statt einem kleinen Heer von vierzig Stiftsherren, von Stiftsvikaren, Frühmessern, Kaplanen und Mönchen dem Stiftsprediger anfänglich gerade zwei Prädikanten und zwei Diakone zur Seite stellte.

Auch Gewinne kann Stuttgart verbuchen. Schon 1527 wenden sich die Stadtbehörden an Ferdinand in einem gewichtigen, die kirchliche Situation betreffenden Schreiben mit dem Hinweis, wohin sich Stuttgart neige, sei »bisher der mehrer Teil des Landes nachgefolgt«. Vannius meint 1547 gelegentlich einer personellen Frage, Stuttgart sei »die Metropolis«, die Hauptstadt. Insofern hat nicht nur der Landesherr, sondern auch die Landeshauptstadt durch die reformatorischen Veränderungen gewonnen, ganz abgesehen davon, daß die damit verknüpften Schenkungen – Spital, Seelhaus, Sondersiechenhaus, Großes Almosen, Stiftungen der Bruderschaften und so fort – auch konkreten, volkswirtschaftlichen Zuwachs bedeuten und die Stadt zu eigenem Walderwerb ermuntern können. Ende 1534 haben die Stadtväter – Ratsherren als Analphabeten hat es in der zweiten Hälfte des Reformationsjahrhunderts kaum mehr gegeben — drei Brettspiele fürs Rathaus angeschafft. Nach diesen jahrelangen Erschütterungen und Aufregungen, werden sie gemeint haben, dürfe man auch ans Heitere denken.

In der Tat hat die Christophszeit, die Ruhe nach dem Sturm, für den ersten repräsentativen Ausbau der Renaissance-Residenz gesorgt. Eberhard im Bart war mit seinen Schönungsarbeiten im Dominikanerkloster und den zusätzlichen Befestigungsbauten dort nicht mehr so recht zum Zug gekommen. Jetzt, um 1550, setzt wieder ein Bauen ein. Es gilt in erster Linie dem Kernstück der Residenz, dem Schloß. Schon Ulrich hat den wuchtigen, bastionsartigen Bau verstärken lassen, möglicherweise noch vor 1519 durch Erweiterungen am Türnitzbau, sicher aber, im Hinblick auf den Turm der Ostecke, zwischen 1534 und 1540. Gegenüber dem, was Christoph aufführen läßt, sind das Nebensächlichkeiten: er bringt, die Nebengebäude nicht mitgerechnet, den Riesenbetrag von einhundertachtzigtausend Gulden auf. Im Bauprogramm von 1553 steht vor allem die Weiterführung des durch Ulrich begonnenen Ostturms und der Türnitz mit ihren Aufstockungen und Kleeblattgiebeln: ein dreiflügeliger, schwerer, aber architektonisch deutlich gefaßter Renaissancebau, der im Juni 1556 in seinem »Großen Haus« schon König Maximilian und seine Gemahlin zum Besuch aufnehmen kann. Von 1555 an ist Aberlin Tretsch dauernd mit der Bauleitung betreut, eher ein Handwerker noch als ein Akademiker, ein Mann, der Gotisches und Italienisches unbekümmert miteinander vermengt und — die wiederhergestellten Laubengänge an den Flügeln der Hofseite sind vor allem sein Werk — so in Stuttgart der »deutschen Renaissance« zu einem schönen, vielleicht einzigartigen Ausdruck verhilft. Tretsch fügt dem Bau die wichtigsten Glieder an, die rechteckige, schmucklose, aber in ihrer Kraft imposante Dreiflügelanlage, mit dem Ostflügel des Jahres 1557 voran, den Archivbau von 1558 und schließlich die eigenartige, für andere protestantische Schloßkirchen vorbildlich gewordene, am 11. Dezember 1562 geweihte Schloßkapelle, die 1566, zwei Jahre vor Christophs Tod, ihr stuckiertes Gewölbe erhielt.

Nicht nur die Kapelle, die erste ihrer Art im Herzogtum: das ganze Schloß mit seinem Prachtstück, dem Arkadenhof, seiner Reittreppe, seiner malerisch-naiven Derbheit, seiner wehrhaften Männlichkeit gerade im Christophsbau blieb für lange Zeit das bauliche Vorbild im Lande. Schon 1575, bei der Hochzeit Herzog Ludwigs, dem Sohne Christophs, mit Dorothea Ursula, der Tochter des Markgrafen Karl II. von Baden-Durlach, feiert Nikodemus Frischlin den Bau: es sind die Jahre, in denen der Westturm gegen den Schillerplatz gerade fertig war (1571/72), der Ostturm zur Planie (1578) und der Südturm zur Markthalle (1687 von Matthias Weiss erbaut) noch gar nicht standen. Das »grausam dick Gebälk« der stämmigen, korinthischen Säulen hat es ihm ebenso angetan wie das »fürstliche Frauenzimmer«, der Tiergarten um das Schloß, die Pomeranzenbäume im Garten oder das Bild- und Schnitzwerk in den Dutzenden von Innenräumen, »gestochen und geschnitzt, und glatt boliret daß es glizt, da thut es alles schimmern scheinen, von Tischen, Bencken, Bettladen, Schreinen«.

Eines Denkmals wird man in diesem Zusammenhang besonders zu gedenken haben, Sem Schlörs Grafenstandbilder im Chor der Stiftskirche. Aus der Fülle dessen, was die Renaissance Christophs und Ludwigs in Stuttgart an Bauten und Innenarchitektur, an Steinmetzen- und Stukkatorenkunst, an Malwerken und Bildnissammlungen, an Kunsthandwerk und Eisenguß, an Turnier- und Jagdwaffen zur Schau stellen konnte, ist uns diese Reihe erhalten geblieben und heute noch zu bewundern. Die Anfänge des Plans, dessen Ausführung man immer wieder mit dem künstlerisch freilich auf anderem Niveau stehenden Grabmal Maximilians I. in der Innsbrucker Hofkirche in Verbindung gebracht hat, gehen in das Jahr 1576 zurück. Damals hat der Augsburger Bildhauer Paul Mair den Auftrag für eine Grabfigur des Grafen Heinrich erhalten. Schlör, gebürtiger Laudenbacher, ein handwerklich geschulter Mann mit viel Gespür für kompositionelle Effekte, hat in den nächsten Jahren, in enger Anlehnung an die Vorlage Mairs und unterstützt von einem Stab Gesellen, das Ganze zu Ende geführt. Der letzte Beleg für die Arbeit stammt aus dem Jahre 1584.

Was geschaffen wurde, elf Standbilder, jedes auf einem Löwen, vor flachen, von Hermen flankierten Rundbogennischen, ist ein Stück Historie, schon Retrospektive aus einer Zeit, die in einer Art Besitzerstolz auf geschichtliche Leistungen zurückblicken darf. Sie registriert das Erworbene mit der gleichen Behaglichkeit wie die jetzt aufkommende Chronistik eines Sebastian Küng und Johann Feßler, Andreas Rüttel oder David Wolleber, Oswald Gabelkofer und Jakob Frischlin. Sie alle greifen zur Feder – es handelt sich allemal um Ungedrucktes –, Atem holend nach einer unablässig angespannten, in Ränke und Kriege zerrissenen Zeit des Aufbaus: nach der Tat des Helden kommt das Wort des »Beschreibers«, der Meißel des Künstlers. Was Schlör hinterlassen hat, ist eine haushälterisch-sparsame Reihe, aber auch eine Abfolge von strotzender Kraft, schon Typischem und Charakteristischem seinen Lauf lassend, der herrscherlichen Gebärde Ulrichs des Stifters, der martialischen und weit ausschreitenden Kraft Eberhards des Erlauchten, der untersetzten, breitstämmigen Statur Eberhards des »Zänker«, der seinem Bruder den Rücken kehrt, der weltmännisch-eleganten Haltung Eberhards des Jüngeren, der mit der Heirat Henriettes von Mömpelgard ferneres Land an Württemberg bringt: eine lehrhafte, eine lebende Ahnengalerie, mit der sich württembergischer Nationalstolz wohl noch zu Beginn unseres Jahrhunderts identifizieren mochte. Sem Schlör hat hier mit fränkischem Formsinn gearbeitet, aber auch mit bewundernswerter historischer Sensibilität. Die Männer, die Epochen, die Taten haben eigene Gesichter. Aber die künstlerische Gesamtkonzeption zwingt alle Motive und alle Einzelbeigaben in eine Einheit, wie die Geschichte die Beisteuer jeder einzelnen Generation in ein Gesetz gezwungen hat. Selbst wenn das Innsbrucker Maximiliansgrab Vorbild gewesen wäre: die Aura des Eigenständig-Württembergischen ist hier, über der Fürstengruft des Hauses Württemberg, zu deutlich und zu intensiv, als daß man an stilistische Vergleiche dächte.

Die Zeit Christophs hat auch der Stadt als solcher einen mächtigen baulichen Auftrieb gegeben. Tretsch, um 1510 geboren und 1578 gestorben, erinnert in manchem an Thouret. Er ist des Herzogs maßgebender Berater in Baufragen, zuständig für alles bis hin zur Ummauerung. Das Alte Schloß selbst hat viel vom Festungsbau: ein starkes, verschobenes Viereck, dessen Gewichtigkeit noch viel intensiver spräche, wenn der Graben, der es rings umgab und von Brücken überwölbt war, nicht aufgefüllt worden, nicht verschwunden wäre. Das Schwäbische, das Württembergische meint man daran zu spüren, daß sich auch im einzelnen einer vielleicht modischen Verzierung eine unzerstörbare Unmittelbarkeit, ja eine abweisende Sparsamkeit sich behauptet hat. Christoph, der in Befestigungsdingen ein erfahrener Mann war, hat der Residenz auch die ihr notwendige, zustehende Ummauerung gegeben: noch 1564 war sie so unvollständig, daß die Vorstädte streckenweise nur durch Dillenzäune geschützt waren. Jetzt wird der äußere Mauerring ganz geschlossen. 1560 entsteht das Tunzhofer oder Kanzleitor, ein halbes Jahrzehnt später das Obere und das Innere Esslinger Tor. Sieben Tore zählt die Stadt jetzt in offizieller Rechnung. Manches Gefecht gab es beim Bauen mit dem Stuttgarter Magistrat, seltsam deshalb, weil von dort um jeden Gulden gerungen und allemal dem Herzog der Vortritt gelassen wurde. Es muß ein kleiner Schalk in Christophs Augen gewesen sein, als er den Magistrat am 23. April 1561 wissen läßt: da man »an der Stadtmauer schon so lange« baue, »und doch noch kein Stein gelegt ist«, so wolle er für seinen Teil einmal ein Drittel übernehmen.

Die siebentorige Renaissance-Residenz ist fertig: eine bei aller Anstrengung noch liebenswert kleine Stadt. Gewiß, man hat die Wirklichkeit in den Griff bekommen und die Individualitäten einer Landschaft, auch der Stuttgarts, plötzlich entdeckt. 1473, beim Kaiserbesuch, notiert ein Anonymus begeistert von »Stockart«, wo »der alte grave Ulrich von Wirttenberg« sitzt, da ist es »gar eine schone lant von win und trauben, und kostlich schloss und stede«. Ulrich von Hutten kann sich 1519 im Heerlager nahe der Stadt nicht genug tun über die Reize dieses Fleckchens Erde.

Aber es ist alles noch klein beieinander. 1473 hat die Stadt kaum mehr als fünftausend Einwohner, zur Bauernkriegszeit wohl tausend mehr. Eberhard im

Bart hat sein Stadtrecht von 1492 damit motiviert, daß »unser statt Stuotgarten« durch »merung des communs« in »kurzen ziten gar merklich gewachsen« sei. Auch seine Klosterstiftung hatte Ulrich mit der Bevölkerungszunahme begründet. Aber fundamentale, totale Veränderungen konnten damit nicht gemeint sein. Auch Stuttgarts gesellschaftlicher Zuschnitt macht immer noch einen statischen, einen konservativen Eindruck, mit den Bürgern, den Leibeigenen, den unverbürgerten Personen, für die in der zweiten Hälfte des 16. Jahrhunderts die Bezeichnung »Beisitzer« und »Pfahlbürger« üblich wird. Das Hin und Her in der Ära Ulrichs, das noch im Schmalkaldischen Krieg Spanier und Italiener in die Stadt brachte, hat freilich von der alten Kontinuierlichkeit manches ins Wanken gebracht. Schon in Eberhards Ordnung war davon die Rede, daß »bisher vil unendliches lichtvertigs folks von allen landen in dise unser statt gezogen und kommen« sei. Ob damit eine Zahl anvisiert war oder ein Rechtsgrund: »Kinder man und frowen geschlechts soellent nachts nit nach brout geen.« Dies ausdrücklich zu bestimmen, gab es auch Anlaß im November 1492. Stuttgart hat auch in den folgenden Generationen sein Proletariat und seine Bettelvögte. In den dreißiger Jahren des 17. Jahrhunderts wird die Stadt geradewegs als »der Versammlungsort der Bettler und Landstreicher« apostrophiert, »die Felder, Gärten und Weingärten ausplünderten und wenn man sie zu seinem Thor hinausführte, gleich wieder zum andern hereinkamen«.

Wer näher zusieht, erkennt neben der aufgeputzten Gartenfröhlichkeit des Alten Schlosses und hinter der kahl und ernst gewordenen Zone um die Stiftskirche die Lahmen und Hungrigen, die in den Winkeln herumlungern, das fahrende Volk der Bettler und verabschiedeten Kriegsknechte, die weitere Schiffbrüchige hereinziehen, die stellenlosen Handwerksburschen, die an den Ordnungen herummäkeln und ihre letzten Kreuzer versetzen, die alten Leute der unteren Schichten, die mit blinden Augen durch das Dunkel der Seitengassen tappen, die Dirnen, die ihrem armseligen Fang nachgehen: dieses ganze himmlisch-höllische Gemälde der Stadt am Ausgang des Mittelalters. Man versteht, warum sich der Stuttgarter Rat jetzt der sozialen Wohlfahrtspflege noch stärker annimmt als früher. Die Witwe Ulrichs IV., eine Katharina von Helfenstein, hat nach dem Tod ihres Gemahls im Jahre 1366 beim Oberen Tor einen Häuserkomplex aufgekauft und ein Spital darin errichtet. Wir hörten davon, daß Herzog Ulrich es 1536 ins »Hospital«, das ehemalige Dominikanerkloster, verlegen ließ. Eine Generation zuvor hatte Adelheid Meißner, eine reiche Stuttgarter Bürgerin, gleichfalls in der Liebfrauenvorstadt einen Beginenhof errichten lassen, ebenso ein wichtiges Zentrum für die Krankenpflege in der Stadt. 1572 entstand eine neue Krankenanstalt, indem man – gerade war wieder eine Seuche ausgebrochen – außerhalb der Esslinger Vorstadt, neben dem gerade errichteten

Kirchhof, noch schnell ein Holzhaus für die Erkrankten aufführte. Herzog Ludwig hat dieses »Gebrechenhaus« dann in Stein aufbauen lassen.

Man versteht auch, warum gerade mitten in diesen Jahren, in denen manche Häuser der Innenstadt »von Armen überlaufen und angeschreit« werden, noch vorreformatorische Munterkeit sich breit macht, Fastnacht und Mummenschanz, Spielleute und Tanz. Eigenartig jener Umzug »der gemeinen Frauen« am Nikolaustag des Jahres 1522 durch die Stadt, der den Vogt so bewegt, daß er den Bürgermeistern befiehlt, den Werberinnen fürs Frauenhaus sieben Schillinge »zum Vertrinken« zu geben. Geläufiger sind für uns die Stuttgarter Schützenfeste jener Zeit, mit riesigen, mit zentnerschweren Fressereien und Glückshäfen, mit Hauptschießen und Nachschießen, mit Brettspielen und Kegelbahnen, mit Flötenbläsern und adligen Herren in wallendem Federbusch und rotbackigen, von einer Bank zur anderen gereichten Weibern: auch hier wird die Sache der Stadt zu einer Sache des Landes. Manchmal befiehlt man dabei, »auf Wunsch des Stuttgarter Magistrats«, durch herzogliches Reskript den vierunddreißig Ämtern draußen, ihre Vorräte zum Stuttgarter Schießen zu liefern. Selten, daß ein Auflauf auf dem Marktplatz mit Pranger und Narrenhäuslein, wohin man vor allem nächtliche Ruhestörer abschob, mit den Schützenfesten, mit diesem Zauber von fürstlichen »Trommetern«, von Festbuben mit »schneeweißen Hemmedern« konkurrieren konnte. Sicher war auch der »Sünder«, das Hochgericht in der »Galgensteig« zur Gänsheide hin, eher ein gemiedener Ort.

Aber alles in allem war es eine kleine Welt für sich, in der, mühsam genug, die Gassen gefegt werden, in der man kein Aas von Ratten oder Hunden in den Nesenbach werfen darf, in der jeder, der kein »Sprechhaus« (Abort) besaß, einen Kübel für die menschlichen Bedürfnisse zu halten und ihn des Nachts in den Bach zu befördern hat.

Widerspiele zwischen Hof und Stadt

Als im Jahre 1668 der kursächsische Beamte Konrad Rüger Stuttgart passierte, trug er in sein Tagebuch bewundernde Sätze über die Residenz und ihre Lage ein, fügte aber dann auch, leicht indigniert, das leider wahre Faktum an: »Es wird in der Stadt sehr unflätig gehalten des Mists und Schweineviehs wegen.« Zwischen der Stadt und dem Hof Stuttgart muß es Unterschiede gegeben haben. Die Residenz glänzt nach allen Richtungen. Die Herren Reisenden, Höflinge mit hoher Politik in der Tasche, Neugierige, die es in der Welt herumtreibt, sind sich darin einig.

Just im Jahre 1616, das ist eine nette Fügung, hat ein Künstler mit außergewöhnlichem Instinkt für architektonisches Leben und städtebauliche Individualitäten, der in Frankfurt mit großem Büro arbeitende Matthaeus Merian den »Fürstlichen Lustgarten zu Stuttgart« festgehalten, etwa vom heutigen Anlagensee her. Der beherrschende Bau zur Rechten war gerade seit ein paar Jahren fertig, das Große Lusthaus, ein Wunderwerk, von dem man sich draußen bei den fürstlichen Vettern und Nachbarn nicht genug erzählen konnte. Es gehört zu den seltsamsten Dingen der Stuttgarter Stadtgeschichte, daß von diesem einmaligen Bauwerk, das drei Tonnen Gold, fast eine halbe Million Gulden gekostet haben muß und, wie Merians artig-instruktives Konterfei zeigt, neben Altem Schloß und Stiftskirche *der* bauliche Akzent Stuttgarts bis in die Ära Carl Eugens hinein war: daß von diesem prächtigen Haus heute nur eine Handvoll kläglicher Architekturrestchen in den Anlagen zu sehen ist. Wir wollen der Stadt hier nicht den Vorwurf machen, sie habe ihr Erbgut gleichgültig verkommen lassen und verschludert, zumal wir uns hier im heutigen Anlagenbereich, wie gesagt, auf staatlichem Boden befinden.

Niemand weiß so recht, wie es eigentlich zum Fall dieses Hauses gekommen ist, vor dem Louis Hector, Herzog von Villars, Marschall und Pair von Frankreich, ein Mann, der den Atem des Großen und geschichtlich Bewegenden gewohnt war, 1707 in irreführender Bewunderung stehen blieb: »Voicy un beau temple.« Als Tempel, als Kirche war der Bau, unter Ludwig 1583 begonnen, nun

11 »Fürstlicher Lustgarten zu Stuettgart«. Kupferstich von Matthäus Merian aus dem Jahre 1616

12 Das zur Feier des Fürstlichen Beilagers von Herzog Johann Friedrich auf der alten Rennbahn im Lustgarten (Obere Anlagen) am 10. Nov. 1609 abgebrannte Feuerwerk. Nach einem zeitgenössischen, in Schwäb. Gmünd erschienenen Bildwerk

9 (umseitig oben) Das Alte Schloß im Jahre 1831. Zeichn. von Christian v. Martens, lithograph. im Stuttgarter Kunstverlag Georg Ebner (1784–1863)

10 (umseitig unten) Der Hof des Alten Schlosses vor dem ersten Großen Brand am 21. Dez. 1931, mit den Laubengängen Aberlin. Tretschs und dem 1857–59 entstandenen Reiterstandbild Eberhards im Bart von Ludwig Hofer gar nicht gedacht. Da und dort in den neu etablierten Residenzen der Renaissance, in den neuen Rathäusern – man denkt an Elias Holls großartigen, ein wenig späteren »Goldenen Saal« in Augsburg – waren Säle zum Festen und Bankettieren projektiert oder geschaffen worden. Das Alte Schloß, die trutzige Wasserburg, noch mit Netzgewölben und anderem spätgotischem Dekor bestückt, gehörte schon einer vergangenen Generation an, ohne die räumlich-repräsentativen Möglichkeiten, von der die höfische Gesellschaft jetzt träumte. Das Lusthaus, ein 64 Meter langer, 29 Meter breiter und 34 Meter hoher, zweigeschossiger Giebelbau, im Erdgeschoß mit einer feingliedrigen Arkadenreihe, die mit einem Umgang beschlossen war, in den Ecken von gedrungenen, freistehenden Türmchen flankiert, war eine mächtige Sache. »Er überragte mit seinem First Stiftskirche und Schloß und seine Längenausmaße waren ungefähr die der Stiftskirche ohne Chor« (W. Fleischhauer). Das Allermächtigste aber war der Saal: er »hatte seines Gleichen in ganz Deutschland nicht«. Die Zeitgenossen wären wahrscheinlich in Verlegenheit gewesen, hätten sie präzisieren sollen, was das Betörende dieses Raumes – für den das Haus gebaut war – nun eigentlich sei: die schön gewölbte Decke, getragen von einem kunstvollen Hängewerk, die rautenförmigen Scheiben, die Ausmalungen, die Dimensionen. Waren schon im unteren Saal, dem des Erdgeschosses, die Wappen der Klöster und Städte des Landes angebracht, wohlgemerkt »mit ihren rechten Farben bezeichnet«, daneben die Brustbilder und Bildsäulen »vornehmer Potentaten« von einst und jetzt, mithin die leibhaftige, geschichtlich-gegenwärtige Repräsentation des herzoglichen Territoriums und eine Art optischer Staatstopographie, so führte die Bemalung des oberen Saales in die tiefer liegenden Bezirke dessen, was dieses Herzogtum zu tragen und zugleich schön zu machen hatte. Zu tragen hatte es neben der frühabsolutistischen Staatsräson – die Große Kirchenordnung steht dafür – vor allem die Jagd – allenfalls Herzog Friedrich I. huldigte auch anderem als fürstlichen Jagdliebhabereien. Beides, in überraschende ikonographische Konzepte verschlungen, breitet sich aus, die »erschaffung des himmels« oder der »darauf ervolgte gantz laidige sündfall«, das »jüngste Gericht da der Herr Christus die ungläubige und verfluchte in das hellisch fewer hin weist«, aber auch den »Hertzog Ludwig zu zeitin der hirschfaistien und schweinhatzes«. Dazuhin war – man spürt den sittlich-politischen Zeigefinger für alle die »unterthonen«, die sich in diesem »sall« und sonstwo gütlich tun mochten – die Hölle bis in ihre innerste Kammer zu sehen, »darinnen vill bäbst, cardinal, bischoff, münch« und andere braten, während oben »die Himmelfahrt Christi und die zwölf Aposten« leuchten. Und siehe, in geringem, aber nur geringem Abstand daneben, »seindt lautter conterfeht der fürnembsten Theologen im Land«, Brenz, Andreae, Schnepf und so fort.

Wir lassen die übrigen Allegorien beiseite: was hier unter und auf der Tonnendecke des Lusthaus-Saales zu sehen war, war ein rührend-naives Spiegelbild des württembergischen Ständestaates: hie der Herzog, scheinbar unabhängig und auf freier Pirsch, hie die Herren Prälaten, die vornehmsten Sprecher der Landschaft, im Vollbesitz ewiger, himmlischer Gerechtigkeit. Daß beides, Landesherrschaft und Ständeherrschaft, wenn auch nur in Anspielung und nicht ohne leise Verzwungenheit, hier noch zusammenklingt, macht das bildnerische Lusthaus-Arsenal auch zu einem Politikum. Zu Zeiten eines Eberhard Ludwig und einer Grävenitz, eines Montmartin oder Oppenheimer, anderthalb Jahrhunderte darnach, wäre diese Fusion, diese köstlich geknüpfte Bildlichkeit des württembergischen Staatswesens kaum mehr gelungen. Von hier aus gesehen versteht man, warum gerade in Eberhard Ludwigs letzten Jahren vom »androhenden gänzlichen Ruin und Verderben« des Lusthauses die Rede ist, warum man mit »denkmalpflegerischen« Kategorien daherkommen muß, warum der Bau in drei, vier Stationen – 1712, 1758, 1811 und 1844 – zum Opernhaus umgestaltet wird, so sehr, daß man das einstige Lusthaus des genialen, aus Dutzenden von Vorlagen und Formen schöpfenden Baumeisters Georg Beer in seinem geschmeidigen, kontrastreichen Rhythmus gar nicht mehr wiedererkannt hat. Der absolutistische, der verabsolutierte Staat des 18. Jahrhunderts konnte mit einem solchen, noch aus patriarchalischer Freundlichkeit geschaffenen »Lusthaus« ebensowenig anfangen wie der bürgerlich-liberale Nationalstaat des 19. Jahrhunderts. Deshalb hat Stuttgart sein Lusthaus »vergessen«.

Übrigens war ein Garten dabei, nein: eine Gartenpracht, eine gleichfalls reichskundige Sache. Die Lustgärten der Herzöge in dieser, in Stuttgart mit Würde ausklingenden Spätrenaissance müssen von erlesener Schönheit gewesen sein. Da habe, im »Paradies«, das württembergische Wappen, in mancherlei Blumen gepflanzt, in seinen Farben geblüht. Und da seien, sommers im Freien, winters im Pomeranzen- und Feigenhaus, Adamsapfelbäume aus Mailand gezogen worden, indianische Feigenbäume aus Genua, Rohrzucker- und Pflanzenbäume aus Sizilien. Und der Pisang, der Kaffeebaum und die Ananas hätten, wie versichert wird, köstliche Früchte getragen.

Auch dieser Ruhm entstand nicht von heute auf morgen. Vom »Garten der Gräfin« haben wir gehört. Er lag unmittelbar vor dem Wassergraben des Alten Schlosses, dort, wo heute der durch einen stupiden Parkplatz um seine Wirkung gebrachte Karlsplatz ist. Zu Beginn der fünfziger Jahre hat Herzog Christoph, als man nach den vielerlei Unruhen der ersten Jahrhunderthälfte wieder an Liebenswürdigeres denken durfte, diverse Erkundigungen eingeholt und Experten ausgeschickt: er wolle »auch ein wenig« in seinem »gertel dergleichen anrichten und machen lassen«. Was entstand, war das später als das »alte« bezeichnete Lusthaus des Jahres 1553, war ein Kleines Lusthaus im Garten der Herzogin in südöstlicher Richtung des Schlosses, ein Tiergarten mit teilweise anspruchsvollen Gartenhäusern. Schon 1556 versichert Ludwig Rabus, Theologe aus Straßburg, nirgends einen schöneren Lustgarten gesehen zu haben als in Stuttgart.

Herzog Ludwig ging auf diesen Wegen weiter. 1575 hat er an der südöstlichen Schauseite des Alten Lusthauses eine neue Rennbahn für Ritterspiele anlegen, zwischen 1575 und 1581 ein »hibsches in die rundung gebautes sommerhaus« erstellen, das man wegen seiner religiösen Bemalung auch »Ölberg« nannte, und schließlich den Garten, über das Lusthaus hinaus und weiter talabwärts ausbreiten lassen, mit Weihern und Rabatten und Wasserkünsten, wofür 1579 im Stöckach, in der Nähe der heutigen Deutschen Verlags-Anstalt, ein eigener, bis 1739 stehender Wasserturm aufgeführt wurde.

Der Stuttgarter Lustgarten, keine einheitlich komponierte Gartenanlage, sondern im Verlaufe von Generationen aneinandergefügt und aus vielen Inspirationen zusammengetragen wie das Lusthaus selbst, ist unaufhörlich registriert worden, in pedantischer Bestandsaufnahme oder in Vergilischen Versen, in sehr persönlichen Briefen oder in frühbarocken Baedekern für die ganze Welt. Auch er ist, wenn man nicht die heutigen Oberen Anlagen, was topographisch und chronologisch einiger Zusätze bedürfte, als seine Nachfolger ansehen möchte: auch er ist verfallen. Der Dreißigjährige Krieg hat ihm hart zugesetzt. Er hat hernach nie mehr seine alte Pracht erlangt. Eberhard Ludwig hat aus ihm Bäume nach Ludwigsburg mitgenommen, Karl Alexander hat sie wieder an den alten, Stuttgarter Platz versetzt: das improvisierende Politisieren mit der Residenz schadet auch einem Garten. Indessen ist doch etwas von den herzoglich-gärtnerischen Eitelkeiten geblieben: der »Lustgarten« und alles, was man darunter verstehen mochte, hat die Lust, Gärten zu halten, geweckt, den »Sinn für höhere Gartenkunst«, wie Stuttgarter Expertenliteratur am Ausgang des 18. Jahrhunderts unter ausdrücklichem Verweis auf den Renaissance-Lustgarten der Herzöge das genannt hat.

Man könnte überhaupt versucht sein, in dieser Stuttgarter Renaissance nur ein Intermezzo zu sehen, schon deshalb, weil viel von dem was Merians Prospekt an Baulichkeiten zu bieten hat, heute nicht mehr zu finden ist. Indessen hat sich diese Epoche aus mancherlei Gründen tiefer in die Stadtgeschichte eingegraben, als das oberflächliche, nur am Optischen und nur an der Architektur orientierte Urteil wahrhaben könnte. Barocke Elemente hat allenfalls Herzog Friedrich Karl, der am Ausgang des 17. Jahrhunderts Vormund Eberhard Ludwigs war, in die Geschichte der Residenzstadt gebracht, mit dem deutlich spürbaren Ehrgeiz, den altertümlichen Stuttgarter Hof nach absolutistisch-französischer Art aufzupolieren. Der eigentlich barocke Glanz entfaltet sich nicht in Stuttgart, sondern in Ludwigsburg. Für Stuttgart bleibt die – merkwürdig verspätete und langlebige Renaissance das Ferment der Residenz, im architektonischen wie im gesellschaftlichen Sinne. Es ist sehr bezeichnend, daß ein Georg Beer, wenn auch wohl unmittelbar, seine Vorbilder nicht vom absolutistischen Frankreich, sondern aus den bürgerlich-genossenschaftlichen Niederlanden hat, daß Heinrich Schickhardts architektonische Vorstellungen »am nächsten mit denen von Elias Holl« (W. Fleischhauer) sich berühren, mit einem Manne, der seiner Augsburger Bürgergemeinde ein klassisch abgewogenes, straff gegliedertes Rathaus baut.

Die Intensität, mit der hier in Stuttgart zwischen den Zentren Augsburg, Nürnberg und Straßburg an ein eigenes Bauen und Ausbauen gegangen worden ist, ist bemerkenswert. 1560 waren in Stuttgart 73 Meister und Gesellen beschäftigt; Christoph selbst hat sehr viel mehr gebaut als die Herzöge Eberhard Ludwig und Carl Eugen. Noch bemerkenswerter aber ist, wie sehr noch der Rest der Stuttgarter Renaissanceepoche, vom Alten Schloß einmal abgesehen, mit den Leuten und Generationen dieser Stadt zusammengewachsen, wie populär er geworden ist. Wer vom Schloßplatz heute zum Schillerplatz will, geht durch den Kanzleibogen, den Schloßbogen, wie man ihn später nannte. Daß in diesem Durchgang am 28. November 1762 Philipp Friedrich Rieger, Günstling des Herzogs Carl Eugen und seiner eifrigsten Helfershelfer, von Seiner Durchlaucht persönlich des Degens enthoben, der Achselschnur entledigt und einen Atemzug später in eine Chaise Richtung Asperg geschoben wurde, blieb bis in unser Jahrhundert hinein in Erinnerung. Die Alte Kanzlei selbst ist bis heute ein beliebter, unverzichtbarer Bau. Zum Teil aus Steinen der Heslacher Wallfahrtskirche erbaut, war sie zunächst im Jahre 1446 aus Holz errichtet worden. Herzog Ulrich, dessen Wappen am Hauptportal prangt, hat sie in den Jahren 1542–1544 massiv bauen lassen, und Herzog Christoph hat sie in den Jahren 1566/67 um ein Stockwerk erhöht und bis zum Tunzhofer Tor erweitert. Aberlin Tretsch hat 1564 die Entwürfe dafür geliefert; die Korrespondenz mit dem Baublock des Alten Schlosses, allein in der Linienführung des Daches, ist unverkennbar. Nach den Fliegerangriffen des Jahres 1944, vor allem der Nacht des 12. Septembers, ist das Gebäude ausgebrannt. Aber es ist schon einmal, am 30. Dezember 1684, in seinem oberen Stockwerk heimgesucht worden durch einen Brand, den ein Renovator dadurch entfachte, daß er nasses Papier auf den Ofen der oberen Eckstube zum Trocknen legte. Über dem liebevoll ausgeführten Eingangsportal befand sich eine Inschrift über die Wiederherstellung des beschädigten Stockwerks. Auch eine naturgetreue Abbildung des Brandes war dabei: die Feuerlöschgeräte, das Ankämpfen gegen das Feuer, die erregte Volksmenge schilderten drastisch das für jede altmittelalterliche Stadt katastrophale Ereignis. Das Portal trägt noch die in Stein gehauene Inschrift: »Was im Lauf der Jahre der Zahn der Zeit zernagte, ließ in alter Form wiedererstehen Carl, König von Württemberg, 1878«. Natürlich sieht man im Innern nichts mehr von der alten, sicher nicht übertriebenen Pracht, nichts mehr vom Netzgewölbe oder den alten Holzdecken. Aber der Merkur draußen hat sich, ergänzt und erneuert, über die Zeiten gehalten. In den Jahren 1598 und 1699 war die Ecke der Kanzlei, dem Schloß gegenüber, mit einer eleganten Wassersäule versehen worden, einem haushohen Ding, das über einem Kapitell eine rechteckige Brunnenstube trug: die Gärten brauchten Wasser. 1862 hat man, mitten auf dem Wege zur Industrie- und Handelsstadt Stuttgart, einen Merkur auf die Wassersäule gesetzt. Der Bildhauer Hofer war ihr Schöpfer, und der hatte ein berühmtes Vorbild, den Merkur des Giovanni da Bologna von 1563/64, ein Stück, das für die italienische Kunst eine geniale Schöpfung war. Und wirklich atmet auch die Stuttgarter Plastik, als Zinkguß in der Werkstatt von Wilhelm Pelargus hergestellt, etwas vom Geist des italienischen Manierismus, von dieser schwebenden Leichtigkeit, von diesem Balanceakt auf einem Windstrahl: der beflügelte Drang in die Weite, heute ein Wahrzeichen für Stuttgarts Gewerbefleiß. Die Nachbildung gehört längst zu den Originalitäten des »schönen Vierecks«, das man nicht mehr missen möchte. Übrigens galt die heute wieder dort etablierte Hofapotheke lange als die erste und älteste Apotheke des Landes. Dort war auch das »Kosakenbrünnele«, so genannt nach den einquartierten Kosaken von 1814, die hier ihre Pferde tränkten. Früher kam hier niemand vorbei, ohne einen Labetrunk zu tun. Das Wassergeläpper ging da, zur Sommerszeit, schon morgens um vier Uhr los, Arbeiter füllten ihre Sutterkrüge, Fuhrleute nahmen einen herzhaften Schluck. Und die hinter dem barock ausladenden Rezeptiertisch arbeitenden Apothekersgehilfen versicherten immer wieder unter schmerzlichem Blick, keine der durstigen Seelen lasse je von ihrer grausamen Gewohnheit, den angeketteten Eisenbecher klirrend auf den Marmortrog fallen zu lassen. Wie viele Brunnen in der Stadt – man denke nur an den Charlottenbrunnen auf dem Charlottenplatz, wo sich die Dienstmädchen und Stallknechte und Lohnkutscher oft zu wahren Symposien trafen – war auch das »Kosakenbrünnele«, dessen Bopser-Quellwasser als das beste galt, ein Treffpunkt für viele. Einmal seien ein Stadtherr und ein Bauersmann hier zusammengekommen. Der Städter netzte seine Stirne mit dem erfrischenden Heiltrunk, und der Bauer rieb damit seine Augen ein. »Warum das?« rief der Einheimische. Darauf schlagfertig der Mann vom Lande: »I denk, jeder tuet's an seim kranke Teil. Mir fehlt's an de Auge, ond Euch, Herr« – dies mit einem verschmitzten Seitenblick – »fehlt's wohl em Kopf?«

Um 1900 war die Stuttgarter Residenz nur noch in wenigen gesellschaftlichen Anlässen lebendig, im übrigen war sie Erinnerung. Zwischen 1600 und 1700 ist sie eigentlich so richtig etabliert worden. Das war ihre große Zeit; in diesem Jahrhundert hat sie, wie nie zuvor und danach, die Atmosphäre der Stadt bestimmt, mit den bedeutsamsten geistigen und sozialen Rückwirkungen. Wir haben uns diesen Hof anzusehen, seinen Lebensstil und seine konventionelle Quadratur; vieles von dem, was die Stuttgarter Geschichte im Verlaufe dieses Jahrhunderts oder hernach zutage förderte, ist nur von der Resonanz dieses höfischen Zeremoniells her zu verstehen. Wie sehr Lustgarten und Grotte, Ballspiel und »Alchimia« im Tageslauf eines Stuttgarter Herzogs zu damaligen Zeiten eine Rolle gespielt haben, verrät das minuziöse Tagebuch Herzogs Johann Friedrich aus den Jahren 1615 bis 1617, den letzten Jahren also, bevor die Pranke des Dreißigjährigen Krieges zuschlug. Johann Friedrich war alles andere als ein rocher de bronce, wie, in württembergischen Maßstäben und Vergleichen, versteht sich, der Vater, Herzog Friedrich I. einer war. Aber er hat sich doch, weit über das herkömmliche Bild des gütigen Landesherrn hinaus, in dieser Epoche immer angriffiger werdender Konfessionspolitik, mit seiner Verhandlungstaktik des »weichen Stils« einen guten Platz zu wahren gewußt. Er hat sie geliebt, seine »Grotta«, und hat wohl jeden seiner erlauchten Gäste dorthin »gewisen«. Natürlich hat man auch seine »Balletters« im Neuen Lusthaus getanzt. Um ein Haar – denn bei diesen Gelegenheiten trug man die gefährlichsten Haartrachten – hätte das ein grausiges Ende nehmen können. »Den fünften hat der Mahler Donawer Vndt der Hulßens nach dem nacht essen im Ballett des Insidelers Grotta probiren wollen, so ist ein Feuer angangen Vndt in dem Saal in Newen Lusthauß gantz Vndt gar verbronnen, aber Gott sey gedanckt keinen schaden gethan, alß der Rauch ein wenig das Gemeltt raüchig gemacht, Vndt der Boden Schwartz worden.« Man war noch einmal davongekommen. Ein anderes Mal gibt es »ein Carassella Rennen« mit »den Vier Elementen«. Hernach »seint die Dänckh deß Ringrennenß Abents vf dem Saal außgetheilt worden«. Ein so geheimnisvoller wie geheiligter Raum ist das Laboratorium im Garten, wo die labores Chimices vonstatten gehen: das große Abenteuer des Jahrhunderts, am meisten Staub und Dampf aufwirbelnd bei denen, die Geld haben. Aber auch dort allemal von kläglichem Ende. »Vndt wider Ein werckh in Alchimia bekommen«, notiert Johann Friedrich beglückt, jetzt mit augenblicklich frömmlichem Anflug: »Vnser Herr Gott gebe Gnade dartzu, ettwas Fruchtbarliches damit außzurichten.« Aber auch im »Balhauß« verspielen sich seine Gnaden, um einen »Focall« und »ander Sachen«. Und doch scheint es ihm die größte Freude zu machen, wenn er in seinen »pommerantzen garten« »Schöne große Zitronen beümer Von einem Italiener« kaufen und zwischen seinen verlorenen und gewonnenen »partiten« notieren kann: »Den Zwölfften hab Ich allerhandt Schöne gewechße auß Italien in meinen Gartten bekommen.«

Man kann es sich kaum verkneifen, den Ton dieser Stuttgarter Fêten wenigstens einigermaßen im Original zu hören. Die Originale zu erhalten, ist nicht schwer: so gut wie jede Feierlichkeit, jede »Invention« und jede Scena, jedes Lust-Feuer und jedes »hochansehnliche Beylager« ist nachher, oft in den prächtigsten Folianten, zu Papier gebracht und der Rausch des Augenblicks für alle Zeiten festgehalten worden. Gelegentlich der Heimführung der Gemahlin Herzogs Wilhelm Ludwigs, der Magdalena Sybille, der Tochter des Landgrafen Ludwig IV. von Hessen-Darmstadt, hat man sich – die Hochzeit war schon im Jahre zuvor – wochenlang vorbereitet. Am 12. Februar 1674 war es soweit. Der Herzog war bereits mit seinen »Prinzen, Grafen, Herren und Ritters-Leuten auch Hof-Cavalliern« in einer »sonderlich aufgestellten Zug-Ordnung« aus der Residenz aufgebrochen und »denselben Weg durch die Stadt Stuttgart, der auch im hereinziehen gebraucht wurde, zum Büchsen-Thor hinaus nach der Feyerbacher Heyde zu, so ungefähr drey gute viertel Stunden von der Stadt entfernet liget, an den Ohrt zur Empfahung bestimmet, wohl-gemutht fortgezogen«. Mittlerweile wurde hinter den Stadtmauern noch schnell das »Willkomms-Lied« geübt, »mittelst der Anfangs-Buchstaben Dero hohen Nahmens eingerichtet«. Es ging um das »Milt-Erleuchte Sonnen-Licht«, das man sich in Natura erhoffte, aber auch »aus Hessen angezogen« kam:

»Völlig lass auf diesen Ohrt, immerfort,
Stern-beglänzte Strahlen schiessen:
Hat die Darmstatt Preiß erzeigt, Stuttgart neigt
sich gantz tieff zu deinen Füssen.«

Damit war man präpariert, den Zug zu empfangen. Der geht nach »wohlgesetzter und unzertrennter Ordnung«, der Residenzstadt Stuttgart zu, »biß man den so genannten Heerd-Weg, zwischen beyderseits ligenden Weinbergen, die Berg-Höhe verlassen, sich in die Tiefe gezogen, und darinnen mit einer Wendung rechtswärts mitten auf dem Thamm, welcher zwischen Seen, so an die Stadt stossen, gegen dem Büchsen-Thor einen freyern Durchgang lässet, jetz – besagtem Thor sich genähret. Da dann, sobald Ihre Hochfürstl. Durchlaucht die jüngst vermählte Erb-Princessin zu Würtemberg etc. und gebohrner Landgräfin zu Hessen etc. bey der Gegend deß Thors angelangt, Dieselbe von deß Stuttgardischen Paedagogii Kunst-Musicanten, so ihre Stellung in dem Büchsen-Hauß genommen, mit einer gehaltenen Vocal- und Instrumental-Music, als im ersten Eintritt der Residenz-Stadt unterthänigst beehret, und Ihrer Hochfürstl. Durchl.

folgender gestalt glückwünschend zugeruffen worden.« Die verschwenderischen Kupfer, den »Wahrhafftigen Beschreibungen« und »Vorstellungen« allemal mitgegeben, können sich nicht genug tun, die breite Pracht solcher Tage ins Bild zu bringen. Das Lust-Feuer, in der auf den 18. Februar – immer noch feierte man in Stuttgart die »Heimführung« – folgenden Nacht bietet zugleich einen köstlichen Kommentar zum Thema Hof–Regierung–Stadt: »Anfangs ist zu wissen, daß dieses gantze Werck mit einem Geländer etwas länglicht, doch viereckig in dem Fürst. Lust-Garten sich ausgebreitet, und etwas näher gegen der Residentz zu seine Platz-Stellung gehalten, also vorhero die Ehren-Pfort bey vorigem Feuerwerck unfern von dannen aufgerichtet gewesen; welches Geländer zum theil anzeigt: daß die Staats-Regierung so wohl im gewissen Gräntzen eines Land-Gebiets als guter Ordnungen und Gesetze billich eingeschlossen zum theil daß solche Gräntzen nicht allzufern von der Regenten Sitz-Burg so vil sich thun läßt entlegen und abgesondert seyn sollen; um desto schleuniger auf den Nothfall selbigen Hülffe beyzubringen.« Wenn dann die »Schwärmer-Kugeln« zu hören und die »Feuer-Stäbe« ganz zu sehen waren, hat man sich gewiß auch, wie vor der als Machina präsentierten Theaterwelt, am programmgemäßen Ablauf aller der mechanischen Inventionen ergötzt: das Zeitalter der Mechanik ist auch das barocke Zeitalter, nicht nur posaunenlauter Nachweis des tatsächlichen Daseins und berstender Ausdruck der Dinge, sondern auch die hohe Stunde der hinter den Kulissen erledigten unbestechlichen Kalkulationen, der auf dem Reißbrett festgehaltenen mathematischen Berechnungen, der trigonometrischen Abmessungen, der Improvisationen und Einfälle und Ekstatik von Ingenieuren. Auch in Stuttgart erlebt man die höfischen Schaustellungen, wie Johann Valentin Andreae das in seiner »Christianopolis« nennt, als »Theatrium Mathematicum et Physicum«. »Als dieses nun vorüber, ist man zur andern Brand-Schichte dieses Lust-Feuers geschritten, da dann, nach abermahliger Ein- und Gegenstimmung der Trompeten und Paucken, zu einem Zeichen neuer Absätzung wider drey Stücke loß gebrennt worden; nach welchem kaum versausten Knall sich gleichwie zuvor eine Salve von 600 Schüssen durch wohleintreffendes geprassel hören lassen.«

Wie nicht anders zu erwarten, kommen bei solchen Anlässen nicht nur die Feuerwerker zum Zug, sondern auch die Poeten, solche, die vom Hofe amtlich als solche deklariert sind, und solche, die sich dafür halten: etliche Pfarrer draußen vom Lande, bei denen immer noch der Pegasus, wenn auch leicht gealtert, im Stalle steht, reimende Räte der Residenzstadt, ja die ersten Institutionen des Landes in corpore, das Stuttgarter Ministerium, »das gesammte Predigt-Ammt zu Stuttgart«, das Tübinger Stift, die Seminare. Und da hieß es dann, in »unterthänigster Pflicht- und Ehr-Erweisung:

Brüst, edles Stuttgart, deine Mauren;
Laßt' Wäll' und Schantzen muntrer stehn.
Spielt mit Trompeten, fern von Trauren,
Ihr Hall müß' an die Wolcken gehn.
Werfft künstlich Feuerwerck und Rageten,
Blitzt mit Geschützen durch die Lufft.
Trotzt Mars, dem Bluthund, der uns offt
Gedreut mit Pulver und Mußqueten.«

Viel von den Stuttgarter Rennen und Kübel-Turnieren, Ehrentagen, Fußturnieren und Adventurien des 17. Jahrhunderts waren kaum mehr recht verstandene Nachspiele, Imitationen der hochmittelalterlichen Turniere und Tugend, einer Welt, die angefüllt sein sollte mit dem, was Wolfram »unverzaget mannes muot« genannt hat: körperliche Leistung und gesellschaftliches Auftreten hatten als Ausfluß höfischer Seelenhaltung zu gelten. Das Leben des wahren Ritters, nicht nur der Romanfigur, des von Turnier zu Turnier stürmenden Artushelden, ist ausgefüllt mit der Unverdrossenheit, die keine Mühe und keinen Umweg scheut. Viel an den Stutgarter Hofspielen verrät auch jene beginnende, barocke Umwandlung von Liebe und Laune in Heldentaten, Spiegelung des französischen 17. Jahrhunderts, das, aus drohendem Chaos herkommend, die Ordnung haben will und die Regel, das in der Erziehung des honnête homme auch die Auferstehung des Rittertums feiert, freilich in einer romanesken, man möchte sagen romantischen Kompensation, deren Gefährlichkeiten und Abgründe man wohl in der württembergischen Residenzstadt gar nicht so sehr gespürt hat. Aber der honnête homme, dem Unterordnung und Einordnung, auch wenn sie nur in der Form von Spielregeln und historischen Assoziationen vorgebracht sind, wichtigste soziale Bedingung sind, ja der galant homme, der sich in der Gebärde heroisch-generösen Dienstes gefällt und wohl auch insgeheim, sofern ihm nur die intellektuellen Möglichkeiten gegeben sind, gegen das Pedantische in der schwäbisch-humanistischen Gelehrsamkeit auszieht, gegen das Hypertrophe des die schöne Menschlichkeit zerstörenden Bücherdaseins und Gelehrtenwesens: das alles will jetzt auch in Stuttgart seinen Platz, in der höfischen Welt der Württemberger. Der Adelsmann, der jetzt im Lusthaus oder im Ballhaus sich zeigt, hat von der Renaissance die humanistische Bildung und vor allem ihren merklich ausgeweiteten geographischen und ethnographischen Blick auf die Erdkarte übernommen, er hat als leichte Würze trotz seiner Patronisierung durch die Kirche gewisse heidnische oder skeptische Velleitäten bewahrt. Er ist der Herr, der sich mit seinesgleichen an den Künsten und Kontinenten goutiert, als ob es, wie der Weimarische Staatsrat von Goethe noch sagen konnte, »keine Strumpfwirker zu Apolda gebe«.

»Es sind aber diesen Abendt nach dem Nachtessen«, beginnt eine der fast unzähligen zeitgenössischen Aufzeichnungen, »zu solchem allhie angesteltem Rennen vier Partheyen auff der newen Rennbahn auffgezogen, vnnd mit jeder zwölff Ritter, allweg drey miteinander in einem Glied. Die erste Parthey sind Römer gewesen, in Antiquitetischer Klaidung vnd Rüstung, haben auff ihren Schilden Römische Brustbilder mit Lorbeerkräntzen vnd ein jeder ein Fahnen geführt, die hat der Durchleuchtig Hochgeborn Fürst vnnd Herr Johann Fridrich Hertzog zuo Würtemberg etc. mit dreyen Trommetern. Die ander Parthey, so Indianer waren, Bögen vnnd Pfeil in Händen vnd Schild mit Indianischen Brustbildern hielten, hat Durchleuchtig Hochgeborn Fürst vnd Herr Ludwig Friderich Herzog zuo Würtemberg etc. mit zweyen Indianischen Spihlen. Die dritte Parthey, so Türcken gewesen, lange Fahnen vnd Schild mit Türckischen Bildern geführt, hat der Durchleuchtig Hochgeborn Fürst vnd Herr Herr Julius Friderich Hertzog zuo Würtemberg etc, mit einer Türckischen Heertrummel vnd Pfeiffen. Die vierdte Parthey, so Mohren gewesen vnnd lange Pfeil von Rohren in Händen gehabt, hat Herr Crafft Grave von Hohenloe, mit zweyen Möhrischen Pfeiffern auffgeführt. Wie sie nun also auff die Rennbahn eingeritten vnnd der Jungen Fürstin, auch dem hochlöblichen Frawenzimmer Reverentz erzaigt, haben ihre Fahnen von oben her anfahen zu brinnen. Darnach, als sich ein jede Parthey an ihr bestimbte Ort verfügt, hat einer den andern mit Carusellen oder irdinen Kuglen herumb getriben, wie oben erzehlt, welcher Kampff nahend zwo stunde gewehret, nach dessen außgang jedermann auß dem Thiergarten abgeschieden vnd mit frewden zu ruhe gegangen.«
Sicher gab es gar nichts unter diesen »Wercken«, was nicht, von den Herren »Judicierern«, von denen, die den »Nacht Imbis«, das »Schau-Gericht« zu erfinden hatten oder »die schöne zierliche KriegsMusic«, die Mäntel von »rothem gerissenem Atlas« oder die »leibfarbenen sammeten« Unterröcke, die weiß-rot-blauen Kosakenwämse, die versilberten Brustrüstungen oder die Feuer, die »auß den Sturmhauben vnnd Rüstungen zu spritzen hatten: sicher gab es gar keine Grenze für immer wieder neue Variationen. Verständlich, warum man, die »gebührende Fröligkeit« aufrechtzuerhalten, auch das Übliche zu verfremden trachtete, den – ohnehin kaum mehr gezügelten – Umgang mit den Untertanen auf die Spitze der Ironie und Pervertiertheit trieb und das Anti-Spiel zum Programm machte. »Jeweil es Sonntag war«, sagt ein Bericht der Zeit, »hat man vor Mittag die Predigt Göttliches Worts in der HoffCapell angehört vnnd das gemaine Gebett gethan. Nach verrichtem Gottesdienst vnnd eingenommenem Morgen-Imbis ist ein gantz kurtzweilig vnnd lecherlich Ritterspihl mit dem Kübel Turnier auff der newen Rennbahn angestelt worden, zu welchem zwo Partheyen jede von 18 Raisigen Knechten mit dreyen Vorreuttern, sechs Trom-

metern sambt dem Rüstmaister vnnd Blatner auffgezogen, die eine in weiß, die ander in schwartzer Liberey. Sind allenthalben am Leib mit Hew gar dick aßgefült gewesen vnd haben vber die Köpf grosse Kübel stürtzen gehabt, an denen uberauß heßliche Larven gemahlet waren. Ihre Pferde haben nur schlechte Sättel aufligen vnd gar kein Vor- und Hinderzeug gehabt.«

Es gäbe viele Dutzende von Möglichkeiten, diese Stuttgarter Ball- und Festberichte zu ergänzen und zu erweitern: fast wäre man geneigt zu sagen, daß Stuttgart in der Zeit zwischen Renaissance und frühem Barock literarisch lediglich als die Stadt der höfischen Festivitäten und »Feuerwercker« erschien. Immerhin muß vermerkt werden, daß es dieses ganz als Residenz lebende, festverfallene Stuttgart einmal gab. Die – ungeschlagene – Ludwigsburger Konkurrenz des 18. Jahrhunderts, die bürgerlich-liberalisierte Königsstadt im Jahrhundert darauf und vollends der harte Gang der Industriestadt Stuttgart hat das einfach vergessen lassen. Den Standort dieses Hofes innerhalb der stadtgeschichtlichen Entwicklung Stuttgarts zu bestimmen, ist nicht leicht. Sicher darf die kulturelle Bedeutung des Herzoghofes gerade im 17. Jahrhundert nicht überschätzt werden. Die Verhältnisse waren, bei aller politischen Bewegtheit, eng; der Hof strahlte keine starke geistige Kraft aus. Allerdings brachte Herzog Friedrich I. Vorstellungen mit, die seine Hofhaltung doch aus dem sterilen Gleichmaß des übrigen heraushob und tatsächlich die Reminiszenzen an Paris und London zumindest verständlich machten. Friedrich bringt die feinen Sitten und das Weltmännische, den internationalen Duktus in die Stadt, auch in höchst staatsmännischem Betracht: er hat, nicht lange vor seinem Tode, die Stuttgarter Stiftskirche wieder zur Grablege des Hauses bestimmen und 1607 dort eine Gruft anlegen lassen. Aber es gibt auch ein Kunst- und Altertümerkabinett unter ihm, und sein Sohn Johann Friedrich, Herzog seit 1608, war wohl der erste, der Sinn für propagandistischen Wert von Publikationen besaß und schon bald nach Regierungsantritt Zeichnern und Stechern in Menge zu tun gab. In dem Holländer Elias van Hulsen hatte er einen tüchtigen Verleger, in Georg Donauer, Balthasar Kückler, Friedrich Brentel und Matthaeus Merian nicht minder begabte Zeichner, auch in Wenzel Hollar, der wohl durch Johann Friedrichs Ruhm erst angelockt wurde. Hinter der fast ermüdenden Fassade dieser – hier nicht einmal angedeuteten – unaufhörlichen Reihe von Geburtstagsfeiern und »Beilagern«, von Hochzeiten und Prunkfesten wird man also auch, sofern man die Spreu des Augenblicks vom Weizen gediegenen Arbeitens unterscheidet, der Ansätze zu ernstzunehmenden kulturellen Regungen gewahr. Wir betonen das deshalb, weil im Stuttgart vor 1500 die Jahre Eberhards des Milden, Ulrichs des Vielgeliebten oder Eberhards im Bart Ausnahmen blieben und im übrigen die bloße Existenznot vorgeherrscht hat. Das wird jetzt anders. Die Feste Friedrichs I. oder Johann

Friedrichs bringen das »Spiel« in die Atmosphäre der Stadt, und mehr als das: eine feste Kapelle, die unter Johann Friedrich zwischen 1608 und 1628 eine bemerkenswerte Bedeutung erlangt hat, durch die hervorragende Ausbildung der Blechinstrumente, durch die Könnerschaft der Kammermusik unter der Führung des Engländers John Price. So große Unternehmungen wie Johann Friedrichs Hochzeitsfeier, in denen der einst im Tübinger Collegium illustre studierende Herzog auch eine sorgfältige Bildung zur Schau stellte, die Tauffeier des Prinzen Friedrich vom März 1616 oder die Hochzeit des Herzogs Ludwig Friedrich von 1617 waren zugleich Höhepunkte der Leistungen dieser Kapelle, die damit beweisen konnte, daß der Hof auf einem mit größeren deutschen Residenzen vergleichbaren Niveau sich befand. Der Dreißigjährige Krieg, im besonderen das Jahr 1634 mit den verheerenden Wirkungen der Nördlinger Schlacht, hat hier, wie im Bereich der bildenden Kunst, schwerste Rückschläge gebracht. Aber verschwunden ist die Hofkapelle nicht. Mit Johann Jakob Froberger, dem 1616 in Stuttgart geborenen Tenoristen und Kapellmeister der Stuttgarter Hofkapelle, sind gewichtige Anregungen für den deutschen Klavierstil und im besonderen für die Klaviersuite des 17. Jahrhunderts ausgegangen. Und am Ende des 17. Jahrhunderts war immerhin ein Mann wie dieser handwerklich gediegene, einfallsreiche Johann Pachelbel am Hof, bevor er 1692 durch die Franzoseneinfälle vertrieben wurde.

Sicher vermißt man hier, gemessen an einem so ausgeprägten und eigenständigen Musikleben, wie es die Städte Ulm oder Augsburg oder Straßburg, aber auch kleinere wie Hall oder Esslingen besaßen, wiederum die genossenschaftlich-bürgerliche Komponente: die Stadt, die Bürgerschaft scheint gar nicht beteiligt. Aber die Forschungen, gerade im Württembergischen bis in die jüngste Zeit hinein soli Gloria des Herrscherhauses betrieben, stecken da noch in den Anfängen. Daß »kurz vor den Zeiten des dreißigjährigen Kriegs«, im Jahre 1618, »zu Stuttgart das erste Choralbuch« herausgekommen sei, »welches von verschiedenen Provinzen Deutschlands angenommen und beim öffentlichen Gottesdienst eingeführt wurde«, hat schon der alte, in die Gefilde der Historie sich zurückziehende Christoph Daniel Schubart bemerkt. Die Beziehungen zwischen Hof- und Kirchenmusik gingen in Stuttgart hin und her, in traulicher Kameraderie, im Haß des Konkurrenten, wie das bei Künstlern so zu gehen pflegt. Der Hohenloher Johann Georg Christian Störl war nacheinander Direktor der Stiftskirchenmusik und Herzoglicher Kapellmeister; von ihm an, dem Herausgeber eines gründlichen Choralbuchs, begann man in württembergischen Kirchen die »figurierte Musik« einzuführen. Überhaupt dürfte darin die größte, überdauernde Bedeutung der ersten, festetablierten Stuttgarter Hofmusik liegen, daß sie den Grund für eine spezifische Stuttgarter Musikpflege gelegt hat, für ein

Musizieren, das gewiß nicht von eigenen, genialen Musikschöpfern gelebt hat, dafür aber von einem auffallend stetigen Grad des Könnens und Arbeitens.
Auch Theater und Oper haben in dieser Hinsicht inspirierend gewirkt. Zwar hat erst Herzog Eberhard III. gelegentlich der Vermählung seines Sohnes Wilhelm Ludwig mit Magdalena Sibylle, der Tochter des Landgrafen von Hessen-Darmstadt, im Jahre 1673, durch einen Umbau des Armbrusthauses im Lustgarten für ein Theater gesorgt. Und sicher haben die Opern und Pastoraltragödien und »Balletter« von damals nicht das Niveau erreicht, das Leonhard Lechner mit der Hofkapelle um 1600 oder Georg Rudolf Weckherlin, 1614 aus England in seine Vaterstadt zurückgekehrt, mit seinen ebenso konventionellen wie »gekonnten« Poemen in der Residenz erreichten. Aber eine Hofoper, mit Unterbrechungen freilich, blieb in Stuttgart, bis ihr Carl Eugen durch den neuerlichen Lusthausumbau wieder einen festen Standort gab und sie zu internationaler Berühmtheit heraufführte.
Was die Stuttgarter Bürgerschaft selbst anlangt, so sind wir nur bedingt bereit, die musikalisch-theatralischen Ergötzlichkeiten am Hofe zugleich als unmittelbaren Gewinn für die Stadt zu buchen. Wenn die Schnapphähne übers Land ziehen und die Dörfer qualmen, verrät der Hof ein seltsam gespaltenes Verhältnis zur Stadt. Von unverbrüchlichen Bindungen ist dann nicht mehr die Rede. Als sich im Sommer 1634, nach der Schlacht bei Nördlingen, die Kaiserlichen wie ein verwüstender Waldstrom über Württemberg ergießen, verläßt Eberhard III. die Stadt. Ihm folgen die Hof- und Kanzleileute. Nur der Herzogliche Rat Leonhard von Breitschwerdt zieht, statt das Hasenpanier zu ergreifen, dem königlichen Sieger, dem geschickt und zurückhaltend operierenden Kaisersohn Ferdinand entgegen. Breitschwerdts einziger Gedanke: das über Stuttgart schon verhängte Geschick der Plünderung und Niederbrennung abzuwenden. Zwei spanische Soldaten, in ihren Beuteaussichten dadurch getäuscht, schlagen den Rat aus Rache dafür tot.
Stuttgart ist »verschont« geblieben, in diesen Jahren zwischen 1635 und 1638, in denen Österreich und ein Regent namens Ferdinand fast wieder Stadtherrenstelle innegehabt hätten. Eberhard III., zu Straßburg im Exil, hat nur einmal zur – Feder gegriffen, als die Exzesse der Generale Gallas und Brunner in Stuttgart eine Katastrophe zu bringen drohten. Erst nach vier Jahren, am 11. Oktober 1638, ist Eberhard wieder zurückgekehrt, »begleitet von etlich Dragonern, einer Anzahl Stuttgarter und Cannstadter Bürger, welche ihn zu Durlach abgeholt hatten«. Stuttgart lag nicht in Trümmern. Aber die Stadt war verwüstet und ausgeplündert. Gewiß wäre der Herzog auch wiedergekommen, ohne daß man ihn »abgeholt« hätte. Wie immer auch: das »Residieren« erwies sich als eine lockere Sache. Die genannte Magdalena Sibylle, eine der prachtvollen Frauen-

gestalten dieses mit barockem Gelichter durchzogenen Jahrhunderts, macht da eine Ausnahme: als Friedrich Karl, der regierende Schwager, »eilends abreiste«, um die Kreistruppen zu holen, als der größte Teil der Regierung in wilder Flucht das Land verläßt, bleibt sie und verhandelt unerschrocken mit der Besatzung. Ihr Selbstvertrauen scheint mehr wert gewesen zu sein als die Schießereien einiger nervös gewordener Stuttgarter, zumal denen – der Magistrat hielt sich an die besonnenen Direktiven der Herzogin-Witwe – ein Anführer fehlte, der »Einheit in die Vertheidigung gebracht hätte«.
Wie gesagt: die Haltung dieser »fremden« Frau ist ein Sonderfall, wenn man nach einer tieferen, im nationalstaatlichen Verständnis »vaterländischen« Identität zwischen Hof und Stadt fragt. Hat die »Stadt« überhaupt profitiert von der Residenz? Wer hämisch sein wollte, würde Ja sagen, indem er auf das höfische Luxus- und Lasterleben auch in den Bürgershäusern weist. Es gibt ganze Packen von herzoglichen Reskripten und Verordnungen, die dartun, wie sehr der Hof in fragwürdigstem Sinne abgefärbt hat. Natürlich ist viel kleinliches Zeug dabei, der allzeit erhobene Zeigefinger von Beamten, welche die Maschinerie am Leben zu halten und Untertanen zu Dienern zu machen haben. »Da eine merkliche Unzucht und Schande der Schüler und anderer Knaben mit Schwatzen, Spazieren, Hin- und Herlaufen in der Kirche erfunden wird ...« – man kennt diese Reden. Indessen fällt auf, daß die Erneuerung der Fastnachtsverbote zunimmt und die Anläufe des Hofes, sich selbst daran zu halten, abnehmen: 1612 bezieht man seine Masken direkt aus Venedig. Das 18. Jahrhundert hat für Stuttgart dann förmliche Karnevalsordnungen gebracht, die den Herren und Frauenzimmern der bürgerlichen Gesellschaft die Teilnahme an Maskeraden und Redouten »bei Vermeidung der herzoglichen Ungnade« zur Pflicht machte.
Hat deshalb Nikodemus Frischlin schon 1570, den erzürnten Mahnrufen der der Herren Stiftspröpste und Prälaten, dem Abscheu der Pietisten voraus, eine Oratio de vita rustica, einen Lobpreis des Landlebens geschrieben, in dem er gegen das Hofleben zu Stuttgart und Tübingen vom Leder zieht? Hat die Stadt überhaupt vom Hofe Gutes gehabt? Man pflegt an dieser Stelle das Gewerbswesen anzuführen, das, im Kielwasser des Hofes schwimmend und von ihm lebend, zu einer mächtigen Sache aufgewachsen sein soll. Noch jüngst ist darauf hingewiesen worden, daß »eine Residenzstadt« wie Stuttgart »von einem überschäumenden Hofe allerhand Vorteile ziehen konnte, daß eine Vielfalt von Gewerben blühen musste, eine große Zahl von Leuten wohlhabend werden konnte« (H. Decker-Hauff). Man wird zögern, diese altüberkommene Formel so ohne weiteres auf Stuttgarts Renaissance- und Barockzeit zu übertragen. Natürlich hätte das Stuttgarter Handwerk leben können von den riesigen Ausgaben – für Herzog Friedrich sind rund vierzigtausend Gulden, für Johann

Friedrich bis 1620 über hunderttausend Gulden nachgewiesen –, die am Hof für Gold- und Silberschmiedarbeiten ausgegeben worden sind. Unter der Überschrift »Ankäufe im Ausland« hat Werner Fleischhauer indessen darauf aufmerksam gemacht, daß »wie schon früher nur ein geringer Teil dem heimischen Handwerk« zugeflossen ist. Natürlich hat man im Alten Schloß, wo bis vor einem Jahrhundert noch an der Schloßplatzfront neben dem Eingang die lustigen Küchenkamintürme zu sehen waren, die ein gar zu zimperlicher Geschmack dann leider entfernen und durch gotisierenden Vorbau von fader akademischer Korrektheit ersetzen ließ: natürlich hat man hier gekocht und gebacken und gegessen, daß sich die Platten bogen. Aber die Stadtgemeinde, in einer der alten stadtwirtschaftlichen Begrenzung ohnehin längst davongelaufenen Zeit, hatte doch genauso wenig davon wie die armen Schlucker, die irgendwo in den hinteren Gassen herumschlichen. Die wirtschaftsgeschichtliche Strukturanalyse weist darauf hin, daß die Residenzstadt Stuttgart keineswegs vom Hof lebte, wie gemeinhin in patriotischer Reminiszenz an Serenissimus treu behauptet wird. Der Hof war agrarisch autark; er bezog sein Vieh nur teilweise vom Markt. Die Hofbeamtenschaft, mit ihr die Zentral- und Mittelbehörden, verfügte bis in die untersten Chargen über eigene agrarische Grundrenten und deckte so gleichfalls ihre Naturalversorgung. Hof und Hofschutz durchbrachen damit jede landesherrliche oder städtische Agrarmarktregelung. Den höheren Warenbedarf der herzoglichen Hofhaltung lieferten zu nicht geringem Prozentsatz auswärtige, im 18. Jahrhundert auch jüdische Faktoren oder »Calwer Krämer«, deren Vertriebsprivilegien, allen amtlichen Bestrebungen zuwiderlaufend, den Stuttgarter Markt turbierten. Nicht selten ist das – eher einspringende als monopolistisch arbeitende – städtische Gewerbe vom tief verschuldeten Hof so abgefunden worden, daß das gewerbliche Bargeld knapp und die eigene Verschuldung übermäßig war. Auch die – sehr, sehr geringen und immer nur sporadischen – merkantilistisch-populationistischen Maßnahmen der Herzöge in Stuttgart haben mehr Handlanger als Handwerker in die Residenz gebracht und in deren Sozialprodukt vornehmlich den tertiären Sektor verstärkt. Der residenzliche Sonderstatus hatte ja insofern auch negative Wirkungen, als damit auch besondere Verteuerungen verbunden waren: 1680 melden die Vögte auf eine Stuttgarter Anfrage, daß die Wirte und Fuhrleute in ihren Ämtern deshalb Stuttgart scheuten, weil die Kosten für Zahlung und Stallmiete und diesen Rattenschwanz obrigkeitlichen Segens größer seien »als sonst irgendwo im Lande«. Zur selben Zeit hat man dem Stuttgarter Magistrat seine Bitte abgeschlagen, »den Weinhandel der Hof- und Canzleiverwandten mehr zu beschränken, weil die Bürger dadurch großen Schaden litten«. Das ist nur *ein* Beleg für die angeblich kommunale Wirtschaft fördernde Funktion des Hofes.

In Wirklichkeit hat die Nähe der Herrschaft und ihrer unmittelbaren Interessen die Kommune Stuttgart in ihrer Selbstordnung und in ihrer ökonomischen Entfaltung gehindert, grob gesagt: die Stadt hat an der Residenz gelitten. Wenn überhaupt von einem Ausbau der Stadt in topographischem Sinne gesprochen werden darf – in der jetzt so genannten »Reichen Vorstadt« bleiben wie gesagt bis um 1800 weite Strecken von Häusern frei –, dann in einem von den Bedürfnissen des Hofes her bestimmten Sinne. Wie im großen die »städtische« Planung durch die Staatsräson mißbraucht wird, so ist das Bauen im kleinen ein Anhängsel an die große Machtdemonstration des Schlosses. 1604 genehmigt Herzog Friedrich, die innen an der Ringmauer zwischen äußerem Esslinger Tor und Nachrichtenturm gelegenen Gärten zu Bauplätzen freizugeben. In Kürze entstanden, an die Mauer angelehnt, dreißig kleine Häuslein, die bis zu den Zerstörungen unseres Jahrhunderts in der äußeren Häuserzeile der Weberstraße als Bohnenviertelidylle weiterlebten. Das ist alles. »Alle bemerkenswerten Leistungen der Künste und Handwerke sind vom Hofe veranlaßt worden« (W. Fleischhauer). Der Stuttgarter Bürgerhausbau hat in diesen originärsten Zeiten der Stuttgarter Residenz keine sensationellen Fortschritte gemacht, während der Hof in Ludwigsburg und Stuttgart sein Bestes tat. Wesentlich ist seine Reputation. Das Bürgerliche hat so sehr nachzustehen, daß nach dem Hirschgassenbrand in der Nacht vom zweiten auf dritten August 1761, als 41 Gebäude zugrundegingen, das – damals übliche – Sammeln außer Landes als »der Ehre des fürstlichen Hauses zuwider laufend« verboten wurde. (Was allerdings nicht ausschloß, daß das Hirschgassenviertel nach 1762 mit Hochfürstlichen Gnaden großzügigst und modern wieder aufgebaut wurde.) Zu Hofe freut man sich an »Paridis Urtel« und im Lustgarten am Duft der Pomeranzen – in den Straßen der Altstadt, wo das Parken von Fuhrwerken über Nacht 1710 verboten und 1802 dieses Verbot erneuert wird, wo eine Geschwindigkeitsbeschränkung einzuhalten ist, hat der Gasseninspektor mit seinem aus Spital- und Siechenhausleuten zusammengesetzten Trupp dafür zu sorgen, daß die Kloaken nicht zu sehr gen Himmel stinken.

Der Hof überstrahlt auch den häßlichsten Winkel. Er bringt die Fremden in die Stadt, »Refugiés, Beisitzer und Eigenbrödler«, die der Magistrat, der sich solchermaßen über die Neuzugänge mokiert, formell, aber nur formell abzulehnen berechtigt ist. Wie sehr die Stadt auf den Hof zu organisiert ist, verrät das Seelenregister der Hospitalkirche, der Reichen Vorstadt, von 1712: die zahlreichen Adeligen und Beamten führen ein großes, mit Lakaien und Dienstboten gefülltes Haus, mit einem Sozialstatus, den auch noch »mittlere« Leute, mehr als wir heute vermuten, nachahmen können. Wenige Jahre später, als der Hof nach Ludwigsburg verlegt wird, ist die Obere Vorstadt wie leer. Die bürger-

13 (links oben) (angeblich) Johannes Reuchlin (1454–1522), der von 1483 bis 1519 mit Unterbrechungen in Stuttgart gelebt und gewirkt hat

14 (rechts oben) Johann Valentin Andreae (1587–1654), der Wegbereiter des Stuttgarter Pietismus

15 Johannes Brenz (1499–1570), der Vollender der Stuttgarter Reformation. Holzschnitt um 1560

16 Stuttgart von der Südseite um 1830. Stahlstich von Christian von Martens nach einer Zeichnung von Caspar Obach. Vorn auf halber Höhe des Römerwegs Weingärtner bei der Lese: eine deutliche Dokumentation der von der Industrialisierung noch gar nicht erfaßten Wein- und Weingärtnerstadt Stuttgart

schaftliche Stadt mit ihrer eignen Kontinuität, mit ihrer offenen, auf den Markt zu disponierten und gleichsam unvollständigen Gesellschaftsform, vermißt man in der Residenzstadt Stuttgart sehr: die Offenheit der städtischen Kontakte gibt es nicht in der Lehnshierarchie und nicht im bürokratischen Stab des absoluten Fürsten. Die Bürgerschaft, einst Seite an Seite mit dem Grafen auf den Mauern, hat sich in gebührlichem Abstand vom Schloß zu halten. 1620 entläßt sie Herzog Johann Friedrich gnädigst aus der Schloßwache, »damit sie desto fleißiger die Tag- und Nachtwachen versehen thäten«. Vom Bürger zum Nachtwächter. Schon 1577 hatte Herzog Ludwig die Stadt mit einer Abstandssumme erfreut, »wogegen sich aber die Stadt des Wandels zwischen dem Lustgarten und dem Schlosse, vom Falkenhaus bis in die Esslinger Vorstadt begeben mußte«. Ein seltsam bürgerschaftlich-herrschaftliches Gemisch, diese Untertanengemeinde, mit ein paar lächerlichen Privilegien, die Johann Jakob Gabelkofer in seiner Stuttgarter Chronik unter die »Curiositäten« reiht, mit einer ständig wachsenden Beamtenschaft, der Carl Eugen 1753 eine »Polizei-Deputation« vor die Nase setzt, mit einem Stadtgericht, das vom gleichen Potentaten 1771 »wegen unbefugt-erfrechten Unterfangens« zur Rechenschaft gezogen wird, mit einer Bürgerschaft, deren Fiaker noch 1826 ausdrücklich angewiesen werden, den königlichen Hofequipagen »jedesmal schon in gehöriger Entfernung auszuweichen«. Selten, daß man aufmuckt: »Gehts uns doch ärger als den Kindern Israel in Ägypten, nirgends im ganzen Reich geht man so gottlos mit den Bürgern um.« So in einer Stuttgarter Drohschrift von 1720, einer Zeit, wo eine Französische Revolution noch nicht einmal in der Ferne zu sehen war. So stand es schon im Stuttgarter Stadtrecht von 1492: »Denn des Landesherrn Willen und Gemüth ist, die Bösen und Ungehorsamen zu strafen, dergestalt, daß die Guten in ihren Ehren und Würden grünen und bleiben mögen.«

Der lautlose Sieg

Dennoch hat die Kommune Stuttgart ihren Sieg errungen und ein Gemeinwesen auf dem Boden genossenschaftlicher Verantwortung zuwege gebracht, wenn auch nur durch die Hintertüre. Eine Schlacht hat nicht stattgefunden, eine Magna Charta der bürgerlichen Freiheiten ist nicht überreicht worden. Es war überhaupt nicht die Aktion der Stadtgemeinde, in ihrem Auftreten als Körperschaft oder als Organ gemeindlicher Willensbildung: es waren zwei Stände, die Stuttgarter Weingärtner und die in der Stuttgarter Landschaft vertretene Ehrbarkeit, die, jeder auf seine Weise, aber beide im Hintergrund des Tagesgeschehens, für die Eigenständigkeit Stuttgarts gesorgt haben. Die »Wengerter« haben Stuttgarts Eigenart und Originalität provoziert, das »Bodagfährtle«, jenes Mindestmaß an Individualität, deren modernes Stadtgefühl und jede subjektive Stadtdeutung bedarf. Die landständische Ehrbarkeit hat Stuttgarts politische Unentbehrlichkeit sichtbar gemacht, eine Zentralfunktion, die dann, als Monarchie und Residenz schon an Substanzverlusten litten und der württembergische König vielleicht noch regierte, aber nicht mehr reagierte, ohne Frage war.
Aber wir werden diese Entwicklung, die zwischen 1600 und 1800 in Stuttgart spürbar wird, aufzuzeigen und von ihr zu erzählen haben. Zunächst zu den Weingärtnern. Der Mittelstand ist in den frühneuzeitlichen Epochen der Stuttgarter Stadtgeschichte, wenn wir vom Hof und den Hofchargen absehen wollen, der gesellschaftlich wichtigste Faktor. Nicht die Großkaufleute machen die Stadt aus, nicht Hunderte und Aberhunderte von Proletariern (obwohl es die auch gegeben hat), sondern der Mittelstand. Er ist die Konstante. Bis ins 18. Jahrhundert behielt er in Stuttgart, »wenn er auch kostbare Stoffe zur Kleidung wählte«, zum »größern Theile seine eigentümliche Tracht bei«. Die eigenwilligsten Köpfe findet man bei den Weingärtnern. Sie haben eine Vorzugsstellung. Am Urbanstag hielten sie ihre Gesellschaft auf dem Bürgerhaus ab, wozu ihnen die Stadt nach altem Brauch zu dieser Feier einen – wenn auch nicht üppig bemessenen – Geldbetrag gab. Auch die anderen Zünfte, nach Stuttgarter Vokabular die »Bruderschaften«, haben nach der Reformation ihre Jahresfeste gefeiert. Aber eine

Spende von der Stadt gab es dazu nicht. Die Bruderschaft, sehr wesentlich von dem unterschieden, was man heute unter berufsständischer Interessenvertretung verstehen würde, ist nicht wirtschaftlicher Zweckverband, sondern eine elementaren Gemeinschaftskräften entwachsene Gruppe mit eigenem Sozialleben. Es geht in Stuttgart nicht nur darum, daß der, der »eines Meisters Schneiderhandwerks Tochter oder hinterlassene Wittib« heiratet, Vergünstigungen zu erwarten hat. »Pfaffenkinder und Hurensöhne« sind als Lehrjungen ausgeschlossen. Wer bei der Bruderschaft der Hafner Meister werden will, muß zuvor einen Mannrechtsbrief seines Geburtsorts oder vorherigen Wohnorts vorgelegt haben, ja er hat den Nachweis zu erbringen, sich drei Jahre an auswärtigen Orten aufgehalten und »etwas rechtschaffenes erlernt und erwandert« zu haben.

Die Leute »leichtfertigen Handwerks«, die Gaukler und Seiltänzer und Spielleute hält man sich vom Leibe. Dafür bleibt man allem, was die zünftlerische Macht- und Wirtschaftsstruktur seit alters ermöglicht und gestärkt hat, mit geradezu antiquarischer Konsequenzen treu: hundert Rechte und Sonderrechte, die es zu kennen und einzuhalten gilt, vom Sitzjahr, das ein zugewanderter Geselle abzuleisten hat, von der umständlichen Verwaltung der Zunftlade bis zum Privileg der Zunft- und Kerzenmeister in Stuttgart, bei Aushebungen für Kriegsdienste »bis an die letzte Wahl befreit und überhoben« zu sein. Daß sich im städtischen Zunftleben eine ungemein breite Palette von Arbeits- und Feierbrauchtum aufgetan hat, ist noch lange in Erinnerung geblieben. Die Stuttgarter Schreiner- und Schiftergesellen durften nur an einem Montag ihre Wanderung beginnen, und in ihrer Herberge hatten nur geschworene Meister und der Irtengeselle, der gewählte, ältere Geselle vom Bereitschaftsdienst, die Schlüssel zur Lade: das ist nur *ein* Beispiel für das breitgefächerte Stuttgarter Zunftbrauchtum. Es hat, davon ist bis heute weniger Notiz genommen worden, bis in die Generation Daimlers und Boschs hinein auch bestimmte arbeitspädagogische Aufgaben erfüllt und mitten in der sogleich fragwürdig, wo nicht uferlos gewordenen Zeit des Industrialismus bemerkenswerte wirtschaftliche Formungsenergien entwickelt.

Die farbigste, die Seele aller Stuttgarter Zünfte, war die Weingärtnerzunft. Sie war Hauptakteurin der Stadt, ohne daß sie es je darauf angelegt hätte. Gerade sie ist mehr, weit mehr als irgendeine Interessentengruppe, als eine wie immer geartete Zweckkorporation. In den stadtgeschichtlichen Sammlungen des Stuttgarter Stadtarchivs zeigt man eine Zinnschraubkanne der Stuttgarter Weingärtnerzunft von Conrad Ludwig Steinhardt aus dem Jahre 1774, ein schweres, klobiges Stück, mit ein paar hübschen Gravuren und einem für spätbarocke Zeiten arg schwerfällig wirkenden Verschluß obenauf: die »Wengerter«, je länger, desto mehr eines der ernsthaftesten, konstitutiven Elemente von Stuttgarts bürgerlichem Gemeinschaftsleben, sind nicht auf der Seite der Modernisierer. Sie haben ihre eigenen Bräuche, und sie lieben sie. Im 19. Jahrhundert, ja vielleicht noch zu Anfang unseres Jahrhunderts haben ihn alle gekannt, den »Urbansbecher«, den Pokal der Stuttgarter Weingärtner, der nichts anderes als ein Buttenträger war und 1661 gestiftet wurde. Im Laufe der Zeit hat er manches Anhängsel bekommen, ein Zeichen, wie sehr die Weingärtner zum Liebling der Stadt geworden waren. 1812 hat König Friedrich seine persönliche Aufmerksamkeit, eine goldene Medaille daran gehängt, sieben Jahre später sein Sohn und Nachfolger.

Nirgendwo anders als in der Hauptkirche der Stadt und des Landes, in der Stuttgarter Stiftskirche, waren die Weingärtner verewigt. Der Altarplatz der Kirche war ja ursprünglich durch eine Mauer begrenzt, hinter der die gotische St.-Anna-Kapelle lag. Im Scheitel des Blindbogens hing, vor einem goldenen Weinstock mit Trauben, die Kniefigur eines »Wengerters«, der sein Winzermesser hoch in die Lüfte hebt. Als am 13. Juli 1814 in Stuttgart die Rückkehr des abgöttisch geliebten Kronprinzen zu feiern ist, in der Hoffnung auf eine bürgergerechte, liberale Zukunft, aber auch in der aufatmenden Gewißheit, daß die Ära der Schlachten und Kriege liquidiert war, steht auf der Königstraße die ganze Stadt, vor kränzen- und girlandenbehangenen Häusern, mit Trauben von Zuschauern in Fenstern und auf Dächern, mit Bürgergruppen zu Fuß und zu Pferde, mit dem ganzen Stadtmagistrat »an einem für ihn bereiteten Platz«. Wer den zukünftigen Monarchen empfängt, sind die Weingärtner. »Nun kam ein langer Zug von Söhnen hiesiger Weingärtner, alle leicht geschürzt und mit Bändern in der Farbe der Hoffnung umflattert, welche den Wagen des Langersehnten am Thor erwarteten, und ihn mit frommer Sorgfalt nach dem Palast bringen wollten.«

Fromme Biedermeierlichkeit hat bei der Beschreibung solcher Stadtfeiern – »nie früher wurde Stuttgart so allgemein und so ganz freiwillig beleuchtet«, heißt es für die darauffolgende Nacht, »auch an der kleinsten Hütte standen Lampen« – sicher etwas zu tief in den Farbtopf gegriffen. Daß handfeste politische Auseinandersetzungen zwischen der immer noch absolutistischen Monarchie und einem sich hintergangen fühlenden Bürgertum dem Tag voraufgegangen und nachgefolgt waren, wissen wir heute. Aber daß die Weingärtner an diesem überglücklichen Tag der Residenzstadt Stuttgart, der ja auch eine politische Demonstration meinte, die Rolle des eigentlichen, nicht an die politische Aktualität und Vergänglichkeit gebundenen Stadtrepräsentanten hatten, ist offenbar.

Das biblische Alter mag dabei ebenso mitgeholfen haben wie die relative Farblosigkeit Stuttgarts in seinen früheren Jahrhunderten: was war über eine Stadt schon zu sagen, die keinen anderen Schatz in ihren Mauern hatte als – die

Kanzlei des Grafen? Deren Tallage außer für den, der auf Hirsche und Sauen aus war, keine anderen landschaftlichen Reize und Akzente zu bieten hatte als die Weinberge? Fast meint man, keinen Zufall vor sich zu haben, wenn der älteste, 1250 urkundlich genannte Stuttgarter Bürger ein Weingärtner war, »quidam qui dicitur Buzze«, einer, den man »Buzze« rief, der auf einem der Stuttgarter Hänge für die Schwestern des Sirnauer Dominikanerinnenklosters zwei Weinberge umtrieb. Stuttgart sei »lange nichts weiter als ein kleiner Weingärtnerort« gewesen, schreibt Julius Hartmann vor hundert Jahren, »von dem die Schriftsteller so ziemlich gar nichts berichten, wenn nicht etwa ein Mönch, der von einem der hiesigen Klosterhöfe heimkehrte, in die Annalen seines Gotteshauses das Lob des großen Kellers unter dem Beutelsbach-Wirtembergischen Schloß in Stuttgart niederlegte«.

Tatsächlich scheint man im 13. und 14. Jahrhundert die – ohnehin wenigen – Äcker in Weingärten umgewandelt zu haben. In der zweiten Hälfte des 13. Jahrhunderts treten der Kriegsberg und der »Münchberg« über den Mönchshalden, der Ameisenberg und die Reinsburg, der Relenberg und die Hauptmannsreute als Weinberge auf: der Weinbau hat sich aller Höhenlagen, auch auf der ungünstigen Ostseite des Tals bemächtigt. 1286 gewährt Graf Eberhard dem Kloster Bebenhausen Zinsfreiheit für seine Weinberge in der Afterhalde, im »Kuoningesberc« (Relenberg oder Kienlenberg), in der Rainburg, in der Wannen, an der Wülenhalden, zu Fangelsbach, an der Heusteige, zu »Huopenloh« (Hoppenlau) und am Künenberg. Daß alle diese »Weingartfelder«, wie Gabelkofer meint, »vor viel hundert Jahren erbaut« wurden, ist anzunehmen, wenn auch natürlich nicht detailliert belegbar.

Sobald die frühe Reiseliteratur von Stuttgart Kenntnis nimmt, registriert sie auch immer das augenfälligste Attribut von Stuttgarts Stadtlage, seine Weinberge. »Ist ein hübsche Stadt und Schloß«, berichtet der Wiener Domherr Ladislaus Suntheim lakonisch von Stuttgart, »liegt gar lustig in einem Thal mit Weingarten umgeben«. Und Ulrich von Hutten, 1519 wie gesagt auf dem Zug gegen den Mörder seines Vetters im Land, betont, der Wein sei hier so, wie es sich von einem solchen paradiesischen Lande erwarten lasse. Der Topos von der Weinstadt Stuttgart wird nicht viel später zu einem – dann nie mehr vergessenen – Superlativ: der Weinbau ist das eigentliche, unverwechselbare und unüberbietbare Charakteristikum der Stadt. Der Oberösterreicher Thomas Lansius, in der ersten Hälfte des 17. Jahrhunderts Professor am Tübinger Collegium illustre, stellt den Weinreichtum Stuttgarts neben Würzburg. Stuttgart rühme sich, mehr Wein als Wasser zu haben, dazuhin so viel Weinbergpfähle, daß hunderttausend Goldgulden nicht hinreichten, wollte man alle auf einmal ersetzen. In der barocken Literatur hat sich eine einmal festgefressene Formulierung hemmungslos in Dutzend Plagiaten tradiert. 1622 heißt es in einem Bericht, die »Statt Stuetgardt« werde »nit unbillich under diejenige Ort gerechnet«, »da der größeste Weinwachs in gantz Deutschland« sei: das wird bald ebenso sprichwörtlich wie die Versicherung, Stuttgart habe »mehr Wein als Wasser«. Nach dem Antiquarius »des Neckar-, Main-, Lahn- und Moselstroms« von 1740 hatten selbst die Franzosen ein Stuttgarter Sprichwort:

»Si one ne cueilloit à Stuttgart les raisins,
la ville iroit se noyer dans le vin.«

Nach der Übersetzung des Antiquarius: »Wenn man zu Stuttgart nicht einsamlete den Wein, / So würde bald die Stadt in Wein ersäufet seyn.«
Man wird angesichts einer schon ins Literarische abgeglittenen Bedeutung der Weinstadt Stuttgart nicht vergessen dürfen, daß das Trinken auch in einem sehr konkreten Sinn eine Provinz der Stuttgarter Geschichte ist, daß die »Vernunft«, die der Magistrat in der frühen Renaissance an seiner Stadt rühmt, mit einem Stück Schlitzohrigkeit gepaart war: Stuttgart ist in diesem Betracht Weingärtnersdorf wie die Weindörfer des Remstals, mit sehr viel witzigeren und beweglicheren Leuten als die Rauhe Alb oder der Schwarzwald sie geboten haben. Gelegentlich einer Kirchenvisitation unter Herzog Christoph im Jahre 1558 beklagt die Geistlichkeit, daß die Trinkstuben während der Predigt dem Hofgesind nicht geschlossen würden, daß das Zutrinken zwar abnehme, das Volltrinken aber zunehme. Man spürt, daß von den Weingärtnern, von den Weinwirtschaften, den vier beeidigten Weinschenken: der ganzen, ebenso volkstümlich wie kommerziell zu begreifenden Wein- und Weinbaukultur ein geheimer Gegenzug gegen das pietistisch gewordene Stuttgart ausgeht, das gerade in dieser latenten Opposition zur Abrundung der Stuttgarter Eigenart beigetragen hat. Im Gasthaus »Zum Adler« am Marktplatz, dem ältesten in der Stadt, saßen in der Zeit Carl Eugens, als sich eine bestimmte, kollektive Mentalität Stuttgarts zum ersten Mal deutlicher in der Stadtgeschichte abzeichnet, neben Schubart und dem Almanachenschreiber Gotthold Stäudlin, neben Johann Friedrich Schlotterbeck, der geschickt in Bürgerschem Bänkelsängerton zu machen verstand, neben dem geschliffene Epigramme fabrizierenden Carlsschulprofessor Haug, in einer ersten literarischen Kaffeehausgesellschaft also, auch der Schieferdecker Baur. Er war ein Stuttgarter Original: wohl einer der ersten dieser für die Struktur einer Stadtmentalität so bedeutsamen Sorte Mensch. Sein Vater, der Ludwigsburger Hofschieferdecker, hatte ihm eine vorzügliche Erziehung geben lassen. Im »Adler« vergaß er sie. »Ihr könnt mich im Adler treffen« – die Redensart soll von Baur stammen. Mit kräftigen Tiernamen warf er nur so um

sich, und das echt schwäbische Wort »Lalle«, das er an den Beruf des Angeredeten hängte, war sein Lieblingsausdruck. Um bei der Zeche weder betrogen zu werden noch den Wirt zu schädigen, steckte er die Propfen der geleerten Flaschen in seine Taschen: so viel Pröpfe, so viel Flaschen. Für Baurs Grabinschrift schlug Stäudlin vor:

»Hier liegt entseelt und totenblaß
Das zweite Heidelberger Faß.«

Nicht nur aus kommerziellen Gründen waren die Weingärtner in Ordnung zu bringen: die Residenzstadt als ganze mußte organisiert sein, sie vor allem, und bürgerliche Urwüchsigkeit war eigentlich gar nicht so gefragt dabei. Sie rangierten nicht als älteste Zunft, die Weingärtner, und entzogen sich gewiß von Anfang an den obrigkeitlichen Schematisierungen. Im Eberhardinischen Stadtrecht von 1492 ist allerdings viel von »wingarten« und »winschenken« die Rede. 1540 unterschreibt Ulrich sogar eine Weingartpfahlordnung, und noch 1646 wird die Stubenordnung – mittlerweile gibt es eine Zunft der alten und eine der jungen Stuttgarter Weingärtner – mit allen Details erneuert.

Der Wein, vor allem von den besten Lagen im Falkert, am Münchberg und Kriegberg, hat natürlich seine große wirtschaftliche Bedeutung für Stuttgart gehabt. Um dem Wucher der Weinhändler vorzubeugen, muß in Stuttgart seit 1468 nach der Weinlese eine Weinrechnung aufgestellt werden, darf ohne obrigkeitliche Erlaubnis keine neue Kelter in der Stadt gebaut werden, die im übrigen, wie der Stuttgarter Weinhandel selber, vor allem der vermögenden Ehrbarkeit gehören. Die Fremden und Beisitzer sind vom »Wein-Commercium« ausgeschlossen, nicht aber – leider – die Herren im fürstlichen Hof- und Kanzleidienst. Die Sache lohnt sich, sofern es ein gutes Jahr war. Im 18. Jahrhundert hat die Ernte jährlich durchschnittlich einen Wert von mehr als anderthalb Millionen Goldmark erbracht, für die fünfzehn- bis sechzehntausend Seelen der Stadt eine bedeutende Einnahme. Den rund siebenhundert Weingärtnersfamilien floß indessen weitaus das wenigste zu. Hof und Ehrbarkeit hatten immer noch, auch nachdem die Hofweinberge verkauft wurden, den Löwenanteil.

Die auf die Dauer bedeutsame Rolle der Weingärtner lag indessen darin, daß sie Stuttgart mit einem eigenen Brauchgut und Erlebniswert angereichert haben. Je mehr man von modernen Verhältnissen – im politischen, im gesellschaftlichen, im ökonomischen Bereich – irritiert wird, desto mehr beginnt man diese liebenswerte Konstante zu genießen. »Der Herbst« ist ein Stadtfest sondergleichen. »Von all den Rebenhügeln, welche Stuttgart umgeben, ertönt der laute Ruf der Lust, Gesang erschallt und darunter hinein knallen Pistolen und

Flinten, die bei diesem sonst so friedlichen Feste nie fehlen dürfen, am Abend aber steigt von allen Höhen Feuerwerk in tausenderlei Gestalt empor und spät in der Nacht erst kehrt bei Fackelschein die jubelnde singende Schaar nach Hause.« Die Weinstadt Stuttgart breitete sich da einst aus, wo heute Häuserreihen stehen und Schnellstraßen Autoschlangen auf die Höhen hinaufführen. Wie sehr Stuttgart Weinbergstadt noch lange im 19. Jahrhundert war, mag daraus hervorgehen, daß in den Familien Herbstfeiern zur Selbstverständlichkeit gehörten. Bis kurz vor der Jahrhundertwende haben sie während der Weinlese eine große Rolle gespielt. Alle Freunde und Anverwandten waren zu solchen festlichen Anlässen eingeladen, und manchem Weinbergbesitzer hat das mehr gekostet, als der Ertrag des Weinbergs ihm einbrachte.

Trotz vieler vorhandener Keltern haben die Stuttgarter Weingärtner ihre Herbstgeschäfte am liebsten am Charlottenplatz verrichtet: die Trauben wurden barfuß in die mächtigen Butten eingestampft, der Wein gekeltert und die Trester in den Boden eingegraben. Man kann sie angesichts des heutigen Platzes und Verkehrsgartens kaum mehr rekonstruieren, diese kleingehaltene Weingärtnersidylle, auch nicht das Faktum, daß man bei Grabarbeiten in früheren Jahrzehnten dort gelegentlich auf verstampfte und verkohlte Weintrester gestoßen ist. Noch in unserem Jahrhundert gab es im Bohnenviertel Häuser, in denen man sein Eigengewächs ausschenkte.

Es ist überhaupt für heute kaum mehr so recht rekonstruierbar, wieviel Brauchtum mit den Weingärtnern in Stuttgart zuhause war. Fast ahistorisch wirkt der Hinweis, daß einer der letzten »originalen« Repräsentanten der Stuttgarter Weingärtner der 1888 verstorbene Zunftmeister Gottlob Haufler war, ein »Ehren- und Biedermann vom guten alten Stuttgarter Schlag«. Er muß ein zuverlässiger und uneigennütziger, vor allem aber kenntnisreicher und erfahrener Mann gewesen sein: Vorstand der ansehnlichen Weingärtnerzunft, des Güterbesitzervereins und des Leichenkassenvereins, Mitglied des Bürgerausschusses und ehrenamtlicher Städtischer Felduntergänger. Ihm hatte man, das war eine besondere Ehrung, das Wahrzeichen und Kleinod der Stuttgarter Weingärtner, den Urbansbecher, anvertraut. Und bei ihm wurde die reichbestickte Urbansfahne von weißer Seide und schwarzem Samt aufbewahrt. Ob das nun hartnäckige Schleichwerbung war oder nicht: Haufler ließ es sich nicht nehmen, bei festlichen Anlässen, ehe der Pokal kreiste und ein in Scherz gesprochenes Wort den Trunk süffiger machte, den Leuten rasch zu erklären, wer Urban war und in welcher Beziehung er zu Stuttgart stehe, daß Stuttgart mit Reben bestockt zwischen rebenumgrenzten Höhen liege und seinen Namen, wie der des Stöckach, auf Stockgarten zurückführe. Und dann ließ Haufler seine Worte ausklingen in den Spruch des hohen Zunftgönners, des Hofrat Sick:

»Allen Guten, die dich bauen,
Und auf ihren Gott vertrauen,
Schenken wir den Becher ein.«

Der fünfundzwanzigste Mai, der »Schnittlingsfeiertag« oder Urbanstag, der ein gemeinsames Festmahl mit Umtrunk im Oberen Museum oder im Hotel Marquardt brachte, war allemal eine erhebende Feier: ein Symposion von Fachleuten, die das Cannstatter Zuckerle, den Neuffener Täleswein oder ein Stettener Brotwasser leicht voneinander schieden. Manch einer in dieser Runde war dabei, der noch in den siebziger und achtziger Jahren mitten in der Stadt ein politisches Amt innehatte.

Die Stuttgarter Weingärtner sind am Vorabend der Industrialisierung zu einem gesellschaftlichen Ferment ersten Ranges geworden. Sie waren eine Sache für sich. Aber sie sind keine isolierte Gruppe, sondern so etwas wie das gute Gewissen der Stadt und ein heimliches Vorbild für viele. Man hat seinen Weinberg, und man empfindet das nicht als öde Last, sondern eher, wenigstens in der Gründerzeit, als erstklassiges Gesellschaftsspiel. Wenn andere, mit der schon von weitem erkennbaren Gebärde der Neureichen, in die Ferien fahren, bleibt man erst recht zu Hause. »Ihr habt ja den Weinberg.« Das Seßhafte, das Patriarchalisch-Konservative hat Stuttgart von seinen Weingärtnern. Man steht mit der Familie im Schloß fast auf Du. Als das vierjährige Prinzeßlein auf dem Spaziergang seiner Gouvernante nicht folgen will, hebt der alte Widmann, einer von den Weingärtner-Originalen, den Finger: »Jungferle, Jungferle, wenn Sie nicht brav ist, steck' ich Sie in meinen Butten«, was den königlichen Vater, mit Karl Gerok zu reden, »nachher höchlichst ergötzt haben soll«. Einmal, ein einziges Mal während des »tollen Jahrs« 1848 verraten sich auch in Stuttgart, am 10. und 11. April, Anzeichen von Terrorismus und Tumultversuchen. Während der »bei weitem größere Teil der hiesigen Bürgerschaft« im Sinne der Frankfurter Majorität »die Freiheit und die konstitutionelle Monarchie« geschützt sehen will, wollen wenige, »größtenteils unbeschäftigte Gesellen und junge Brausköpfe«, die Republik. Man scheint vor Aufruhr, vor einem Sturm zu stehen. Aber da kommen »die 700 Mann stark aufmarschierten Weingärtner aus der Vorstadt«, erbittert darüber, daß sie nun »schon zwei Abende patrouillieren mußten, hieben mit den langen Stöcken, welche sie als Waffe trugen, so tüchtig auf die Tumultuanten ein, daß diese eiligst die Flucht ergriffen.« Damit hat die Republik ihr Ende. Die Abstrakta der Ideologien liegen den rauhen Wengerts-Händen weniger. »Gerade die Weingärtner, auf welche, als den ärmsten Teil der hiesigen Bevölkerung, die Republikaner am meisten gezählt hatten, haben am kräftigsten dazu beigetragen, daß der ganze Tumult so unblutig unterdrückt wurde.«

Die andere Gruppe, die der Bürgerstadt Stuttgart zum Sieg verhalf, ist die Ehrbarkeit. Zunächst waren es Persönlichkeiten. Stuttgarter haben über die Landschaft und den Landtag vom Ausgang des Mittelalters bis in die Gegenwart hinein eine führende Rolle gespielt. Man denkt da fürs erste an den 1532 verstorbenen Stuttgarter Bürgermeister Sebastian Welling, der von 1498 bis 1503 Mitglied der ständischen Regentschaft und während der österreichischen Zeit unangefochtener Führer der Landschaft war. Gelegentlich der Niederwerfung des armen Konrad im Jahre 1514 fungierte Welling neben Burkhard Fürderer, der ab 1519 auch Stuttgarter Vogt war, neben den Tübingern Konrad Breuning und Kilian Feßler als Sprecher der Stuttgarter Ehrbarkeit. Welling war einer der profiliertesten Köpfe seiner Generation. Als der Landtag 1522 die beiden Ausschüsse neu zu besetzen hat, macht er Sebastian Welling zum Beigeordneten dieser Ausschüsse, den erfahrenen, überlegenen Praktiker, »den sie jederzeit in der landschaft gescheften zu ihnen ziehen mögen, so oft das die notturft erfordert«. Die Funktion, die Welling da als erster bekleidete, war etwas Neues. Sie dürfte dem entsprochen haben, was man späterhin Landschaftskonsulent nannte.

Mit Welling kommt Farbe und Spannung in die Stuttgarter Stadtgeschichte wie in die württembergische Landesgeschichte. Gegenüber der späteren, in seltsam spartanischem Arbeitsethos gefangenen Ehrbarkeit der Pietisten- und Aufklärungszeit wirkt er, der Wortführer der Österreichischen und Beschützer der Katholiken, wie der Mann von einem anderen Planeten. Es ist kein Zufall, daß er auf seinen vielen politischen Missionen durch Oberdeutschland auch bei dem Augsburger Stadtsyndikus Conrad Peutinger eingekehrt ist. Wer Wellings 1530 von Martin Schaffner aus Ulm gemaltes Epitaph kennt – heute in der Hamburger Kunsthalle –, das eine im Gebet versammelte Familie präsentiert, wer berücksichtigt, daß Sebastian über seinen Großvater, den Bürgermeister Wilhelm von Dagersheim, der ein Urenkel Graf Eberhards IV. des Jüngeren war, sieht deutliche Vergleichsmöglichkeiten zwischen den beiden Stadtdiplomaten. Was die politische Kraft anlangt, war Welling, Württembergs »Regent und Diener«, gewiß der Größere. Peutinger wirkt, nicht nur in den großen religiösen Entscheidungen, sondern auch in der Arbeit an seinem Kaiserbuch, eher wie ein Mann der verschwommenen Halbheit. Gleichviel: die Einflüsse der Renaissance sind in beiden Fällen mit Händen zu greifen. Mit Welling zeigt sich ein Stuttgart von freierer Geisteshaltung und größerer Lebensnähe, mit tastenden Ansätzen zu einer auch im kommunalen Sinne selbständigeren Lebensart. Gewiß war Welling kein Homo literatus. Aber er war sicher ein Mann von souveränem Auftreten, mit einem fast massigen Kopf und schwerer, stattlicher Würde, mit Zügen herrischer Prägung, nicht ohne einen Beisatz von Genießertum, von unverhohlener Freude an heiterer und vielleicht auch derber Geselligkeit. Man fühlt sich da erinnert an den Stuttgarter Bürgermeister Jeronimus Welling, der vor der gesamten, als Pate versammelten Landesversammlung, am 2. Januar 1554 in der Ritterstube des Stuttgarter Schlosses den künftigen Landesherrn, Christophs Söhnlein, über die Taufe hält. Nur war hier schon der erste Schritt zur protestantischen Ordnung und zu jener altwürttembergischen Eingezogenheit getan. Sebastian hat die Welt zwar in ihren Fugen wanken sehen, aber nicht die letzten Konsequenzen zu ziehen gehabt.

Die Reihe der Stuttgarter, die im Landtag und damit in den politischen Dingen des ganzen Landes ein gewichtiges, oft entscheidendes Wort reden, tritt gerade in den Krisenzeiten der Grafschaft, in den achtziger und neunziger Jahren des 15. Jahrhunderts, in den Vordergrund. In den Gefechten zwischen den beiden Eberharden hat Ludwig Vergenhans, der Kanzler Eberhards im Bart, auf dem Heilbronner Tag 1484 als Sprecher der Landstände und als Interpret der gegebenen Rechtsstandpunkte eine historische Rolle gespielt. Vergenhans, als der »valsche doctor«, als der Verhetzer von Prälaten, Ritterschaft und Landschaft vom jüngeren Eberhard schonungslos angegriffen, hat sicher die wesentliche Beisteuer zum Sturz Eberhards II. geliefert. Er war es denn auch, der Maximilian aufs liebenswürdigste den kleinen Ulrich als Nachfolger empfahl. Vergenhans, Bruder des Tübinger Universitätskanzlers, ist 1512 in Stuttgart als Stiftspropst gestorben. Die Grabplatte mit dem breitgeschnittenen, ungemein überlegenen und den irdischen Händeln schon fast entrückten Gesicht dieses Mannes, gerade in der Sparsamkeit ihrer künstlerischen Mittel eine prachtvolle Arbeit, sieht man heute noch in der Stuttgarter Stiftskirche.

Wie immer in der kommunalen Politik, damals und heute, sitzen Sippen und Clans am Hebel der Macht: das wird auch auf dem Hintergrund der allmählichen kommunalpolitischen Emanzipation Stuttgarts deutlich. Die Welling haben vor und nach 1500 Bürgermeister, Richter und Ratsherren in Stuttgart gestellt. Daß in Sebastians Haus am Marktplatz anläßlich Herzog Ulrichs pompöser Hochzeit mit der bayerischen Herzogstochter Sabina der bayerische Herzog wohnte, ist eine kleine Illustration zur Würde dieses Stuttgarter Bürgermeisters: »Gastgeber und Gast waren für damalige Begriffe nahe verwandt« (H. Decker-Hauff). Auch die Gaisberger, mit Gmünder Patriziersippen verflochten, gehören in diese Gruppe. Der Stuttgarter Vogt Hans Gaisberger hat schon mit Vergenhans und Welling zusammen an Eberhards Sturz mitgewirkt. In den Tagen des Armen Konzen hat er die Verhandlungen mit den Remstälern geführt, der Sprecher der Ehrbarkeit, das heißt des Staates und der mit seinem Schicksal verbundenen Hauptstadt: es wirkt wie eine ironische Anmerkung der Geschichte, daß sich am Ende des blutigen Aufruhrs auf der Gerichtsstätte zwei Gaisberger gegenüber standen, der eine als Stuttgarter, der andere als Schorndorfer Vogt, der eine im Namen des Herzogs, der andere als Anwalt der Revolutionäre. Ulrich Winzelhäuser, Spitalpfleger in Stuttgart, hat zwei Jahre später, im Jahre 1516, die Verhandlungen für die Landschaft mit den herzoglichen Räten geführt. Er ist 1521, als die landschaftliche Steuerkasse neu organisiert wird, vor dem Tübinger und Uracher Vertreter der erste Kammermeister, einer der maßgeblichen Rechnungsbeamten. Die Winzelhäuser zählen zu den reichsten und vornehmsten Geschlechtern der »großen« Ehrbarkeit. Ein Paulinus Winzelhäuser war Stuttgarter Vogt: auch hier wird zugleich Familienherrschaft praktiziert.

Man kann die für den ganzen Staatskörper stellvertretende Funktion dieser Stuttgarter Männer, hier nur auszugsweise dokumentiert, kaum überschätzen. Die Landstände haben, wenn man die Dinge über Generationen hin betrachtet, das politische, das staatsrechtliche Terrain Württembergs in sehr wesentlichem Maße mitgestaltet. Selbst die Rückschläge haben dabei Stuttgarts Dominanz zur Schau gestellt, die Hinrichtung Breunings oder Vautts auf dem Stuttgarter Marktplatz, von der wir sprachen: sie verrät die zentrale, die symbolische Bedeutung des Orts für das ganze Land, auch wenn die politische Rechnung hier mit einem unverständlich negativen Vorzeichen versehen ist. Aber warum sollte Ulrich die beiden nicht dort enthaupten und vierteilen lassen, wo die Opposition gegen seine Person – die angebliche – ihren eigentlichen Sitz hatte, in Stuttgart? Übrigens ist im Zusammenhang mit dieser blutigen Abrechnung auch der Stuttgarter Bürgermeister Hans Stickel verhaftet worden. Der Kelch, daß auch über ihn im Herrenhaus am Stuttgarter Marktplatz das Todesurteil gesprochen werde, ist vorübergegangen. Er hat noch später der Landschaft wertvolle Dienste geleistet.

Es scheint gar nicht mehr anders möglich, als in den Stuttgartern mit die wichtigsten Männer der württembergischen Landschaft zu sehen. Neben Kilian Feßler aus Tübingen ist es der Stuttgarter Vogt Lorenz Ackermann, Mitglied einer nicht unvermögenden Stuttgarter Ratsherrenfamilie, der in Innsbruck 1525 Zeuge des Tiroler Landtags ist, auf dem die Bauern und die kirchliche Reform so sehr an Boden gewinnen. Und es ist der Stuttgarter Bürgermeister Amstetter, Mitglied des kleinen Landschaftsausschusses, der 1578 zusammen mit dem Landschaftseinnehmer Sebastian Tretsch, »zue füerung der landschaft paws« bestimmt wird. Man mag darin eine aus lokalen Gründen naheliegende organisatorische Lösung sehen. Aber am Ende des Reformationsjahrhunderts ist es wieder ein Stuttgarter Bürgermeister, der Weinhändler Christoph Mayer, der als Mitglied des kleinen Ausschusses bis zum Landtag von 1607 unter den weltlichen Abgeordneten die Führung innehat. Neben dem großen Prälaten Eberhard Bidembach und dem Prälaten Johann Stecher von Bebenhausen ist es

Mayer, der die Mehrheit des Landtags gegen den Herzog anführt und sich als Meister auch in den detailliertesten Fachfragen bewährt. Mayer ist so vermögend und so unabhängig, daß Herzog Johann Friedrich ihn einmal als »reichen Weinjuden« apostrophiert. Er kann so unnachgiebig sein, daß er »Säuberungen« zum Opfer fällt und – wieder in Ehren eingesetzt wird. Auch der Stuttgarter Bürgermeister Christoph Keller, »bei den studiis herkommen und wohl gerayßt«, Mitglied des kleinen Ausschusses seit 1620, steht von 1625 an, in einer sonst nicht gerade von Glanzpunkten gezeichneten Landtagsgeschichte, an der vordersten Front. Am Ende des 17. Jahrhunderts ist es unter den weltlichen Abgeordneten wieder der Stuttgarter Bürgermeister Johann Wilhelm Schwarz, der als unbestrittener Sprecher der weltlichen Landtagsabgeordneten gelten darf. Als Herzog Wilhelm Ludwig am 24. Juni 1677 unerwartet stirbt, ist es Schwarz, als einflußreichster Mann der Landschaft, der den dreiundsechzigjährigen Neuenstädter Herzog Friedrich in persönlicher Aussprache für die Kandidatur zu gewinnen sucht. Ein Stuttgarter Bürgermeister als »Königsmacher« – der Sieg durch die Hintertüre könnte sich nicht besser ankündigen. Schwarz, im buchstäblichen Sinne Kind des Dreißigjährigen Krieges und seit der Nördlinger Schlacht von 1634 in Schreibersdiensten bei den Kaiserlichen, kommt 1638 nach der Rückkehr Herzog Eberhards nach Stuttgart, wird hier 1645 Bürgermeister und vier Jahre später Mitglied des Kleinen Landschaftsausschusses. »Dort erwarb sich Schwarz im Lauf der Jahre höchstes Ansehen; wie einst in dem Prälaten Eberhard Bidembach, so sah man jetzt in ihm ›gleichsam ein Lagerbuch‹ der Landschaft. Von den kleineren Landständen, die seit 1662 in Plenarversammlungen sich durch andere Landtagsmitglieder vertreten ließen, übertrug ihm eine zunehmende Zahl ihre Vollmacht. Zuweilen verfügte Schwarz beim Landtag über ein Dutzend Stimmen, er vereinigte damit auf sich mehr als achtzehn Prozent aller weltlichen, fünfzehn Prozent aller Landtagsstimmen überhaupt. Nimmt man hinzu, daß in der Regel mindestens die gleiche Anzahl von Vollmachten auf den kleinen Ausschuß oder dessen andere Mitglieder ausgestellt wurde, so sieht man den Ausschuß bei den schwach besuchten Landtagen dieses Zeitalters im sicheren Besitz eines Drittels aller Stimmen« (W. Grube).

Sicher hatte der Stuttgarter Bürgermeister, einzig am Sitz der Landschaftskanzlei ständig anwesendes Mitglied des kleinen Ausschusses, auf den täglichen Gang der Landtagsgeschäfte einen großen Einfluß: der Regensburger Abgeordnete, oft genug Sprecher für die Städte am Immerwährenden Reichstag in Regensburg, hatte die gleiche Gunst, und in ähnlichen Gremien beobachten wir das bis zum heutigen Tage. Im Normalfall war ja im größten Teil des Jahres eine der landständischen Körperschaften in Stuttgart versammelt. Damit hatte der jeweilige Stuttgarter Vertreter von vornherein ein Übergewicht. Aber man darf die Dinge hier nicht allzusehr im Technisch-Organisatorischen begründet sehen. Eine Gestalt wie der Stuttgarter Bürgermeister Johann Daniel Hoffmann war in den dreißiger Jahren des 18. Jahrhunderts nicht deshalb unter den Häuptern der altständischen Partei, weil er am Ort saß, sondern weil er augenscheinlich eine Persönlichkeit von politischem Fingerspitzengefühl und bemerkenswerter Geradheit war. Und der Stuttgarter Bürgermeister Heinrich Immanuel Klüpfel war um 1800, als man sich die letzten Gefechte um das alte Recht lieferte, eine Erscheinung, die hüben und drüben Hochachtung zu genießen schien. Klüpfel war denn auch neben dem Präsidenten Hohenlohe derjenige, den die Landtagsmitglieder am Morgen des 26. Juli 1815 im feierlichen Zuge von seiner Wohnung abholten und ins Ständehaus führten, wo man noch einmal das Festhalten an der alten Verfassung bekundete. Am selben Abend brachte ein halbes Tausend Stuttgarter dem Landtag eine Huldigung mit Musik und Hochrufen dar und ließ die Landtagsmitglieder von Waldeck, Klüpfel und Bolley als Repräsentanten der alten Verfassung, als Garanten des alten, guten Rechts hochleben. Es gibt wohl kaum einen Augenblick, in dem die Identität zwischen Stadt, Stadtvorstand und dem politischen Schicksal des Landes sichtbarer war als an diesem Tag.

Natürlich hat das 19. Jahrhundert diese Personalunion von Bürgermeister und Landtagsabgeordneter nicht mehr so ohne weiteres möglich gemacht, nicht nur, weil die Verfassungssituation anders aussah als die Generationen zuvor und man auf die altständischen Bindungen an Magistrate und Amtsversammlungen verzichtete: auch die Aufgaben des nunmehrigen Stadtvorstandes waren differenzierter und komplexer geworden. Jetzt waren es eher die Stuttgarter Rechtsanwälte, die im Stuttgarter Landtag führend waren, Männer wie Ludwig Griesinger, Repräsentant des Stuttgarter Amts und ein weithin bekannter Anwalt, der neben Cotta der Führer der für Wangenheims Vermittlungspolitik eintretenden Gruppe war, der Stuttgarter Anwalt Jakob Friedrich Weishaar, der als Repräsentant der Stadt Stuttgart im Juli 1819 zum Vizepräsidenten der verfassungsgebenden Ständeversammlung gewählt wurde, einer derjenigen, der unter den Diskussionen und Debatten immer wieder zur Eile riet und unter den Volksabgeordneten unbestritten an erster Stelle stand. Als der Verfassungskompromiß von 1819 zustande kam, war das sicher in erster Linie sein Verdienst. Jetzt brachte es die Organisation der Verfassung und der neuen Volksvertretung auch mit sich, daß der eine oder andere Volksrepräsentant zwar Stuttgarter war oder in Stuttgart wohnte, aber »von draußen« in den Stuttgarter Landtag geschickt wurde. Zu ihnen gehört der Stuttgarter Kriegsrat Friedrich Römer, Schwiegersohn Albert Schotts, den man im Oberamt Geislingen wählte, auch Wolfgang Menzel, der in Schlesien geboren, aber in und mit Stuttgart auch zu einer politischen Figur geworden war. Anders Gustav Duvernoy: er ist geborener Stuttgarter, war Innenminister im Märzministerium des Jahres 1848 und nahm sich im Stuttgarter Landtag schon der frühen vierziger Jahre der gesamtdeutschen Fragen an.

Ob in der zweiten Hälfte des 19. Jahrhunderts und in den ersten Jahrzehnten des zwanzigsten Stuttgart eine größere oder geringere politische Rolle für das Land spielte als zu Zeiten der Landstände, wird man schwerlich entscheiden wollen: in Stuttgart trug man die politischen Kämpfe aus und hier stellte man die Weichen, in der Zeit des heftig angegangenen absolutistischen Fürstenstaates ebenso wie in den Jahrzehnten der parlamentarischen Demokratie. Immer mehr gewöhnte man sich daran, in den Oberämtern des Landes bewährte Stuttgarter Politiker zu wählen. Ende 1858 wurde der liberale Stuttgarter Rechtskonsulent Wilhelm Murschel, den man im Oberamt Rottweil zum Abgeordneten gewählt hatte, Präsident der zweiten Kammer. Die politisch bedeutsame Anerkennung der Frankfurter Verfassung vom 28. März 1849 durch den König leitete der Antrag des Stuttgarter Stadtdirektors Adolf Seeger ein, des Abgeordneten des Oberamts Neuenbürg. Die Zwillingsbrüder Conrad und Friedrich Haußmann, gebürtige Stuttgarter, der eine 1889 in Balingen gewählt, der andere seit 1891 Landtagsmitglied durch eine Nachwahl für Gerabronn, wurden mit der Jahrhundertwende zum Symbol der volksparteilichen Demokratie. Auch die Stuttgarter Rechtsanwälte Heinrich Kraut und Friedrich Payer gehören in diese Phalanx. Kraut war, von 1912 bis 1918 auch Präsident des Landtags, der Führer der württembergischen Konservativen, Payer, bis 1912 Landtagspräsident, zugleich Reichstagsabgeordneter und schließlich demokratischer Fraktionsführer in der Weimarer Nationalversammlung, war ein Mann, der die Vorrangigkeit Stuttgarts in politischem Sinne auf nie bestrittene Art bekundet hat.

Aber nicht nur die Persönlichkeiten, die Stuttgarter waren mit der landständischen und demokratischen Politik des Landes aufs engste verbunden, auch Stuttgart selbst wurde es, als Stadt und als Stadtgemeinde. Der erste Landtag von Württemberg ist in Stuttgart ein Vierteljahr vor dem ersten, urkundlich sicher belegbaren Auftreten der Landschaft von Württemberg-Urach zusammengetreten. Diese erste gemeinsame Tagung von Ritterschaft und Landschaft in Württemberg-Stuttgart, der »älteste württembergische ›Landtag‹, von dem wir wissen« (W. Grube), ist auf den Juli 1457 datiert worden, als Tagungsstätte ist Stuttgart angenommen worden. Unzweifelhaft ist jedenfalls, daß die Vokabel »Landschaft« 1457 zum ersten Mal in einem amtlichen Schriftstück der Stuttgarter Kanzlei auftaucht. Grob gesagt, beginnt damit die spezifisch württembergische Geschichte, die bis zum beginnenden 19. Jahrhundert geprägt ist vom Dualismus der beiden Gruppen, des Herzogs auf der einen und der Landschaft auf der anderen Seite.

Stuttgart spielt in diesem politischen, durch Staatsverträge allmählich fixierten Leben eine immer wichtigere Rolle. Bis man in den Jahren 1580–82 in Stuttgart an den Bau des sogenannten steinernen Landschaftshauses gehen konnte, hat man die Landtage – wie in den großen Städten draußen die Reichstage – in den Rathäusern der Tagungsstadt abgehalten. Das Stuttgarter Rathaus hätte als Tagungsort der württembergischen Landschaft bald eine permanente Funktion übernommen, um so mehr, als die Landschaft bald nach dem Tübinger Vertrag für ihre Kanzlei und ihre Registratur im Stuttgarter Rathaus eine Stube gemietet hatte. Erst als nach dem Tode des Landschaftsadvokaten Caspar Beer der kleine Landtagsausschuß im Jahre 1558 zu seinem Nachfolger den herzoglichen Rat Magister Caspar Wild wählte, meinte man, der immer größer werdenden Organisation auch eine eigene Behausung geben zu müssen, zumal »in andern fürstentumben die landschaft aigne heuser haben«. Man quittiert also das im Stuttgarter Rathaus gemietete Zimmer und kauft mit Genehmigung des Herzogs Christoph im August 1564 das Haus des herzoglichen Kammersekretärs Franz Kurz. Da aber das Plenum des Landtages hier nicht zusammenkommen konnte, wurden seit 1578 im Landtagsausschuß immer wieder Baupläne diskutiert. Die Vollversammlung des Landtages will sich sehen können, sie empfindet das als eine unabdingbare Notwendigkeit. Schließlich wird Amstetter und Tretsch die Bauführung übertragen. 1580 beginnt man mit dem Bau; der Herzog steuert unentgeltlich Holz bei. 1581 ist der Rohbau fertig, im folgenden Jahr kann das neue »steinerne« Landschaftshaus (später Kronprinzstraße 6), das die Landschaftseinnehmerei und den Landtag beherbergte, bezogen werden. In der Zeit Herzog Carl Eugens standen in Stuttgart drei Landschaftsgebäude nebeneinander: das eben genannte steinerne Landschaftshaus, daneben das ehemalige Kurzsche Haus, das im Dreißigjährigen Krieg ausbrannte und wieder aufgebaut wurde, und als drittes der im 18. Jahrhundert erbaute Lange oder Neue Bau.

Der Ecke Kronprinz- und Lindenstraße stehende Renaissancebau des alten Landschaftshauses, mit seinen Fresken, seinem reizvollen Eingangsportal, seinen unverwechselbaren Giebelformen, denen wir im Lande erstmals hier an diesem Gebäude begegnen, war mehr als eine städtebauliche Zierde Stuttgarts: der Bau hatte eine zentrale politische Funktion. Er war das Sinnbild einer Politik, die in diesem Territorium auch von einem Corpus mitverantwortet werden wollte, das, mit Johann Jakob Moser zu reden, »kraft der Landfreiheiten und Herkommens von dem Landesherrn in gewissen Landesangelegenheiten um ihren Rath oder auch Bewilligung angesprochen werden muß, auch sonst mancherley des Landes Wohlfahrth betreffende Sachen zu dirigiren, zu veranstalten oder doch dabey etwas zu sagen hat«. Die historische Besonderheit der württembergischen Landstände lag darin, daß dieser 1769 konzipierte Satz für sie nicht nur die

MÖBEL

19 Das spätmittelalterliche Stuttgarter Bürgerhaus verwendete sein Erdgeschoß zu Gewerbezwecken; die Wohnung befand sich in den vorgekragten, ursprünglich mit Fachwerk verschönten Obergeschossen: Turmstraße und Rathausturm in den zwanziger Jahren

20 Die Schulstraße mit Blick auf den Marktplatz. Hauptschmuck dieses Häuserensembles ist die kollektiv gehandhabte, durchgängige Auskragung. Das Haus mit dem runden Schild die Weinwirtschaft »Zur Schule«

17 (umseitig oben) Die Pfarrgasse mit Blick auf den Chorabschluß der Leonhardskirche und den Turm des zweiten Stuttgarter Rathauses: Bohnenviertel-Idylle, wie sie sich bis in die zwanziger Jahre hinein erhalten hat

18 (umseitig unten) Die Hauptstätterstraße, das Hauptquartier der Fuhrleute, um die Jahrhundertwende

Formel eines Staatsrechtslehrers, sondern bare politische Realität war. Sie teilen ihren Kampf gegen den spätbarocken Staatsabsolutismus eines Carl Eugen allenfalls mit gleichzeitigen Aktionen der Stände in Sachsen, Hannover oder Mecklenburg. Als das 19. Jahrhundert dann neue Landstände gebracht hatte, die nicht mehr Vertreter des Landes aus eigenem Recht, sondern Mandatare der »Gesamtmasse des Volkes« waren, zog der Stuttgarter Halbmondsaal die ersten politischen Köpfe wiederum des ganzen Landes zusammen: in der Runde sprühte es manchmal von Geist und Leben. Man muß einmal im Lebensbericht eines so überlegenen und engagierten Politikers wie dem Wilhelm Keils nachlesen, welche Ausstrahlungskraft dieses Gebäude gehabt hat, nicht nur für den langjährigen Benjamin des Landtags, sondern auch für den zwischen mancherlei Provisorien von 1921 bis 1923 arbeitenden Ernährungs- und Wirtschaftsminister Keil. Gerade in diesen offiziell erstmaligen Anläufen zu einer parlamentarischen Demokratie war der Stuttgarter »Landtag« ein Gehäuse bester Traditionen. Nicht im Schloß und nicht irgendwo auf der Straße: hier im »Landtag« ist 1918 die württembergische Republik entstanden. Im Grunde war das Haus eine Gegenresidenz, mit allen Nachteilen, die genossenschaftliche Absprache gegenüber den augenblicklichen Entscheidungen der Potentaten immer hinzunehmen hat. Noch der Verfassungsentwurf von 1815 bestimmt für die Mitglieder des Ständeausschusses, sich ganz dem Dienste des Vaterlandes hinzugeben und in Stuttgart zu wohnen – diese Symbiose konnte, ja sollte gar nicht getrennt werden.

Auch in brauchtümlicher Hinsicht brachten die Stände eigene Farbe und Note in die Atmosphäre Stuttgarts, hier eine Rolle demonstrierend, mit der ein Zuwachs »von oben« erfolgte, den die Weingärtner – mit anderer Herkunft und anderem Effekt – »von unten« her besorgten. Mochten die Zeiten, die Charaktere der Herzöge, die Chancen der Landschaft auch wechseln: das Protokoll der oft schwer erkämpften Landtagseröffnung wurde über die Generationen hinübergerettet wie die alte Schwörtagszeremonie in den benachbarten Reichsstädten. Ausnahmsweise und ein einziges Mal wurde namens des Staates nicht höfische »Invention« zelebriert, sondern eine wenigstens zur Hälfte auch bürgerliche Sache. Die Sitzungsperiode läutet am frühen Morgen die Stuttgarter Rathausglocke ein. Die Prälaten und die Landschaft kommen im Landschaftshaus zusammen. Dort werden sie namens des kleinen Ausschusses begrüßt. Manchmal glaubt man, bei dieser Gelegenheit die Herren Abgeordneten daran erinnern zu sollen, daß bei der Hoftafel »in conspectu deß Landsfürsten und anderer herren sich keiner mit dem trunk übereilen lassen, sondern ein jeder aller discretion und bescheidenheit befleißigen wolte«. In wohlgefügter Ordnung, festgehalten auf einem »Lokationszettel«, zieht die Prozession, »erbarlich und in Mänteln«, zum Schloß. Auch dort will gut Ding seine Weile haben. Erst muß der Fourier dem Herzog die im »Reitschnecken« des Schlosses wartende Versammlung melden. Dann begibt sich der Herzog aus seinem Gemach in die Ritterstube, reicht dort den Prälaten und Abgeordneten unter Assistenz seiner Geheimen Räte die Hand. Jetzt wird die »Proposition« vorgetragen, die Regierungserklärung, die der rangälteste Prälat auch schriftlich bekommt. Nach einer kurzen Antwort des Landschaftskonsulenten und nach Händeschütteln zieht der Zug in die Schloßkirche. Dort benützt der Hofprediger, assistiert von »trefflicher music«, die Gelegenheit, die brisante politische Atmosphäre mit einer Predigt zu illustrieren, zu unterstreichen, im vornherein zu korrigieren, wie das der Mut und die Fähigkeit des einzelnen Gottesmannes erlauben. Erst dann ruft das dreimalige Zeichen der Heerpauke zur Hoftafel in die Ritterstube, wo man, nach überlegter Sitzordnung und von Musici treulich unterhalten, munter tafelt und trinkt, wenn die Politik mitmacht, bis spät in die Nacht hinein.

Seltsam genug, daß die entscheidenden Schritte im Geschichtsprozeß des württembergischen Staates nicht in Stuttgart vollzogen worden sind. Es ist wie eine Ironie der Geschichte, daß man die drei wichtigsten Staatsverträge in Münsingen, in Tübingen und in Ludwigsburg abgeschlossen hat. Zwar gibt es einen Stuttgarter Vertrag vom 22. April 1485, in dem Eberhard d. Jüngere auf die Mitregierung verzichtete und dafür durch etliche Städte und Ämter abgefunden wurde. Aber an seinen Vorberatungen war die Landschaft nicht mitbeteiligt, und wenn es auch wohl das erste Mal war, daß sich ein Graf der Württemberger in seiner Herrschaftsausübung vertraglich binden ließ, so hat dieses Schriftstück längst nicht die Bedeutung der drei folgenden. Im Münsinger Vertrag vom 14. Dezember 1482 ist Württemberg, wie wir wissen, nach einundvierzigjähriger Trennung wieder geeinigt worden: erst damit ist das Fundament für den Flächen- und Territorialstaat Württemberg gelegt. Daß dieser Vertrag nicht in Stuttgart abgeschlossen und der Landtag nicht dorthin einberufen worden ist, hat man wohl zu Recht damit erklärt, daß damals Stuttgart und überhaupt das Unterland von einer schweren Seuche heimgesucht wurden. Auch der Tübinger Vertrag hätte eigentlich in Stuttgart unterzeichnet werden müssen. Aber kurz zuvor entschließt sich Herzog Ulrich, den Landtag nach Tübingen einzuberufen: er durchkreuzt damit die Hoffnungen der Landschaft auf Unterstützung durch die radikalen Elemente, er trennt vor allem den Landtag vom »Armen Konzen«, von den Bauern, die gleichfalls nach Stuttgart einberufen worden waren. So sprach man also vier Jahrhunderte lang vom Tübinger Vertrag.

Als im Frühjahr 1819 nach jahrelangen Bemühungen und Mißerfolgen die erste kodifizierte Verfassung für Württemberg nahe vor dem Abschluß war, will es der Zufall, daß die seit 1806 beschlagnahmten Stuttgarter Landschaftsgebäude im Umbau und noch nicht fertig sind. Für König Wilhelm kam dieser Augenblick gerade recht: man konnte die neue Verfassung in der Beamten- und Offiziersstadt Ludwigsburg verabschieden und brauchte regierungsfeindliche Demonstrationen in Stuttgart gar nicht erst zu befürchten. Seit Oktober 1552 war kein einziger Landtag mehr außerhalb der Landeshauptstadt abgehalten worden. Ausgerechnet jetzt, als Württemberg seine erste Verfassung erhalten sollte, am 25. September 1819, versammelten sich die Stände im Ordenssaal des Ludwigsburger Schlosses. Genau ein Jahrhundert später, am Nachmittag des 25. Septembers 1919, arrangiert der Landtagspräsident Wilhelm Keil, wie er selbst schreibt, »einen Ausflug der Landesversammlung nach Ludwigsburg«, nachdem am Vormittag die Verfassung zum Abschluß gebracht worden war. »Durch einen Festakt wollte ich hier die historischen Zusammenhänge aufzeigen.« Die absolutistische Fürstengründung Ludwigsburg hat mit den württembergischen Verfassungen gar nichts zu tun.

Man mag darin Zufälle sehen. Aber die herausragenden Höhepunkte der politischen Geschichte hat man außerhalb Stuttgarts gefeiert. Die politische Tagesarbeit ist in Stuttgart geleistet worden. Es gibt eine Reihe markanter Beispiele dafür, daß Stuttgart und seine Bevölkerung an diesem Regierungs- und Formungsprozeß unmittelbar beteiligt gewesen sind. Bezeichnend, wie Eberhard der Jüngere, der Konkurrent Eberhards im Bart, 1483 vor einer Abreise noch die Bürger und Bürgerinnen von Stuttgart zusammenrufen will, angeblich nur deshalb, um sich von ihnen verabschieden zu können. Wer die Stuttgarter hat, hat auch die Grafschaft. Noch bezeichnender, daß Eberhard im Bart die Volksversammlung kurzerhand absagt. Ulrich hat 1516 den Versuch seines Oheims wahrgemacht: er hat seine Sache dem Stuttgarter Volk vorgelegt. Es ging um die schwerwiegende Frage, ob man die Forderungen des Kaisers, einen sechsjährigen herzoglichen Regierungsverzicht und ein zehnköpfiges Regierungskollegium, annehmen solle oder nicht. Ulrich muß sich seiner Sache und seiner Stuttgarter sicher gewesen sein, als er vor die versammelte Gemeinde trat und den Brief Maximilians an ihn vorlesen ließ. Anschließend stellt er die Frage, ob er das annehmen solle oder nicht. Die Stadt entscheidet wie zu erwarten: die Mehrheit plädiert für Ablehnung.

Das Zusammen von Residenz, Hof und Landschaft hat die Stadt bis zum Ende des Herzogtums, über alle Generationen hinweg, als ihr besonderes Vorrecht, vor allem aber: als ihre ganz besondere Chance angesehen. Als der Dritte im Bunde konnte sie dabei nur gewinnen. Sie hat gewonnen, wenn auch auf eine lautlose und kaum ganz zu registrierende Weise. Im Angesicht der immer näherrückenden Franzosen hatte Herzog Friedrich im April 1800 die Landschaft in die Rolle eines Jasagers zurückgedrängt. Angesichts des französischen Vormarsches hatte die Landschaft beschlossen, in der Nacht vom 11. zum 12. Mai einen Teil ihrer Gelder nach Weiltingen in Sicherheit zu bringen. Die nötigen Wagen waren bestellt. Als sich diese Nachricht in der Stadt verbreitete, zogen Hunderte von Bürgern vor das Landschaftshaus, um den Abtransport zu verhindern. Wie der Stadtoberamtmann, der Regierungsrat Christian Heinrich Günzler in einem Bericht vom 12. Mai mitteilte, war die Menge fest davon überzeugt, daß der Herzog selbst hinter diesem Beschluß stehe und das Geld für seine Zwecke verwenden wolle. Die gegenteiligen Versicherungen des Stadtoberamtmannes fruchteten gar nichts. Zum Widerstand entschlossen, gingen die Aufrührer dazu über, »durch Rufen und Läuten an den Glocken einzelner Häuser die gesamte Bürgerschaft aufzufordern, ihnen beizustehen, damit das Geld nicht hinweggebracht werde«. Nun erschien der Herzog selber. Aber nur ein Teil der Leute schenkte ihm Glauben. Der andere Teil schickte seinem Befehl, die Straßen zu räumen, ein trotziges »Nicht nach Hause!« entgegen. Die Kavallerie, die daraufhin gegen die Menge vorrückte, wurde mit einem Steinhagel empfangen. »Feurio!« »Bürger heraus!« »Der Herzog will die Landschaftsgelder wegführen!«. So gellte es durch die nächtlichen Gassen. Am Ende blieb aber doch das Stadtreiterkorps siegreich: seine Mitglieder wurden durch die herzogliche Zusage bestochen, sie und ihre Kinder seien künftig von der Rekrutenauswahl befreit.

Möglich, daß bei diesem lauthalsen Widerstand auch Schwäbisches mit im Spiele war: die Sorge, das Geld könne vergeudet werden oder verloren gehen. Sicher hat die Menge aber auch gespürt, daß es nicht mehr um Querelen zwischen Landesherrn und Landschaft ging, sondern um die Existenz des Staates überhaupt. Nicht umsonst wird der kurfürstliche Versuch im September 1804, die Selbständigkeit der ständischen Kassenverwaltung aufzuheben, zugleich eine Sache der Stadt. Als sich der Landschaftssekretär Friedrich Amandus Stockmayer weigert, dieses Spiel mitzumachen, setzt man ihn im Stuttgarter Rathaus gefangen. »In seinem Auftrag verbarg seine Frau eilig die zur Prüfung ausersehenen Rechnungen im Aktengewölbe der Landschaft und vergrub dessen Schlüssel in ihrem Keller. Sie gab die Tat sogleich zu, verriet jedoch das Versteck nicht. Darauf wurde auch sie im Rathaus eingesperrt, ihr Mann aber zu schärferer Haft nachts auf den Hohenasperg verbracht. Die kurfürstlichen Kommissare gaben sich wochenlang vergebliche Mühe, die Verschwiegenheit des Stockmayerschen Ehepaares zu brechen und die verschwundenen Rechnungen zu finden. Man erbrach die Registraturschränke in der Ratsstube der Landschaft, durchsuchte Stockmayers Arbeitszimmer im Landschaftsgebäude, sein Wohnhaus vom Taubenschlag bis zum Weinkeller, ebenso das der Familie gehörige Schloßgut Großheppach. Die Vorgänge erregten über die Landeshauptstadt hinaus begreifliches Aufsehen. Insbesondere wurde die tapfere, 35jährige Frau Luise Stockmayer, Tochter des Hofgerichtsadvokaten Frommann, Gegenstand der Bewunderung bis hinauf in die Kreise der Geheimen Räte. Während sie, die Haft mit ihrem Säugling teilend, in allen Verhören festblieb, wetteiferten die Stuttgarter Honoratiorenfamilien in wahrhafter Fürsorge für ihre verwaisten fünf älteren Kinder. Die ›patriotische Diebin‹ der Landschaftsrechnungen, so fand man, habe alle Männer Württembergs an Standfestigkeit übertroffen, der Ausschuß solle ihr eine Dankadresse schicken, der nächste Landtag eine Pension aussetzen. Ihr eigener Mann nannte sie in einem aus dem Hohenasperg geschmuggelten Brief eine edle Römerin, und ein junger Theolog wollte gar, daß ihr ein Denkmal errichtet werde. Die Regierung fürchtete Kundgebungen vor ihrem Gefängnis auf dem Marktplatz« (W. Grube).

Das Ende der Landschaft war wiederum eine Stuttgarter Sache, aber alles andere als römisch. Am 30. Dezember 1805 wird die Landschaft einfach liquidiert. »Ein langsam schwankender Zug dunkel gekleideter Männer mit gesenktem Blick«, so will es die Legende, habe sich »in düsterer Abendstunde« an diesem Tag dem Schlosse zu bewegt. In Wirklichkeit hat der Geheime Rat von Ende an diesem Tag vormittags elf Uhr im Landschaftshaus erklärt, mit der Souveränität sei die Anerkennung der beiden Reichsgerichte und damit auch die ständische Repräsentation aufgehoben. Er nahm den landschaftlichen Beamten den Eid ab und versiegelte Akten und Kassen. Ernsthaften Widerstand gab es nirgendwo. »Wir lassen uns ohne Widerstand schlachten und der Willkür preisgeben«, so schließt das Landschaftsmitglied Ludwig Hofacker in einer eigentümlichen Mischung von Selbstironie und Pathos sein Tagebuch. Am 2. Januar 1806 verbietet ein Generalreskript, wohl aus einschlägigen Erfahrungen mit der Landeshauptstadt, »jede Volksversammlungen und darauf gegründete Abordnungen«.

Wer nur auf den Vordergrund dieses sang- und klanglosen Finales sieht, könnte versucht sein, über der damals bald dreihundertjährigen Tradition der württembergischen Landstände ein »Umsonst« zu schreiben. Vom Konstitutionalismus des frühen 19. Jahrhunderts her gesehen, hat Württemberg allerdings kaum andere Verfassungs- und Rechtskonstellationen aufzuweisen wie jene deutschen Bundesstaaten, die Landstände von der Art der württembergischen gar nicht gehabt haben. In der inneren sozialen und geistigen Entwicklung des Landes hat sich jedoch unter dem Titel »Landschaft« eine Macht angesammelt, die das Land, vor allem aber die Stadt Stuttgart am Ausgang des alten Reiches geformt und sie zu einer von Adel und Hof, von den modischen Strömungen gar nicht mehr einnehmbaren Potenz gemacht hat. Es wäre töricht, in den württembergischen Landständen Volksvertreter, gar noch gewählten Charakters sehen zu wollen, deren politische Lebensarbeit dem einfachen Manne galt. Davon, daß im altwürttembergischen Landtag Demokratie praktiziert oder gar initiiert worden wäre, was in Festreden bis zur Stunde feierlichst betont wird, kann keine

Rede sein. Die Dinge sind mit dem Herzog und seinen Räten ausgehandelt, ja ausgefochten worden, gewiß, und in dieser Erfahrung und – auch – genossenschaftlichen Staatspraxis lag ein zweifellos gutes Erbe. Aber es ist, je länger, desto deutlicher, ein Anti-Staat daraus geworden, eine mit dem Hof auch um die politische Macht konkurrierende Oligarchie, die am Ende des 18. Jahrhunderts dann vollends ausartete in die Regie der einzigen Familie Stockmayer. Damals hat das Volk die Landstände und die Ehrbarkeit nicht weniger gefürchtet als zu Herzog Ulrichs Zeiten, ein Zeichen dafür, daß auch ein herrschaftlicher, feudaloider Charakter von Anfang an in diese Machtgruppe gelegt war. Ein Abfall von der angeblich ursprünglichen, »demokratischen« Konzeption, eine Degeneration des irgendwann einmal intakt gewesenen Vorbildes hat denn auch nie stattgefunden. Immer dann, wenn dem konkurrierenden Fürsten Schuld oder Schicksal die Möglichkeiten zur kräftigen Intervention verwehrten – und Württemberg hat zwischen 1600 und 1750 eine selten farblose Herzogenreihe gestellt –: immer dann hat die Landschaft auf die Stunde des Tübinger Vertrags intendiert. Immer dann, wenn eine Persönlichkeit, wenn ein Kopf als Regent gegenüberstand, war man genötigt, wenigstens den status quo zu halten: jede Neuerung hätte die Machtpositionen und die Cliquenherrschaften nur erschüttern können. Moser hat in seiner Amtszeit als Konsulent der württembergischen Stände von 1751 bis 1770 versucht, auf dem Boden des alten »Reichsherkommens« stehend und der traditionell ständefreundlichen Politik Wiens recht zugetan, eine Landesreform durch merkantilistische, wohlfahrtspolizeiliche und verfassungsändernde Maßnahmen möglich zu machen. Durch Rankünen verschiedenster Art zu Fall gebracht, ist der bis dahin unpopuläre, eher als unwirsch und unzugänglich angesehene Landschaftskonsulent mit seiner Haftzeit auf dem Hohentwiel zu einem Volkshelden geworden. Nach seiner Rückkehr wurde er, trotz seines moralischen Triumphes, zerrieben zwischen dem engherzigen Konservatismus der Landschaft und der absolutistischen Landeshoheit des Fürsten. Die ständische Renaissance findet nicht statt. Man bleibt, mit Hegel zu reden, in »der gefahrlosen Ruhe und Nullität, in welche die Institute der vormaligen landständischen Verfassungen sich herabgebracht hatten«. Hegel, Stuttgarts größter Sohn, hat damals eine unbarmherzige Abrechnung mit der landständischen Nebenregierung gehalten, mit dem Klüngel der Prälaten, Gemeindevorsteher und Schreibersleute, die ihre Monopole hüten, aber nichts tun, »um solchen Augias-Stall wegzuschwemmen«. »Das Tote kann aber nicht wieder aufleben.«

Es ist nicht wieder aufgelebt, wenn auch Uhland und seine Leute unaufhörlich vom alten, guten Recht gesungen haben, wahrscheinlich überhörend, daß Hegel nichts anderes als einen Betrug der Führer sah, »wenn sie vom *guten* alten

Rechte sprechen«. Uhland stand doch im Jahre 1849, als die Frankfurter Paulskirche in Stuttgart in ein paar Augenblicken auseinandergejagt ist, merklich allein da, Überlieferungen nachhangend, die längst nicht mehr in die Zeit passen wollten. Daß sie die Zeit geprägt haben, ist unverkennbar: es wäre nur noch zu überlegen, wer mehr Einfluß in der Landschaft gehabt, die Delegierten der Städte und Ämter, als die kommunale Partei, oder die vierzehn Prälaten. Manches spricht dafür, daß gar keine Parteiungen entstanden, sondern beide Kreise zu einer neuen Ehrbarkeit und zum »Kern der bürgerlichen Führungsschicht« zusammengewachsen sind. So kam es auch, daß in Altwürttemberg »die Führung des zu neuer Blüte aufsteigenden Ständetums weitgehend auf die Prälaten« überging. »Der Landtag gewann jenen bürgerlich-theologischen Charakter, der die sich fortan schärfer ausbildende altwürttembergische Sonderart überhaupt bestimmt; auf Generationen hinaus zeigen die Landtagsvorschriften, im zeitbedingten Gewande konfessioneller Enge und Einseitigkeit, eine ganz auf die Bibel gegründete Geisteshaltung« (W. Grube).

Stuttgart, unmittelbar »vor Ort«, bekommt das besonders zu spüren. 1607 klagt der evangelische Synodus, eine seit 1597 mit dem Kirchenrat und den vier Generalsuperintendenten gebildete, in Stuttgart tagende Kirchenversammlung, das Weinzutragen und Zechen »unter der Abendpredigt« werde »sehr gemein und schier unleidlich«. Die Geistlichen beschwerten sich auch darüber, daß die Leute während des Gottesdienstes unter den Häusern säßen und schwatzten. 1629 kommt ein herzoglicher Befehl, künftig sollten während des Gottesdienstes etliche Ratsherren oder andere »vertraute, ehrliche« Männer mit den Stadtknechten umhergehen, jeden, den sie beim Zechen antreffen, aufschreiben, »damit man ihn einthürme«. Fast hätten die Jahre nach der Nördlinger Schlacht einen Strich durch die Rechnung der Prälaten, der Diakone, der Stiftsgeistlichkeit gemacht: die Jesuiten ziehen in der Stiftskirche ein, D. Conrad Darath wird Stiftspfarrer und Administrator, die »Papisten« gebrauchen »nicht allein den Chor ainig unnd allein beschloßen für sich innen, sondern auch den Altar under der Canzel«. Mit der bald schon nicht mehr notwendigen Absicht, die Evangelischen aus der Stiftskirche ganz zu verdrängen, sind die Jesuiten bis nach dem Westfälischen Frieden im Besitz des Stuttgarter Stifts geblieben. Auf dem — ununterbrochen amtierenden — Konsistorium stellte man die Bilanz auf, daß von den Wiederherstellungsversuchen der katholischen Religion durch die »Jesuwider« nur eine Handvoll Knechte, Mägde und »Pfaffendiener« gewonnen wurde. Zum Schluß bleibt nur noch die — unbegründete — Frage, ob die Jesuiten das Brenzbild in der Stiftskirche verbrannt haben. Im übrigen wird die Schraube der »geistlichen Aufsicht« wieder angezogen. 1666 klagen die Stuttgarter Geistlichen über den städtischen Magistrat, daß er sich die Kirchenzensur so wenig ange-

legen sein lasse. Nach etlichen Beschuldigungen hin und her regelt ein herzoglicher Bescheid die Sache so, daß künftig der Kirchenzensur neben den Geistlichen und dem Vogt ein Bürgermeister, ein Richter und zwei Ratsherren beizuwohnen haben.
In kirchlicher, in persönlich-religiöser Hinsicht ist Stuttgart Protestantenstadt, abweisend gegen alle anderen, »widrigen Religionen« und von der Toleranz »paritätischer« Reichsstädte weit entfernt, fortan unter Kontrolle. Die Front gegen Hof und Herzog ergibt sich von selbst. 1707 findet in Stuttgart die erste Maskerade statt. Bald danach fallen die Franzosen ein – die Geistlichen, unerbittlich in ihrem »Strafambt wider den Carneval«, haben das später immer wieder in Erinnerung gebracht. Daran hat auch die Karnevalsordnung von 1719 nichts geändert, nicht Süß Oppenheimers, durchaus im Sinne seines Herrn Karl Alexander praktiziertes Vermieten von Masken, nicht der Befehl an die Beamten, alle mannbaren Töchter bei Strafe des Verlusts einer vierteljährlichen Besoldung zu den Lustbarkeiten zu schicken. Was hat man, in den Stuttgarter Kirchen, nicht gewettert gegen die »Verschwendung im Sauffen, Schwelgen, Kleider-Pracht«, gegen – hier werden die politischen Konsequenzen schonungslos deutlich – die »Ungerechtigkeit, die der Republic Schinderey ist«! Als der Diakon Christoph Conrad Heller wegen einer zu scharfen Predigt gegen den verstorbenen Herzog von seinem Amt suspendiert wird, schickt Georg Conrad Rieger, neben Bengel der bedeutendste Pietist Württembergs in der ersten Hälfte des 18. Jahrhunderts, dem Fall ein Gedicht nach:

»Wegen dieser Teufelsrott
muß Herr Heller nun auch leiden
ganz unschuldig Hohn und Spott
und darzu die Canzel meiden.
Das heißt Babel recht flattiert
und den Antechrist geschmiert.«

Wo irgend vertretbar, hat der Hof in dieser Glaubens- und Gesinnungsherrschaft mitgezogen: am Ende hatte auch er mehr von Leuten, die in Schranken gehalten waren. 1728 haben die Geistlichen beim Herzog ein Dekret erwirkt, das Gartenwirtschaften in Stuttgart »zur Verhütung von Aergerniß und Excessen« verbietet. 1742 hat der Kirchenkonvent um Erneuerung gebeten, weil solche Wirtschaften »zu Müssiggang, Verschwendung und Sabbathsschänderei vielfach Anlaß gäben«. Letztlich hat der Hof, bei aller Liebe für die modischen »Masqueraden«, den kürzeren gezogen. Stuttgart ist nicht Babel geworden. Aber die Geistlichkeit, »die reichste und angesehenste unter den Protestantischen im ganzen heiligen römischen Reich«, wie Hektor von Günderode 1781 meint, ist »ein kleiner status in statu« geworden. Kaffeehäuser haben in Stuttgart im ganzen 18. Jahrhundert nicht Fuß fassen wollen. Noch in den vierziger Jahren des 19. Jahrhunderts heißt es, sie seien in Stuttgart »nicht so zahlreich vorhanden als in andern Städten«.

Es wäre kurzsichtig, die Rückwirkungen dieses Widerspiels zwischen Staat und Kirche lediglich in einer Abfolge von Dekreten und Kanzelerklärungen zu sehen. Noch in den Berichten der großen deutschen Zeitungen um 1900 ist vom »frommen Stuttgart« die Rede: es ist in diesen Aktionen vorbereitet und geprägt worden. Es gibt eine eigene, wichtige Geschichte des pietistischen Stuttgart, ohne welche die Atmosphäre der Stadt noch heute nicht zu verstehen wäre. Jakob Spener war schon im Jahre 1662 ein halbes Jahr in Stuttgart und Tübingen gewesen und besaß seit dieser Zeit gute Freunde in Württemberg. Er blieb in kontinuierlichem geistigen Austausch mit ihnen. Sein unter dem Titel Pia Desideria bekannt gewordenes Reformprogramm von 1675 ist im Württembergischen schon bald nach seinem Erscheinen im Juli 1675 gelesen worden. Zu Beginn der neunziger Jahre entfalteten die pietistischen Reformer innerhalb des württembergischen Kirchenregimentes eine große Aktivität.

Stuttgart spielt da eine große und wichtige Rolle. Zunächst geht man mit Verboten gegen die Pietisten vor. Der Stuttgarter Stiftsprediger Erich Weißmann meint noch 1703, die bisherigen Mittel und Wirksamkeiten der Kirche reichten aus; pietistische Konventikel brauche man nicht zu erlauben. Einen scharfen Ton schlägt das vom Konsistorium im März 1707 erlassene Generalreskript an, das durch nächtliche Konventikel in Stuttgart ausgelöst worden war. Das Herzogliche Dekret vom 25. Februar 1710 hat es speziell auf die Stuttgarter Verhältnisse abgehoben: es bestimmt, mit Strenge gegen die »Pietisten« vorzugehen, die sich in großer Zahl in Stuttgart befänden, wo sie »allerhand Insolentien in Worten und Werkhen, auch höchst sträffliche Attentata so wohl wider Ihre rechtmäßge Obrigkeit, alß auch die geistliche und andere Personen« unternommen hätten. Tatsächlich scheinen die Stuttgarter Konventikel Anlaß zu gewagtesten apokalyptischen Spekulationen gegeben zu haben, zu Bußaufrufen, zu Schmähungen der sündhaften Welt, zu öffentlichen Tumulten. Ein Stuttgarter Kirchengänger nannte eine Separatsitzung eine »Huren-Ehebrecher-Schelmen- und Diebesversammlung«. Ein anderer ließ dem Stuttgarter Stiftsprediger Weißmann sagen, er solle nichts anderes predigen als »Weh, weh, weh über das Land und über das Haus Württemberg. Die Zeit der Buße währe nur noch etliche Tage.«

In diesen kirchlich-religiösen Separatismus sind also auch politische Emotionen mit eingeflossen. Der Stuttgarter Pietismus ist dabei, auf seiten der Landstände-

und Prälatenmacht, eine Position im Kampf gegen Hof und Fürstenstand zu werden. Als man in Stuttgart daran geht. die unruhigen Leute zu »zäumen«, kommen die Gesinnungsgenossen aus Calw, Göppingen und Leonberg in Stuttgart zusammen und demonstrieren singend und schreiend vor dem Gefängnis. Für die Verfolgten ist dies das Zeichen, daß sie auf dem richtigen Wege sind.

Die Anfänge des Stuttgarter Pietismus machen klar, daß sich pietistisches Leben bald und tief in der Stadt festgesetzt hatte. Das eigentliche Zentrum der Separatisten Stuttgarts sind die Häuser des Präzeptors David Wendelin Spindler und der Witwe des 1698 verstorbenen, politisch bedeutsamen Konsistorialdirektors Johann Georg von Kulpis. Bei Spindler, der öfters vom Konsistorium vernommen und 1710 entlassen wird, ist der kleine Johann Albrecht Bengel für zehn Jahre Kostgänger und Hausgenosse: hernach der erste große Theologe, Seelsorger und Pädagoge des württembergischen Pietismus. Freilich waren noch in den dreißiger und vierziger Jahren des 18. Jahrhunderts Konventikel nie für das ganze württembergische Land rechtlich sanktioniert worden; das Dekret von 1711 galt nur für Stuttgart. Dessen ungeachtet bildeten sich im Verlaufe des Jahrhunderts auch draußen im Lande pietistische Zirkel, nicht nur in der Universitätsstadt Tübingen oder den Oberamtsstädten, sondern auch in den Dörfern. Männer wie der Stuttgarter Pfarrer Gottlob Heinrich Rieger, der in den achtziger Jahren des 18. Jahrhunderts dem Stuttgarter Zweigverein der Basler Christentumsgesellschaft sein Haus zur Verfügung stellt, oder Christian Adam Dann, der, Vertreter einer jüngeren Pietistengeneration, in Stuttgart dann eine wirkliche Führungsstellung einnimmt, prägen das geistige und geistliche Leben Stuttgarts am Ausgang des 18. Jahrhunderts auf eine sehr bestimmte, vielleicht sogar zu rigorose Weise. Immerhin war einem Mann wie Johann Jacob Moser, der in den dreißiger Jahren zusammen mit dem Landschaftskonsulenten Johann David Hoffmann in Stuttgart religiöse Privatversammlungen geleitet hatte, der württembergische Pietismus nach 1752 zu eng und zu »gesetzlich« geworden.

Den Wirkungen nach außen scheint diese Entwicklung keinen Abbruch getan zu haben. Als Andreas Hartmann 1716 Pfarrer am Stuttgarter Waisenhaus wurde, besuchten die Leute »aus den benachbarten Flecken« die »Waisenpredigten« so ausgiebig, daß sie, wiederum Anlaß zu Strafdrohungen, »hernach an ihrem Ort die Katechisation« versäumten. Johann Reinhard Hedinger, als Hofprediger und Konsistorialrat pietistischen Grundströmungen zunächst scharf ablehnend gegenüberstehend, findet mit seiner schließlichen, entschiedenen Billigung von Konventikeln, seiner Verwerfung von Oper und Schauspiel – »die Baals- und Bauchpfaffen!« – größten Anhang. Georg Konrad Rieger, 1721 Mittwochsprediger an der Stiftskirche, seit 1742 Dekan und Prediger an der Hospitalkirche, nicht von der ängstlichen, vorsichtigen Art Speners und offenherzig auch gegenüber dem Hof, ließ eine »Herzenspostille« erscheinen, die ebenso viel gelesen wurde wie die – gleich mehrfach erscheinende – Postillenreihe Andreas Hartmanns.

Aber erst nach 1800 kann von einem pietistisch aktiven Stuttgart geredet werden. Der Stuttgarter Special-Superintendent Gottlob Heinrich Rieger und der Pfarrer Christian Adam Dann, der beim Tode eines von König Friedrich protegierten Schauspielers zu scharf gepredigt hatte und von Stuttgart weg versetzt wurde, waren die ersten, die nach 1800, unter dem Eindruck der Veränderung aller Ordnungen und der Not im Lande, mit der älteren Tradition des württembergischen Pietismus, der quietistischen Erbaulichkeit, brachen und auch zu einem sozialen Engagement finden wollten. Armenfürsorge und Bibelgesellschaft sind jetzt Gebiete, in denen man tätig wird. Pfarrer Dann, aus Stuttgart verbannt, aber über die Christlichen Sonntagsblätter regelmäßig zu seiner Stuttgarter Gemeinde sprechend, drückt die neuen Hoffnungen 1816 so aus: »Wenn ein Weiler, ein Dorf, ein Marktflecken, ein Städtchen, eine Stadt nach der anderen sich zum Herrn bekehrte, dann würde sich bald unser Land in einen Vorhof des Himmels verwandeln.« Er macht kein Hehl daraus, daß er in Stuttgart den Vorort der pietistischen Bewegung sieht. Nach ihm führt der ehemalige Leonberger Bürgermeister Christoph Hoffmann, lange Zeit in Stuttgart wohnend und im Januar 1819 das heruntergekommene Rittergut Korntal kaufend, das Refugium der württembergischen Pietisten bis in die Gegenwart hinein.

Stuttgart selbst bleibt weiterhin ein Zentrum. Als der württembergische Pietismus mit seiner Tätigkeit in der inneren und äußeren Mission in den zwanziger Jahren des 19. Jahrhunderts seinem Höhepunkt zugeht, holt der pietistisch geprägte Ludwig Hofacker in der Stuttgarter Leonhardskirche die Pietisten und Nichtpietisten von weit her in die Stadt, sie entscheiden zu lassen zwischen dem Reich des Lichts und dem Reich der Finsternis. Hofacker starb noch vor der Julirevolution und vor den deutlicher werdenden Konturen jener »sozialen Frage«, die, seit 1834 so bezeichnet, in gemeinsamen Resolutionen und »Verbrüderungsacten« auftaucht. Die soziale Aufgabe erkennen die pietistischen Kreise jetzt auch im pädagogischen Bereich. 1841 gründet Friedrich Weidle im Geiste des Pietismus das Weidle'sche Institut für höhere Töchter, das spätere »Evangelische Töchterinstitut« in Stuttgart. Von den Geistlichen, Kaufleuten und Beamten, die die pietistischen Gruppen des Landes führen und in den Komitees der verschiedenen Vereine, Verlage und Anstalten sitzen, wohnt der größte Teil in Stuttgart: Stuttgart ist auch hier, in einem sehr ernsthaften und bewußten Sinne, die Zentrale.

Auch freilich mit bedenklichen, mit negativen Vorzeichen. Man wird nicht vergessen, daß eine Gestalt wie Karl Gerok, Prälat und Oberhofprediger, zu *der* Figur Stuttgarts im 19. Jahrhundert werden konnte. Mit seinen gekonnten, von liebenswertem Gemüt durchwärmten Dichtungen, mit seinen Stuttgart-Liedern war er bis in unser Jahrhundert hinein Stuttgarts populärer Ausdruck, ausgerechnet der Mann, von dem die – sicher haltlose – Rede ging, er sei in seinem Leben nie im Theater gewesen. Er oder Sixt Paul Kapff, Prälat und Prediger an der Stiftskirche, waren gewiß nicht Leute des Gemeinschaftswesens. Aber Kapff und seine Anhänger haben entrüsteten Anstoß genommen, als man 1869 in den Oberen Anlagen Marmorplastiken aufstellte, die meist nur mit sich selbst bekleidet waren. Kapff bestand vor dem König allen Ernstes darauf, daß nackte Halbgötter in einem öffentlichen Erholungspark eine Empörung seien. Die wundervollen Wege um den See könne man jetzt nicht mehr gehen. Christliche Frauen und Männer müßten sie meiden. Als am 27. April 1890 der Galatea-Brunnen auf der 1877 angelegten Eugensplatte enthüllt wurde, war die »fromme Stadt Stuttgart« trotz Industrialisierung und Gründerzeit immer noch am Leben: »die pietistischen Bilderstürmer« hatten es sich, wie eine anonyme Stimme festhielt, »daran genügen lassen müssen, den die Galatea flankirenden Sphinxen die Brüste zu verstümmeln«. Das waren die Jahre, in denen in einem Stuttgarter Tingeltangel mit dem mehr als übertreibenden Namen »Reichshallentheater« auch die vielgenannte Reklameschönheit Betty Stuckart auftrat. Als eines Tages auch hochgestellte Herrschaften ihren Weg dorthin fanden, dankte die Dame mit einem »Eingesandt« den »höheren Herren und Kavalieren vom Hofe« in der Presse andern Tags für den gütigen Besuch. Die Herren sind nicht wieder hingegangen. »Denn in einer so pietistischen Gesellschaft kompromittiert ein solches Eingesandt.«

Die Hahnsche Gemeinschaft ist seit 1878 von dem Stuttgarter Stadtpfleger Immanuel Scholl angeführt worden, hernach in ununterbrochener Reihe bis nach dem Ende des Zweiten Weltkrieges von Stuttgarter Lehrern, von Wilhelm Griesinger, Jakob Heß, August Stooß und Friedrich Jehle. Von der primären Rolle Stuttgarts war auch noch um die Jahrhundertwende viel zu spüren. Christian Dietrich, der Begründer des »Evangelischen Lehrervereins« und Lehrer am Evangelischen Töchterinstitut in Stuttgart, war später, selbst aus der Altpietistischen Gemeinschaft Württembergs kommend, Rektor des Stuttgarter Evangelischen Töchterinstituts, Leiter der Stuttgarter Gemeinschaft der Altpietisten, Vorstand des Altpietistischen Gemeinschaftsverbandes und Mitglied von sechs weiteren christlichen Komitees. Durch Dietrichs Tätigkeit, seine Zeitschrift »Philadelphia« und die Philadelphia-Buchhandlung, in der die Schriften der Gnadauer verkauft und verschickt wurden, war Stuttgart zu einem Mittelpunkt »neupietistischer« Gemeinschaftsbewegung geworden. In der Vielfalt der Stimmen hat die erneuerte »Altpietistische Gemeinschaft« sicher nicht mehr diese Bedeutung und Wirkung erlangt, wie das dem Pietismus zu Anfang des 19. Jahrhunderts in Stuttgart gelang. Aber immer noch wurden in der Stuttgarter Zentrale die Weichen gestellt, wenn die Pietisten in den Wahlkreisen draußen, wie vor oder während dem Ersten Weltkrieg, in das Räderwerk der Politik eingreifen wollten. Wieder ist es ein Stuttgarter Lehrer, Arthur Staege, der nach dem Ersten Weltkrieg innerhalb der pietistischen Gemeinschaften Württembergs neue Wege finden will und in seinen im Frühsommer 1924 gegründeten Christlich-sozialen Blättern betont, daß es »nicht um Wiederherstellung der äußerlich aufgefaßten Größe unseres Volkes, um Wiederaufrichtung der geschlagenen Götzen« gehe, »sondern um die Gesundung des Volkes, um die sittliche Erneuerung«.

Residenz auf Abruf

In die nachreformatorische Zeit war Stuttgart, das wissen wir, als eine immer noch wenig akzentuierte, wenn auch, was seine Hauptstadtfunktion anging, genügend privilegierte Stadt gegangen. Zusammen mit Tübingen war Stuttgart am 23. April 1515 das Recht erteilt worden, einen Landtag beantragen zu dürfen, wenn sie es für »Land und Leute für förderlich« hielt. Zwar war dieses Recht nach Gründung der landschaftlichen Ausschüsse am 8. Januar 1554 auf den Engeren Ausschuß übergegangen. Dafür kam aber die Bestimmung, daß in diesem Ausschuß immer auch ein Abgeordneter der Stadt Stuttgart sitzen solle. Tübingen rückt mehr und mehr in den Hintergrund. Spätestens im 17. Jahrhundert wird es üblich, in den Landtagsabschieden, in den Resolutionen und Vergleichen Stuttgart beziehungsweise seinen Vertreter *vor* Tübingen erscheinen zu lassen. Als 1641 kein Stuttgarter Vertreter im Engeren Ausschuß ist, erklärt Herzog Eberhard III., er könne mit diesem Gremium nicht verhandeln, »weil nothwendig auch Jemand von der Hauptstadt darin seyn« müsse. Eberhard scheint überhaupt eine Art Wiedergutmachung für die – von ihm selbst nicht unverschuldete – Unbill des Dreißigjährigen Krieges im Auge gehabt zu haben, wenn er in seinem zweiten, am 14. März 1664 auf dem Regensburger Reichstag aufgesetzten Testament verfügt, der Obervormund der fürstlichen Kinder, Herzog Friedrich von Württemberg-Neuenstadt, solle seinen Hofstaat nach Stuttgart verlegen; das Fürstentum Württemberg sei ein unteilbarer Körper.
Die Hauptstadt schien gesichert. Man konnte es sich angesichts dieser Gunst wohl gefallen lassen, wenn der »Obervormünder« in »Gnädigster concession« das »Burgergellt« um ein paar Gulden erhöhte, die städtischen Wachdienste samt dem Zeitpunkt des Antretens auf dem Marktplatz neu einteilte oder der Magistrat durch Serenissimi höchsteigenen Beschluß dazu ermächtigt war, »Jns Künfftig« von den Neubürgern auch »zwey Fewer Aymer« zu verlangen. Noch wird alles, was das Kollektiv der Gemeinde in einem offenbar gewichtigeren, politischen Sinne zu treffen scheint, von der Obrigkeit geregelt, die Ordnung der Stadtregistratur, der seltsam vernachlässigten, wie die »Commoditäten«,

welche die Beisitzer oder Pfahlbürger genießen dürfen, die Zahl der »Stadtreuter« und die Größe der »Wecken«. Der Landes- und Stadtherr sorgt für »seine« Stadt nach »reiflicher Überlegung«. Die Bürger ziehen, wenn ein neuer Herzog im Schloß residiert, »Unterthönigst« zum Marktplatz, mit ihren Söhnen, »welche sechzehen Jahre alt und darüber sind«, dem neuen Herrn stehend und barhäuptig den Huldigungseid zu leisten.

Indessen gibt es Anzeichen dafür, daß diese betulich-umhegte Atmosphäre den Allüren der aufbrechenden Barockzeit nicht mehr genügen kann. Auch im 18. Jahrhundert, für den Südwesten die spezifisch barocke Zeit, scheint man in Stuttgart von diesem Gefühl zu zehren, von der Mauer behütet und von der Stadtbefestigung, wenn nicht der Tallage selbst, beschützt zu sein. Wie beruhigt mag sich der Bürger gefühlt haben, wenn in Stuttgart mit dem Zapfenstreich das Stadttor sich knarrend schloß, in getrostem Bewußtsein, daß das Auge des Gesetzes wache! Vielleicht war das auch berechtigt: außer den sieben »Gassenpatrullisten«, die zu zwei und zwei die Straßen durchzogen, die »Gassenvögel am Kopf zu nehmen« und jeden, der nach zehn Uhr ohne Laterne auf der Straße ging, auf die Hauptwache abzuführen, hatte die Stadt noch verschiedene Bettelvögte und acht Polizeidiener, die in ihrer blauen Montur mit gelben Aufschlägen und dem breiten Wehrgehänge, in dem nach spanischer Art der Degen saß, eine respektable Figur machten. Dazu kamen zwölf Nachtwächter mit Horn und Spieß, drei Hochwächter auf dem Stifts- und Spitalkirchenturm, die dem Nachtwächteranruf stündlich zu antworten hatten, endlich die Windwächter, dic in Sturmnächten zur Beruhigung der Bürgersleute ihre eisenbeschlagenen Stöcke rasselnd durch die Straßen schleiften.

Ob ein Regent, der ganz dem hochfahrenden Geist der Epoche verpflichtet und, entgegen den klugen, warnenden Fingerzeigen Friedrichs des Großen, der Idee verfallen war, Fürstenautorität sei durch pompöses Auftreten zu behaupten: ob ein Regent mit einem derartigen Stadtwesen ganz gestellt war? Er mußte spüren, daß die Stuttgarter ihre eigentlichen Autoritäten in den Stiftspröpsten und Diakonen sahen, daß die Hofchargen in Stuttgarts »adelichem Gesellschaftshaus« ein eher geduldetes, auf alle Fälle aber unglücklich-separiertes Leben führten, daß die zähe, pedantische, bigotte »Impertinenz« der Landschafts-Ehrbarkeit sich Schritt für Schritt ihre Einflußsphäre auszubauen dabei war. In sechs Klassen hatte man 1746 gelegentlich einer Leichenordnung die Stadtbevölkerung eingeteilt. In den ersten vier rangierten die Beamten vom Hof, von der Landschaft, vom Magistrat, in den beiden letzten die übrigen Bürger. Am Hof kam und ging der ausländische Adel; eine in Familien sich darstellende Macht konnte sich da schlecht etablieren. In der Landschaft »saß« man sich, generationenlang, in die Macht ein. Im übrigen kam eine letzte, nicht registrierte

Klasse dazu, die der Bettler, die man immer wieder »aus der Stadt treibt«, und die sich mit Vorliebe auf der Straße nach Cannstatt verkrümeln, und die Armen, die einen nur in Verlegenheit bringen. Über der jährlichen Beisitzer-Überprüfung, meldet der Magistrat 1680 an den Hof, habe man festgestellt, daß trotz aller Verbote eine Menge »gemeiner schlechter Taglöhner und anderer in- und ausländischer Personen, Wittwen und auch sogenannte ledige Eigenbrödlerinnen« sich in die Stadt einschlichen. Konnte der herzogliche Erlaß eine Lösung sein, mit dem Befehl, daß Leute, die »notorie bösen Namens und so unbemittelt seyen, daß sie der Stadt nur beschwerlich fielen«, fortzuschaffen seien?
Mit einer solchen Stadt macht man keinen Staat. »Unförmig und schlecht«, meinen die Reisenden noch am Ende des 18. Jahrhunderts, seien die Stuttgarter Häuser. Zwar ist nicht alles innerhalb der Mauer ausgefüllt. Häufig unterbrechen Hausgärten die Straßenreihen. Namentlich die Gegend des Bollwerks bis zum Rotenbildtor ist noch ganz in Grün gehüllt. Außerhalb der Mauer trifft man nur selten auf eine Ziegelhütte oder ein vereinzeltes Wirtshaus. »Noch weniger innere Bequemlichkeit als äußere Schönheit« bescheinigt Christoph Meiners 1793 dem Stuttgarter Haus. »Das Stockwerk an der Erde bleibt fast ganz unbenützt. Wenn man in die Hausthüre tritt, so sieht man weiter nichts als eine große Diele, die entweder ganz leer ist oder etwa einen Wagen oder andere Hausgeräthe enthält. Diese Dielen sind meistens so dunkel, daß man die Treppe nicht anders als mit der Hand oder dem Stocke finden kann. Die Treppe selbst ist sehr oft zu steil oder zu schmal. In den Zimmern läuft gewöhnlich eine Reihe von Fenstern ununterbrochen ohne alle oder gehörig breite Spiegelwände fort, und in dem Eckzimmer ist immer der vordern Reihe von Fenstern eine andere, ebenso große gegenüber geordnet. Dieß verursacht auch bei mäßigem Wind eine merkliche Zugluft, welche man aber wenig acht, weil man sie nicht für schädlich hält.«
Gewiß, man hat nicht übersehen, daß der Seite dem Schloß gegenüber, in Richtung der heutigen Königstraße, noch ein architektonischer Abschluß fehlte. Der große Schickhardt, der geniale Vollender der Stuttgarter Renaissance, der mit seinem Neuen Bau (oder neuen Marstall) auf dem heutigen Markthallengelände »eine der reifsten Architekturen der deutschen Spätrenaissance« schuf (W. Fleischhauer), hat 1601 den Auftrag für den Bau eines »Gesandtenhauses« übernommen. »Der hat sollen weit schener und groser weren dan der newe marstalbau.« Aber nach dem Abbruch von fünf Häusern an der Stelle und der Grundsteinlegung 1604 ist der Bau über den – von aller Welt bewunderten – großen Keller und den Sockel nicht hinausgekommen; Herzog Friedrichs I. Tod nahm ihm die Obhut. Sein Nachfolger Johann Friedrich hatte zwar die Absicht, »den Bauw noch schener zu ornen«. Aber erst 1663 war man in der Lage, durch

den Festungsbaumeister Matthias Weiß das Erdgeschoß aufrichten zu lassen, jetzt nach anderem, an den klassizistischen Festungsbauten der Niederlande orientiertem Plan. Von Weiß stammt auch das Säulenportal von 1678, der Balkon und die zweiteilige Fensterreihe, überhaupt die Dispositionen der Schauseite des »Prinzenbaues«: Stuttgarts älteste erhaltene Palastfassade und, aus den Bombenangriffen des Zweiten Weltkriegs mit Mühe und Not wieder herausgeholt, für uns heute deshalb doppelt wertvoll. 1711 hat Johann Friedrich Nette bei einem durchgreifenden, bis nach 1714 gehenden Umbau nach den Vorbildern der böhmischen Palazzos auch die Einfassung der Fenster in »italienischer Art« besorgt, 1775 kam noch das Verbindungsstück zur Alten Kanzlei, zum geachteten, wenn nicht gefürchteten Schreiber- und Amtsleute-Domizil dazu: jetzt war, den ehemaligen Stiftsfruchtkasten mit Schickhardts Renaissancefassade von 1592 dazugerechnet, der »Schloßplatz«, der heutige »Schillerplatz« zu einer Einheit geworden.

Für die von weiten Perspektiven, von ausgedehnten räumlichen und dekorativen Kollektivitäten lebenden barocken Ansprüche war das gar nichts. Der Prinzenbau, so sehr er sich jetzt an das Modische hielt, konnte mit der voluminösen Unendlichkeit einer barocken Schloßanlage auch nicht im entferntesten konkurrieren. Dafür hätte das Alte Schloß da sein müssen. Der preußische Baron Karl Ludwig von Pöllnitz hat 1730 für die Stadt, »von Weinbergen umgeben«, gerade noch die neutrale Bemerkung, sie habe breite und gerade Straßen. Aber die Häuser seien von Holz. Die Stuttgarter Fachwerkarchitektur ist bis ins frühe 19. Jahrhundert allen Leuten aufgefallen, die von draußen kamen und gewöhnt waren, daß größere oder große Städte ihre Häuser nach urbanem Gout verputzen ließen. Das Schloß sei einem Gefängnis ähnlich, meint Pöllnitz. Dielhelm, ein Jahrzehnt später, urteilt genau so, wenn auch ein wenig distinguierter: »Und ob es wol ein großes und prächtig scheinendes Gebäude vorstellet, so ist es doch im übrigen altväterisch, schlecht, winkelicht und sehr unregelmäßig erbauet.« Goethe hat das am Ausgang des Jahrhunderts nicht anders gesehen: »Das alte Schloß wäre jetzt kaum zu einer Theaterdekoration gut.« Wer selbstsicher und maulfertig genug war wie jener Jean Henri Maubert im Jahre 1765, wer, wie er, sich noch für ein paar Denkzettel zu revanchieren hatte, machte Stuttgart zur häßlichsten, »schmuzigsten und unbequemsten« Stadt auf dem Erdboden, mit Gasthäusern, die für einen Pariser Metzger zu gut wären.

Für einen Herzog, der in irgendeiner Richtung, und sei es auf der der »Architectura« und Idealprojekte, das Rendezvous des Ruhmes suchte, war sie auf alle Fälle zu gering. Eberhard Ludwig, der siebzehnjährig 1693 sich seines Obervormünders entledigt und selbst die Regierung übernimmt, fackelt nicht lange mit der Verwirklichung seiner Knabenträume. Die überkommenen Verträge und

Testamente und Zusätze sind jetzt genau so altmodisch wie die Gartenmäuerchen und »wunderbahrlichen Bronnen« um das Alte Schloß. Er hat sich, wie für einen Fürsten der Zeit fast unumgänglich, eine Mätresse zugelegt, die Wilhelmine von Grävenitz, die von den Herren Landschaftsvertretern, ob pietistisch oder nicht, schlicht und einfach als »das Mensch« bezeichnet wird. Man weiß, welche Schachzüge Eberhard Ludwig unternahm, um »die von Grävenitz« dennoch als Gräfin und Landhofmeisterin auftreten und die rechtmäßige Herzogin, den Geheimen Rat und die Landschaftsausschüsse ins Leere gucken zu lassen. Die Grävenitz betreibt auch – verständlicherweise – den Wegzug: 1718 wird Ludwigsburg »Residenz und dritte Hauptstadt« neben Stuttgart und Tübingen, 1724 »alleinige und beständige Residenz«. Drei Jahre später müssen auch sämtliche Stuttgarter Regierungsbehörden nach Ludwigsburg übersiedeln. Stuttgart *war* Residenzstadt.

Es ist klar, was dieses 1709 und 1710 durch sagenhafte herzogliche Versprechungen an Bauwillige aus dem Boden gestampfte Ludwigsburg vor Stuttgart auszeichnete: die Fürstenstadt gab der Sehnsucht nach Gesetz und Uniformität, nach Glanz und Reputation, nach Freiheit vor überlebten Abkommen und Verträgen genauen Ausdruck. Hier konnte neu begonnen, hier konnten Utopien Wirklichkeit werden: die barocke Fürstenjugend hat zugegriffen, wie die Jugend jeder Generation nach den Visionen einer unbelasteten Zukunft greift. Wenn überhaupt Historisches, so hat vielleicht die Reminiszenz an Herzog Friedrichs Freudenstadt mitgespielt, ein Plan, wie Vitruv oder Dürer ihn haben mochten, auf fürstliches Geheiß nach dem Gitternetz angelegt von Heinrich Schickhardt. Aber Ludwigsburg ist, städtebaulich vornehmlich aus niederländischen Vorbildern schöpfend und als Stadt nicht einmal zur Hälfte fertig geworden, vorab ein Protest gegen das ewige Neinsagen der Prälaten, gegen Stuttgarts eingesessenen, modrigen, dumpfen Geruch. Es ging mit der »Stadt« Ludwigsburg, die man des vollen Bildes wegen halt dazu haben mußte, nicht ganz so, wie man dachte. Leicht überzogene Pläne haben das so an sich. Die »Bürgerschaft« dort auf der Hochebene, zwischen Kranen und Hofkutschen und Hasardeuren aller Art, wird von Fuhrdiensten und Enteignungen und Einquartierungen so sehr heimgesucht, daß sie am liebsten aufbegehren würde. Aber der Herzog geht darüber hinweg. Eine Reihe öffentlicher Bauten entsteht, ein Armenpflegekasten, eine Lateinschule, ein Arbeits- und Waisenhaus, ein Tollhaus, ein Stadtspital. Das Rathaus kommt zuletzt: kommunale Eigengesetzlichkeit hat keinen Sinn in dieser Stadt. Als man 1758 bis 1760 eine Mauer um die Stadt aufführt, die wie Karlsruhe ohne Bastionäranlage geplant ist, macht man das deshalb, damit die Deserteure nicht aus der Garnison können.

Eberhard Ludwig hat Ludwigsburgs Vollendung nicht mehr erlebt: der Barock lebt vom Plan. Nach seinem Tod am 31. Oktober 1733 kommt mit dem katholischen Karl Alexander ein Mann, der als kaiserlicher General und österreichischer Statthalter in Serbien das Handwerk des Verwaltungschefs kennengelernt hatte. Er hat sein Leben lang in einer politischen Atmosphäre gearbeitet, die – man denkt an den Prinzen Eugen – in Administrative und Organisation Bewundernswertes auf die Beine gebracht hat. Verständlich, warum Karl Alexander eine Soldatenstadt Ludwigsburg anvisiert. Aber es fällt auch auf, daß er der exzentrischen Residenzlösung seines Vetters mit einiger Skepsis begegnet. Nach Karl Alexanders Regierungsantritt wird 1734 der ordentliche Sitz des Hofs und die Mehrzahl der Regierungsbehörden wieder nach Stuttgart zurückgeholt »und das Schloß von Neuem zur Fürstenwohnung eingerichtet, wozu die Landschaft einhundertzwanzigtausend Gulden, die Stadt Stuttgart aber, gegen das Versprechen, daß sie fortwährend Residenz bleiben sollte, fünftausend Gulden beisteuerte«.

Der überraschende Tod des Mannes stellt, nach vierjähriger Regierungszeit, das kaum Begonnene wieder in Frage. Indessen macht sein Nachfolger Herzog Carl Eugen, der älteste Sohn Karl Alexanders, gute Miene. Als er am 10. März 1744, eben mündig geworden unter dem klugen Herzog Karl Friedrich von Württemberg-Oels, seinen Einzug in Stuttgart hält, ist eitel Freude bei allen, beim Hofstaat, bei der Landschaft, bei den Untertanen. Wie sehr Stuttgart als Stadt bereits zur wichtigsten Sache der Landschaft geworden ist, zu ihrem ersten und sichersten Instrument, verrät die feierliche Versicherung Carl Eugens vom 20. April 1744, »daß Stuttgart der beständige Siz des Hofs und der Kanzlei bleiben solle«: sie ist gekauft worden von der Landschaft gegen das kleine Geschenk von fünfzigtausend Gulden. Hier wird alles aufgezählt, was Stuttgart seinerzeit das Vorzugsrecht gab, »daß der Fürstliche Hoff-Staat und Cantzley beständig in Stuttgardt gehalten«. Bei Verlegung nach Ludwigsburg habe sich die Landschaft sogleich dafür verwendet, beide wieder nach Stuttgart zu verlegen, als »der Uhralten Compactenmäßigen Residenz«. Nach allen Bitten, Verhandlungen und – Bezahlungen versichere er, Carl Eugen, »daß Unsere künfftige Fürstliche Residenz in alleweeg zu Stuttgardt verbleiben, mithinn nichts abgeändert« werden solle. Das »wohlhergebrachte Privilegium« der »Ersten Haupt-Stadt Stuttgart« sei damit aufs neue erteilt, »hergestellet und confirmiret«.

Daß der junge Herzog ein zeitgemäßes Schloß haben muß, sieht jetzt auch die Landschaft. Sie verspricht ihm, gegen öftere Beiträge zu den Kammerausgaben und dem Schloßbau, auch für »eine standesmäßige, seiner fürstlichen Dignität convenable und dem Umgang seines Hofstaats hinlängliche Wohnung« zu sorgen. Zum Architekten wählt der Herzog den Neffen des Ludwigsburger Schloßbaumeisters Frisoni, den vierzigjährigen ansbachischen Oberbaudirektor

Leopold Retti. Noch im Frühjahr 1744 kommt er nach Stuttgart und legt die ersten Pläne vor. Andere Architekten werden als Gutachter hinzugezogen. Aber es bleibt schließlich bei Rettis Vorschlägen. Als er im Frühjahr 1746 zum zweitenmal nach Stuttgart kommt, steht auch der Bauplatz fest: vor dem Alten Schloß, mit dem Rücken an die kurz zuvor erbaute Kaserne, die spätere Hohe Carlsschule. Am 3. September 1746 wird der Grundstein gelegt. Der Rosengartenflügel, der heutige Schloßgartentrakt, und der Mittelteil stehen bis Ende 1750. Seit 1748 hat sich Retti ausschließlich dem Stuttgarter Schloßbau gewidmet. Als er siebenundvierzigjährig am 18. September 1751 stirbt, ist der Planieflügel kaum über die Fundamente hinausgediehen. Sein Nachfolger Philippe de la Guêpière aus Paris, seit 1752 württembergischer Oberbaudirektor, demonstriert jetzt innerhalb Rettis Gesamtplan klassischen »goût grec«. Ihm verdankt man die bedeutendsten Innenräume des Schlosses, das schöne Treppenhaus, den Gardesaal, den Marmorsaal als den zentralen, in Formen und Materialien bezaubernden Zentralsaal des Schlosses, die Aeneasgalerie, den Weißen Saal.

Das alles hätte zu einer schönen, harmonischen Repräsentanz aufsteigen können. In Wirklichkeit ist die Geschichte dieses heute wieder so geschlossenen und kompakt wirkenden Schlosses, das längst zu einem Wahrzeichen des Landes geworden ist, seltsam gebrochen. Erst 1791 ist es, wenigstens im äußeren Wortsinne, fertig, nach 45 Jahren. Erst unter Thouret, nach 1800, findet die Innenausstattung ihren Abschluß. Was jetzt an klassizistischen Räumen dazukommt, ist nicht eigentlich fremd: auch mit seinem äußeren Gesicht, seinen Fassaden und der Gleichförmigkeit seiner Fenster, den fast eintönig laufenden Linien der Dächer wirkt der Baukomplex wie ein Vorgeschmack der klassizistischen Ära. Immerhin war das Neue Schloß ein liebenswertes, keinesfalls sensationelles Bindeglied zwischen der gräflich-herzoglichen und der königlichen Stadt. Als es die Fliegerangriffe vom 21. Februar und 2. März 1944 weitgehend zerstörten und ausbrannten, hat man sich nach 1945 allen Ernstes überlegt, ob man es nicht niederreißen solle: draußen im Land hat man damals von »Vandalismus« gesprochen und Bürgeraktionen für das Landesschloß ins Leben gerufen. Am 5. Dezember 1956 faßte der Landtag den Beschluß, das Neue Schloß wieder aufzubauen und ein Landtagsgebäude daneben, auf dem Platz der alten Carlsschule zu errichten. Mit den Rohbauarbeiten ist Ende Oktober 1958 begonnen worden; beim Wiederaufbau haben sich vor allem die Architekten Rudolf Lempp, Roesiger und Herta-Maria Wizemann verdient gemacht. 31 Millionen Mark hat der Wiederaufbau gekostet, davon allein 15 Millionen der Mitteltrakt. Am 12. März 1964 hat Kurt Georg Kiesinger als damaliger Ministerpräsident mit der feierlichen Einweihung den Schlußstrich unter die nicht gerade alltägliche Geschichte des Baus gezogen.

Den ersten schweren Schlag traf es, als am 13. November 1762 ein Brand ausbrach und ein großer Teil des Gartentrakts bis heran an den Mittelbau ausbrannte. Waren die ersten Baujahre umsonst? Oder war Stuttgart doch noch auf dem Weg, eine moderne Residenz von mittlerer Größe zu werden, nicht von der luxuriösen Pracht Wiens, Dresdens oder Münchens, aber auch nicht von der Kleinheit der Höfe in Darmstadt, Dessau oder Gotha? Ein Jahr zuvor, am 3. August 1761, war in der Stuttgarter Altstadt, in der Hirschgasse, ein Brand ausgebrochen, hatte 41 Häuser eingeäschert und 123 Familien um ihre Heimstatt gebracht. Schuld daran war der Metzgermeister Friedrich Reuß, der im Rausch seine Frau verprügelte, der Flüchtigen nachstolperte und unter dem Dach dabei das Heu anzündete. Im Gefängnis hat er sich die Halsschlagader durchgeschnitten.

Man beschloß, schleunigst das Viertel wieder aufzubauen, klar und geradlinig, just im Stil einer barocken Fürstenstadt. Aber Carl Eugen, später von einer Höllenangst vor dem Feuer getrieben und immer einer der ersten auf dem Brandplatz, muß stutzig, muß betroffen gewesen sein. Kaum zwei Jahre nach dem Schloßbrand, am 31. März 1764, eröffnet der Oberamtmann dem Magistrat auf dem Stuttgarter Rathaus, der Herzog habe eine allgemeine Schutz- und Vermögenssteuer eingeführt. Das erbost die Herren des Magistrats. Das sei ein »der bisherigen Landesverfassung ganz entgegengesetzter modus Collectandi«. Als auch Vermittlungsvorschläge und Kompromißvorschläge nichts fruchten, schickt der Stuttgarter Magistrat am 3. Mai 1764 seinem Herrn eine »Vorstellung«. Das bringt die ohnehin bis zum Äußersten gespannte Lage – seit fast hundert Jahren stehen Herzog und Landschaft wieder als Prozeßgegner vor dem obersten Gericht des Kaisers – zum Bersten. Das im Schreiben gebrauchte Wort von der »treudevotesten Einwohnerschaft« nehme er, der Herzog, gar nicht an. Aber er befehle, den Sitz des Hofes nach Ludwigsburg zu verlegen.

Damals soll man, erzählte man später, in Stuttgarter Bürgerhäusern das Abendgebet »Herr, bleibe bei uns, denn es will Abend werden ...« lauter als sonst gesprochen haben. Er ist nicht dageblieben, der »Herzich«. Für Stuttgart ziehen wieder Schattenjahre herauf. Wieder sehnt man sich am Nesenbach nach den goldprunkenden Karossen, nach den Läufern und Heiducken, nach den Leibtürken und Hofmohren. Aber jetzt fährt selten mehr ein Staatswagen über das Pflaster, und die Portechaisenträger beklagen sich sehr, daß keine Opern mehr gehalten werden. In Ludwigsburg legt Carl Eugen eine Soldatenstadt an, gräbt mitten im Winter große Seen, läßt Orangengärten mit mächtigen Glaswänden umgeben und Häuser und Gemächer mit ganzen Gemäldereihen überdecken: die Elemente und die Jahreszeiten vereinigen sich zu einzigen Hymnus Soli Gloria des Herrschers.

Aber das altwürttembergische Stuttgart hat doch den längeren Atem und die größere Kraft. Die Landschaft ist der Schildhalter einer auch mit den muntersten, mit den sinnlosesten Festen gar nicht mehr zu überspielenden Tradition. Sie ist die Klammer, auf die man nicht mehr verzichten kann. Im berühmten, die Monarchie bis 1918 bindenden Erbvergleich von 1770, dem »letzten großen Staatsgrundgesetz des alten Württemberg« (W. Grube), erreicht sie mit Hilfe der ausländischen Garantiemächte den Respekt vor ihrer Existenz und – den Respekt des Herzogs: er muß den Landtag und die Ausschüsse als »corpus repraesentativum des gesamten lieben Vatterlandes« anerkennen. Und weil Stuttgart im Gitternetz dieses doppelgesichtigen Staates seine besondere Stellung und Aufgabe hat, läßt sich die Landschaft ausdrücklich bestätigen, »daß mehrgedachte erste Residenz-Stadt Stuttgardt der beständige Sitz von Hof und Cantzley seyn und bleiben, auch alle Ausrichtungen des Landes und Regiments, es erforderten dann Sterbens und Läufften oder andere dergleichen Zufälle, auf eine Zeit lang ein anderes, in Stuttgart gehalten werden sollen«.

Erst 1775 ist die Residenz wieder von Ludwigsburg nach Stuttgart gezogen, »gegen einige Opfer, wozu die Stadt Stuttgart und das Hospital zu Nürtingen in Rücksicht auf die aufzuwendenden Umzugskosten sich entschließen mussten«. Aber man wird das Geld gerne gezahlt haben: statt einer unsagbar traurigen, verkohlten Schloßruine hat man jetzt wieder den Hof. Ludwigsburg bleibt fortan eine Fußnote der Landesgeschichte; mit Stuttgart identifiziert man sie. Als man am 23. April 1848 erfährt, daß der Hof sich nach Ludwigsburg begeben habe, interpretieren Kenner das als einen »inkonstitutionellen und verletzenden Schritt«, als eine Flucht. Vom ganzen Land strömt man nach Stuttgart, um dem Landtag nötigenfalls beizustehen.

Was haben die beiden Auszüge nach Ludwigsburg gebracht? Im Vordergrund sieht man dabei auf den Bevölkerungsrückgang. Aber die demographischen Schwankungen pendeln in Stuttgart bei weitem nicht so katastrophal aus wie in Ludwigsburg. Stuttgart wird auf sich selbst reduziert, auf ein Stadium freilich, das jetzt in der Stunde X, ganz im Gegensatz zur Neugründung Ludwigsburg, Substanz zeigt: der Karneval fällt weg, und mit ihm auch für ein paar Jahre die einst deswegen eingeführte Straßenbeleuchtung. Die Stadt ist einen Schritt mehr in ein wirtschaftliches Derangement geraten, natürlich. Bei der allgemeinen Verarmung, schreibt der Magistrat nach dem Wegzug Eberhard Ludwigs, gebe es immer eine Menge von Steuerrückständen. Die nach Ludwigsburg versetzten Hof- und Kanzleidiener weigerten sich, ihre Häuser und Güter in Stuttgart zu versteuern. So sei die Stadt, die im Ausgang des 17. Jahrhunderts rund zwanzigtausend Gulden »baaren Geldvorraths« gehabt habe und schuldenfrei gewesen sei, jetzt mit einer Schuldenlast von 65 000 Gulden beschwert.

Sehr viel entscheidender ist, daß das Land, das Territorium, die Seitensprünge dieses Jahrhunderts hat bezahlen müssen. Die Aufrichtung zweier Residenzen war zu viel für ein Land, das seiner Größe und Steuerkraft nach hätte mit einer Residenz auskommen müssen. Weder Stuttgart noch Ludwigsburg ist in diesem Jahrhundert – wenn wir vom Stuttgart der letzten Jahre absehen wollen – zu jenem überragenden Mittelpunkt geworden, wie das benachbarte Karlsruhe oder München. Ludwigsburg hat das Schicksal von Mannheim–Schwetzingen geteilt. Es ist, als der Hofstaat ging, in die Bedeutungslosigkeit einer Landstadt abgesunken.

Das Bündnis mit Wissenschaft und Kunst

Kurz vor dem Torschluß des Jahrhunderts zieht Stuttgart die Quersumme aus dieser Entwicklung, indem es den geistigen und musischen Kräften Einlaß gewährt: Ansätze einer sehr bedeutsamen Entwicklung, weil sie aus einer dem Hof angehängten Stadt einen eigenen, auch im anspruchsvollen Sinne des Wortes gültigen Mittelpunkt zu schaffen versprechen. Der Prozeß, nicht mit Fanfaren angekündigt und erst aus der Rückschau in den Köpfen der Zeitgenossen greifbar geworden, hängt an ein paar Namen, an ein paar Institutionen, an ein paar Stuttgarter »Häusern«. Er ist nicht dadurch belegt, daß sich auch das Gesicht der Stadt in neuen Konturen gezeigt hätte.

Nach außen bleiben die Dinge auch in den zwei, drei letzten Jahrzehnten des 18. Jahrhunderts so, wie sie waren. Gewiß, das Neue Schloß ist eine Zutat, die in die Augen sticht. Aber es ist immer noch im Stadium des Werdens, nicht »vom Hof« bezogen und nicht jener gravitätisch-gesellschaftliche Ruhepunkt der Residenzstadt, als den ihn die historisierenden Lithographien des folgenden 19. Jahrhunderts als Sinnbild der »Karl-Eugens-Zeit« so gerne darstellen. Man fange an, berichtet Goethe im August 1797 nach Jena einem, den es interessieren mußte, dem freundschaftlich verbundenen Professor Schiller, »den Teil des Schlosses, der unter Herzog Karl, eben als geendigt war, abbrannte, wieder auszubauen, und man ist eben mit den Gesimsen und Decken beschäftigt«. Soweit die Reisenden das beurteilen können und wollen, macht der Bau den besten Eindruck. Goethe selbst findet tags zuvor das Ludwigsburger Schloß »in verhältnismäßig bösem Geschmack ausgeziert und möbliert«. Für die Stuttgarter Anlage gewinnt ihn wohl das Moderne, der erfreuliche Umstand, daß es »von dem Geschmack der Hälfte dieses Jahrhunderts« ist, daß man es »anständig frei und breit« aufgeführt hat.

Aber gerade die angenehm empfundene Ungebundenheit hätte natürlich auch das Halbfertige illustrieren müssen. Es zeigen sich kleine Ansätze zu einer Stadterweiterung. Der Besuch des Großfürsten Paul von Rußland im Jahre 1782, den der Regimentsmedikus Schiller in der Nacht vom 22. auf 23. September zur Flucht

21 *Herzog Carl Eugen auf Schloß Hohenheim in Gutsherren-Pose, seinem Baumeister neue Weisungen erteilend. Stich des Carlsschülers Nicolaus Heideloff (1761–1837) um 1790 nach einer Zeichnung des Carlsschülers Victor Heideloff (1757–1817)*

22 *Schiller (in der Mitte), 1778 im Bopserwald seinen Freunden von der Carlsschule die »Räuber« vorlesend. Nachzeichnung von Karl Heideloff nach der Originalskizze seines Vaters Victor Heideloff*

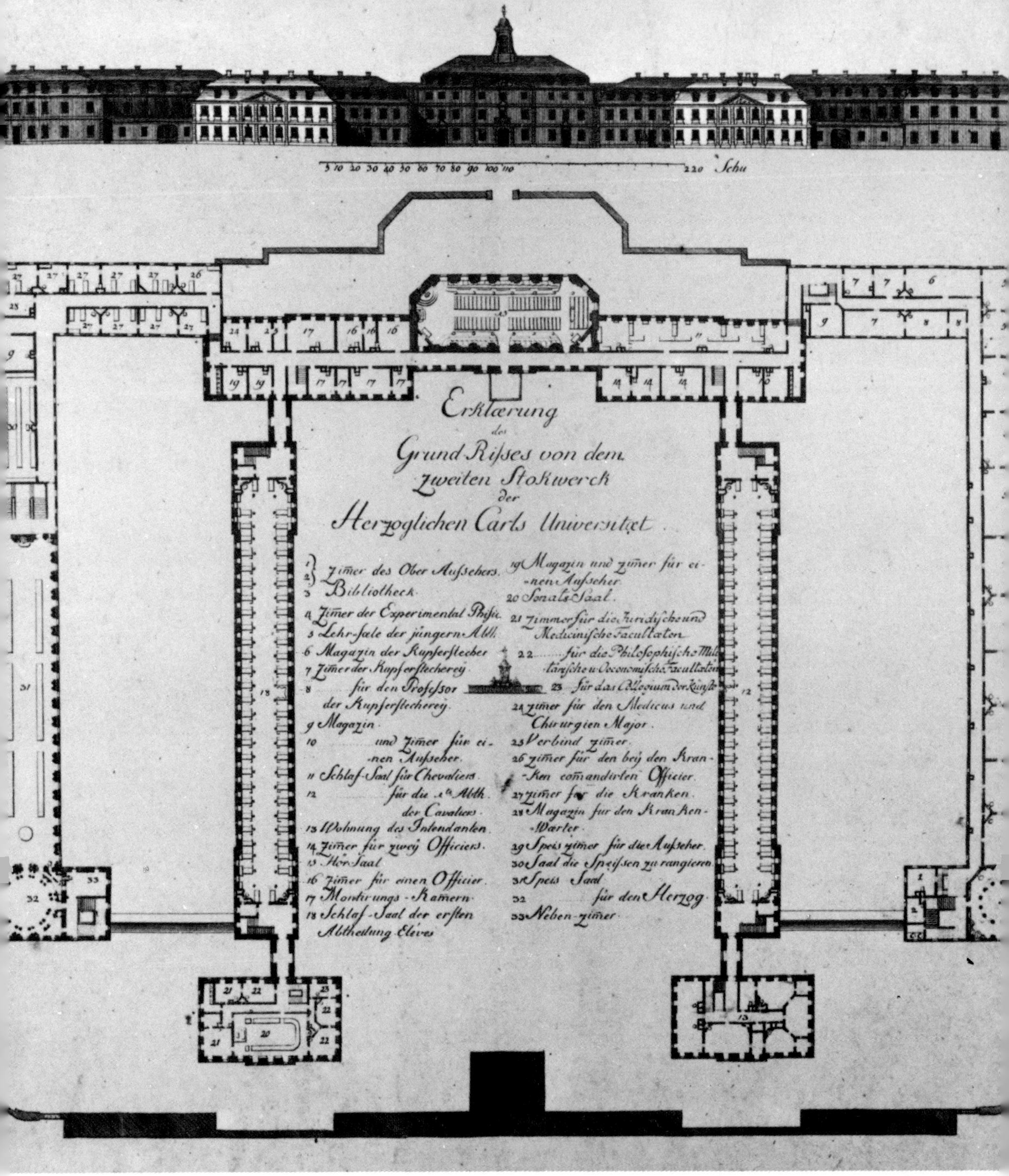
5 10 20 30 40 50 60 70 80 90 100 110 220 Schu
Erklærung
des
Grund-Risses von dem
zweiten Stokwerck
der
Herzoglichen Carls Universitæt.
1) 2) Ziṁer des Ober Aufsehers.
3 Bibliotheck.
4 Ziṁer der Experimental Phisic.
5 Lehr-sæle der jüngern Abth.
6 Magazin der Kupferstecher
7 Ziṁer der Kupferstecherey
8 .... für den Professor der Kupferstecherey.
9 Magazin.
10 .... und Ziṁer für einen Aufseher.
11 Schlaf-Saal für Chevaliers.
12 .... für die 2te Abth. der Cavaliers.
13 Wohnung des Intendanten.
14 Ziṁer für zwey Officiers.
15 Hör-Saal
16 Ziṁer für einen Officier.
17 Montirungs-Kaṁern.
18 Schlaf-Saal der ersten Abtheilung Eleves
19 Magazin und ziṁer für einen Aufseher
20 Sonals-Saal.
21 Zimmer für die Juridische und Medicinische Facultæten
22 .... für die Philosophische Militärische u. Oeconomische Facultæten
23 .... für das Collegium der Künste
24 Ziṁer für den Medicus und Chirurgien Major.
25 Verbind ziṁer.
26 Ziṁer für den bey den Kranken coṁandirten Officier.
27 Ziṁer für die Kranken.
28 Magazin für den Kranken-Wærter.
29 Speis ziṁer für die Aufseher.
30 Saal die Speissen zu rangieren.
31 Speis Saal
32 .... für den Herzog.
33 Neben-ziṁer.

24 *Innenhof des Akademie-Gebäudes um 1860. Stich von G. Conz*

23 *(links) »Erklaerung des Grund-Rißes von dem zweiten Stokwerck der Herzoglichen Carls Universitaet« aus einer Akademie-Beschreibung von 1784*

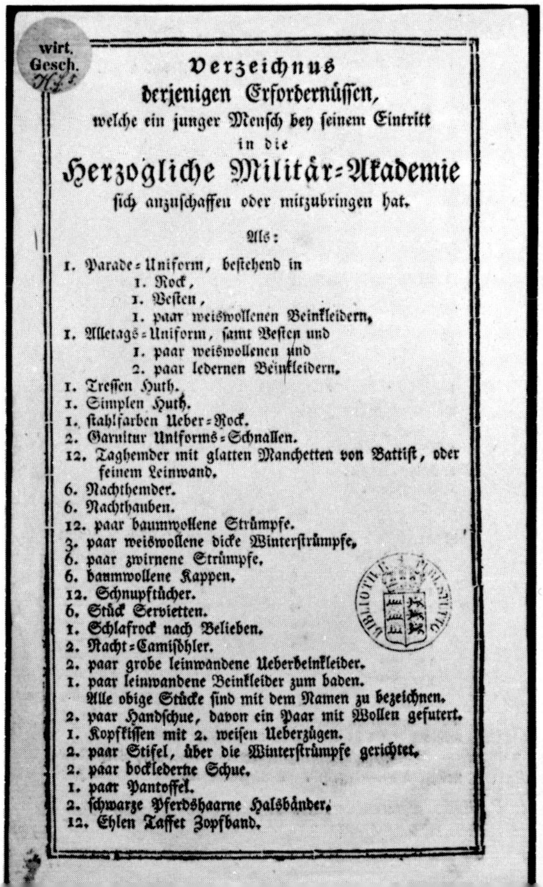

Verzeichnus
derjenigen Erfordernüssen,
welche ein junger Mensch bey seinem Eintritt
in die
Herzogliche Militär-Akademie
sich anzuschaffen oder mitzubringen hat.

Als:

1. Parade-Uniform, bestehend in
   1. Rock,
   1. Vesten,
   1. paar weiswollenen Beinkleidern,
1. Alletags-Uniform, samt Vesten und
   1. paar weiswollenen und
   2. paar ledernen Beinkleidern.
1. Tressen Huth.
1. Simplen Huth.
1. stahlfarben Ueber-Rock.
2. Garnitur Uniforms-Schnallen.
12. Taghemder mit glatten Manchetten von Battist, oder feinem Leinwand.
6. Nachthemder.
6. Nachthauben.
12. paar baumwollene Strümpfe.
3. paar weiswollene dicke Winterstrümpfe.
6. paar zwirnene Strümpfe.
6. baumwollene Kappen.
12. Schnupftücher.
6. Stück Servietten.
1. Schlafrock nach Belieben.
2. Nacht-Camisöhler.
2. paar grobe leinwandene Ueberbeinkleider.
1. paar leinwandene Beinkleider zum baden.
   Alle obige Stücke sind mit dem Namen zu bezeichnen.
2. paar Handschue, davon ein Paar mit Wollen gefutert.
1. Kopfkissen mit 2. weisen Ueberzügen.
2. paar Stifel, über die Winterstrümpfe gerichtet.
2. paar bocklederne Schue.
1. paar Pantoffel.
2. schwarze Pferdshaarne Halsbänder.
12. Ehlen Taffet Zopfband.

25 *Gedrucktes Anschaffungs-Verzeichnis für neueintretende Akademisten*

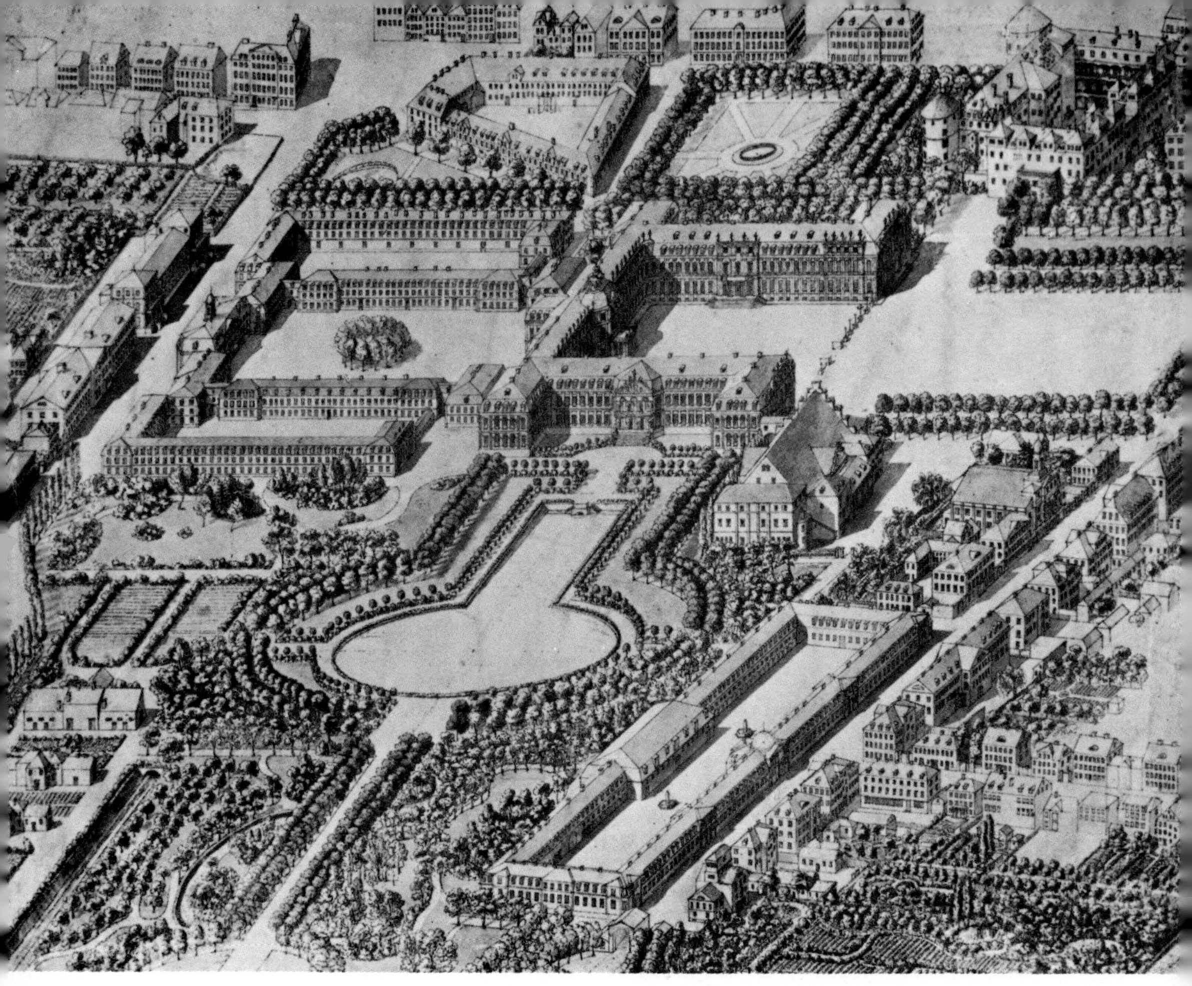

26 Das Zentrum der Residenzstadt in einer getuschten Federzeichnung Nikolaus Thourets (um 1825). Oben rechts Altes Schloß und Alte Kanzlei, unten rechts die 1806 begonnene untere Königstraße, gesäumt von den größtenteils von Thouret entworfenen oder gebauten Wohnhäusern, von der ursprünglich auf der Solitude als Akademiekirche fungierenden Eberhardskirche und dem gleichfalls von der Solitude hierher versetzten Marstall. In der Mitte das Neue Schloß, rechts davor das 1758, 1811/12 und 1844 zum Theater umgebaute, 1902 abgebrannte ehemalige Lusthaus (heute Kunstgebäude), links daneben zum Eingang in die Oberen Anlagen der »Epaulettensee«. Links neben dem Karlsplatz das Waisenhaus, hinter dem Neuen Schloß die Akademie und die 1811 getaufte Neckarstraße mit Staatsarchiv und Naturalienkabinett von Georg Gottlob Barth (1821–1827)

benutzt, bringt mancherlei Verschönerungen und Verbesserungen in der Gegend des Neuen Schlosses, den Abbruch der Ruine des Neuen Baues, die der Planie, die Neue Straße als Verbindung zur Seegasse, die Straße vom Esslinger Tor zum Akademiegarten, die 1783 Karlstraße getauft wird. Aber das sind keine gezielten, keine umfassenden Aktionen. Man fordert zwar zu Neubauten in der Karlstraßengegend auf, und Carl Eugens Oberbaudirektor Reinhard Ferdinand Heinrich Fischer ist einer der Ersten, der dort zwei, von Nicolai dann bewunderte Häuser aufführt, man baut in der Gartengegend um das Bollwerk in der Reichen Vorstadt, der »höchsten, luftigsten und gesundesten Gegend der Stadt«, man erneuert 1796 die 1757 eingeführte Häusernumerierung.

Mehr als sporadische Zutaten sind das nicht: die schöpferische Neugestaltung Stuttgarts bringt erst der Klassizismus. Fast hat man den Eindruck, als habe das so sein müssen: die Tändelei eines Rokokohauses hätte sich im pietistischen Stuttgart, in der Stadt der Ehrbarkeit, befremdlich ausgemacht. Daß das 1710 begonnene, unter Carl Eugen nach mancherlei Erweiterungen und Verbesserungen 1788 vollendete Waisenhaus einen gehörig einfachen Eindruck machte, muß den Leuten gefallen haben, und am Bau der Carlsschule hat man die »ernsthafte Simplicität« ausdrücklich gerühmt: solches Beiwerk konnte sich in den Tenor der Altstadt halbwegs fügen. Ein Gesamtkonzept, das die städtebaulichen Entwicklungstendenzen, die sichtbaren und die latenten, aufeinander bezog, hat die Ära Carl Eugens nicht beschert. Die »alte Stadt« Stuttgarts, meint Goethe, gleiche der Frankfurts »in ihren alten Teilen«, die neue Stadt sei »in entschiedenen Richtungen meist geradlinig und rechtwinklig gebaut«, »nach einem allgemeinen Gesetz und doch nach einer gewissen bürgerlichen Willkür« – genau mit diesem hier tastend aufgespürten Widerspruch wird man sich amtlicherseits, so oder so, in Bälde auseinanderzusetzen haben.

Was mit Nachdruck gehandhabt und unter perfektionierter Koordinierung aller irgendwie teilhabenden Instanzen praktiziert wird, ist die »Polizei«, die innere Verwaltung der Stadt, die Förderung ihrer Wohlfahrt, auch wenn da mit schrankenlosem Zwang in die Rechte des Einzelnen eingegriffen wird. 1751 erscheint eine neue Feuerordnung für die »Hochfürstliche Residenzstadt«, die empfiehlt, die Häuser zu verblenden und »die bretternen Giebel an ihnen« abzuschaffen. Erst jetzt verschwindet das Stuttgarter Fachwerk, erst jetzt kommt »Farbe« in die Stadt. »Weil die Häuser fast durchgehends von Holz sind«, so ist im »Lexikon für Schwaben« unter Stuttgart notiert, »so werden sie übertüncht und bemahlt. Die Vernünftigeren haben es bei einem weißen oder hellgrauen Anstrich bewenden lassen, andere haben die Architektur in Farben nachgeahmt, andere aber ihre Häuser wie Ostereier beschmieren lassen.« Unter der Fuchtel des aufgeklärten Absolutismus haben Städte uniform auszusehen. Aber natürlich sollen sie auch hygienisch sein. Die Stuttgarter »Gassen-Säuberungs- und Brunnen-Ordnung« von 1774 verlangt »in gnädigstem Betracht des grossen Güther-Baues und der von unsern Unterthanen in Stuttgardt daher zu ziehenden Nahrung«, die »Thungstätten und Misthaufen« aus der Stadt zu verbannen, mit der »sträcklichen« Einschränkung freilich, daß in den Straßen und Gassen des »vornehmsten Wandels« grundsätzlich damit aufgeräumt werden soll, in den »wenig gangbaren Gäßlein« Dungstätten wenigstens »auf gewisse Zeit« erlaubt sind. In den als lückenlose Sammlung publizierten »Policei-Verordnungen« Stuttgarts von 1790 ist diese Schraube schon stärker angezogen: Dungstätten sind in der Innenstadt und Reichen Vorstadt grundsätzlich verboten, auch übrigens das »Mezgen auf der Straße«, das unbeleuchtete Liegenlassen einer »Cloace«, das »Ausschütten aus den Fenstern« auch der eindeutigsten Gewässer »sowohl bey Tag als Nacht«.

Ist Stuttgart auf dem Wege zur städtischen Politesse, zur geschliffenen Urbanität? In den stillen Straßen trifft man noch kaum auf Läden oder Schaufenster, dafür aber auf viel »unreines Gezeug«, auch auf Brunnendeuchel, auf viele große und kleine Kellertüren »und Löcher«. Für die Fußgänger gibt es nirgends ein »Trottoir«, überall dasselbe holperige, spitzige Pflaster. Gossen inmitten der Straßen, an Dächern Wasserspeier, statt lichter Fenster kleine, in Blei gefaßte runde Scheiben. Vor dem vielgerühmten Gasthaus »Zum Adler« am Marktplatz steht ein mächtiger Holzbau, das Herrenhaus, bis 1775 mit einer Metzig, einer Brotlaube und einem Kornhaus im unteren Stock. Vor dem Rathaus mit seiner öffentlichen Warenniederlage im steinernen Erdgeschoß ein Marktbrunnen mit hoher Säule und »kostbarem, massiv eisernen Bassin«, ein Geschenk Carl Eugens an die Stadt. Bisweilen spannt sich ein Seil über die Straße, an dem eine Laterne hängt, die spärliche Lichtspenderin für die Nacht.

Drinnen, in den Häusern, benützt man irdenes Geschirr und zinnerne Teller noch fast auf jedem Tisch. Porzellan erscheint nur bei besonderen Gelegenheiten. In der Küche stehen die Kübel und Gelten für den Wasservorrat, den man morgens und abends vom Brunnen herbeischleppt. Um das Herdfeuer zu entzünden und die Öfen zu heizen, muß Stahl, Zunder und Stein im Hause sein. Die Großfamilie im »ganzen Haus« sorgt noch für sich selber, soweit die städtische Arbeitsteilung noch nicht in die Quere gekommen ist. Das Brot wird im Hause gebacken, das Spinnrad dreht die Magd am späten Abend, wenn nicht die Frau des Hauses und die Töchter während des Tags darüber waren, die Kleidungsstücke fabriziert man gemeinsam mit dem Landschneider, der einige Tage ins Haus kommt und sich ganz auf »das Wachsen« der Kinder einstellt.

Nur bei den Reicheren ist zögernd ein »Alamodismus« aufgekommen. Man will sich als »Residenzler« geben. Man gefällt sich in deliziösen Abendpromenaden auf dem Graben, man sieht dort die Herren Assessores, Secretarii, Accessisten, Fähndriche, Leibcorporale und wie sie alle heißen, die Löwen, in der Ballsprache der Zeit zu reden, die Chapeaux des galanten Stuttgart. Mag sein, daß die Frauen der ersten Bürgerfamilien jetzt auch das Bunte lieben, die blauen, roten, grünen, violetten Röcke, die seidenen Strümpfe und Schnallenschuhe, die Zöpfe und Haarbeutel, die Taubenflügel, die Fischbeinröcke mit Schleppe und Fächer, der auf gut stuttgarterisch »Windfuchtel« genannt wird: die Frauen der unteren Schichten können sich das nicht leisten. Aber sie sind auch keine Bauernweiber mehr. Die schwäbischen Trachten, die man noch in Ulm und Augsburg sehen kann, fallen ganz weg. »Die Frauenzimmer sind französisch gekleidet«, berichtet Nicolai, mit dem Zusatz allerdings: »doch eben nicht nach der neuesten Mode. Auf dem öffentlichen Spaziergange sah ich freylich auch beaumonde, der nicht beau war, schwäbische Gesichter ins Französische übersetzt, mit fein aufgelegtem Rothe, welche auch etwa so sich verhielten, wie Übersetzungen gegen das Original. Ein rundes schwäbisches unbefangenes Gesichtchen sieht mit nachlässig aufgekämmten Haaren natürlicher und besser aus. Es ist so etwas ehrliches und festes in den schwäbischen Physiognomien, daß die französischen veränderlichen Moden nicht recht dazu passen wollen.«

Das war vielleicht zu sehr von der sprichwörtlichen Meinung draußen diktiert, die im Schwaben den gutherzigen, treulichen Mann sah. Aber Stuttgart war noch am Ausgang des aufgeklärten Jahrhunderts ohne Weltläufigkeit. Wir hörten davon, daß die reformierte französische Gemeinde »ihr freyes Religions-Exercitium« in der Spitalkirche hatte. Aber das ist Episode. Nach außen hin bleibt alles beim alten. »In der eigentlichen Stadt sind die meisten Gassen krumm und unangenehm, und es giebt da mehrere enge und finstere Kehrwieder.« An diese, aus den achtziger Jahren stammende Aussage hat man sich zu halten. Immer noch ist es verboten, die Schweine auf der Straße »zu waschen« oder dort »Toback zu rauchen«. Wo ist das Licht der Aufklärung? Wo die kritische und selbstbewußte Bürgerschaft? Als man in der Morgenfrühe des 4. Februar 1738 den Hofjuden Josef Süß Oppenheimer auf einem zweirädrigen Karren zur Richtstätte führt, einen in Krämpfen sich aufbäumenden Mann, den man, in grausiger Ironie mit dem Staatsfrack angetan, an die Rückenlehne seines Sitzes binden muß, da glotzt die Menge. Die ganze Garnison ist aufgeboten, und Tausende kommen aus der Umgebung. Auf dem Richtplatz, wo für die Leute des »höheren Standes« drei Tribünen errichtet sind, steht der eiserne Galgen, an den man für den Verurteilten einen besonderen eisernen Käfig montiert hat. Unter Trommelwirbel besteigt Süß die Leiter, »wobei ihm die Perrücke entfiel«. Dann legt ihm der Nachrichter im Käfig den Strick um den Hals. Ein Festtag fürs Volk. Flugblätter werden gedruckt und Münzen geschlagen.

Unterscheidet sich die kleingefügte Residenzstadt von irgendeiner der Duodez-Residenzen? War wirklich »Vernunfft« und Kultur eingezogen? Im Juli 1785 sind die Gemüter erregt, weil die Leute sagen, sie hätten das »muotige Heer« gesehen, und feurige Wagen mit Menschen seien durch die Straße gerast. Ein fünfzehnjähriger Bub, mit hellen blauen Augen, Primus und Musterschüler auf dem Gymnasium bis zum Abschluß, aber »ohne alle körperliche Gewandheit«, der Älteste des Rentkammersekretärs Georg Ludwig Hegel in der Langen Straße 7, der hernach der Weltgeschichte eine neue Bestimmung geben und als Ahne moderner totalitärer Ideologien mißverstanden werden wird: der junge Georg Wilhelm Friedrich Hegel geht der Sache nach. »O Schande! Schande! daß es Gutschen waren. Herr von Türkheim gab nemlich Concert, das sehr zahlreich war; es dauerte bis um zwei; um nun die Gäste nicht in der Finsterniß heimtappen zu lassen, ließ er alle mit Gutschen und Faklen heimführen. Und das war dieß Muthige Heer. Ha! Ha! Ha! O tempora! O mores! Geschehen Anno 1785 O! O!«

Wer Licht in die Trübnis und Durchschnittlichkeit der Stadt bringt, ist unstreitig einmal der Herzog Carl Eugen. In diesem Faktum liegt seine historische Bedeutung. Niemand hätte voraussagen wollen, ob der älteste Sohn Karl Alexanders, der beim Tode seines Vaters ein Büblein von neun Jahren war, von seinen Vorgängern sich in irgendeiner Hinsicht abheben würde. Aber Carl, am 11. Februar 1728 in Brüssel geboren – er hat sich lebenslang gerne in Französisch ausgedrückt – und dann nach Stuttgart geholt, mit sechzehn Jahren 1744 regierender Herzog geworden, hat mehr wollen als Tafeleien und »Feuerwercker« und Jagden, obwohl ihm das zumindest in der ersten Hälfte seines Lebens auch größten Spaß gemacht hat. Aber er sticht in der Herzogsreihe dadurch hervor, daß er die geistigen Bewegungen der Zeit registriert und verwertet, daß er den großen Aufbruch zur Mündigkeit des Menschen und zur Humanität recht und schlecht auch auf sich bezieht. Das hat ihn nicht gehindert, in Fehler zu verfallen, in Schwächen zu verharren und sich in allen jenen Rankünen und Angebereien zu verheddern, an denen der aufgeklärte Absolutismus nicht gerade arm ist. Aber von allen diesen Unzulänglichkeiten und vor der gelegentlichen Flucht in egoistische, miserable Politik, die der Landschaft den Sieg und den Erbvergleich des Jahres 1770 gebracht hat: vor diesen Versuchen und Niederlagen steht ein Mann, der den lebenslangen Weg zur Persönlichkeit als eine ernste Sache, als eine Aufgabe angesehen hat. »Persönlichkeit«, das Zauberwort der Weimarer, konnte nicht gleichbedeutend sein mit biederer Harmonie oder permanentem Beifall des Publikums. Goethe selbst geht uneingestandenermaßen von diesem Bilde aus, wenn er ein paar Jahre nach Carl Eugens Tod an »seinen« Herzog nach Weimar schreibt, nicht ganz frei von warnenden, werbenden, pädagogischen Fingerzeigen an den Adressaten: »Herzog Karl, dem man bei seinen Unternehmungen eine gewisse Großheit nicht absprechen kann, wirkte doch nur zu Befriedigung seiner augenblicklichen Leidenschaften und zur Realisierung abwechselnder Phantasien. Indem er aber auf Schein, Repräsentation, Effekt arbeitete, so bedurfte er besonders der Künstler, und indem er nur den niedern Zweck im Auge hatte, mußte er doch die höhern befördern. In früherer Zeit begünstigte er das lyrische Schauspiel und die großen Feste, er suchte sich die Meister zu verschaffen, um diese Erscheinungen in größter Vollkommenheit darzustellen. Diese Epoche ging vorbei, allein es blieb eine Anzahl von Liebhabern zurück, und zur Vollständigkeit seiner Akademie gehörte auch der Unterrichte in Musik, Gesang, Schauspiel und Tanzkunst. Das alles erhält sich noch, aber nicht als ein lebendiges, fortschreitendes, sondern als ein stillestehendes und abnehmendes Institut.«

Wie immer man in diesen Sätzen, in denen Weimar – Stuttgart unausgesprochen konfrontiert wird, Wunsch und Wahrheit verteilen mag: Carls »Streben nach einer gewissen Größe«, wie Goethe das in einem Brief an Schiller gleichzeitig formuliert, kann nicht verborgen sein. Daß er an seinem fünfzigsten Geburtstag von den Kanzeln des Landes hat die Erklärung abgeben lassen, »Würtembergs Glücksseligkeit« solle von nun an »auf der Beobachtung der ächtesten Pflichten des getreuen Landes-Vatters« ruhen, paßt in dieses Bild. Es habe nicht »anderst seyn« können, daß sich, »theils aus angebohrner menschlicher Schwachheit, theils aus nicht genugsamer Kenntnuß«, Dinge ergeben hätten, die besser unterblieben wären. Das ist die Sprache des Aufklärers, unmittelbar auf den Thron angewandt. Daß Carl im künstlerischen Leben immer auch Staatszwecke erkennt, daß ihn »das Unvermögen, zu Dichter und Dichtung ein Verhältnis zu gewinnen« (R. Uhland), nie ganz verlassen hat, kann nicht übersehen werden. Eines der Schlagwörter der Zeit, »Erziehung«, muß ihm jedoch persönlich etwas bedeutet haben, und es gibt eine Reihe von Belegen dafür, daß er die trostlosen, stupiden, von »Menschen« tönenden und den Untertanen meinenden Mechanismen des späten Ancien régime im Lande um große Neuerungen bereichert hat.

Die größte war die Carlsschule, ein Geschenk für Europa und natürlich für Stuttgart. Die Anfänge liegen in den sechziger Jahren, in der 1761 auf Carl Eugens Geheiß entstandenen »Académie des Arts«, in den Entwürfen Ferdinand Friedrich von Nicolais, eines hochbegabten Artilleriegenerals, der eine Offiziersschule mit zusätzlicher Unterweisung in Sprachen und Geographie, in Staats- und Völkerrecht haben wollte. Die Carlsschule, zu der Christoph Dionys von Seeger, ihr späterer Leiter, am 29. Januar 1770 ein Projekt vorgelegt hatte, ist die Fusion von beidem, eine Pflanzschule des Staates, in der nicht nur Militärs

und hohe Beamte, sondern auch Kameralisten und Forstleute, Bauleute und Kupferstecher herangezogen werden. Am 18. November 1775, im gleichen Jahre, in dem Goethe in Weimar beginnt und den eigentlichen Auftakt zur deutschen Klassik gibt, wird die seit 1773 offiziell so bezeichnete »Militär-Akademie« von der Solitude nach Stuttgart verlegt. Unter der persönlichen Führung des Herzogs, ihres »Vaters«, sind die Akademisten in die Residenzstadt, in die Stadt der Weingärtner und der Ehrbarkeit eingezogen. Platz dafür mußte die zwischen dem alten Lustgarten und dem neuen Schloßbau liegende Kaserne geben, zu der Carl am 12. Mai 1740 den Grundstein gelegt und für die sich jetzt die Stadt Stuttgart erboten hatte, das Gebäude »hiezu auf ihre Kosten nach seinem Willen einzurichten«. Mancherlei Bauteile kamen in diesen Monaten und später dazu. Am Ende stand ein Komplex mit Hauptgebäude und vier Flügeln da, die Künstlerateliers und die Kupferstecherschule im Flügel entlang der Neckarstraße, die Speisesäle im äußeren nördlichen Flügel, die Schlafsäle in den beiden inneren Längsflügeln, die ihrerseits einen schönen Zentralhof umschlossen. Der Bau, im Mittelpunkt von dem heute noch auf dem Platz der alten Akademie erhaltenen Brunnen Thourets geschmückt, entsprach ganz den Intentionen der Gründung »Carls Hoher Schule«, wie sie sich nach ihrer Erhebung zur Universität durch Kaiser Joseph II. am 22. Dezember 1781 nennen durfte: eine äußerlich einfache, aber mit peniblen Reinlichkeitsvorschriften und täglich disziplinierenden Unternehmungen bestückte Institution, der geistigen, der elitären Durchdringung und Bereicherung des absolutistischen Staates gewidmet, »Deo, virtuti ac litteris«, wie das Spruchband an einem der Treppenhäuser begann (»Gott, der Rechtschaffenheit und den Wissenschaften gewidmet«).
Karl war katholisch, aber in erster Linie ein Aufklärer nach eigenem Verständnis. Die Lehrer der Akademie waren, nachdem die pietistisch gesinnten älteren Pfarrer ausgeschieden waren, konfessionell nicht gebunden; man huldigte im Hause einem dogmenlosen, gereinigten Christentum, einer überkonfessionellen Vernunft- und Tugendreligion, man bekämpfte die Unduldsamkeit und das Mittelalterliche des lutherisch-humanistischen Kirchensystems. Insofern hatte Stuttgart, das in die Schlafsäle Betten stellte und die Laboratorien und Unterrichtssäle ausbaute, sich eine Laus in den eigenen Pelz gesetzt. Gefechte in Worten und Traktaten zwischen der Akademie und der Stadtgeistlichkeit beziehungsweise den Professoren des Gymnasiums (und natürlich der Landesuniversität in Tübingen) sind denn auch nicht ausgeblieben. Aber es grenzt an ein Wunder, zu sagen, wie schnell die Carlsschule mit ihren »Cavaliers« und Artisten, mit ihren »Oppidanern« und dem für viele provozierenden Recht, »Doctores zu creieren«, im alten Stuttgart heimisch wurde. Der Grund für die rasche Identifikation zwischen Institut und Stadttradition muß in dieser breiten, konsequen-

ten, absoluten Unterstreichung des Pädagogischen gelegen haben: hier traf man sich auf einer Linie, bei den Diakonen und Lateinlehrern in der Stadt, bei den Fachlehrern der Akademie mit ihren bemerkenswert modernen Unterrichtsmethoden. War dies die geräumige und in acht Hörsäle abgeteilte Schule, die Johann Valentin Andreae als die Krönung aller Erziehung, als »das herrlichste Kleinod einer Republik« erträumte, »Deo, naturae, rationi et saluti publicae« (Gott, der Natur, der Vernunft und dem Gemeinwesen) gewidmet, der in Stuttgart alternde Mann, der nach der Übernahme seines Hofpredigeramtes 1639 noch soviel Elastizität hatte, in den elf Jahren seiner Tätigkeit allein tausendundsiebzig Predigten zu halten?

Das Ora et Labora Altwürttembergs mußte hier jedenfalls Parallelen erkennen, ganz abgesehen davon, daß sich die Erfolge der Schule allmählich abzuzeichnen begannen. Niemand konnte ahnen, daß unter den anderthalbtausend Zöglingen, die insgesamt ausgebildet worden sind, einmal siebzehn Minister und dreiunddreißig Generäle seien, daß Namen wie Cuvier, Wächter, Schick, Dannecker oder Zumsteeg auf das Konto der Carlsschule gehen würden. Aber daß in die außerhöfische Sphäre, Stuttgarts und des Landes, in die »compactatenmäßig« verriegelte und abgeschlossene staatliche und kirchliche Sphäre jetzt die Ideen der Zeit eindrangen, daß der Durchbruch vor allem der politischen Aufklärung durch die Carlsschule erfolgte, war gar nicht mehr zu übersehen. »Eigentliche wissenschaftliche Richtung bemerkt man in Stuttgart wenig«, meint Goethe 1797, drei Jahre nach Aufhebung der Schule, »sie scheint mit der Karls-Akademie, wo nicht verschwunden, doch sehr vereinzelt worden zu sein.« Der Anschluß Stuttgarts an die Deutsche Bewegung, an die Philanthropie oder die Philosophie der Schotten, an den Göttinger Neuhumanismus und den Goethekult, an Sturm und Drang und Shakespeare, war jetzt sich selbst überlassen. Aber der Anfang hat im Lebenswerk Schillers auf großartige Weise weitergelebt. Im Stuttgarter Klassizismus hat man ein paar Jahre später die auf der Aufklärungsphilosophie sich gründende Kunst der Carlsschule blühen sehen können. »In und mit der Carlsschule war erstmals eine Stuttgarter Kunst eigenen Gepräges entstanden, besonders bedeutungsvoll, weil nirgendwo sonst im deutschen Kulturgebiet die neue Kunstrichtung (der Klassizismus, d. Vf.) so unbedingt maßgeblich geworden ist« (W. Fleischhauer).

Das Entscheidende bleibt die – geistig zu verstehende – Fusion der Akademie mit der Stadt. Es fällt einem da das Geschichtlein von jenem Magister ein, der kurz nach Etablierung der Carlsschule mit vier Zöglingen in Stuttgart einfuhr. Es war Nacht, der Wagen wurde unter dem Tor angehalten, und der Herr sollte über sich und seine Begleiter Auskunft geben. »Professor N. N. mit vier Eleven.« Der wachhabende Unteroffizier schrieb ins Nachtbuch »Professor N. N. mit vier

Seelöwen«. Anderntags wurde beim Durchgehen des Buchs die Sache ruchbar: jedermann wollte die Seelöwen sehen, aber es waren vier Knäblein. Man hat noch lange die Eleven »Seelöwen« genannt. »Die Akademie« blieb bis in unser Jahrhundert hinein eine lebendige, eine stadteigene Sache, und es ist sehr bezeichnend, daß Staatsminister von Normann, selbst ehemaliger Carlsschüler und Friedrichs Organisator des größeren Württemberg, in einem Schreiben an Friedrich von der – leider – aufgelösten »Stuttgarter Erziehungsanstalt« spricht. Der Carlsschüler mache sich »im feinen und eleganten Tone am Hofe« geltend, er treibe in allen Künsten zum Wetteifer an, »zum Streben nach großen Zielen, zur Gleichberechtigung in den ungleichen Verhältnissen des Lebens«, konstatiert später Johann Baptist Pflug, ohne Scheu den Vergleich wagend: »In die Neckarluft war etwas von der Sonne Griechenlands gekommen.« Mit der aufklärerischen Haltung und mit den Elementen einer rationalen Wissenschaftlichkeit, die aller supranaturalen Verklärung der Herrschaft so entgegensteht und begreifliche Spannungen in der Carlsschule selbst ausgelöst hat, kommt zugleich spezifisch städtisches, urbanes Denken nach Stuttgart, eine Zufuhr, die in ihrer historischen Rückwirkungen innerhalb der Stadtgeschichte gar nicht überschätzt werden kann.

Man hat sich im Blick auf Schiller, den größten Genius der Akademie, die Dinge wohl in ein falsches Licht rücken lassen. Man sieht ihn vor sich, den hageren Jüngling mit dem rötlichen Haar und der kantigen, auffallenden Nase, der später behauptet hat, er sei »durch eine traurige Jugend« ins Leben hineingegangen, eine »herz- und geistlose Erziehung« habe ihm »die leichte, schöne Bewegung der ersten werdenden Gefühle« gehemmt. Man erinnert sich dann der »Sklavenplantage«, wie Schubart höhnte, und der Akademisten-Gruppe im Bopserwald, denen Schiller aus seinem Erstling »Die Räuber« vorliest. »Seine Declamation«, erzählt später einer aufgrund verläßlicher Kunde, »war anfänglich eine ruhige. Als er aber zur Stelle der fünften Scene des vierten Acts gelangte, wo Räuber Moor mit Entsetzen seinen todt geglaubten Vater vor dem Thurm anredet, steigerte sie sich in dem Grade, daß seine Freunde, mit gespannter Aufmerksamkeit Aug' und Ohr ihm zugewandt, durch den Ausbruch seines Affects in Erstaunen, Bewunderung und in fast endlose Beifallsbezeugungen übergingen.«

Schon Robert von Mohl war der Meinung, daß Schillers Schilderungen »von der Akademie einseitig und übertrieben« gewesen seien, »und noch mehr, daß die Erzählungen seiner späteren Lebensbeschreiber fast bloße Phantasiegebilde sind, ist mir ganz unzweifelhaft«. Die Forschungen Ernst Müllers haben in neuerer Zeit denn auch dargetan, daß die »Räuber« alles andere als eine verbotene Frucht waren, daß es zu Konflikten deswegen während der Akademiezeit

nie gekommen ist, daß im Gegenteil solche Bestandteile der »Räuber« wie der Republikanismus, die Abrechnung mit dem Konfessionschristentum, die medizinische Psychologie der Monologe Elemente des Akademielebens sind, hier im Stück ins Genialische abgewandelt. Diese, mit Novalis zu reden, »Bücherwelt« mag den reifen Schiller später so wenig angetan haben wie den Geheimrat Goethe Werthers Leiden: wo soll die durchlebte und durchlittene Kameraderie der Internatsatmosphäre, die witzelnd-ernste Typenanalyse, vom Mädchenliebhaber, der Mädchen nur von ferne sah, bis zum zynischen Schuft – wo sollten die einstigen »Räuber«-Motive im Alltag des schreibenden, dichtenden, denkenden Hausvaters zu Weimar auch Platz haben?
Als er von August 1793 bis April 1794 in der alten Heimat weilt, für Wochen im Stuttgarter Hofküchengartenhaus Augustenstraße 9 an seinem »Wallenstein« und den »Aesthetischen Briefen« schreibend, aus der Kurtz'schen Glockengießerei Anregungen für das »Lied von der Glocke« beziehend und auf dem Weg nach Hohenheim die Elegie »Der Spaziergang« konzipierend, sah Schiller selbst die Dinge einigermaßen anders an. Er hat daran keinen Zweifel gelassen, daß die ominösen Vorgänge, die ihn in Widerspruch zu seinem Herzog brachten, nach der Carlsschulzeit liegen, und auch wir zweifeln nicht daran. Aber daß die angebliche Zuchtanstalt nicht mehr ist, bedauert er. »Die Militärakademie ist jetzt aufgehoben, und dies wird mit Recht beklagt, obgleich sie nicht mehr in ihrer Blüte war. Außer den beträchtlichen Revenuen, welche Stuttgart daraus zog, hat dieses Institut ungemein viel Kenntnisse, artistisches und wissenschaftliches Interesse unter den hiesigen Einwohnern verbreitet, da nicht nur die Lehrer der Akademie eine sehr beträchtliche Zahl unter denselben ausmachen, sondern auch die mehresten subalternen und mittleren Stellen durch akademische Zöglinge besetzt sind.« Es gibt keine präzisere Auskunft über die historische Bedeutung auch für Stuttgart. Und vor der Fürstengruft stehend, raunt er einem seiner besten Akademiefreunde zu: »Da ruht er also, dieser thätig gewesene Mann! Er hatte große Fehler als Regent, größere als Mensch; aber die ersten wurden von seinen großen Eigenschaften weit überwogen, und das Andenken an die letzteren muß mit dem Todten begraben werden.«
Wenn von einem Bündnis Stuttgarts mit Wissenschaft und Kunst die Rede sein soll, das, geschlossen in den Carlsschuljahren, aus der Residenzpartikel Stuttgart ein geistig lebendiges Gebilde mit eigenem intellektuellen und musischen Boden, eine »Stadt« gemacht hat, so wäre in Schillers Gestalt die größte, die wirksamste Gabe zu sehen. Auf das Nur-Biographische abgehoben, müßte es fast schwerfallen, ihn auch noch für Stuttgart zu reklamieren. Der Abschied von der alten Heimat ist ihm damals, im Frühjahr 1794, nicht schwer geworden. »Es wird mir nach einer acht Monate langen Dürre wohltun, mich wieder unter denkenden

Menschen zu finden.« Aber es muß zu denken geben, daß Schiller bis heute vornehmlich in der Gestaltung Danneckers fortlebt, in der Büste seines Akademiefreundes, die Goethe im Originalabguß in Danneckers Haus sah und für ihn, so im Brief an Schiller, »solche Wahrheit und Ausführlichkeit« hatte, »daß er wirklich Erstaunen erregt«. Danneckers Haus blieb der Mittelpunkt des Stuttgarter Kunstlebens und er selbst so etwas wie ein Garant zur ununterbrochenen Verbindung mit dem großen Sohn des Landes. »Den andern Morgen bei'm Erwachen war der göttliche Mann vor meinen Augen, da kam mir's in den Sinn«, erzählt Dannecker 1805, »ich will Schiller lebig machen, aber der kann nicht anders lebig sein, als colossal. Schiller muß colossal in der Bildhauerei leben, ich will eine Apotheose.«

Er hat Schiller »lebig« gemacht. Die Idealbüste Danneckers ist für das ganze 19. Jahrhundert in Stuttgart – und darüberhinaus – Sinnbild und Autorität geblieben, für den Freiheitskämpfer, der, mit dem Profil einer Raubvogelschärfe, das Virile wieder auf den Thron setzen und die falschen Mächte entlarven will, den Heine und Marx in seinen gesellschaftlichen Antrieben tiefer erfaßt haben als Storm oder Stefan George, der, selbst Produkt echtester Erziehungspassion, dem Glauben an die Perfektibilität der Menschen Flügel gab, der die urbane Funktion der Kunst erkannt hat, die Einbürgerung des Künstlers in den sozialen Raum, gerade das, was man in Stuttgart von einer Generation zur anderen, im Windschatten des Hofes und vor dem drohenden Finger der Kanzelredner, so sehr vermißt hat. In den Stuttgarter Schillerfeiern des folgenden Jahrhunderts ist im Grunde immer wieder dieses große Geschenk der Carls-Epoche angegangen worden, immer aufs neue inspiriert vom Bild des todkranken Mannes in Weimar, der, einer der tiefsten Historiker in deutscher Sprache, in der verwunschenen Kleinstadt mit ihren sechstausend Einwohnern gewissermaßen das Ohr an den Boden legt, um das unterirdische Hämmern und Pochen der kommenden Riesenstadt zu hören, in der die Industriegesellschaft des neuen Jahrhunderts ihre stählernen Züge annimmt.

Auf diesem Umweg über die Hörsäle und Ateliers hat das letzte Jahrhundertviertel Stuttgart auch ein gehöriges Maß bürgerlicher, kommunaler Möglichkeiten gebracht. Da ist die berühmte herzogliche Büchersammlung in Stuttgart, die 1780 rund hunderttausend Bände gehabt hat, das Dreifache von dem, was damals die Göttinger Universitätsbibliothek bieten konnte. Noch 1740 steht in der herzoglichen Kunstkammer kein einziges Buch. 1765 eröffnet Carl in Ludwigsburg, um mit der modernen Vokabel zu reden, die Württembergische Landesbibliothek, die gleichfalls 1775 im »Herrenhaus« am Stuttgarter Marktplatz ihren ersten Sitz in der Hauptstadt erhält. 1820 hat diese erste öffentliche Bibliothek ein neues Unterkommen im bisherigen »Invalidenhaus« bekommen, noch im zwanzigsten Jahrhundert in der Geschichte der Württembergischen Landesbibliothek als »das alte Haus« bezeichnet, bis 1878 mit einem Neubau an der Neckarstraße begonnen wurde, dessen Hauptteil 1883 bezogen werden konnte. Hegel hat die Herzogliche Bibliothek im Herrenhaus fleißig besucht. »Es ist ein großes Zimmer mit einer langen Tafel und Feder und Papier da, wo man sich aufhält. Das Buch, das man begehrt, schreibt man nächst dem Namen auf einem Papier und gibt es dem Bedienten, der einem dann das Buch überbringt.«

In den achtziger Jahren entsteht eine Stuttgarter Lesegesellschaft in den Räumen des Oberen Museums, ein erstes Anzeichen dafür, daß der geistig-kulturelle Import, so Carl Eugens 1784 erworbene berühmte Büchersammlung des Schleswiger Pfarrers Josias Lorck, auch in den bürgerlichen Schichten der Stadt sein Heimatrecht bekommen hat. Noch wichtiger aber war, daß sich in Stuttgart jetzt erstmals auch Häuser finden, in denen Kunst und Literatur zum täglichen Brot gehören und Kultur in einer so persönlichen Weise umgesetzt wird, daß die Unterschiede zur ästhetischen Sprödigkeit des Stuttgarter Bürgerhauses vor dieser Zeit ins Auge springen. Man hätte da das Haus Eberhard Friedrich Georgiis zu nennen, des »letzten Württembergers«, in dessen Gartensaal Schelling 1810 private Vorlesungen hielt, wo Rapp und Dannecker und Friedrich Haug, übrigens auch der junge Eduard Mörike Aufnahme oder Anregung fanden. Natürlich gehört Johann Friedrich Cotta, der »große Cotta«, in diese Reihe. Er hat, 1764 in Stuttgart geboren, am 1. Dezember 1787 den heruntergekommenen Verlag seines Vaters gekauft, ihm die Werke der deutschen Klassik gewonnen und Weltruhm damit erworben. Im März 1794 hat Cotta in Stuttgart persönliche Bekanntschaft mit Schiller geschlossen. Damals wurden die ersten konkreten Verlagspläne besprochen, die im Mai in Jena zum Abschluß der Verträge über die »Allgemeine Europäische Staatenzeitung« und die »Horen« führten, der glanzvollsten Zeitschrift, die Deutschland je besessen hat. »Für einen Mann von strebender Denkungsart und unternehmender Handelsweise«, schreibt Goethe aus Tübingen über ihn, »hat er so viel Mäßiges, Sanftes, Gefaßtes, so viel Klarheit und Beharrlichkeit, daß er mir eine seltene Erscheinung ist.«

Cottas Verlag und Sortiment zogen erst im Dezember 1810 nach Stuttgart. Der Mann selbst – er ist in Goethes Todesjahr 1832 gestorben – hat die Verbindungen mit Stuttgart nie verloren, sie vielmehr immer mehr vertieft und erweitert. Für die wachsende Urbanisierung Stuttgarts, an dieser Grenze zwischen der Welt der altständischen Ehrbarkeit und der modernen, neuzeitlichen Stadt, steht auch Georg August Hartmann, in dessen Elternhaus Schillers Vater und Mutter und ihr gefeierter Dichtersohn verkehrten. Zu seiner Freundschaft gehörten Herder, Graf Reinhard, der Minister von Lerchenfeld oder der Professor

Schwerz in Hohenheim. Hartmann begann als Professor der Kameralwissenschaft an der Carlsschule seine Karriere; sie hat ihn zu den höchsten Staatsämtern geführt. Wie Hartmann auf seine Umgebung wirkte, bezeugen zwei Briefe des jungen Heinrich Voß an Charlotte Schiller vom November 1809 und 1810. »Besonders Hartmann ist mein Liebling geworden. Er ist ein Mann voll Seele«, und: »Hartmann habe ich täglich gesehen. Er ist mir beinah der Liebste von den Stuttgartern.«

Das Haus Gottlob Heinrich Rapps illustriert am nachdrücklichsten, wie sehr man in Stuttgart jetzt, jenseits der bloßen Erhaltung überkommener Existenzformen, den Weg vom korrekten Steuerzahler zum Kulturträger und Kulturschöpfer geht, zum Stifter und Mäzen. Rapp, am 6. Februar 1761 in Stuttgart geboren und vom Vater, dem Inhaber eines Tuchgeschäftes, zum Kaufmann bestimmt, ist mehr, weit mehr als bloß erwerbender Bourgeois: »Er war Kaufmann, Künstler und Kunstmäzen, Schriftsteller und Staatsbeamter.« Goethe rühmt ihn als »wohl unterrichteten, verständigen Kunstfreund«. Friedrich hat ihn 1814 zum Kontrolleur der Hofbank bestellt, Wilhelm 1818 zum Hofbankdirektor. Mit Cotta war Rapp befreundet; er hat vielfältig mit ihm zusammengewirkt. Dannecker war sein Schwager. Schiller ist gelegentlich seines Heimataufenthaltes 1793 und 1794 bei ihm gastlich aufgenommen worden. 1810 schreibt Charlotte Schiller an Cotta: »Er vereinigt so viel feine Bildung mit einem tätigen Leben und weiß so viel Geist und Genuß in sein Leben zu legen. Und dabei die große Güte und Zartheit des Gemüts, die so selten ist, und sein Talent. Er ist reich von Natur begabt.« Rapp ist wohl, vom Organisatorisch-Notwendigen her gesehen, der Erste, der Stuttgart zur Kunststadt macht. Die 1812 zustandegekommene Kunstausstellung im Alten Schloß ist sein Verdienst. Wie sehr der Handelsmann Rapp zugleich ein in aller Öffentlichkeit spürbarer Weiterbildner der Künste werden konnte, ist solchen, seinen eigenen Sätzen abzulesen: »Kunstbildung ist ein wesentlicher Teil der Menschen-Bildung, und trägt also eben so wesentlich zur Erhöhung der menschlichen Glückseligkeit bey.« Kunstanstalten seien notwendig. Und ihre erste und größte Aufgabe sei es, »daß sie auf das Allgemeine durch Berichtigung der Begriffe vom Schönen und Wahren einwirke«. Wo hätte in den Reihen der Ehrbarkeit ein solches, ganz vom Geist der Weimarer Klassik zehrendes Wort fallen können?

Stuttgart haucht in der Epoche Carl Eugens einer spezifisch ebenso höfischen wie städtischen Kunst- und Musikkultur Leben ein, einer Theater- und Literaturfreudigkeit, die sich weit über das hinaushebt, was die Stadt bisher an Eigenem in diesen Bereichen zu bieten hatte. Es wäre töricht, die Namen und Werke, vor allem die gesellschaftliche Struktur der neuen Kulturatmosphäre am gleichzeitigen Bild des klassischen Weimar messen zu wollen. Die Sternstunde deutscher

Kultur, wie sie Weimar geboten hat, mußte etwas Einmaliges bleiben. Aber es fällt auf, daß Goethe statt Meiners' wenig freundlichen Worten über das Stuttgarter Kunstgewerbe – fast alle »Handwerke« würden »teuer und weniger gut arbeiten« als in Göttingen – festzustellen hat: »Künstler und Kunstwerke gibt es hier von verschiedenen Graden, und ich habe Gelegenheit zu mancher interessanten Unterhaltung gefunden.« Männer wie Dannecker, führend unter den Bildhauern des europäischen Klassizismus, wie Johann Gotthard Müller, einer der hervorragendsten Kupferstecher seiner Zeit, mit einer »ausgebreiteten Schule«, wie Goethe verrät, »die, indem er nur große Arbeiten unternimmt, die geringern buchhändlerischen Bedürfnisse unter seiner Aufsicht, befriedigt«, wie Christian Gottlieb Schick, der dem Klassizismus eine der stärksten künstlerischen Kräfte brachte, schließlich auch Philipp Friedrich Hetsch oder Adolph Friedrich Harper, die freilich später im Ausland tätig waren: solche Männer haben doch dafür gesorgt, daß die gleiche Stadt jetzt als Kunststadt auftrat, die zuvor der Kunst nur sporadisch diente.

Auch die Stuttgarter Musik beginnt jetzt eigenen Rang zu erwerben. Vom Jahre 1618, wo eine Gesellschaft fürstlicher Beamten und angesehener Bürger eine sonntägliche Figural- und Instrumentalmusik in der Stiftskirche stiftet, bis zu Niccolo Jommelli, der, Musikdramatiker ohne die üblichen, konventionellen Schlacken, in Stuttgart den Höhepunkt seines künstlerischen Schaffens erreicht, ist es ein weiter Weg. Am Hofe Carl Eugens hat Jommelli seinen internationalen Ruhm vervollkommnet, und es ist sicher, daß Carl Eugen keinem Unwürdigen sein Vertrauen geschenkt hat. Nach seinem Weggang ging es mit dem Glanz der italienischen Oper in Stuttgart, die selbst Leute aus Paris angezogen hat, Schritt für Schritt abwärts. Aber immerhin war noch ein Mann wie Zumsteeg da, den Goethe besuchte und mit der Überlegung verließ, ihn »vielleicht für das Theater zu arrangieren«, den Lenau allen Ernstes mit Schubert vergleicht: »Zumsteeg ist mein Liebling. O wie schön sind diese Lieder!«

Auch das Theater, getragen vom Oberkapellmeister Jommelli bis zu seinem 1769 eingereichten Rücktritt, von dem unermüdlichen Joseph Uriot, dem Maler und Architekten Servandoni oder der schönen Rosette Dugazon: auch das Theater hat nach Carl Eugens Abkehr von den theatralischen Lüsten den Abstieg zu einer Alltagsbühne durchschnittlicher Leistungen hinnehmen müssen. Mit den Stükken Schillers, mit Iffland, der im Sommer 1802 aufzog, kam indessen wieder neues Leben in das Unternehmen. Der Grund, der in der Zeit Carl Eugens gelegt wurde, ist nie mehr zerstört worden. Man hat hier den gleichen Eindruck wie in der Entwicklung der Stuttgarter Oper, über deren Stand in den ersten Jahren des 19. Jahrhunderts dann berichtet wird, »daß gewiß in wenigen deutschen Städten Mozartsche Musik verhältnismäßig so viele Verehrer findet als in Stuttgart, wo

bei jeder Aufführung einer Oper Sänger, Sängerinnen, Orchester und Publikum in Leistung und Anerkennung wetteifern«.
Man ist versucht, die historischen Wirkungen dieser Epoche und dieses Bündnisses lediglich auf bürgerlich-biedermeierlichem Untergrund zu sehen, ein gefälliger Rahmen eines individuellen Bildungserlebnisses. »Nun habe ich Tage hier verlebt, wie ich sie in Rom lebte.« So der glückliche Goethe aus Stuttgart. Es ist ihm hier »durchaus recht gut gegangen«, und er zieht zum Abend das gerade beendete Manuskript »Hermann und Dorothea« aus der Tasche. »Als ich bemerken konnte, daß mein Verhältnis zu Rapp und Dannecker im Wachsen war, und beide manchen Grundsatz, an dem mir theoretisch so viel gelegen ist, aufzufassen nicht abgeneigt waren, auch von ihrer Seite sie mir manches Angenehme, Gute und Brauchbare mitteilten, so entschloß ich mich, ihnen den Hermann vorzulesen.«
Aber das Bündel Ausstrahlungen hat tiefer gegriffen. Die Kommunikation in der Stadt wird enger und der Ton freiheitlicher. Im August 1619 hat die erste wöchentliche Zeitung Stuttgarts begonnen, eine Serie »Zeittungen auß unterschiedlichen Orten«. Zu Anfang des achtzehnten, dieses mit Deismen und Teufelsfratzen gleichermaßen überzogenen Jahrhunderts hatte Stuttgart zweimal wöchentlich gerade zwei Zeitungen. An seinem Ende erschien ab dem 3. Oktober 1785 Magister Christian Gottfried Elbens »Schwäbischer Mercur« in Stuttgart, seit Juli 1787 wieder Schubarts »Vaterländische Chronik«, seit 1790 die mit längerer Vorgeschichte beladenen »Stuttgartischen Nachrichten«. Es fällt auf, daß die Zensurfreiheit für Schubart und Elben schon 1791 abgeschafft worden ist, als deren Blätter zu freimütig mit der Französischen Revolution sympathisierten. Stuttgart hat in den neunziger Jahren mancherlei Aktionen in seinen Mauern beherbergt, die , in der Form einer Patriotischen Gesellschaft, einzelner Traktate oder dunkler Agentengruppen, mit den republikanisch-revolutionären Bestrebungen in Frankreich glaubten etwas anfangen zu können. Wie immer auch: das alte Formelwesen und der starre Dogmatismus des württembergischen Kirchentums hat in dieser neuen Verbindung von Kunst und Wissenschaft eine Gegenströmung, wenn auch der Herr Special oder gar ein Herr Prälat in schwarzem Mantel und schneeweiß gepuderter, lockenwallender Perücke auf dem ehrwürdigen Haupt, nach wie vor eine Respektsperson gewesen sein müßte. Aber der Geist war freier geworden. »Ich glaube kaum, daß anderswo in Deutschland eine größere Freiheit zu reden, und Alles, was geschrieben wird, zu lesen herrscht, als in Stuttgart.« So Meiners, der sonst Stuttgart nicht eben hold ist. Und Nicolai notiert in der Stadt, halb ironisch, halb betroffen, daß die Stuttgarter »auf uns arme Brandenburger wie auf Sklaven herabsehen«.
Stuttgart ist dabei, sich aus der Dämmerung dieses Jahrhunderts, worin Groß-

artiges und Kleinliches, Bildung und Herkommen, Aufklärung und Vorurteil so überzwerch miteinander streiten, als eine eigene, nicht nur organisatorische, sondern auch geistige Größe herauszuarbeiten. Vielleicht ist es kein Zufall, daß Carl Eugen, von der sanften Gewalt seiner »Fränzel« geleitet, sich in die ländliche Eremitage Hohenheim zurückzieht, in das hausbackene Leben des Landedelmanns, und die Residenz, die mündig gewordene, sich selbst überläßt. Das Schloß droben am Filderrand hat nichts vom zierlichen Raffinement der Solitude: eine noble, eine liebenswerte Architektur, ein Gutspächterleben in Anführungsstrichen, wo der Herzog, wenn es not tut zwischen Erntewagen und Ochsengespannen, die Landtagsabordnung empfängt. Manchmal geht der gezähmte, »fromm« gewordene Patriarch, wie die Gemahlin in ihrem mit abenteuerlicher Orthographie gepflasterten Tagebuch festhält, »nach Stuttgart dorden Zu beichten u. Zu Comoniciren«, auch schlicht deshalb, »umm dord hof zu Halden«.

Die Residenz, ein kostspieliges, ein aufregendes Schmuckstück, braucht man schon gar nicht mehr. Die politische Wirklichkeit beginnt schon, eigene Wege zu gehen. Stuttgart ist die Fürstin des Landes, auch ohne die tägliche Legitimation durch den Fürsten. Das, was einen Stadtkörper im eigentlichen Sinne ausmacht, geistige Individualität und geschichtliche Würde, hat die Stadt sich auf fast unmerklichem Wege selbst erworben. Es ist die Zeit, in der Hölderlin die seinem Freunde Siegfried Schmid (»Fremdling«) gewidmete Elegie »Stuttgart« schreibt:

»Aber indes wir schaun und die mächtige Freude durchwandeln,
  Fliehet der Weg und der Tag uns, wie den Trunkenen, hin.
Denn mit heiligem Laub umkränzt erhebet die Stadt schon,
  Die gepriesene, dort leuchtend ihr priesterlich Haupt.
Herrlich steht sie und hält den Rebenstab und die Tanne
  Hoch in die seligen purpurnen Wolken empor.
Sei uns hold! dem Gast und dem Sohn, o Fürstin der Heimat!
  Glückliches Stuttgart, nimm freundlich den Fremdling mir auf!«

Die klassizistische Königsstadt

Das Stuttgart nach 1800 hat ein anderes Gesicht als die herzogliche Residenzstadt der Generationen zuvor. Jetzt will alles aus einem Guß sein. Von einer Trennung der einzelnen Kunst- und Wissenschaftsdisziplinen, die Goethe am Ende seines Lebens hat heraufkommen sehen, in wehmütiger Erinnerung an das Geistesleben im frühklassizistischen Weimar, kann – zunächst – ebenso wenig die Rede sein wie von einer Trennung der politischen Gewalt in Fürst und Stände, Geheimen Rat und Ständigen Ausschuß. Friedrich I. hat mit dem Dualismus aufgeräumt. Er will einen geschlossenen, einen modernen Staat. Er hat dieses Ziel, mit spätabsolutistischer Härte arbeitend, erreicht. Am 6. November 1754 zu Treptow in Pommern geboren, unter unverständigen Gouverneuren Erziehungstrakturen ausgesetzt, in Lausanne von seinem Lehrer Holland in die Welt der Aufklärung eingeführt und mit den exakten Wissenschaften vertraut gemacht, sind ihm »vernünftiges« Christentum und Herrscherpflicht gewohnte Dinge. Wie sein Vater tritt er in preußische Heeresdienste. Friedrich der Große ist sein Ideal. Wir denken eher an den »Vater«, an das Königtum Friedrich Wilhelms I., an jene diskussionslose Verbindung von Herrscherrecht und Gottesgnade. Politisch-familiäre Differenzen führen ihn in russische Dienste. Er wird Gouverneur von Russisch-Finnland, zeitweise, in den Krimwirren der achtziger Jahre, auch von Cherson. 1786 muß er Rußland verlassen: die Zarin hat in seinen Ehezwistigkeiten Partei für die junge Gemahlin Auguste von Braunschweig-Wolfenbüttel ergriffen, Friedrich verbannt und die Prinzessin zurückbehalten (die zwei Jahre später eines grauenhaften Todes stirbt).

Geprägt von den Praktiken des preußischen Militärstaates und der russischen Gewaltherrschaft, verfolgt von der Abscheu vor der Revolution, die er im Sommer 1789 selbst erlebt, wartet Friedrich in Ludwigsburg Jahr für Jahr auf die Regentschaft. Die neunzehn Jahre, die ihm als Herzog, Kurfürst und König von 1797 bis 1816 noch zur Verfügung standen, sind eine lächerlich geringe Zeitspanne gegenüber Carl Eugen oder seinem Sohn Wilhelm I., die beide je fast ein halbes Jahrhundert lang regieren. Vielleicht muß deshalb so viel an diesem Mann entschuldigt werden. Da ist die brutale und immer kalt gebliebene Beziehung zur ersten und zweiten Gemahlin, aus der man den Einsamen und an der Welt Verzweifelten herausgelesen hat. Da ist die rücksichtslose, weder vor Not noch Alter zurückschreckende Behandlung der »Untertanen«, die man mit der kargen Jugend und einer Handvoll charakterloser Erzieher zu erklären versucht. Da ist der nie still gewordene Vorwurf der »verkehrten Leidenschaft« in seinem Triebleben, der von der Historie, einer zensierten Hofhistoriographie, als »nur wenig begründet« zurückgewiesen wurde. Da ist die merkwürdige Tatsache, daß er, der das neue Württemberg begründet hat, »zeitlebens seinem Vaterland fremd geblieben ist«, ein Umstand, dem man immer wieder Friedrichs Staatskonzeption entgegenhielt. Und da sind schließlich alle die Gewalttätigkeiten und Taktlosigkeiten, deren er sich auf dem Weg zum Königreich bedient hat und die man damit entschuldigte, daß derlei Methoden auf dem Weg zum modernen Flächenstaat hätten gar nicht ausbleiben können. »Sinnlich, ja lüstern« hat man die Mundpartie am bekannten Bildnis des Herrschers gesehen, »weich einbiegend und unscharf geschlossen«.

Ob man von solchen Eindrücken aus, wie es früher geschah, Friedrich als einen barocken Menschen bezeichnen darf? Es scheint eher, als ob uns hier eine durchaus moderne Gestalt entgegentrete, zwar von den absolutistischen Herrscheridealen des preußischen Friedrich erfüllt, dem er doch auch nach den Konturen seiner psychischen Gestalt nicht so unverwandt erscheint, aber auch nirgends rückständig denkend. Er ist, immer im Kampf gegen den altständischen Staat, nur vom Willen und von der Macht geleitet. Ist er, mit Wörtern wie »Sünder« und »Schurken« im täglichen Vokabular, ohne leisestes Verständnis für Beziehungen zwischen Politik und Moral, einer von den vielen kleinen Tyrannen der Weltgeschichte? 1806, als die neue Zeit angebrochen war, läßt er den Fürsten Thurn und Taxis wissen, er habe jetzt »Allerdurchlauchtigster Großmächtigster König, allergnädigster König und Herr« zu schreiben, und in der Unterschrift »alleruntérthänigst treu gehorsamster« hinzuzufügen.

Für uns ist da Lächerliches und Gefährliches näher beieinander als für unsere Urgroßväter in der Pose der Wilhelminischen Ära. Treitschke freilich, dem man gewiß einiges Gespür für den Machtstaat nachsagen darf, ist die »dämonische Anziehungskraft« Friedrichs aufgefallen. Und der weitblickende Reichsfreiherr vom Stein, der 1829 der Meinung war, »die Emanzipation Amerikas« sei »wichtig als Entstehung großer republikanischer Staaten und Verbreitung demokratischer Grundsätze«, notiert sich in einer Atempause seines Lebenskampfes gegen Europas Diktator Napoleon: »Der lächerlichste und zugleich der abscheulichste ist der Württemberger Tyrann, ungeheuer an Gestalt und Stolz.« Beiden ist das Dämonische in diesem Menschen nicht verborgen geblieben, dem großen Zeitgenossen wie dem großen Historiker. Nicht deshalb, weil Friedrich demokratische oder aristokratische Republiken als das Ding armer Völker belächelte oder über eindeutige Klauseln der Rheinbundakte wie über ein Nullum hinwegsah. Eher darum, weil Friedrich der Staat wichtiger war als der Mensch. Friedrich ist frei von der denkenden Blässe des Epigonen, frei von den Zwängen der Überlieferung, der Konvention, der Humanitätslehren, denen Carl Eugen, der Akademiegründer, noch Einlaß gewährte. Friedrich zimmert seinen Staat ohne die Dutzende altwürttembergischer Privilegien. »Die Geschichte strebt wieder nach ihrer Würde.« So Hegel in seinem genannten Traktat über die württembergischen Landstände. Der »Unsinn der Einrichtung, welcher deutsches Reich genannt« wird, habe endlich verdientes Ende gefunden. Begabt mit hartem Sinn für das Politische, für das, was ein Staat ist, frohlockt Hegel darüber, daß Württemberg nun den »Platz des Undings« einnehme, »das nur noch den leeren Namen eines Reichs geführt hatte«.

Friedrich habe konsequenterweise auch den monarchischen Staat nach innen geschaffen – Hegel, für den der Mensch seine Verwirklichung nur im Staat findet, einem freilich nicht parlamentarischen Staate, ist wieder ausgesöhnt mit seinem Geburtsland. Den Ausbau im Inneren hat Friedrich auch im äußerlich-repräsentativen Sinne verstanden. Zur Realisation gehört auch die Schaustellung, der neue Hofstaat, die neue »Königliche Kultur«. In ihren eigenen Karossen, nicht in königlichen wie die Ehrengäste, haben die »unterworfenen« Fürsten und Grafen zur persönlichen Huldigung am 6. Januar 1807 in Stuttgart zu erscheinen. Erst in der Mitte der Treppe werden sie von niederen Hofbeamten empfangen. Eine halbe Stunde vor Beginn der Feierlichkeiten haben sie versammelt zu warten. Im großen Thronsaal müssen sie sich auf dem Wege vom Portal bis an den Fauteuil des Herrschers dreimal verneigen (das dritte Mal am tiefsten). Erst bei dieser dritten Verbeugung, versichert der Chronist, »rückten Seine Königliche Majestät etwas den Hut«.

Man muß diese Zusammenhänge berücksichtigen, wenn man Stuttgarts Schicksal in den ersten Jahren dieses neuen neunzehnten Jahrhunderts verstehen will. Die Manifeste, die erlangte Kurwürde und die Annahme der Königswürde betreffend (30. April 1803 und 1. Januar 1806) hat Friedrich »in Unserer Haupt- und Residenz-Stadt Stuttgart« beziehungsweise »in Unserer Königlichen Residenz Stuttgart« gegeben. Mit einem Wort: Stuttgart ist Königsstadt geworden, Kapitale des neuen Staates. Wenn das auch nicht ohne Umwege und Interimslösungen abging: schon in seinem ersten Entwurf für die Regierung eines (weit größer angenommenen) Neuwürttemberg vom Juli 1802 hatte Friedrich zwei Zentralbehörden mit dem Sitz in Stuttgart vorgesehen, ein Oberappellationstribunal als Justiz- und Polizeibehörde und eine Hofkammer als oberste Finanzbehörde. Auch das neuwürttembergische Militär war dem Kriegsrat in Stuttgart unterstellt worden. Mehr städtische Selbständigkeit war damit nicht zugewachsen. Gewiß erhält Stuttgart durch königliche Verordnung vom 26. Januar 1811 vor Ludwigsburg, Tübingen, Ellwangen, Ulm, Heilbronn und Reutlingen das Prädikat »Gute Stadt«, womit nach der Verfassungsurkunde vom 15. März 1815 das Recht verknüpft war, zur Ständeversammlung einen eigenen Abgeordneten zu wählen. Im Paragraphen 133 der Verfassung vom 25. September 1819 ist Stuttgart vor den anderen Städten in dieser Eigenschaft ausdrücklich genannt.

Die städtische Verwaltung und Verfassung ist dadurch nicht tangiert. Der alte Obervogt, der Oberamtmann der Carl-Eugen-Zeit, avanciert am 14. März 1811 zum Stadtdirektor, der unmittelbar dem Innenministerium untersteht. Ermöglicht das die Arbeit einer besonderen Regierungsbehörde für Stuttgart, so beseitigen die Dekrete vom 12. Juni und 14. September 1820 diesen Sonderstatus und ordnen die Stuttgarter Stadtdirektion der Regierung des Neckarkreises unter. Erst diese Behörde hat die innere Verwaltung und die Polizei, die Prüfung des Gemeindehaushalts und der Bürgerbeschwerden in ihren Aufgaben. Bis dahin ist die Stuttgarter Polizei, noch von Carl Eugen aus den Geschäftsbereichen des Vogts und des Magistrats herausgenommen und mehr mit Öffentlichkeitskontrolle betraut, als wir das heute gewöhnt sind, zunächst Sache des Oberamts, unter der Direktion des Präsidenten des Geheimen Rats. Am 12. Januar 1808 wird ein Dekret Friedrichs publiziert, Seine Majestät habe geruht, »für die Residenzen Stuttgart und Ludwigsburg eine eigene Oberpolizeidirection, unter der Leitung des Königlichen Polizeiministeriums der Residenzstädte anzuordnen«. Stuttgart konnte aber ein paar Wochen später frohlocken, daß Ludwigsburg durch ein Dekret vom 22. Mai 1808 außer der Polizei wie die anderen Oberämter und die anderen Magistrate der Amtsstädte in allem dem Kreisamt untergeordnet und damit faktisch des Residenzcharakters entledigt wurde.

Nur zögernd wird in Stuttgart, das sich jetzt ein »Residenzpolizeiministerium« gefallen lassen muß, dem Gedanken kommunaler Selbstverwaltung Rechnung getragen. Der Magistrat erhält erst am 16. Februar 1813 eine neue Organisation, wobei ihm die städtische Administrative und die bürgerliche Rechtspflege zugewiesen wird. Aufsichtsbehörde ist übrigens, bis 1923, die Stadtdirektion. Die Besorgung aller Gemeindeangelegenheiten, vor allem die selbständige Verwaltung des Gemeindevermögens erhielten die zwanzig Mitglieder des Stadt- oder Gemeinderats schließlich durch die Edikte vom 31. Dezember 1818 und 1. März 1822. Der Stadtschultheiß (Oberbürgermeister) wird, bis 1891, vom König aus drei von den Bürgern der Stadt gewählten Kandidaten ernannt, danach unmittelbar durch die Bürger gewählt. Die Stadträte wählt die Bürgerschaft zunächst auf zwei Jahre. Fällt danach wieder die Wahl auf sie, bleiben sie Stadträte auf

Lebenszeit. Auch der 1817 erstmals agierende spätere Bürgerausschuß, eine Art zweite Kammer zur Kontrolle des Gemeinderats, und seine Konstitution wohl auch den Praktiken in den früheren Reichsstädten verdankend, bringt intensiveres kommunales Leben aufs Rathaus. »Die Gemeinden sind die Grundlage des Staats-Vereins«, heißt es in der Verfassungsurkunde von 1819. Aber ihre Arbeit geschieht »unter der Aufsicht der Staats-Behörden«. »Der König ist das Haupt des Staates«, sagt diese Verfassung, »heilig und unverletzlich«. Nach königlichem Dekret vom 1. Mai 1806 bekommt Stuttgart eine neue kirchliche Einteilung; jetzt sind neben der Stiftskirche auch die Hof-, Garnisons-, St. Leonhards- und Spitalkirche Parochialkirchen. Und ein königliches Dekret vom 12. Mai 1811 verordnet die Einführung »residenzgemäßer«, neuer Straßennamen, vor allem der Friedrich-, Schloß-, Dorotheen-, Charlotten- und Kronenstraße, die Einteilung der Stadt in vier Bezirke und eine entsprechende neue Häusernumerierung.

Friedrich hat in allen wesentlichen Baufragen das letzte und entscheidende Wort. In der Gesetzgebung des ersten Königreichs ist die Zahl der Tageserlasse, die dem Ausbau der Residenz und der Förderung dieses Ausbaus gelten, nicht die geringste. Thouret ist des Königs künstlerischer Begleiter; auch nach seinem Ausscheiden aus dem Hofdienst begutachtet oder überarbeitet er weitaus die meisten Baugesuche. Der König und sein Baumeister zollen beide dem neuen Staatsgedanken ihren Tribut. Was Friedrich 1802 einmal seinem Staatsminister Philipp Christian Friedrich von Normann (1756–1817) gegenüber betonte, er und seine Untertanen seien unauflöslich verbunden – »ich gehöre ihnen, so wie sie mir« –, das hätte getrost auf einen Mann wie Thouret ausgedehnt werden können: er gibt, unmittelbar an der Seite des Monarchen, der schöpferischen Energie, dem Staat Friedrichs den künstlerischen Ausdruck.

Der ehemalige Carlsschüler Nikolaus Friedrich von Thouret ist am 2. Juni 1767 in Ludwigsburg als Sohn des Herzoglich württembergischen Kammerdieners Charles Ludwig Thouret geboren worden. Der Vater kam aus Dôle in der Franche-Comté, die bis zum Frieden von Nimwegen 1678 Teil des Heiligen Römischen Reiches war. Die Mutter, eine Groz aus Plieningen, stammt aus einer Sippe, in der die Zimmerleute und Tischler zuhause sind. Thouret bringt Ungereimtheiten mit in sein Leben. Er ist nur im Vordergrund der Strebsam-Tüchtige, der geradlinig seiner Karriere folgt. In seinen jüngeren Jahren kennt er das Maßlose des »Kerls« und der Geniezeit sehr wohl. Als ihm später einmal Gehaltsaufbesserung und »die alleinige Direktion des Theaterbaues« verweigert wird, schickt er dem Kurfürsten am 18. August 1803 sein Entlassungsgesuch ein, mit der Bemerkung, nunmehr »fern von meinem Vaterlande Dienste zu suchen«. Aber der Kurfürst meint, er solle zunächst einmal seinen Bau fertig machen. Im übrigen sei die direkte Post an ihn, die Majestät, eine »Naseweisigkeit«. Und doch ist der gleiche Mann am 4. Februar 1807 Ritter des kaum drei Monate vorher gestifteten Königlichen Zivilverdienstordens, einer der ersten, der mit dem persönlichen Adel dekoriert wird. Den Herrn Geheimrat Goethe in Weimar touchiert Thouret dadurch, daß er dessen drängender werdende Briefe, den letzten mit der Frage, »ob Sie, wertester Herr Hofbaumeister, uns nicht bald einige ausgearbeitete Zeichnungen überschicken könnten«, unbeantwortet liegen läßt. Das Kapitel Thouret in Weimar, für die Innenarchitektur des dortigen Schloßbaus nicht ohne Bedeutung, hat einen unguten, arg unharmonischen Ausgang.

Nach außen hin erscheint Thouret mit seinem Lebenswerk, seinen Bauten, seinen Straßenführungen, seinen Entwürfen als der Mann der Ruhe, der Reife, der Ausgewogenheit. Tragisches greift jedoch früh in sein Leben. In den ersten Jahren der Hofbautätigkeit verliebt er sich in seine Haushälterin Christiane Schuler, die zweiundzwanzigjährige Tochter eines verstorbenen reichsgräflich Degenfeldschen Kammerdieners. Der Herzog gibt die Lizenz zur Heirat. Der Vater versagt sie. Für den alten Thouret, der sich zu einem halbwegs vermöglichen Mann heraufgespart hatte, aber zeitlebens auch zu den Fürstlichkeiten oder, noch schlimmer, zu den antichambrierenden Männern der Ministerialaristokratie und der altwürttembergischen Ehrbarkeit hinüberzuschielen hatte, war das vaterlose Ding keine Akquisition. Dennoch hat Thouret Stuttgarts Gesicht geprägt. Den vielen, nie ganz zur Ruhe gekommenen Widrigkeiten dieses Lebens entwindet sich ein überlegener Geist, mit immenser und immer wieder neu zentrierter Arbeitskraft.

Mag sein, daß die Atmosphäre der Carlsschule, aus der das Politische, Öffentliche ja nie wegzudenken ist, ihn schon in bestimmte Richtungen gezwungen hat. Thouret ist Malschüler, aber auch versorgt mit ein paar Disziplinen allgemeiner Bildung, wie das die Carlsschule so an sich hatte. Am meisten Eindruck hat bei dem Eleven der Akademielehrer und Hofmaler Nikolas Guibal hinterlassen, ein im Vortrag bewunderter Mann, der in seiner malerischen Praxis noch den barocken Traditionen huldigte, als Lehrer aber betonte, nur die Kenntnis der antiken Autoren und Gebräuche und Kostüme befähige den Künstler zu seiner eigentlichen Aufgabe und Arbeit. In diesen sauberen Theoremen, in denen Guibal, Freund des klassisch gesinnten Raphael Mengs, auch immer die Verbindungslinien zur philosophischen Überlieferung der Antike zog, liegen die Ansatzpunkte zu Thourets späterer Arbeit. Auch in Stuttgart hat Guibal Paris nie vergessen. Nach dem Motto, der deutsche Künstler habe zu wenig Feuer, erst wenn er sich das in Paris geholt habe, solle er nach Rom weiterziehen, begann man auf seine Initiative hin, die fertigen Akademisten, »Säulen des künftigen Staats«, fürs erste nach Paris zu schicken.

Thouret, im Mai 1788 als Hofmaler entlassen, reist noch im gleichen Monat mit einem Reisestipendium von 400 Gulden pro Jahr in der Tasche. Paris empfängt ihn in der Stunde des revolutionären Umbruchs. Wie lange er in der Metropole geblieben ist, wissen wir nicht; wahrscheinlich ist er erst 1793 nach Italien weitergereist. Aber die Pariser Zeit muß ihn erregt haben. Man hat an Jacques Louis David gedacht, den Revolutionsmaler, der in antikisch stilisiertem Pathos das schier Unbegreifliche dieser Jahre und Tage festzuhalten suchte, nebenher die großen Feste leitete und die staatliche Kunstpflege organisierte: Thouret hat später fast die gleiche Aufgabe. Gegenüber den übrigen Stuttgarter Lehrern, dem modernen, aber stillen Adolph Friedrich Harper, gegenüber Philipp Friedrich Hetsch, der selbst David-Schüler, aber immer noch in den Gefälligkeiten des Rokoko befangen und ohne die optische Härte seines Meisters war, blieb David gewiß ein großartiger Eindruck. Tatsächlich fand sich unter den wenigen Gemälden Thourets, wie Goethe gelegentlich seines Stuttgarter Aufenthaltes 1797 zu berichten weiß, auch eine Allegorie auf die französische Republik und eine Komposition »Orest und Pylades«, Bilder, in denen man die Handschrift Davids zu erkennen glaubt.

Noch wichtiger ist, daß der Maler Thouret in Paris zum Metier des Baumeisters hinüberwechselt. Es hat gewiß seine Richtigkeit, wenn man wesentliche Elemente des Thouret'schen Planens und Bauens auf den Pariser Jacques-François Blondel zurückführt: der einflußreiche Autor und Theoretiker, der Blondel war, wird gerade bei Thouret zum Wegbereiter eines verstandenen und verarbeiteten Klassizismus. Der anschließende Rom-Aufenthalt, den Thouret in den ersten Wochen des Jahres 1797 abbrechen mußte, hat dann vieles vertieft und verbreitert. Vor allem die Freundschaft mit dem Architekten Friedrich Weinbrenner, der hernach Karlsruhe zu einer klassizistischen Stadt und sozusagen zu einer verkleinerten Version von St. Petersburg gemacht hat, muß wichtige kunstgeschichtliche und kunsttheoretische Impulse für diese »neue Sachlichkeit« gegeben haben.

Der französische Revolutionsstil, in seinen edelsten Ausformungen rezipiert und auf die neckarschwäbischen Maßstäbe übertragen, entsteht als zweites Empire in Stuttgart neu. Man braucht sich wegen der Beweise nicht lange zu bemühen. Der Staats- und Konferenzminister Ernst Levin Graf von Witzingerode, Chef der Polizeidirektion für die Residenzstädte Stuttgart und Ludwigsburg, Chef der sämtlichen Hofämter, Chef der Schlösser und Gärten innerhalb der Hof- und Stadtbauten und seit 1804 Thourets oberster Vorgesetzter, war ein dezidierter Verehrer französischer Bildung und französischer Formen. Als das kleine Schauspielhaus den Dimensionen des neugeschaffenen württembergischen Königreichs nicht mehr genügen will, erhält Thouret am 14. August 1811 den Auftrag zu einem Umbau des Opernhauses. König Friedrich hatte sich Monate zuvor, vom November 1809 bis zum Januar 1810, in Paris aufgehalten. Auch die baulichen Demonstrationen des napoleonischen Kaiserreichs, die eindringliche Sprache des Empire reizen seine Repräsentationslust. Der gewichtige und kaum bewegliche Lüster im Saal des Stuttgarter Opernhauses war aus Paris geliefert worden. Und die Säulenöfen und »Tuyaux de chaleur« hat man nach eigens in Paris gefertigten Zeichnungen der Heizung des Kaiserlichen Theaters in den Tuilerien nachkonstruiert.

Die Beispiele könnten vermehrt werden. Sie mag aufs erste befremden, diese Verbindungslinie von Stuttgart nach Paris. Aber schon vom Politischen her hat sie ihre Notwendigkeit. Friedrich verdankt sein Kurfürstentum und Königreich der Gunst Napoleons I. Friedrich ist zu klug, zu sehr der geschulte und erfahrene Staatsmann, um den Machthaber Europas im kleinen zu kopieren. Aber vom strengen Glanz des Empire fällt doch manches auf das neuwürttembergische Königreich und auf seine mit den Kundgebungen der erlangten Macht betrauten Institutionen und Baulichkeiten. Thouret konnte sich diesen Bindungen gar nicht entziehen. Einmal aufs Pferd gesetzt, hatte er nur darauf zu achten, den Parcours auch hinter sich zu bringen. Er hat ihn bravourös gemeistert. Noch 1807 dient er im Heer der Hofleute, im gleichaltrigen Landbaumeister Karl Leonhard Uber schon deshalb einen überlegenen Konkurrenten neben sich, weil er, Thouret, Katholik ist und nach den gültigen Landesgesetzen in amtlichen Geschäften gar »nicht die Rechnung führen« darf. Ein paar Jahre später kann man sich kaum eine staatliche oder städtische Fête denken, zu der Thouret nicht Konzept oder Ausführung geliefert hätte. Der »Allesmöglichmacher« wird der Unentbehrliche, ohne den die Inszenierung kein rechtes Leben bekommt. Man trägt sich, man kleidet sich nach einem Geschmack, den Thouret geduldet oder inspiriert hat. Man bestellt für die feinen Bürgerhäuser Möbel, denen die Entwürfe Thourets zugrunde liegen und eine handwerkliche Munterkeit verursachen, die eine ganze Industrie, die bis vor dem Zweiten Weltkrieg unumstritten dominierende Stuttgarter Möbelindustrie heraufführt. Man krönt seinen Garten draußen vor der Stadt, vor den Weinbergen, auf den Hängen mit einem Gartenhaus, dessen Plan in Thourets Büro entstanden ist.

Die Stadt lebt von ihm. Im Sommer 1817 wird Thouret mit einem gutachtlichen Generalplan für die Vergrößerung und Verschönerung der Residenzstadt beauftragt. Er geht nicht ganz unvorbereitet an sein neues Geschäft heran. Schon zehn Jahre früher, im Oktober 1807, hat er einen »Plan wegen Beleuchtung der hiesigen Stadt« vorgelegt. In einem Kommentar dazu hat er sich auch an ein paar grundsätzliche städtebauliche Fragen herangewagt. Was er 1817 zu erledigen hat, einen Bauplan für die gesamte Stadt, scheint ein kaum lösbares Unterfangen.

Stuttgart war zwischen 1790 und 1810 um nahezu dreieinhalbtausend Seelen gewachsen; für damalige Begriffe und Möglichkeiten eine immerhin achtbare Zahl. 1817 hatte die Stadt an die 22 000 Einwohner, ohne daß man das berücksichtigt hätte: in städtebaulicher Hinsicht war nichts geschehen seither. Wohl hatte der Reinhard Ferdinand Heinrich Fischer, Major und Oberbaudirektor Herzog Carl Eugens, 1782 einen Residenzbauplan entworfen, ein großzügiges Projekt, vom barocken Pathos getragen auch im kleinsten Detail. Er blieb Papier. Stuttgart, wie das Kurfürstentum und Königreich über Nacht in neue Aufgaben hineingewachsen, leidet an Wohnungsknappheit. Es braucht Platz. Die Mietpreise steigen in die Höhe und die kaufbaren Grundstücke werden immer seltener. Man drängt über die Stadttore hinaus, so daß Vorstädte »von der widrigsten Irregularität« entstehen. Fast genau mit dem Beginn des neuen Jahrhunderts, das mit der Schnellpresse und den Kreditvereinen und dem Automobilmotor dann die Welt erobern sollte, am 1. März 1802, erteilt der selbständiger gewordene Stuttgarter Stadtrat dem Bürgermeister Johann Hehl den Auftrag, durch den Baumeister Johann Jakob Azel einen Bauplan entwerfen zu lassen »wegen künftiger Bauwesen außerhalb den Thoren und welche Vorschriften den Bauenden zu ertheilen seien«.

Wir haben den Plan nicht mehr. Aber Hehls beigefügter gutachtlicher Kommentar ist noch da. »Von 1783 bis 1803, in einem Zeitraum von 20 Jahren«, schreibt er da, »hat sich die Seelenzahl in Stuttgart um 2565 vermehrt und die neue Acquisitionen, der größere Glanz des Hauses Württemberg durch neuerlangte Chur-Würde, nebst der Anwendung der Schutzpokken lassen den sicheren Schluß machen, daß künftig die Bevölkerung von Stuttgardt noch weit mehr steigen werden. Zudem will bey der neuen Lebens Art der Vermögliche mehrere Zimmer, Plaz zu Equipage und überhaupt weit mehr Bequemlichkeit haben als vorhin. Daher das Steigen des Mietzinses und der hohe Preiß der Häußer. Bekanntlich fehlt es hier bereits an Schlosser-, Nagel- und Zeugschmiede-Werkstätten, an Plaz für Zimmerleute und Steinhauer. Wie viele Klagen sind nicht neuerlich von Fuhrleuten vorgekommen, daß sie keine geräumige Pläze zu Wagen und Güther-Remisen ausfindig machen können. Wie vielen Ungunst verursachen nicht die in der Stadt befindlichen Keltern. Wie viele Mühe hat sich ehedem die Policei-Deputation gegeben, die polternde und mit Unlust verknüpfte Handwerker aus den Straßen von Bedeutung zu verbannen? Wie oft ist schon von dem Magistrat verlangt worden, den Rothgerbern hinter dem Waißen-Hauß einen andern Plaz zu ihren Gerbereyen anzuweisen. Wie viele Weingärtner müssen im Haußzinß leben, weil sie kein Hauß um einen mittleren Preiß bekommen können und wie nöthig wären nicht Bau-Pläze zu Scheuern und Magazinen? Diese Verhältnisse geben Anlaß, daß viele Einwohner Häußer

27 Nikolaus Thouret (1767 bis 1845), der Baumeister der klassizistischen Königsstadt. Selbstbildnis. Öl um 1830

28 Gustav Schwab (1792–1850), Dichter und Literaturorganisator. Öl des Stuttgarter Malers Carl Jakob Theodor Leybold (1786 bis 1844) von 1825

29 Luise Stockmayer (1769 bis 1846), die »patriotische Diebin« der Landtagsrechnungen. Öl von Philipp Friedrich Hetsch um 1790

30 Königin Katharina von Württemberg, geb. Großfürstin von Rußland (1788–1819). Öl von Gottlieb Wilhelm Morff, nach einem Gemälde von Johann Friedrich Dieterich, aus dem Jahre 1818

außerhalb der Stadt zu bauen und die Garttenhäußer in Wohnungen umzuschaffen anfangen. Dabey entsteht jedoch der schlimme Umstand, daß jeder Eigenthümer eines Guths seinen neuen Gebäuden eine selbstgefällige Richtung gibt, der eine nach einer geraden Linie, der andere in die Quere baut, und daraus entstehen endlich Vorstädte von der widrigsten Irregularität.«

Bei aller Rhetorik bringt Hehl konventionelle Gedanken. Für seine fast noch spätmittelalterlichen Vorstellungen vollzieht sich der Ausbau der Stadt innerhalb präziser und verbindlicher Regeln, die den Standort des einzelnen Gebäudes bestimmen, die einzelnen Viertel, die einzelnen Funktionen. Gleichzeitig ist dieses der Dynamik verpflichtete Denken moderner als die spätbarocke Machtkundgebung, in der die Stadt allenfalls eine fertige, statisch zu integrierende Größe ist. Für Hehl ist die Stadt das Gefäß eines permanenten eigenständigen Geschichtsprozesses. Er sieht, wie die Dinge waren und wurden, und will sich »bey der Nachkommenschaft« keinen »Vorwurf aussetzen«. Er verlangt einen obligaten Situationsplan für die neuen Baulustigen, mit der konkreten Überlegung, wo die neue Vorstadt aufgeführt werden solle. Im Norden, gegen den Ludwigsburger Weg hin, kann so lange kein Plan entstehen, »als von gnädigster Herrschaft noch nichts wegen einer Gartten Anlage festgesetzt ist«. Im Westen, vom Ludwigsburger Tor bis zum Seegarten und Büchsentor, hindert die sumpfige Lage die Errichtung von Kellergebäuden.

Am 20. August 1803 übergeben Stadtoberamt und Magistrat dem Kurfürsten zwei Pläne zur Anlegung von Vorstädten. Dann bringt der Magistrat seine Vorschläge, wie man den Vorstadtbau forcieren könne, durch temporäre Steuerfreiheit für die Bauherren, durch Abgabe von Garten- und Stadtrecht, durch zehnjähriges unentgeltliches Bürgerrecht, Maßnahmen, die man hundert Jahre zuvor in Ludwigsburg noch wesentlich großzügiger handhabte. Auch könne man, meint der Magistrat, die herrschaftlichen Keltern und Fruchtkästen der Innenstadt räumen und nach draußen verlegen. Sicher hat der Magistrat für seinen Bericht auch den Bericht des Stadtdirektors Günzler vom 14. Juli 1803 herangezogen, in dem dieser meldet, augenblicklich sei, etwa für auswärtige Gesandte, »auch nicht ein einziges Logis« in der Stadt vakant. Man müsse auf »Erweiterungen und neue Anlagen ernstlichen Bedacht nehmen«. »Zu diesem Zweck habe ich bereits von Bauverständigen einige Pläne zur Erweiterung der Stadt entwerfen lassen, die vorzüglich dahin gehen, daß die Gegend von Esslinger-, Hauptstätter-, Seel- und Rothenbühlthor nach und nach symmetrisch angebaut und mit der innern Stadt verbunden, mit den Thoren selbst aber immer weiter hinausgefahren werden sollte.« Noch in einem Bericht des Hofbaudepartements vom 11. Februar 1806 wird auf die »täglich steigenden Mietzinse« verwiesen und die Frage gestellt, »auf welche Art der Anbau neuer Privathäuser zu encouragieren seyn möchte«.

Thouret, der wohl hinter dieser Denkschrift steckt, versucht es jetzt mit einer Ludwigsburger Vorstadt. Schon früher habe Königliche Majestät »die Seite des Ludwigsburger Thors vorzüglich zum Anbau neuer Häuser bestimmen sollen, und es ist keinem Zweifel unterworfen, daß die Allerhöchste Intention bis jetzt unabänderlich dieselbe blieb«.

Friedrich hat andere Sorgen als diese kommunale Projektemacherei. Seine Ablehnung der Magistratseingabe benötigt gerade einen Satz. Ihm geht es um das Schloß, um den Residenzbauplan. Immerhin erhält Thouret im Oktober 1809 den Auftrag, einen Gesamtplan auszuarbeiten, unausgesprochenermaßen die königlichen Absichten mit denen des Magistrats in Einklang zu bringen. Am 12. Januar 1809 ist dieser Entwurf, die »Skizze zu der Vorstadt am Hauptstätter Thore« und »der Stadtplan nebst angrenzenden Außentheilen« fertig. Es ist alles in allem eine praktikable Vermittlung. Gebilligt hat der König auch diesen Plan nicht. Er will die Tübinger Vorstadt nicht. In der »vor dem Seelthor und Hauptstätterthor anzulegenden Vorstadt«, verfügt ein Königlicher Erlaß vom 27. Juli 1810, dürfen nur Weiß- und Rotgerber, Hafner und in Feuer arbeitende Handwerker bauen. Im übrigen gelten die Einzelpläne der früheren Jahre. Und wie wenn der Vasall nichts anderes tun und denken könne als sein Herr, fügte Thouret der Vorlage seiner Reinzeichnungen die Bitte an, ihn »von dieser Arbeit allergnädigst für die Zukunft zu disponieren«. Auch ihm geht es darum, die Königstadt zu bauen.

Erst Wilhelm I. packt das heiße Eisen der Stuttgarter Stadtplanung an, und erst als pensionierter Hofbaumeister und nunmehriger »Professor der Architektur bei der neu zu errichtenden Kunstschule« kommt Thouret zum Zug: mit seiner offiziellen Verabschiedung beginnt seine große Zeit als Stuttgarts Städteplaner. Immer noch gehen Geist und System des Friedrichschen Staates in ihm um. Der nüchterne, disziplinierte Kalkül einer Staatsidee, und die Distanz von den Verfallenheiten an jegliche Art von Romantik steht auch hinter diesem großen Stadtplan Thourets. Es ist kein Idealplan wie der von Fischer, der die obligate barocke Avenue, die sechzig Meter breite Karlstraße, die spätere untere Königstraße präsentiert, eine zweite Achse, parallel zur Mittelachse des Schlosses etwa in der Linie der heutigen Kronenstraße, gleichfalls von ausladenden Dimensionen, mit einem Schloßplatz als westlichen Abschluß und einem gewaltigen Reiterstandbild des Herzogs.

Thouret bringt nichts von alledem. Er hält sich an die Wirklichkeit, an die realisierbare Ausführung. Aber auch der feinnervige Künstler in ihm meldet sich, der sich bei allem Verständnis für die Wünsche königlicher Repräsentation die Achtung vor dem Gewordenen nicht ganz versagen kann. »Die Schwierigkeiten, die das weitere Durchschneiden der Güter und Gärten und die Vermehrung der ohne diß schon bedeutenden Kosten, welche die Ausführung des vorliegenden Plans verursachen würden, haben denselben veranlaßt, mit möglichster Schonung zu verfahren, und da auch nie bestimmt zu erweißen ist, daß die eintönige gerade fortlaufende Linie die angenehmste, ja selbst die schönste seye, so wurde mehr oder weniger keine besondere Rücksicht beym Entwurfe der Stadt Gränze auf dießelbe genommen, sondern wo es möglich war, die existirenden Weege benutzt und das Neue an dießelben gereihet.« So in der dem »General Plan über die Verschönerung und Vergrößerung der Königl. Residenz Stadt Stuttgartdt« im Januar 1818 beigegebenen ausführlichen »Erklärung«.

Der Plan, ausbalanciert zwischen dem Notwendigen und Möglichen, beschränkt auf die großen Aufgaben der Stunde und deshalb für die wachsende, sich wandelnde Stadt vielleicht mehr Glücksfall, als wir das ahnen können, hat selbstverständlich auch seine Gegner gefunden. In der vom König zur Beratung des Thouretschen Generalbauplanes eingesetzten Sonderkommission erklärt ausgerechnet der Vertreter der Stadt Stuttgart: »Das Bauen neuer Häuser hat seine Grenzen und hört jedesmal auf, wenn einmal das Bedürfnis vollkommen gedeckt sein und das auf diese Art angelegte Kapital sich nicht mehr gut verzinsen wird. Die meisten Städte sind hinsichtlich ihrer Vergrößerung im Stillstande und haben sich in 20 und 30 Jahren gar nicht oder ganz unbedeutend vergrößert. Dieser Zeitpunkt des Stillstandes muß auch für Stuttgart einmal eintreten!« Das war nun wieder eher mittelalterlich und altbürgerlich gedacht. Daß man am Vorabend sehr wesentlicher Veränderungen stehe – England konnte damals schon die ersten Erfahrungsberichte über die tiefgreifenden Auswirkungen der industriellen Revolution vorlegen –, blieb diesem kommunalen Manne ganz verborgen. Aber der König kommt Thourets Vorschlägen sehr entgegen. Schon am 6. Januar 1819 genehmigt er das Projekt »in den wesentlichen Zügen«, und Paul Faerber, Thourets Biograph, fügt mit Recht hinzu, man sei heute in der Lage festzustellen, »daß in den folgenden Jahren ein sehr großer Teil des Planes verwirklicht wurde und tatsächlich die noch klar erkennbare Grundlage für die städtebauliche Gestaltung des erweiterten Zentrums der Stadt« Stuttgart geworden ist.

Die erhaltenen Detailpläne und die gleichfalls noch vorhandene mehrseitige »Erklärung« Thourets machen uns klar, was gebaut oder erweitert werden sollte: die Neckarstraße sollte fortgeführt, die Friedrichstraße bis zum Friedrichstor verlängert werden, für die Kronenstraße war der Abschluß und an deren Zusammentreffen mit der Friedrichstraße ein Platz vorgesehen, für die Kanzleistraße war eine Fortsetzung gegen das Katharinenhospital bis zur großen Allee eingeplant. Selbstverständlich dachte Thouret nicht nur an Straßenbau in diesem Zusammenhang, sondern auch an Häuserbau. Hier war ein neues Viertel im Entstehen, zumal für den Ausgang dieses Bereichs eine völlig neue Straße – die heutige Schloßstraße – eingezeichnet, die Büchsenstraße zu verlängern und die Marienstraße zu vollenden war. Außerdem schlug Thouret vor, die Kasernenstraße, Hohe Straße, Bergstraße und Hospitalstraße gegen den Feuersee hin und die Sophienstraße – hier über eine Durchschneidung der Marienstraße und der Rotebühlstraße – zu verlängern und den neuen Holzmarkt, den Wilhelmsplatz, mit Gebäuden zu umgeben. Mit einem Wort: der Westen der Stadt sollte Raum und ein eigenes, gemäßes Gesicht erhalten, nicht durch totale Neuschöpfungen, sondern durch »Prolongierungen« der größeren bestehenden Straßen und entsprechende Versetzung der alten Tore. Thouret sieht zwar in der Stuttgarter Altstadt »Ungereimtheiten und verworrne Anlage«. Aber als klassizistischem Architekten, dem die Rationalität und Einfachheit antiken Bauens Vorbild war, konnte ihm die klare und orthogonale Gliederung, das Antikische der Renaissance nicht gleichgültig sein. Also plädiert er für die Wiederherstellung des alten Lusthauses, des »einzigen bedeutenden Denkmals wirklich vaterländischer Baukunst«.

Das heißt indessen nicht, daß Thourets Stuttgarter Generalbauplan in einem Netz voller Konzessionen und Ausflüchte und Improvisationen gefangen gewesen sei. »Leider sind unsere meisten Städte«, schreibt er in das Memorandum zu seinem Plan, »und namentlich Stuttgart durch Zufall und Willkür planlos zusammengepfropft und selten einer Verbesserung mehr fähig. Vom Gegenteil gibt Ludwigsburg den sprechendsten Beweis, welchem nur Baulustige mangeln, um eine schöne, gesunde, regelmäßige und bedeutende Stadt daraus zu erschaffen.« Im Zweifelsfalle entscheidet also die Ratio des Staates, der Zwang zur Schönheit. »Da auch nicht zu leugnen ist, daß ein wohl überdachter gediegener Gedanke ewig seinen Wert behält, so glaube ich, daß selbst ein Plan für die Anlage einer Stadt oder ihrer Vergrößerung auch für die entferntesten Zeiten erfunden und festgesetzt werden könne, ohne den nach und nach Bauenden Zwang antun zu wollen.«

Die frühe Vergessenheit von Thourets Plan darf nicht zur Annahme verleiten, das Projekt sei Papier geblieben. Gewiß hat schon im Jahre 1827 der damalige Referent des Innenministeriums Gottlob Christian Eberhard Etzel »die unglückliche Anlage der Königstraße und die noch weniger gelungene Verlängerung der Friedrichstraße« kritisiert, ärgerlich von der »mißglückten Tübinger Vorstadt« gesprochen und »das Abschließen aller Querstraßen der oberen Stadt nach demjenigen Teil des Stuttgarter Tals« bemängelt, »welches für eine Erweiterung der Stadt das schönste und vorteilhafteste Terrain dargeboten hätte«. Aber Etzel meint hier gar nicht Thouret. Es spricht für die zeitlose Wachsamkeit von Ministerialbehörden, wenn Etzel jetzt, kaum zehn Jahre nach Thourets Generalbauplan, bedauert, daß »ein umfassender, auch die ferneren Bedürfnisse berücksichtigender Erweiterungsplan nie bearbeitet wurde«. Als er 1832, nunmehr oberster Baubeamter des Innenministers, einen neuerlichen Generalbauplan für die Residenzstadt Stuttgart vorlegt, tut er das nicht ohne einen traurigen Blick zurück: »Von einem früher entworfenen, von seiner Königl. Majestät sogar sanktionierten Stadterweiterungsplan war mir nichts bekannt. Ich fand auch nirgends eine Spur von dem Vorhandensein eines solchen Planes.«

So sehr können Realitäten dem Leben entzogen sein, wenn sie erst einmal »zu den Akten« gelegt sind. Etzel hätte nur die Fenster zu öffnen brauchen, um festzustellen, daß in der letzten halben Generation mancherlei, und zwar durchaus nach »regelmäßigen« Vorstellungen gebaut worden war. Tatsächlich waren nach Thourets Vorschlag sowohl die Neckarstraße als auch die Friedrichstraße, Kronenstraße (bis zum Rondell beim Zusammentreffen mit der Friedrichstraße), Kanzleistraße und Sophienstraße (bis zur Marienstraße) verlängert, die Tübinger Vorstadt ausgebaut und der Wilhelmsplatz mit Gebäuden gesäumt worden. Gleichfalls auf Thourets Empfehlungen geht die Versetzung des Calwer Tores an den Feuersee, die Anlegung der heutigen Sophienstraße, die Fortsetzung der Christoph- und Sophienstraße jenseits der verlängerten Hauptstätter Straße, die Errichtung des Wilhelmstores am Beginn der neuen Degerlocher Steige und die Anlage der heutigen Katharinenstraße zurück.

In der Überschrift zu Thourets »Erklärung« ist von »Verschönerung und Vergrößerung« die Rede. Die Verlängerung des großen Grabens, der unteren Königstraße, führte in den Raum des »Embellissements des Prospectes«, in die Besonderheiten des Residenzbauplanes, der gegenüber dem Stadtbauplan ein Terrain mit eigenen Gesetzlichkeiten und Bestimmungen war. »Die Anlagen« waren innerhalb dieses monarchischen Großbauplanes wohl das wichtigste Objekt. Das Residenzschloß stand. Aber die Umgebung war dadurch, daß der alte Lustgarten durch den barocken Baukomplex fast aufgefressen oder unbenützt war, zu einer, wie Memminger sagt, beinahe unzugänglichen Wüste geworden. Man konnte das Neue Schloß, wollte man seine Repräsentationsaufgaben ernst nehmen, nicht ohne Fläche und gartenarchitektonischen Auftakt lassen: ein Barockschloß ohne Anfahrt und Zwang zur Distanz ist ein Körper ohne Mantel. Für einen Ausbau des (späteren) Schloßplatzes war im Augenblick weder Geld noch eine feste Baukonzeption da.

Aber im Nordosten in Richtung Neckartal war die Bahn frei. Am 10. Januar 1807, ein paar Tage, bevor das preußische Königspaar vor Napoleon nach Memel flieht, erteilt König Friedrich seiner Landbaudirektion den Auftrag zur Ausführung der »neuen Bauten und Anlagen hinter dem Königl. Schloß«: launig-sorglose Zutat in einer harten, von Schlachten durchzogenen Zeit. Thouret, der Architekt, steht seinem Herrn, der ein paar Dutzend jahrhundertealter Landfetzen zu einem Staat zusammenzwingt, nicht nach: unbebaute Gärten, Baumgüter und Kartoffelländer fügt er zu einem großen »Garten« zusammen. Mit Mathilde, der Gemahlin König Friedrichs und Tochter König Georgs III. von England, mag die Freude am Englischen Garten, der die formende Hand möglichst kaschieren und die starren Achsen und beschnittenen Hecken durch Landschaft, durch naturhafte Gartenmalerei ersetzen wollte, in Stuttgart besonders heimisch geworden sein. Es kommt also »Fremdes« mit dieser Errungenschaft in die Stadt: den ostasiatischen Einflüssen stand die europäische Gartenkultur jetzt weit offen, und auch im Stuttgarter Garten fand sich das, Wege, die sich wie Schlangen ziellos durch den Rasen ringelten, Tannenhügel, die chinesische Pagodendächer trugen: Zutaten, die noch lange zu sehen waren.

Die »Anlagen« haben in die eher zu Kleinlichkeiten neigende Tradition und Mentalität Stuttgarts den Duktus der großen Linie gebracht. Auch der Stuttgarter Lustgarten der Renaissance war, worauf Werner Fleischhauer hingewiesen hat, »nach keiner architektonischen Gesamtordnung gegliedert« – hier figurierten Rabatten, dort ein hölzernes Lusthäuslein, hier ein Weiher mit Laubengängen und dort ein kupferner Brunnenkasten: Merians Stich gibt etwas wieder von diesem Sammelsurium.

Thourets Anlagen bedürfen der ganzen, in sich selbst verliebten Apparatur von drehbaren Säulen und abenteuerlichen Wassertürmen nicht mehr. Sie geben Fläche und Ruhe, Natur in einem gefühlvollen, ja sentimentalen Sinn. Die Kleinkammerung, in Dutzend Karrees aufgeteilt, ist abgelöst durch eine Parklandschaft von großen, weichen Konturen. Für Stuttgart, durch seine eingeschachtelte Tallage ohnedies nicht gesegnet durch die Freiheit großer Räume und weiter Fluchten, ist das eine städtebauliche Zäsur ersten Ranges. Das Stadtbild verdankt ihr eine Veränderung und Verschönerung, die bis in die Planungen der Gegenwart fortwirkt. Just in dem Jahrhundert, in dem die Stadt aus den Nähten zu platzen drohte und sich verwirrenden technischen, industrialistischen, ideologischen Entwicklungen öffnete – was ist das Stuttgart des Jahres 1900 gegenüber dem des Jahres 1800! –, kommt etwas vom Geist Winckelmanns in die Stadt. Es ist bald zum Lebenselixier, für unsere Gegenwart in einem sehr konkreten Sinne zur »Lunge« Stuttgarts geworden. Wenn die Stuttgarter »Anlagen« in der deutschen Gartenliteratur bis heute nicht diesen bevorzugten Stellenwert haben wie die Gärten von Wörlitz – durch die Goethe zu seiner Weimarer Schöpfung inspiriert wurde –, von Moskau, Berlin oder München, so vielleicht deshalb, weil die Fusion zwischen Park und Stadt hier auf eine lautlose, fast verinnerlichte Weise vollzogen wurde. Mitgespielt mag aber auch die arge Dezimierung der Freifläche haben, die sie – man denkt allein an die Anlage des Omnibusbahnhofs – hinzunehmen hatte. Aber man liebt »die Anlagen« immer noch.

Dabei ging's damals, als beide Parks geschaffen wurden, von heute auf morgen. Januar 1807 wurde der königliche Auftrag erteilt. Ein paar Tage später holte man auf königliche Order »die bisher zu Ludwigsburg und Monrepos arbeitenden Festungsgefangenen«, die »Gallioten« und ein halbes Dutzend Soldatenkompanien, »zu schneller und wohlfeilerer Ausführung der Gartenanlagen«. Im Mauleselstall der Gardes du Corps durften sie nächtigen. Am 6. Oktober 1808 wird der Garten dem Publikum freigegeben. Promenieren darf man zu Fuß, zu Pferd, im Wagen bis abends neun Uhr, im Winter bis sieben Uhr. Am 25. April 1807 befiehlt Friedrich, die oberen Anlagen durch eine Allee mit dem »Kahlenstein«, dem heutigen Rosenstein, zu verbinden. Auch bei der Schaffung der »unteren Anlagen«, die damit beginnen, macht Thouret seinem Meister Ehre: die Grundstücke, die er braucht, läßt er enteignen. Die Platanenallee, die für den Glanz der neuen Krone stehen muß, zieht er mit sicherem Gespür für alle offenen und verborgenen Prestigefragen schnurgerade auf die Cannstatter Kirche zu. Die unteren Anlagen sind erst 1817 vollends ausgestaltet worden. Fürs erste hat Thouret ganz den königlichen Privatplänen zu dienen. 1809 entsteht in der Achse der Allee eine Meierei für achtzig Stück Vieh, ein Jahr später das Königsbad auf dem Boden des 1482 erstmals erwähnten Hirschbads, an dem der König mit leicht überhöhtem Pathos die Worte »Friedrich der leidenden Menschheit« einmeißeln ließ: Anfang der vornehmen Cannstatter Badgeschichte dieses Jahrhunderts. Und schließlich hatte Thouret seit 1811 auch, nicht weit von der Meierei auf der südöstlichen Seite der Straße nach Cannstatt, den königlichen Landsitz Retraite auszubauen wie das vom König 1806 von dem Cannstatter Zaiß gekaufte Garten- oder Landhaus Bellevue.

Von der Retraite haben wir ein paar zeitgenössische Kommentare und einen Stich. Sonst nichts mehr. Die Königstraße ist noch heute Stuttgarts erste Straße. Hier wirkt Thouret nicht mehr im privatem Auftrag des Hofes, sondern für die Öffentlichkeit und unmittelbar für das Gesicht der Stadt. Friedrichs Bekanntmachung, am 15. Dezember 1806 im Schwäbischen Merkur gedruckt, erinnert an die wie mit Fanfaren hinausgeschmetterten Herzogsdekrete gelegentlich des Baus der Stadt Ludwigsburg: den Baulustigen, die auf die linke Seite der unteren Königstraße (heute zwischen Schloßplatz und Hauptbahnhof) ein Auge haben, wird Steuerfreiheit für ein Vierteljahrhundert und, sollten es Ausländer sein, die unentgeltliche Erteilung des Bürgerrechts »proponiert«. Das sind spätabsolutistische »Peuplierungs«-Aktionen, in der ungenierten Absicht, der jungen Königsstadt baldmöglichst mit den richtigen Dimensionen und Prospekten aufzuhelfen. Wer mitmacht, kann seine Bausteine kostenlos aus dem städtischen Steinbruch auf der Esslinger Steige und, je nach Hausgröße, ein paar Eichen aus dem Stadtwald haben. Eine vornehme Wohnstraße will der König.

Sie ist es geworden. Thouret selbst hat sich unter die Bauherren der Königstraße gemischt. Was in den Jahren 1806 bis 1809 entsteht, im wahren Sinne des Wortes aus dem Boden gestampft, erst Ende des Jahres 1809 mit Pflaster und fünf Schuh breiten Gehwegen aus Steinplatten in gleicher Form und Richtung versehen, ist nicht die große Avenue in ausladender Linearität. In ihrer vergleichsweise schmalen Ausführung ist die Stuttgarter allenfalls mit der Karlsruher Karl-Friedrich-Straße vergleichbar. Aber sie ist, wenn auch gedämpft und geläutert, Schaustellung der monarchischen Macht und bürgerlich-militärischen Eroberung des Raumes: jetzt kommt zielstrebige Disposition nach Stuttgart, in eine Stadt, die bislang auf ihrem alten Kern, in ständig wechselnden Verhältnissen von Masse und Umriß und vielfältig-überraschenden Einzelheiten freilich, begrenzt war. Die Königstraße, für Generationen hin als einziges Exempel, gibt die bestimmende Linie, die jeder mit einem einzigen Blick aufgenommen hat. Sie ist Teil eines (künftig noch zu ergänzenden und vor allem im 20. Jahrhundert auch ergänzten) Gitternetzplanes, der dem Gassengewirr drinnen um den alten Marktplatz sehr entgegensteht. Sie versammelt nicht die Familienoberhäupter der altwürttembergischen Ehrbarkeit und schon gar nicht die Weingärtner, sondern wie immer sie im einzelnen auch firmieren: die Repräsentanten, wenn nicht Kollaborateure des neuwürttembergischen Königreichs. Das Mißtrauen, hier habe der eben avancierte König eine abgezirkelte Schneise geschlagen, um eine richtig geplante und keinerlei Versteckspiel erlaubende Neustadt als Rückenstärkung zu haben und jede Revolution auf dieser Großstraße ins Leere laufen lassen zu können — dies Mißtrauen haben wir nicht.

Was die untere Königstraße anlangt, so kann sie die Handschrift des absolutistischen Befehlshaber doch nicht ganz verbergen. Daß hier die frühe mittelalterliche Zwanglosigkeit, von der die Stuttgarter Innenstadt nicht ganz frei war, durch geometrische Regelmäßigkeit ersetzt, vor allem: daß hier mit der Königstraße nicht der Stadtbauplan, sondern der Residenzbauplan praktiziert wird, spürt man an allen Enden. Bei aller Biedermeierlichkeit, die vielleicht auch in die untere Königstraße Jahre danach eingezogen ist: die Straße verrät auch den General im Bauherrn. Es war kein Zufall, daß Friedrich das Marstallgebäude von der Solitude, wo es den Westen der Schloßanlage abdeckte, hat holen und damit die eine Seite der neuen Königstraße hat säumen lassen. Daß die Rückseite des Gebäudes schräg und höchst unglücklich in den Anlagen stand, wurde hingenommen: wenn nur die schnurgerade Straßenflucht gestärkt wurde. Thouret hat den Soldatenbau durch königliche Entschließung am 5. Mai 1809 aus den in Ungnade gefallenen Händen seines Vorgängers übernommen und vollends aufgeführt. Der Marstall war bis zu seiner Zerstörung im Jahre 1944 vor allem durch diese mit vier Säulen abgeteilte Durchfahrt einer der Schwerpunkte der unteren

Königstraße. Freilich hatte man ihm die von Reinhard Ferdinand Fischer ursprünglich mitgegebenen Springbrunnen und Marmorbecken und stukkierten Arkaden genommen.

Disziplin und vornehme Gesinnung und junges Machtgefühl hat sich nirgendwo im neuen Stuttgart so konzentriert wie in der unteren Königstraße; Militär und Hofaristokratie haben hier ebenso ihren Platz wie die wenigen Handelsleute der größer gewordenen Stadt. Genau in der Mitte der westlichen Straßenseite lag der Gardeoffizierspavillon, den Thouret dem König 1810 als Wohnhaus der Gardeoffiziere erbaute. Und wie wenn der Straßenzug Paradebild des eben aufgerichteten Königreichs und seiner konfessionellen Struktur (in den neu hinzugekommenen Gebieten waren die Katholiken in der Überzahl) hätte sein wollen: die neue Kirche an der Straße, auf Befehl des Königs nach dem Salzburger Erzbischof Eberhard Eberhardskirche benannt, diente den Katholiken. Jeder sollte nach seiner eigenen Facon selig werden; sehr viel wichtiger war, daß dieser junge Staat baldmöglichst zu einer »Nation« zusammenwuchs. Auch die Eberhardskirche, nach dem Fliegerangriff vom 21. Februar 1944 völlig ausgebrannt, seit 1953 unter Anklängen an die alte Fassade wiederaufgebaut und am 19. März 1955 wieder geweiht, ist 1808 von der Solitude geholt worden. »Auf dem von Allerhöchstdemselben sich reservierten Bauplatz zwischen dem Moeglingschen und Frasinellischen Hause« hat man die Kirche wieder aufgebaut. Neuere Forschung hat nachgewiesen, daß die Innengestaltung dieses feinen, älteren Stuttgartern noch gut in Erinnerung haftenden Baues Thouret zu verdanken ist. Er ersetzte das barock-dialektische Wunderwerk des Solitude-Baues durch die Geradlinigkeit und den präzisen Körper des Klassizismus. Mit den Glocken, der Orgel und den Beichtstühlen aus Zwiefalten ausgestattet, war die Eberhardskirche seit 1811 gerade wegen ihrer nüchternen Offenheit und ihrer »Zugänglichkeit« ein besonders schönes Beispiel des württembergischen Klassizismus.

Auch die Häuser fügen sich in diese mit sanfter Gewalt zusammengebrachte Uniformität. Es sind großartige Schöpfungen darunter, die, alle von Thouret gebaut, rasch zur typischen Ornamentik dieser neuen Stadt gezählt wurden, das Haus des Geheimen Sekretärs Moegling und des Ratsverwandten Senators Erbe, des Königlichen Mâitre d'hôtel Frasinelli oder des Bildhauers Dannecker. »Das Haus, welches sich Schwager Erbe gebaut hat, sagte mir Üxküll, sey eines der größten und schönsten der Stadt.« So Gottlieb Schick, wohl einer der größten unter den schwäbisch-klassizistischen Malern der Zeit.

Für Jahrzehnte sind diese Häuser in Stuttgart Vorbild geblieben und nachgebaut worden. Sie scheuen das Kollektiv nicht, ja sie treten da und dort in Reihenhausbauweise auf. Und sie verzichten auf jeden Schmuck: die präzise Ausbildung der Gesimse und Fenster, die häufig mit Freitreppen versehenen Türeingänge, die guten Proportionen sind wesentlicher als alles genüßliche Beiwerk. Sie machen den Rhythmus der Straße aus. »Verzierung ist Liebhaberei und kann dem Totaleffekt des Gebäudes ebensowenig schaden als frommen.« Das ist Thourets Motto. Er folgt ihm mit Konsequenz. Sie hat einen förmlichen Stuttgarter Haustypus aufkommen lassen, ein großes dreistockiges Gebäude mit seitlichen Einfahrten, das sich mit immer wieder neuen Varianten in den beiden Königstraßen wiederholt. Das Erdgeschoß hat zwei Dreizimmerwohnungen mit Küche, eine letzte Reminiszenz an den mittelalterlich-schwäbischen Brauch, den ebenerdigen Stock des Großbürgerhauses zu allem, nur nicht zum Wohnen zu benützen. Die beiden anderen Stockwerke haben je eine Siebenzimmerwohnung mit Küche und Kammer; der Raum reicht hin für die vorbiedermeierliche, in Stuttgart bescheidenem Lebensstil verpflichtete Großfamilie. Das fast überall akzeptierte Walmdach bleibt unausgebaut, die vielen und häßlichen An- und Über- und Zubauten, die sich in der Gründerzeit bis zu den verwegensten Dachgärten hin durch die oberen Zonen der Häuserlandschaft ziehen, gibt es noch nicht.

1803 beginnt man die obere Königstraße anzulegen, in einer Zeit, in der die vierundzwanzig Meter breite Straße, unbelastet von den unmaßstäblichen Hochhäusern unserer Gegenwart, noch ganz ihre Würde entfalten kann. Die Gebäude, die sie säumen, überschreiten nirgendwo die als Norm empfundene Stockwerkszahl. Die Passanten beherrschen, dies allerdings vergleichbar mit den heutigen Fußgängerzonen der Königstraße, die Straßenszenerie. Daß Thouret der mit einer Fülle elementarer, praktischer Erfahrungen ausgestattete Theaterfachmann war, verrät sich in seiner Straßenarchitektur. Er hat diese obere Königstraße am nordwestlichen Rand des Altstadtkerns nicht angelegt. Aber er hat ihr durch seine Zutaten zu jener ruhigen Repräsentanz des ersten Königreiches verholfen, die Fürst Pückler-Muskau im Auge gehabt haben muß, wenn er gelegentlich seines Stuttgart-Besuches 1808 schreibt: »Stuttgart in seiner von Bergen umschlossenen Gegend ist nicht groß, aber freundlicher und hübscher als München.«

Tatsächlich erlauben die geringen Quantitäten noch genaue Aufzählungen, etwa den Hinweis, daß Thouret rechts und links der Hauptwache, jenes einstockigen Gebäudes mit Arkaden und Mansardendach, zwei Empirebrunnen mit halbkreisförmiger Schale gebaut hat, ebenso schönen wie nützlichen Zutaten, die den etwas fragwürdigen Blick zur Altstadt hinunter kaschieren konnten. Auch zwei größere Häuser verdankt man Thourets Hand, das Wohnhaus des Bankiers Salomon Kaulla, der auch für die künstlerische und geistige Geschichte Stuttgarts bedeutsamen Familie, das um 1839 an den Gastwirt Marquardt überging und zum Vorläufer des späteren Marquardt-Hotels wurde, und das Haus des Hofschwertfegers Kohl von 1807, das an der Stelle des Warenhauses Tietz stand.

Natürlich hat damals manches noch unfertige Eindrücke beschert. Daß die Straßenachse gegen Süden hin noch auf die alte Legionskaserne führte, konnte keine Dauerlösung sein, und daß bis 1827 drei auf der Straßenfläche stehende Gebäude die Paradestraße, gerade vor ihrer Einmündung in die Schloßplatz-Fläche, zu einem gänzlich deplazierten Wurmfortsatz machten, mochte mit Recht als störend empfunden werden. Aber dafür war die rechte Seite der Straße mit um so bedeutenderen Gebäuden ausgestattet. Da war zunächst das alte Kronprinzenpalais, das vor diesen mit Thouret-Umbauten des Jahres 1807 erhaltenen Funktionen eine bewegte Geschichte gehabt und unter anderen den berüchtigten Grafen von Montmartin oder die ungleich liebenswürdigere Gräfin Franziska von Hohenheim, Carl Eugens guten Geist, beherbergt hat. Im Verlaufe des 19. Jahrhunderts war es Sitz mehrerer Ministerien, bis es 1926 abgebrochen und durch den »Mittnachtbau« ersetzt worden ist. Auch der »Große Bazar«, im Luftkrieg bis auf die Umfassungswände zerstört und im Stuttgart der Gegenwart ganz verschwunden, war ein markanter Punkt für das kommerzielle Leben der Residenzstadt. Er ist im wesentlichen im Jahre 1835, die Eile der ersten Königreichsjahre noch überbietend, auf dem Gelände des abgebrochenen alten Zeughofgebäudes und der Hofküferei entstanden. Der Erste, den man mit dem Plan beauftragte, der Hofwerkmeister Autenrieth, hatte seine Inspirationen bei den Gebäuden der Rue de Rivoli zu Paris geholt. Aber diesmal gefiel das Vorbild Paris nicht, so sehr man noch der klassizistischen Metropole huldigte. Die Planung ging an Hofbaumeister Giovanni Salucci über, der seine Originalität in einem Arkadengang für das Erdgeschoß bewies, mit vier Stockwerken ein Bau von beachtlicher Höhe und notwendig großen Dimensionen für die Anfahrt. Fast werden hier schon Vorahnungen an die Gründerzeit laut, wenn man hört, daß die für den Bau aus Kaufmännern und Bankleuten gebildete Aktiengesellschaft zum zweiten Mal Nein sagt, einfach deshalb, weil der Einbau von Arkaden zu teuer kommt. Daraufhin wird Thouret mit der Planbearbeitung beauftragt. Ihm gelingt die Sache. Der Große Bazar wird sein größter Privatbau. Die Arkaden, vom König ausdrücklich gewünscht und als genuine Beigabe zur Königstraßenwürde empfunden, werden durch eine private Beisteuer Seiner Majestät gerettet. Das mit fester, autoritativer Körperlichkeit imponierende Gebäude, im Sommer 1838 im wesentlichen fertig, war das wichtigste von denen, die jene neue Art von Kommunikation in das bislang mittelalterlich gestimmte, jedenfalls nicht von der Schau- und Flanierlust unter Arkadengängen heimgesuchte Stuttgart gebracht haben.

Die rechte Königstraßenseite, damals wie heute die bedeutendere, ist auch durch andere klassizistische Großbauten geschmückt worden, das Stockgebäude Gottlob Georg Barths, das neue Kronprinzenpalais Ludwig Gaabs. Barth, noch Thourets Generation, aber ohne seinen strengen Dorismus und die gleichzeitig politischen Intentionen, hat das Stockgebäude, vor allem aber den zwischen 1821 und 1827 erbauten, 1944 schwer beschädigten Bau des Staatsarchivs und des Naturalienkabinetts in der Neckarstraße bei aller Monumentalität eher mit biedermeierlicher Liebenswürdigkeit ausgeglichen. Gaab, Saluccis Nachfolger, gehört schon einer anderen Generation an. Das Herbe, Schwere und Sparsame der Thouretschen Bauten, stilprägend für eine neue Stadt, weicht mehr vordergründig gehandhabtem historischem Spiel. Das Kronprinzenpalais, 1944 ausgebrannt und Jahre hernach, bevor der Kleine Schloßplatz seine Stelle mit überdeckte, neben der Ruine des Neuen Schlosses das meist diskutierte Stuttgarter Trümmergebäude, war eine Repetition von Klenzes Herzog-Karl-Theodor-Palais in München. Sicher hat der König das selbst so gewollt. Man begann den »römischen« Palast zwei Jahre vor dem Revolutionsjahr 1848. Ein Jahr danach ist der mit viel handwerklicher Könnerschaft aufgeführte Bau fertig geworden. Wie immer die städtebaulich-architektonische Funktion des Kleinen Schloßplatzes im Hinblick auf die Geschlossenheit und Eigenständigkeit seines großen Bruders beurteilt werden mag: damals hat man den Palast als den gegebenen, idealen Abschluß des Schloßplatzes empfunden.

Der Königsbau, der letzte dieser, die beiden Königstraßen prägenden Monumentalbauten und heute der mit der deutlichsten historischen Würde, ist zwischen 1855 und 1859 von Christian Friedrich Leins erbaut worden, nachdem ein Plan Karl Ludwig Zanths – griechischer Stil in purer und wohl etwas lebloser Form – ebenso wie Leins' Renaissanceentwurf abgelehnt worden waren. Erst Johann Michael Knapps klassische Säulenhalle, im Grunde schon 1837 von Thouret projektiert, hat man akzeptiert. Ihr hat Leins, der den Bau geführt und überwacht hat, die notwendige Akzentuierung durch die beiden korinthischen Risalite gegeben. Der Wiederaufbau nach dem Kriege hat manches verändert oder weggelassen, die Ladeneinbauten, die wie Flammen züngelnde Reihe der Akroterien, deren Fehlen den Bau heute kühler als in seiner ersten Fassung präsentiert. Aber er ist und bleibt der großartige, Passanten offene Abschluß des Schloßplatzes im Nordwesten. Einen derartigen Schlußpunkt haben schon Guêpière und der als Garten- und Baudirektor agierende Friedrich Wilhelm Hackländer im Auge gehabt. Leins, nicht mehr wie Thouret unter königlicher Protektion beginnend, sondern als Bauhandwerker, der erst spät zu einem weit über Deutschland hinausgreifenden Ruhm gelangte, hat diesen Schlußstein gesetzt. Jetzt konnten sich Platz und Straße, Paradeplatz und Paradestraße im genauen Sinne des Wortes, sehen lassen.

Die Königstraße, ehemals der »Große Graben«, ist bald die Schauseite der neuen Königsstadt. Als die untere Königstraße, die einstige Siechen-Tor- und nachmalige Ludwigsburger Straße, 1807 fertig und 1811 der »Kleine Graben«, die heutige Eberhardstraße, aufgefüllt waren, verschwinden in diesem Jahre auch die Bezeichnungen »Der Graben«, »Der Wachthausplatz«, »Der Stockplatz«: die schönste Straße der Stadt erhält ihren heutigen Namen. Man spürt die revolutionierende Funktion der neuen Straße deutlich, wenn es noch vor der offiziellen Neubenennung heißt: »Der große Graben ist herrlich, die Königstraße prächtig! Wahrlich, wer Stuttgart seit vier Jahren oder auch nur seit den letzten drei Jahren nicht gesehen hat, wird es kaum wiedererkennen. Kommt er vollends von der Nordseite her, und sieht er nun von oben von der Galgensteige herab an der Stelle der spärlichen Kartoffelfelder und der ehemaligen Sümpfe den kaum übersehbaren holdseligen Feengarten der neuen Anlagen, der auf lauter Inseln zu schwimmen scheint, zu seinen Füßen, und dann endlich durch den stolzen, schön gewölbten Bogen des schlanken Königstores in die ihm ganz unbekannte schnurgerade prächtige Königstraße mit ihren neuen Häusern und der unabsehbaren Fassade des wirklich in seiner Größe ungeheuren Stallgebäudes, er würde in Wahrheit in eine ihm ganz unbekannte Stadt zu blicken wähnen, wenn ihm nicht die alten wohlbekannten Berge lehrend zuriefen, daß sie doch noch das alte Stuttgart sei!«

Die Königstraße ist, das darf vorweggenommen werden, die gesellschaftlich-geistige Äquatorlinie Württembergs geworden, auf der sich die Genien des Landes begegnen. 1844 sind es Lenau und der Stuttgarter Lyriker Gustav Pfizer. »Ich kann mir die Qual des besorgten, umsichtigen Begleiters denken auf diesem Gange, der so zu sagen im Angesichte von ganz Deutschland gemacht wurde. Am Bazar zog Lenau seinen zweiten Überrock aus und Pfizer trug diesen über dem Arme. Niembsch wollte das Kleid hinbreiten und sich darauf legen. Er könne nicht mehr weiter. Er streckte sich auch wirklich hin.« Vier Jahre nach diesem landeskundigen Zwischenfall begegnen sich Mörike und Hermann Kurz »nach fast zehnjähriger Trennung« auf der Königstraße. »Hermann Kurz im ersten Feuer seiner politischen Tätigkeit begrüßte jenen mit den Gedanken der neuen Zeit auf den Lippen, Mörike, der Unpolitische, Zeitlose, äußerte sich kühl und ablehnend, und es scheint sich nun zwischen der jugendlichen Begeisterung und der Skepsis des kühleren Alters eine Szene entsponnen zu haben, wie zwischen Tasso und Antonio, nur ohne persönliches Motiv.« Die Tochter Isolde erzählt weiter, daß »nach einer unverbürgten Überlieferung« Mörikes Verstocktheit ihren Vater schließlich zu dem fassungslosen Ausruf getrieben habe: »Wer heute keine Partei ergreift, von dem heißt es: Pfui über dich Buben hinter dem Ofen.« Hat die sonst kluge Tochter erkannt, daß sich da in der originär schwäbischen Geistesgeschichte zum ersten Mal die Fronten aufgetan haben zwischen nachgoethescher Tradition und ideologisierter Bekennerwelt? Es sind die Jahre, in denen Johannes Scherr über Franz Dingelstedt unter der Überschrift »Revue auf der Königstraße« nachsichtig reimt:

> »Sein Auge blickt weltschmerzlerisch im Winkel stets,
> es ist der hofräthliche Hofrat Dünkelstets . . .«

Es gibt eine besondere Gattung Königstraßen-Dichtung von Friedrich Haug bis Eduard Paulus, mit dem bemerkenswerten Unterschied, daß der Epigrammatiker Friedrich Haug seine Verse der Befreiung der Straße von Verkehrshindernissen widmet, während der Kurzzeiler des Literaten Eduard Paulus bei aller Leichtigkeit Tiefgang verrät: »Königstraße, meine Wonne, O was wär' ich ohne dich?« Aus den sechziger Jahren des letzten Jahrhunderts erzählt ein begeisterter Bericht von der »Prachtvollen«, durch die sich das Stuttgarter Leben »in seinen bedeutungsvollsten Beziehungen« bewege. »Kein öffentlicher Aufzug, kein festliches Gepränge, kein militärischer Glanz, kein hoher Besuch, der sich hier nicht zeigte.« Die vornehme Welt wandle hier ebenso wie der »schlichte Bauersmann«. Man scheint damals die »Fußgängerzone« auf ungeniert-schwäbische Weise genossen zu haben auf der Königstraße: »An seiner Leine führt der Metzger zuweilen auch eine alte Kuh oder ein trauriges Schaf, oder schnattert auf ihr, besonders bei Beginn des Winters, die pure Einfalt vom Lande in Gestalt einer Herde Gänse. Trotz ihres stolzen Namens ist die Königstraße und der Königsbau dennoch sehr populär.« Bis um 1900 haben sich auch die Leierkastenmänner noch hierher gewagt. Die Straße und das schwäbische neunzehnte Jahrhundert gehören zusammen: man glaubt noch den würdigen Vater mit Gehrock zu sehen, der, vom Lande einmal im Jahr mit der Familie in die Residenzstadt fahrend, seine verwirrten Kinder durch die Königstraße führt, vorbei an märchenhaften Schaufenstern, und irgendwann mit fester, sonorer Stimme vermerkt: »Gucket Kinder, dees älles brauchet mir net.«

Übrigens ist mit der »Einweihung« der Königstraße im Jahre 1811 auf Befehl des Königs auch die Schloßstraße mit rund einhundertfünfzig Meter Länge von Thouret angelegt worden, als kurze Verbindungsstraße zwischen der Seegasse und der Königstraße in senkrechter Stellung zum Residenzschloß. Abgesehen vom alten Hotel Marquardt standen hier an der neuen Schloßstraße einschließlich der Eckgebäude sieben Wohnhäuser. Sie sind wohl alle von Thouret erbaut worden. Durch das, im Goetheschen Wortsinne »schöne«, das heißt hier so viel wie ebenmäßige und »ziemliche« Haus des Hofschreiners Schweikle in der Friedrichstraße (an der Stelle des späteren, abenteuerlich-häßlichen Friedrichsbaus) hatte Thouret der Schloßstraße eine angenehme, gewinnende Perspektive gegeben. Auch die Kronenstraße, die Thouret auf königlichen Befehl vom 31. August

1808 anzulegen hatte, war, axial unmittelbar auf die Kuppel des Marstalls zulaufend, mit solchem Blickpunkt bedacht worden, zumal die Kuppel ursprünglich ein mächtiges Pferdegespann trug, das dann aus statischen Gründen entfernt werden mußte.

Keine dieser neuen Straßen war die öde Ausgeburt einer Reißbrettarithmetik. Auch wenn Thouret in der Kronenstraße kein wesentliches Wohngebäude gebaut hat: in der Wohlanständigkeit der ursprünglichen Hausreihen steckt doch auch ein Stück seiner Architektur, und erst die Bahnüberführung des Jahres 1846 und die Durchbrüche der Stephan- und Lautenschlagerstraße aus jüngerer Zeit haben der gefälligen Einheitlichkeit dieses Straßenraumes dann ihre Substanz genommen.

Auch die Friedrichstraße, wie man die verlängerte Seegasse vom Jahre 1817 an nannte, hat mancherlei Destruktionen über sich ergehen lassen müssen, bis sie in den fundamental veränderten Umbauten der Gegenwart vollends in ihrer ursprünglichen Gestalt verschwunden ist. Der gleichfalls im August 1808 aufgegebene Plan »für die Verbindung der Seegasse mit der neuen Straße aus der Königstraße (der Kronenstraße) und zur Versetzung des Seegassentores« ist vom König schon im September genehmigt worden. Das Rondell, das hier in den Augen Thourets entstanden war, der spätere Friedrichsplatz, sollte ein Viktualienmarkt werden. Friedrich dachte an die Anwohner, die noch kommen mochten, Leute vom Hof, Obertribunalräte und Amtmänner, Theatermaler und Obristlieutenants, Oberbereiter und — Thouret selbst. Nicht alles ging hier wie am Schnürchen. Zwar waren alle diese neuen Straßenzüge in der Planung miteinander verzahnt und aufeinander abgestimmt. Aber die napoleonische Bundesgenossenschaft verlangte auch ihren Tribut und vom württembergischen Waffengefährten einen harten Blutzoll. Erst 1811 wird die Auffüllung und Planierung der Schloßstraße und der verlängerten Friedrichstraße vorgenommen, erst 1815 beginnt der Bürgerhaus-Ausbau vollends einzusetzen.

Es scheint, als ob Thouret sich dieses Straßenzugs, der den Namen »seines« Königs trug, ganz besonders angenommen hätte. Er baut das Schweikle'sche Haus, dessen Gesuch 1817 genehmigt wird, zweifellos eines der schönsten klassizistischen Bürgerhäuser der neuwürttembergischen Königsstadt, ein symmetrisch gegliederter Baukörper, mit kräftigen Gurten, deutlich akzentuierten und geschmückten Fensterreihen und einem Dach mit feinprofiliertem Konsolengesims: ein festlich gestimmtes Schaubild dieses neuen Stadtgefühls.

Alle die anderen Häuser Thourets der Zeit sind Teile dieses ungemein vornehmen Straßenensembles, überlegte und mit Stilgefühl geschaffene Gebilde, die bis zur Dachneigung und Dachdeckung hin Ergebnisse einer auf das Kollektiv bezogenen Planung gewesen sind. Auch der Platz selbst, der »Friedrichsplatz«, der endlich durch Königliche Entschließung vom 11. April 1828 seine kreisrunde Form erhielt, geht in den Einzelheiten seiner Gestaltung auf Thouret zurück. Er sollte einen Brunnen erhalten, und Thouret meinte, dieses Projekt möchte »durch vielfältige Vorgänge in den schönsten und bedeutendsten Städten Europas zum voraus gerechtfertigt sein«.

Friedrich selbst hat in dieser Platzfrage seltsames Zögern – oder soll man sagen, Desinteresse? – an den Tag gelegt, hier und in der Schloßplatzfrage. Dort war seit 1782, als man zum Besuch des Großfürsten Paul von Rußland öffentliche und private Gebäude abbrach und das halbrunde Rasenparterre anlegte, nichts mehr geschehen. Was König Friedrich »Neues« hinzutat, war ein Obelisk zur Erinnerung an seinen Vater, den Herzog Friedrich Eugen. Thouret hatte ihn 1807 in den Mittelpunkt der Fläche zu stellen. Im übrigen bleibt alles beim alten. Der König läßt den Platz unangetastet. Er sorgt nur dafür, daß man die schönen Bäume beim Opernhaus stehen läßt und daß der Ehrenhof des Schlosses durch steinerne, mit Ketten verbundene Pfeiler abgeschrankt wird, durch zwei Postamente mit laternentragenden Kindergruppen. Isopis prachtvolle Wappentiere sind noch nicht da. Überhaupt ist es Wilhelm I., der im wesentlichen auf Grund der Pläne Thourets dem Platz sein endgültiges, adäquates Aussehen gibt. Um 1807 hat Thouret im Verfolg des Residenzbauplanes nurmehr die Begrenzungen im Norden und Osten festlegen können, unter Einschluß des 1797 zum Gedächtnis der Wiedergenesung Herzog Friedrich Eugens angelegten Karlsplatzes. 1835 erhalten Thouret, Salucci und Zanth den Auftrag, einen Theaterneubau anstelle des alten Redoutenhauses (heutiger Königsbau) zu entwerfen. Man hat damals auch andere Plätze im Auge gehabt, an der Stelle des späteren Olgabaus, zwischen Altem Schloß und Waisenhaus. Schließlich hat er sich doch für den Platz des äußerlich unscheinbaren Redoutensaales entschieden: der Plan hätte, wäre er verwirklicht worden, ebenso seine Bedeutung gehabt wie die Absicht des siebzigjährigen Thouret vom Mai 1837, den Schloßplatz durch zwei niedere, zweistockige Gebäude einzufassen, die durch Kolonnaden mit den beiden Schloßflügeln zu verbinden gewesen wären.

Der Plan, spätbarocke Intentionen und im Grunde die Pläne Fischers, die Bauidee des »Hofstaates«, Kavalierhäuser und Orangerien noch einmal in den Mittelpunkt schiebend, ist, so großzügig und monumental er wirken mochte, nicht zur Ausführung gelangt. War das Schloß, noch nicht einmal ganz ausgebaut, schon nicht mehr Mittelpunkt des Stadtwesens? War das, was Thouret mit sich trug, der erste große Aufbruch des neuwürttembergischen Königreichs, jetzt am Ende der dreißiger Jahre – schon Geschichte?

Man hat den Platz schließlich mit Alt-Neuem gesäumt, mit der Alten Kanzlei, dem Alten Schloß und dem Hoftheater als überkommenem Baugut, dem Kron-

31 Das »Schöne Viereck« um 1860: Blick von der Stiftskirche auf Prinzenbau und Alte Kanzlei im Vordergrund, dahinter Schloßplatz mit Neuem Schloß (rechts), Hoftheater (links daneben, heute Kunstgebäude) und in die untere Königstraße mit der 1808 erbauten Danneckerei (hinter der Baumreihe) noch ohne Königin-Olga-Bau (ab 1893), aber mit Eberhardskirche und Marstall

32 (umseitig oben) An der Stelle des heutigen Rathauses stand einst das 1456 begonnene, 1582 verblendete und 1824 durch Adam Friedrich Groß erneuerte Stuttgarter Rathaus, das von 1898 bis 1905 unter Einschluß der beiden rechts stehenden Wohnhäuser durch Heinrich Jassoys großen »brabantgotischen« Bau ersetzt wurde

33 (umseitig unten) Am 31. Oktober 1892 beschloß der Stuttgarter Gemeinderat einen Rathausneubau, der am 1. April 1905 eingeweiht, im Luftangriff vom 26. Juli 1944 erstmals schwer getroffen wurde

34 Schloßstraße mit Blick auf Neues Schloß 1844, nach einer Zeichnung von Christian Friedrich von Leins. Drittes Gebäude von links Eingang zum Bahnhof (hier jedoch in dem nur bedingt ausgeführten Etzelschen Entwurf), viertes ehemaliges Wohnhaus Thourets

35 Das ehemalige, im Kern 1598 erbaute Rappsche Haus, Stiftsstraße 7, das erste Kulturzentrum der Stuttgarter Klassik, in dem Goethe abstieg (später Lindemanns Buchhandlung)

36 Der Stuttgarter Bildhauer Dannecker (1758–1841). Öl des Stuttgarters und Carlsschülers Christian Gottlieb Schick (1776 bis 1812) aus dem Jahre 1798

37 Der Musiker und Komponist Johann Rudolph Zumsteeg (1760–1802). Öl von Jakob Friedrich Weckherlin gegen 1800

38 (links) Der Maler Philipp Friedrich Hetsch. Selbstbildnis in Öl um 1787

prinzenpalais und dem Königsbau und dem (heutigen) Olgabau als Zutaten der eigenen Generationen. Was die Anlage selbst anlangt, so hat Leins von Wilhelm I. den Auftrag erhalten, dem durchaus kahlen Platz ein Gesicht und eine Struktur zu geben. Leins hat sich auf seinem Reißbrett die größte Mühe gegeben, Diagonal-Wege vom Bahnhof–Königsbau nach der Planie und von der Oberen Königstraße zum Hoftheater und zur Neckarstraße zur Ermöglichung eines unmittelbaren und direkten Fußgängerverkehrs anzuordnen. Kreuzungspunkt sollte immer die Jubiläumssäule sein. Gerade hier stockte der Praktiker: gab es dann noch etwas zu sehen, noch eine Möglichkeit zur Kommunikation? Der erste »Lokaltermin« des gefeierten Architekten hatte zufällig nächtlichen Schneefall präsentiert, so daß an den Fußspuren im Schnee beobachtet werden konnte, wie die Leute, vom Bahnhof kommend, am Königsbau abbogen und vor der Jubiläumssäule vorbei schnurgerade zur Planie weitergingen. In der anderen Richtung, erzählte Leins, seien die Fußgänger eine beträchtliche Strecke geradeaus gegangen, dann nach rechts abgebogen, zum Hoftheater und durch den Theaterbogengang zur Neckarstraße. Leins hat diese Richtungen durch den Geometer abmessen lassen und dann den König ersucht, sich vom Ganzen selbst zu überzeugen. Wilhelm hat ohne Bedenken sein Placet zur endgültigen und »publikumsfreundlichen« Quadrierung der Platzanlage gegeben.

So ist der Schloßplatz geworden. Nicht das Herz der Stadt (das wäre wohl der Schillerplatz), aber ihre Mitte. Es gibt den Schloßplatz noch, fast hätte man gesagt: wie eh und je. Wenn Stuttgart damals und heute nirgendwo Rang und Niveau und Europäisches zu zeigen gehabt hätte: hier ist es Kapitale. Stuttgarts Stadtarchitektur macht den Eindruck des Gewachsenen, nicht des Erstellten, trotz allem, was die Zerstörungen des Zweiten Weltkrieges verursacht haben. Der Schloßplatz indes hat etwas von paradierender Architektur, von einer Schaustellung, in die unversehens, mitten in einer Stadt, in der auch Behäbig-Provinzielles seine Nester hat, Weltläufig-Großartiges sich mischt. Am Schloßplatz hing man, und hängt man noch heute. Hier ist die Stadt Stuttgart, hier ist das Land Württemberg zu Hause. »Wenn man zum ersten Mal in die schwäbische Hauptstadt kommt«, heißt es 1892, »und von einem dort ansässigen guten Freund am Bahnhof empfangen wird, so ist zehn gegen eins zu wetten, daß er, wenn man mit ihm hinaustritt in die Stadt, seinen Gast auf den angrenzenden Schloßplatz führt und ihn fragt, ob seine Heimathstadt auch solchen Platz aufzuweisen hat. Die Stuttgarter haben auch allen Grund, auf ihren Schloßplatz stolz zu sein.« »Deutschlands herrlichster Platz, und, Gott sei Dank, unbeweglich – längst ja hätt' man ihn sonst schon nach Berlin kommandiert.« So ein Anonymus in den 1896 publizierten »Stuttgarter Epigrammen«. Vom Seitenhieb auf die einnehmende und aufsaugende Art der Reichshauptstadt abgesehen: in dieser Verbindung vom schwäbischen Stuttgart zum preußischen Berlin steckt ein Körnchen Wahrheit. Es gehen merkwürdige Verbindungen vom Württembergisch-Schwäbischen zum Preußischen. Hegels »Drachensaat« ist in Berlin aufgegangen, in einer Stadt, in welcher der geborene Stuttgarter wie daheim war, ganz im Gegensatz zu Wien, dessen lavierende Weichheit und sein Vergnügen an allerlei Hanswurstiaden ihm unverständlich blieben. Es gibt da eine ganze Reihe von Biographien schwäbischer Männer des letzten und jetzigen Jahrhunderts, die in Berlin Unter den Linden oder am Werderschen Markt, nicht etwa, weil nationalistische Emotionen sie dazu verführt hätten, mit Wärme verweilen. Das Preußische hatte es den Schwaben angetan. Oder auch: zwischen dem schwäbisch-pietistischen »Beten und Thätig-Sein« und dem preußischen, vom Calvinismus wie vom Halleschen Pietismus genährten Arbeits- und Pflichtenethos gibt es mancherlei Affinitäten. Dort, in Berlin, ist der Klassizismus — nicht Moeller van den Brucks verzwungener »Preußischer Stil« — zu einer der großen, originalen Verkörperungen der Preußenart geworden. Gillys und Schinkels Berlin ist mehr als nur Ausdruck eines Zeitgeistes. Es ist gleichzeitig das Spiegelbild einer in Generationen gewordenen Haltung, wie es das klassizistische Stuttgart auf seine Weise auch geworden ist.

Thouret ist, nicht immer mit seiner baukünstlerischen Kraft, aber gewiß mit seinen tonangebenden Funktionen den Weinbrenner und Gilly, Schinkel und Klenze und Gärtner, den Baumeistern des neuen Karlsruhe und Berlin und München an die Seite zu stellen. Mit der Neckarstraßenführung, dem Aufbau der Tübinger Vorstadt und mit der Schöpfung Cannstatts als Bäderstadt hat Thouret unmittelbar die Weichen bis in die Gegenwart hinein gestellt. Der Anfang der Cannstatter Straße, die am 12. Mai 1811 den Namen Neckarstraße erhielt, ergab sich aus der Aufgabe, für den Residenzbauplan einen östlichen Rahmen zu finden. Den Platz, der sich hier von der Rückseite des Akademiegebäudes bis zum Cannstatter Tor erstreckte, läßt Thouret verschwinden. Er zieht eine schnurgerade Straße in Richtung Cannstatt. Unter König Wilhelm I. hat er diesem 1837 verlängerten Straßenzug, der »schon jetzt an Schönheit der Gebäude die meisten andern Straßen übertrifft« (so ein Urteil der vierziger Jahre) eine klare Funktion gegeben: sie sollte das Kulturzentrum Stuttgarts werden, mit Polytechnischer Schule und Bibliothek, mit Gemäldegalerie und Archivgebäude. Mit dem Invalidenhaus, für das am 2. Juli 1807 feierlich der Grundstein gelegt wurde, hatte Thouret selbst den Anfang gemacht. Als Wilhelm I. 1820 das Ehrencorps seines Vaters auf die Comburg brachte, hatte Thouret sein schlichtes, langgestrecktes Invalidenhaus in eine Bibliothek umzubauen, die seit diesem Jahre arbeitende Königliche Öffentliche Bibliothek. Zwei Jahre später, am 28. Mai 1822, wird der Grundstein für das Königliche Haupt- und Staatsarchiv mit Naturalienkabinett gelegt, ein wohlproportionierter Bau Georg Gottlob Barths, der, gleichfalls Carlsschüler, von 1805 an Thourets Mitarbeiter beim Ausbau des Stuttgarter Schlosses war. Barth hatte, wie es in der Grundsteinsurkunde hieß, einen Bau zu erstellen, der genügend Raum, helles Licht und die erforderliche Sicherheit garantierte, auch »Dauer für die Nachwelt«. Beim Luftangriff vom 21. Februar 1944 ist er schwer beschädigt und in den Angriffen vom 12. September und vom 19. auf 20. Oktober vollends zugrunde gegangen: ein in seiner Knappheit und Strenge, aber auch in seiner Zweckmäßigkeit mustergültiger Bau, der den Eingang zum Kulturzentrum Neckarstraße aufs schönste eröffnete.

Die Grundsteinlegung für den »kulturellen Bereich an der Neckarstraße« in der Baustelle für das neue Hauptstaatsarchiv am 5. Juli 1965 hat diese Lücke wieder zu schließen begonnen, für den, der die alte Neckarstraße vor dem Zweiten Weltkrieg noch in Erinnerung hat und sie neben den heutigen Verkehrsstrang Neckarstraße zu stellen weiß, nicht ohne Wehmut. Barths Bauten waren freundlicher und liebenswürdiger als die Thourets. Die Strenge und Unerbittlichkeit der Friedrich-Zeit haben sich in sein Bauen nie so eingesenkt: langsam beginnt biedermeierliches Ausgleichenwollen sich der friderizianischen Staatsidee im Stadtbild Stuttgarts an die Seite zu stellen. Der imperatorische Anspruch ist vergessen. Aber die klaren Bauorganismen sind geblieben. Es ist einer der besonderen Verluste Stuttgarts, daß von Barths Architektur, zu der außer einer Reihe köstlicher Privathäuser der Ständesaal im Landtag (1819) und das mit Groß entworfene Stockgebäude (1833–1838) gehörte, heute nur noch das Museum der bildenden Künste zu sehen ist, die Staatsgalerie (1838/42). Ihr gegenüber stand bis zu ihrer Zerstörung am Jahre 1944 die 1842/43 erbaute Münze von Adam Friedrich Groß, in ihren Verhältnissen noch klassisch, aber mit ein paar ornamentalen Bändern auch »byzantinischen Stil« hervorholend: Groß hat wie Barth die Schwere, die herrische Entschiedenheit der Thouretschen Architektur in seinen Bürger- und Herrschaftshäusern zu überspielen vermocht. Fast müßte heute die Staatsgalerie alleine herhalten für die einstige Klassizismusparade der Neckarstraße, mit ihren drei Flügeln, die einen zur Straße hin geöffneten Hof umschließen. Ihm hat man mit dem 1884 enthüllten Reiterdenkmal Wilhelm I. einen würdigen Akzent gegeben. Sein Schöpfer Johann Ludwig Hofer, Schüler Isopis und Thorwaldsens, war ein großer Könner, wenn auch mehr und mehr den Details zu große Aufmerksamkeit schenkend. In den Fliegerangriffen des 21. Februar und 26. Juli 1944 ist die Staatsgalerie schwer mitgenommen worden; am 12. September 1944 ist sie vollends ausgebrannt. Der Wiederaufbau im Äußeren, der Neubau im Inneren hat viele Jahre in Anspruch genommen. In einer festlichen Stunde des 9. Oktober 1958 hat man die Wiederherstellung des Hauses gefeiert, mit der beschwichtigenden Bemerkung Josef Eberles, des rührigen Vorsitzenden des Galerie-Vereins, daß »es mit dem uns Schwaben so oft nachgesagten Mangel an Sinnenhaftigkeit gegenüber der bildenden Kunst so schlimm nicht stehen kann, und daß das Mäzenatentum in unserem Lande nicht ausgestorben ist«. Theodor Heuß hat damals in seiner knappen Ansprache ein paar Umrisse jener Bedeutung aufgezeigt, welche die Galerie im künstlerischen, im geistig-familiären Leben des Landes, in einer seltsamen »Mischung von Tragik und Tragikomik« gehabt hat.

Fast, sagen wir, wäre die Staatsgalerie unter den originären Klassizismus-Bauten der Neckarstraße heute alleine. Aber auch das Wilhelmspalais steht noch da, im Angriff des 26. Juli 1944 ausgebrannt, auf den Gemeinderatsbeschluß vom 27. Juli 1961 unter der Leitung von Wilhelm Tiedje wieder aufgebaut und am 26. März 1965 eingeweiht. Für die Stadt- und Landesgeschichte ist es merkwürdig geschichtsbeladen: vor und im Ersten Weltkrieg war der Bau als Wohnsitz Königs Wilhelms II. einer der populärsten in ganz Stuttgart. Daß sich der eigentlich »revolutionäre« Auftritt des 9. November 1918 hier vollzog, daß es als »Ehrenmal« im Dritten Reich Hitlers Erhebung zur »Stadt der Auslandsdeutschen« unmittelbar miterlebt hat, gibt dem Gebäude zusätzliches historisches Gewicht. Die Verfügung Wilhelms I. an seinen ersten Architekten Salucci zum Modell eines Palastes für die beiden Töchter Marie und Sophie erging am 13. Juni 1827. Der Bau sollte Wilhelmspalast heißen, in zwei Jahren unter Dach kommen und alles in allem nicht mehr als dreihunderttausend Gulden kosten. Der Grundstein für das damals schon recht konservative Palais ist erst am 7. Juni 1834 gelegt worden. Salucci hat sich im Dickicht der Hofkamarilla um mancherlei verkämpfen müssen, vor allem um seine Steinbalustrade, die irgendwelche Büroexperten gerne bei den Staatlichen Hüttenwerken in Gußeisen bestellt hätten. Salucci, hier noch einmal der große Baukünstler und spürbar vom Flügelschlag der Antike gestreift, will »noble simplicité«, wie er sagt, vornehme, gemessene, in sich abgeschlossene Form. Man erkennt diese Sprache heute noch, an der zum römisch-dorischen Portikus emporführenden Auffahrt, die jetzt die Besucher der Stadtbibliothek und der Stadtgeschichtlichen Sammlungen des Stadtarchivs hinaufgehen, am Balkon, am Mittelrisalit der Hofseite. Es ist schade, daß der Bau, in den die Prinzessin Marie nach der Verheiratung ihrer Schwester 1840 dann alleine einzog, durch den Wiederaufbau unserer sechziger Jahre seine feineren Züge einer etwas blockigen Monumentalität abgeben und mit so hohlwangigen, unakzentuierten Fenstern vorlieb nehmen mußte. Aber daß Salucci einen bestechenden Blick für die Erfordernisse des Geländes besaß, daß er wußte, hier kein Gartenschloß wie auf dem Kahlenberg, sondern ein in das Stadtgefüge integriertes Palais erstellen zu müssen, erkennt man unschwer. Wir müssen heute verzichten auf den mit vergoldeter Kassettendecke und Grisaillenmalerei geschmückten Festsaal, an dem sich Ludwig Zanths Bauleitung verschwenden konnte. Aber wir sind dankbar für die beherrschende Wirkung dieses wiederauferstandenen, feinen Baues, ohne den die Charlottenplatz-Zone zu sehr in die Trivialität des bloßen, endlosen Verkehrsumschlags gefallen wäre.

Den Auftrag zum Entwurf eines neuen Plans der Tübinger Vorstadt – der des Jahres 1803 war, wie wir sagten, vom damaligen Kurfürsten abgelehnt worden – erhielt Thouret erst 1817. Er hat damals nach eigenem Hinweis seinen Situationsplan von 1808 zugrunde gelegt. Was er in diesem Geviert, das die über den Wilhelmsplatz verlängerte Hauptstätterstraße ergab, »aufzurichten« verstand, war freilich nicht das großartige Schauspiel öffentlicher Gebäude und unmittelbarer Staatsrepräsentanz: die Tübinger Vorstadt ist Handwerkervorstadt, ohne Mittel für große Architektur. Um so achtbarer ist die rhythmische Einheitlichkeit, die gerade die verlängerte Hauptstätterstraße bekam, jene unverhohlen präsentierte, aber doch immer wieder leicht variierte oder nuancierte bauliche Ordnungswelt, die dieser Straßenzug noch heute, nach Kriegszerstörungen und baulicher Veränderungen verschiedenster, teilweise tiefgreifender Art, erkennen läßt und die ihn wohl zum besterhaltenen Exempel für den Aufschwung der jungen Königsstadt macht. Als Professor der Baukunst hat Thouret in den Jahren 1818 bis 1820 hier fast jedes Haus entworfen oder wenigstens überarbeitet; nirgendwo sonst im heutigen Stuttgart ist Thourets »architektonische Handschrift« (P. Faerber) noch so lesbar erhalten. Auch in Cannstatt sieht man seine Hand noch, in der Alleenanlage, die sich geradlinig an die Brunnenstraße anschließt, im Glanzpunkt der Brunnenanlage selbst, dem Kursaal, dem Thouret einst zwei symmetrisch angeordnete kleine Nebengebäude angefügt hatte. Zu Beginn unseres Jahrhunderts abgebrochen, haben sie in den großen Zeiten des Aristokraten- und Großbürgerbades der Gesamtanlage einen ganz anderen Rhythmus gegeben, als das heute, im Angesicht des bemerkenswert häßlichen Schwimmbades, noch erkennbar wäre. Viel von dem, was Thouret geplant hatte – die großzügige Badstadt, der Erlebnis- und Festraum der nachrevolutionären Gesellschaft – ist gerade hier in Cannstatt in ödem Provinzialismus, in gleichgültigem Industrialismus verschlampt worden, vieles, wie etwa die Verknüpfung der parkartigen Promenade mit dem Bahnhof, gar nicht mehr gesehen worden.

Wir greifen nicht zu hoch, wenn wir den ersten baulichen Moderator des neuen, klassizistischen Stuttgart in Thouret sehen. Er hat nicht nur die wichtigsten neuen Straßenzüge und Stadtteile geschaffen, nicht nur deren Häuserfluchten gestaltet, sondern auch mit ein paar »öffentlichen« Gebäuden die Akzente gesetzt. Da ist das Kleine Komödienhaus, der Umbau eines alten

Wirtschaftsgebäudes, der »Reutscheuer«, das Thouret in vornehmen, klassizistischen Glanz hüllt und damit ganz Stuttgart entzückt. Da ist der Ausbau des rechten, nördlichen Flügels des Residenzschlosses, wichtigster Teil des Residenzbauplanes und Thourets eigenstes, in tausend Details erkennbar gewesenes Werk, das ihn von 1805 bis 1807 und noch einmal von 1811 bis 1816 in Beschlag nimmt. Was Thouret hier, im Roten Marmorsaal, im Zimmer König Friedrichs I., dem Schlafzimmer Napoleons, an Spiegelfassungen oder Marmorkaminen, an Pilasterkapitellen oder Balkongittern eingebracht hat, eilige, hingeworfene Zeugnisse eines ungemein einfallsreichen, aber immer gezügelten und kühlen Klassizismus, ist im Flammenmeer der Kriegszerstörung untergegangen. Die Ludwigsburger Räume Thourets, wo er bis 1816, bis zum Tode König Friedrichs, mit Umbauten, Renovierungen und Neugestaltungen beschäftigt war, im Neuen Corps de Logis, im Ordensbau und Theaterbau, in der Ordenskapelle und in der Bilder- und Familiengalerie, bieten eine großartige ersatzweise Orientierungsmöglichkeit.

Ein anderes öffentliches Gebäude wäre das Opernhaus geworden. Ein königlicher Auftrag zum Umbau des Hauses ist am 14. August 1811 erteilt worden. Ihr vorläufiges Ende fand die Sache am 9. Juni 1837 mit der Entscheidung Wilhelms I. über die drei Entwürfe von Thouret, Salucci und Zanth. Schon durch den Umbau de la Guêpières im Jahre 1758 in seinem Grundcharakter gestört, 1811 und 1812 im Eiltempo durch Thouret in einer wundervollen Feinheit zu einem klassizistischen Theaterhaus umgebaut, war das alte Lusthaus am 8. Mai 1830 durch einen Auftrag Wilhelms I. für ein neues Theater in ernstliche »Gefahr« gebracht worden. Aber mit Flickarbeiten und Anbauten, durch den auf Thourets Vorarbeiten sich stützenden Umbau Gaabs bis zur Unkenntlichkeit von seinem Renaissance-Kern entrückt, ist es das »alte Theater« am Schloßplatz geblieben, an der Stelle des heutigen Kunstgebäudes, bis es in der Nacht vom 19. auf 20. Januar 1902 durch einen Brand verlorenging.

Es wäre in diesem Zusammenhang auch Thourets Bau des Katharinenhospitals zu nennen, in der auffallend langen Zeit zwischen der Grundsteinlegung am 24. Juni 1820 und der feierlichen Eröffnung am 9. Januar 1828 aufgeführt, ein vor allem durch Gilly vorexerzierter symmetrischer Baukomplex mit vorgezogenem Mittelrisalit und zwei seitlichen Querflügeln. Aber Thouret hat noch mehr hervorgebracht, die Ehrenpforten zum Kurfest in Stuttgart vom 6. bis 9. Mai 1803 oder für den Empfang Napoleons in Stuttgart am 18. Januar 1806, als Brunnenbauer den Brunnen auf dem Charlottenplatz (1812), auf dem Wilhelmsplatz (1814), auf dem Akademiehof (1811, heute zwischen Planie und Landtagsgebäude), »das Schwefelbrünnele« in den unteren Anlagen (1814), den Treffpunkt ungezählter Paare und Pärlein.

Und nicht zuletzt war Thouret der Gärtner Stuttgarts, der Wengertershäuser ebenso aufzustellen verstand wie Landhäuschen zwischen Blumenbeeten und Ruhebänken, ein originelles Badehaus oder eine »italienische Vista«. Ein paar von diesen bemerkenswert stilvollen Visten und Villen und Wengertershäuschen haben sich bis heute erhalten. Was weniger bekannt ist, verraten Thourets Beiträge zu den Jahrgängen 1798 bis 1803 von Cottas »Taschenbuch für Natur- und Gartenfreunde«: hier wird in einer Zeit, in der man da und dort noch am Vorbild der abgezirkelten und zurechtgestutzten Blumenrabatte hängen mochte, für die Romantik des englischen Gartenstils plädiert. Damit hat auch die Gartenstadt Stuttgart neuen Auftrieb erhalten. Ihre Geschichte beginnt im »Garten der Gotik«, und sie zieht sich, wie wir wissen, mit mancherlei skurrilen Schnörkeln durch die Lustgärten der Herzöge. »Außerhalb der Stadtmauern haben sie die weitläufigsten Gärten«, schreibt Andreae in seiner »Christianopolis«, »worin sie ihre Lebensmittel zur Genüge pflanzen, da diese indes meistens wegen des Wohlstandes angelegt sind. Hier lernen sie die Scheinglückseligkeit menschlichen Lebens schätzen, welches gleichsam eine Blumenlese eines einzigen Jahres ist. Wir werden geboren, wir wachsen auf, wir blühen, wir verwelken, wir verdorren.« Hier vermischt sich christlich-barockes Memento mori mit den von Andreae persönlich erlebten Inspirationen des römisch-italienischen Manierismus. In Stuttgart, das Andreae zwanzig Jahre später genau kennenlernt, ist die Gärtnerei damals schon auf eine originale Weise zu Hause. »Der Weg von Stuttgart nach Hohenheim ist gewissermaßen eine versinnlichte Geschichte der Gartenkunst.« So Schiller 1794, der Sohn des Garteninspektors auf der Solitude, der der reichen einheimischen Baum- und Obstzuchtliteratur ein paar eigene Schriften beisteuert. Die Leistungen der schwäbischen Pomologie, die Lust am »Gärtle« – das alles konzentriert sich in und um Stuttgart auf eine vorbildliche Weise. Auch in diesem Betracht empfindet man die Residenz- und spätere Landeshauptstadt draußen als ein Stück, und vielleicht das beste Stück eigenen Fleisches: die Mentalität des Landes und die seiner ersten Stadt gehen nahtlos ineinander über. Ja, die liebenswürdig agrarische Aura, die Stuttgart noch im 19. Jahrhundert gehabt und als »Stadt zwischen Wald und Reben« im zwanzigsten dann mit Bedacht gepflegt hat, die für 1870 vorbereitete – wegen des Kriegsausbruchs aber dann nicht abgehaltene – Große Gartenbauausstellung als Vorläufer des Stuttgarter Stadtgartens auf dem alten Seewiesenboden und die auf dem Killesberg 1939 eröffnete Reichsgartenschau erleichtern so manchen antiurbanen Tendenzen im Lande den Zugang zur »Stadt«. Insofern stehen die Nebenprodukte von Thourets Architektur in einem sehr gewichtigen Zusammenhang. Was man heute noch am Relenberg, an der Weißenburg oder an der oberen Neuen Weinsteige an

Spielhäusern und Lusthäuschen der Biedermeierzeit insgeheim bewundert, geht nicht selten auf den instinktsicheren Entwurf auf Thourets Reißbrett zurück: er hat auch die Gartenstadt Stuttgart mitgeschaffen. Der Vergleich Stuttgarts (oder wenigstens seiner Lage) mit Florenz, später immer wieder aufs Neue hervorgeholt, mag damals aufgekommen sein. Gelegentlich der im September 1834 zu Stuttgart abgehaltenen Versammlung deutscher Naturforscher und Ärzte hat sich nach der ersten Plenarversammlung am 18. September eine landwirtschaftliche Sektion konstituiert, zu deren Vorstand der Stuttgarter Bau- und Gartendirektor Ernst von Seyffer gewählt wurde und in der, im Gegensatz zu den anderen Sektionen, ausschließlich von Stuttgartern oder Hohenheimern bestritten, die Fragen und Aufgaben des Obstbaus, der Feld- und Waldwirtschaft, des Weinbaus und der Vegetationsprozesse diskutiert wurden.

In Bürgers- und Weingärtnershänden sind die Traditionen der Gartenstadt Stuttgart im Verlaufe des 19. Jahrhunderts mit dem »Gütle« kräftig weitergeführt worden. Aber auch unter den Unternehmern, den Handelsleuten und ersten »Fabricanten« gab es nicht wenige, die ihren großen Garten oder ihre Gewächshäuser hatten oder sich mit »ihrem« Weinberg an der Weinlese beteiligten. Die in Stuttgart beheimatete dynastische Vorliebe für Garten und Gartenkunst blieb, auch als die Person des Königs durch eine schriftlich fixierte Verfassung – wie in der ersten Jahrhunderthälfte – in ihrer Omnipotenz erheblich eingeschränkt oder durch den Überbau der Reichsverfassung – wie im letzten Drittel – in nunmehr repräsentative Funktionen abgedrängt war. 1805 entstand in den oberen Anlagen der Botanische Garten, der 1909 dem Theaterneubau weichen mußte, 1839 beim Neuen Schloß der Königliche Privatgarten, der als »Rosengarten«, seit 1866 durch die Schloßgartenstraße (der späteren Witzlebenstraße) von den oberen Anlagen endgültig getrennt, ein städtebaulich etwas unglückliches Separatdasein führte. Aber wer wollte dem König mißgönnen, was jedem Stuttgarter, jedem Schwaben recht war: ein eigenes »Gärtle« zu haben?

Modischer, extravaganter waren die Intentionen, die mit den königlichen »Landhäusern« am unteren Ende der Anlagen verknüpft waren. Das Landhaus Rosenstein hat König Wilhelm I. nach seinem Regierungsantritt anlegen lassen. Pläne wurden auch von französischen und einem russischen Architekten eingeholt. Wilhelms erster Hofbaumeister Giovanni Salucci kam mit seinem elften Plan dann schließlich zum Zuge: ein einziges über den Erdboden erhöhtes Stockwerk, das auf einem Unterbau mit Freitreppen steht, zwei Lichthöfe umschließt und sich gegen den Park hin mit Säulenportiken öffnet. Der Plan für den Garten, genauer gesagt das großartige und heute leider hier und dort dezimierte Parkgebiet stammt von dem englischen Architekten John B.

Papworth. Er ist von dem württembergischen Oberhofgärtner Bosch, der nach seiner Englandreise für die Gesamtanlage verantwortlich war, fast ganz übernommen worden. 1822 liegt der endgültige Plan Saluccis vor. Aber erst am 31. Mai 1824 wird der Grundstein gelegt und erst am 28. Mai 1830 wird das Schloß nach seiner Ausmalung durch eine Reihe einheimischer Künstler wie Dieterich, Neher, Gegenbaur, Fuchs, Gutekunst, Sauter und andere und nach dem zeitraubenden Ausbau des langgestreckten, dreischiffigen Festsaals mit einem glänzenden Fest und gegen tausend Gästen aus dem ganzen Lande eingeweiht.

Eine zeitgenössische Beschreibung des Schlosses hat »das Ganze als ein erfreuliches, heiteres Denkmal des Schönheitssinnes, der verständigen Kunstschätzung, des einfach gediegenen Geschmacks seines hohen Erbauers« gefeiert. Gewiß ist Schloß Rosenstein, das im Zweiten Weltkrieg ernsthafte Zerstörungen bis auf die Umfassungsmauern hinnehmen mußte, heute aber noch die »Große Galerie« zeigen kann und das Staatliche Museum für Naturkunde beherbergt, eine schöne und legitime Blüte antiken, klassizistischen Schönheitsideals. Aber er ist eine späte Blüte. Vielleicht hat David Friedrich Strauß recht, wenn er eine Generation später meint, König Wilhelm habe Kunst »nur als Sinnenreiz oder Zeitvertreib, beziehungsweise Decoration« empfunden und »ein tieferes Bedürfnis und Verständnis für dieselbe« nicht gehabt. Tatsächlich wirken die königlichen Zutaten zum baulichen Gesicht der Residenzstadt hier an der Gartenseite nurmehr wie spielerische Launen und Einfälle.

Die Wilhelma, 1842 nach den Plänen von Karl Ludwig Zanth begonnen und am 30. September 1846 gelegentlich der Hochzeit des Kronprinzen festlich eingeweiht, versucht die morgenländischen Wunder der Alhambra ins Neckartal zu versetzen: ohne die Verirrungen ins Abstruse konnte das zumindest in den gußeisernen Details nicht abgehen. Gewiß war auf genaue Weise »Welt« in die schwäbische Abgeschiedenheit gekommen, und an diese zweifellos achtbaren kulturgeschichtlichen Eigenheiten hat dann der Botanisch-Zoologische Garten »Wilhelma« nach den Zerstörungen des Zweiten Weltkrieges mit Recht angeknüpft. Das Gelungenste dürfte indessen das Zusammenspiel von Säulengängen und Kiosken und Blumenbeeten und seltenen Baumpflanzungen gewesen sein: wiederum die gärtnerische Leistung und Idee. Sie hätte wohl auch in der zwischen 1845 und 1853 erbauten und 1944 ausgebrannten Villa Berg bestechen können: was Christian Friedrich Leins mit der »Villa« an Neuem nach Stuttgart brachte, die souveräne Behandlung der italienischen Spätrenaissance, französisch geschult, äußerlich erfreulich gegliedert mit auflockernden Nischen und Arkaden, nur im Inneren manchmal in wirre und unorganische Ornamentik ausgleitend, das war nur denkbar in der Fülle eines gleichermaßen prunkenden Gartens. Aber gerade hier hat man, in der frühsozialistischen Atmosphäre der 48er Zeit zumal, das Fremdartige, das Überzüchtete und Importierte dieser gärtnerischen Repräsentation nicht mehr abgenommen. Ein Garten, der etwas einbrachte und bei allen ästhetischen Beigaben doch in der Hauptsache solide Grundlage für den Essenstisch war, das mochte hingehen. Garten als Luxus ist im Schwäbischen eine Gedankenlosigkeit, schlimmer noch: eine Sünde. So hat man denn auch dem Kronprinzen Karl, dem Erbauer und Besitzer der Villa Berg, ein höchst liebenswürdiges Gedichtlein gewidmet:

»Er baut für seine Pflanzen
Dort einen Glaspalast,
Und nackte Kinder tanzen
Umher in Hungerhast.«

Aber auch diese sozialkritische, in Lyrik gefaßte Anklage hat an der königlichen, an der dynastisch-gärtnerischen Liebe nichts ändern können. Das »Landhaus« bekam seine Orangerie und seine Gewächshäuser. Und Friedrich Wilhelm Hackländer, »Allesmöglichmacher« wie Thouret bei dem Großvater, nur auf eine ganz andere Art, wurde nach Nervi geschickt, »um die dortigen berühmten Pflanzungen junger Orangenstämme anzusehen und das Nöthige zu kaufen«.

Wie sehr das alles schon eine Epigonenzeit illustriert, in der ausgerechnet die königliche Familie den Auszug der städtischen Elite »aufs Land« präludiert, verrät die Marginalie des Oberhofmeisters von Seckendorff zum Wilhelmspalast-Entwurf des Stuttgarter Architekten Ludwig Mäntler vom Spätjahr 1821: das Projekt rufe eher den Eindruck einer Fabrik als den eines Schlosses hervor. Man beginnt sich vom werdenden industrialistischen Produktionsbereich durch ein Glacis von Garten und Baumpark und – so im Fall Rosenstein – durch eine Viehfarm zu distanzieren. Aber man mindert die Tendenz zu dauernder Machtpräsenz damit nicht. Der Umzug der Stadtmagnaten in die repräsentativen Grün- und Villenzonen vor und außerhalb der Stadt, von denen aus die unmittelbare Verantwortung dann nur noch den in der Stadt verbliebenen »Hausmeiern« delegiert wird, ist damit auch eingeleitet. Die nicht mehr endenwollende Epoche architektonischer Provisorien und Elektizismen beginnt. Das Traktat des badischen Oberbaudirektors und Weinbrenner-Nachfolgers Heinrich Hübsch von 1828, »In welchem Style sollen wir bauen?« hätte auch einen Württemberger zum Autor haben können. Die Jahrzehnte des Vormärz, nach außen hin scheinbar ganz Spiegelbild des Metternichschen Wintermärchens, unter der Decke aber hin und her gerissen zwischen Ergebung und Aufruhr, zwischen Restauration und Revolution, erweisen sich auch hier als die Epoche mit dem Janusgesicht. Die in den »Landschlössern« unter Karl und Olga gegen Ausgang des Jahrhunderts gegebenen »Teetänze«, von der Stuttgarter high society sichtlich goutiert, haben kaum verdecken können, daß in der ersten Jahrhunderthälfte eine spezifisch städtische Dekadenz eingeleitet wurde.

War in den Jahren unmittelbar nach 1800 nur kraftvoller und gutzuheißender Aufbauwille am Werk? Was 1805 zu Ehren Napoleons – er ist Anfang Oktober 1805, im Januar 1806 und im April und Oktober 1809 oft mehrere Tage lang in Stuttgart – in etlichen Gemächern des Neuen Schlosses angemalt und mit Damast überzogen und möbliert wird, hat peinlich provisorischen Charakter. Als ein Sturm den schon fertigen, für Napoleon errichteten Stuttgarter Triumphbogen beim Ludwigsburger Tor wie ein Kartenhaus zusammenfallen läßt, ergießt sich die Schale des Stuttgarter Spotts über das unschuldige Gerüst. Es sei wegen der inhaltsschweren Inschrift zusammengebrochen (»Napoleoni ob pacatam terrarum orbem merito« – »Napoleon für sein Verdienst um die Befriedung des Erdkreises«), nicht wegen des Windstoßes, sagen die Leute. 1813 berichtet Thouret selbst, er sei beim Opernhausumbau »bey Tag als Nacht« auf den Beinen gewesen. Auch hier ist man erschreckt über das Tempo. Und als der Zar am 1. und 2. Juni 1815, nach hochpolitischen Terminverschiebungen, zusammen mit dem österreichischen Kaiserpaar in Stuttgart erscheint und der Festempfang im notdürftig hergerichteten Marstallgebäude stattfinden muß, soll einer der Souveräne, in boshaftem Einfall, seiner gekrönten Nachbarin ins Ohr geraunt haben: »Madame, vous sentez l'écurie.«

Aber das junge Königreich hat noch Zeit gehabt, die eilige Staatsarchitektur durch gediegene Arbeit zu ergänzen und auf dauerhafte Weise, wie Friedrich einmal Normann schrieb, »der bayerischen Präponderanz Einhalt zu tun«. Was Thouret 1814, nach Napoleons Sturz, im Neuen Schloß an Verkleidungen und Neugestaltungen anbringt, ist von solider Art. Eigentlich machen alle unter Thouret entstandenen Straßen und Bürgerhäuser klar, wie ernsthaft und wie gründlich man das neue Stuttgart wollte, ohne das alte ganz auf die Seite schieben oder gar auswischen zu können.

Die Altstadt selbst hat das neue Bauen ja nicht berührt. Auch in der dritten Epoche seines Schaffens unter Wilhelm I. sieht Thouret die Stadt noch als ein Ganzes, als ein kompaktes Gebilde mit Türmen und Mauern, Toren und Häusern. Im Grunde ist man zwischen 1820 und 1830 immer noch in der Vorstellung einer mittelalterlichen, altstädtischen Stadtstruktur gefangen: die Stadt präsentiert sich als ein präzis abgegrenzter Eigenbezirk, dessen nach außen führende Straßen im bewachten Torbogen enden, dessen Umkreis durch Mauern, Palisaden und chaussierte Alleen markiert ist. Noch in der ersten Königszeit publiziert der Stuttgarter Stadtmagistrat in königlichem Auftrag die kompliziertesten Schließungs- und Öffnungsvorschriften der Stadttore. Die Umfunktionierung von der Herzogsresidenz zur Königlichen Landeshauptstadt geschieht, glücklicherweise, nicht über Nacht. Thouret schlägt sich noch Jahre lang mit der Versetzung der Stadttore herum. In seinem Kommentar zum Generalbauplan von 1818 geht er davon aus, daß die »festen Gränzen der Stadt« Stuttgart »nach und nach entweder durch Mauren oder Palisaden gefaßt werden dürften«. Keine seiner neuen Straßen verliert sich irgendwo. Jede wird abgeriegelt und abgeschlossen, durch ein Wohngebäude, durch ein Tor, durch einen neuen Baublock.

Dies, daß Stuttgart unmittelbar an das Schicksal des Landes gekettet war, zeigt die Größe und die Grenze seiner damaligen Geschichte. Die Hauptstadt der Barockzeit wie des konstitutionellen Staates hat ihre – vordergründig beneidenswerte – Sonderstellung immer mit dem Preis fast beschämender Regierungsbevormundung zu bezahlen. Konnte ein Staat, dem es um Normung und Nivellierung ging, sich an seiner bedeutsamsten Stelle, der Hauptstadt, Extratouren und Ausnahmen erlauben? »Derselbe Geist belebt alle einzelnen Teile, dieselben Grundsätze werden überall angewendet, alle Friktionen heterogener Teile eines nicht zusammenpassenden Ganzen verschwinden, keine Kraft ist isoliert, sondern alle werden durch Konzentrierung zu einem Zweck vereinigt und erhöhen dadurch ihre Stärke, und der Landesvater umfaßt alle seine Untertanen auf die gleiche Art.« Dies Normanns Devise für Neuwürttemberg, eine Vorprobe für das spätere souveräne Königreich. Sie erklärt, warum Friedrich zwar den Residenzbauplan immer wieder mit Beschleunigung verfolgen, den eigentlichen Stadtbauplan aber liegen läßt. Der Staat hat den Primat. Die Stadt ist ihm eingeordnet. Und immer noch steht das Schloß in der Mitte. Thouret hat noch 1817 ganz im Sinne der friderizianischen Staatsidee für die Tübinger Vorstadt ein Tor mit »ernsterem, größerem Charakter« entworfen, als Gegenstück zum Königstor und als eines der »beiden Haupttore des Königreichs«. Die Lebenslinien des jungen Königreichs treffen sich in der Hauptstadt, in einer ausladenden, repräsentativen Achse, nicht um der Hauptstadt, sondern um des Staates willen. In der Idee von der Hauptstadt Stuttgart als dem Schnittpunkt der neuen Staatsschöpfung wurzelt auch Thourets gelegentlich des Generalbauplanes vorgebrachtes Projekt einer Militärstadt, eines »Castrums«, an der Ludwigsburger Steige auf dem Gebiet der Türlensäcker: Wall und Graben und ein, mit dem Herrscherstandbild geschmückter und von würdigen Gebäuden umgebener Platz, ein Plan, den Karl Friedrich Schinkels

Neue Wache von 1816, gleichfalls »römisches Castrum« von blockhafter Geschlossenheit, mit inspiriert haben mag.

Es paßt zu diesem Bild, daß Friedrich den später so genannten Schloßplatz einebnen, mit Kies bedecken und zum Exerzierplatz machen läßt. Erst unter Wilhelm I. wird der Platz, wie wir hörten, ein Platz für »die Leute«. Jetzt wird der Rekrutendrill immer mehr zu einer zweitrangigen Sache, dafür rückt die Ausschmückung nach vorne: man spürt allmählich, daß die Weite der Anlage mitten im eingezwängten Stuttgart eine großartige Chance ist. Als man zum fünfundzwanzigjährigen Regierungsjubiläum König Wilhelms I. am 28. September 1841 eine achteckige und aus Holz gezimmerte Festsäule mit Daten aus der Landesgeschichte und einer charakteristischen Darstellung der schwäbischen Berufsstände enthüllte, war zugleich die Inspiration für ein dauerhaftes, für ein königsstädtisches Kunstwerk gegeben. Die Grundsteinlegung der heutigen Jubiläumssäule, aus bläulich-grauem Wildbader Granit nach den Plänen des Hofbaumeisters Johann Michael Knapp, erfolgte im Jahre 1842, und die Enthüllung im Jahre darauf, je am 27. September, am Geburtstag des Königs. Noch lange hat man sich im Schwarzwald davon erzählt, welche Aufregung das Aufsuchen, Sprengen, Aufladen und Transportieren der Granitriesen verursacht habe. Als die Blöcke dann endlich in Stuttgart waren, mußte man Stahl aus England dafür holen und einen eigenen Schmied, der die Stahlmeißel auch schärfen und mit ihnen hantieren konnte. Dafür war aber dann auch am viereckigen Unterbau der Säule etwas zu sehen. Die vom Schlachtenmaler Josef Joachim von Schnitzer entworfenen Bronzereliefs brachten die Taten des Königs, wie man das damals in Anlehnung an antike Gewohnheiten liebte.

Vor den in der Werkstatt von Theodor Wagner sorgfältig ausgearbeiteten Modellen, die den Handelsstand und den Wehrstand präsentieren, Gewerbe und Landwirtschaft, Kunst und Wissenschaft, standen schon Hunderte und Tausende, Reisende und solche, die einfach in die Sonne blinzeln wollten, Schulklassen und wieder Schulklassen aus dem ganzen Lande. Auch wenn man im Lande die ellenlange Rundsäule – sie hat erst 1863 Hofers Concordia als Abschluß erhalten – hämisch als »das Talglicht der Residenz« apostrophierte: der altständische Biedersinn, der aus den Tafeln sprach, der etwas kühle Geruch des Fleißes und des Friedens hat die Leute immer neu angezogen. Weil man im Schwäbischen und zu Hause war, glaubte man dann beim längeren Nachsehen auch wenigstens einen Bekannten oder Verwandten oder vielleicht sich selbst zu erkennen. Isolde Kurz erzählt »Aus meinem Jugendland«, wie sie, noch nicht des Gehens kundig und von der Kindsmagd im Wagen über den Schloßplatz gefahren, in einer der Bronzestatuen ihre Mutter leibhaftig erkannt und lauthals gerufen habe: »Mamale, komm lunter!« Der »Kuhsattler«, Inhaber der Kriegsgedenkmünze vom russischen Feldzug, hat für Jahre hin, wie wenn das Gesetz es befohlen hätte, an der Jubiläumssäule Posten gefaßt und den Staunenden in immer wieder neuen Variationen »sein« Konterfei am Denkmal gezeigt. Am Schluß seiner Erklärung nahm er dann, der Bärenführer, seine schmierige Mütze ab, öffnete die rechte Hand und sagte: »Jeder Diener ischt seines Lohnes wert.« Übrigens war er nicht ohne politische Verdienste, dieser Staatsdiener. Man erzählt sich, daß man mitten im Jahre 1848, als der König am Schloßplatz eine Truppenparade abnehmen wollte, in der vordersten Reihe einen finsteren Gesellen in mitgenommenem polnischem Rock, mit grauem Schlapphut und roter Hahnenfeder entdeckt habe. Plötzlich reißt einer dem Fremdling von hinten her mit dem Ruf »Hut ab vor Seiner Majestät« den Heckerhut vom Kopf, dazuhin mehr krächzend als brüllend: »Seine Majestät der König lebe hoch!« Manchmal entscheiden Sekunden über Weltgeschichte. Der Mann, der damals dem König aus der Patsche half, war der Kuhsattler.

Im Frühjahr des Jahres 1861 bekam der Schloßplatz die beiden Springbrunnen, die im Staatlichen Hüttenwerk zu Wasseralfingen gegossen wurden und wiederum auf höchst umständliche Weise in die Landeshauptstadt zu transportieren waren. Zehn Jahre später wurde der gleichfalls in Wasseralfingen aus Gußeisen hergestellte Musikpavillon vor die Jubiläumssäule gesetzt, ein Treffpunkt bei der »Parade« bis in die dreißiger Jahre unseres Jahrhunderts hinein. Bei seinem fünfundzwanzigjährigen Regierungsjubiläum im Jahre 1889 hat König Karl schließlich das Herzog-Christoph-Denkmal von Paul Müller gestiftet, das, weniger pathetisch als die anderen Zutaten, auf gute Weise auch in stilistischem Sinne wieder den Anschluß an die alt-württembergischen Traditionen sucht.

Was immer auch damals gebaut und projektiert worden ist: das Gesicht der Stadt hat sich im ersten Jahrhundertviertel verändert wie vorher und nachher nicht mehr. Damals sind in der neuen Tübinger Vorstadt 149, in den übrigen Gebieten der Stadt weitere 628 Gebäude aufgeführt worden. Wo Städte wie Regensburg in den Windschatten der Geschichte zurückfallen und sich eine Atmosphäre dumpfen, verlegenen Resignierens breitmacht, überkommt Stuttgart das Gefühl eines frühlingshaften Aufschwungs. Die im Jahrhundert zuvor immer wieder verlassene und schon gar nicht mehr ernst genommene Herzogsresidenz mit ihrem vergleichsweise unbedeutenden kommunalen Zubehör wird in wenigen Jahren zur Hauptstadt, mit einem von Grund auf veränderten Aussehen und einer von der ständischen »Verhocktheit« sich durchaus unterscheidenden Haltung. Man machte es sich zu einfach, wollte man diesen scheinbar mühelosen Aufbruch darauf zurückführen, daß jetzt die Mauern fallen und die mittelalterliche Enge im räumlichen, im wörtlichen

Sinne aufgehoben wird. Man hat in anderen alten Städten die Wälle und Gräben der Stadtfortifikation geschleift, ohne daß neues Leben in die zerbröckelnden Zonen eingezogen ist. Stuttgart war nie Stadtfestung im Stil der Vaubanschen Fortifikationslehre. Nicht der Mauerring war zu sprengen, sondern die topographische Lage: ein unverhältnismäßig schwereres Unterfangen. Es ist denn auch nicht durch geistlose Abbruchserien gelöst worden. Im Gegenteil: die Tore bleiben in Stuttgart noch lange nach der friderizianischen Epoche die Kontrollstationen des Verkehrs, werden mit den Erweiterungen der Ausfallstraßen immer wieder versetzt und immer wieder verändert. Von den mehr als fünfundzwanzig Namen Stuttgarter Stadttore verschwindet der erste, das Rotebildtor, erst um 1840. Das letzte, das Königstor, in seiner Urfassung nach Plänen Leopold Rettis im Jahre 1748 erstellt und den älteren Stuttgartern noch sehr wohl im Gedächtnis, hat bis 1922 überlebt. Das Erstaunliche und Erfreuliche an dieser stadtgeschichtlichen Zäsur ist, daß die bisherige Abgeschlossenheit in einer gleichzeitigen Reverenz vor der Kontinuität überwunden wird. Man egalisiert nicht, man kann sich – wir rühren wieder an die Eigenheit dieses Stadtwesens zu allen Zeiten – schlecht zu radikalen Eingriffen entschließen: man läßt dem Alten sein Recht, und gibt dem Neuen Raum, wo immer das notwendig oder möglich ist.

Die neuerhaltene politische Funktion einer königlichen Hauptstadt gab das ihre dazu. Man wird kaum entscheiden wollen, wo hier Angebot und Nachfrage den Ausschlag gaben, wo die Ausstrahlungen der Krone für den Auftrieb sorgten oder die wach gewordene Bürgerschaft die Chancen der politischen Neuorientierungen erspürte. Jedenfalls waren die außerordentlichen Ausgaben im Stadthaushalt für Bauwerke, Erweiterung und Verschönerung der Stadt, die von 1811 bis 1813 gerade 52 535 Gulden betrugen, in der Zeitspanne von 1820 bis 1825 auf 201 442 Gulden gestiegen, wogegen der Schuldenstand, ein Zeichen der allgemeinen Prosperität, von 307 032 Gulden im Jahre 1816 auf 43 300 Gulden im Jahre 1839 gefallen war. Was geworden ist, war eine Stadt, die ihrem Bürger, dem Residenzler, ein nie geahntes Maß an Stolz zu geben vermochte und dem Fremden durchaus neue Reize dieser Stadt erschloß. Die Metamorphose ließe sich in Statistik ausdrücken. 1811 hat Stuttgart ohne die öffentlichen Gebäude 1 613 Häuser, 1817 berechnet man 1 976 Wohnhäuser mit 656 Nebengebäuden, zehn Jahre später kommt man auf 2 165 Haupt- und 831 Nebengebäude, 1839 – hier sind 171 öffentliche Gebäude mitgezählt – auf 3 589 Gebäude. Wenn die Zahl der Straßen nur geringfügig steigt – 1780 sind 83 registriert, 1827 dreiundneunzig, in der Mitte der vierziger Jahre hundert –, dann macht das klar, daß ja auch die vom Mittelalter überkommenen Baulücken noch auszufüllen waren. Entscheidend ist, daß man sie mit einer Architektur von Niveau und Gemäßheit ausfüllt, daß man die Bauvorschriften neu faßt, Plätze wie den alten Postplatz vor dem neuen Thurn-und-Taxisbau oder den Charlottenplatz anlegt, den Marktplatz aufpoliert, sich von Thouret 1806 einen Beleuchtungsplan für die Stadt ausarbeiten läßt und Fachwerkhäuser in das vornehm-einfache Kleid des Klassizismus hüllt. Der neue Geist formt die ganze Stadt neu.

Das Seltsame geschieht: in diesem neuen, klassizistischen Stuttgart sieht man die Stadt nach dem eigenen Herzen. Die altwürttembergische Mentalität erkennt sich wieder in der klaren, nüchternen, wohl auch imperatorisch herausfordernden Architektur eines Thouret, Barth und Salucci. Trifft diese, gegen alle Verspieltheit auftretende Stadtbaukunst den Kern des schwäbischen Wesens? Romantik im präzisen Sinne des Wortes war nie originäre Sache der Neckarschwaben. Sie haben immer, offen oder »hehlingen«, der Klassik zugeneigt. Bindung der Kräfte im Gleichgewicht ist ihnen immer näher gelegen als ihre Entfesselung in barockem Überschwung. Uhlands Verhältnis zur Romantik ist noch nicht ausdiskutiert. Aber daß es elementare romantische Ingredienzen wie das philosophisch-enzyklopädische Synthesestreben, Schleiermachers »heilige Wehmut« oder Friedrich Schlegels »satirische Ironie« in seinem Werk und seiner Geisteswelt so gar keine Heimat haben, stimmt bedenklich. Er hat das Mittelalter höchst unromantisch nicht ersehnt, sondern erforscht. Die »Romantika« Gustav Schwabs, eine Studentenverbindung von 1813, hat kaum mehr als den Namen mit dem frühromantischen Ideengut gemeinsam. Die Tübinger Romantik zeigt nur in den genialischen Stücken Justinus Kerners Verwandtschaft mit einem Erzromantiker wie Novalis. Für das Land und für Stuttgart im besonderen ist die altwürttembergische Tradition, gipfelnd in der Nüchternheit und der Distanz von allem wehmütigen Verlorensein, stärker geblieben.

Mit dem Stuttgarter Klassizismus konnte und mußte sich solche Haltung identifizieren. In der Solidität und der Wirklichkeitsnähe dieser Architektur fühlte sich der Schwabe aufgehoben. Sonstwo mag der Klassizismus den Geruch unechter Importware an sich haben. Hier in der schwäbischen Landeshauptstadt ist er, kaum gebaut, kaum sichtbar geworden, sogleich ein selbstverständliches Glied in der Kette der schwäbischen geistes- und kunstgeschichtlichen Entwicklungsreihen. Man hat von »der geheimen Klassik der schwäbischen Kunst« schon um 1500 gesprochen, die im Kern ältere Vorläufer erkennen lasse und Augsburg instandgesetzt habe, früher und gründlicher als andere Stämme die Renaissance zu übernehmen. Zufall oder nicht: Renaissance war in Stuttgart zu Hause, das Barocke gar nicht. Die dramatische, die expressive Übertreibung hat in dieser Stadt keinen Platz. Der Hoppenlau-Friedhof, Stuttgarts ältester

39 *Johann Friedrich Freiherr Cotta von Cottendorf (1764–1832). Zeitgenössische Lithographie*

40 Gottlieb Heinrich Rapp (1761–1832). Öl von Ph. Fr. Hetsch um 1815

41 Friedrich Schiller (1759 bis 1805). Öl von Ludowike Simanowiz (1793)

42 (umseitig oben) Einweihung des Schiller-Denkmals am 8. Mai 1839. Lithographie nach F. Elias

43 (umseitig unten) Die Neckarstraße mit dem 1854 von Leins erbauten Palais Weimar. Aquarell, bezeichnet »C. Cellarius 1872«

noch erhaltener Friedhof, 1626 angelegt, vor allem 1752, 1813 erweitert und 1953 gelegentlich der Erbauung des Max-Kade-Hauses auf Anregung von Bürgermeister Hirn wiederhergestellt, wird, obwohl Hauptfriedhof der Stadt seit Generationen, in seiner unverwechselbar-liebenswerten Stimmung durch die klassizistischen Grabdenkmäler bestimmt. Im Stuttgarter Bürgerhausbau ist »Klassisches« in einer fast uniformen Art bis in die Zeit hinein zu spüren, als so wenig nachahmenswerte Kästen wie der Olga-Bau (1895, 1944 zerstört) entstanden: der späten Gründerzeit wären ja auch barocke Formen oder unverstandene Elemente des frühen Jugendstils zur Verfügung gewesen. Auch aus den späteren öffentlichen Bauten des Stuttgarter Stadtkerns, dem alten Bahnhof (1844–1846, umgebaut und erweitert 1863–1867), Josef Egles Polytechnischer Schule (1864), dem Hauptpostgebäude (1868–1871) oder dem Realgymnasium, dem späteren Dillmann-Realgymnasium (1878–1881) spricht noch ein vom Klassizismus genährter Geist. Die Tradition ist, nach den Abweichungen der »hochgotischen« Johanneskirche von Leins (1866–1876), der »romanischen« Garnisonkirche von Dollinger (1875–1879, 1943 zerstört) oder des »brabantgotischen« Rathauses (1901–1905) mit bewußter Anlehnung an das Stuttgarter Baugesicht durch so hervorragende Architekten wie Theodor Fischer (Kunstgebäude und Gustav-Siegle-Haus, 1912 und 1910–1912) und Paul Bonatz (Hauptbahnhof, 1914–1927) in einer immer als überzeugend empfundenen Form weitergeführt worden. Es ist sehr bezeichnend, daß sich die vom ganzen Lande geliebten Staatstheaterbauten nicht in neubarocke Überheblichkeit geflüchtet haben, sondern, als Doppeltheater ohnehin etwas Besonderes im deutschen Theaterbau, stille Vornehmheit bieten: sie weichen nicht von den bewährten Mitteln ab, die der Klassizismus für Monumentalbauten hergibt.

Auch im privaten Bereich hat man der Stuttgarter Tradition weiterhin gehuldigt. Die »Holzwurm«-Siedlung, Reaktion in mehrfacher Hinsicht auf die benachbarte Weißenhofsiedlung, in den Jahren 1931 und 1932 unter der Führung von Bonatz und Schmitthenner entstanden und ausdrücklich als Demonstrationsobjekt der »Stuttgarter Schule« gedacht, bringt in ihrem Raum- und Proportionsgefühl und in ihrem Materialverständnis wieder ein Stück Goethezeit zum Vorschein. Sie illustriert selbst an der Peripherie der Stadt in eigensinniger Weise, daß Stuttgart und Klassizismus Synonyma sind.

Kokoschka hat 1960 den Blick auf Stuttgart festgehalten und deutlichere Umrisse nur der Stiftskirche und ihrem stumpfroten Dach, den Elefantenmauern des Alten Schlosses und – einem klassizistischen »Tempel« gegeben. Und Pippal hat jüngst für sein Interieur der Stadt die flammenden Dächer der Schloßplatzkastanien gewählt und – das klassizistische Schaustück des Königsbaues. Form und Haltung, der spezifische Ausdruck der Stadt und die künstlerische Disposition der Maler fließen ineinander über. Klassizistischen Einschlag verrät die schwäbische Kunst des 19. und 20. Jahrhunderts immer wieder, in den Arbeitergestalten Friedrich Kellers, in den Plastiken Edwin Scharffs oder Alfred Lörchers, eines geborenen Stuttgarters, in den Bildnissen von Käthe Schaller-Härlin, in den abstrakten Figuren des in Stuttgart geborenen Oskar Schlemmer. Wer die freilich schmale Liste schwäbischer Komponisten durchmustert, stößt bald auf Namen wie August Halm und Theodor Karl Schmid, Repräsentanten einer musikalischen Sonderklassik in Schwaben, die, beide auf ihre Weise, versucht haben, die Fuge Bachs in einem neuen Typus in unserem Jahrhundert weiterzuentwickeln.

Mit dieser Abstinenz von aller romantischen Gefühligkeit und Verschwommenheit geht im Schwäbischen ein bestimmter Typus von Religiosität einher: Anti-Romantizismus verschlingt sich mit einem konfessionalistisch-religiös durchtränkten Konservatismus. In Württemberg ist der Pietismus das, was in England das Puritanertum war: evangelische Gesinnung und Landesrecht gegen Katholizismus und Fürstenwillkür. Auch da, wo in der Mitte des 19. Jahrhunderts kritischer Geist wegführt vom Kirchenglauben, bei David Friedrich Strauß, bei Friedrich Theodor Vischer, bei Hermann Kurz, ist das Erbe dieser Erziehung wirksam geblieben, welche die Reformation tief in diesen Boden gesenkt hat: alle drei und alle ihre Trabanten kämpfen gegen eine geistige Haltung, die nichts anderes ist als ihre eigene geistige Abkunft. »Das geistliche Wort und Lied«, sagt Gustav Rümelin in seinem klassischen Traktat über den württembergischen Volkscharakter, »wurde mehr als irgendwo der Mittelpunkt des Gottesdienstes«. Rümelin hat damals viel Mühe darauf verwandt, »die theologische Triebkraft des schwäbischen Stammes« aufzuspüren. »Indem ein tieferes religiöses Gefühl, eine glaubensvollere Richtung eine Ergänzung zu demjenigen, was die Landeskirche in ihrer mehr vermittelnden Haltung darbot, in Privatgottesdiensten und freien Gemeinschaften suchte, entstand jene im Land weitverbreitete Erscheinung des Pietismus, die zu den bemerkenswertesten Eigentümlichkeiten des württembergischen Volkslebens zu zählen ist. Indem andere nach dem ebenso protestantischen als echt schwäbischen Prinzip der freien Forschung in der Schrift auf absonderliche religiöse Anschauungen geführt wurden und an dem oder jenem Teile des kirchlichen Dogmas Anstoß nahmen, entstanden innerhalb und außerhalb der Kirche jene eigentümlichen kleinen Sekten, für welche das altwürttembergische Land bis in die neuere Zeit hinein ein fruchtbarer Boden geworden ist.«

Erst von hier aus versteht man, warum das klassizistisch ausgerüstete Stuttgart auf eine so vollkommene Art zum Spiegelbild des Landes wurde. Die klassizistische Königsstadt kam zur rechten Stunde. Die pietistischen Kreise im mittleren und oberen Bürgertum haben sich an der Verfassungsdiskussion um und nach 1800 kaum beteiligt, wenn ihnen auch eine Gestalt wie Friedrich als ein Despot erscheinen mußte, den man schon seiner religiösen Rigorosität wegen zu meiden hatte. Wenn die Stundenleute überhaupt etwas an der neuen Zeit einnehmen wollte, dann dies, daß sie in einem strengen und sozusagen puritanischen Gewande auftrat: das kam den Pietisten und ihrer Mentalität aufs genaueste entgegen. Nicht nur in der Geschichte einzelner Persönlichkeiten, auch im Widerspiel von Gruppen und Strukturen können sich die Dinge überschneiden oder entsprechen. Der Zufall will es, daß ausgerechnet Friedrichs Spätabsolutismus mit einer Stilepoche gepaart ist, welche die Leute im Württembergischen annehmen: hier entsprechen sich Angebot und Nachfrage. Mit seinem Katharinenhospital, so sagt der Nachruf, habe Thouret einen Bau erstellt, der ebenso großartig wie »einfach« und »zweckmäßig« sei, »eben recht wie und was es sein soll«. Wie sehr Thouret den Geschmack des Volkes getroffen hat, illustriert auch die erstmals am 28. September 1818 gefeierte Fruchtsäule des Cannstatter Volksfestes: eine in seinen späteren Lebensjahren von ihm immer wieder neu variierte Schöpfung mit weit ausladendem Kapitell, deren Schaft nach altrömischer Manier mit Siegeskränzen verhangen war. Auch das Fest als solches, das damals wirklich als »Volksfest« empfundene Unternehmen, hat Thouret inszeniert. Seine Säule, noch heute Symbol dieses »schwäbischen Bacchanals«, hat ihm mehr Popularität eingetragen als manche andere Schöpfung.

Vielleicht sind schon der zeitgenössischen Kritik diese Zusammenhänge bewußt geworden, wenn sie vermerkt, daß die Bauten Stuttgarts »keine überflüssige Fassade« zeigten und keinen »fremden Schmuck«, daß sich »die Schönheit der Erfindung« nur »an der eigenen Gediegenheit« bekunde. Als Theodor Plieninger 1834 seine »Beschreibung von Stuttgart« erscheinen läßt, spricht er, nicht gerade Experte auf baugeschichtlichem Terrain, immer wieder vom »edlen und einfachen Stil« des neuen Stuttgart. Man hätte hier die repetierte Winckelmannsche Formel von der griechischen Kunst als der edlen Einfalt und stillen Größe herausgehört, wenn sich nicht tatsächlich der »Verzicht auf alles Besondere und Auffallende in Haltung, Geste und Ausdruck und Beiwerk« (W. Fleischhauer) als ein Grundzug des altwürttembergischen Bürgerbildnisses von der Rennaissance bis ins frühe 19. Jahrhundert gehalten hätte. In einem Land, in dem Gustav Schwab seit 1827 jene monumentale Bibliothek griechischer und römischer Prosaiker und Dichter in Übersetzungen unter Assistenz von Pfarrern und Gymnasiallehrern, von Forstmeistern und Apothekern aus dem ganzen Lande herausgeben konnte, unseres Wissens im deutschen Sprachraum bis heute ein unübertroffenes Unternehmen: in einem derartigen Lande mußte eine schlichte Wandelhalle mit Pilastern und halbrundem dorischem Portikus, ein griechischer Tempel mit Dreiecksgiebel, ein Festsaal mit ionischer Säulenreihe, ein Palais mit sauber abgemessenen harmonischen Verhältnissen als ein Stück eigener Lebensart empfunden werden.

Die Identität Stuttgarts mit der »Landescultur« hat bis in die politischen Haltungen hineingegriffen. Man hat mit Recht darauf hingewiesen, daß Barths Halbmondsaal im Landtagsgebäude mit seiner feierlich-ernsthaften Säulenstellung dem Geist von Männern wie Uhland entsprochen habe. Hier wird die Gleichung perfekt. Der neue Stil umfaßt alles, bis hinein in die stammesgebundenen kunsthandwerklichen Neigungen. Jetzt ist es soweit, daß die Kunst aus der Hörigkeit des 18. Jahrhunderts entlassen und selbständig wird. Andernorts verliert der Künstler seine gesellschaftliche Stellung, führt die materielle Verarmung zur Verhärtung des Kunstbodens, verschwindet die Stammeskunst, die bisher den Reichtum der deutschen Kunst bedingt hatte. »Die Quellen volkstümlicher Ursprünglichkeit, die immer wieder über das zünftige Kunsthandwerk in die große Kunst einströmten, werden verschüttet. Die provinziellen Zentralen gehen ein, und die Stätten der Akademien ziehen alle Kräfte an sich. In Deutschland kann man im Zeitalter des Klassizismus nur mehr vier Städte als Zentralen bezeichnen, Berlin, Wien, München, Stuttgart« (A. Feulner).

Stuttgart verschmilzt mit der »neuen« Kunst selbst im ureigenen und originellsten Bereich: in ihrer landschaftlichen Lage. Die Ebene, die Fläche will im Städtebau den hochragenden Turm, den Kampanile, die Vertikale. Das Tal, Stuttgarts Situation, will gerade umgekehrt den Ausgleich des Eingeengten durch Ausdehnung, durch die Breite, durch die Betonung des Horizontalen, just diese struktiven Tendenzen, die in der Stadt ja schon der »goût grec« Guêpières verfolgt hat. In dieser letzten und vielleicht wichtigsten Hinsicht hat das klassizistische Bauen in Stuttgart älteste Wünsche erfüllt.

Bürger und Biedermeier

»Die Abendsonne beleuchtete die große Muschel, die Stuttgarts reizende Lage bildet. Die übliche Vergleichung mit einem Kessel paßt für diese sanft aufsteigenden Höhen nicht. Es ziehen sich längliche Furchen, Thaleinschnitte und Senkungen in die Berggelände, in denen im November noch mancher Holzpflock mit verbranntem Papier vom letzten Weinlesefeuerwerk von einem der Landessitte Kundigen hätte bemerkt werden können. Noch duftete die Stadt nach Wein- und Äpfelmost. Die Stiftskirche, das Schloß, die kleinen Häuser, manche von diesen noch mit Kolben türkischen Korns umzogen, es gab ein Bild provinzieller Abgeschlossenheit und Einfachheit, das aus dem sich jetzt so großstädtisch fühlenden Haltstationspunkte zwischen Wien und Paris kaum noch herauszufinden ist. Dazu allerwege klassische Erinnerungen. Schiller ist uns hier gegenwärtiger als in Weimar ... Kurz, ich betrat Stuttgart, wie man in eine Kirche tritt.«

1875, als alter Mann, drei Jahre vor seinem Tode, hat Karl Gutzkow mit diesen Worten noch einmal seiner Einfahrt in Stuttgart im November 1831 gedacht, als er von Menzel, dem Stuttgarter Literaturpapst, als Gehilfe gerufen wurde. So hat man Stuttgart damals aufgenommen, wenn man von der Metropole Berlin »ins Schwäbische« fuhr, zu Amüsement und Verliebtheit, zu biedermeierlichem Sentiment selbst dann verführt, wenn man wie Gutzkow gegen die Reaktion in Gesellschaft und Kirche vom Leder zog: die Stadt, die Hölderlin eine Generation zuvor als »Fürstin der Heimat« bezeichnete. Für schwäbische, für württembergische Verhältnisse war sie es geworden, für die Verwaltung und Führung des neuwürttembergischen Königreichs, für die Prälaten und Landtagssprecher, für die Schwarzwälder und Filstalbauern. Weil das Buchenholz, angeblich, in keiner Stadt so teuer ist wie in Stuttgart, spart man arg am Brennholz. Die »Stuttgarter Stuben«, nicht gerade ein Überschwang an Gemütlichkeit, sind im ganzen Lande bekannt: *auch* ein Beleg für die Ausstrahlung einer Residenz. Die Töchter der Provinz, von der Überlegenheit der Residenzlerinnen zu »Landpomeranzen« deklassiert, sind für ein Jahr in Stuttgart gewesen, »kochen und Hauben sticken« zu lernen. Irgendwann haben die Gesellen und Lehrlinge das unbestechliche Auge ihres Stuttgarter Obermeisters kennengelernt, und die Pfarrers- und Magisterssprößlinge gelegentlich des Landexamens die Halbgötter, die Stuttgarter Lateinprofessoren. Die Buben müssen dort mit offenen Mäulern geglotzt haben, wo der Londoner Thomas Frognall Dibdin, 1829 für den Grafen Spencer auf Bücherjagd durch Europa und ein Mann von Welt, vor dem »Stuttgarter Königsschloß« wohlwollend notiert: »Beim ersten Blick und auch jetzt noch hat dieser Bau in meinen Augen mehr Palastmäßiges als etwa die langgezogene, aber dünngliedrige Struktur der Tuilerien.«

Indes hat die Bürgerstadt, die Wohnstadt Stuttgart bei aller großartig-imperatorischer Geste, den das »schöne Viereck« zwischen Königstraße, Anlagen und Neuem Schloß jetzt macht, traulich-bürgerliche Atmosphäre nicht vertreiben können. »Es gab in dem damaligen Stuttgart«, meint Gerok aus der Rückschau auf die dreißiger Jahre, »nicht viel zu sehen, am wenigsten von Gebäuden, weder altertümlichen noch modernen. Daß diese Residenz so gar wenig alte Gebäude aufweist und darin hinter so mancher jetzigen Land- und früheren Reichsstadt zurücksteht, war mir immer demütigend. In der inneren Stadt am Marktplatz und in dessen Nachbarschaft einiger Giebelhäuser mit Erkern und finsteren, von hölzernen Galerien umgebenen Hinterhöfen, sodann aus den Kastanienalleen der Planie emporragend, das alte herzogliche Schloß mit seinem massiven Quaderbau und seinen wuchtigen, runden Ecktürmen, waren eigentlich die einzigen Altertümer in der Stadt.« Wenn man von Geroks eigentümlich blinden Blick für die neuen, klassizistischen Zutaten absieht, eine recht realistische und hinsichtlich des Stuttgarter Stadtgefühls dieser Generation nachdenklich stimmende Bilanz.

Noch hat man sich des mittelalterlichen Stadtzuschnitts nicht entledigt. 1834 besitzt die Stadt noch »acht Thore, welche sämmtlich nach Außen führen, indem diejenigen, welche die innere Stadt von den Vorstädten trennten, längst abgetragen sind«: das Königstor, das Neckartor, das Esslinger Tor, das Wilhelmstor, das Tübinger Tor, das Calwer oder Rotebildtor, das Büchsentor und das Friedrichstor. Mit Etzels 1846 begonnenem Stuttgarter Bahnhof setzt ein neues Bauen ein, in der erklärten Absicht, eine Verbindung und Erweiterung der oberen Stadt in Richtung Bahnhof zu erreichen. Für einen Augenblick meint man, ein Stück Vor-Gründerzeit vor sich zu haben: die Stadt rechnet sich aus der neuen, vornehmlich gewerblichen Ansiedlung »wünschenswerthe Zuschüsse ihrer Einkünfte« aus, man kalkuliert bei den Bauunternehmern mit der allgemeinen Baulust, bei Gastwirten und Geschäftswelt mit den Fremden. für die »in größerem Maßstabe als bisher« gesorgt werden muß. Auf die Hänge hat die Häuserfläche noch nicht ausgegriffen. Am Ausgang der fünfziger Jahre liegt die Stadt, wie der Pariser Publizist Xavier Marmier berichtet, »von ziemlich eintönigen Hügeln umgeben«.

Immer noch ist der Landesherr in spürbarstem Sinne auch Stadtherr. Residenzstadt hin oder her – im General-Reskript vom 1. August 1811, »das neue Rang-Reglement« des Staates betreffend, sind die Hof- und Staatsämter, alle die Prälaten und Tutelarräte und Gymnasialpräzeptoren verzeichnet, aber nicht die Schultheißen und Bürgermeister: der Staat ist alles, und die Gemeinde ein Teil davon. In den zwanziger und frühen dreißiger Jahren gibt es langwierige Verhandlungen zwischen der Stadt Stuttgart und dem Staat, ob und inwieweit auch die Stadt »Bronnen anlegen« darf. Aber Residenzstadt will man unter allen Umständen bleiben, auch wenn man noch im Oktober 1819 eine eigene Stuttgarter Gesindeordnung serviert bekommt, in der auch des Falles gedacht ist, wenn der liederliche Hausknecht seine noch nicht abgediente Livree versetzt: die »Localität der hiesigen Residenzstadt« bedarf der besonderen Herrscherliebe. Dem Selbstverwaltungsehrgeiz der Stadt scheint Genüge getan, daß sie die »Gute Stadt« ist und damit, abgesehen von ihren eigenen Landtagsabgeordneten, »an die Stelle der hölzernen Poste (Pfosten) steinere Säulen« am Stadteingang aufstellen darf – Höhe und Dicke sind angegeben. Als die Pariser Julirevolution in manchen deutschen Städten gefährlichste Revolten auslöst und nach Stuttgart aus dem Rheinischen aufregende Nachrichten dringen, erscheint der Magistrat »in Begleitung eines von den Bürgern veranstalteten zahlreichen Fackelzugs« vor dem Schloß und bringt König Wilhelm I. eine Huldigung dar. Es findet keine Revolution statt. Dafür erläßt der Stadtrat am 4. Februar 1834 an die Stuttgarter Bürger eine Bekanntmachung, die von einem großen Teil der Bürger unterzeichnete Adresse an den König sei von Seiner Majestät »mit den erfreulichsten Zusicherungen« aufgenommen worden. Majestät habe »auf die unterthänigste Bitte, die Residenz von hier nicht zu verlegen, die Gewährung davon abhängig gemacht, daß die seit einiger Zeit bemerkten Versuche, Uneinigkeit und Unruhe unter die Bürgerschaft zu verbreiten, aufhören«. Alle sollten darauf achten, daß diese wenigen Opponenten nicht die ganze Stadt ins Unglück stürzten.

Wer war diese gefährliche Minderheit? Waren es Leute, denen der Staat zu wenig, ja überhaupt nicht demokratisiert war? Damals, als Friedrich im März 1815 dem Landtag eine Verfassung oktroyieren wollte, als die Ständeversammlung in ihrer Sitzung vom 15. März dieses Papier spontan ablehnte, wurde sie draußen mit Jubel und Hochrufen empfangen. Am 26. Juli 1815 zieht der Morgen für den vom König festgesetzten letzten Sitzungstag herauf. Stuttgart fiebert vor Erregung. Feierlich zieht die Bevölkerung mit den beiden Repräsentanten, dem Stuttgarter Bürgermeister Heinrich Immanuel Klüpfel und dem Präsidenten Fürst August von Hohenlohe-Öhringen ins Ständehaus. In den Abendstunden bringt ein halbes Tausend Stuttgarter dem Landtag eine Huldigung mit Musik und Hochrufen dar. Sie kann die Ständeversammlung zwar unterbrechen, muß aber doch die warnende Bitte der beratenden Männer hinnehmen, man solle »mißdeutendem Aufsehen« entgegengehen. Der König entschließt sich für eine Verlängerung der Session um zwei Tage. Stuttgart ist wieder auf den Beinen. Mit unverhohlenem Beifall begleitet es die Versuche der Stände, die überkommenen Verfassungsgarantien zu wahren. Glockengeläute, Gottesdienst und Landtagspredigt klingen ineinander zu einer einzigen Demonstration für das – angebliche oder tatsächliche – »alte, gute Recht«. Es ist der Stuttgarter Bürgermeister Klüpfel, dem der junge Stuttgarter Anwalt Ludwig Uhland die Verse mit auf den Weg gibt: »Der Deutsche ehrt in allen Zeiten / Der Fürsten heiligen Beruf, / Doch liebt er, frei einherzuschreiten / Und aufrecht, wie ihn Gott erschuf.« Es sind die Monate in Stuttgart, in denen gemeinsame Bankette und politische Kundgebungen, schlimme Streitszenen und verfassungsrechtliche Traktate sich ineinanderschieben und ein Mann wie Klüpfel als ein wahrer Märtyrer erscheint.

Ob die »nach vielen Schwierigkeiten, Stürmen und Leiden« unter dem Sohn Wilhelm 1819 zustande gekommene Verfassung wirklich ein »förmlicher Contrat social« in einem monarchischen Staate war, wie der verspätete, kleinere Voltaire Carl Julius Weber aus dem hohenlohischen Langenburg meinte, sei dahingestellt. Moderne, liberale Elemente hat der Konstitutionalismus für Württemberg, im Gegensatz zu Preußen oder Österreich, auf alle Fälle gebracht, und Wilhelm ist zum Liebling der Leute geworden. Schon bei seiner Rückkehr im Juli 1814, wir erzählten davon, war dem Kronprinzen Wilhelm die Sympathie der Stadt entgegengeschlagen. Der jugendliche Wilhelm Hauff hat damals sein eben fertig gewordenes Kriegslied vorgetragen: »Prinz Wilhelm, der edle Ritter / Ritt hinaus ins Schlachtgewitter / Ritt hinaus in blut'gen Strauß.« Abends gab es eine riesige Illumination in der Stadt. Wo die eilig hingepinselten Gemälde, wo die Inschriften prangten, sprachen sie alle dasselbe aus: Liebe und Stolz auf die schöne Hoffnung des Vaterlandes, auf diesen Kronprinzen.

Wer wie der König die Gutshöfe draußen liebte, Bauerneinfachheit und Traberhengste, wer in den gerade heraufgekommenen Arbeitern nur Elemente sah, mit denen nie gut Kirschen essen sein würde, von dem konnte Elise Melitta von Schweizerbarth-Roth noch am Ende des Jahrhunderts sagen, Wilhelm sei »unser Stolz gewesen«. Andere, progressiven Haltungen zuneigende Leute wie David Friedrich Strauß, haben ihn sehr viel kritischer beurteilt und ihn inner-

halb der Kunst- und Kulturbedürftigkeit ihrer Generation als eine einigermaßen unglückliche, verständnislose Figur gesehen. Die einen haben immer darauf hingewiesen, daß er, allein und fast täglich in die Stadt gehend, reitend, fahrend von Napoleon III. darum beneidet worden sei, die anderen haben ihm eine wirkliche und echte Popularität abgesprochen, letztlich Unzugängliches, geistig Unprofiliertes in seinem Wesen findend.
Wie immer auch: in seiner politischen Aufgabe, im Inneren wie im Äußeren, hat Wilhelm seinen Mann gestellt, überlegt und genau mit jenem Maß an Würde, das ein Monarch an der Spitze dieser »landständischen Verfassungen« haben mußte. Mancherlei Bedenkliches in seinem Lebensgang scheint man biedermeierlich-nachsichtig übersehen zu haben, die zögernde, bremsende Haltung gegenüber den ersten Tendenzen der Industrialisierung, die von Liebhabereien nicht ganz freie Bevorzugung der Landwirtschaft, das spätere Zurückschwenken auf höchst unliberale, spätabsolutistische Praktiken, das Unverständnis gegenüber der preußischen Politik, das ihm einmal das Bekenntnis entlockte: »Lieber der Bundesgenosse Frankreichs als der Vasall Preußens.« *Eine* Aufgabe hat Wilhelm ohne Zweifel gelöst: er hat die verschiedenartigen, von seinem Vater erworbenen Teile des Königreichs zu einem Ganzen zusammengefügt, begünstigt freilich durch die Einheitsbestrebungen der »deutschen Völker« überhaupt. Der Festzug, den man ihm in Stuttgart zu seinem fünfundzwanzigjährigen Regierungsjubiläum am 28. September 1841 gab, in gedruckten Programmen vorangekündigt, in Broschüren beschrieben, in säuberlichen Lithographien festgehalten, war eine erste Schaustellung des Königreichs in allen seinen Landschaften und Ständen und Gliedern, eingeleitet durch die Bürgergarde zu Pferd der Königlichen Residenzstadt, beschlossen durch die wiederholte Warnung des Festzug-Komitees, »daß Kinder während des Zuges zu Hause gelassen, zum wenigsten nicht auf solche Stellen gebracht werden, so sie leicht Schaden nehmen können«.
Auch die Gattin Katharina, Schwester des Zaren Alexander I., die angeblich einmal Napoleon zu Heiratsplänen gedient haben und darauf geantwortet haben soll, lieber den letzten russischen Ofenheizer zu nehmen als diesen Korsikaner: auch sie ist mit Stuttgart verwachsen. Mit ihr beginnt die moderne staatliche Sozialpflege in Württemberg. Der geistige Vater des Wohltätigkeitsvereins mit einer Zentralstelle in Stuttgart und Bezirks- und Lokalvereinen im ganzen Königreich ist Johann Friedrich Cotta, der bedeutende persönliche Opfer für die Sache brachte. Die Realisierung des Gedankens war das Werk Katharinas. Im Dezember 1816 hat sie im Alten Schloß siebzehn geladenen Männern und Frauen den Organisationsplan des Ganzen vorgetragen: der Staat könne auch bei den edelsten Gesinnungen seines Oberhaupts nicht allen helfen. Aber

es sei denkbar, daß der einzelne Bürger dem anderen helfe. Zwei vorhandene Anstalten zur Beschäftigung armer Kinder, in Stuttgart von Armenfreunden errichtet, schließen sich dem »Wohltätigkeitsverein« an, später unter dem Namen »Katharinenpflege« und »Marienpflege«. Sie reichen nicht aus, um dem Kinderbettel zu steuern. Katharina gründet eine »Armenschule« für vierhundert Buben und Mädchen. Sie muß sich viel eigene Gedanken über das gemacht haben, was man heute Fürsorge oder pädagogische Sonderhilfe nennt. »Nur eine moralische, anfangs mit Zwang verbundene Erziehung«, erklärt sie 1817 dem Leiter der Armenschule, könne »die bereits Verdorbenen ihrer wirklichen Bestimmung wiedergeben«. Was die »Ersparnisanstalt« anlangt, Ausgangspunkt der von ihr dekretierten Württembergischen Sparkasse, der heutigen Württembergischen Landessparkasse vom Jahre 1818, so dürfte sie die nachhaltigsten Impressionen hierzu bei dem geistvollen und aktiven Johann Georg Müller, einem Schulmann in Schaffhausen geholt haben. Auch die Gründung des Katharinenstifts am 12. Mai 1818 gehört in den volkspädagogischen Interessenbereich dieser Frau, auch die mit ihrem Gemahl am 20. November 1818 vollzogene Gründung der Landwirtschaftlichen Unterrichts-, Versuchs- und Musteranstalt Hohenheim, der heutigen Universität Hohenheim.
Man darf die Gründung solcher Institutionen – die Grundsteinlegung des zum Andenken an die am 9. Januar 1819 verstorbene Königin gestifteten Katharinenhospitals vom 24. Januar 1820 gehört auch in diese Reihe – nicht nur unter irgendwie allgemeinen, sozial- und geistesgeschichtlichen Auspizien sehen. In einem ganz konkreten Sinne ist auch die Atmosphäre Stuttgarts davon bestimmt worden. Eine Garnisonsstadt Stuttgart gibt es nicht, so sehr man das von der königlichen Residenz hätte erwarten dürfen. Gewiß hat man 1828 auf der Stelle der Rothenbildthor-Kaserne eine große Infanteriekaserne zu bauen begonnen, deren Hauptgebäude 1830 fertig wurde, der linke Flügel 1836, der rechte sieben Jahre später, ein einfacher, klotziger Block, der sich – ausgerechnet dieser – im Kerne bis in unsere Tage erhalten hat. Aber als Garnisonsstadt zitiert man Stuttgart draußen nicht. »Die Hauptgarnisonsstadt in Württemberg«, sagt Griesinger 1839, »ist Ludwigsburg, die Todtenresidenz Württembergs; denn nirgends sind die Straßen breiter und die Häuser entvölkerter. Mann kann zwei Stunden lang umhergehen, ohne Jemand anders zu begegnen, als einem Soldaten. In Stuttgart bildet die Garnison einen untergeordneten Theil und verschwindet unter der Masse.«
Zu den eigentlichen prägenden Kräften der »Masse« gehört, was wir belegt haben, unstreitig die Kirche, die Konfession, der »harte Ernst des Luthertums«, wie sich die zeitgenössische Stuttgarter Bestandsaufnahme des Stadtrats Ritters in freilich summarischer Weise ausdrückt. Der Helfer Neeff, der Sohn des alten

Garn-Neeff vom Marktplatz und Neffe Ludwig Uhlands, war gewiß im biedermeierlichen Stuttgart eine populäre Figur gegenüber einem der höheren Offiziere, die, aus »ausländischem Adel« kommend, für ein paar Jahre in der Stadt stationiert waren. Neeff führt man heute, wohl nicht ganz unberechtigt, als den ersten Jugendgeistlichen Deutschlands, der Kindergottesdienst nicht als tristen Ableger des »großen« Gottesdienstes und nicht als notwendiges Übel, sondern höchst unkonventionell als eine »kindliche« und eigenständige Sache betrieben hat.

Man wird auf solchem Boden, in dem Königtum und Kirche durch verfassungsrechtliche Übereinkünfte und politisch-soziale Reformen, so gut das in der Metternichzeit ging, einer gewissen Modernisierung zugeführt wurden, keine verzweifelten Revolutionen erwarten, nicht den Aufstand derer, die unmündig und entrechtet auf der Schattenseite des Lebens standen. Augenscheinlich waren die sozialen Verhältnisse dafür noch zu wenig auseinandergeklafft, vielleicht haben aber auch die – für jede Revolution unentbehrlichen – Köpfe einer elitären und vom Staate abgefallenen Intelligenz gefehlt. Wer das, was in Stuttgart im Revolutionsjahr 1848 geschah – und hätte geschehen können – vergleicht mit den Vorgängen in Stuttgart ein halbes Jahrhundert zuvor, bekommt Maßstäbe an die Hand, mit denen die Haltung Stuttgarts innerhalb revolutionärer Situationen in grundsätzlicher Art beurteilt werden kann. Die Konflikte zwischen Herzog und Landtag, am deutlichsten während des Reformlandtags am Ende der neunziger Jahre, hatten die Stadt ebenso in Unruhe versetzt wie alle die Parolen und Projekte, welche die Französische Revolution und die Koalitionskriege über den Rhein herüber brachten. Als Herzog Friedrich die Zustimmung zu irgendwelchen Verfassungsänderungen versagte, wußte man, daß es jetzt nicht mehr um Reformen, sondern um die Existenz ging. Mittlerweile aber waren die mit dem französischen System verknüpften Bestrebungen zur Bildung einer süddeutschen Republik auch deutlicher geworden. Bald gab es nur noch *eine* Frage zwischen dem französischen Agenten in Stuttgart, Karl Wilhelm Théremin, und dem Ludwigsburger Unternehmer Friedrich Konrad Haller: wo die Hauptstadt der neuen deutsch-schweizerischen Republik sein solle. Haller, entschiedener Verfechter eines Umsturzes aus eigener Kraft und Gegner jeder Bevormundung von außen, war dafür, »daß Stuttgart der Sitz der provisorischen Regierung sein sollte, indem sich die Nahrung sonsten zu sehr von Stuttgart abziehen würde«. Daß im Hinblick auf dieses Projekt die Verbindung mit der Schweiz enger werden müsse, war den Stuttgartern klar. Man hat aktenkundliche Beweise dafür, daß um die Wende des Jahres 1798 auf 1799 mehrere Stuttgarter in Paris waren, um eine Vereinigung von Schwaben mit der Schweiz beim Direktorium zustande zu bringen. Hervorragende

Schweizer wie die Publizisten Hans Konrad Escher oder Paulus Usteri unterhielten eine lebhafte Korrespondenz in diesen Monaten mit Schwaben, insbesondere mit Stuttgart. Als sich der herannahende Pulverdampf längst wieder verzogen hatte und die revolutionär-demokratischen Ströme in kleine Rinnsale verliefen, hatte sich in Stuttgart gleichwohl Ende des Jahres 1800 eine Patriotische Gesellschaft zusammengetan, in der Absicht, wie einer der württembergischen Revolutionäre hinterher zu berichten wußte, »den bisherigen Bedrükkungen der Untertanen ein Ende zu machen, das bisherige Gubernium in Stuttgart zu stürzen, ein neues dagegen zu substituieren und die Untertanen der vielen ihnen widerrechtlich aufgebürdeten Abgaben und Lasten zu entheben«. Freilich: die gleichen Revolutionäre, die in den Jahren 1798 und 1799 eine beachtenswerte Aktivität entwickelt hatten, waren Ende des Jahres 1800 und im folgenden Jahre wieder sehr zurückhaltend. Der Kern der württembergischen Revolutionäre, zweifellos in Stuttgart sitzend, trat nicht nur deshalb auf der Stelle, weil die Verhaftungswelle die eigenen Reihen dezimiert hatte. Man war vor allem deshalb vorsichtig geworden, weil die Illusion von der französischen Gunst nicht mehr geteilt wurde. Man mag sich darüber streiten, ob der Ausweg dieser Männer, deren Blick über den altwürttembergischen Oberamtshorizont zweifellos hinausging, Resignation war oder Sammlung für künftige Kräfte. Festgestellt werden kann jedenfalls, daß man sich hier von einer lokalen, stuttgarterischen Revolution distanzierte und das eigene Anliegen mit den Nationaldeutschen verknüpfen wollte. Es war eine Einsicht, die aus dem Geschichtlich-Gegenwärtigen gewonnen wurde und nicht aus einem augenblicksgebundenen Fanatismus. Wer das im einzelnen war, der damals in Stuttgart den republikanisch-revolutionären Bestrebungen am Ende der neunziger Jahre seinen Arm geliehen hat, kann kaum je präzis und erschöpfend beantwortet werden. Viele sind von auswärts gekommen, der französische Agent Théremin, der württembergische Pfarrerssohn und entronnene Stiftler Friedrich Essich, der hessisch-homburgische Hofrat Wilhelm Ludwig Kämpf und andere. Aber wir haben auch Stuttgarter Namen dabei, den Kaufmann Ludwig Friedrich Ofterdinger, dessen Haus in Stuttgart zu einem der wichtigsten Versammlungsorte für die Revolutionäre wurde, den Stuttgarter Kaufmann Lieb, Männer aus den Zunftkreisen und wohl auch aus den Reihen derer, die stieren Blicks in den Wachstuben saßen oder auf den Exerzierplätzen beelendende Dressurstücke über sich ergehen lassen mußten. Ein kaiserlicher General hat schon im Juli 1798 gewarnt: »Nicht ohne Grund soll man ein wachsames Auge auf die Grenadiers in Stuttgart haben, die meisten wurmig sein sollen.« Saßen in der Stadt zahlenmäßig viel Revolutionäre? Einer, der im Hause Ofterdinger häufig den Reden Théremins lauschte, gab später das Diktum zu, »es freue ihn, in

Stuttgart so viele Männer zu wissen, welche für das französische System so gut gestimmt seien«. Tatsächlich war eine der Resolutionen, die sich für die schwäbisch-helvetische Republik einsetzten, in der weit überwiegenden Mehrzahl von Stuttgartern unterschrieben. Und der preußische Gesandte von Madeweiß versicherte nach Berlin, »daß man staunen würde«, wenn der Herzog »aktenmäßig bekanntmachen würde, wie weit umfassend der Revolutionsplan der Verhafteten gewesen, daß sie damit umgegangen, nicht nur Schwaben, sondern auch Franken und Bayern zu revolutionieren, und daß verschiedene schon so graviert wären, daß sie das Leben verwirkt hätten.«

Im Frühjahr 1848, als wieder Revolutionskunde aus Paris kommt, macht alles das, was wir hinterher als »Revolution« bezeichnen, einen geschlosseneren, eigenständigeren und bewußteren Eindruck. Die fahrigen Projektmacher, die Eindrücke des Verwegen-Konspiratorischen fehlen fast ganz. Hier handelt es sich sehr viel mehr um eine Sache des Volkes. »Alt und Jung«, erzählt der Stuttgarter Sozialist Otto von Breitschwert später, »war wie von einem Rausch der Begeisterung für politische und soziale Emanzipation, für Größe, Freiheit und Einheit des Vaterlandes, für Wiederherstellung des Kaiserreichs der Hohenstaufen, oder aber für ein neues Reich der Hohenzollern, wie Paul Pfizer es poetisch im voraus verherrlicht hatte, entflammt.« Als Buben, die sie waren, hätten sie sich in der Stiftskirche hinter den dicken Pfeilern versteckt und während der Predigt Voltaire gelesen. Aber große, Katastrophen ankündigende Dinge hat das angeblich »tolle Jahr« achtundvierzig in Stuttgart nicht gebracht. Im Frühjahr 1847 gab es, wie in anderen schwäbischen Städten, einen »Brotkrawall«, weil die Bäcker kein Brot mehr hatten; die Straßen füllen »ärmere Volksklassen, meist zugereiste Tagelöhner und Gesellen«. Der König durchreitet die Straßen, bei der Nesenbachbrücke an der Marktstraße kommt er ins Gedränge, die Infanterie gibt eine Salve ab, von der eine verirrte Kugel einen zuschauenden Schustersgesellen trifft. Am nächsten Morgen stehen schußbereite Kanonen vor dem Schloß. Aber niemand hat mehr Lust »zum Krawallieren«, zumal man jetzt auf den Straßen – rauchen darf. Fällt also, mit der Stuttgarter »Adresse« vom 24. Februar 1848 und ihrem Verlangen nach Pressefreiheit, Schwurgerichten und Volksbewaffnung ein Funke in ein Pulverfaß? Die Explosion hat man, in den öffentlichen Auseinandersetzungen des 10. und 11. April, auf alle Fälle vermieden. Bei der höchst naiven Wahl damals – wer Lust hatte, ging aufs Rathaus und stimmte ab – siegte »in der Hauptsache« die »mehr konservative Richtung«. Schon im März berichtet Julius Eduard Hartmann im »Grenzboten«, eine »eigentliche politische Tätigkeit« sei in Stuttgart »augenblicklich nicht bemerkbar«, die »gesamte Aufmerksamkeit« werde von den »Erwartungen der Frankfurter Ergebnisse absorbiert«. Tatsächlich ist der württembergisch-schwäbische Kampf auch von Männern wie Uhland oder dem schlagfertigen Römer, dem »unerschrockenen Vorkämpfer staatsbürgerlicher Freiheit«, nicht in Stuttgart, sondern in Frankfurt geführt worden. Daß die Paulskirche zu guter Letzt nach Stuttgart verlegt wurde, zunächst in den Halbmondsaal, dann in die Brauerei Kolb in der Militärstraße und schließlich in das Fritzsche Reithaus in der Militärstraße, wirkt um so mehr als eine Ironie der Geschichte, als ausgerechnet Römer die Maßnahmen zur Auflösung einleitete, der Mann, der sich Monate zuvor ganz entschieden für das Nationalparlament eingesetzt hatte. Am 18. Juni 1849, gegen drei Uhr nachmittags, bewegen sich die Abgeordneten, zu einem Zug formiert, auf ihr Sitzungslokal zu, an ihrer Spitze, zwischen Uhland und Römers Schwiegervater Schott, der Präsident Löwe von Calbe. Ein Zivilkommissar, selbst alter Liberaler, ruft dem Präsidenten zu, die Nationalversammlung dürfe keine Sitzungen mehr halten. Seine Verwahrung wird vom Trommelwirbel übertönt. Der Zug rückt weiter vor. Die Soldaten weichen nicht. Schließlich rückt Kavallerie heran, die mit flachem Säbel die Straßen räumt. »Die Stuttgarter verhielten sich passiv, was bei dem starken Militäraufgebot nur klug war.«

Biedermeier in Stuttgart? Es spricht viel dafür, daß die erste bürgerliche Epoche in der schwäbischen Residenzstadt in aller Behaglichkeit, ja in aller Naivität ausgebreitet worden ist. Die Stadt habe einen »der tüchtigsten Landtage in Deutschland«. Aber man rede so rührend unbeholfen in der Kammer, daß ein Außenstehender gewiß zu falschen Urteilen komme: so eine sehr überlegte Stimme aus dem Jahre 1847, dem Vorabend der Revolution. Hinter einem Stuttgarter verberge sich nicht selten ein politisch oder literarisch bedeutsamer Mann. Aber er stehe so da, daß er für einen Berliner Salon nur ein Gespött sein könne. Die schwäbelnde Stuttgarterin kann einen Fremden kaum durch ihre erste Erscheinung fesseln. »Linkisch im Auftreten, befangen in der Conversation, wird sie sich besonders im Anfang sehr viel darauf beschränken, die an sie gerichteten Fragen kurz zu beantworten, um das Gespräch so rasch als möglich fallen zu lassen.« Gegen andere Residenz- oder Großstädterinnen ist die Stuttgarterin von damals eher karg und sparsam, herb und verschlossen. Die Reize, die darin liegen mochten – Christoph Friedrich Dörrs »Unbekannte« in der Staatsgalerie nehmen wir als ein hinreißend schönes Zeugnis dafür –, blieben dem modischen Kavalier ganz sicher verborgen. Es gibt keinen Stuttgarter Salon wie den der Rahel oder Henriette Herz; dafür ist die Stuttgarterin zu sehr im Häuslichen verborgen. Stuttgart hat einen Hegel hervorgebracht und eine Reihe bedeutender Männer. Aber unter den weiblichen Genies, den Heiligen und Märtyrerinnen, den Großen der Musik, den Genialischen vom Range der Karoline Schelling, ist die Stuttgarterin nicht. Er habe niemand angetroffen, mokiert sich Jean Paul, der im Gespräch »nur *eine* winzige Antithese gemacht hätte«. Die Männerwelt ist in kleinen Gaststuben beieinander, die Frauen in hermetisch abgeschlossenen Gesellschaften, »bei denen Vetter- und Basenschaft eine große Rolle spielt«. Es fehle nicht an Wohlhabenheit. Aber der »Hang zur Sparsamkeit« kehre sich immer wieder nach vorne – man halte so die Mitte, wie die Stadt selber: die übrigen deutschen Großstädte hätten in »ihrer äußeren Physiognomik etwas ganz Bestimmtes; nicht so Stuttgart. Weder Alterthum noch Modernität haben der Stadt einen festen Stempel aufgedrückt«.

»Gleichheit«, nicht eigentlich im exakt-politischen Sinne, wird immer im Blick auf die erste Jahrhunderthälfte am Stuttgarter Gemeinwesen hervorgehoben, Einfachheit in Sitten und Lebensweise, Rechtssinn und Biederkeit. Die Sittenverderbnis der anderen Hauptstädte habe in Stuttgart noch keinesfalls Eingang gefunden. »Dieß beweist der schonungslose Tadel und die Verachtung, welche die öffentliche Stimme über Asotieen jeder Art ausspricht, und die strenge Kritik, welche selbst äußerliche Verstöße gegen Schicklichkeit und Anstand unter allen, selbst den mindergebildeten Classen der Einwohner ausgesetzt sind.« Züge zur Spießbürgerlichkeit und zur philiströsen Beschränktheit sind unverkennbar, auch solche, die sich vor aller politischen Stellungnahme in eine nach innen gedrängte Bescheidung flüchten. Man liest die »Stadtglocke« von Herrn Pfarrer Munder, mit einer entwaffnenden Fülle von Spuk- und Geistergeschichten, mit Geschichten und wieder Geschichten, die es – gar nicht gegeben hat. 1845 erscheint im Stuttgarter Tagblatt ein »Eingesandt«, das sich über eine zentrale Frage ereifert: »Durch Einführung der Gasbeleuchtung wird für die Stadtkasse eine große Last erwachsen. Ein Nachteil ist auch die Einführung des Nachtlebens in Handel und Wandel. Die Gasbeleuchtung veranlaßt überall, wo sie eingeführt wird, zunächst einige, dann alle Detailhändler, ihre Läden bis in die späte Nacht zu beleuchten und dem Publikum offenzulassen, weshalb sie und ihre jungen Leute genötigt sind, sich ihrem Geschäft auch in den Abendstunden zu widmen, statt wie seither der Ruhe, der geselligen Erholung und der Lektüre obzuliegen. Der Einsender kann darum die Einführung der Gasbeleuchtung nicht für einen Fortschritt halten.«

Das Einfache und Formlose, das Allzu-Bürgerliche hat Biedermeierkultur in der Form des kleinen Gesellschaftsereignisses offenbar schwer aufkommen lassen. »In Stuttgart gibt es viele Häuser, in denen viele Leute wohnen, aber wenig Leute, die ein Haus machen.« Auch dies eine Bemerkung aus den dreißiger Jahren. Ausnahmen sind freilich da. Vorab wäre das Hartmann-Reinbecksche Haus zu nennen, das Haus des Geheimrats August Hartmann in der Friedrichsstraße, wo er, mit Frau und Töchtern, dem Schwiegersohn Georg Reinbeck und dessen Gattin Emilie fast allen Berühmtheiten Stuttgarts ein liebenswürdiges, ein kostbares Stelldichein gab: er, der Hausherr, sattelte auch noch in seinen alten Tagen einen gepflegt daherkommenden Pegasus, Reinbeck agierte unermüdlich als Dichter und Schriftsteller, Emilie versuchte es immer wieder als Landschafterin. Beim alten Hartmann ist auch Lenau abgestiegen, bewundert, vergöttert als der Nur-Dichter mit göttlichen Augenblicken und einer zerrissenen Seele, mitten in einer Landschaft, die das – solide und schöne – Dichten gerade in Nebenstunden erlaubte. Mit ihm, der am 9. August 1831 Stuttgart im Hause Schwabs zum ersten Male kennenlernt, kommt die sinnen- und schöpfungsfrohe Geistigkeit Österreichs, den Kräften der ungarischen Volkskultur ebenso Einlaß gewährend wie dem artistischen Zauber der italienischen Oper, in ein Land altgewordener Arbeitsgesinnung und nurmehr verbaler Kultur: die Verschwendung begegnet dem ängstlich gehüteten System, die Muse der Lehre, der Charme dem Fleiß. Lotte Gmelin, eine junge Verwandte der Schwabschen Familie, war dem in der »weichen Theeluft Stuttgarts« Verwöhnten in ohnmächtiger Liebe verbunden, und Emilie Reinbeck hat unter allen am meisten Glück von ihm empfangen und am bittersten gelitten. Das Schwäbische wird unsicher angesichts des fremdartigen Helden, weil das gleichsam Verbotene und Untragbare leibhaftig vor einem steht: der Dichter, der allein auf das Glück und den Glanz seiner Strophen baut. »Als ich bei Hofrat von Reinbeck in den Salon trat«, schreibt Emma Niendorf, die von Brentano kreierte »Anmutstrampel«, die natürlich auch Manuskripte schrieb, »war Herr von Niembsch (Lenau, d. Vf.) noch nicht da. Die Hausfrau führte mich ihm bei seinem Eintreten gleich zu. Da stand er nun vor mir, und nur schüchtern sah ich ihn an – ganz der schöne, bedeutungsvolle, den ich kenne.« Im Oktober 1844 hat man den Schwerkranken nach Winnental gebracht. In seiner Zelle bedeckt ihn Kerners Mantel, den er in einem lichten Augenblick eine »Decke voll Liebe« nennt. Die Hüllen sind gefallen; es zeigt sich bloße Kreatur. Lenaus schwäbische Wahlheimat wird ihm zum Quell einfachster Menschlichkeit.

Auch das Haus des 1841 verstorbenen Geheimen Legationsrates Ferdinand Pistorius gehört zu den Zentren Stuttgarts. Uhland hatte seine Braut Emma Vischer, die Tochter eines Calwer Handelsherrn, im Hause ihres Stiefvaters kennengelernt. Der war Erzieher der beiden Söhne des Königs Friedrich und ein Mann von umfassender Bildung. Zu den Abenden bei Pistorius kamen Vertreter von Kunst, Wissenschaft und Theater. Ein großes Fest wurde an den Silvesterabenden unter Mitwirkung namhafter Künstler gefeiert. Der herrliche Landsitz der Familie in Gaisburg, das »Schlößle« inmitten des »Berggartens«, von wo man eine prächtige Aussicht auf das Neckartal hatte, führte eine Glanzzeit der Familie herbei, mit schönster Gastfreundschaft und einer Runde

44 *Stuttgart aus der Vogelschau von Osten. Lithographie von Eberhard Emminger um 1850. Aus der Innenstadt und dem Residenz-Mittelpunkt (von rechts nach links: Stiftskirche, Altes Schloß, Neues Schloß und Anlagensee, Akademie) führen drei Stränge nach Osten: die Neckarstraße links, die Anlagenallee in der Mitte bis zu den 1842–47 entstandenen Rossebändigern von Ludwig Hofer am Eingang zu den unteren Anlagen, rechts die Eisenbahnlinie mit den besonderen Gaben des 19. Jahrhunderts, der Reiterkaserne von 1841–1845 und der Zuckerfabrik*

45 Eduard Mörike, mit kürzeren Unterbrechungen von 1851 an bis zu seinem Tode am 4. Juni 1875 in Stuttgart. Aufnahme von F. Brandseph, Stuttgart 1864

46 Friedrich Theodor Vischer, von 1869 bis zu seinem Tode 1887 vergötterte Stuttgarter Stadtgröße. Aufnahme von H. Brandseph um 1886

auserlesener Geister, Jean Paul und Friedrich Rückert, Gustav Schwab und Ludwig Uhland. Daß es auch dabei auf eine unkonventionell-schwäbische Art zuging, mag daraus ersichtlich sein, daß König Wilhelm I., seinem ehemaligen Lehrer immer wieder seine Aufwartung machend, auch einmal seinen Regenschirm stehen ließ. Da sprang der Diener des Hauses dem Monarchen nach und rief: »Majestät, Majestät, Sie hent de Schirm stehe lasse, do ischt er!« Übrigens hat es die zweite Gattin von Pistorius, eine Eleonore aus der Calwer Kaufmannsfamilie Feuerlein, verstanden, auch nach dem Tode ihres Mannes, einen »schwäbischen« Salon zu halten. Bis in die Nähe der Jahrhundertwende hinein war ihr Haus in der Seegasse ein Mittelpunkt interessanter, anregender Gesellschaft und eine Pflegestätte von Kunst und Bildung. In ihrem schönen Zimmer empfing sie die Respektsbesuche, in der Mitte des Sofas sitzend, in schwarzseidenem Kleid mit weißen Handschuhen, deren sie sich nie entledigte. Man hat in solchen Häusern die kleinen und die großen Traditionen gepflegt, in zelebrierender, fast musealer Art. Die »Seegassenkönigin«, wie man die adlige Erscheinung bei den Stuttgartern nannte, war so etwas wie die Garantie dafür, daß das bürgerlich-biedermeierliche Stuttgart lang am Leben geblieben ist: damals, in den neunziger Jahren, fuhren die ersten Autos die Champs Elysées hinunter, und Kautsky saß in einem der Stuttgarter Mietshäuser und schrieb an einer seiner Massenbroschüren.

Das Biedermeier hat, bei aller Tendenz, die eigentlichen, realen und sozialen Fragen zu verdrängen und irgendwie den Mantel sentimentaler Poesie davor zu hängen, einer Stadt wie Stuttgart zum ersten Male die Chancen zu einer bürgerlichen Durchdringung der städtischen Welt gebracht. Wieviel Vereine gab es da nicht, die allmählich tonangebend wurden, das 1807 gestiftete »Museum«, die »Bürger-Gesellschaft« von 1823, Dutzende von Privat-Zirkeln und Kränzchen! Wer ein richtiger Stuttgarter sei, höhnt ein Berichterstatter 1892, sei in Stuttgart Mitglied dreier Vereine – einen »Verein zur Bekämpfung der Vereinssucht« solle man gründen. Damals, im Vormärz, hat das begonnen. Die »Allgemeine Ersparnis-Gesellschaft« war die originellste, aber auch typischste der Stuttgarter Biedermeiervereine, mit der ungenierten Absicht, Leuten aller Art aus gewissen »Verlegenheiten« herauszuhelfen. »Das Institut hat sich«, ließ sich im Dezember 1840 sagen, »in den ersten zwei Monaten seines Bestehens schon der lebhaftesten Theilnahme zu erfreuen gehabt, indem es Mitglieder aus allen Ständen« wieder auf die Beine half.

Die populärste Aufgabe hat der Stuttgarter Liederkranz gehabt. Er erfüllt sie heute noch. André, mit Nägeli in Zürich in Verbindung stehend, hatte den Namen »Liederkranz« für die gemeinsame Unternehmung vorgeschlagen, während kurz zuvor noch immer von der künftigen »Tafelrunde« gesprochen wurde: norddeutsche und deutschschweizerische Vorbilder haben sich hier gekreuzt, bis sich dann eine spezifisch schwäbische Laienmusikbewegung durchzusetzen begann, mit tiefen Resonanzen auch im gesellschaftlich-politischen Bereich. Im Juni 1824 ist der Stuttgarter Liederkranz feierlich konstituiert worden, im Jahr darauf hat er alljährliche Feste vorgeschlagen: sie sind bald zu wahren Umschlagplätzen musischer, geistiger, politischer Güter geworden und gewiß die deutlichsten Ausdrucksformen biedermeierlicher Volkskultur im Südwesten. Was späterhin der Deutsche Turnerbund, wie der Deutsche Sängerbund im wesentlichen vom Neckarschwäbischen aus initiiert, was in unserem Jahrhundert der Schwäbische Albverein bedeutet hat und noch bedeutet, war schon damals der Schwäbische Sängerbund mit seinem Vorort Stuttgart und seinem Führer Otto Elben: eine liebenswürdige Art, Kunst und Volk miteinander zu versöhnen, und eine Bewegung, an der die deutsche Einigung des 19. Jahrhunderts eine ihrer wichtigsten Stützen hatte.

Die Stuttgarter Schillerfeste wurden der Höhepunkt dieser bürgerlich-vereinsgebundenen, völkischen Gesellschaftskultur. Die Einweihung des Stuttgarter Schillerdenkmals auf städtischem Boden hat den Anfang gemacht, als ein »nationales Fest«, wie die Leute damals sagten. Es war ein herrlicher Frühlingstag. Ganz Stuttgart leuchtete im Festgewand. Im Festprogramm war Glokkengeläut vorgesehen. Ängstliche Gemüter hatten dann Bedenken, weil das ja eigentlich eine kirchliche Sache war. Aber man hat auch bei den höchsten Instanzen diese Schaustellung, ganz im Gegensatz zu den höfischen Festivitäten der Herzogszeit, als eine Demonstration in eigener Sache empfunden, bei der das Konsistorium ebenso mit von der Partie war wie die Polizeidirektion: die Kirche entschied, daß dem Dichter der »Glocke« an seinem Ehren- und Gedenktag Glockenklang wohl gebühre. Es muß ein erhebender Augenblick gewesen sein, als während der letzten Strophe der von Mörike gedichteten und von Lindpaintner vertonten Festkantate die große Glocke von der Stiftskirche herübertönte und gegen den Schluß des Gesangs der Schwall aller Glocken zusammenschlug, von den beiden Stiftskirchentürmen, der Leonhardskirche, der Hospitalkirche. Einer hatte in der Altstadt an seinem Haus den großen, gelassenen Reim angebracht:

»Du großer Friedrich von Schiller,
Du mich mit Dichterkunst Erfüller,
Kommst nun gegossen in das Land –
Herrn Vater hab' ich auch gekannt.«

Es war nicht nur eine jener großen Kundgebungen im Vormärz, die gleichzeitig noch etwas von der spätmittelalterlichen Wallfahrt an sich haben mochten: eine Bürgerdemonstration war's, mit politischem Akzent, eine Tradition einleitend, die den Hof und die Residenz verabschiedet hatte. Wohl haben Mörike mitgewirkt an diesem Tag und Gustav Schwab, die Stimmen einer schwäbisch-gemilderten Luft. Aber die Stimme des klassischen Schiller hat mitgeschwungen im großen Chor, der den Gegensatz in der Einheit des freien und sittlichen Charakters überwindet, des jungen Mannes, der in der »Luise Millerin« die fromme Unterwerfung unter die skrupellosen Zugriffe eines Fürstenhofes in Stuttgart oder Ludwigsburg ebenso geißelte wie er im »Don Carlos« die Leute zu Beifallsstürmen hinriß: »Geben Sie Gedankenfreiheit, Sire!« Wenn irgendwann die Bürgerstadt Stuttgart sich im inneren Sinne des Wortes konstituierte, dann an jenem 8. Mai 1839. »Baumeister Thouret führte den zwölfjährigen Enkel Schillers zu dem Monument. Kaum hatte der Knabe die rosa Hülle berührt, so sank sie zu beiden Seiten herab. In diesem Augenblick brach die Sonne durch den leichtbedeckten Himmel, und ihre Strahlen legten sich um das geneigte, lorbeergeschmückte Haupt des Unvergeßlichen. Alle Köpfe der unabsehbaren Menschenmenge entblößten sich, und eine andachtsvolle Stille, die nur von den ehernen Zungen der Glocken unterbrochen wurde, trat auf einige Momente ein; dann aber brach ein unbeschreiblicher Jubel aus, der von Pauken und Trompeten begleitet war.«

Der »Schillerplatz« mit dem gegossenen Denkmal, übrigens nicht von Dannecker, sondern von Bertel Thorwaldsen, dem Sohn des isländischen Gallionsschnitzers, ist eine der intimsten Schönheiten Stuttgarts geblieben. Wo das Ausmaß des Schloßplatzes ins Mondäne hinüberspielt, ist hier aufrechtes, ungekünsteltes Alt-Stuttgart, selbstverständliches Eigentum aller, die irgendwie in dieser Stadt und diesem Lande wurzeln, Sinnbild der schwäbischen Schillerfestigkeit, die weiterlebt bis in unsere Zeit.

Man wird den Stuttgarter Vormärz indessen nicht nur von den fahnenschwingenden Festen her beurteilen wollen, von Silchers Liedertafel und den Leuten mit den bunten Trachten und dem Dreispitz auf dem Kopf. Wer an das Württemberg vor 1850 denkt, hätte – heute noch – zu gerne Johann Georg Müllers Willkommensgruß an Katharina zitiert: sie lebe nun in einem Lande, in welchem »eine angeerbte Anhänglichkeit, Achtung und Liebe für die Religion herrscht«, das bewohnt sei »von einem fleißigen, talentreichen und gutmütigen Volke«. So oder ähnlich sind die württembergischen Interna über das ganze Jahrhundert hin beurteilt worden, nicht ohne den Einfluß der zensierten Hofhistorie. Es ist die Atmosphäre der noch 1881 in den Anlagen aufgestellten Eberhardsgruppe: Graf Eberhard in des treuen Untertanen Schoß. Die schwäbische Geistigkeit und Gesellschaft wäre demnach eine Art prästabilierter Harmonie, immerwährendes Biedermeier, das, im Streben nach Synthese und versöhnender Ganzheit, die Wirklichkeitsanalyse der Harmlosigkeit opfert.

Aber das ist ein Klischee. Auf die Kehrseite der Medaille – und der Zeit – weisen ein paar Namen oder ein paar Bücher, die auch mit dem vormärzlichen Stuttgart zusammenhängen. Der Stuttgarter Georg Herwegh, der Republikaner, der Sozialist, der dem Stuttgarter »Beobachter« immer wieder Gedichte und Glossen geschickt hat, gehört am deutlichsten zur oppositionellen Gruppe. Sein revolutionärer Weg ist, das wissen wir heute, nicht eigentlich vorgezeichnet gewesen, auch dann noch nicht, als er in Stuttgart in der Friedrichstraße 10 seinen Lamartine übersetzte. Wenn auch seine Flucht aus der Vaterstadt Stuttgart 1839 keine »ideologische« Entscheidung war, so hat sich doch damals schon der spätere sozialistische Lyriker angekündigt: ohne die Stuttgarter Ereignisse, ohne seine oder anderer Leute Schuld, sind die »Lieder eines Lebendigen« von 1841 nicht denkbar.

Ein paar Namen der frühsozialistischen Gegenbewegung des Vormärz in Stuttgart und im Lande kennen wir schon. Einer der ersten dürfte der 1848 in Konstanz verstorbene Franz Strohmeyer gewesen sein, Schüler von Charles Fourier, dessen »Phalanx« er in erstaunlich modernen gruppenpsychologischen Überlegungen weitergebildet hat. Die sogenannte Koseritz-Verschwörung von 1833, in der für den königlich-württembergischen Staat plötzlich die Abgründe einer radikal-republikanischen Revolution aufbrachen, bezog ihre Ideen auch von Strohmeyer. Es wäre falsch, diese »Umtriebe« lediglich als einen von Sonderlingen verursachten Betriebsunfall ansehen zu wollen. Immerhin scheint das hochverräterische Unternehmen auf Umtrieben »bei Weingärtnern und Handwerks-Gesellen« begonnen zu haben. Der Verschwörung war die von dem Stuttgarter Lithographen Franz Theodor Malté gestiftete Stuttgarter Mittwochs-Gesellschaft, eine aus Kaufleuten, Wirten und Handwerksmeistern gestellte Vereinigung, ebenso verbunden wie eine Stuttgarter Gesellschaft von Schustergesellen, die unter dem Namen »Pechkranz« sich als eine Hilfsorganisation für kranke und reisende Handwerksgenossen tarnte.

Strohmeyer hat seine Schrift über »Die Folgen der Aufhebung der englischen Korngesetze für Deutschland und die deutsche Industrie« 1846 in Stuttgart erscheinen lassen, eine insofern bedeutsame Sache, als darin eine der Engels'schen nahekommende historisch-ökonomische Erklärung des englischen Proletariats gegeben wird. Seit 1841 war der aus Sindelfingen kommende Christoph Friedrich Grieb in Stuttgart, Doktor der Philosophie und konsequenter Anhänger Fouriers. Von Stuttgart aus hat er als Journalist den einschlägigen französischen Zeitschriften Artikel geliefert, und hier hat er nacheinander seine Broschüren und Bücher erscheinen lassen, das »Problem der Zeit und dessen Lösung durch die Association« von 1844, wo in der Arbeiterproduktivgenossenschaft die einzige Möglichkeit der Synthese von Kapital und Arbeit gesehen wird, 1846 die beiden Publikationen »Ueber Organisazion der Arbeit« und »Abbruch und Neubau der Jetztzeit und Zukunft«, in denen er soziale, aber religiös-utopische Forderungen aufstellt, unter dem Generalnenner: »Alles für den Menschen und durch den Menschen — nichts für gewisse Menschen und für gewisse Klassen«. Im Revolutionsjahr 1848 erscheint dann ein umfängliches Werk unter dem Titel »Gesellschafts-Oekonomie«, das nirgendwo schlechter ankommen konnte als in den Revolutionsauftritten prustender, schwitzender Bürger. Grieb war den Ereignissen um ein paar Jahrzehnte voraus, wenn er meint: »Die jetzige Bewegung ist nicht bloß politischer, sondern auch, und zwar vorherrschend, sozialer Natur.« Aber die Nomenklatur seiner Publikation verblüfft: von der betulichen Harmlosigkeit der angeblichen »Schwäbischen Schule«, über deren putzige Veigelein und Mückenhonig der beleidigte Heine die Schale seine Spottes ausgießt, ohne sich freilich die Mühe einer detaillierten und adäquaten Analyse zu machen: von den »lieben Kleinen« und ihren hausbackenen Liedern ist keine Rede mehr. Grieb redet von Klassen und sozialen Fragen. In Stuttgart hat man damals zwei Mitglieder des Kommunistenbundes, einen Schustergesellen und einen Schlossergesellen, dingfest gemacht und, unter Griebs Beisteuer, den wahrscheinlich ersten der 1848 in Württemberg entstandenen Arbeitervereine gegründet. In den Statuten, die sich der Verein im Mai 1848 gab, wird nachdrücklich die Förderung der »materiellen und geistigen Interessen« des Arbeiterstandes verlangt.

Daß solche politischen und sozialen Spannungen auch ihren Niederschlag in den Kommunikationsorganen finden mußten, ist klar. Die Buch- und Verlagsstadt Stuttgart hat diese Auseinandersetzungen nur in geringerem Grade inspiriert. Sie hat in erster Linie von ihnen gelebt. Den progressiven Teil, die »fortschrittlichen Liberalen«, hat der 1830 ins Leben gerufene »Hochwächter« versorgt. Der Turm der Stuttgarter Stiftskirche, der den Kopf der Zeitung schmückte, sollte das Symbol sein für eine in hoher Warte gehaltene Umschau im Land und darüber hinaus. Erster Redakteur des drei Jahre später in »Beobachter« umgetauften Organs war Rudolf Lohbauer, der, Mörikes Herzensfreund, an den Vorbereitungen der Koseritzschen Verschwörung beteiligt war: wenige haben das Doppelgesicht des Stuttgarter Biedermeier so genau verkörpert wie Lohbauer. Im Hochwächter, vom Stuttgarter Buchdrucker Munder gedruckt, wird gegen den »Marbacher Verwandtschaftshimmel« mit seinen Gestirnen erster, zweiter und dritter Größe gewettert, in einiger Verwunderung darüber, daß die Ehrbarkeits-Herrschaft sich auch noch in dieses neue Jahrhundert hineinfrißt, wird zur Unterstützung der durchziehenden Polen aufgerufen, der Platz für das zukünftige Schillerdenkmal erörtert oder die vernachlässigte Kreuzigungsgruppe an der Leonhardskirche ans Licht gezogen. Und

der genialische, als Offizier, Vermessungszeichner, Schauspieler etc. agierende Lohbauer vereint eine illustre Reihe von Mitarbeitern: den Vikar Mörike von Owen, den Dichter und späteren Nationalökonomen Johannes Mährlen, den exzentrischen, aber hochbegabten Literaten und Historiker Wilhelm Zimmermann, als Sohn armer Handwerksleute in Stuttgart geboren, den jungen Friedrich Theodor Vischer, dessen Sendung Lohbauer allerdings einmal unbeantwortet auf dem Manuskriptenberg liegen läßt, so daß Vischer zu der lapidaren Feststellung kommt: »die Hochwächter sind Flegel«.
Der »Beobachter«, so modern er war mit seinen politischen Leitartikeln, die der Schwäbische Merkur, das Blatt der »Ministeriellen«, erst seit 1848 brachte, bleibt gegenüber einem Unternehmen wie Cottas »Morgenblatt für gebildete Stände«, auch späterhin unter der Redaktion von Hermann Kurz, ein handgestricktes Ein-Mann-Unternehmen. Das Morgenblatt, das Cotta 1807 für ausschließlich kulturelle Informationen gründete und 1820 um die selbständigen Beilagen »Kunstblatt« und »Literaturblatt« erweiterte, gab bis zum letzten Jahrgang 1865 den Ton in Deutschland an. Zusammen mit der »Allgemeinen Zeitung«, die, 1798 als »Neueste Weltkunde« begonnen, nach vielerlei Zensurärger 1803 nach Ulm und 1810 nach Augsburg verlegt wurde, mit dem Blatt »Das Ausland« und mancherlei Beteiligungen, vereinigte Cotta die größte Pressemacht Deutschlands in seiner Hand. »Wie die allgemeine Zeitung«, sagt 1816 der berühmte Hamburger Verleger Friedrich Perthes, »die politischen Stimmungen in Deutschland und die europäischen Ansichten über Deutschland sehr wesentlich mit bestimmt, so soll jetzt das Morgenblatt alle nicht politischen Geistesinteressen in seinen Bereich ziehen; die ganze geistige Welt möchte Cotta buchhändlerisch umhalsen.« Es gab keinen Prominenten jener Zeit, der nicht einmal als Mitarbeiter in der »Allgemeinen Zeitung« erschienen wäre. Auch der treffliche Heine war mit seinen Feuilletons dabei, hier Jünger Cottas, während er mit dem anderen Arm dem Redakteur des Morgenblattes, Herrn Wolfgang Menzel, die fröhlichsten Gefechte lieferte. Viele seiner Autoren hat Cotta nach Stuttgart eingeladen. So kamen Ludwig Tieck, nach Goethes Tod als der »poetische Statthalter Deutschlands«gefeiert, Jean Paul, nach Schiller der Meistgelesene, Platen und Immermann, später auch Lenau und Geibel zu längeren oder wiederholten Aufenthalten nach Stuttgart. Unter den Leitern des Morgenblattes erscheinen neben Gustav Schwab, Wilhelm Hauff und seinem Bruder Hermann, wenn auch vorübergehend, die Dichter Friedrich Rückert und Karl Gutzkow und die großartige Therese Huber, Göttinger Professorentochter, Witwe des Weltreisenden Georg Forster und des Dresdener Schillerfreundes Ludwig Ferdinand Huber.
Es ist klar, daß das alles auf die geistige Welt Stuttgarts einwirken mußte,

zumal Cottas Haus mit den geistig und politisch führenden Stuttgartern in freundschaftlicher Verbindung stand, mit Dannecker und Rapp, mit Hartmann-Reinbeck und Gustav Schwab. Man wird deshalb das vormärzliche Stuttgart nicht eigentlich zu den Kulturzentren Deutschlands zählen wollen. Dafür sind im geistigen Leben der Stadt noch zu viele Ansätze und Fluktuationen, ist alles die Sache von Druckfahnen und Setzern, Bücherwelt, wo Wirklichkeit hätte sein sollen. Gewiß ist es dem streitbaren Menzel zu danken, daß ein »Litterarischer Verein« in Stuttgart zustande kam, ein hochangesehenes und lange lebendes Institut, das, noch von spätromantischer Editionslust beflügelt, überaus produktiv war. Aber die geistig-literarische Auseinandersetzung hat es immer noch schwer gehabt. Der Stuttgarter Kultur der ersten Jahrhunderthälfte, biedermeierlich und frühsozialistisch gestimmt, aber doch sehr, wie das Stuttgarter Kunstleben des Jahrhunderts, vom klassizistischen Traditionsgefühl getragen und schließlich gelähmt, fehlt der volle Blutstrom. Es ist bezeichnend, daß der dänische Romantiker Adam Oehlenschläger gelegentlich eines Stuttgarter Besuchs 1819 Uhland ganz im Epigonenschatten Goethes sieht und meint, der Advokat Uhland habe auch als Dichter »etwas Steriles« an sich. Es ist die Kerbe, in die auch Heine einhaut, wenn er in seinen, »Der Scheidende« überschriebenen Versen das erschütternde Bekenntnis des Vereinsamten ablegt, mit einem Seitenhieb auf Stuttgart als die Heimat aller Kleinheit:

»Der Vorhang fällt, das Stück ist aus
Und gähnend wandelt jetzt nach Haus
Mein liebes deutsches Publikum,
Die guten Leutchen sind nicht dumm,
Das speist jetzt ganz vergnügt zu Nacht,
Und trinkt sein Schöppchen, singt und lacht –
Er hatte Recht, der edle Heros,
Der weiland sprach im Buch Homeros':
Der kleinste lebendige Philister
Zu Stukkert am Neckar, viel glücklicher ist er
Als ich, der Pelide, der tote Held,
Der Schattenfürst in der Unterwelt.«

Die Stickluft der Metternichschen Reaktion hat sich auch in Stuttgart breit gemacht. Noch Jahre später, 1860, meint Hebbel beim Besuch Stuttgarts, es sei »ein eigen Ding mit diesen kleinen Residenzen«. Wenn man hineinfahre »und die breiten Straßen, die stattlichen Häuser erblickt, glaubt man Wunder was erwarten zu dürfen; klopft man dann aber an, so ist Nichts zu Hause, die Museen stehen leer, in den Archiven werden die Jahrgänge alter Zeitungen aufbewahrt und die Straßen sind für die Unsichtbaren angelegt«.

Man wird freilich von einer Residenzstadt, die, eingezwängt in eine Talenge, zwei, drei Generationen zuvor kaum Ansätze zu einer eigenen und originellen Stadtkultur gezeigt hatte, nicht über Nacht den großen, weltläufigen Kulturmittelpunkt erwarten wollen. Was die Generation Cottas gebracht hat, war beachtenswert genug. Man wurde aufgeschlossen für das Deutsche auch der anderen Stämme: Stuttgart öffnete sich den Einflüssen von draußen, den Gegengaben nach draußen. Darin liegt, wie wir wissen, eine tiefe Zäsur, weil es ein Abschied ist von alten Lasten. Die Selbstgenügsamkeit wird gesprengt, ohne daß man das schwäbisch Eigentümliche hätte aufgeben müssen. Cottas riesiger Aufschwung zieht andere Verlage nach und bringt Stuttgart unter die ersten Verlagsstädte des deutschen Bundes. Literatur wird Organisation, und Stuttgart hat am meisten davon. Kein Wunder, daß das vierhundertjährige Jubiläum der Buchdruckerkunst am 24. Juni 1840 in Stuttgart wie ein Volksfest gefeiert wird, als eine ganz eigene Sache und mit festlicher Beisteuer »in schwäbischem Dialekte«.

Auch das Theater ist jetzt längst nicht mehr das separate Vergnügen des Hofes, von den Leuten der »Stadt« nicht registriert oder argwöhnisch beäugt. Es wäre müßig, die Mimen hier einzeln paradieren zu lassen, mit Name und Dauer und Fach. Man redet gerne, im Hinblick auf das Hoftheater der Wilhelminischen Ära, von der »Stubenrauchschen Zeit« und meint Amalie von Stubenrauch damit, die legendäre Hofschauspielerin mit einem Namen, den ihr Thomas Mann gegeben haben könnte. Als Tochter eines bayerischen Oberleutnants ist sie, wenn es stimmt, am 3. Oktober 1805 in München geboren; böse Leute haben später behauptet, sie gehe, was das Geburtsdatum anlange, »mit den Jahren« wie die Königin Pauline, deren Nebenbuhlerin sie in Stuttgart wurde. Am Münchener Residenztheater begann sie. Ludwig I., der Bayernkönig, soll ihr zu Füßen gelegen und sie dann, der Sache überdrüssig, nach Stuttgart fortgelobt haben. Ihr Ruf jedenfalls war nicht fleckenlos. Bei der Einfahrt durch das Stuttgarter Königstor, erzählt sie später, habe sie »gar bittere Tränen vergossen«, in einiger Beklemmung darüber, was ihr in der fremden Stadt bevorstehe.

Sie ist nicht gerade, wie Gutzkow einmal meinte, die »Regentin Württembergs« geworden. Die Zeiten der Mätressen waren vorüber. Aber daß sie Wilhelms I. Favoritin war, bis zu seinem Tode, läßt sich nicht bestreiten. Der König hat das Verhältnis diskret und delikat genug behandelt, ohne der Herzensbeherrscherin Rangerhöhungen zu schenken oder ihretwegen Landtage aufzulösen: er beschränkte den Umgang mit der Tragödin auf die verschwiegene Enge der Gemächer. Die Stubenrauch, eine üppige, junonische Schönheit mit brennend schwarzen Augen, die die Reize ihrer Gestalt durch geschmackvolle

Toiletten und malerische Gewandungen zu heben wußte, brachte erstaunliche Bildung mit ins Spiel und Fingerspitzen für das, was möglich sein durfte und nicht. Sie schien wie geschaffen für ein biedermeierlich-gedämpftes, königliches Abenteuer hinter Gardinen: an ihrem Konterfei vermißt man nur eines, den Augenaufschlag. Das Heroische im engeren Sinne, wozu ihr Wuchs sie prädestiniert hätte, lag ihr auf der Bühne nicht, und für sentimentale Mädchen, auf die ihr Gefühl eingestellt war, eignete sich ihr Äußeres nicht. So hielt sie sich in den mittleren Partien, vorzüglich als Iphigenie, als Maria Stuart, als Donna Diana. Solche Klugheit verließ sie auch nicht in der Nähe des Königs: Politik hat sie nie gemacht und nie machen wollen, mit der einen Ausnahme vielleicht, daß ihr das vom König 1857 abgeschlossene Konkordat mit dem päpstlichen Stuhl, das 1861 freilich von den Landständen verworfen wurde, vom Papste die Tugendrose eingetragen haben soll: vielleicht ist auch das eine Stuttgarter Pietistenlegende, gezielt gegen den Salon der Stubenrauch in der Neckarstraße gerichtet, der es mit der Moral nicht genau nahm und natürlich von »den Jesuiten« beraten war.

Wie immer auch: in ihrem Maßhalten den Eintagsfliegen an Bühne und Hof weit überlegen, hat sie länger als eine Generation die Fäden in der Hand behalten und als Magna mater der »Neckarstraßen-Clique« die Weichen gestellt. Wer zu den Freunden des Hauses zählte, war bei der Exekutive. Wer nicht, stand einem Spinnennetz von Intrigen gegenüber. Unter denen, welche die Stubenrauch hat fallen lassen, war der Theaterintendant Graf Karl von Leutrum-Ertingen ganz persönlich, der im Dezember 1841 seines Amtes entsetzt worden ist, August Dobritz, der im August 1826 als Chargen- und Geckenspieler engagiert worden war, Karl Seidelmann, der als Vierunddreißigjähriger von Darmstadt nach Stuttgart kam und sich 1829 als Clavigo vorstellte, unstreitig einer der großen deutschen Schauspieler der Zeit und von Männern wie Laube begeistert gefeiert, Heinrich Mürrenberg, der »Moritz«, der 1833 ins Stuttgarter Ensemble kam, ein raffinierter Lebemann und zunächst tonangebend in der »Neckarstraße«.

Aber wir übersehen auch die lichten Seiten nicht. Als der König in den Widrigkeiten des Jahres 1848 zum zweiten Mal den Entschluß faßt, das »kostspielige« Theater preiszugeben, ist es neben dem Grafen Taubenheim die Stubenrauch, die den Zürnenden beschwichtigt und ihm beibringt, daß Könige nicht an den Musen ihren Groll auslassen. »Ihr« Theater hat die Stubenrauch heiß geliebt und sich jahrelang für ein Engagement einsetzen können. Hackländer ist durch sie der Gunst des Königs empfohlen worden, Dingelstedt hat sie 1843 nach Stuttgart gebracht und ihn vom König zum Vorstand seiner Privatbibliothek machen lassen: in dem Dutzend Jahre bis 1851, der Zeit seiner »Schwabenstreiche«, hat Dingelstedt als Dramaturg und Theaterdichter ungemein viel Leben in die Stuttgarter Kulturlandschaft gebracht. Auf Mörike soll die Stubenrauch durch ihren Schwager, den Regisseur und Dichter Feodor Löwe aufmerksam gemacht worden sein, durch ein schmales Gedichtbändchen von ihm. Daraufhin seine Berufung ans Katharinenstift 1851.

Im Neckarstraßensalon saßen nicht nur Theaterleute. Auch die spröderen Dichter des eingesessenen schwäbischen Kreises waren nicht alle ablehnend gegenüber der ungekrönten Herrscherin. Kerner, der lose, soll einmal einen Kuß von ihr bekommen haben. Nicht nur Menzel hat ihm das verdacht. Sie muß gehaßt worden sein, die Stubenrauch. In den letzten Stunden ihres Herrn war sie bei ihm. Als die Leiche König Wilhelms I. noch nicht einmal ganz erkaltet war, soll der diensttuende Kammerherr vernehmlich an der Türe des Sterbezimmers gerufen haben: »Wie kommt eine Stubenrauch in die königlichen Gemächer!« Ein paar Stunden später war Madame mit einem Extrawagen auf Nimmerwiedersehen abgefahren, auf ihren Feriensitz am Tegernsee.

Ob Stuttgart in den ersten Jahrzehnten des letzten Jahrhunderts zur Kunststadt aufstieg, ist eine Streitfrage bis heute. Stuttgart habe seinen Ruhm in diesem Betracht, schreibt das Morgenblatt 1851, so sehr eingebüßt, daß fremde Künstler schon gar nicht mehr zu Ausstellungen kämen. Sicher ist, daß eine spezifische Stuttgarter Kunst wie um 1800 nicht mehr vorhanden war, daß man die klassizistischen, im Grunde ausgefahrenen Bahnen weiterging, auch als ein Mann wie Heinrich Rustige, 1845 nach Stuttgart berufen, mit Neuem, naturnahen und novellistischen Inhalten ankam.

In der Organisation des Kunstlebens hatte sich freilich viel getan. Der ersten Kunstausstellung im Mai und Juni 1812 folgten in den kommenden Jahrzehnten viele andere. 1819 kann Rapp berichten, der Entschluß des Königs stehe fest, »daß Württemberg eine bleibende und wohlbegründete Kunstschule haben soll«. Das Aufkommen der Lithographie wird auch für die Militärs und Landesvermesser eine wichtige Sache, und so wird dem Lithographischen Institut eine im Juli 1821 eröffnete Unterrichtsanstalt beigegeben. Cotta meint, es gehe nicht allein um die Kunst im höheren Sinne, sondern auch um die Vervollkommnung des Kunstgewerbes, in anderen Bundesstaaten sei man weiter. So wird 1827 der Regierung der Plan für eine Kunst- und Gewerbeschule vorgelegt, der zwei Jahre später verwirklicht wird – 1832 sind beide Anstalten selbständige Institutionen. Am 2. November 1827 erscheint im Schwäbischen Merkur ein Aufruf zur Bildung eines vaterländischen Vereins mit der Absicht, »sowohl die Kunst selbst zu fördern, als ihren günstigen Einfluß auf die Gesamtheit zu verbreiten«. Am 2. Dezember 1827 ist der Württembergische Kunstverein konstituiert. Er hat in den nächsten Jahren und Jahrzehnten, aufs engste verbunden mit den führenden Stuttgarter Häusern und Familien, Bedeutsames geleistet für die Etablierung der Kunst in einer unter dem Dominat der Ehrbarkeit bis vor kurzem noch amusischen Stadt.

Jetzt melden sich, am Ende der dreißiger Jahre, auch Kunsthändler in der Stadt, aus Frankfurt, München und Düsseldorf, Schäffer, Dubois, Maurer, Liesching, jetzt werden Italiener und Niederländer gehandelt, »Kunstsalons« entstehen, und schließlich kann am 28. Dezember 1842 die plastische Sammlung, am 1. Mai 1843 die Gemäldesammlung im neuen Museum der bildenden Künste eröffnen. *Ein* Wermutstropfen fällt in den Besitzerstolz: die Bilder der aus Köln kommenden Brüder Sulpiz und Melchior Boisserée, altdeutsche und altniederländische Stücke, die auf Rapps Vermittlung hin vom Mai 1819 bis zum Juni 1827 in dem von Thouret gebauten Offizierspavillon, den Räumen der späteren Kunstschule in der Königstraße ausgestellt wurden, erwarb 1827 König Ludwig I. von Bayern um den, für heutige Begriffe lächerlich geringen Preis von 240 000 Gulden. Kann der König für dieses Trauerspiel verantwortlich gemacht werden? In einer Hofballpause war er selbst der erste, der die sensationelle Nachricht einer Runde, unter ihnen Cotta, weitergab: »Nun meine Herren, der König von Bayern hat die Boisseréesche Sammlung gekauft, er kauft sie aus seiner Tasche und schenkt sie dem Staat.« In Stuttgart ging das Angebot sofort an den Staat. Und er holte sich ein Gutachten bei Eberhard Wächter, dem geborenen Stuttgarter und ehemaligen Carlsschüler, der mehr Kämpfer als Künstler, mehr der Moral als dem Mysterium der Kunst zugetan war und in seinem Gutachten meinte, man solle sich unter allen Umständen hüten, »jene schätzbaren Reste einer ehrwürdigen Kunstepoche«, deren »mechanische Fertigkeit« er recht schätze, »als Muster der Nachahmung aufzustellen«. Ein Künstler gegen Kunst! Eine späte Rache altwürttembergischer Sittenstrenge gegen »das Mystisch-Religiöse«, wie Wächter sagte, gegen die »gefährlich aufkommende Sentimentalität«? In München wurden die zweihundertdreizehn Gemälde der Grundstock für ein weltberühmtes Museum.

Dies, daß die Geister sich hier ausgerechnet an einem derartigen Objekt trennen mußten, in eine zögernd-konservative Richtung, die Wächter, wie seine Kritiker rühmten, auf eine »ewige Flucht vor dem Modernen« brachte, und in eine progressive Gruppe, die das Historisieren und die Lust am Überkommenen zum Teufel wünschte und eine sinnenfrohe, freie, rein malerische Durchdringung des täglichen Lebens wollte: diese Spaltung durchzieht auch die Stuttgarter Literatur dieser Jahrhunderthälfte. Es ist nicht die Trennung zwischen Schwaben und Nichtschwaben, wie man gerne meint. Die Linie verläuft zwischen den Fronten, hier die historisierende, dem nachgoetheschen Ästhetizismus verschriebene Feder eines Schwab oder Hauff oder Waiblinger, dort die streitbare Hand der Jungdeutschen, Liberalen oder Realisten, der Männer jedenfalls, die nicht mehr nur beschreiben oder unverbindliche Lebensmöglichkeiten sichtbar machen, sondern geistig führen wollten.

Der Name Stuttgart war bis jetzt, von den Aufenthalten Rudolf Weckherlins und der großen Ouvertüre zur Zeit Carl Eugens abgesehen, mit dem Werk und Leben von Literaten nicht verbunden. Man wird auch im Vormärz zurückhaltend sein. Die Besuche beim großen Cotta dürfen nicht zählen. Jean Paul war 1819 vom »alten Hartmann sammt Frau und schönen Mädchen« unstreitbar angetan, von den »großen Stuttgarter Mädchenaugen« überhaupt. So sehr das seiner Dichtkunst zugute gekommen sein mag: als Kulturkörper hat die Stadt nichts davon gehabt. Anders bei Wolfgang Menzel. Er kam im Frühjahr 1825 auf der Durchreise nach München an, ließ sich von Cotta festhalten, schlug seinen Wohnsitz auf, heiratete eine Schwäbin und trat damit in einen weitverzweigten einheimischen Verwandtenhimmel ein: Stuttgart wurde seine Wahlheimat. Im Landtag, in den er 1831, 1833 und 1848 gewählt wurde, war er ein populärer Mann, witzig und bissig genug, sich aller seiner Feinde zu entledigen, den einen der »Jesuit der Freiheit«, den anderen der »Jesuit der Religion«. Er hat das Schwäbische geliebt, die Gäubauern und den Remstäler Wein, und hat sich vom Burschenschafterhorizont nie gelöst.

Gleichviel, die Jungdeutschen sind in Stuttgart nicht angekommen. Dafür hat man Paul Achatius Pfizer im Landtag angehimmelt, die große, lange, schlanke Gestalt mit dem jugendlichen Gesicht, aber ein wenig melancholischen Zügen. »Steht er so da, in aufrecht erhabener Stellung mit dem schwarzen Abgeordneten-Mantel angethan, so kommt er mir immer vor, wie der Heiligen Einer.« So ein Zeitgenosse. Pfizer ist gebürtiger Stuttgarter, und er hat hier, bevor sein Leben in qualvoller Schwere versank, die besten Jahre verbracht. Sein Ruhm gründet sich ganz wesentlich auf seine erste Schrift, den »Briefwechsel zweier Deutschen«, ein kompliziertes romantisches Spiel mit der Romantik, wie er sie versteht, ein tausendmal zitiertes Buch, in dem Pfizer einen seiner (fingierten) Gesprächspartner die Forderung nach der Einigung Deutschlands durch Preußen erheben läßt. Aber es bleibt bei ihm nicht bei der materiellen Machtstellung Preußens. Sein vielgerühmter Realitätssinn, der Wege zur Einheit durchaus realiter aufzuweisen vermochte, hemmt die »poetischen Reflexionen« nicht, welche die einstige Vollendung der Poesie zugleich mit der Vollendung des Reiches der Deutschen in Einklang sehen. Alle seine Werke, auch die historisch bestimmten, in denen er den Gang der deutschen Geschichte von der »demokratischen« Epoche zur »monarchischen« verfolgt, münden in den Entwurf des Vernunftsstaates der Zukunft.

Die Gruppe derer, die sich der Aufbereitung der Vergangenheit widmet oder zumindest die aktuellen Bezüge in das Medium des Historischen hüllt, ist in der Stuttgarter Literatur dieser Jahre die größere. Sie zehren in irgendeiner Form vom schweren und vor allem schwer tradierbaren Erbe der Klassik, die Friedrich Seeger und Friedrich Kölle, Ludwig Bauer, Karl Fetzer oder Albert Knapp und wie sie alle heißen. Man kennt sie heute nicht mehr. Damals haben sie Stuttgart, wie man am Ende des Jahrhunderts schon ganz selbstverständlich konstatierte, zum »Mittelpunkt schwäbischer Kultur« gemacht. Auch Wilhelm Waiblinger hat sich, bevor er 1822, zweiundzwanzigjährig, in unheimlicher Ungeduld wie in einer Vorahnung nach Rom aufbrach, in Stuttgart des Älteren und Bekannten bedient, in fortwährender Wechselwirkung von Traumwunsch und literarischer Rezeptivität, nach einer, wie er an Tieck schreibt, »frühe schon durch schauderhafte Erfahrungen getrübten Jugend«. Er empfindet Stuttgart, hier seinen, bei dem kranken Hölderlin in Tübingen konzipierten Roman »Phaeton« vollendend, als einen wahren Tempel der Musen. »Meine Verhältnisse in Stuttgart sind so vorteilhaft und in jeder Hinsicht schätzbar, daß ich gewiß ungern von hier scheide. Schwab, Matthison, Haug und die Boisserée!« Aber schließlich nimmt ihn, der immerzu mit den Prätentionen der Außerordentlichkeit spielen muß, keine der Stuttgarter Größen beim Wort, auch nicht Matthison, der in Stuttgart von 1812 bis 1828 als Bibliotheksrat lebt und glatte, blasse Nachklassik traktiert. Flink in der Verwandlung von Gelesenem und Geträumtem in Literatur, will Waiblinger das Theatralische und die Pose: die Stuttgarter Bühne um 1820 konnte einen so Ehrgeizigen wenig verlocken.

Anders Wilhelm Hauff, der in Stuttgart Geborene, der 1824 in der Residenzstadt als Hofmeister im Hause des württembergischen Kriegsministers von Hügel aufzog und 1826 die Redaktion des Morgenblattes antrat: eine frische und offenherzige Gestalt, ein geschickter Erzähler von köstlicher und wohl auch abstruser Phantasie. Im »Lichtenstein« oder der Novelle vom »Jud Süß« hat er in der Geschichte des eigenen Landes gegraben, ohne eigentlich historischen Realismus, wie man ihn seit den fünfziger Jahren liebte, zu praktizieren. Dafür war Hauff zu sehr der Trabant E. Th. A. Hoffmanns, mit der fast sorglos gehandhabten Fähigkeit, die Wirklichkeit in Illusion, in Gespenst und Karikatur zu verwandeln, die Grenzen zwischen Wachen und Traum in eine einzige Satire zu verwischen. Hauff hat in seinen »Mitteilungen aus den Memoiren des Satans« und seinen »Fantasien aus dem Bremer Ratskeller«, Phantasiestücken, die bei ihrem Erscheinen in Stuttgart Aufsehen machten, Zeugnis von seinen Fähigkeiten abgelegt. Es war Modisches in diesen Büchern, gewiß. Um so mehr war man im November 1827 von seinem frühen Tod betroffen: das romantische Idealbild vom frühvollendeten Götterliebling ist noch den

kommenden Generationen geblieben, und die Miniaturbilder und Büsten von ihm haben dazu beigetragen.
Wie er, war auch Gustav Schwab Tübinger Stiftler, seit 1819 Professor am Stuttgarter Obergymnasium und nun, für eine Generation bis zum November 1850, nur mit kurzer Unterbrechung und schließlich in führender Position in der Kirchen- und Schulverwaltung, rührigste, populärste Erscheinung im literarischen Leben der Stadt. In geistreichem Wortspiel hat die Engländerin Frances Trollope am Ende der dreißiger Jahre einmal gesagt, Schwab habe für Schwaben getan, was Sir Walter Scott für Schottland getan habe, »indem er die Kenntnisse eines vollendeten Altertumsforschers dem wilden Zauber der deutschen Sagenromantik zu Hilfe brachte«. Aber das ist nur eine Seite, die vor allem abhebt auf sein eigenes Schaffen, auf seine Balladen und Romanzen und poetischen Erzählungen, die mit Vorliebe der schwäbischen Geschichte und Sage entnommen waren. Im übrigen war er, darin liegt seine eigentliche und historische Bedeutung, der »poetische Beichtvater und litterarische Geburtshelfer«, wie Gerok das nannte, der große Vermittler von »Literaturen«, der sagenhaft fleißige und vielseitige Herausgeber, der Moderator der landeseigenen, der »schwäbischen« Literatur, der das Typische und das Ungewöhnliche erspürt und sich selber dabei in einer bewundernswerten Harmonie befindet: es ist am Ende eine ganze Bibliothek geworden, von Musenalmanachen und Volksbüchern und Sammelwerken, von Reiseliteratur und Journalen.
Stuttgart, die Literatenstadt: es ist etwas Wahres an diesem Wort, wenn man es auf diese Jahre des Vormärz bezieht und die Sonde des Stammesgebundenen wie des Dauernden, Gültigen dabei nicht zu tief anlegt. Immerhin hat die Stadt jetzt einen Zirkel aus Künstlern und Schriftstellern und »anderntheils aus gescheidten Leuten«, und braucht Dresden oder München darin nicht nachzustehen: die »Glocke«, die Dingelstedt und Hackländer im Oktober 1843 aus der Taufe gehoben haben. Es muß eine muntere Runde gewesen sein, vom Kronprinzen protegiert, vom Prinzen Hugo von Hohenlohe-Oehringen angeführt, mit Sprechern und Altgesellen, Seil und Schwengel, dem Schatzmeister Klingelbeutel und dem Fußvolk, den »Glockenziehern«. Zweihundertneunundvierzig ansässige Schriftsteller soll Stuttgart 1840 gehabt haben. Alle davon werden nicht unter der »Glocke« gewesen sein. Aber ein Jahr nach ihrem Bestehen kann sich die edle Sodalitas »auf Aktien« ein eigenes Lokal im Café Marquardt erbauen lassen. Es waren ihre schönsten Jahre und wohl auch – Nächte. Als man wieder einmal die Nachtrunde früh am Morgen fortsetzte, hat Franz Liszt, der damals eine Zeitlang in Stuttgart war, den Glockenziehern von der Freitreppe des Hauses von Cottas Erben herab eine große Predigt gehalten, der man andächtig zuhörte.

Der Name Hackländer ist immer wieder gefallen. Er gehört zu den immer Tätigen, die hernach immer vergessen sind. Menzel hat man gefürchtet, Schwab hat man gesucht, Hackländer hat man gebraucht. Den »Hack« kannten alle, eine gänzlich »zeitgeschichtliche« Figur, die es vom Rheinland her in die schwäbische Biederkeit verschlug, der Stuttgart durcheinander brachte, ein paar Jahrzehnte lang der vielleicht meistgelesene Erzähler Deutschlands war und mit vierzig Jahren es wagen konnte, eine »Erste Gesamtausgabe« seiner Werke von zwanzig Bänden hinausgehen zu lassen. 1840 kam er nach Stuttgart; ein Freund meinte, dort gebe es Verlage, Zeitschriften, geistiges Leben, das sei das Richtige für ihn. Der König nahm den anstelligen Mann mit auf seine Orientreise, machte ihn 1843 zu seinem Sekretär. Das konnte unmöglich gut ausgehen, und weil die Kronprinzessin, die stolze Tochter Nikolaus I., den glatten Hack nicht mochte, ist der vielbeneidete Günstling nach Erledigung der Bürgerrevolution 1849 gefallen. Aber er hatte den italienischen und badischen Feldzug als Kriegsberichterstatter mitgemacht und viel zu schreiben. Die Leute mochten das. Um 1859 kam er wieder in Rang und Würden, als Bau- und Gartendirektor Wilhelms I. Unermüdlich und rasch, wie er war, hat er auch als Gartenmann viel angekurbelt und bewegt. 1864 bei Karls Regierungsantritt wieder entlassen, hat er sich wieder an seinen Schreibtisch gesetzt, einer der plaudernden und laut reflektierenden Diktiermenschen, die redend ein Gegenüber brauchen und mit einem Training ihr tägliches Pensum wegdichten. Die Schriftsteller und die Künstler Stuttgarts waren nichts ohne ihn: das »Bergwerk«, eine 1850 geschaffene Gesellschaft, war wieder eine Kreation Hackländers, die jetzt im Königsbau tagte (oder nächtigte). Dort feierte man Kostümfeste und drückte nach Vorträgen oder Lesungen seinen Beifall »durch kräftige Führung der aufliegenden Hämmer« aus.

Die Aura des Stuttgarter Biedermeier und Frührealismus endigt mit Wilhelm Raabe, der hier seinen »Hungerpastor«, den »Abu Telfan« und den »Schüdderumpf« schrieb. »Es war ein schönes heiteres Leben dort und ein Litteraturleben im besten Sinne«. So aus der Rückschau des Alters.

Fünf Jahre, nachdem Raabe 1870 auf Drängen seiner Frau Stuttgart verlassen hatte, starb Eduard Mörike in der Stadt, einer ihrer guten Geister in diesem Jahrhundert. Schon 1818 und 1826 war er hier. Aber erst 1851 fand er in Stuttgart, mit kleineren Unterbrechungen, endgültigen Aufenthalt, als er, siebenundvierzigjährig, mit seiner eben angetrauten Frau Margarete, geborene von Speeth, sich in Stuttgart niederließ. Es gibt Mörike-Wohnungen in der ganzen Stadt. Dem Interessierten wäre wohl das Haus Alleenstraße 9 wichtig (1855), wo seine beiden Töchter Fanny und Marie geboren wurden, Reinsburgstraße 67 (1871), wo sich 1873 seine Frau mit der älteren Tochter Fanny von ihm trennte, und schließlich (1874) das heute zerstörte Haus Moserstraße 22, wo ihn, im dritten Stock, am 4. Juli 1875 der Tod von einem schwer gewordenen Leben erlöste. Ein paar Tage zuvor waren auch die Ehegatten wieder zusammengekommen.

»Dieser wundersame Mensch«, sagt ein feines Wort von Jacob Burckhardt, »gehört doch zu den tröstlichsten Erscheinungen.« Mörikes Leben ist arm an Höhepunkten, und sein Werk eng beieinander. Aber es haben wenige in diesem von Irrtümern und Aufbrüchen geschüttelten Säkulum so von der Ausschließlichkeit ihres Dichtens gelebt wie er, ein zerbrechlicher Mensch, den die Stuttgarter damals, sofern sie sich seiner überhaupt noch erinnerten, wohl als humoristisch-idyllischen Dichter etikettiert hätten, und der so sehr, immer noch ein Kind des Biedermeier, in die dämonischen Tiefen und die Entzweiung der Welt gesehen hat. In Stuttgart hat man ihm die Stelle eines Professors für Literaturgeschichte am Katharinenstift gegeben. Er hat dieses Ämtchen mit Gewissenhaftigkeit versehen, verehrt, vergöttert von den »Gäns«, denen er artige Verse in die Stammbücher schrieb. Hin und wieder hat ihn dort die Königin Olga besucht, und es ist ein Bild von freundlicher Groteske, wie der Gefeierte den Mädchen Sophokles vorliest, derweil Majestät »mit einer Häkelarbeit beschäftigt« zuhört, nicht ohne am Ende »ihr Interesse an dem Gegenstand zu versichern«.

In Stuttgart entstand eine köstliche Kette von Gedichten, das »Stuttgarter Hutzelmännlein« mit der Geschichte von der schönen Lau, inspiriert von der Konsolenfigur an der Ecke des ehemals Lotterschen, später Hauflerschen Hauses am Marktplatz 5. »Mein bestes Glück liegt innerhalb des Hauses«, gestand Mörike 1861 dem Freund Friedrich Theodor Vischer. Er hat, in dieser mühsam gehaltenen Bescheidung, immer wieder zum Zeichenstift gegriffen, seine Wohnungen, seine Ausblicke festzuhalten, mit allem, was seine Welt auch ausmachte, die spanische Wand und das Sofa, der Lehnstuhl und die Schränke im dunklen Gang.

Und er hat in Stuttgart das Kleinod, die Novelle »Mozart auf der Reise nach Prag« geschrieben, eine Dichtung vom Range der Weltliteratur. In der geschichtlichen Gestalt Mozarts findet Mörike seine letzte und gültigste Maske, einen Spiegel seiner schönsten Möglichkeiten und seiner verborgensten Gefahren.

Am Sonntag, den 6. Juli 1875, hat ein kleiner Trauerzug, unter ihm Vischer und Ferdinand Freiligrath, auf dem Pragfriedhof Abschied von ihm genommen. Dies die Schlußworte der Grabrede Vischers: »Es gibt eine Gemeinde – und nur in der Vergleichung mit der breiten Menge ist sie klein –, eine stille Gemeinde, die sich labt und entzückt an deinen wunderbaren, hellen, seligen

47 *Die in der Neckarstraße residierende Amalie Stubenrauch (1805–1876), die geheime »Regentin Württembergs«. Lithographie von F. Elias*

48 *König Wilhelm I. von Württemberg (1781–1864) im Bürgerrock. Stich nach einer Zeichnung des Stuttgarter Malers Karl Kurtz (1817–1887) aus den fünfziger Jahren*

49 Schloß Rosenstein, erbaut durch Giovanni Salucci in den Jahren 1822 bis 1830. Vorkriegsaufnahme

50 Die Villa Berg des Stuttgarter Baumeisters Christian Friedrich Leins (1814–1892), 1845–1853 erbaut, in den Luftangriffen des Jahres 1944 ausgebrannt. Vorkriegsaufnahme

Träumen und die hohe Wahrheit schaut in diesen Träumen. Es gibt eine Gemeinde, die den Dichter nicht nach rednerischen Worten schätzt, die den feineren Wohllaut trinkt, der aus ursprünglichem Naturgefühl der Sprache quillt. Und sie wird wachsen, diese Gemeinde, sich erweitern zu Kreis um Kreis, Bund um Bund, wird sich bilden von Einverstandenen in deinem Verständnis.«

Schein und Schatten der Gründerzeit

Wie die Stimme einer einzigen, verlassenen Geige müssen sie geklungen haben, diese Worte, inmitten einer ratternden, hämmernden, vom Lärm und Gestank der Maschine erfüllten Welt. Für Stuttgart war das Jahrhundert der Eisenbahnen und Musterlager und Handwerkerbanken angebrochen. Ob man das wollte oder nicht, die Zahlen wuchsen und wuchsen, die der Häuser, der Menschen, der Straßen, der Dampfkessel, der Aktiv- und Passiv-Vermögen, der Dividenden, der Besucherfrequenzen. Schon am Ende der vierziger Jahre hätten sich in Stuttgart dem realistischen Beobachter Wandlungen verraten können. Handelte es sich 1835 noch um 3 335 Wohnungen in der Stadt, so waren es 1850 schon 4 154 und 1870 mehr als das Doppelte, 8 732. Der Wert der Häuser, der Bau- und Gartenplätze war märchenhaft gestiegen. In dem einen Jahrzehnt zwischen 1851 und 1862 hatte der Gebäudewert um mehr als die Hälfte zugenommen, der der Bau- und Gartenstücke um dreihundert bis 1 500 Prozent. In dem einzigen Jahr 1860 entstanden 68 Neubauten in der Stadt, während man zur gleichen Zeit dreihundertachtzigmal Stockwerke erhöhte oder Altbauten erweiterte: eine liebenswürdige Art, die – unumgängliche – Stadterweiterung »nach innen« zu besorgen, dadurch, daß man die Hof- und Gartenparzellen verbaute, Kellerwohnungen installierte, in die vorhandenen Etagen vielleicht eine engere Fensterreihe setzte, auf alle Fälle aber mehr Leute hineinpfropfte. Von 1846 bis 1870 steigt die Zahl der Stuttgarter Häuser um das Zweieinviertelfache, ihr Wert von 19 291 300 Gulden auf 57 883 450 Gulden um das Dreifache. 1862 hatte Stuttgart rund zweiundsechzigtausend Einwohner, 1871 mehr als einundneunzigtausend. Mit seiner prozentualen Zuwachsrate hat Stuttgart in diesem Zeitabschnitt weit über den anderen Städten des Landes gelegen.

Man wird, was die Geschichte einer Stadt anlangt, vorsichtig sein mit der Übernahme von Zäsuren aus der großen, der allgemeinen Geschichte, selbst wenn sie, als Residenzstadt, fürs erste so unmittelbar zusammenhängt mit den geschichtlichen Entwicklungen des Landes wie Stuttgart. Daß mit dem Jahre 1871 aus dem immer noch selbständigen Königreich Württemberg ein Bundesstaat des Deutschen Reiches geworden war, der sich, mit einer Handvoll Reservatrechten dekoriert, seiner Souveränität begeben hatte, hatte natürlich auch seine Rückwirkungen auf die Residenzstadt Stuttgart. Die Annahme läge nahe, in diesem Rückschritt zur Abhängigkeit auch den Rückfall Stuttgarts in hoffnungslose Provinzialität zu suchen. Das Gegenteil dürfte der Fall gewesen sein: was mit der Industrialisierung angebahnt war, der Ausgriff Stuttgarts auf größere ökonomisch-kommerzielle Zusammenhänge, schien auch im politisch-geistigen Bereich gegeben. Karl Gerok hat im Januar 1871, noch vor der offiziellen Proklamation des Deutschen Kaisers im Spiegelsaal zu Versailles, vom vergangenen Jahr als einer Zeit gesprochen, die »Berlin und Stuttgart einander so viel nähergerückt, Preußenland und Schwabenland so freundlich verbunden findet wie noch nie«. Auch Gerok war nun einer von denen, die mit fast grenzenloser Begeisterung im Bismarckreich nicht nur einen »äußeren Triumph«, sondern auch »die innere Einigung des heiligen Reiches deutscher Nation« gesehen und die Schlachten auf französischem Boden mit immer wieder neuen Gedichten gefeiert haben. Das muß bei der Beurteilung seiner Worte wie der vieler anderer führender Stuttgarter dieser Tage bedacht werden. Aber er hat doch sicher richtig beobachtet, wenn er unterstreicht, wieviel Stuttgart und Württemberg »Preußen, seinem König und seinem Heer, seinen Staatsmännern und seinen Kriegern« zu verdanken habe. »Wer hätte vor Jahresfrist geahnt, daß am Neujahrsfest 1871 die norddeutschen – nun vielmehr die deutschen Reichsfarben zu Stuttgart in allen Straßen wehen würden!«

Hinter dem aufgestoßenen Tor, das den Zugang zu einem größeren Wirtschafts- und Kulturraum sehr viel näher legte als je zuvor, präsentiert sich ein Stuttgart mit anderem, verändertem Gesicht. Stuttgart sei jetzt, schreibt Raabe aus der Residenzstadt am 21. März 1870, »in einem unangenehmen Übergangsstadium aus der kleinen Stadt in die Großstadt begriffen, und der Gesundheitszustand ist gar so günstig nicht mehr«. Tatsächlich sind die sechziger und siebziger Jahre für Stuttgart ein tiefgreifender Einschnitt. Die Atmosphäre der Stadt, die man bis dahin zur Not noch als biedermeierlich umschreiben mochte, vom kleingewerblichen Mittelstand bestimmt und vom politisch-gesellschaftlichen Primat des Hofes geprägt, verliert die organische Verbindung mit ihrer Größenzahl, verliert aber auch die provinziale Behaglichkeit. Immer mehr frißt sich ein Denken fest, das vom Wachsen und Wachsenmüssen der Zahlen absorbiert ist: der »Imperialismus« hat nicht nur eine weltgeschichtliche, im Aufkauf überseeischer Besitzungen, in rüden Eroberungszügen oder Missionierungsbekundungen gipfelnde Komponente, sondern lebt auch in den Gehirnen derer, die daheim geblieben sind, dort mindestens ebenso gefährlich wie draußen. Eine Familie kann sich nur dann sehen lassen, wenn sie auf leibhaftige Weise sozialen Aufstieg demonstriert, eine Maschine nur dann, wenn sie höhere Tourenzahlen aufweist, eine Persönlichkeit nur, wenn sie mit zunehmenden Zinsraten auf dem Bankkonto aufwarten kann, ein Wirtschafts- und Industrieunternehmen, eine öffentliche Institution, eine Behörde, eine Schule, ein Versicherungsverein nur, wenn sie steigende Zahlen vorweisen können. Die Zeit war plötzlich und gründlich vorbei, wo sich »Partikularstaaten« nurmehr auf den Erhalt des Bestandes eingerichtet hatten, wo alles, mit Goethe zu reden, »bloß auf Sein und Erhalten gegründet« war. Jetzt war alles auf Dynamik und Größerwerden gerichtet, und jeder Nationalstaat konnte sich nur dann sehen lassen, wenn er mehr zeigen konnte als Kontinuität und Stabilität.

In den Stuttgarter Adreßbüchern der sechziger Jahre tauchen in zunehmender Zahl englische und französische, russische und holländische, italienische und brasilianische Namen auf: nicht nur das Wachstum an sich, sondern die atemberaubende Mobilität als solche ist es, welche Stuttgart im Handumdrehen, gerade was die Leute und die Familien angeht, zu einer anderen Stadt macht. Freilich gibt es noch die Altstadt, wie eine Hieroglyphe vergangener Zeiten in die Gegenwart hereinragend, das »Bohnenviertel« mit seinen unberührten Eigenheiten. Es besitzt so viel selbstverständliche Originalität, daß man im vornehmsten und schönstgelegenen Bezirk Stuttgarts jener Zeit, am Fuß des Kriegsbergs und der Feuerbacher Heide, den Abschnitt mit den kleinen und billigen Wohnungen das »adlige Bohnenviertel« nennt. Auch der Schloßplatz, jetzt komplettiert und geschönt, erstrahlt mit seinem baulichen Zubehör in einer schon zeitlosen Größe. Er dürfe »an Geschlossenheit des geschichtlichen Bildes und an typischer Bedeutsamkeit seiner Teile«, schreibt Alfred Lichtwark 1898, »in der Tat kaum seinesgleichen finden«.

In den Bezirken daneben und dahinter beginnt sich das Ungeschichtliche, das grundsätzlich Neue breit zu machen. Die Technisierung der Stadt beginnt. Die ersten Schritte vollziehen sich in bürgerlich-kommunaler Freundlichkeit. Kaum einer ahnt, daß das Wesen und die Substanz der Stadt auf dem Spiele stehen. Am 28. Juli 1868 hat der »Schwäbische Merkur« der Stuttgarter Bevölkerung ein großes Ereignis anzukündigen: die 1862 genehmigte Pferdeeisenbahn wird eingeweiht. Tags darauf ist allgemeine Eröffnungsfeier. Die Einrichtung eines Stadtverkehrs ging, wie in vielen anderen Städten, auf private Initiative zurück. Da der »Bade-Express« der Eisenbahn von Stuttgart nach Cannstatt der Verkehrsfrequenz zwischen beiden Städten ebenso wenig genügte wie die altersschwachen Kutschen und rumpelnden Stellwagen, die vom Waisenhaus nach den Cannstatter Bädern und zurück fuhren, kam der »Bau-Schöttle« auf den

Gedanken, eine Pferdebahn in Stuttgart zu errichten, wie er sie in Paris gesehen hatte. Für Stuttgart und für das Land war sie, eine der ersten in Deutschland, eine Sensation.

Bald waren – die Gründerzeit kennt da keine Ruhe – Konkurrenzunternehmen da. 1885 gab es in Stuttgart schon zwei Pferdebahnen und zwei Omnibuslinien. Man hat damals ernsthaft erwogen, ob nicht von der Silberburg über die Karlshöhe nach dem Hasenberg und vom Schloßplatz nach Wangen Dampfbahnen fahren sollten und von der Neckarstraße bis zur Uhlandshöhe eine Drahtseilbahn. 1889 wurden die beiden Pferdebahnunternehmen zu den Stuttgarter Straßenbahnen vereinigt. Jetzt gab es fünf Linien und 38 Wagen mit über hundert Pferden. Die erste Linie führte vom Paulinenberg in der Tübinger Straße nach Berg, eine zweite von Berg zur Wilhelmsbrücke in Cannstatt, die dritte von der Schwabstraße durch die Stadtmitte zum Pragfriedhof, eine weitere von der Eugenstraße über die Hauptstätterstraße nach Heslach und die letzte von der Silberburg über die Militärstraße, Liederhalle, Schloßstraße zum Schloßplatz, von dort zur Charlottenstraße und zur Oberen Wilhelmstraße.

Natürlich hat die Hanglage Stuttgarts dieser Novität arge Sorgen gemacht. Wenn es nach oben ging, mußte mit Vorspann gefahren werden. Die Vorspannbuben, fünfzehn- bis siebzehnjährige Jungen, setzten sich dann mit ihren Pferden geschickt vor die Wagen und gaben Warnungszeichen mit der Hupe. Das Entgleisen der Wagen beim Ein- und Ausfahren in die Weichen und bei den Kurven war an der Tagesordnung. Nicht selten hörte man den Kondukteur im Wagen mit seinem »Alles aussteigen!«. Die mitfahrenden Männer wußten, daß sie jetzt schieben durften. Die Pferde, deren Stallungen in Berg standen, hatten dann von der Seite her mit höchster Kraft zu ziehen. Die Räder der Wagen und das Pflaster litten natürlich unter solchen »Entgleisungen«. Man hat Beweise dafür, daß es für den einen und anderen Stuttgarter Lehrling zum täglichen Brot gehörte, die vor dem Hause des Meisters an der Weiche entgleisten roten Omnibusse unter Aufbietung aller Kräfte wieder ins Gleis zu »lupfen«.

1877 und im Sommer 1881 versuchte man es mit kleinen Dampflokomotiven. Im Frühjahr darauf gab es am Wilhelmsplatz ein großes Staunen, als hinter den Schaltern des dortigen Postamts elektrisches Licht brannte. Zu verdanken hatte man das dem Stuttgarter Installateur Paul Reißer, der 1881 auf der großen Elektroausstellung in Paris die ersten Glühlampen sah und am 3. Februar 1882 im Schwäbischen Merkur die Anzeige erscheinen läßt: »Die erste Glühlampe ist hier eingetroffen und im Besitz des Herrn Ing. Reißer, Wilhelmsplatz.« Gas gab es in Stuttgart seit 1845, im wesentlichen für die Straßenbeleuchtung; in den Stuttgarter Wohnungen brannte Gaslicht selten. Reißer konnte mit seiner Blockzentrale siebenhundert Lampen versorgen. Es war die erste Anlage in Deutschland. Siemens & Halske in Berlin hat den Glühlampenbetrieb erst am 24. Oktober 1882 einem kleinen Kreis von Fachleuten vorgestellt. Reißer und sein schnell wachsendes Haus brachte bald allerlei öffentliche »Beleuchtungen« zustande, rüstete die königlichen Schlösser und öffentlichen Gebäude mit elektrischen Anlagen aus und baute den Gemeinden Elektrizitätswerke. Stuttgart hat den Entschluß für eine Zentralstation erst 1892 gefaßt und sich die Dinge in Köln oder Hannover erst einmal zeigen lassen. Aber schon während des Baus, als man Fragebogen für den Strombedarf ausgab, zeigte sich, daß das Projekt zu klein geraten war. Die Eröffnung des Stuttgarter Elektrizitätswerkes am 2. Juli 1896 war eine große Sache und vorab für die Industrie und das Kleinhandwerk ein bedeutsamer Schritt. Übrigens war für die Volksfestfahrten der neuerrichteten Straßenbahnlinie nach Berg vom 2. bis 25. September 1895 erstmals auch Strom geliefert worden. Ein Jahr darauf gingen alle Stuttgarter Strecken »elektrisch«. Stuttgart war wieder vorn: nach Halle die zweite Stadt im Reich mit elektrischer Straßenbahn.

Von der Stadt, die wie eine brave Herde um ihren Hirten, um Kirche, Rathaus und Schloß gruppiert war, sah man schon nicht mehr viel. Eine humorige Chronistin Stuttgarts hat später einmal das schwäbisch-kulinarische Bild gewählt und gesagt, Stuttgart sei zum Pfitzauf geworden, der über seinen Model quoll. Die bauliche Expansion hat ein völlig neues Stadtbild geschaffen, das, nachdem die überkommene Ordnung gestört und die Funktion der einzelnen Viertel aufgehoben war, auch nach einem neuen Stadtbegriff verlangt hätte: eine Aufgabe, die wir bis zur Stunde nicht erschöpfend gelöst haben. War der Verlust der alten Stadtmitte der Anfang von Verunstaltung und Auflösungserscheinungen, in denen die »Stadt« nicht viel mehr als ein Spekulationsfeld für kapitalkräftige Leute war? Was Stuttgart jetzt erlebte, war ohne Vorbild in seiner Geschichte: der städtische Behälter platzte, und zugleich wurde der institutionelle und industrialistische Magnet »Stuttgart« immer attraktiver, immer unumgänglicher, auch in einem ganz wörtlichen Sinne: jetzt war Stuttgart, weil es an der Eisenbahnlinie Paris—Wien lag, plötzlich ein »günstiger Verkehrsplatz«. Der technologische Fortschritt, in Stuttgart in den siebziger und achtziger Jahren an allen Enden greifbar, begründet oder begleitet eine immer gestaltloser werdende Konglomeration, die im Grunde nur die Problematik dieser Gründerzeit-Zivilisation und aller ihrer folgenden Generationen widerspiegelt: Expansion unter allen Umständen.

Nicht, daß man sich nicht Gedanken gemacht hätte über das neue Bauen. Ob Fachwerk oder Massivbau, ob Verputz oder künstliche Steinfarbe, ob Schweizerhäuser oder Villen »im besten italienischen Style«, das ist jetzt die Frage.

Langsam neigt sich die Schale zu einer in einzelnen Stoffragen variabel historisierenden Architektur. Hauptsache, man sieht das »Monumentale«. Der zweite Wendepunkt wird in Stuttgart sichtbar, als, von Egle im Polytechnikum vorbereitet, der einfache Massivbau nicht mehr genügen will und auch im Privatbau »figürlicher Schmuck« seine Anwendung findet. Man spricht sogar von einer Stuttgarter Bauschule und einer Blütezeit der Architekturabteilung des Polytechnikums in den Jahrzehnten zwischen 1850 und 1880. Als ihr Anführer galt Christian Friedrich Leins, ein zierlicher, überaus lebendiger Herr, der mit vierundvierzig Jahren, nach einer reichen Privatpraxis als Architekt, mit seiner Lehrtätigkeit begann. Leins hat mit der Villa Berg und dem Königsbau seinen repräsentativen, aber auch von feinen und zierlichen Formen geprägten Stil demonstriert. Die im Jahrzehnt von 1866 bis 1876 von ihm erbaute Johanneskirche am Feuersee, als verkleinerte hochgotische Kathedrale mit Einturm im Westen konzipiert, ist freilich in handwerklicher Hinsicht eine Leistung, auch in städtebaulichem Sinne: inmitten eines aus bloßer Vermehrung lebenden Wohnbereichs trotz der sentimentalen Kopie eine Wohltat. Leins hat auch in Privatbauten geglänzt, dem Palais Zorn, dem Palais Weimar in der Neckarstraße, wo der königliche Schwiegersohn Prinz Hermann zu Sachsen-Weimar lebte.

Die populärste Bauschöpfung der Stuttgarter Gründerzeit war indessen die Liederhalle. Schon bald nach seinem Entstehen wollte der Stuttgarter Liederkranz sein eigenes Heim haben. In den fünfziger Jahren gelang dann, durch Otto Elbens unermüdliches Wirken, der Grundstücksankauf; 1863 wurde der Grundstein gelegt. »Der Baumeister«, meint Elben, »war gegeben, niemand anders als der geniale Leins.« Mit ihm hat man nächtelang gezeichnet und gerechnet, mit dem Ergebnis, daß man zunächst einmal ein Gesellschaftshaus mit Konzertsaal errichten lassen und den Festsaal für später aufschieben wollte. Das Gesellschaftshaus wurde am 11. Dezember 1864 eingeweiht, der 1873 begonnene Festsaal am 24. Oktober 1875. Er hatte, damals der größte Saal Deutschlands mit einer von Furtwängler noch nach der Zerstörung immer wieder gerühmten Akustik, eine Länge von sechzig, eine Breite von zweiundzwanzig und eine Höhe von dreizehn Metern. Viertausend Menschen bot er Platz. Es gab damals kein Bauwerk in der Stadt, das so sehr den geheimen Wünschen dieser Gründerzeit-Generation entsprach: es hielt einen Zahlenrekord und ließ sich zugleich auf unschuldig-bürgerliche Art mit den Trophäen einer abenteuerlich gewordenen »Raumkunst« garnieren. In den Jahren 1906 bis 1908 hat Albert Hangleiter den Fachwerkbau der Liederhalle durch massive Steinausführung ersetzt. In diesen jetzt einigermaßen unproportionalen Umbau kam 1914 ein Lazarett; der Liederkranz ist erst 1919 wieder in sein Heim zurückgekehrt. Am 8. Oktober 1943 ist es durch Brandbomben völlig zerstört worden.

Der Antipode von Leins war der Hofbaumeister Joseph Egle, der Leiter der Baugewerkschule, wie Leins mit großem Sinn für Dispositionen begabt und in dieser Hinsicht den deplacierten und protzigen Unternehmungen der typischen Gründerzeitarchitektur immer noch voraus, aber mit spürbarer Lust am Energischen, am Kräftigen, das manchmal ins Derbe gehen konnte. Egle hat eine ganze Reihe von Hof- und Privatbauten geschaffen, so die »Königliche Gärtnerei« mit Gewächshäusern als eine reizende Gruppe inmitten der Parklandschaft, den in Eisenguß hergestellten »Musikpavillon« auf dem Schloßplatz, das Knospsche »Schlößle« in der Rotebühlstraße 72. Sein erstes großes öffentliches Gebäude war das Polytechnikum, im Herbst 1860 begonnen, ein klarer, verständiger, wirkungsvoller Bau, der nun freilich schon im Fahrwasser der eklektizistischen Schule sich bewegte: die einen bewunderten das, was Egle hier in »italienischer Hoch- und Spätrenaissance« produzierte, die anderen freuten sich über die »der griechischen sich nähernde Behandlung«. Immerhin mag es für die Leute damals eine imposante Quader-Architektur gewesen sein, dreistöckig und auf rechtwinkligem Grundplan erbaut, mit Reliefmedaillons berühmter Männer, wie heute noch am Landesgewerbeamt, Michelangelos und Newtons, Stephensons oder Berblingers.

Egle hat auch »seine« Schule gebaut, die Baugewerkschule: sie ist heute noch da und wirkt schon recht ehrwürdig gegenüber den modernen Hochbauten der jetzigen Stuttgarter Universitätsregion. Die Baugeschichte des Hauses spiegelt die größere Historie wieder. Kaum war 1866 der Bauzaun gezogen, mußte das Unternehmen eingestellt werden. Als man dann wieder daran gehen konnte, kam der Siebziger Krieg. Aber das meiste war fertig, so daß das Ganze im Herbst 1870 bezogen werden konnte. Egle hat sich in diesem Bau ganz seiner Vorliebe für französische Renaissance überlassen. Man würde glauben, eines der stattlichen Schlösser des französischen Königs vor sich zu sehen, wenn nicht die Pilasterarchitektur mit ihren Rosetten und Triglyphen und Bändern so angeheftet wirken und der vierflügelige Bau nicht doch irgendwo den praktischen Zweck verraten würden. Aber eine so nüchterne Sache wie diese »Anstalt«, bereitgestellt für 650 Zöglinge, in das »anmuthige« Gewand der Historie gehüllt, das mochte man.

Leins und Egle, beides gewaltige Männer und wahre Baufürsten, sind von einer ganzen Schar Trabanten begleitet worden. Georg Morlock, unter den Architekten als Eisenbahningenieur ausgewiesen, geht in den Jahren 1863 bis 1867, unterstützt von den Bauräten Wolff, Klein und Abel, an den Neubau des Bahnhofs. Daß Morlock sich in den vom Klassizismus gewiesenen Bahnen bewegen konnte, bewiesen sein eigenes Wohnhaus oder die Villen für Jobst und Hallberger. Hier, am Bahnhof, wo den zwei großen Schienensträngen zwei große,

51 *Die Wilhelma von Karl Ludwig Zanth (1842–1846), im Fliegerangriff vom 19./20. Oktober 1944 schwer getroffen. Vorkriegsaufnahme* 52 *Der 1873 begonnene, am 24. Oktober 1875 eingeweihte große Festsaal der Liederhalle im Staat der Gründerzeit*

53 *(umseitig) Der Stuttgarter Marktplatz in den dreißiger Jahren*

WILHELM PFITZER

TRITSCHLER

54 Das Große Haus der Staatstheater von Max Littmann (1909–1912) mit Danneckers großer Nymphengruppe. Aufnahme der frühen dreißiger Jahre

55 Die von Max Littmann stammende Vorderfront des Kleinen Hauses der Staatstheater. Sie ist, von einer Sprengbombe getroffen, am 26. Juli 1944 zusammengestürzt

mit eisernen Dachstühlen überdeckte Hallen zugeordnet wurden, die zwischen sich die Wartesäle und den Eingangskorridor nahmen, ist mehr dem Effekt gehuldigt worden, einer an venezianische Bauten erinnernden Fassade. Der Bahnhof war das Signum und der Stolz der Gründerzeit, auch wenn er nur Lärm und Ruß in die Stadt trug. Nur die hypnotische Wirkung einer neuen Erfindung in einem Zeitalter, das blindlings in neue Erfindungen verliebt war, konnte dazu führen, daß man sich so bereitwillig unter die Räder des fauchenden Molochs warf und sich den Bau nahezu sieben Millionen Goldmark kosten ließ. Indessen war die Fassade, wie die drei stehen gebliebenen mittleren Bogen noch heute beweisen, nicht ohne Wirkung, und die geräumige, hochgewölbte Vorhalle mit den vier Kassenhäuschen zur Billetabgabe und den großen Fahrbahntafeln erwies sich als recht praktisch. Die Kinderkrankheiten der Eisenbahnzeit waren ja schon überstanden. Damals, am Anfang, hatte einer der Einheimischen auf der Fahrt nach Cannstatt das Wagenfenster öffnen wollen, es in ungeschickter Weise aber schnappen und herausfallen lassen. In heilloser Aufregung brüllt er, mit Leibeskräften, dem Lokomotivführer nach vorne zu: »He Lokomotiver, halt dein Gaul a, i will's Wagafenschter ufheba.« Längst hatte man sich, in diesen zwei, drei Jahrzehnten, den Forderungen der selbstsüchtigen Erfindung angepaßt. Jetzt stand der – fast legendäre – Portier Reuß mit der schwarzen Glanzkappe, der ledernen Bandoulière und dem Silberknopfstock in der Halle, Repräsentant der neuen Mächte, und hinter dem Kassenfenster war der Bahnhofkassier Helfferich, dem die Taler und Gulden und Kreuzer, danach die Markstücke und Pfennige nur so durch die Finger gingen. *Eine* Zutat war für alle wichtig: die an der oberen Hälfte des Mittelgangs hängende Uhr. Wenn sie sich treffen wollten, die Männlein und Weiblein vom Land, die sich in Stuttgart neu ausstaffierten, die Dienstmädchen und Hoteldiener mit den Koffern und Schirmen, der »Herrschaft« gewärtig, die jugendbewegte jeunesse dorée, die am Sonntagvormittag auf die Teck oder ins Lenninger Tal wollte, der Adjunkt, der seinen Schatz bestellte: sie alle trafen sich nur »onder d'r Uhr«.

Auf dem Gelände schräg gegenüber, wo heute die neue Hauptpost steht und seit 1852 die als Postgebäude benutzte ehemalige Feldjägerkaserne stand, errichtete der Baudirektor Tritschler in den Jahren 1868 bis 1871 das Hauptpostgebäude. Tritschler, auch Lehrer am Polytechnikum, will gleichfalls beides, italienische Spätrenaissance und griechische Antike, aber auch Stein- und Eisenarchitektur. Es ist ein ziemlich quadratisches dreistöckiges Gebäude entstanden, mit reicherer Architektur nur an der Hauptfassade, die ein aufwendiges Programm zu bieten hatte. Tritschler hat in der Hypothekenbank auch den neuen Baustoff Eisen künstlerisch zur Geltung bringen wollen und dort auch erstmals in die Wand eingelassene ornamentierte Terrakottenplatten verwendet, immer in der Tendenz zum »Malerischen«, die sich auch in seinen Schulgebäuden, in der Villa Rothermund, in der auf pompejanisch umgebaute Villa »Weißenburg« verrät (1956 von der Stadt aufgekauft, abgerissen und zu einem vielbesuchten Park umgestaltet). Sein Kollege Wilhelm Bäumer hat sich sehr viel mehr auf die Renaissance des Fachwerkbaus verlegt, auf jene »altdeutsche« Gründerzeitart, die in seinem Wohnhaus für Julius Schnorr, Ecke Hermann- und Augustenstraße, als Musterfall bewundert wurde.

Mit Karl Walter, dem späteren Direktor der Baugewerkschule, ist auch der »Berliner Stil« nach Stuttgart gebracht worden, Haustypen, die als würdevoll gedacht waren und mit ihren Stuckfassaden glänzen wollten. Daß vor allem damit Schulmäßig-Akademisches, Schablonenhaftes in die Stuttgarter Neubaugebiete kam, ist schon sehr früh gerügt worden. Man hat das Ineinander von elegantem Stuck und brachialer Quaderarchitektur nicht gerade als Harmonie empfunden, auf die Dauer als eine süßliche, fade Importware. Da gefielen die Häuser von Albert Bok und dem Ulmer Münsterbaumeister August Beyer schon mehr. Sie haben sich mit vielen und monumentalen Privathäusern, aber auch mit zwei Krankenhausbauten mehr in den graziösen, festlich-heiteren Bahnen von Leins bewegt, wobei Beyer vor allem mit dem »Hotel Marquardt«, Stuttgarts größtem Hotelbau dieser Zeit, der Kompositionsgabe seines Lehrherrn sehr nahekam. Das »Marquardt« war gesellschaftlicher Anziehungspunkt der Stadt bis in die Gegenwart hinein. Aber der ganze Block blieb bis zur schweren Beschädigung im Zweiten Weltkrieg auch nicht ohne eine gewisse Gedrücktheit: eine Steinmasse, der man gerade wegen der magistralen Liebe zum Detail auch die freie und großstilige Disposition gegönnt hätte. Vielleicht waren da Männer wie der Baumeister und Maler Adolf Gnauth besser dran. Er hat den von ihm aufgeführten Neubau der Württembergischen Vereinsbank wie einen Musterfall italienischer Palastarchitektur mit giebeltragenden Atlanten und schwungvollstem Dekor behangen und ist im übrigen an die Ränder der Stadt gegangen, wo man, ohne »Stadt«, Herrschaftsarchitektur aufstellen konnte. Dort hat Gnauth mit der vielbewunderten »größeren Villa Siegle« in imponierender Situation am Südhang der Karlshöhe, wo heute das Lapidarium der Stadt Stuttgart untergebracht ist, einen von Terrassen und Pergolen flankierten Bau, wie weiland in San Michele hingestellt.

Man sah sich überhaupt sehr bald vor der Frage, wie das alles aufzunehmen und zu beurteilen sei, was einem die Architekten an der Hasenbergsteige oder Reinsburgstraße, an der Olgastraße oder Alexanderstraße an schmiedeeisernen Balkonen und Etagenhäusern, die Villen sein mußten, an florentinischen Palazzos oder Landhäusern in deutscher Renaissance hatten machen lassen. Adolf Zahn spricht 1891, verführt von den landschaftlichen Reizen um Stuttgart, von einem

»harmlosen, friedvollen Sicherverlaufen der Stadt in die Weinberge«, von einem »gemütlichen Sichverzetteln der Wohnungen der Menschen«, die im Gegensatz zu anderen Städten ihren Kampf um den Raum noch nicht in dieser drängerischen Eifersucht führten. Manchmal kommt die Einfalt im Gewand der Romantik daher. Ein Jahr später macht ein anonymer, die Dinge des näheren prüfender Autor darauf aufmerksam, daß die »eigentliche Altstadt« Stuttgarts in »schreiendem Gegensatz zu dem neuen Stadttheile« stehe, daß hier Kloaken und Latrinen die Luft verpesteten und die Bürger deshalb längst die »Sanirung der Altstadt« gefordert, auch verlangt hätten, daß das neue Rathaus an der Stelle des alten stehen solle. Wenn es in einen anderen Stadtteil komme, geschehe für den alten gar nichts mehr. Daß in den neuen Stadtvierteln schöne und stattliche Gebäude stünden, sei nicht zu leugnen. »Himmelschreiend aber ist es, daß man diese stolzen Bauten so eng gedrängt hat aufführen lassen, daß dadurch die Ausblicke auf die Höhen großen Theils verbaut sind. Als dagegen immer mehr Proteste sich erhoben, haben die weisen Väter der Stadt zwar eine neue Bauordnung erlassen, so daß wenigstens keine neuen Sünden mehr begangen werden können. Aber die alten lassen sich nicht mehr ungeschehen machen, und durch sie hat Stuttgart einen großen Reiz verloren.«

Tatsächlich haben Einsichtige schon in den siebziger Jahren davon geschrieben, daß man in Stuttgart »bei Erweiterung des Stadtbauplanes« in der Talsohle »viel zu viel auf dem glatten Papier durch einfache Vermehrung der Häuserquadrate gearbeitet« habe, daß man vor allem versäumt habe, eine Ringstraße anzulegen, um die Hänge an breiteren Partien freizumachen. Paul Schmohl hat 1912, als sich die »Leistungen« dieser Epoche schon besser beurteilen ließen, unnachgiebige Kritik geübt und bedauert, daß selbst Etzels großes Vorbild, die neue Weinsteige, nicht gehindert habe, »daß ohne tiefere Empfindung die Straßenzüge in die Berge geschnitten wurden«. Ohne Rücksicht auf das Terrain habe man in Stuttgart »die auf dem Papier gezogenen Linien der widerstrebenden Natur aufgezwängt und so für alle Zeiten jene Reize zerstört, die die Natur selbst geschaffen, und für alle Zeiten dem Baumeister die Möglichkeit genommen, das Stadtbild ästhetisch befriedigend zu gestalten«.

Man wird sich mit dem Urteil zu befreunden haben, daß für das Schicksal Stuttgarts die eigentlich verhängnisvollen Weichen in der Gründerzeit, nicht früher und nicht später, gestellt worden sind. Wenn man überhaupt daran ging, im Stuttgart des letzten Jahrhundertviertels die grundlegenden Unterschiede zu beseitigen, die sich aus dem privaten Bodenmonopol, dem Vererben großer Vermögen und dem Patentmonopol ergaben, dann hatte das Laissez-faire, die prästabilierte Harmonie des neuen, auch schwäbischen Wirtschaftslebens lediglich die Wirkung, den alten privilegierten Klassen eine neue zuzugesellen. Mehr als

vor ihnen der Absolutismus, haben Utilitarismus und Wirtschaftsvorsehung die Vorstellung von einem – notwendig – zusammenarbeitenden Gemeinwesen und einem gemeinschaftlichen Plan zerstört. Statt Planung, vor allem rechtzeitiger Planung, statt eines Selbstverständnisses, das diesem Plan hätte zugrundeliegen können, gab man ödes Gleichmaß, das in Stuttgart nur durch die mögliche Landschaftszenerie aufgefangen oder verdeckt wurde. Aber es waren Verluste, die sich nicht in Geld ausdrücken lassen. Stuttgart hat diesen Kelch in der einförmigen, chaotischen »Freiheit« gerade seines rapiden Wachstums wegen mehr als jede andere württembergische Stadt auskosten müssen.
Das Paradoxe und auch unsere Beurteilung heute noch Verwirrende dabei war, daß sich im Vordergrund so etwas wie bürgerliche Idylle breit machte, die bald, in der Untergangsstimmung nach dem Ersten Weltkrieg zumal, Reminiszenzen an eine »gute alte Zeit« laut werden ließ. Immerhin gab es das grundgebildete Haus der Klinckerfuß in der Kanzleistraße, von der Tochter Margarethe so liebenswert beschrieben, wo handwerkliche Meisterschaft im Klavierbau mit fabelhafter Musikalität in Generationen zusammenklang, wo Brahms im November 1881 sich von der Frau des Hauses, der »Hofpianistin«, seine Händel-Variationen vorspielen ließ, Hugo Wolf 1894 die Mörike-Lieder probte und Reger am Flügel saß: eine persönliche, eine geistige Heimat für Künstler und Dichter. Wer die Liste der Hausgenossen durchmustert, hätte nicht schwer, die paar Schritte hinüber in den Stadtgarten zu gehen, wo die Leute, jenseits von Gut und Böse, von Aktienkursen und Militärvorlagen, in den Wirtschaftsräumen der Halle saßen oder im Garten die Fortuna mit dem Füllhorn, den Silen, »eine Darwin'sche Gestalt« bewunderten. Man hat den Stadtgarten mit seinen Koniferengruppen und blühenden Nischen auch das »Heiratskarusell« genannt und dabei eine augenscheinlich auch soziologische Aufgabe dieser Anlage angesprochen.
Ja, in die Anlagen ging man, wenn die harte Woche hinter einem lag. Als ein Stuttgarter Lehrer einmal den Begriff der Kirche entwickeln wollte, fragte er seine Schüler: »Wohin geht jeder gute Christ am Sonntag?« Antwort: »Nach Cannstatt.« Weil Besseres gar nicht zu holen war, zog man durch die Anlagen nach Cannstatt, wo man im Merzschen Biergarten Kräuterkäs genoß oder im Sulzer Rain die »Reunion«, die Militärmusik hörte. Selten, daß es darüber hinausging, auf die Solitude mit dem großen Hirschpark, zum Bärenschlößle, wo die Hirsche mit einem Pistolenschuß zur Fütterung gerufen wurden, in die Esslinger Filialen, wo man an roh gezimmerten Bänken und unter blühenden Bäumen in Hühnergesellschaft zu Mittag essen konnte. Und man ging, nein man wallfahrtete sonntags zum »Affenwerner«, der mit seinem Tiergarten in der Sophienstraße 35 ein verführerisches Panoptikum bot, Pelikane und Bären, Strauße und Leoparden. Ein Prachtsschauspiel war die Stunde, in welcher der unerschrockene

Werner in den Löwenkäfig stieg, in Hemdsärmeln und mit der Reitpeitsche in der Hand, und die Tiere der Reihe nach durch Reifen springen ließ. Hermann Plocquet war das populärwissenschaftliche Pendant dazu: über den Gehilfen im Kgl. Naturalienkabinett kam Plocquet zu einem eigenen Tiermuseum, das Tausende ausgebälgter Tiere zeigte und in ganz Europa einen Namen hatte. Als der Affenwerner im März 1870 starb, eröffnete kurz darauf, am 29. Juni 1871, Nills Tiergarten im Herdweg: neben einem guten Konzert gab es Völkerschauen aus aller Herren Länder zu sehen. Es ist die Zeit, in welcher der Zirkus seine soziale Funktion erhält. Schon um 1870 stand auf dem Rasen des Neckartores ein festes Zirkusgebäude, das der Firma Hangleiter gehörte. Als das abgebrochen wurde, errichtete Hangleiter 1889 auf dem Marienplatz das für damalige Begriffe sensationelle Zirkusgebäude, das erst 1916 wieder abgebrochen worden ist: aus der Vorweltkriegszeit mit ihrem Bedürfnis nach ersten Massenveranstaltungen ist »der Hangleiter« nicht wegzudenken.

War Stuttgart eine Großstadt geworden? »Kommen wir doch zu der Einsicht«, schreibt der Schwäbische Merkur im Mai 1893, »daß Stuttgart noch lange keine Großstadt ist, sorgen wir für vernünftigen Fortschritt, halten wir uns aber fern von jedem Großstadtdünkel und unbedachter Überstürzung.« Darf dem Satz entnommen werden, daß man unter allen Umständen eine Großstadt sein *wollte?* Immer noch sind die Größenordnungen nicht ins Anonyme, ins Uferlose gewachsen. Bei der »Parade« auf dem Schloßplatz hat jede »Menschenklasse«, jedes Regiment, jede Studentenverbindung, jeder Club seinen Platz. Und sollte ein studiosus an einer der altverbrieften Säulen irrtümlich auf seine Bundesbrüder warten, konnte es sein, daß ein geschniegelter Herr aus einem Friseurladen auf ihn zugeschossen kam: »Suchet Se die Herre? Die send seit geschtern am Planiebaum!« Drüben wird vom Stiftskirchturm morgens, mittags und abends ein Choral geblasen. Und im Bergwerkssaal des Königsbaus liegen die »Costümzeichnungen« für den neuen Stuttgarter Fasching auf. Man kommt diesmal in »halbrococo«, die Gesellschaft der Stadt hat Wochen zu tun. König Karl, der ohne sichtbare Zwischenfälle und Aufregungen, nicht gerade ein Demokrat, aber auf alle Fälle ein Württemberger, von 1864 bis 1891 seines schmal gewordenen Amtes waltet, hat dem Offizierskorps die gnädige Erlaubnis zur Teilnahme gegeben. 1895 kamen einige gutgelaunte Stammtischgäste des »Badischen Hofs« in Stuttgart auf die Idee, am Fastnachtsdienstag in einem Möbelwagen durch die Stadt zu fahren: Anfang der Neu-Stuttgarter Fastnacht. Und weil es damals in Stuttgart noch verboten war, sich an der Fastnacht öffentlich zu zeigen, beschloß man, für den von Paul von Maur gestellten Möbelwagen einen Aufpasser anzuheuern. Absoluter Höhepunkt der Saison: der Hofball. Das Entrée des Neuen Schlosses ist mit Blattpflanzen ausgeschmückt. Im Festraum des Weißen Saales spielen Wasserkünste, und abgetönte Glühlampen zaubern feenhaftes Licht hervor. Brillanten und Orden und Ordensbänder. Und der junge, gut schwäbische Leutnant zum distinguierten Kammerherrn (ein verbrieftes Diktum): »No net so dick do! Adlig bin i au, und dumm gnug zum Kammerherr wär i au no!« Aber der Herr Oberhofmarschall unterbrechen die liebenswürdige Konversation: die hohen Herrschaften betreten den Saal.

Das ist der Vordergrund, wie gesagt. Es ist freilich eine breite Bürgerschicht da, in kirchlichen Gruppen und in Parteien zusammengeführt, in Vereinen vor allem und am typischsten im Liederkranz. Seine Feste und Bälle sind »Volksfeste«, wenn man so will, und sein Hausdichter ist Johann Georg Fischer, der 1847 dem Liederkranz als Sänger beitrat, für Jahre hin bei den jährlichen Schillerfesten die Reden hielt, ein redlicher, aber auch klebrig-schulmeisterlicher Dichterorganisator, eine populäre Figur. Was Fischer dem Bildungsbürger und schillertreuen Schwaben sein mochte, war der Oberlehrer Wilhelm Bauzenberger den Bewahrern der schwäbischen Schultradition. 1874 hat man den Feuerbacher für die Gründung einer Stuttgarter Knaben-Elementarschule gewonnen. Bauzenberger hat aus diesem Versuch eine Institution gemacht, eine Einrichtung von viel pädagogischer Klugheit und noch mehr Idealismus. Die »Bauzenbergerle« fielen alle auf, als muntere, offene Burschen, die »spielend gelernt« hatten. Karl Gerok hat den Liebling Alt-Stuttgarts 1881 auf dem Pragfriedhof begraben, Dank sagend für Hunderte von dankbaren Männern.

Im Hintergrund steht eine Stadt, die, wie ein Chronist der siebziger Jahre allen Ernstes sagt, einem »Geschäftsmann gleicht«, der »von einer gedeihenden, sich immer weiter ausdehnenden Fabrik« in Anspruch genommen wird. In dieser Stadt werden auch Mietskasernen gebaut, die der Proletarisierung und den Arbeiter-Randbezirken aufhelfen sollen. Victor Hugo hat sich 1840 entsetzt über die Verkommenheit des Stiftskirchenchors: am Ausgang des Jahrhunderts hätte er andere, nachdrücklichere Beispiele für die aufkommende Traditions- und Geschichtslosigkeit haben können. Das geschlossene Stadtbürgertum der Zeit vor 1800 gab es nicht mehr. Das war offenbar. Aber was war statt dessen gekommen? Eine neue Art von Spießbürgertum macht sich breit, und ein beklemmendes Gefühl des Halben, des Provisorischen. Der Kapitalismus bringt ein Element des Unselbständigen, des Bodenlosen mit sich. »Im rasch vorwärts schreitenden Stuttgart«, schreibt Otto von Breitschwert, »hatte damals die Häuserspekulation ein ergiebiges Feld. Man kaufte und verkaufte Häuser und verdiente oft dabei im Handumdrehen viele Tausend. Durch reichlich angebotenen Kredit, der durch Aussichten auf eine ›gute Partie‹ erhöht wurde, ließ ich mich verleiten, auch zu spekulieren und das Haus, welches ich ankaufte, ist auch später um ein bedeutendes höher wieder verkauft worden.« Er selbst habe sich nicht halten können. Elise Melitta von Schweizerbarth-Roth erzählt über ihren Vater, er habe plötzlich von einem Villenviertel an der Reinsburg geträumt und für siebenhunderttausend Mark Aktien genommen. Aber dann kam »der Krach«, die Aktien fielen, der Hausbau verschlang eine Million statt hunderttausend. »Beim Lesen der Bankbriefe brach auch sein Lebensfaden, ein Herzschlag machte seinem Erdengang ein rasches Ende.«

Es wäre töricht, das Stuttgart der Gründerzeit im begütigend-idealisierenden Licht der Fischerschen Schillerreden oder im Täterätätä der »Parade« sehen zu wollen. Theophil Wurm berichtet aus seiner Stuttgarter Vikariatszeit von der Jahrhundertwende, daß es »am schlimmsten« in »einigen Mietskasernen« ausgesehen habe, »die ein Bankier hatte errichten lassen. Er nahm auch die schlimmsten Elemente auf. Aber jeden Sonntag erschien er mit einem großen Hund in seinen Häusern und trieb den wöchentlichen Mietzins ein. Wer nicht bezahlen konnte, mußte sich eine andere Wohnung suchen. Später traf ich ihn als Gefängnisgeistlicher im Untersuchungsgefängnis, weil er sich Übergriffe gegen Frauen hatte zuschulden kommen lassen.«

Es sind die Jahre, in denen Friedrich Theodor Vischer, nach qualvollem Hin und Her zwischen Stuttgart, der »Beckenstadt«, wie er sie einmal glossiert, und München, der großen Verlockung, von 1869 bis zu seinem Tode im Jahre 1887 die Stadtgröße ist. Er ist so etwas wie ein Gewissen der Stadt. Er kann im Polytechnikum, seiner Lehrstätte, über Wilhelm Meister sprechen, daß ein schwäbischer Biograph eine Generation nachher sich erinnert: »Das war kein Professor mehr, das war ein Priester Apollos, und feierliche Andacht herrschte ringsum« – und kann wegen eines dümmlichen Vorfalls zürnend das Katheder verlassen. Und er kann im Königsbau vor mehr als dreitausend Menschen über Shakespeare reden und sich hernach durch einen einfältigen Zeitungsbericht »wie verkleinert« fühlen, so daß pseudonyme Leserzuschriften notwendig werden. »Göttlicher Mann!«, beginnt eine davon. In der Schulstraße sitzt Vischer mit ein paar Bekannten, Gustav Siegle unter ihnen, in einer Weinwirtschaft. Manchmal muß er abends ins Schloß zur Tabaksgesellschaft. Aber er fühlt sich nicht wohl bei Hof, und es kann passieren, daß ihm beim Hofball das Souper zu lange dauert und er verschwunden ist, als der König nach ihm fragt.

Er wird mehr und mehr der gallige Betrachter der Zeitläufte, der seine einst überströmend geliebte Gattin in die Ferne geschickt hat, ohne sie vergessen zu können, der seinem halbwüchsigen Sohn prachtvoll-wehmütige Briefe schreibt, den ein bellender Kettenhund um die Arbeitsruhe und das öffentliche Konzert im Stadtgarten während seiner Vorlesung um die Fassung bringt. Er entfacht einen wahren Petitionenkrieg deswegen, und die Stadt hilft ihm dabei. Die Studenten haben seinen Achtzigsten wie einen Krönungstag gefeiert.

Aber seine Stuttgarter Abende werden traurig und arm. Ein großes Ereignis, als ein Gastwirt Münchner Bier hat kommen lassen. Das Vergnügen ist kurz; am nächsten Tag ist alles »weggesoffen«. Stuttgart habe keine Gesellschaft, meint er, und er trifft sich hier mit Engels, der 1885 schreibt, Wien sei »die einzige deutsche Stadt, die eine Gesellschaft« habe, Berlin habe nur »gewisse Kreise«. Und doch liebt Vischer Stuttgart und kann nicht mehr von ihm loskommen. Er ist der Sprecher eines ohnmächtig gewordenen Bürgertums: er sagt Ja zu Bismarcks Schöpfung und windet sich vor aller Demokratisierung. Aber er haßt die Übertriebenheiten, die mit dem Jahre 1871 kamen. Den Darwinismus mit der Lehre von der natürlichen Zuchtwahl lehnt er als »eigentlich sehr geistlos« ab. Für einen, der bei Goethes Entwicklungstheorie in die Schule ging, ist alle bloß kausale Erklärung ein Unding. Während Adolf Stoecker, der Berliner Hofprediger, das Judentum als Hort des Liberalismus aufspießt, schreibt er sich in Stuttgart ein Gedicht gegen die »Antisemiten-Hatz« von der Seele. Er sieht Großmäuligkeit und Militarismus heraufziehen und hemdsärmeligen, geistlosen Geldadel. Der alte »große Repetent der deutschen Nation«, wie ihn Gottfried Keller damals nannte, spürt wachen Sinnes, wieviel Halbheit und wieviel Götteranbeterei sich am Ende des Jahrhunderts etabliert. War man an seinem Anfang, für Vischer bis zuletzt die Lebensquelle, der humanitären Verantwortung für ein Ganzes näher? Gab es noch Ausblicke in eine bessere Welt?

In den Umbrüchen der Industrialisierung

Das Stuttgarter Gewerbsleben hat am Ausgang des Mittelalters noch keine Farbe. Vergleiche mit Städten wie Augsburg oder Ravensburg, mit Nürnberg oder Straßburg wären fehl am Platze. Das Jahr 1304 gibt einen ersten zeitlichen Anhaltspunkt für die Ziegeleisiedlung in der späteren Liebfrauenvorstadt. 1448 ist eine Ziegelhütte oberhalb Heslach errichtet worden. Eine Handvoll Mühlen kommt dazu: in ihrer besonderen Form eines technisch-ökonomischen Gesamtkunstwerks sind sie schon die Vorboten eines industrialistischen Zeitalters. Aber Ziegelhütten und Mühlen findet man damals überall, auch auf dem plattesten Lande.

Ein wenig besser steht es mit dem alten Stuttgarter Handel. Der wirtschaftlich-geographischen Struktur des Landes entsprechend, macht man hauptsächlich mit agrarischen Produkten seine Geschäfte. Aber der Stuttgarter Handel bleibt Regionalhandel, bis ins 19. Jahrhundert hinein. 1513 wird zum ersten Mal ein Handelshaus erwähnt, das diesen Rahmen hätte sprengen können. Das aus Ulm verbannte Haus der Besserer hatte in Stuttgart eine Handelsgesellschaft gegründet, die sich rasch eine Monopolstellung zu schaffen wußte und große, wie die Klagen beim Landtag von 1514 behaupten, auch wucherische Gewinne machte. Sie soll daraufhin beschränkt und schließlich ganz untersagt worden sein. Aber wir haben noch Quellen aus dem Jahre 1518 von ihr. Irgendwelche frühkapitalistische Gründungswellen hat sie in Stuttgart, wie in Memmingen oder Ravensburg und so fort, weder im Gefolge gehabt noch ausgelöst. Natürlich findet man auch Stuttgarter Kaufleute auf den internationalen Handelsplätzen, in Nördlingen oder Straßburg, in Zürich oder Köln, und eine Unternehmergruppe hat sich – selbst aus württembergischen Landstädten haben wir solche Nachrichten – auch an Karpaten-Bergwerken beteiligt. Sicherlich wird künftige Forschung da noch manche Einzelnachricht zutage fördern. Zum frühkapitalistischen Handelsplatz wird sie Stuttgart indessen kaum deklarieren können. Daß die Grempp, Mitglieder der württembergischen Ehrbarkeit, »allem Anschein nach durch Fernhandel« (Decker-Hauff) zu Reichtum gekommen sind, ist anzuneh-

men. Onuphrius Grempp, der 1508 nach Stuttgart zog und im gleichen Jahr die Ulmer Patrizierin Agathe Besserer heiratete, wurde während Stuttgarts österreichischer Zeit Leiter der staatlichen Finanzverwaltung. In der Galerie dieser dem Hof zugeordneten, internationalen Handelsgeschäften abgewandten alten Ehrbarkeit wirkt er ebenso als Sonderfall wie jener Moses Jäckle, der um die Mitte des 15. Jahrhunderts, als zum zweiten Mal eine Judengemeinde in Stuttgart Fuß zu fassen suchte, mit Hof und Adel beachtliche Geldgeschäfte machte.
Dem Bild, das man als »Stuttgarter Wirtschaft im Mittelalter« nicht eigentlich überschreiben möchte, wäre noch manches hinzuzufügen: das organisierte Handwerk – es gibt in Stuttgart wie in den übrigen württembergischen Städten ursprünglich keine »Zünfte«, sondern Brüderschaften –, »der statt steingruoben«, die seit 1300 in Betrieb und um 1600 erschöpft sind, die Wochen- und Jahrmärkte, für die Ulrich der Vielgeliebte befiehlt, einen »raumigen« Marktplatz herzurichten und die im 16. und 17. Jahrhundert, bevor Carl Eugens »venetianische Messen« dazukommen, durch immer wieder neu redigierte Ordnungen neu gefaßt werden, das städtische Kauf- und Waaghaus, das im Jahre 1500 eine eigene Ordnung erhält: man kennt die Bestandteile einer spätmittelalterlichen oder frühneuzeitlichen Stadtwirtschaft recht gut. Stuttgart hat sie auch. Aber sie sind nichts Typisches für die Stadt. Sie haben dem Stuttgarter der dynastisch-absolutistischen Epoche keine eigenständig-kommerzielle Entwicklung gebracht. Schon 1551 beschwert sich der Magistrat der Stadt beim Landtag über die Verarmung der Stuttgarter Bürger und bittet um Abhilfe: von frühkapitalistischen Reichtümern in dieser Stadt kann keine Rede sein.
Was an Handelswaren vor und nach dem Dreißigjährigen Krieg aus Stuttgart hinausging oder über Stuttgart lief, war Wein und Salz. Auch da unterscheidet sich die Stadt nicht von den drei gewichtigsten umliegenden Reichsstädten Reutlingen, Esslingen und Heilbronn, es sei denn, man wolle die dortigen Kapazitäten in Rechnung stellen: Stuttgart als Wirtschaftsplatz zog da fürs erste immer den kürzeren, und es bedurfte größter Anstrengungen der Stuttgarter Regierung, um die lästige Reichsstadt-Konkurrenz wenigstens einigermaßen in Schach zu halten. Das Salzmonopol, das 1456 der Stadt von Ulrich dem Vielgeliebten verliehen wurde, hielt man sich lange in Stuttgart, bis 1834.
Aber wie sollte sich die Residenzstadt auch vom Salzhandelsmonopol, das sie wie ein schönes, altes Spielzeug in Händen hielt, zu einer Manufakturstadt entwickeln? 1597 war in Urach eine Leinenkompanie gegründet worden, 1650 in Calw eine Zeug- und Färberhandelskompanie. Das waren Unternehmungen, vor allem die zu Calw, die sich beachtenswerte und weit über das württembergische Territorium hinausreichende Positionen aufbauen konnten. Hier wird, in einem noch nach der Bravheit der Zunftverfassung organisierten Rahmen,

förmlich exportiert, was die Ausfuhrware, aber auch die inkorporierten Meister und Knappen anlangt, mit Zahlen, die in die Tausende gehen. Aber die Calwer Gesellschaft saß an einem Platz, der von selten wendigen und industriösen Leuten bevölkert war. Stuttgart konnte da nicht mithalten. Hier ist die Residenz das Zentrum, von dem die städtischen Gewerbetreibenden leben wollen oder sollen.

Herzog Friedrich I., genährt von den Prinzipien eines französisch-calvinistischen, auch gerade wirtschaftlich orientierten Frühabsolutismus, will seiner Residenzstadt so etwas wie ein merkantilistisches Klima schaffen. 1601 gründet er mit der für damalige Begriffe außergewöhnlich großen Summe von fünfzehntausend Gulden eine Handelsgesellschaft für Seidenspinnerei mit dem Italiener Cäsar Morelli an der Spitze. Aber die Sache ist ohne eigenes Leben. Solange der Herzog Geld und Privilegien zuschießt, blüht das Unternehmen. Sobald dieser Zufluß stockt, gehen die Gewinne zurück. Als die herzogliche Regierung sich 1611 entschließt, die Handelsgesellschaft aufzulösen und den Rest, die Spinnerei, auf eigene Rechnung zu betreiben, ist das der Anfang vom Ende. Das übrige besorgt der Dreißigjährige Krieg. Eine Samtfabrik, die gleichfalls vom Hof im Jahre 1607 gegründet worden ist, hat nur für ein Jahr gelebt.

Zu einem einigermaßen funktionierendem merkantilistischen System gehört eine leistungsfähige Finanzwirtschaft, ein ausgebautes Steuersystem, ein Behördenapparat: Serenissimus wollen eine aktive Handelsbilanz. In Deutschland versucht man auf kameralistischem Wege der Entwicklung der produktiven Kräfte näher zu kommen. Aber was fehlt davon nicht in diesem kleinen, für sinnvollen Merkantilismus viel zu kleinen Territorialstaat Württemberg! Am längsten scheinen sich noch die »Ausländer« gehalten zu haben, der Straßburger Kaufmann Kornmann, der 1700 in Stuttgart eine bis 1742 bestehende herzogliche Tabakfabrik gründet, die Refugiés, die in den gleichen Jahren und Jahrzehnten und meist auf die prompte Beisteuer des Herzogs hin Strumpfwarenfabriken, Leder- und Wachstaffet-Fabriken nach Stuttgart bringen, die Färbereien gründen und Mousselinefabriken, im Jahre 1730 sogar eine »herrschaftliche Schmotzfabrique« (eine Fette- und Schmierefabrik), die dann auf die Beschwerden der Landschaft wieder verschwinden muß.

Die Stuttgarter Landschaft hat nie eine eigene Wirtschaftspolitik entwickelt. Aber sie war, wenn es darauf ankam, Gegner aller merkantilistischen Unternehmungen des Herzogs. Monopole, deren Ertrag in die herzoglichen Kassen floß, lehnte man immer ab: die Ertragssteigerung minderte das Geldbedürfnis des Herzogs und schwächte damit die eigene Position. Es ging den württembergischen Ständen des 18. Jahrhunderts wie Washington, der ein schwerfälliger Mann und nicht gerade Entdecker originärer Ideen gewesen sein soll: die Umstände zwingen ihm die Konturen seiner Ideologie auf. Bestanden die Briten auf Tyrannei, so mußten die Rebellen für die Freiheit eintreten. Drangen die württembergischen Herzöge – zur gleichen Zeit – auf die Absicherung ihrer Omnipotenz, so mußten die Landstände das »alte Recht« ins Gefecht führen, auch wenn es längst veraltet und jeder wirtschaftlichen Prosperität im Wege war. In den »Staaten« ist immerhin eine aus dem Geist der Aufklärung geschöpfte Unabhängigkeitserklärung daraus geworden. In Württemberg indessen stand die Regierung auf seiten der Moderne, und die Landstände vergruben sich, wie die patrizischen Oligarchien in den großen Reichsstädten auch, in selbstbefriedigende Retrospektive. Kaum, daß man sich zusammenfand, um gegen die volkswirtschaftlichen Projekte des Landesherrn den städtischen und ländlichen Mittelstand zu schützen: darauf basierte schließlich die eigene Macht, und diese Quellen mußte man am Plätschern halten.

Es war die öde Neinsagerei der Stände, die Johann Jacob Moser in einen so tragischen Zwist mit ihnen gebracht hat. Moser ist einer der wenigen, die hochgebildet und weitgereist wieder ins Land zurückkamen, dem Dilemma der kulturell-politischen und wirtschaftlich-sozialen Entwicklung des württembergischen Landes abzuhelfen. 1755 schlägt er die Errichtung einer herzoglichen Akademie vor, nicht im stockkonservativen Stuttgart, sondern in Ludwigsburg, in der vor Haus- und Landwirtschaft, vor den Praktiken des Kameral-, Kanzlei- und Polizeiwesens vor allem das Manufaktur- und Handlungswesen erlernt werden soll. Mosers Projekt verdient deshalb Beachtung, weil es ohne Umschweife dem Übel an die Wurzel will. Den lutherisch gefärbten, vom ständischen Eigensinn getränkten Humaniora sollen die Realia einer »Lebenskunde« das Gegengewicht sein. Noch in den zwanziger Jahren des 19. Jahrhunderts gibt es in Württemberg keine höhere Bildungsanstalt für nichtgelehrte höhere Berufe. Erst 1829 wird die 1817 vom Gymnasium abgetrennte Realschule zu einer »Vereinigten Kunst-, Real- und Gewerbe-Schule« umgewandelt und 1832 zu einer »Gewerbeschule« verselbständigt. Aus dem Keim von 1829 und dieser Gewerbeschule entsteht 1840 die »Polytechnische Schule«, etwa das, was König Wilhelm I. und sein Kriegsminister Friedrich Graf v. Franquemont schon im Jahre 1817 gewollt hatten. Aus dieser Gewerbeschule wird 1876 das Stuttgarter »Polytechnikum«, 1890 die Technische Hochschule Stuttgart und 1967 die Universität Stuttgart. Im 18. Jahrhundert hat die ständische Spitze des Staates, haben die Prälaten und die durch sie repräsentierte Kirche merkantilistisch-verlegerischen Neuerungen, wo es ging, einen Riegel vorgeschoben. Dort, wo nur das lutherische Erbe wirksam gewesen ist, hat die Orthodoxie sich ebenso gegen das »Unwesen der Separatisten und Pietisten« gerichtet wie gegen das industrialistische Denken und Handeln. Nicolai blieb es nicht verborgen, daß »der große Haufen der jungen

Theologen« in Württemberg sich darin gefalle, »sich in seliger Unthätigkeit vom Vaterlande ernähren zu lassen«. Andere außerwürttembergische Reisende aus dem Ende des 18. Jahrhunderts haben diese Auskunft aufgegriffen und variiert. Man müsse, meint er, »den Klosterschulen das Klösterliche nehmen und lieber Industrieschulen dabei anlegen«. Die Landstände und der von ihnen abhängige illustre Synodus hätten immer noch nicht »das Sprüchlein ora et labora vollbringen wollen« und blieben »immer noch beim ora stehen«. Drastisch und von der Klarheit der Alt-Berliner Art: »Es scheint, dem Lande und vielen Schulen würde besser geraten sein, wenn ein Teil derjeniger, welche in den Klosterschulen Kutten *tragen*, lieber Kutten *machten*.«

Hie Monarchie, hie Oligarchie: das waren die zwei württembergischen Regenten. Man kann sich ausmalen, wie hemmend der Dualismus der württembergischen Verfassung auf die Modernisierung des Landes, vor allem auf die Etablierung einer merkantilistisch praktizierten, dirigistischen Wirtschaft sich auswirken mußte. Die Landschaft steht ökonomischen Neuerungen oder Intensivierungen verständnislos gegenüber. Was nützt es, wenn 1721 unter der Leitung eines Professors Mequillot eine vom Herzog geradezu verschwenderisch unterstützte Seidenfabrik entsteht, wenn dem Unternehmer Rigal nach Vorübungen 1735 eine Gesellschaft für Seiden- und Kastorstrumpfweberei lizenziert wird? Der Refugié Johann Peter Rigal aus Anduze in der Langued'oc war immerhin ein Mann, der sich auf Seidenbau verstehen mußte. Der Hof machte ihn zum »Oberaufseher über alle inländischen Maulbeerpflanzungen«, worauf Rigal auch eine Fabrik am Rotenbildtor errichtete, die ihrerseits Arbeiter aus dem Ausland ohne Beschränkungen aufnehmen durfte, speziell wenn sie Reformierte waren, zugleich unter Zusicherung freier Religionsausübung. Nach zwei Jahrzehnten hat es die Gesellschaft immerhin schon auf 64 000 fl Defizit gebracht, so daß sich auch hier der Herzog, jetzt Carl Eugen, 1749 entschließen muß, die Manufaktur auf eigene Rechnung weiter zu führen. Ein Jahr später ist sie in Privathände, an die Heidenheimer Kommerzienräte Christian Jakob Rheinwald und Christoph Wilhelm Fink übergegangen, 1767 mit noch größerem Bankrott als bei Rigal geschlossen worden. Den gleichen Weg gehen eine 1731 entstandene Lichter- und Seifenfabrik, eine 1756 ins Leben gerufene Kattunmanufaktur, eine Reihe von Strumpf- oder Ledermanufakturen der neunziger Jahre in Stuttgart, Berg und Cannstatt.

Übrigens hat Stuttgart nicht nur den Refugiés Einlaß gewähren müssen, dem Seidenfabrikanten und Vorsteher der reformierten Gemeinde Franz Brouttier, dem Wollstrumpf-Fabrikanten Jean Gregut, dem Eisenstrumpfstuhl-Fabrikanten Jacob Cailloud und so fort, sondern auch italienischen Kauf- und Handelsleuten. Unter denen, die Privilegien erhielten, den Peter Antoni Pironi, Caspar und Jakob Toscana, Franz Ludwig Vinassa und anderen, waren die Brentano die bedeutendsten. Von der aus der Tremezzina und aus Mezzegra am Comersee kommenden Familie erscheint Antoni Brentano schon 1704 in den Stuttgarter Steuerbüchern. Die Brentanosche Firma wurde später in Brentano-Mezzegra & Comp. umgewandelt und hat in der Mitte des 18. Jahrhunderts den Hof Carl Eugens mit augenscheinlich beachtlichen Gewinnen beliefert. Ein Andreas Brentano tritt im Stuttgarter Kirchenregister von 1758 als »Civis Stuttgardiensis catholicus unicus, mercator Augustanus« auf (»Kaufmann aus Augsburg, einziger katholischer Bürger von Stuttgart«). Er war als Katholik in Stuttgart nur als Beisitzer zugelassen, während er in Ludwigsburg ohne weiteres hätte als Bürger aufgenommen werden können.

1756 brach das Stuttgarter Haus der Brentano unter seinem Chef Joh. Horaz Calligari-Brentano zusammen. Das waren genau die Jahre, in denen der Kaufmann Johann Georg Hilcherauf sein Geschäft »nach höheren Grundsätzen betrieb, größere Unternehmungen begann und so eine neue Periode in der Handelstätigkeit in der Stadt herbeiführte«. Aber man sieht diese »Periode« nicht so recht. Auffallend mußte doch sein, daß selbst das Stuttgarter Waisenhaus nicht so recht vorwärtskam. Als Eberhard Ludwig, in gnädigstem Ansinnen, »Commercia und Manufacturen« im Lande zu finden, am 8. Januar 1710 das General-Reskript zur Errichtung des Waisenhauses erläßt, hätte sich die gleiche frühindustrialistische Blüte wie bei seinem Vorbild, dem Halleschen Waisenhaus, erwarten lassen. Nichts von alledem. Die wirtschaftlichen Unternehmungen, die im Hause begonnen werden, eine Spinnschule, eine Strumpffabrik, eine Färberei, eine Seidenkultur florieren nicht. Die Waisenkinder werden nur zum Flicken, zum Waschen oder Stricken eingesetzt. Wie die Männer der Ehrbarkeit fürchten auch die pietistischen Waisenhauspfarrer, wohlgemerkt die Vertreter dieser älteren Pietistengeneration, einen Merkantilismus, der die finanziellen Verhältnisse des Landes grundlegend zu verändern und das politische Mitspracherecht der Stände zu entwerten droht. Daß man 1788 die Kaufläden, die um die Stiftskirche herum standen, abbrach, paßt zu diesem Bild. Es sei »kein Kunstfleiß« in Stuttgart, hat Nicolai damals gesagt. Tatsächlich ist Stuttgart keine Manufakturenstadt, ja nicht einmal eine originäre Handelsstadt: neben der allgemeinen Zeugmacherzunft gibt es im Stuttgart des späten 17. Jahrhunderts noch die bekannte »Calwer Moderation«, die aus einer zur Fabrikation und zum Verkauf verschiedener Zeuge gegründeten Gesellschaft von Kaufleuten hervorging und in Stuttgart zum ausschließlichen Vertrieb gewisser Waren privilegiert war. Die Calwer haben viele Stuttgarter Unternehmen des 19. Jahrhunderts vorbereitet oder inspiriert. Aus eigenen Alt-Stuttgarter Wurzeln ist so gut wie gar nichts gekommen. Auch Behörden wie die 1755 installierte »Commerzdeputation« vermochten da nichts auszurichten: der württembergische Feudalabsolutismus des 18. Jahrhunderts mit der Absicht, Staatswirtschaft einzurichten, ist nicht angekommen. Die immerhin farbigsten politischen Bemühungen der Stuttgarter Herzöge, aus der Residenzstadt auch eine Industriestadt nach merkantilistischem Muster zu machen, hatten im Endergebnis keinen Erfolg. War Stuttgarts Abgeschlossenheit von den großen europäischen Handelsstraßen daran schuld, die hoffnungslos binnenterritoriale Lage? Als in der ersten Hälfte des 19. Jahrhunderts wieder französische Refugiés in Stuttgart auftauchen, liegen die Dinge anders. Die Barriere der altständischen Verfassungssituation ist weggeschoben, die größere Zollgemeinschaft geschaffen, ein Netz von Chausseen gebaut oder ausgebessert. Mit der Stadtmauer sind auch die Pflaster- und Torsperrgelder gefallen, schließlich, wenn auch erst in den dreißiger und vierziger Jahren, die Frachtbriefe und Durchfuhrzeichen. Eine Oktroi-Ordnung vom 26. Juni 1829 bestimmt noch, daß die Einfuhr in die Stadt nur durch das Königs-, Neckar-, Wilhelms- und Tübinger Tor zu geschehen habe. Fünfzehn Jahre später kann sich kaum noch jemand daran erinnern. Jetzt ist der Stuttgarter Handel zu einem beachtenswerten Faktor geworden, vorab die von der Calwer Kompanie unmittelbar gegründeten oder abzuleitenden Stuttgarter Handelshäuser Zahn & Co., J. F. Schill & Co., die Indigohandlung von Carl Feuerlein, die Bankhäuser Dörtenbach & Co. und Stahl & Federer. Aber auch Firmen, die im Stuttgarter Boden des 18. Jahrhunderts angelegt wurden, verfügen jetzt über weiterreichende Handelsbeziehungen, so die von Jakob Friedrich Märcklin (1760), Johann Conrad Schüle (1764), Johann Gottfried Meyderle (um 1785) oder Johann Conrad Reihlen (1792). Und natürlich profitieren diejenigen, die in den ersten Jahren des neuen Jahrhunderts begannen, von der neuen Entwicklung, Haueisen & Harpprecht, Johann Georg Mann, Johann Heinrich Neithardt, Gottlieb Spring oder Friedrich Gustav Schulz, Geschäfte, in denen man mit Spezereiwaren, mit Garnen oder mit Strohmessern und so fort versorgt wurde. Jetzt legt d'Ambly, ein französischer Offizier, den Grund für die Korsettindustrie in Stuttgart, Cannstatt und Göppingen. Jetzt läßt sich Honoré Frédéric Fouquet mit einer Subvention von zehntausend Gulden bewegen, nach Stuttgart zu kommen, wo er eine Rundwebstuhlfabrik aufbaut, die Jahre hindurch die württembergische Textilindustrie mit Maschinen versorgt. 1853 und 1854 entstehen zwei Trikotfabriken mit zwölf Stühlen; nach der Pariser Weltausstellung von 1855 verrät sich ein mächtiger Aufschwung in dieser Branche, der im Abstand von wenigen Wochen die Gründung von vier weiteren Fabriken brachte. 1853 gründen württembergische Industrielle in Stuttgart auf die Anregung von Ferdinand v. Steinbeis, des Präsidenten der Zentralstelle für Gewerbe und Handel, die Württembergische Handelsgesellschaft in Stuttgart.

Indes wird man kaum sagen können, Stuttgart sei jetzt »industrialisiert«. Man hat sich, im Hinblick auf Stuttgarts erstmaliges Auftreten als Industriestadt, schon auf ein Jahr festlegen wollen, auf das Jahr 1859: das sind törichte Behelfe, die dem immer und überall komplexen Industrialisierungsprozeß Gewalt antun. Sie verkennen, daß in der Beamten- und Honoratiorenstadt Stuttgart, im Vergleich zu vielen anderen deutschen Großstädten der Zeit, jene fieberhafte industrialistische Großzügigkeit lange gefehlt hat, daß die Stuttgarter Wirtschaft noch um 1870 herum nicht auf Großindustriellenbasis stand. Man wird auch nicht vergessen, daß Stuttgart noch in der Gewerbezählung von 1882, die konkrete Vergleiche zwischen dem Stuttgarter Stadtoberamt und den übrigen württembergischen Oberamtsbezirken erlaubt, erst an achter Stelle erscheint. Stuttgart war damals noch lange nicht so intensiv industrialisiert wie Heidenheim oder Esslingen oder Göppingen, die alle drei eine fünfzig Prozent übersteigende Industriebevölkerung aufzuweisen hatten.

Warum ging das alles zunächst so schleppend vor sich? Fürs erste stand die Residenzstadt Stuttgart, wie in München und anderswo auch, der Industriestadt Stuttgart im Wege. Der Sitz der Regierungsbehörden, die Heimat der Rentiers macht es schwer, der neuen industrialistischen Welt im alten Stuttgart einen Platz zu geben. Die ersten Schilderer der Fabrikwelt weisen immer wieder darauf hin, daß das Industriegesicht der schwäbischen Landeshauptstadt erst beginne, wenn man den Kessel verlassen und sich der weiteren Neckarebene genähert habe. Württemberg ist lange Agrarstaat gewesen und lange die Welt der mit kleinen und kleinsten Parzellierungen sich begnügenden »Kuhbauern« geblieben, ein Staat, in dem von behördlicher Seite aus auch noch in den dreißiger und vierziger Jahren des 19. Jahrhunderts nur sporadisch einer Industrialisierung in die Hände gearbeitet wird. Die gesellschaftliche und die wirtschaftsorganisatorische Struktur ist noch zu verhärtet, um dem Einbruch der Industrie Terrain geben zu können. Erst von den siebziger Jahren kann die Kommunalstatistik Stuttgarts berichten, »von den 91 623 ortsanwesenden Einwohnern« seien »nur 32 098« in Stuttgart geboren, 49 942 seien Württemberger, 9 583 »außerhalb Schwabens« geboren. Erst jetzt, und dies ist selbstverständlich auch eine Rückwirkung der Industrialisierung, wird die alte Bürger- und Einwohnergemeinde in ihrer sozialen Zusammensetzung verändert.

Die Frage, wer eigentlich diesen Prozeß besorgt und diese Industrie heraufgeführt hat, ist damit noch nicht beantwortet. Ein Stuttgarter Chronist des Jahres 1871, der das Stuttgart des 19. Jahrhunderts beschrieben und sich diese Frage auch gestellt hat, meint: »Sehr einfach: die Kleinindustrie erweitert sich; aus ihr ging eine Großindustrie hervor.« Ganz so einfach war's nicht. Der bis heute und bis zum Überdruß wiederholte Satz, die schwäbische Industrie sei aus dem

Handwerk herausgewachsen, abgeleitet aus der Formel »Handwerksbetrieb wird zu Fabrikbetrieb«, gilt für diese erste Phase der Stuttgarter Industrialisierung gar nicht. Er mag stimmen für die zweite Hälfte des 19. Jahrhunderts, und dort namentlich für die Metallindustrie. Im Hinblick auf die Frühindustrialisierung Stuttgarts ist er ein Klischee. Wer die Reihe der Stuttgarter Primärunternehmer durchmustert, findet wenige Alt-Stuttgarter unter ihnen, keinen Vertreter des Stuttgarter »Patriziats«, dessen Vorfahren Jahrhunderte zuvor im Rat der Stadt saßen, wie bei den Krupps in Essen. Wie sollte sich auch die Ehrbarkeit, einseitig-kommerziellen Unternehmungen ebenso abhold wie der nur-industrialistischen Auswertung naturwissenschaftlichen Probierens: wie sollte sie sich auch wohlgefühlt haben in Kontoren und Montagehallen? Die Mehrzahl der alten Familien ist in die biedermeierlich lockenden Gefilde von Lehre, Wissenschaft und Kunst abgewandert und hat die Bewältigung des rohen Industrieackers den anderen überlassen. Die »anderen« kamen von draußen: über der Pflege der württembergischen Auswandererliteratur haben wir die Zuwanderer fast ganz vergessen. Wenn die Forschungsergebnisse hier im einzelnen einmal vorliegen, wird man erstaunt sein, wieviel wichtige und inspirierende Köpfe der sogenannten »schwäbischen« Industrie aus dem Bayerischen oder Badischen, der Schweiz oder der Pfalz kamen. Selbst eine so herausragende, nicht nur im Schwäbischen epochal bestimmende Persönlichkeit wie Robert Bosch, die man geradezu identifiziert mit der Stuttgarter Industrie, ist nicht Alt-Württemberger. Bosch kommt von der Ulmer Alb, einem Gebiet, das der in ganz andere Kultur- und Wirtschaftsbereiche hinüberwechselnden Reichsstadtmetropole Ulm verpflichtet ist. Unter seinen Ahnen befindet sich eine Vielzahl von Handelsherren und Handelsfamilien, die aus den Städten Ulm, Augsburg, Memmingen, Nürnberg, Heilbronn und Frankfurt, also aus Reichsstädten des schwäbischen und fränkischen Raumes kommen. »In dem fernen Enkel«, sagt der beste Kenner von Boschs Genealogie, »entwachsen die schlummernden geschäftlichen und organisatorischen Anlagen der großen Handelsherren des 14. bis 16. Jahrhunderts zu neuem Leben.« Bosch *ist* Handwerker, aber nicht aus der Alt-Stuttgarter Tradition, nicht aus den engen Grenzen der Residenz- und Dynastenstadt, die die Brüderschaften der Handwerker aus guten Gründen an engem Zügel hielt und den »Gremplern und Fürkäufern« mit großartigen Dekreten entgegenkam, wenn sie einmal durch Ankauf auch außerhalb des Herzogtums die Märkte mit Waren versehen durften. Wo sollten in dieser engbrüstigen, sich selbst genügenden Zünftlerwelt auch die Wurzeln sein, eine Großindustrie aufzuziehen? Auch in den Jahren nach 1800 bleibt das Stuttgarter Handwerk von den Entfaltungen des Maschinenwesens, von den Veränderungen in der Produktion, von den Nöten und Verführungen des industriellen Anfangs unberührt. Erst die württembergischen Gewerbeordnungen von 1828 und 1836, ja erst die endgültige Beseitigung der altüberkommenen Zunftgerechtsame durch das württembergische Gesetz von 1862 haben da andere strukturelle und organisatorische Voraussetzungen geschaffen. Soweit das Handwerk sich jetzt nicht spaltet und tatsächlich in den expansiven Regionen der Industrie sein Heil versucht, zielt es, nach ein paar ratlosen Jahren, in denen die autochthone, durch Sitte und Brauch geformte Zunftsubstanz eliminiert, Vergleichbares aber in dieses Vakuum nicht eingerückt ist, auf neues Selbstverständnis und neue Organisation.

Nach Erlaß des Reichsgesetzes von 1881 beginnen sich in Stuttgart Fachinnungen zu etablieren; 1884 entsteht die erste Stuttgarter Innung, die Küferinnung. Seit den siebziger Jahren gibt es auch Genossenschaften in der Stadt, seit 1874 eine Kohlengenossenschaft, 1876 eine Metzgergenossenschaft, 1893 eine allgemeine Bau-Spar- und Bedarfsgenossenschaft: 1913 zählt man im Oberamt Stuttgart einunddreißig Genossenschaften mit 35 794 Mitgliedern. »Alles organisiert sich«, konstatiert die Stuttgarter Handwerkskammer im Jahre 1899 in fast mokantem Ton, »das Großkapital in Syndikaten, die Industrie in Kartellen, die Arbeiter in Gewerkschaften und Streikvereinen.« Auch das Kleingewerbe müsse sich endlich zu einer genossenschaftlichen Organisation aufraffen, um die Produktion, den Rohmaterialbezug und den Verkauf besser in den Griff zu bekommen.

Außer diesen, aus soziologischen und wirtschaftsorganisatorischen Eigenheiten abzulesenden Gründen hat die Lage der Stadt eine letzte industriehemmende Rolle gespielt. »Große Fabriken«, schreibt Hartmann im Jahre 1847, »besitzt Stuttgart schon aus dem Grunde bis jetzt nicht, weil die Wasserkraft bei uns fehlt. Da jedoch in neuester Zeit die meisten Maschinen mittels Dampf in Bewegung gesetzt werden, so würde auch in Stuttgart sich ein reges Fabrikleben begründen lassen, wenn nicht im Laufe der Zeit benachbarte Städte, wie Esslingen und Cannstatt, eine wirksame Konkurrenz verwehrten. Dennoch befindet sich eine ziemliche Anzahl solcher Fabriken hier, die ohne großartige Maschinenvorrichtung zu bedürfen, durch den Luxus und Bedarf einer Residenzstadt hervorgerufen wurden.« Das ist eine präzise Charakterisierung der Frühstufe der Stuttgarter Industrialisierung. Tatsächlich war die Wasserkraft für die erste württembergische Industrie von ausschlaggebender Bedeutung. Heidenheim und Sulz, Cannstatt und Esslingen sind beredte Beispiele dafür. Es ist kein Zufall, daß man sich im ersten Jahrhundertviertel zwischen der Stadtverwaltung Esslingen und der Landesregierung heftige, auch hinterhältige Gefechte geliefert hat über die Frage, wem eigentlich die »Esslinger Kanäle« gehörten. Die Fabrikanten selbst haben sich mit Leidenschaft gegenseitig das Wasser abgegraben: Berge von Akten sind davon übrig geblieben. Währenddessen fabriziert man in Stuttgart

gerade so viel, wie die Residenzler Lust an Luxusartikeln haben. Die Verkehrssituation, unmittelbar mit der Wirtschaftssituation verknüpft, muß, im Gegensatz zum rheinischen Industrierevier, für Stuttgart erst geschaffen werden.
Vor der Eisenbahn sind es die Wasserstraßen, die dem Herzogtum und seiner Residenzstadt ihre Bedeutung geben sollen. Nun auch den Neckar schiffbar machen zu wollen, ist ein Stück typisch merkantilistischer Kanalbaumanie. Die Anfänge reichen ins Spätmittelalter zurück. In der sogenannten »Nürtinger Teilung« zwischen den Grafen Ludwig I. und Ulrich dem Vielgeliebten vom 25. Januar 1442 wird ausdrücklich festgehalten, daß man trotz der Teilung den Neckar schiffbar machen wolle. Die schon im 14. Jahrhundert praktizierte Absperrung in Heilbronn scheint Teil einer offenbar bis zum Ende des 15. Jahrhunderts geübten Schiffahrt gewesen zu sein. Herzog Christoph hat am 1. Dezember 1553 von Kaiser Karl V. ein Privileg erwirkt, »den Neckarfluß heraufwärts, soweit er durch sein Fürstentum fließe und es sonst sein und geschehen möge zu öffnen und Schiffgängig zu machen«. Erst das 17. Jahrhundert kommt mit ernsthaften Projekten und Programmen, mit konkreten architektonischen und bautechnischen Vorstellungen. Heinrich Schickhardt, selbst Besitzer einer Kalkbrennerei zwischen Kriegsberg und Hoppenlau, liefert detaillierte Pläne dazu. Sie zu verwirklichen, gelingt Herzog Eberhard Ludwig. Er beginnt 1712 mit den Kanalisationsarbeiten, welche die Gemeinden in Fron zu leisten haben. Schon 1713 können die Wasserstraßen von Heilbronn bis Cannstatt und Vaihingen an der Enz eröffnet werden. Eberhard Ludwig wäre gerne den Schritt weitergegangen, die Strecke Heilbronn–Cannstatt »biß über Plochingen progrediren zu laßen«. Aber jetzt fürchten die Esslinger um das »freie Commercium«, um ihre ohnehin nur noch schmal bemessene wirtschaftliche Unabhängigkeit. Sie wissen dem Plan immer wieder neue Prügel in den Weg zu werfen. Die Verhandlungen werden von den Esslingern in stoischer Unschuld immer wieder aufs neue vertagt. Sie lassen sich »allerhand rationes und obstacula« einfallen, »warum solch Navigations-Werck impoßible und nicht practicable seye«. Also ad acta. Unter Carl Eugen geht man noch einmal an das Projekt Cannstatt–Esslingen mit der freundnachbarlichen Lockung, daß die Stadt Esslingen dadurch bei Serenissimus wieder »in einen besseren Credit gebracht« würde. Auch dieser Anlauf versackt im Sand. Herzog Friedrich II., der spätere König, läßt sich 1802 drei Entwürfe über die Verbindung der Donau durch Vermittlung der Rems, des Kochers und der Brenz mit dem Neckar und Rhein vorlegen: jetzt wäre die administrative Möglichkeit zur Durchführung solcher spätmerkantilistischer Pläne gegeben. Aber Napoleonische Kriege und das Elend der Zeit machen einen Strich durch die königliche Rechnung. Vielleicht war es ein Glück: durch den 1808 in Heilbronn und Mannheim eingeführten Stapelzwang hatte die Schiffahrt ohnehin

Störungen erlitten. Die Zölle und Abgaben, die damit verbunden waren, kletterten so hoch, daß sich der Schiffahrtsverkehr schon gar nicht mehr rentierte und schließlich nur noch Holz befördert wurde.
Gute Voraussetzungen für einen Industrieplatz Stuttgart gab das alles nicht. Die Stuttgarter Industrialisierung läuft der klassischen Standortslehre geradewegs entgegen. Stuttgart hat keine Wasserkräfte auszunutzen, und elektrische Antriebsmöglichkeiten gibt es noch nicht. Also bleibt dieser Industrie nichts übrig, als sich Dampfmaschinen zu holen. Aber die Kohle, das Brot der Industrie, ist hier, weitab vom Montanbezirk, eine sündhaft teure Sache. 1856 kostet die Saarkohle in Stuttgart 156 Prozent ihres Ursprungswerts. Kein Wunder, daß es 1853 in Stuttgart nur vierzehn Dampfmaschinen gibt, daß noch zu Beginn des zwanzigsten Jahrhunderts Frankreich eine billigere Kohle bezieht als Stuttgart. Die Residenzstadt hat nur *eine* Chance: möglichst transportbillige Feinindustrie aufzubauen und die übrigen Mehrkosten gegenüber der rheinischen Konkurrenz durch einigermaßen günstige Verkehrsbedingungen aufzufangen. Das geht nicht von heute auf morgen. Die alten schlechten Verkehrsverhältnisse zwischen Montanbezirk und Stuttgart einerseits, zwischen Stuttgart und seinen Absatzgebieten andererseits spürt man noch Jahre nach dem Aufbau des Eisenbahnwesens. Immer wieder haben Stuttgarter Unternehmerkreise in der zweiten Hälfte des 19. Jahrhunderts die provinziellen Denkfehler der Eisenbahnstrategie angeprangert. Und immer wieder hat man sehr empfindlich reagiert auf alle Neuerungen und Dekretierungen, die der Stuttgarter Verkehrslage galten. So eindeutig für die Eisenbahn war man ja auch in den vierziger Jahren im Württembergischen noch nicht. Auch von Fachleuten wurde die geographische Situation immer wieder ins Feld geführt: das schwäbische Gebuckel vertrage keine Eisenbahnen. In Stuttgart selbst neigte man zu der Ansicht, die Schönheit des einheitlichen Stadtbildes leide durch die »Station« und die Schienenstränge, auch könne die Stadt sich nach dieser Richtung, wo die Schienen den Boden durchschnitten, nicht mehr ausdehnen. Die Bahnstation Cannstatt, ohnehin Knotenpunkt für den Postverkehr, liege nahe genug. Für Stuttgart selbst, die Landeshauptstadt, sei der Kopfbahnhof ein höchst unwürdiges Ding. Selbst ein Mann wie Moritz Mohl, sonst gewiß keiner der Philister und auch als Parlamentarier nicht ohne Anhang, hat sich mit finsterster Entschlossenheit gegen eine Verlängerung der Eisenbahnschienen nach Stuttgart eingesetzt. Eine Woche lang stand er jeden Tag am Neckartor, um die in Stuttgart einfahrenden und in Richtung Untertürkheim ausfahrenden Wagen zu zählen. Mit den säuberlichen Zahlen will er den statistischen Beweis erbringen, daß sich eine Eisenbahn nach Stuttgart nicht rentiert. Sie hat sich rentiert. Der Kohlenbedarf hat sich, ein Indiz für die Lage der Industrie, von Jahr zu Jahr gehoben. 1863/64 benötigte

Stuttgart gerade 34 350 Tonnen Kohlen, 1910 dagegen 431 669 Tonnen. Das entspricht einem Wachstum des Kohlenbezugs von 1 156 Prozent.

Daß hinter diesem Zuwachs auch die Funktion der Eisenbahn sich verbirgt, läßt sich leicht erraten. Es war der Stuttgarter Kaufmann Heinrich Keller, der am 9. Februar 1832 in der Sitzung des engeren Ausschusses der württembergischen Gesellschaft zur Förderung der Gewerbe den Entwurf einer Bahn Stuttgart–Ulm vorgetragen hat, mit dem Vorschlag, zusammen mit Fachleuten eine »Probe-Eisenbahn Stuttgart–Cannstatt« beraten zu wollen. Man hat in diesem Gremium, im Todesjahr Goethes, höchst pragmatisch und modern gedacht und sich auf phantastische extreme Projekte schon gar nicht eingelassen. Daß auf dieser Strecke die Pulsader der württembergischen Industrie zu suchen sei, darüber war man sich im klaren. In der Sitzung vom 3. Juli 1835 schlägt der Cannstatter Kaufmann Fischer eine Verbindung der Strecke Cannstatt–Friedrichshafen mit der »Straßburger-Route« vor: das rasch klassisch gewordene Eisenbahn-Gitternetz Württembergs in nuce. Die »Hauptbahn«, wie eine wenige Monate später eingereichte Denkschrift sich ausdrückt, sei als »Fortsetzung der badischen über Canstadt« zu verstehen, führe auf »der ältesten, natürlichsten Straße durch das Vilsthal nach Ulm«, schließe sich dort »an die bayerische« an und dehne sich dann »bis an den Bodensee« aus. So wird der Westen mit dem Osten und dem Süden verbunden. 1835 sind diese Projekte beschlossene Sache. Aber es dauert dann doch bis in den Anfang der vierziger Jahre hinein, bis die technischen, die finanziellen, die politischen Fragen alle geklärt sind. Die Leistung dieser Generation ist bewundernswert: in einer Handvoll Jahren wird das deutsche Eisenbahnnetz gebaut, gültig in seiner Grundkonzeption bis zur Stunde, nicht unbelastet freilich von einer hemdsärmeligen, von einer mörderischen Eisenbahnbaumanie. In der ersten Bauperiode von 1843 bis 1855 wird Stuttgart mit Heilbronn und Friedrichshafen durch die große Stammbahn verbunden. 1845 eröffnet man die Strecke Cannstatt bis Untertürkheim. Da der Tunnel zwischen Cannstatt und Stuttgart noch nicht fertig ist und es immer noch besondere Mühe und Kosten macht, Stuttgart, der alten, großen Neckartalstraße ferngelegen, in diese Quadratur mit einzubeziehen, wird die Strecke Stuttgart–Cannstatt durch eine Omnibusverbindung aufrechterhalten. 1846 ist die Eisenbahnlinie Stuttgart–Esslingen und Stuttgart–Ludwigsburg fertig, 1850 die von Heilbronn bis Friedrichshafen. Die Staatsverträge mit Bayern und Baden über die Anschlußverbindungen in Bruchsal und Ulm, die längst schon in den Schubladen liegen, abzuschließen, war dann kein Problem mehr.

Die Eisenbahn gibt der Stuttgarter Industrialisierung ihren Boden. Je größer die zu befördernden Lasten, um so niedriger sind die Tarifsätze, mit anderen Worten: der Großbetrieb mit seinen Massenlieferungen arbeitet erheblich billiger als der Kleinbetrieb mit seinen teuren Stückgutsätzen. Den Großbetrieb verdankt Stuttgart der Eisenbahn. Er wird desto mehr, je dichter das Bahnnetz und je enger der Anschluß an den Weltverkehr wird. Die Maxime »Produzieren heißt bewegen« gilt für Residenz- und Beamtenstadt und ihren halbfeudalen Zuschnitt in elementarem Maße. Selbstverständlich bleibt man dabei, hochwertige und kostbare Fabrikate herzustellen: auch mit den Transport- und Frachtspesen muß man kalkulieren. Aber die Standorthemmungen sind beseitigt.

Das zeigt sich nicht nur in Aktionen, sondern auch in Reaktionen. Jetzt ist den Leuten die Gelegenheit gegeben, rasch in die Landeshauptstadt zu kommen. Kaum steht der Stuttgarter Bahnhof – er ist erklärtermaßen im Hinblick auf den zu erwartenden Besucherstrom aus Esslingen und Ludwigsburg und überhaupt des näheren und weiteren Umlandes so gebaut worden –, nimmt der Nahverkehr in ungeahnten Ausmaßen zu. Der Verkehr nach Stuttgart ist weitaus stärker als der aus Stuttgart. Der seit dem Umbau von 1862 bis 1869 nunmehr unwesentlich veränderte Hauptbahnhof verzeichnet zwischen 1869 und 1889 eine Steigerung des Personenverkehrs um 75 Prozent, des Güterverkehrs um 230 Prozent. Die Zahl der täglich verkehrenden Züge steigt um 150 Prozent. Bald sieht man sich darauf verwiesen, Umgehungsbahnprojekte auszuarbeiten, die den Transit-Güterverkehr und auch einen Teil des Lokalgüterverkehrs vom Hauptbahnhof abziehen sollen. Ergebnis dieser Pläne ist die Umgehungsbahn Untertürkheim–Kornwestheim, die dann auch dem Bahnhof Cannstatt Erleichterung brachte. Der Güterverkehr des Hauptbahnhofs wurde durch die Bauten des Nord- und Westbahnhofs und durch die Verlegung und Vergrößerung des Stuttgarter Güterbahnhofs auf erträgliche Art verteilt.

Von einer Dezentralisation konnte freilich schon keine Rede mehr sein. Auch die privaten Lokalbahnen, die die Kammer in den achtziger und frühen neunziger Jahren genehmigte, mit der Zielsetzung, den Personenverkehr zu differenzieren, vor allem aber die abgelegenen Gebiete Württembergs wirtschaftlich zu erschließen und zu industrialisieren, bringen keine Entlastung. Lediglich die Landeshauptstadt profitiert davon. Sie hat das dominierende Einzelhandelsangebot, sie hat »Herren- und Damen-Konfektion auf Abzahlung«, wie es in den Annoncen schon lange vor 1900 heißt. Und also kommen die Leute.

Die Industrialisierung hat dem Verwaltungsmittelpunkt Stuttgart, ohne daß man darauf gebaut hätte, eine weitere und auf die Dauer unbestrittene Hegemonie eingebracht: die auf ökonomischem, auf kommerziellem Grund. Schon in den Jahren vor der Jahrhundertwende ist Stuttgart *der* große Anziehungspunkt für Kauflustige und Arbeitsuchende von nah und fern. Obwohl die Stadt, je nachdem man die Vororte einbezieht, nur ein Zwölftel bis ein Achtel der Landbevölkerung aufgenommen hat, konzentriert sich dort nicht weniger als ein Viertel bis ein Fünftel des gesamten Kassenverkehrs der Württembergischen Staatseisenbahnen. Die Zahl illustriert mehr als manches andere, aus soziologischem oder geistesgeschichtlichem Feld geholte Beweisstück, die Stuttgarter Führungsrolle und Zentralfunktion am Ausgang der letzten Jahrhundertwende. In den dreißig Jahren zwischen 1880 und dem Ausbruch des Ersten Weltkrieges hat der Personenverkehr auf den Stuttgarter Bahnhöfen um 491 Prozent zugenommen, der Güterversand um 292 Prozent, der Güterempfang um 314 Prozent, die Einnahmen um 246 Prozent.

Das war zur gleichen Zeit, in der man sich wieder der Frage der Neckarkanalisierung zuwandte. Die Eisenbahn hatte in diesem Betracht zunächst verheerend gewirkt. Die 1853 gegründete, für die Hebung des Güterverkehrs auf dem Neckar berechnete »Heilbronner Schleppschiffahrtsgesellschaft«, die ihre Schiffe durch Pferde den Neckar hinaufziehen ließ, ging schon 1860 wieder ein. In der Mitte der sechziger Jahre gab es einen Bergverkehr kaum mehr, 1879 wurde der Verkehr Cannstatt–Heilbronn ganz eingestellt. Vier Jahre später beschäftigt die Handelskammer Stuttgart plötzlich die Frage, ob sich die Schiffahrt auf dem Neckar nicht doch bis Cannstatt fortsetzen lasse. Eine gemeinsam mit dem Ministerium des Innern über die hydrographischen und volkswirtschaftlichen Eigenheiten der Neckarschiffahrt herausgegebene Denkschrift der Kammer versuchte dieses Problem wieder in einem notwendigerweise größeren, auch technisch ausgeleuchteten Horizont zu fassen. 1903 gelang es, unter dem Vorsitz des Handelskammerpräsidenten Julius von Jobst, in Stuttgart ein Neckar-Donau-Kanal-Komitee zu gründen. Zwei Jahre später bewilligte der württembergische Landtag fünfzigtausend Mark für gutachtliche Unterlagen der Neckarkanalisation, 1908 übergab das Neckar-Donau-Kanal-Komitee seine Denkschrift über die württembergischen Großschiffahrtspläne der Öffentlichkeit. Da war zu lesen, daß die Kanalisierung des Neckars bis Heilbronn und die Fortsetzung der Kanalisation bis Cannstatt oder Esslingen die dringlichste Aufgabe sei: in den Jahren vor dem Ersten Weltkrieg scheinen gerade diese Wasserprojekte die vitalsten Fragen der Stuttgarter Industrieorganisation. Gelänge ihre Durchführung, darüber sei man sich im klaren, so bedeute das einen großen Schritt vorwärts in der Industrialisierung Stuttgarts. Die Wasserstraßen seien wie kein zweites Verkehrsmittel geeignet, den Hauptmangel Stuttgarts, seine unpraktische Entfernung von Markt und Montanquelle, zu lindern. Fast hat man das Gefühl, als ob die Kammer damit alle Probleme lösen wolle: »Württemberg hat kein Eisen, keine Kohle, kein zollfreies Hinterland, die höchsten Bezugs- und Versandkosten, Stuttgart speziell nahezu die höchsten Mieten und eine teuere Lebenshaltung, dazu die höchsten Löhne des Reichs.« So in einem Kammergutachten des Jahres 1902.

Die Annahme, dieser komplexe und dynamische Aufbruch des industriellen Zeitalters habe grundstürzende Verschiebungen mit sich gebracht, liegt nahe. Überall wachsen die Zahlen, bei den Fabriken, beim Handel, beim Handwerk. Die Stuttgarter Fabriktabelle von 1861 präsentiert, trotz des noch weitgehend bestehenden Zunftzwangs, immerhin 173 Fabriken mit 368 Personen »Direktionspersonal«, mit 3 663 Arbeitern und 471 Arbeiterinnen. Die Handelstabelle, mit der die Kaufleute, Bankiers, Wirte, Spediteure und so fort notiert werden, nennt 857 Unternehmer mit 2 068 männlichen und weiblichen Gehilfen. Im ganzen finden sich also damals in Stuttgart über vierzehntausend gewerbetreibende Personen bei einer Einwohnerzahl von 61 314 Menschen, das heißt: 23 Prozent sind in Handel und Industrie beschäftigt. 1895 hat Stuttgart bei 153 600 Einwohnern mit 53 160 gewerbetreibenden Personen schon 35 Prozent der Gesamtbevölkerung: die Industrialisierung hat sich im letzten Drittel des Jahrhunderts in motorischem Maße beschleunigt.

Jetzt treibt sie auch die demographischen Kurven in die Höhe. Bis weit in die siebziger und achtziger Jahre des 19. Jahrhunderts hinein nahm sich Stuttgarts Bevölkerungszunahme, verglichen mit anderen deutschen Großstädten, noch harmlos aus. Auch in den vierzig Jahren zwischen 1870 und 1910 hat Stuttgart »nur« eine Bevölkerungszunahme von 200 Prozent, während im gleichen Zeitraum Ludwigshafen 675 Prozent und Charlottenburg sogar 845 Prozent verzeichnen. Indessen sind die Veränderungen der Einwohnerzahl – von 21 000 im Jahre 1800 zu 176 000 im Jahre 1900 – ausladend genug, um von einem wesentlichen Wandel sprechen zu müssen. In den Umbrüchen der Industrialisierung wird Stuttgart eine andere Stadt. Ob die natürliche Bevölkerungsbewegung das ökonomische Wachstum beeinflußte, ob die Bevölkerungsvermehrung und die »industrielle Reservearmee« mehr durch die neuen Arbeitsbedingungen zustande kam als durch die Medizin: wo hier Ursache ist und wo Wirkung, wird auch in unserem Falle nicht leicht zu klären sein. Aber daß Stuttgart im Verlaufe des 19. Jahrhunderts zu einem veränderten Gesicht und einer veränderten Atmosphäre kam, ist außer Zweifel. 1839 kann der geistvolle Carl Theodor Griesinger noch sagen, es gebe »Städte und Städtchen« in Württemberg, »wo Alles Vetter und Base ist«. Stuttgart stand damals noch innerhalb dieser idyllischen Reihe. Um 1900 steht es, ein wenig großstädtisch und ein wenig anonym geworden, außerhalb: jetzt agiert eine Phalanx von Bezirksvereinen schwäbischer Städte in Stuttgart, wo sich die von Aalen und Balingen, von Ravensburg und Friedrichshafen an den Samstagabenden mit großem Hallo ein Stelldichein geben, Neues aus der »Heimat« zu erfahren. Viel junges Volk ist darunter, Leute die nach beendeter Lehrzeit ihr Heil in »Schtuegert« versuchen, die sich hier verheiraten und niederlassen werden. Das enge, ein-

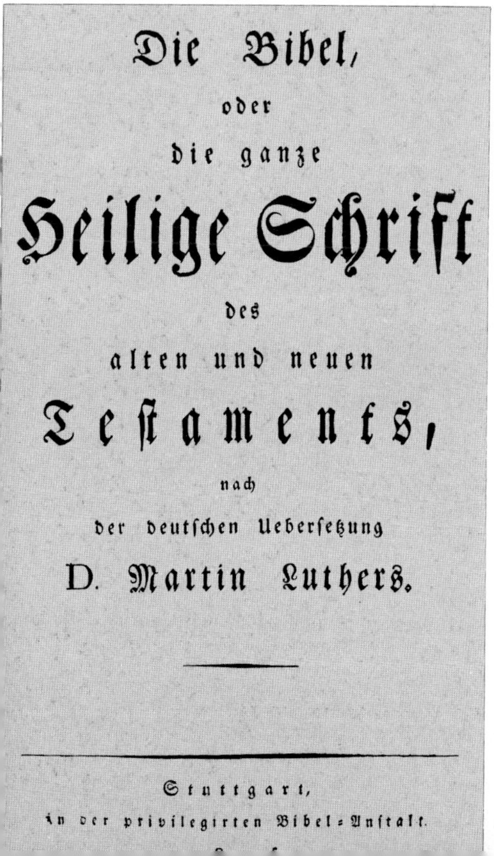

Die Bibel,

oder

die ganze

Heilige Schrift

des

alten und neuen

Testaments,

nach

der deutschen Uebersetzung

D. Martin Luthers.

Stuttgart,

in der privilegirten Bibel-Anstalt.

56 Madame Kaulla im Kreise ihrer, für die Industrie- und Kulturgeschichte Stuttgarts auch in späteren Generationen bedeutsamen Familie. Goldgrundradierung von C. Goog von 1795

57 Einer der ersten Bibeldrucke der 1812 gegründeten Privilegierten Württembergischen Bibelanstalt, Zeugnis auch für die weite Ausstrahlungskraft der Buchstadt Stuttgart

58 (umseitig oben) Cannstatt mit Eisenbahnbrücke zum Rosensteintunnel (1846). Aufnahme vor 1895

59 (umseitig unten) Blick auf die Werkanlagen der Daimler-Motoren-Gesellschaft in Stuttgart-Untertürkheim. Aufnahme von 1907

gezogene Stuttgart des 18. Jahrhunderts mit seiner verdächtig konstanten Bevölkerungsziffer – im Jahre 1707 sind es 16 000 Leute, 18 135 im Jahre 1794 – gibt es nicht mehr.

In zwei, drei Jahrzehnten ist Stuttgart Industriestadt geworden, ohne daß man das im Weichbild der Stadt so richtig registriert hätte, ohne daß die Residenzstadt nach außen hin verabschiedet worden wäre. Aber der König, von den zugezogenen Landeskindern gewiß so verehrt wie der Schloßplatz und die Attribute der Residenz, hat in den letzten Jahrzehnten des 19. Jahrhunderts einen weiteren Teil jener Macht abzugeben, die ihm 1871 noch verblieben war. Er wird zur Repräsentationsfigur eines Staates umstilisiert, dessen Belange entweder auf Reichsebene in Berlin oder von der Mehrheit im Stuttgarter Landtag entschieden werden, eines Staates, der im politisch-administrativen Sinne von der europäischen Politik abgetreten und zu einer deutschen Provinz herabgesunken war. Das mittlerweile in Gang gebrachte Eigenleben der Stuttgarter Industrie war ein Entgelt, das gar nicht überschätzt werden kann: es hat der Stadt die wirtschaftliche Unabhängigkeit gegeben, noch bevor die politische zu Grabe getragen war. Schon Jahre vor 1914 hat die rasch wachsende Industrie, wenn auch nicht so stürmisch wie in anderen Teilen des Reiches, Handwerk und Landwirtschaft überflügelt. Sie ist jetzt die Dominante in der Entwicklung der Stadt.

Natürlich hat dieser mit der Vokabel »Industrielle Revolution« noch unscharf belegte Prozeß eine ganze Reihe organisatorischer und organisationstechnischer Entwicklungen zur Folge. Da wäre das Ausstellungswesen, das jetzt auch in Stuttgart eine besondere Heimat bekommt: Schaufenster und Umschlagsplatz für Erfahrungen und Programme, auf welche die Industrie bis zum heutigen Tage nicht verzichten will. Im Mai 1812 wird im Alten Schloß die erste Stuttgarter Kunst- und Industrieausstellung eröffnet, mit so günstigen Ergebnissen, daß man sie 1816, 1824 und 1825 wiederholt und sie zu einer ständigen Institution zu machen beschließt. Der Verband der neuen »Gewerbetreibenden« folgt. Am 22. Juli 1819 wird der halbamtliche »Verein für Gewerbe und Handel« gestiftet, mit einer Zentralstelle in Stuttgart, die, auf Aktien gegründet, als Informations- und Vermittlungsinstanz fungieren und auch mit finanziellen Unterstützungen helfen soll. Als Sache der Nation hat man diese behördliche Freiwilligkeit freilich nicht empfunden, auch den im Sommer 1820 entstandenen Verein zur Unterstützung der vaterländischen Gewerbe nicht, der, eine weltlich-wirtschaftliche Schwurgemeinschaft, seine Überröcke und Spezereien »nur von inländischen Producenten zu beziehen« beschließt, vier Jahre später aber wieder verschwunden ist. 1820 gründen Cotta, Schwab und eine Handvoll anderer, unkonventionell denkender Männer den »Verein zur Unterstützung vaterländischer Gewerbe«. 1830 tritt die, von Johann Georg Dörtenbach inspirierte »Gesellschaft für die Beförderung der Gewerbe« auf den Plan, mit dreihundert Fabrikanten und Kaufleuten und höheren Beamten, die, hier von der Regierung gefördert, dort auf halb verstandene Art von ihr gebremst und beruhigt, Darlehen aus eigener Tasche gewährt, staatliche Beisteuern vermittelt, Gutachten erteilt, Auslandsverbindungen anknüpft und sich schließlich um alles kümmert, von den Querelen kauziger Erfinder bis zu den Grundsatzentscheidungen der Epoche. Die »Gesellschaft« gibt es bis 1848; im »tollen Jahr« wird sie von der »Centralstelle« abgelöst.

Und natürlich erscheint auch der Handel bald in organisatorisch modernem Gewande. Wie wenig die Dinge hier anfänglich koordinierbar und organisierbar waren, zeigt der Versuch vom Herbst 1827, in Stuttgart ein kaufmännisches Casino zu stiften, mit dem Zweck, »die Ausbildung junger Kaufleute durch gewählte Lektüre, gegenseitigen Austausch der Kenntnisse und anständige Unterhaltung zu befördern«. Aber die jungen Kaufleute wollen nicht so recht, und das schöne Casino geht bald wieder ein. 1843 ruft man einen Handelsverein ins Leben, der 1844 eine private Handelskammer und ein Handelsschiedsgericht mit öffentlichem Verfahren errichtet. 1854 wird diese Handelskammer, bislang private Anstalt, durch königliche Verordnung als offizielle Vertretung des Handels und der Industrie anerkannt und der Zentralstelle für Gewerbe und Handel unterstellt.

Damit ist Stuttgart Repräsentantin des württembergischen Handels und der württembergischen Industrie und vereinigt alle Fäden in seiner Hand. Sichtbares Zeichen dafür war – und ist – das fast etwas unschwäbisch-pompöse Landesgewerbeamt mit seinen drei kuppelgekrönten Eckpavillons zwischen Schloß-, Kiene-, Hospital- und Kanzleistraße, 1896 von dem Berliner Architekten Skjöld Neckelmann, einem Schüler von Paul Wallot, dem Schöpfer des Reichstags, erbaut. Steinbeis hatte schon 1849 ein Württembergisches Gewerbemuseum begründet, das vorbildlich für viele Industriestaaten wurde. Die schwäbische Industrie zu einer Handelsgesellschaft zusammenzufassen und in Stuttgart ein Musterlager zu unterhalten, war seine Idee. Das Gehäuse hierfür wurde das Landesgewerbeamt, in dem der tote Robert Bosch vor dem großen und eher makabren Staatsakt aufgebahrt lag, Monate, bevor der festungsartige Bau im Luftkrieg die schwersten Angriffe hinnahm. Man hat seinerzeit den überdimensionalen und im Stileklektizismus sich gefallenden Bau als ein Ärgernis in Stuttgart empfunden. »Hier werden unsere Millionen vergraben«, soll ein Mitglied der Ständekammer an der Baugrube gemurrt haben. Worauf ihm der Minister von Linden, ein Verfechter der Ideen von Karl Steinbeis, erwiderte: »Nein, sie wachsen da heraus.«

Ihre topographischen, ihre städtebaulichen Spuren beginnt die Stuttgarter Industrie schon Jahre vor dem Ersten Weltkrieg zu hinterlassen. Sie sind an beiden Erscheinungen abzulesen, an der Entindustrialisierung der Innenstadt und an der Bildung der Vororte draußen. Bis in die zweite Hälfte der neunziger Jahre hatte von den beiden Stuttgarter Bahnhöfen der Hauptbahnhof weitaus die größte Zufuhr, ein untrügliches Zeichen dafür, daß zu dieser Zeit noch ein großer Teil der Stuttgarter Fabriken in unmittelbarem Ausstrahlungsgebiet des Hauptbahnhofs und in der Innenstadt sich befand. Mit der Eröffnung des Nordbahnhofs am 1. November 1895, wo schon ein Jahr darauf beinahe die Hälfte der bisher nach dem Hauptbahnhof geleiteten Kohlen aus- oder umgeladen werden, verändert sich das Bild. Die Industrie beginnt aus der Altstadt auszuwandern und sich mehr und mehr in der Gegend um den Nordbahnhof anzusiedeln. Daß mit dieser Verlagerung kein Auszug aus der Stadt und keine — noch keine — Ära der »Landindustrie« gemeint war, ließ sich alsbald feststellen. Der Prozeß betraf vielmehr eine innerstädtische Umgruppierung, im Grunde eine Bodenfrage, die im näheren wieder eine Grundrentenfrage war. Sombarts Wort von den »Geißelschlägen der Grundrente« traf ja nur solche Industrie, die den geringsten Platzbedarf hatte: die Konfektionsindustrie, mit relativ kleinem Geviert zufrieden, konnte in der Innenstadt bleiben. Die Eisen- und Maschinenindustrie braucht Flächen.

Stuttgarts Lage schien in einem neuerlichen Sinne Verhängnis werden zu wollen: das hügelige Terrain, die Weinberge und die »Gütle« konnten das nicht hergeben, was man benötigte. Nur *ein* Ausweg blieb: die Richtung nach Berg und Cannstatt und Münster hin, neckaraufwärts in Richtung Unter- und Obertürkheim und schließlich nach Feuerbach und Zuffenhausen. Das ist der Norden, der Osten und Südosten der Stadt. Im Süden und im Westen hat Stuttgart bis heute so gut wie keine Ausweichmöglichkeiten. Wo soll sich auch zwischen Frauenkopf, Bopser und Dachswald, zwischen Birkenkopf, Doggenburg, Bismarckturm und Killesberg Industrie ansiedeln? Die erste chemische Fabrik Stuttgarts, die Chininfabrik von Jobst, wanderte 1863/64 nach Feuerbach aus, 1874 folgte ihr als zweite chemische Fabrik die von Knosp und Siegle. Feuerbach, Cannstatt, Untertürkheim, Münster, schließlich auch ferner liegende Orte wie Kornwestheim und Zuffenhausen werden der eigentliche Sitz der Stuttgarter Industrie. Ein Exitus ist damit nicht gemeint. Die Stadt hat auf sozusagen natürliche Weise zu neuen Vierteln und neuen Viertelsfunktionen gefunden, dergestalt, daß sich City, Wohnring, Wirtschaftsring und Vorstadtgemeinden gegeneinander abgrenzen: hier beginnt das Kapitel der Eingemeindungen.

Die zögernde und von vielerlei Hemmnissen beschwerte Stuttgarter Industrialisierungsgeschichte hat nirgendwo den Hang zu jener dumpfen Eintönigkeit, die der schwerindustriellen Landschaft sonst anhaftet. Anonyme Kartellverbindungen lagen der schwäbischen Industrie von Anfang an nicht: sie kommt in liebenswürdigen Schattierungen daher, mit einer Fülle von Branchenbildungen, die das triste Wort von der »Monokultur« nicht einmal denkbar werden läßt. Wer von der Entwicklung der einzelnen Branchen redet, muß das Textilgewerbe an erster Stelle nennen. In der ersten Hälfte des vergangenen Jahrhunderts hat in Stuttgart das Textilgewerbe die Hauptindustrie gestellt. In den biedermeierlich-frühsozialistischen Jahren der Residenzstadt hat man in der Hauptsache Hosenzeuge fabriziert und sie nach den übrigen Staaten des deutschen Zollvereins exportiert. In Botnang gab es damals eine große Leinenbleiche, auf der über hundert Leute mit dem Bleichen von roher und gebrauchter Leinwand zu tun hatten. Mit dem Einzug der Maschinenarbeit wird die Weberei, die Seidenfabrik, die Kattundruckerei, von denen es im Stuttgarter und Cannstatter Bereich eine Handvoll gab, zum Großbetrieb. Das ging nicht von heute auf morgen. Fürs erste waren Weber, arme Leute, die sich mit kleinen Löhnen begnügten, immer noch billiger als eine der großen Maschinen, die man womöglich aus dem Ausland zu holen und in deren Anschaffung man ein Riesenkapital zu investieren hatte. Als der Stuttgarter Bockshammer 1810 eine englische Spinnmaschine in Berg aufstellt, für die erste Maschinenspinnerei des Landes, hat es einiger List bedurft, um die Handweberei auf diese Art zu überrunden: er ließ die Maschine bei Nacht nach Stuttgart bringen, nicht, wie weiland der Alte Fritz mit seinen Kartoffeln, um die Aufmerksamkeit der Leute auf das neue Objekt zu ziehen, sondern ganz im Gegenteil: um nicht Anlaß zu dummen Schwätzereien zu geben. Immerhin beschäftigt seine Spinnerei 1811 schon einhundertneunzig Arbeiter. Die neuen Näh-, Strick- und Grundwirkmaschinen haben zunächst in der Baumwollweberei, der ersten Gruppe maschineller Großbetriebe, Aufnahme gefunden. Betriebe wie der von Elsas & Co. in Cannstatt und Murrhardt, K. Faber in Stuttgart und Kirchheim oder die Putzwollenfabrik von W. Wolff Soehne in Untertürkheim gehören unter diese ersten modernen Firmen. Auch die Wollindustrie hat dann mitgezogen, weniger die Strickereien und Wirkereien, von denen es zunächst in Stuttgart nur ganz wenige gab. Das für schwäbische Begriffe um 1900 schon als Riesenfirma geltende Haus von Wilhelm Bleyle, das als Spezialität gestrickte Knabenanzüge lieferte und in den ersten Jahren des 20. Jahrhunderts 1 400 Arbeiter beschäftigte, gehört nicht mehr in diese Frühzeit, auch nicht die Firma von Paul Kübler & Co. GmbH. Freilich ist Stuttgart im Hinblick auf diese Produktionsprogramme zu einer Spezialität der deutschen Strickindustrie geworden: vor dem Ersten Weltkrieg gab es in Deutschland nur fünfzehn derartige Betriebe. Acht davon mit dreitausend Arbeitern standen in Stuttgart.

Die Trikotagenindustrie ist unmittelbarer Ausfluß der Residenzstadtgewohnheiten. Sie hatte sonst ihren Sitz in der Hauptsache im Ebinger und Balinger Bezirk oder zwischen Reutlingen und Metzingen, als Exportindustrie. In Stuttgart geht sie auf die hugenottischen Strumpfwirker zu Anfang des 17. Jahrhunderts zurück. Die Web- und Wirkmaschinen um die Mitte des 19. Jahrhunderts haben ihr, zunächst ganz auf den Konsum der Hofleute hin orientiert, den Charakter von Großbetrieben gegeben, denen der Export wichtig war. Man denkt da zunächst an die Firma Benger. Die Benger waren als Hugenotten im 17. Jahrhundert nach Württemberg gekommen und hatten die in Frankreich betriebene Strumpfwirkerei mitgebracht. Das Meisterbuch der Stuttgarter Zunft führt 1750 einen Johannes Benger als Beisitzer. Ein Zweig der Familie, die auch bei Tübingen heimisch wurde, hatte sich in Degerloch niedergelassen. Dort wurde 1818 der Gründer der heutigen, in der Welt bekannten Firma, Wilhelm Benger, geboren. Mit sechsundzwanzig Jahren bestand er die Meisterprüfung im Strumpfwirkerhandwerk und richtete sich im Jahre 1844 in Degerloch eine eigene Werkstatt ein. In der Stuttgarter Firma Wilhelm Bengers hat man 1852 den ersten Fouquetschen Zirkularwebstuhl aufgestellt, den Berthelot und Terrot dann modernisiert haben. 1853 hat Stuttgart zwei Fabriken dieser Art, in den sechziger Jahren kommen weitere vier hinzu; vor dem Ersten Weltkrieg gab es über ein Dutzend Textilwerke in und um Stuttgart, von denen jedes in der deutschen Trikotagenindustrie einen wichtigen Platz hatte. Die Firma Benger und Söhne hat 1913 einschließlich der Heimarbeiter rund 1 500 Arbeiter beschäftigt. Neben ihr haben die 1881 gegründeten Vereinigten Trikotfabriken von Robert Vollmöller in Vaihingen auf den Fildern der Stuttgarter Industrie eine besondere Farbe gegeben; sie haben bald Filialfabriken in Untertürkheim, Plieningen und Herrenberg unterhalten. Und natürlich waren des »Wolljägers« Ideen von größter Bedeutung: Professor Dr. Gustav Jäger, Gesundheitsverbesserer in einer mit bürgerlichen Befangenheiten lebenden Gesellschaftskultur, hatte den glücklichen Einfall, für Wäsche zu plädieren, die bequem war und die man mochte. Wilhelm Benger funktionierte 1879 diese mit dem Schulmeisterfinger servierte Idee, das »Wollregime« zu einer »Normalwäsche-Fabrikation« um: ein gleichermaßen nicht unglücklicher Einfall, der 1882, nach schwindelhaft steigenden Bestellungen, die Firma nach Heslach geführt hat.

Die Stuttgarter Trikotagen waren sicher etwas von dem, was im Konkurrenzkampf der verschiedenen Imperialismen am Ende des 19. Jahrhunderts ein Gewicht hatte. Die Konfektionsindustrie, spezifisch großstädtisches Gewerbe, hat sich fürs erste an den Konsum im eigenen Hause gehalten. Kunde waren Stuttgart und vor allem die Stuttgarterinnen, die jetzt Toilette »machten«, das Heer derer, die tagaus tagein vom Schönbuch und vom Unterland, vom Oberschwä-

bischen und vom Gäu nach Stuttgart kamen und dort nach fertiger, billiger Konfektionsware kramten. Aber die Stuttgarter Trikotindustrie hat dann auch einen Export aufgebaut von Stuttgart nach Nordamerika, nach Rußland, nach Argentinien, nach Chile oder Spanien. Stuttgarter Textilwaren sind nicht nur in Europa, sondern auch in den englischen Kolonien, in Südafrika, in Indien, in Australien, in Ägypten verkauft und getragen worden.
Zu den Originalitäten der Stuttgarter Industrie zählt, vielleicht noch ausgeprägter, das Fabrizieren von Musikinstrumenten. Auch hier hat man einen vergleichsweise sehr alten Industriezweig vor sich. Daß er wiederum von Ausländern inspiriert worden ist, paßt in das skizzierte Bild. 1809 hat Johann Lorenz Schiedmayer in Wien, der Hohen Schule der Instrumentenmacher, den aus Mömpelgard kommenden Carl Friedrich Dieudonné kennengelernt und ihn mit nach Stuttgart genommen. Beide haben sie dann in Stuttgart führende Unternehmen der Klavierfabrikation aufgebaut. Schiedmayer, der geborene Erlanger, war der erste in Deutschland, der die englische Flügelmechanik auf Tafelpianos übertragen hat. Man hat ihn mit Recht den Begründer der noch heute blühenden Stuttgarter Klavierfabrikation genannt und ihn unter die Väter der württembergischen Industrie gezählt. Als einziger unter den für die württembergische Volkswirtschaft bedeutenden Klavierwerkstätten ging Schiedmayer schon 1845, also in einer für württembergische Verhältnisse bemerkenswert frühen Zeit, zum Maschinenbetrieb über. Um die Mitte des letzten Jahrhunderts hat sich dann diese Industrie auch auf das Land ausgedehnt, ohne irgendwann den Mittelpunkt Stuttgarts zu verlieren. 1861 gab es in Württemberg 46 Pianoforte-Fabriken, die jährlich tausend Harmonien und rund zweitausendfünfhundert bis zweitausendsiebenhundert Klaviere herstellten. Stuttgart selbst hatte 1871 35 Pianoforte-Fabriken. 1882 war diese Zahl fast schon auf das Doppelte angewachsen, worunter 43 Klavierfabriken waren.
Gerade diese Industrie hat eine Reihe von Zubringerindustrien nach sich gezogen, die Herstellung von Pianomechaniken und Klaviaturen, für die man in den siebziger Jahren bedeutende Unternehmen gründete. Sie konnten, begünstigt durch mancherlei gesellschaftlich-musische Gewohnheiten der Gründerzeit, vor dem Ersten Weltkrieg Tausende von Mechaniken auf den Markt bringen. Vor Berlin und Leipzig hielt Stuttgart in der deutschen Klavierproduktion die erste Stelle. 1907 beschäftigte die Stuttgarter Pianoforteindustrie in sechzehn größeren Werken rund 1 200 Arbeiter, etwa den zwölften Teil derjenigen, die in ganz Deutschland im Klavier- und Orgelbau tätig waren. Auch das war ein Exportgeschäft, wenngleich die Konkurrenz immer wieder erhebliche Stockungen verursacht hat. Gegen Ausgang des 19. Jahrhunderts war das amerikanische Absatzgebiet so gut wie verloren; auf dem australischen Markt suchte man in

den achtziger Jahren von Stuttgart aus — vergeblich — in die norddeutsche Konkurrenz einzudringen. Erst die Zeit unmittelbar nach der Jahrhundertwende hat dieser Stuttgarter Branche einen für damalige Begriffe und Berechnungen unangefochtenen Platz gegeben.

Eine alte Spezialität für Stuttgart ist auch die chemische Industrie. Sie entsteht mit Jobsts Chininfabrik im Jahre 1824. Seitdem hat sich dieser Zweig weiter verästelt: die technischen Erfolge, die Pharmazie und die Fotografie bedurften mehr und mehr auch der chemischen Industrie. Stuttgarts schlechte Industrietopographie hat sich für die chemische Industrie besonders unangenehm bemerkbar gemacht. Die Herstellung von Chinin, von Farben, von fotografischen Utensilien war mitten im Kessel nicht gerade das Richtige. Kein Wunder, daß sich die chemischen Fabriken nach 1850 aus Stuttgart ganz verzogen haben: in Feuerbach hatte man billigere Plätze und günstigere Arbeitsbedingungen. Auch die Stuttgarter chemische Industrie ist den Weg zum Großbetrieb gegangen, auch sie hat, stärker als alle anderen Branchen, zur Konzentration und zum Verbund hin tendiert. Natürlich gab es in Stuttgart oder Feuerbach eine ganze Reihe kleinerer Betriebe mit einem halben oder einem ganzen Hundert Arbeiter. Aber 1872 brachte die Fusion der beiden großen Farbwarenfabriken von Knosp und Siegle mit der Badischen Anilin- und Sodafabrik eine Wende; 1897 haben sich drei Stuttgarter Firmen zu den Vereinigten Seifenfabriken GmbH in Untertürkheim zusammengetan. Die klassischen chemischen Werke des 19. Jahrhunderts blieben die Vereinigten Chininfabriken Zimmer & Co., vormals Friedrich Jobst, geboren aus der 1887 erfolgten Verschmelzung der alten Jobstschen Fabrik in Feuerbach mit der chemischen Fabrik von C. Zimmer in Frankfurt, die selbst Ableger des Jobstschen Unternehmens war. 1910 hat man in dieser Firma sechzig Tonnen Chinin hergestellt. Einen über Deutschland hinausgreifenden Ruf hatte auch die 1870 gegründete Firma von J. Hauff & Co., gleichfalls GmbH, die zusammen mit verschiedenen kleineren Laboratorien Salze und Säuren für fotografische Zwecke und Farbstoff-Fabrikationen auf den Markt brachte. Die dritte große Hauptfirma der Stuttgarter chemischen Industrie war die Farbenfabrik von G. Siegle & Co. GmbH, ein Haus mit knapper, aber sehr bewegter Geschichte: 1845 in München gegründet, im Revolutionsjahr 1848 mit der Stuttgarter Farbenfabrik von R. Knosp vereinigt, 1873 mit der Badischen Anilin- und Sodafabrik verbunden, 1889 wieder von ihr getrennt und seither in Stuttgart, in Feuerbach und in New York etabliert.

Auch der Stuttgarter Farben- und Drogenhandel ist eine Sache des Weltmarktes geworden: nicht nur ganz Süddeutschland hat sich seinen Bedarf aus Stuttgart geholt, auch Österreich und die Schweiz, auch die Balkanländer und die Donaufürstentümer. Mit Rußland, mit Ägypten, mit den asiatischen Ländern und mit

Nordamerika stand man in umfänglichem Handelsverkehr. Wer bedenkt, daß die Vertreter der Stuttgarter Häuser Jahr für Jahr auf den Londoner Farbauktionen die gewichtigsten Abnehmer waren, versteht diesen Aktionsradius.

Für das 18. Jahrhundert ließen sich wohl auch die Brauereien zu den Originalitäten der Stuttgarter Industrie zählen, fast ausnahmslos Großbetriebe mitten in einem Feld des Großkonsums, ausführend vor allem ins Badische und nach Karlsruhe und auf eine lange Tradition zurückblickend. In der Weinstadt Stuttgart hat man, verhältnismäßig früh für Württemberg, vermutlich schon im Jahre 1640, mit der Brauerei begonnen. Natürlich war mancher Strauß mit den Wengertern auszustehen, so daß am Ende — auswärtiges Bier ausgeschenkt wurde. 1663 hat man sogar die Aufhebung der Stuttgarter Bierbrauerei hingenommen, um dann doch im 19. Jahrhundert einen souveränen Sieg der Bierbrauer davonzutragen: jetzt beginnt man, den Alkoholkonsum der Mehrzahl durch den »Ausstoß« der Brauereien zu decken. Allmählich findet man auch seinen Geschmack daran, in den ersten Häusern der Stadt Bier zu servieren und von den kleinen Leuten im Bohnenviertel Flaschenbier »Über die Straße« verkaufen zu lassen. Auch in dieser Branche haben sich bald Konzentrationstendenzen bemerkbar gemacht, Abhängigkeiten von technischen Neuerungen, von großem oder riesengroßem Kapital, dem kleinere und unrentable Brauereien erliegen mußten. Den harten Konkurrenzgefechten haben sich im Verlauf des 19. Jahrhunderts Brauereien von Rang entwunden, die Brauerei Englischer Garten in Stuttgart, die sich mit der Karmeliter-Brauerei in Esslingen vereinigte, die Brauerei Wulle in Stuttgart, die ihrerseits die Brauerei Siegelberg und Gebrüder Lechleiter in Esslingen übernahm. Bald hat sich die Stuttgarter Bierindustrie in unmittelbar benachbarten Vororten heimisch gemacht, diesmal droben auf den Fildern, wo die Vaihinger Bierbrauerei von Robert Leicht täglich 1 200 bis 1 500 hl Bier produzierte, ihr eigener Licht- und Kraftfabrikant war und auch für ihren Wagen- und Maschinenpark eine eigene Werkstatt unterhielt. Vor dem Ersten Weltkrieg war die Stuttgarter Großbrauerei Dinkelacker längst ein Begriff, mit 120 000 hl jährlichem Bierumsatz, überboten nur von der Württembergisch-Hohenzollerischen Brauereigesellschaft, die im Jahr fast 200 000 hl Bier an den Mann brachte, sehr viel mehr als die Tivoli-Brauerei oder die Brauerei Rettenmeier, ja die Aktienbrauerei Wulle in Stuttgart vermochten.

Wie gesagt: man könnte diese Brauereien des 19. Jahrhunderts eine Stuttgarter Spezialität nennen. Auch an die Nahrungsmittelindustrie im engeren Wortsinne ließe sich denken, an die Nudel-, Makkaroni- und Suppenfabriken, die in der engsten Umgebung Stuttgarts die Bedürfnisse und Erfahrungen ihres »Standortes« genutzt und zur breiten Geltung gebracht haben. Verglichen mit dem Buchdruck, waren das aber alles zweit- oder drittrangige Dinge. In den Jahren nach der Reichsgründung hatte Stuttgart auf dem deutschen Büchermarkt unangefochten die dritte Stelle inne. Die Stuttgarter Buchindustrie beginnt in der Barock- und Aufklärungszeit. Aber während in vielen anderen süddeutschen Städten *auch* der Buchdruck zuhause ist, während Nürnberg als Ort aufregender Stachelschriften sein besonderes Profil hat und in Augsburg prachtvolle Kunst- und Kartenwerke entstehen, in Tübingen gelehrte Folianten und in Reutlingen Kalender für die einfachen Leute, wird Stuttgart »einfach« Buchstadt, in der man alles Gedruckte herstellt und alles Gedruckte haben kann. Allein durch die zwei Zeitschriftentitel »Die illustrierte Welt« und »Über Land und Meer«, die für die damalige Zeit immerhin die beachtlichen Auflagen von hunderttausend und zweiundachtzigtausend Exemplaren erreichten, wurde Stuttgart im 19. Jahrhundert bekannt.

Das ist in der schwäbischen Geistigkeit selber begründet. Nicht das Optische und Akustische, nicht sinnenbetörende Bildnismalerei oder eine aus irgendwelchen musikantischen Ecken heraus lebende Musikalität ist hier das Signum der Kulturtradition, sondern das geschriebene Wort. Das Schwäbische ist Wortkultur par excellence. Der Buchdruck hat hier seine besondere Heimat, einfach deshalb, weil er verknüpft ist mit den urtümlichen und vitalen Regungen der schwäbischen Geistigkeit. Cotta konnte schon 1838 auf der Leipziger Messe unter 3951 dort ausgestellten Büchern 203 aus seinem eigenen Verlag präsentieren – die Nachricht paßt zu dieser vom gedruckten Wort lebenden Stadt ebenso wie der Hinweis des Jahres 1840, in Stuttgart lebten 249 Schriftsteller, ohne daß man in diese Zahl die Redakteure und Mitarbeiter der Tagesblätter aufgenommen hätte. Am überzeugendsten ist in Stuttgart das Verlagswesen den Weg zum polygraphischen Gewerbe gegangen, zur Buchindustrie, die nun in engem Geflecht steht mit dem Buchhandel, dem Buchverlag und dem Zeitungswesen der Stadt. Die »Allgemeine Zeitung« und das Cotta'sche »Morgenblatt« waren zu Anfang des 19. Jahrhunderts Organe, die man nicht nur im deutschen Süden las. Der »Schwäbische Merkur«, wir hörten schon von ihm, hat bis in die Anfangszeiten des Zweiten Weltkrieges hinein auf nahtlose Weise »das Schwäbische« repräsentiert. Und das »Stuttgarter Tagblatt« und die »Württemberger Zeitung« waren die tonangebenden Blätter im Lande, ganz abgesehen von der parteigebundenen Presse, die nahezu ausschließlich in Stuttgart erschien. Als Johann Friedrich Cotta 1764 nach Stuttgart kam und dreißig Jahre später die »Allgemeine Zeitung« gründete, war kaum anzunehmen, daß aus solchen literarisch gemeinten Unternehmen auch einmal industrialistische Kapazitäten werden würden. Aber Cotta ist in den ersten Jahren des 19. Jahrhunderts auch zu einem Industriebegriff geworden.

Er war unter den Stuttgarter Buchhändlern weder der erste noch der älteste. Johann Gottfried Zubrod hat sich 1670 als erster in Stuttgart niedergelassen. Ihm folgte der aus dem Sächsischen stammende, bei Zubrod als Lehrling arbeitende August Metzler, der Stammvater der Buchhandlung und des Verlags von Johann Benedikt Metzler. 1751 kommt Johann David Hallberger, Gründer einer eigenen Verlagsbuchhandlung, 1763 Steinkopf mit einem Antiquariat, das, noch heute blühend, untrennbar mit der schwäbischen Landeskultur verbunden ist. Nach Cotta wäre Karl Hoffmann zu nennen, nicht minder begabt als jener und als einer der Schöpfer der Lieferungsausgaben im Handel bis heute unvergessen. Aus seinem Unternehmen leitet sich eine ganze Menge von Firmen ab, die für Jahrzehnte hin einen guten Namen hatten oder noch heute tätig sind, die Buchverlage von Julius Hoffmann, K. Thienemanns Verlag, Gustav Weise und andere. Wie sehr diese Unternehmungen unmittelbar ins industrialistische Lager hinüberspielen, illustriert die Hoffmannsche Buchdrukkerei, unter Felix Krais in erweitertem Maße fortgeführt, aufs beste. Auch Eduard Hallberger, der dritte Nestor des Stuttgarter Buchhandels, war in diesem Sinne Großunternehmer. Er hat auch Zeitschriften verlegt und war der erste Herausgeber von illustrierten Journalen überhaupt. 1881 hat er sein Unternehmen in eine Aktiengesellschaft »Deutsche Verlagsanstalt« umgewandelt: eines der großen Unternehmen unter den deutschen Verlagen bis heute.
Wie eng gerade der Buchdruck mit dem Geist der Stadt verwachsen war, zeigt am Ausgang des Jahrhunderts der Verlag von Johann Heinrich Wilhelm Dietz, von dem noch die Rede sein wird, der Marx und Engels und Kautsky verlegte, den bis 1933 die Sozialisten aller Länder kannten, zeigt am Anfang des Jahrhunderts die Stuttgarter Bibelanstalt, die auf den Theologen und Prediger Karl Friedrich Steinkopf zurückgeht. Zusammen mit Steinkopf haben sich die führenden Stuttgarter Pietisten am 11. September 1812 im Hause des Kaufmanns Tobias Ludwig Lotter versammelt und den Plan gefaßt, eine eigene württembergische Bibelgesellschaft nach dem von Steinkopf aus London mitgebrachten Muster zu gründen. Mit königlichen Privilegien versehen und nicht ohne Bemühungen um eine christlich-konservative Restauration, hat man allmählich riesige Auflagen gedruckt. Auch der Calwer Verlagsverein, an dessen Gründung im Jahre 1833 der Stuttgarter Kaufmann Johann Jakob Haering beteiligt war, hat schon in den vierziger Jahren mit dem Druck der biblisch-christlichen »Handbüchlein« von Christian Gottlob Barth verlegerische Erfolge gehabt. Christoph Ulrich Hahns Evangelische Gesellschaft in Esslingen, 1835 nach Stuttgart verlegt und dort von dem Kaufmann Christoph Heinrich Enßlin geführt, wurde im Verlaufe der 48er Revolution zur zentralen Stelle, von der aus die Männer ins Land hinaus fuhren, Schriften in Wirtshäusern und an Straßenecken zu verteilen.

Der Stuttgarter Buchdruck ist in diesem 19. Jahrhundert zugleich der sublime Ausdruck der geistigen Kräfte, die in dieser Stadt zuhause sind. Ob Pietisten oder Sozialisten: von polaren Ausgangspunkten aus ging es in beiden Fällen um die unabdingbare und leidenschaftliche Etablierung einer besseren Welt, hier auf dieser Erde. Bücher waren da nicht Ware, sondern Waffe. Natürlich hat sich die materielle Komponente in diesem Aufstieg nicht unterdrücken lassen. Auch in der Stuttgarter Druckbranche greift allmählich jene Fusionierungslust um sich, die zu Scherls oder Hugenbergs Zeiten – ganz zu schweigen von den Entwicklungen seit den fünfziger Jahren in der Bundesrepublik – zum Gegenstand weiter politischer Diskussionen geworden ist. Cotta und sein rühriger Nachfolger, der Geheime Kommerzienrat Adolf Kröner, haben 1890, W. Spemanns Verlag Stuttgart und eine Leipziger Firma hinzunehmend, eine Aktiengesellschaft mit viereinhalb Millionen Mark Kapital unter der Firmierung »Union deutsche Verlagsgesellschaft« gegründet. Spätestens seit diesem Jahr gehört das Stuttgarter Verlagswesen auch zur Großindustrie der Stadt. Nirgendwo im südwestdeutschen Raum trifft man auf eine derartige Konzentration im Buch- und Verlagsbuchhandel, nirgendwo eine derart permanente und im doppelten Wortsinne gewichtige »Produktion«. Schon 1859 traf die Kgl. Eisenbahndirektion die Einrichtung, Stuttgarter Büchertransporte nach Leipzig in durchgehenden geschlossenen Wagen mit besonders abgekürzter Lieferfrist fahren zu lassen. Vor dem Ersten Weltkrieg liefen diese Stuttgarter Bücherzüge zweimal wöchentlich nach Leipzig. 1861 belief sich der Stuttgarter Bücherversand auf 481,6 Tonnen, 1880 auf 2 800 Tonnen, 1900 auf 4 600 Tonnen und 1907 auf 5 580 Tonnen: Lektüre, potentielle Lektüre läßt sich auch nach Gewichten messen. Wie sehr Stuttgart schon damals eine »Buchindustrie« hatte, zeigen die Zahlen des Jahres 1912: per Frachtgut hat man in diesem Jahr 5 556 Tonnen verschickt, per Eilgut 274 Tonnen. Damals hat man den Wert der jährlichen Buch- und Zeitschriftenproduktion Stuttgarts auf 25 Millionen Goldmark geschätzt.

Im übrigen hat die Maxime der neckarschwäbischen Industrie, weniger Quantität als Qualität zu produzieren, auch auf die Büchermacherei abgefärbt. Man wollte (und will) in Stuttgart nie so recht daran, wie im Berlin der zwanziger Jahre, billige, wohlfeile Literatur zu drucken, die heute die Gemüter erhitzt und morgen in Regalen dahindämmert. In Stuttgart hat man mehr auf wissenschaftliche, mehr auf dauerhafte Literatur abgehoben, auch in denjenigen Branchen, in denen man gerne zur raschen Tagesmache sich verführt sah, in den Provinzen der Jugend- und Zeitschriftenliteratur, der Belletristik mit allen ihren zahllosen Auffächerungen. Die Häuser Cotta und Kröner haben hier Vorbildliches geleistet, Begründer oder Förderer des Stuttgarter Buchhandels wie Neff, Engelhorn oder Spemann, Initiatoren des Stuttgarter Ruhms als einer Zentrale populärwissenschaftlicher und schöngeistiger Bücher wie Steinkopf, Metzler, Krabbe, Bonz und Hoffmann und manche andere. Um die Jahrhundertwende hat eine ganze Reihe Stuttgarter Häuser die Atmosphäre des deutschen Verlagswesens mitgeprägt, von »der Union«, der Württembergischen Bibelanstalt, der Deutschen Verlagsanstalt und dem Cotta Verlag abgesehen, die Verlage Albert Auer, Christian Belser, J. Engelhorn Nachfolger, Ferdinand Enke, die Franckh'sche Verlagshandlung, Greiner und Pfeiffer, Karl Grüninger, Julius Hoffmann, W. Kohlhammer, J. B. Metzler, J. F. Steinkopf oder Strecker & Schröder. Die größten Sortiments- und Kommissionsbuchhandlungen um die Jahrhundertwende waren J. Heß, Holland und Josenhans, Richard Kaufmann, R. Levi, H. Lindemann, Neff und Köhler, L. Schaller, H. O. Sperling, die Südd. Großbuchhandlung von G. Umbreit & Co., die Häuser von Hermann Wildt und Konrad Wittwer.

Und natürlich hat diese Verlagsproduktion auch Autoren nach Stuttgart gezogen, nicht bloß Männer wie Grabbe, Dingelstedt, Hackländer oder Moritz Hartmann in der ersten Jahrhunderthälfte, sondern auch nach 1850, als die Druckerpressen schon wesentlich schneller liefen, so gefeierte Geister wie Paul Heyse, Turgenjew, Gerstäcker, Raabe, Storm oder Freiligrath. Die Buchdrukkerei, die Buchbinderei und das polygraphische Gewerbe, wie man damals noch sagte, war auf dem besten Wege, graphische Industrie zu werden. 1895 zählte man in Stuttgart 150 Buch-, Kunst- und Musikalienhandlungen mit 672 Gehilfen, 52 Buchdruckereien mit 1 659 beschäftigten Leuten, im ganzen 195 graphische Betriebe mit 2 617 Angestellten, dazuhin 99 Buchbindereien, von denen wiederum acht ausgesprochene Großbetriebe waren, untergebracht teilweise in den genannten größeren oder großen Verlagen. 1907 war die Zahl der Buchhandlungen und Antiquariate bereits auf 178 gestiegen, an Buchdruckereien gab es nun 79 mit insgesamt 2 700 beschäftigten Arbeitern, an Buchbindereien registrierte man 114 mit einer Belegschaft von 1800 Leuten: Stuttgarter Verlagswesen mit allen Zubringerindustrien als ein zweifellos genuiner Ausdruck der Stuttgarter Geistigkeit.

Es ist jedenfalls nicht zwangsläufiger Ausfluß großstädtischer Lebensgewohnheiten, die etwa der Möbelindustrie, der Herstellung von »feinen Schokoladen« oder der Zigarettenindustrie, in Stuttgart wie in jeder anderen deutschen Großstadt, Auftrieb gegeben haben. Die Kurve der Stuttgarter Möbelindustrie belegt noch einmal wie ein Seismograph, wie der Weg eines bürgerlichen Anhängsels an die Residenz zur selbständig auftretenden Stadt aussehen konnte. Da ist die 1826 von Friedrich Wirth gegründete Möbelfabrik, eine der ersten in ganz Süddeutschland. Die Möbel-Wirth gehören zu den seit dem Reformationsjahrhun-

dert in Stuttgart eingebürgerten Familien. Die Tochter Aberlin Tretschs war mit einem Michael Wirth verheiratet. Der Betrieb in und neben dem Wirthschen Haus wurde in den Adreßkalendern generationenlang als »Schreinerhaus« geführt. Über die Kunstschreinerei, in der wertvolle Kanzeln – unter anderem die der Leonhardskirche – fabriziert wurden, aber auch Altäre und Taufsteine, ist die Wirthsche Schreinerei zu einer Firma aufgewachsen, die den guten Ruf der Stuttgarter Möbelbranche in Deutschland begründet und wesentlich gefördert hat. Zu Beginn der fünfziger Jahre des 19. Jahrhunderts war die Möbelfabrikation in Stuttgart mit einer Handvoll Firmen vertreten, im Grunde einfachen Betrieben, die modernen industrialistischen Anstrich noch kaum aufzuweisen hatten. Immer noch waren die Landschreiner mit ihren billigen Waren da, immer noch standen die zahlenmäßig so sehr zu Buche schlagenden Stuttgarter Mittel- und Unterschichten mit dieser Landkonkurrenz in engstem Konnex: die brachte einem einfaches und billiges Möbelzeug direkt ins Haus.
Erst die zunehmende Bautätigkeit in Stuttgart, vor allem aber die Erfindung geeigneter Maschinen und die Ausnützung der elektromotorischen Kraft hat jene Entwicklung eingeleitet, die um 1900 herum Stuttgart neben Berlin, Köln und Mainz zum Zentrum der deutschen Möbelindustrie gemacht hat. In den Bürgerwohnungen zieht jetzt der »Comfort« ein, das elegante Möbelstück, der Bücherschrank, das schwungvolle Sofa. Ende der siebziger Jahre gab es bereits über tausend Arbeiter in dieser Branche in Stuttgart. 1907 sind es fünfeinhalbtausend. Kurz nach 1870 waren Stuttgarter Fabriken wie die von Friedrich Wirth, F. W. Brauer, Epple oder Ege soweit, daß sie exportieren konnten. Auf der Wiener Weltausstellung haben die Stuttgarter Möbel eine so gute Figur gemacht, daß von da an der Auftragseingang spürbar lebendiger wurde und man allmählich in den Stuttgarter Produktionsprogrammen zu Spezialprodukten, zu »Kunstmöbeln« übergehen kann. Freilich hat man sich auch jetzt, nach altem Verlagssystem, der Zulieferung billigerer Einzelteile aus der Umgebung bedient. Aber aus der hausindustriellen Tischlerei war in den letzten drei Jahrzehnten des 19. Jahrhunderts in Stuttgart zugleich eine sehr modische und sehr zeitgebundene »Fabrikation« geworden, die den Mut haben durfte, sich augenblicksgebundenen Geschmacksrichtungen – und wohl auch Geschmacksverirrungen – hinzugeben, ein großes, arbeitsteiliges, kunstgewerblich bestimmtes Atelier zu haben und dem »Städter« entgegenzukommen. Daß da von den Zusammenhängen mit den Bildhauern und Tapezierern, mit den Malern und Dekorateuren, mit den Entwerfern und Lehrern der Polytechnischen Schule und der Kunstgewerbeschule gelebt wurde, braucht nicht mehr eigens betont zu werden. Vor dem Ersten Weltkrieg hat Stuttgart, als Stadt, in den Aktionen und Allüren des Jugendstils keine spezifischen Funktionen gehabt. Aber exportiert hat man

mancherlei Wichtiges in diesem Bereich, wiederum in der Herstellung von Feinarbeit und nicht in der Befriedigung von Massenwünschen.

Die Spezialisierung, die irgendwo in der Qualität ihre Erfüllung findende Arbeit hat zu Buche geschlagen. Zumindest vor dem Ersten Weltkrieg zeigte die Stuttgarter Möbelindustrie, als Branche wie kaum eine andere den Umschwüngen des Tages ausgeliefert, eine erstaunliche Krisenfestigkeit. Allein in der kurzen Zeitspanne von 1898 auf 1900 stieg die Zahl der in der Stuttgarter Möbelindustrie Tätigen von 1 276 auf 1 566 und ihre Lohnsumme von 1,4 Millionen auf 1,7 Millionen Mark. 1907 hat man die aus älteren, bodenständigen Unternehmen herausgewachsenen Vereinigten Möbelfabriken von Brauer & Wirth gegründet, mit über hundert Betriebsangehörigen. Jetzt lagen die Dinge umgekehrt: nicht mehr die Schreiner draußen waren die Möbelfabrikanten, sondern umgekehrt die Württembergischen Möbelfabriken Schildknecht & Co., die Stuttgarter Möbelfabrik Georg Schöttle, die Firmen von Gebrüder Weber, von Rall & Gerber und andere waren ein Begriff für das Land und darüberhinaus. Wer Möbel kaufen will, Dinge, die man fürs Leben anschafft, der fährt nach Stuttgart.

Der Prozentsatz an Eigenständigem ist in diesem Industriezweig sehr viel stärker als in der Stuttgarter Tabak- und Zigarettenbranche, die in den siebziger Jahren durch die Firmen von E. C. Hunnius (1875) und von Oskar Friemeltschen (1877) erste größere Niederlassungen erhielt. 1893 wurde eine größere Zigarettenfabrik von Athen nach Stuttgart verlegt, das Haus Georgii & Harr A.G., in dem 1913 fünfundsiebzig Leute arbeiteten. Das größte Unternehmen dieser Art war natürlich die Waldorf-Astoria Company GmbH, die 1906 eine Stuttgarter Filiale begründete und deren Mitarbeiterzahl mit Beginn des Ersten Weltkriegs die Tausendergrenze längst überschritten hatte. Auch in der Zigarettenindustrie hätte man um die Jahrhundertwende und in den Jahren danach noch eine Menge kleinerer und kleinster Fabriken in Stuttgart aufspüren können. Sie haben ihre Arbeitskräfte größtenteils aus den Reihen vertriebener oder ausgewanderter polnischer und galizischer Juden gespeist und sind häufig auch von solchen gegründet oder geleitet worden. Wie immer in den Sparten der großstädtischen Genußmittelindustrie, hat auch die Stuttgarter Zigarren- und Zigarettenfabrikation damals das große und vergleichsweise billige Angebot von Frauenarbeit ausgenützt und im übrigen »die Dörfer« bevorzugt. Zigarettenfabriken gab es nicht nur in Stuttgart, sondern auch in Cannstatt und Berg, in Feuerbach und Böblingen.

Aber jede Großstadt hatte damals und später mit derlei Firmen aufzuwarten. Verbindungen mit den Eigenheiten der schwäbischen Residenzstadt, mit ihren guten und belastenden Traditionen sieht man da kaum. Anders die Maschinenindustrie. Sie ist, mit allen ihren Sonderentwicklungen und Abzweigungen, noch vor dem Ersten Weltkrieg zum Ausweis schwäbischer Industrie überhaupt geworden. Dabei gehört sie nicht zu den ersten und eingewurzelten Stuttgarter Branchen. Der Metallbearbeitung hat sich am Mittleren Neckar als erster Heinrich Rudy zugewandt. Er hat, herausgewachsen aus der in Herrnhutergeist eingebetteten Neuwieder Spenglertradition, 1809 in Esslingen eine Blechlackierfabrik begründet, die Carl Deffner nach 1815 in großartiger, genialer Weise zur größten Metallwarenfabrik des Landes heraufgeführt hat. In Esslingen ist 1846 auch die Esslinger Maschinenfabrik gegründet worden, die schon in den fünfziger Jahren über tausend Arbeiter hatte und für Württemberg jahrzehntelang nicht nur in technischem, sondern auch industriepädagogischem Sinne unangefochtene Autorität war.

Mit der Maschinenfabrik, die Kuhn 1852 in Berg gründete, zog die Maschinenfabrikation, in diesem Falle der Bau von Dampfkesseln, auch in die Residenzstadt ein; jetzt war ein Stuttgarter Industriezweig daraus geworden. Bei Kuhn in Berg hat man wichtigste Arbeit geleistet für die Industrialisierung des Landes. Während es 1852 in Württemberg gerade 34 Dampfmaschinen mit zusammen 312 PS gab, stieg ihre Zahl bis 1862 auf 273 mit 3 225 PS. Die Esslinger Firma war bei aller Prosperität, die der technisch-wissenschaftlichen Entwicklung zu verdanken war, die stärkste. Sie hat sich 1881 die in Liquidation befindliche Cannstatter Maschinenfabrik Gebr. Decker & Co. einverleibt, mit der eine frühe Cannstatter elektrotechnische Fabrik zusammengegangen war, und 1901 auch die Kuhnsche Fabrik. Jetzt war das Geviert zwischen Esslingen, Mettingen und Cannstatt, wo man Lokomotiven, Dampfmaschinen, Straßenwalzen und Dampfkessel herstellt, *das* Zentrum in Württemberg. Die Cannstatter Kesselfabriken von Hild und Metzger und M. Streicher rundeten dieses Bild ab.

In Stuttgart selbst wollten sich, so schien es, innerhalb der Maschinenfabrikation nur Spezialmaschinenfabriken ansiedeln: die wachsende württembergische Fabrikindustrie hatte ihren Bedarf. Zögernd, dann immer ungenierter stellen sich Fabriken für Textilmaschinen ein, dann für die Metall- und Holzverarbeitungsindustrie. Bahnbrechend ist die Backofenfabrik von Werner & Pfleiderer, 1879 gegründet, vor dem Ersten Weltkrieg mit mehreren tausend Arbeitern in mehreren Filialen arbeitend; im Cannstatter Stammhaus selbst gingen rund tausend Leute zur Arbeit. Aber auch andere Stuttgarter Maschinenfabriken haben um oder nach der Jahrhundertwende einen Namen, die Fabriken von Aldinger in Obertürkheim, von Krumrain und Katz, von A. Ziemann oder B. Haushahn in Feuerbach, die Firmen von C. Terrot Söhne oder die Fortuna-Werke von Albert Hirth in Cannstatt, die Union Spezialmaschinenfabrik und Gebrüder Haaga in Stuttgart.

Schon um die Jahrhundertwende sah man, daß die metallverarbeitenden Fabriken in Stuttgart nicht zu Hause waren, schon gar nicht die Gold- und Silberschmiede, die ja in Pforzheim und Gmünd längst ihre konkurrenzlosen Hochburgen hatten. Nur die Eisenverarbeitung hat in Stuttgart Fuß gefaßt, erstaunlicherweise gerade die Eisengießerei, die es im Nesenbachtal sogar, trotz dieser enormen Schwierigkeiten der Materialbeschaffung, zu großer Blüte gebracht hat. Die bekanntesten Stuttgarter Eisenwerke waren die von C. Leins & Co., M. Streicher in Cannstatt, Kleemanns Vereinigte Fabriken in Obertürkheim und Faurndau, auch die Stotz-AG in Stuttgart-Kornwestheim. Rasch war das Spektrum der Stuttgarter Maschinenindustrie in den beiden letzten Jahrzehnten des 19. Jahrhunderts, man möchte sagen: in typisch schwäbischer Weise höchst individuell und vielfarbig geworden. Diese zweite Phase der Industrialisierung, bestimmt im technischen Bereich durch die Elektrifizierung, im wirtschafts- und gesellschaftspolitischen durch stärkere Engagements auf allen Seiten, vor allem durch möglich gewordene Kreditpolitik, zeigt in Stuttgart eine Menge kleiner und kleinster Fabriken, die, nach außen hin in dieser Eigenschaft oft gar nicht signiert, mit der Herstellung von Schlossereiprodukten beschäftigt sind, von eisernen Möbeln, von Blech- und Metallwaren, von Bronzeguß, von kunstgewerblichen Ornamenten, von Galvanoplastik oder irgendwelcher Feinmechanik. Sofern daraus der Bau physikalischer und optischer Apparate und Instrumente wurde, konnte die eine oder andere Firma, wenn auch der Quantität nach noch immer in vergleichsweise geringfügigen Verhältnissen, in ihrer Leistung eine über das Europäische hinausgreifende Bedeutung haben. Die Firmen von Wilhelm Teufel, Kirchner und Wilhelm F. Mollenkopf, G. Lufft oder Julius Faber, die Contessa-Camera-Werke oder die Kathedermanufaktur Reform Cannstatt gehörten (oder gehören) zu diesen Fabriken, die eine unmittelbare Verbindung zwischen Industrie und technischer, chemischer, physikalischer, elektromechanischer oder medizinischer Forschung auf spezifisch schwäbische Art dokumentieren. In der Stuttgarter Maschinenfabrikation ist die Lust der Erfindung, manchmal sogar die Verfallenheit ans Herumbasteln auffallend. Der wirtschaftliche Erfolg ist dann in manchen Fällen überhaupt nicht der Erfolg eines Kapitaleinsatzes, der geistlos-automatischen Vergrößerung des Produktionsapparates, sondern schlicht ein Erfolg eigenen technischen Könnens.

Die Frage, wie diese Industrie entstanden sei, auf einem bloßen, wie immer auch gelagerten oder ermöglichten Mehr an Kapital, auf der rüden Aneignung unbezahlter Arbeit, der unmenschlichen Ausbeutung des Arbeiters oder dadurch, daß ein Könner oder gar ein genialer Kopf den anderen über Nacht davongelaufen und auf seine Weise zum Bezwinger des neuen industrialistischen Zeitalters geworden ist: diese Frage ist damit angeschnitten. Sie mit

60 Gottlieb Daimler (1834 bis 1900). Aufnahme der neunziger Jahre

61 Robert Bosch (1861–1942) im Zünderwerk. Aufnahme des Jahres 1941

62 Blick in die Montagehalle der Daimler-Motoren-Gesellschaft in Cannstatt um 1900, in der die ersten Daimler-Wagen zusammengebaut wurden

63 Fabrikation von Magnetzündern im Stuttgarter Werk der Firma Bosch in den frühen zwanziger Jahren

einem knappen Wort zu beantworten, wird kaum gelingen. Im Hinblick auf die typischen und ausgeprägtesten Seiten der Stuttgarter Maschinenindustrie, der Kraftfahrzeugfabrikation und der Herstellung elektrischer Zündapparate, neigen wir dazu, der Persönlichkeit den historischen Vorrang zu geben. Hier waren Leute am Werk, genauer gesagt zwei Männer, die der Stuttgarter Geschichte und dem industriellen Leben weit darüber hinaus ein anderes Gesicht gegeben haben: Gottlieb Daimler und Robert Bosch.

Daimler hat nicht, wie Bosch, in der Stuttgarter Innenstadt begonnen, sondern in Cannstatt. Darin ließe sich Zufälliges erkennen. Aber nun hat Max Eyth in der Berger Maschinenfabrik schon im Frühsommer 1860 zusammen mit seinem Herrn und Meister Kuhn fieberhaft an einem Gasmotor herumgebastelt: die beiden waren auch von den Wogen der Motorbegeisterung erfaßt worden, die der 1860 patentierte Gasmotor von Jean Joseph Etienne Lenoir ausgelöst hatte. Trotz einer aufregenden Spionagereise Eyths zu Lenoir nach Paris, wo sich ein sechsundzwanzigjähriger Maschinenbauer namens Gottlieb Daimler wegen der gleichen Sache eingefunden hatte, gab es nichts bei diesem aufregenden Unternehmen in Berg als einen furchtbaren Knall und einen in Gasgestank gehüllten Fabrikhof. Nur von der »Geheimbude« des Fabrikanten, zu der außer drei Eingeweihten der Zutritt bei Todesstrafe verboten war, hat man sich lange erzählt. Daimler hat zwei Jahrzehnte später ein paar Schritte weiter eine gleiche Geheimbude bezogen, auch er, nicht erst seit Übernahme des Direktorpostens in der Deutzer Gasmotorenfabrik von Nikolaus August Otto, fasziniert von dem Gedanken, einen leichten, schnellaufenden Benzinmotor zu bauen. Daimler war, wenn man die Cannstatter Jahre beiseite läßt, länger in der Fremde als daheim. Die menschlichen, ja die technologischen Linien dieses Lebens sind indessen ganz im Neckarschwäbischen angelegt. Der Schorndorfer Bäckersbub, der eine doppelläufige Taschenpistole als Gesellenstück fabrizierte, geht 1852 auf die Stuttgarter Gewerbeschule. Ob ihn Ferdinand Steinbeis, der gefeiertgefürchtete Industrieförderer, persönlich gekannt oder seine besondere Begabung je entdeckt hat, wäre noch nachzuweisen. Jedenfalls wird der ungemein zäh arbeitende Gewerbeschüler in die Stipendien-Maschinerie der »Zentralstelle« aufgenommen, für ein halbes Jahrzehnt als Facharbeiter ins Elsaß geschickt und hernach für die Zeit von Herbst 1857 bis Herbst 1859 auf die Stuttgarter Polytechnische Schule »gewiesen«, wo er mit Friedrich Voith und Gustav Siegle, vor allem aber mit Heinrich Straub, dem Sohn des Geislinger »Kunstmüllers« und Begründers der heutigen Württembergischen Metallwarenfabrik, mit Emil Keßler, dem Sohn des gleichnamigen großen Esslinger Lokomotivenbauers, Freundschaften schließt. Nach seinem Englandaufenthalt und vor seiner, vom Vater Keßler vermittelten Arbeit als technischer Leiter in der Bruderhaus-Maschinenfabrik Gustav Werners in Reutlingen, ist Daimler von 1863 bis 1865 in der Metallwarenfabrik der beiden Straub in Geislingen. Emil Keßler und er bleiben immer Freunde. In der Esslinger Maschinenfabrik wird Daimlers erstes vierräderiges Fahrzeug, nach seinen Angaben, für den Motorenbetrieb eingerichtet und zum erstenmal gefahren. Das war der letzte Akt. Der erste beginnt in der Polytechnischen Schule in Stuttgart, in Holtzmanns Vorlesungen über Wärmetechnik und Fehlings Kohlenwasserstoff- und Ammoniak-Experimenten: in Stuttgart erfaßt Daimler die Lebensleidenschaft für die »Kraftmaschine«.

Das Terrain zwischen Stuttgart-Berg, Cannstatt und Esslingen war für Daimler, der 1882 zu seinen Anfängen zurückkehrt und das an den Cannstatter Kurgarten angrenzende Anwesen der Kaufmannswitwe Schickhardt erwirbt, also natürlicher Ausgangspunkt für seine, die Lebenserfahrungen abschließende Konstruktionsarbeit. Wir betonen das, weil die liebenswürdige Lokalarabeske von den Cannstatter Polizisten, die, von gut schwäbischen Nachbarn dazu animiert, Daimlers Gartenhauswerkstatt nach Falschmünzerei durchsuchen, das Bild von einem Sonderling in technik- und industrieloser Landschaft nahelegt. Sicher war dieser schnellaufende Explosionsmotor, den Daimler, von Wilhelm Maybach aufs lebhafteste unterstützt, schon 1883 fertig hatte, revolutionierend durch die kleinen Abmessungen, das leichte Gewicht und die enormen Drehzahlen, zunächst so etwas wie ein Kuriosum, ein Jahrmarktsspektakulum: immer in solchen Fällen stößt sich das Alte und das Neue. Als es Paul Daimler, dem ältesten Sohn des Erfinders, am 10. November 1885 bei der ersten großen Ausfahrt gelingt, »mit dem Motorrad die kolossale Entfernung von Cannstatt nach Untertürkheim, das sind drei Kilometer, zurückzulegen«, da ist, aus der Retrospektive unserer Zeit zu urteilen, eine Zäsur im Wirtschafts- und Kulturleben erreicht. Im Frühjahr 1886 macht sich Daimler daran, seinen Motor zum Geburtstag seiner Frau in einen Kutschwagen einbauen zu lassen, den er bei der Stuttgarter Firma W. Wimpff & Sohn, Kgl. Hoflieferanten für Wagenbau aller Art, bestellt hat. »Der Wagen lief gut und machte schon bis 18 Kilometer in der Stunde.« So der Sohn über eine der Ausfahrten im Herbst 1886, im gleichen Jahr, in dem Bosch seine Werkstätte für Feinmechanik und Elektrotechnik im Hinterhaus Rotebühlstraße 75 B in Stuttgart eröffnet, wo ein Jahr darauf der erste Magnetzünder für einen ortsfesten Gasmotor gebaut wird. Die Zündung: *das* Kardinalproblem dieser Motoren. Daimler ist stolz darauf, durch das Glührohr die Sache mit der Zündung »gelöst« zu haben. Im übrigen steht bei seinem Arbeiten die universale Verwendung des Motors im Vordergrund. Noch heute zeigt man im Werk Untertürkheim das erste, von Daimler selbst entworfene »Produktionsprogramm« mit Feuerspritzen und Waggonets, fahrbaren Sägmaschinen und Kajütbooten: alle mit Daimler-Motoren bestückt.

Über Nacht haben sich die Konturen eines »Werkes« ergeben. 1890 wird die Gründung einer Daimler-Motoren-Gesellschaft in Cannstatt notwendig. Sie bringt freilich ein Stück Tragik in die letzten Jahre des schon am 6. März 1900 in Cannstatt Verstorbenen. Die beiden Partner, Max Duttenhofer und Wilhelm Lorenz, wollen eher die Rolle der Spekulanten übernehmen, während Daimler im Grunde Techniker geblieben ist und von der Massenherstellung nichts wissen will. Als vollends die virtuose Mechanikerkunst Maybachs durch einen anderen ersetzt werden soll, trennt sich der Zurückgedrängte von der Motorenfabrik Ausgang des Jahres 1892. Er geht mit Maybach im stillgelegten Cannstatter Hotel Hermann seinen Berechnungen und seinen Konstruktionsplänen nach. Die Unterschiede zum Bilde Robert Boschs werden deutlich. Das Geheimnis von Boschs Lebensleistung verrät sich in der genialen Disposition für das Organisatorische: er ist Firmenführer im souveränen Sinne, hundertmal sich dagegen verwehrend und verwahrend, etwas »erfunden« zu haben, wie es die Legende wollte. Der Platz von Robert Bosch ist in Technik *und* Industrie (und darüber hinaus in der Sozialpolitik), der Daimlers vorab in der Technikgeschichte. Die Verbindungen mit William Steinway, der in Amerika das Interesse für die Daimler-Motoren entfacht, mit Panhard & Levassor und Peugeot, die in Frankreich schon früh die Souveränität der Daimler-Motoren demonstrieren, hat Gottlieb Daimler für manches moderne Industriellen-Gefühl fahrlässig locker geknüpft. Mit der Gründung der Daimler-Motor-Company in Coventry im Jahre 1896 begann in England der stürmische Siegeszug des Kraftfahrzeugbaus: Daimler war finanziell gar nicht beteiligt. Hat es so sein müssen, daß er, ein Mann der Werkbesessenheit und der fortgesetzten Selbstprüfung, in diese seltsame Duplizität der Fälle hineingerät; in Stuttgart und in Mannheim, hier bei Daimler, dort bei Benz, arbeitet man an derselben Sache und weiß nichts voneinander? Es war ein in persönlicher Begegnung nie sich entladender Prioritäten-Streit, der sozusagen hausintern dadurch gelöst wird, daß 1924 eine Interessengemeinschaft der Daimler-Motoren-Gesellschaft mit der Benz & Cie. zustandekommt und 1926 – Benz hat das noch erlebt – beide Firmen zur heutigen Daimler-Benz Aktiengesellschaft zusammengeschlossen werden.

Wenn man den wenigen vorhandenen Bildern Daimlers trauen darf, diesem sehr schwäbischen Gesicht mit dem großen, runden Schädel, dem man das Denken und Rechnen und wieder das Denken ablesen kann, dann war dieser Daimler ein Dickschädel, gar nicht das, was man eine »brillante« Erscheinung nennt. Aber der Mann mit den prüfenden Augen, die etwas Selbstbewußtes und doch Mißtrauisches verraten, mit diesem Zug zum schmerzhaft Kämpferischen, hat sich behauptet, vor sich selber behauptet. Daimler hat mehr geschaffen als einen leichten und schnellaufenden Benzinmotor, der die Welt und die Straßen und

Städte verändert hat: ein unverwechselbares Maß an Unabhängigheit, an Konzentration und Verlässlichkeit, das auf das Untertürkheimer Werk und alle seine Weiterungen abgefärbt hat, abfärben mußte.

Boschs Anfänge, rekapituliert man sie, wirken wie aus dem Musterbuche der schwäbischen Industrie. Daimler hatte in seiner Cannstatter Zeit immerhin bedeutende Gelder aus seinen Aktien bei der Deutzer Motorenfabrik bezogen, viele Jahre hindurch. Bosch hat buchstäblich von unten her angefangen. Der Fünfundzwanzigjährige, der 1886 in der Rotebühlstraße mit der »Feinmechanik« beginnt, macht es dem Industriehistoriker hinterher schwer, zu entscheiden, was eigentlich der ausschlaggebende Faktor für den sagenhaften Aufstieg des Hauses Bosch war. Die ohnehin penetrante (und unergiebige) Neugier, lediglich nach »dem Kapital« zu fragen, die das Unternehmen ermöglichte, wird nach näherem Zusehen zu einer naiven Sache: ein bißchen Zusammengespartes war da. Und Verwandten- und Freundeshilfe. Mehr nicht. Daß diese geheimen, erbitterten Gefechte um einen standortfesten Viertaktmotor und einen Motor mit einem oder zwei Zylindern zur Bewegung von Fuhrwerken und Chaisen »für Jedermann« für ihn, der in Ulm Feinmechanik gelernt hat, an der Technischen Hochschule in Stuttgart ein Semester Gasthörer war und hernach in Nürnberg, in Amerika und London mit den eigentlichen Pionieren der jüngeren Elektrotechnik zusammengekommen war: daß er in Sachen »Zubehörteilen« zum Auto, zum Flugzeug würde Beziehungen bekommen, war dem jungen Mann fremd. Für das Spekulative hat Bosch keinen »Draht« gehabt. Klingelleitungen wollte er bauen, Haustelefone installieren, wenn es verlangt würde, Blitzableiter anlegen.

Daß er dann doch, wider seinen Willen und jedenfalls gegen seine Instinkte, zum Zündapparat kam, war eine weiter nicht aufregende Sache. Ein kleiner schwäbischer Fabrikant fragte ihn, ob er ihm für seinen Gasmotor eine Zündvorrichtung herstellen könne, wie er sie kürzlich in Schorndorf gesehen habe. Bosch sieht sich die Sache an und meint, das müsse wohl möglich sein. Eine korrekte Anfrage noch bei der Lieferfirma des Gasmotors, ob die Vorrichtung patentiert sei. Dann baut er den Apparat. Bestellungen darauf ließen sich hernach nicht vermeiden; daß Bosch so etwas könne, sprach sich herum. Aber es ging doch in der Hauptsache nur um die Zurichtung zum standortfesten Motor. Erst mit dem Auftrag des englischen Autospezialisten Frederic R. Simms, mit dem es später viel Ärger geben sollte, den Zündapparat beim Motorfahrzeug aufzumontieren, bei einem in der Folge der deutschen Erfindung entwickelten französischen Modell, kam Leben in die Sache. Sie war schwierig genug, weil die Umlaufzeiten wesentlich höher lagen. Aber der Werkführer Arnold Zähringer hat einen glücklichen Einfall und führt den Versuch mit einer technischen

Neuerung zum Erfolg. Als sich für Daimler ein Großabnehmer findet, der die Bedingung stellt, das Auto nicht mit dem Daimlerschen Glührohr – und nicht mit der Batteriezündung von Benz –, sondern mit der ungefährlichen Bosch-Vorrichtung auszustatten, sind auch im übertragenen, industriegeschichtlich bedeutsamen Sinne die »Kontakte« zwischen den beiden Stuttgarter Fabriken geschlossen, ohne daß die beiden, Bosch und Daimler, sich im folgenden persönlich »angenommen« hätten.

Bosch ging seinen Weg weiter, wie er ihn begann, mit einer bewundernswerten Sicherheit für das industrialistisch Notwendige und Mögliche, mit dem immer wieder überdachten Grundsatz, »mir willige Mitarbeiter heranzuziehen, und zwar dadurch, daß ich jeden möglichst weit selbständig arbeiten ließ, ihm dabei aber auch die entsprechende Verantwortung auferlegte«. 1901 entwickelt Gottlob Honold den Hochspannungszünder. Mit ihm kommt die große Vereinheitlichung, der Siegeszug des Bosch-Zünders durch die ganze Welt. Honold brachte wissenschaftliche Schulung mit, aber auch die Fähigkeit, sie mit praktischem Bastlergeschick zu verbinden, auch mit dem Sinn für die sparsame Fertigung und gute Form: er machte sich mit der Optik und der Akustik vertraut, schuf Scheinwerfer und Signalapparat, das »Bosch-Horn« – es gab schon den »Anlasser«, und bald den Wischer und Winker und jenen ganzen Katalog von Ausrüstungsdingen, die das Fahren zugleich sicherer und bequemer machten.

Für die Stuttgarter mochte Bosch, der Mann, der in den neunziger Jahren mit dem breitkrempigen Schlapphut auf dem Rad zu den Arbeitsstellen fuhr, mit dem großen, dunklen Vollbart und dem ernsten Ausdruck der scharf beobachtenden Augen, eher wie ein Sektenprediger wirken als ein kommender Industriekapitän. Er war zunächst keine Erscheinung, mit dem man sich beschäftigte. Wer beruflich mit ihm zu tun hatte, lobte wohl die Zuverlässigkeit und Genauigkeit der Arbeit. Daß er irgendwie Minderwertiges leiste, war Bosch immer ein unerträglicher Gedanke. »Deshalb habe ich stets versucht, nur Arbeit hinauszugeben, die jeder sachlichen Prüfung standhielt, also sozusagen vom Besten das Beste war.« Ein gelassenes Wort, das man Bosch – darin liegt seine ganze industriegeschichtliche Größe – abgenommen hat. Rührend fast, wie er sich vom öffentlichen Leben, von dem in Gang kommenden Verbandsbetrieb fern hält, wie er noch lange während des Zünderbauens in der Installation die zentrale Aufgabe sieht und sich erst 1900 entschließt, die gemieteten Räume zu verlassen und eine Fabrik elektrotechnischer Artikel in der Nachbarschaft, in der Hoppenlaustraße zu bauen: mitten in Stuttgart ein großer Industriekomplex, der ihn erst 1909, als die Entwicklung zu stürmisch geworden war, bereit macht, mit Sonderaufgaben in freigebliebenes Gelände nach Feuerbach zu wandern.

Boschs persönliche Note in der Geschichte der deutschen Technik und Industrie ist unverkennbar. Der Zufall hat ihn beim Stuttgarter Anfang in die Hausgemeinschaft mit Karl Kautsky gebracht. In endlosen Diskussionen hat er da, mit sichtlichem Vergnügen am Argumentieren und an logizierendem Rationalismus, die Mehrwertlehre niedergeredet. Und doch sozialdemokratisch gewählt. Und 1896 den Neunstundentag, 1906 den Achtstundentag eingeführt: nach Gustav Freese und Enst Abbé, die alte, eingeführte Werke leiten, der erste im Reich. Er zahlt die höchsten Löhne, gibt den Samstagnachmittag frei, übernimmt die Sozialversicherungsbeiträge für die Arbeiterschaft und begründet einen Arbeiterausschuß. Auf bindende Wohlfahrtseinrichtungen hat er immer verzichtet. Löhne und Arbeitszeit, Sorge für beste hygienische, helle und durchlüftete Anlage der Arbeitsplätze — das war *seine* Sozialpolitik. Daß gerade der Betrieb des »roten Bosch« 1913 von einem »wilden« Streik angefallen wurde, den er dann, weil eine zentrale Abteilung getroffen war, durch die Schließung des gesamten Werkes beantwortete, mag vielen eine Genugtuung gewesen sein. Aber er ist, trotz seiner kühlen Entschlossenheit und trotz der totalen Niederlage der Arbeiterschaft, seines Sieges nie froh geworden: ihm persönlich war es auch die Niederlage seiner sozialpolitischen Pioniergesinnung. Er hat damals gering gedacht von einem möglichen Vorbild seiner Person und seines Werkes. Später, nach 1917, als die Firma Aktiengesellschaft geworden war und ins Riesige zu wachsen begann, spürte er, daß eine Generation von Söhnen von seinem Verhältnis zur Arbeiterschaft und Mitarbeiterschaft zu lernen bereit war.

Die Bedeutung der Häuser »Bosch« und »Daimler« für die Industrie Stuttgarts und seiner Region liegt mit einem Satz darin, daß die südwestdeutsche Ecke für das Auto das Land der ersten Experimente und des großartigen Ausbaus wurde, daß es für das neue Flugwesen — Zeppelin, Hirth, Vollmöller, Heinkel, Klemm und andere gehören dazu — die eigentliche Heimat wurde. In dieser Phalanx erscheint dann auch die Porsche KG in Stuttgart-Zuffenhausen, richtiger, chronologisch behutsamer, ihr Gründer Ferdinand Porsche, der seine Konstruktionskarriere 1899 mit einem elektrischen Fiaker begann, in den zwanziger Jahren bei Daimler in Untertürkheim das Konstruktionsbüro leitete und 1931 sich in Stuttgart mit eigenem Büro niederließ, in dem die Rennwagen der Auto Union und der Volkswagen entstanden. Nach dem Zweiten Weltkrieg baut die Porsche KG in Zuffenhausen, auf fast handwerklicher Tradition fußend, Sportwagen, ohne, wie Bosch und Daimler, die internationalen Beziehungen durch die Einrichtung eigener, ausländischer Produktionsstätten zu erweitern. Auch Kreidler in Kornwestheim und Maico in Pfäffingen, ja schließlich die in Backnang beheimatete Lastkraftwagenfirma Kaelble und die in Neckarsulm ansässigen Audi-NSU-Werke müssen eingefügt werden in dieses Automobil-Geviert. Mit Daimler hat das hier kaum angedeutete Geflecht industriöser und technischer Zusammenhänge, in welche die Stuttgarter Kraftfahrzeugindustrie mit allen ihren Zuliefererindustrien und Subunternehmen, mit ihren Ausgriffen in die Flugzeug-, Schiffs- und Schienenfahrzeugindustrie, in die Fertigung von Werkstatt- und Industrieausrüstungen und in die elektronische Industrie eingebettet ist: mit Daimler hat das alles begonnen. Man fühlt sich angesichts dieser »motorischen« Entwicklung bemüßigt, die Hintergründe dieses Prozesses auszuleuchten und darüber zu meditieren, daß mit den größeren Umlaufzeiten der Daimlermotoren und dem immer zuverlässigeren Äquivalent der Boschzünder die Stunden kürzer geworden sind, sprich: das Tempo schneller geworden ist, die Welt kleiner, unser Lebensbedarf machbarer. Wir gehen diesen Fragen und Konsequenzen hier nicht nach. Export, Zubringerwesen, Pendelverkehr, Straße, Schiene: das alles hat ein wahres Panoptikum von Lebensfragen erbracht, die heute mit der einzigen Vokabel »Umwelt« in ein schicksalträchtiges Zentrum gerückt sind. Wir halten nur fest, daß damit Grundfragen des Menschlichen berührt sind, wie die damals einsetzenden Initiativen vom menschlichen Tun und von der menschlichen Haltung ausgegangen sind. Was Bosch für Stuttgart und für das Land getan hat, ließe sich in Zahlen ausdrücken, in einer Art statistischer Bestandsaufnahme. Seine Stiftungen haben bis zum Ende des Ersten Weltkriegs, der Goldmark-Zeit, zweiundzwanzig Millionen Mark erreicht, für Gesundheitspolitik und Bildungswesen vorab, der größte Betrag von über dreizehn Millionen für den Bau des Neckarkanals, mit der Einschränkung, daß der Bau staatlich bis zu einem Zeitpunkt gesichert sei. Bis dahin würde die Stadt Stuttgart die Zinsen für Wohlfahrtszwecke verwenden können. Die großartige Verfügung über Geldmittel hatten seine Mitbürger schon 1910 erfahren dürfen, als er für Spezialzwecke der Technischen Hochschule eine Million hingab – ein in Deutschland damals noch sehr ungewohntes Verfahren. Ehrungen durften mit diesen Stiftungen nicht verbunden sein; daran hatten sich die Behörden zu gewöhnen. Der Stuttgarter Gemeinderat fühlte sich durch solche Vorspiele indessen nicht gebunden und beschloß, wie das üblich ist, in geheimer Sitzung, dem Wohltäter der Stadt das Ehrenbürgerrecht zukommen zu lassen. Abschlagen konnte Robert Bosch das nicht gut. Aber ein gemaltes Diplom gabs nicht.

Wichtiger noch ist, jenseits solcher äußerlich registrierbaren Resonanzen, daß mit der Leistung Boschs und Daimlers Akzente gesetzt wurden, die beileibe nicht nur den Tenor der Stuttgarter Welt, sondern des »Schwäbischen« überhaupt verändert haben. Wo vorher arge Zurückhaltung, schwerfällige Grobheit, Formlosigkeit und Bedächtigkeit waren, wo das Volksbuch der ›Sieben Schwaben‹ sinnfälligster Ausdruck für die Verlegenheit eines Volksstammes sein mochte, werkt jetzt weltläufiger Industrialismus, schwäbisches Erfindertum, schwäbische Industrie. Das Sinnierertum, die spekulative Weltansicht, das Grüblerisch-Lyrische ist ins Praktische, ins technische Ingenium umgeschlagen. Der Stuttgarter Unternehmer – Daimler und Bosch sind die jüngsten, akzentuiertesten Sonderfälle – hat in diesem Betracht eine vielleicht gewichtigere Funktion erfüllt als in anderen Landschaften. Die vorbereitende Erfüllung dieser sozialpsychologisch, ja politisch ungemein bedeutsamen Aufgabe hat schon früh eingesetzt. Eine ganze Reihe von Stuttgarter Fabrikanten des Vormärz ist von Dichtern der Schwäbischen Schule, von Kerner, Schwab oder Rudolf Magenau besungen worden. Aber es geht bei diesen Poemen nicht um Gewohntes, um Gelegenheitssachen. Der humorige Firnis der Verse kann kaum verbergen, daß man sich hier, im Garten des Biedermeier, vor den Repräsentanten eines neuen Lebensgefühls verbeugt, vor Männern, die das lutherisch-humanistische Erbe ebenso hinter sich gelassen haben wie die Verstocktheit einer im Ständedünkel gefangenen Ehrbarkeit. Maschinen zu bauen, sie für sich arbeiten zu lassen und sich von ihrem Gang bis in die Seele hinein abhängig zu machen: dieser Entschluß hat auch die geistig-politische Atmosphäre Stuttgarts, wie des Landes, in fundamentaler Weise verändert, mit Konsequenzen bis weit ins Gesellschaftlich-Soziale hinein.

Daß dieses Geschäft von den Stuttgarter Unternehmern in unauffälliger und fast bescheidener Manier besorgt worden ist, bedarf der Betonung. Es ist ein Grundzug schwäbischen Unternehmertums bis in die Gegenwart geblieben und hat die eigentümliche Unempfindlichkeit dieser sozialen Sondergruppe nur unterstrichen. Herrenmäßiges, »feudaloides« Gebaren wie im Rheinischen oder Sächsischen findet man bei den Stuttgarter Unternehmern gar nicht. Zwar hat man sich bald »von Hartmann« und »von Jobst« schreiben können. Aber man hat davon keinen Gebrauch gemacht. Wer weiß schon, daß Daimler Kommerzienrat war? Als der Inhaber des heute noch blühenden Verlages von J. F. Steinkopf, Friedrich August Steinkopf, zum Kommerzienrat ernannt wurde, gab er in seinem Hause offiziell bekannt, daß es künftig keinen Herrn Kommerzienrat und keine Frau Kommerzienrat gebe. Man weiß sich zu erzählen, daß Steinkopf seine Besuchskarte mit dem neuen Titel, die er zum Besuch beim Minister haben mußte, gerade in einer Auflage von drei Exemplaren habe drucken lassen und solche nach der Audienz nie mehr benützt habe. Landschaft und Lebensart haben auch in dieser Hinsicht ihre Entsprechung. Hat der Mangel ergiebiger Rohstoffquellen den Weg auf hochwertige Produkte gezeigt, so hat das Fehlen landschaftlicher Weiträumigkeit einen entsprechenden Führungsstil verlangt. Er unterscheidet sich von dem des Repräsentanten breit hingelagerter Landschaften insofern, als die Tendenz zu großangelegtem und anspruchsvollem Auftreten so gut wie gar nie vorhanden ist. Die von der Geographie als typisch empfundene Kleinkammerung des neckarschwäbischen Raumes hat ihre Entsprechung im gewerblichen Sektor. Monumentale Wirtschaftsformen sind hier noch heute nicht zu Hause. Der mittelständische, ja der kleingewerbliche Betrieb herrscht vor. Der Unternehmer fügt sich auch in seinem persönlichen Stil in diese Kleinheiten.

Natürlich ist altes Erbgut mit übernommen und weitergetragen worden, in erster Linie ein Stück Introvertiertheit und Frömmigkeit, die dann jene eigenartige Mischung von meditativer Christusverehrung und nüchternem Sinn für das Kalkül, für das Maß, das Organisieren und Zusammenhalten erzeugt hat. Das pietistische Grundkolorit hat in sehr wesentlichem Maße zur Aufrichtung und zur Führung der Stuttgarter Industrie beigetragen. Hat der frühe württembergische Pietismus des 17. und 18. Jahrhunderts auf wirtschaftlichem Gebiet keine dem norddeutschen Pietismus vergleichbaren Energien entwickelt, so ist die soziale Erneuerung in der Mitte des 19. Jahrhunderts in der Stadt im wesentlichen unter dem Stichwort »Gottes Reich in Württemberg« vorangetrieben worden. Unternehmer waren innerhalb dieser Bewegung in einem auffallenden Maße vertreten, die Stuttgarter Kaufleute Johann Jakob Haering, Friedrich Chevalier, Paul Lechler und August Benzinger, teilweise mit Aufgaben, die weit über Stuttgart hinausgingen. Pietistische Form der Frömmigkeit ist im Hause der Stuttgarter Lederfabrikanten Roser über Generationen zu Hause. Schon Johann Jakob Roser (1720–1790), Sohn des aus Straßburg eingewanderten gleichnamigen Roser, bezeichnet man als den »ersten Herrnhuter Roser«. Das Haus des Christoph Heinrich Roser (1756–1847) ist die »Heimstätte für die Freunde der Brüdergemeine in Stuttgart«. Johann Heinrich Roser (1781–1849) hat engste Verbindung mit dem Schorndorfer Pietismus und prägt der religiösen Stimmung in den Familien eine kirchentreue Haltung auf. Die Beispiele ließen sich vermehren, in dieser Familie bis in unser Jahrhundert hinein, in einer ganzen Reihe anderer Stuttgarter Unternehmerfamilien. Noch um 1930 fühlen sich die jungen Leute, die, aus jüdischen Familien kommend, in Stuttgart Arbeit suchen, von den Pietisten und »Stündlern« unter ihren Lehrherren am meisten angezogen.

Neben dem religiös-pietistischen Motiv kommt ein künstlerisches Element in den Zügen der Stuttgarter Industriegründer zum Ausdruck. Wer genauer hinsieht, entdeckt eine Reihe von Männern, die der musisch-ästhetischen Welt aufs deutlichste verpflichtet sind. Da ist Friedrich Jobst, der Sohn eines Tanzlehrers, der in Stuttgart, wie wir hörten, die Chininfabrikation aufgebaut hat. Da ist der Walzen- und Gießereifachmann Louis Weberling, der Sohn des Stuttgarter Hofschauspielers, der Techniker und Erfinder August Wetzel, Sohn des herzoglichen Hofkantors, der seine Konstrukteurs- und Betriebsführerlaufbahn als

Klavier- und Orgelbauer in Paris abschließt und zeit seines Lebens ein begeisterter Musikliebhaber bleibt. Auch diese Reihe könnte mühelos erweitert werden. Man sieht aufs erste keinen rechten Konnex zwischen Haustradition und fabrikantischer Lebensaufgabe. Aber in einer von dynastischen Vorstellungen, von Bildung und Bürgerlichkeit vorindustriellen Stiles gleichermaßen belasteten Atmosphäre bedurfte es besonderer Kräfte, um den industrialistischen Praktiken Heimrecht zu geben und den Menschen nach den Anforderungen der Maschine zu organisieren. Was notwendig war, waren schöpferische Männer, Leute von lebendiger geistiger Originalität, solche, die im Stande sein konnten, jenseits der technischen, sehr bald unheimlich abstrakten und formelhaft werdenden Welt das Dasein im schönsten Wortsinne zu »überspielen«.

In gewissem Betracht waren es Künstler, diese Unternehmer der ersten und zweiten Gründergeneration, Leute mit einer innovierenden und kreativen Rolle. Auch gerade im Politischen hat sich das bewiesen, vor allem im kommunalpolitischen Bereich, wo wichtige Impulse für die Stuttgarter Verkehrseinrichtungen, für den sozialen Bereich, ja ganz allgemein den der öffentlichen »Versorgung« aus dem Lager der Fabrikanten kamen. Vom Ausgang des 18. Jahrhunderts an, wo Kaufleute wie Ludwig Friedrich Ofterdinger ungeniert den neuen demokratischen Bestrebungen ihren Arm liehen, bis hin zum »Farbenknosp«, dem Stuttgarter Farbenfabrikanten Rudolf Knosp, der im Gemeinderat und im Landtag tätig war und in der Wahl zum Zollparlament einen Sieg erlebte, wie ihn die Hauptstadt und das Land seit 1848 nicht mehr gesehen hatte, gab es immer wieder Unternehmer, die sich der politischen Tagesarbeit zur Verfügung gestellt haben. In diesem Tun lag viel Selbsthilfe und viel Eigensinn. Aber auf dem gleichen Boden ist dann auch das Engagement für das wirtschaftliche Leben des Landes aufgewachsen, eine Beisteuer, die Steinbeis, seit 1855 Leiter der »Centralstelle für Gewerbe und Handel«, vielleicht immer wieder anwärmen, aber nie durch anonyme Staatsförderung ersetzen konnte.

Daß der Stuttgarter Fabrikant gerade nicht zur unbekannten, im Hintergrund agierenden und mit viel Distanz verbrämten Herrenfigur geworden ist, war die Folge dieser Grundzüge und Haltungen. Im Verlaufe des 19. Jahrhunderts ist der Fabrikant – nicht der Fabrikherr – zum festverwachsenen Signum des Stuttgarter Stadtlebens geworden. Man kannte ihn überall, den Schokolade-Fabrikanten E. O. Moser aus der Calwer Straße, den großen Pferdeliebhaber, der mit seinen zwei neuerstandenen feurigen Rappen über den Schloßplatz fahren konnte: die Kinder träumten wohl manchmal vom »Bombolesmoser«. Einer der vorbildlichen Stuttgarter Unternehmer, ein Pionier unverdrossener und selbständiger Arbeit und ein Geschäftsmann großen Stils war Georg Schöttle, als »der Bau-Schöttle« weit über die Stadt hinaus bekannt. Schöttle,

1823 geboren, kommt aus der Esslinger Vorstadt, wo sein Vater eine Mehlhandlung und Weinschenke betrieb. Als Maurergeselle, als Polier und schließlich als Bauführer zeigt er seine Fähigkeiten in Stuttgart, in Wildbad, in Friedrichshafen, in München. In Stuttgart kommt er dadurch zu Geld und zu einer Möglichkeit, eine eigene Baufirma zu gründen, daß er die in Paris neu eingeführten — Schirmmodelle verkauft. Schöttle ist einer von denen, die — seine Inspiration zur Pferdeeisenbahn in Stuttgart bezeugt es — die Fortschritte draußen in ihrer Relation zu erkennen und sie auf die empfänglichen Situationen der Heimatstadt Stuttgart zu übertragen wissen. Aber er ist nicht unter denen, die das Baufieber der Gründerzeit zu sagenhaftem Reichtum und zu politischer Dominanz benutzen. Als ihm am 14. September 1861 sein Fabrikwesen abbrannte, kam ihm, dem Sohn des Bohnenviertels, die Sympathie der ganzen Stadt entgegen. Daß er sich immer um die öffentlichen Belange gekümmert hat, ohne parteipolitisch gebunden oder Mandatsträger zu sein, ist bezeichnend für ihn. Staatliche und städtische Behörden, Handels- und Gewerbekammern holen bei dem Erfahrenen gerne und häufig Rat. Der Bau-Schöttle demonstriert in den sechziger und siebziger Jahren vielleicht am kräftigsten, wie sehr der Unternehmer zur führenden, zur typischen Persönlichkeit in der Stadt werden konnte. »In Ausnützung der lokalen Verhältnisse zeichnete ihn eine Findigkeit aus, wie man sie bei uns vorher nicht gekannt hatte.« Schon mit diesem einen Satz verrät sich die neue und neuartige Funktion, die jetzt von den Unternehmern in Stuttgart übernommen wird. »Wo Schöttle baute, da war er bald der Bestorientierte über die vorhandenen Naturzeugnisse und die lokalen Erwerbsbedingungen. Da taten sich Bausteinlager und Steinbrüche auf, von denen vorher niemand eine Ahnung hatte; neue Materialien, die ungekannt und wertlos dalagen, wurden herangezogen und brachten reichen Verdienst in die Gegenden, ad hoc errichtete Ziegeleien und Kalkbrennereien begründeten bleibende Industrien, und was weiter an technisch neuen Hilfsmitteln zur Förderung herangezogen werden konnte, das wußte Schöttle beizuschaffen und wenn es weit vom Auslande herbeigeholt werden mußte.« Es wirkt beinahe wie allzuschwäbische Arabeske, wenn dieser aus eigener Kraft sich heraufarbeitende Mann in seinen späteren Jahren am liebsten in seinen Gärten und Weinbergen auf den Höhen Stuttgarts lebt, wenn er aus seinen Weinbergen an der Mönchhalde eine stattliche Versuchsanstalt für heimische Weinkultur macht. Aus dem zähen, fanatischen Arbeiter ist ein pater familias geworden, der, mit schlohweißem Knebelbart, in der Schar seiner Kinder und Enkel von früher erzählt, bevor er, wie eine Garbe reif zur Ernte, drei Jahre vor der Jahrhundertwende, am 10. Januar 1897, aus dem Leben geht.

Allein dieses Unternehmerleben verrät, wie sehr der Aufstieg der Stuttgarter

Industrie, trotz ihrer allmählich beachtlichen Ausmaße, mit Schwankungen und Verschiebungen verbunden gewesen ist, innerhalb der Branchengrößen wie der Branchenplätze, wie wenig von einem kontinuierlich-harmonischen Prozeß geredet werden darf. Auch die Stuttgarter Industrie geht diesen für den südwestdeutschen Raum typischen Gang, auf dem zunächst einmal die Textilfirmen den ersten Platz repräsentiert haben und auch als erste in den Status eines Großbetriebs hineingewachsen sind. An zweiter oder an dritter Stelle rangierte der Klavierbau oder die chemische Industrie. Die Maschinenfabriken spielen noch bis in die frühen sechziger Jahre eine dritt- oder viertrangige Rolle. Erst in der zweiten Phase der Industrialisierung, als die Antriebsfrage durch die Dampfkraft, durch den Gas- oder Elektromotor auf adäquate Weise gelöst scheint, rückt die Maschinenindustrie in Stuttgart in sagenhafter Dynamik an die erste Stelle und läßt alle anderen Branchen weit hinter sich. Noch 1882 sind die in Stuttgart und Cannstatt im Maschinen- und Apparatebau Tätigen, insgesamt 1 704 Leute, der Zahl nach weit geringer als die der graphischen Industrie. 1907 sieht dieses Bild anders aus. Immer noch hat der Handel seine Sonderstellung; immer noch beschäftigt er die meisten Leute. Während jedoch dieses Verhältnis, was die Stadt Stuttgart betrifft, im Jahre 1882 noch eine sehr ungleiche Sache war — beim Handel 5 372 Leute, beim Maschinen- und Apparatebau 1 583 —, sind es jetzt im Jahre 1907 15 429 Personen, die in der Maschinenindustrie tätig sind, während das Handelsgewerbe gerade 16 868 Erwerbstätige um sich versammelt. Der Beschäftigtenzahl nach folgen dann das Baugewerbe mit 11 589 Personen und das Bekleidungsgewerbe mit 11 268 Personen; beides Bereiche, die die Großstadtsituation und ihre spezifischen Bedürfnisse widerspiegeln, nicht aber die vorhin angesprochenen typischen Seiten der Stuttgarter Industrie. Zu ihr zählen neben der Maschinenindustrie die Nahrungs- und Genußmittelindustrie, die Metallverarbeitung und das graphische Gewerbe, und in dieser Reihenfolge, je zwischen 5 bis 7 000 Menschen, beschäftigen diese Branchen auch ihre Leute. Die Tatsache, daß Stuttgart 1882 mit seinen zweiundzwanzig Prozent im Handel beschäftigter Personen weitaus an der Spitze aller württembergischen Städte marschiert, vor Ulm als zweiter württembergischer Handelsstadt mit sechzehn Prozent Handelsbevölkerung, darf nicht zur Annahme verführen, als ob der Stuttgarter Handel damals — den Buchhandel ausgenommen — eine überregionale, internationale Färbung gehabt habe. Was Stuttgart mit seinem Tuchhandel, seinen Manufakturwaren, seinen Spitzen und Pelzwaren, seinen Papierwaren und Tapeten, seinen Büroartikeln oder Schuhwaren in den letzten Jahrzehnten des 19. Jahrhunderts umgeschlagen hat, war wenig mehr als das, was man in Württemberg und allenfalls in unmittelbar angrenzenden Landschaften gebraucht hat. Nur der Drogenhandel hat neben dem

Buchhandel in andere als nur provinzielle Bereiche geführt. Im übrigen wird die Stuttgarter Industrielandschaft mehr und mehr von Bosch und Daimler angeführt. Sie hat von dort her bis heute ihre charakteristischen Merkmale erhalten.

Die Frage, welche Kräfte diese Entwicklung heraufgeführt haben, ist mit diesen Zahlen vielleicht dokumentiert, aber nicht beantwortet. Haben Banken geholfen? Der Börsenplatz Stuttgart hat eine junge und nicht einmal sehr anziehende Geschichte. Eine Stuttgarter Börse ist von der Zentralstelle für Gewerbe und Handel schon im Jahre 1853 angeregt worden. Aber die Verhandlungen schleppten sich hin; erst 1869 kann die Stuttgarter Börse eröffnet werden. Die Vergleiche mit Augsburg und München, mit Köln und Frankfurt zeigen auf den ersten Blick, wie wenig der Bankplatz Stuttgart da mithalten kann. Während dort, mit Ausnahme von München, die Banktradition bis ins Mittelalter zurückreicht, hat das mittelalterliche Stuttgart überhaupt nichts zu bieten; die älteste Bank im engeren neckarschwäbischen Raum ist die 1326 genannte Esslinger Lombardbank. In Stuttgart zieht das Geld- und Wechselgeschäft erst in der absolutistischen Ära zu Beginn des 18. Jahrhunderts ein, verdächtigerweise als ein Unternehmen von oben und ohne Beteiligung einer auf direktes Interesse sich stützenden bürgerlichen Kaufmannschaft. Die 1704 von Herzog Eberhard Ludwig gegründete Hofbank war deshalb auch eine Renommierunternehmung ohne Resonanz: es gab weder einen kapitalbedürftigen Handel noch eine Industrie. Der einzige, der Geld zu brauchen schien, war der Fürst und sein Hof, und für diese Größenordnungen, auch diese Finanzierungsgewohnheiten rentierte sich eine solche Anstalt gar nicht. Zwar verband man sie 1708 mit einer Girobank. Aber auch das war keine Blutzufuhr. Dreißig Jahre später ging beides sang- und klanglos ein.

Erst in der zweiten Hälfte des 18. Jahrhunderts kommt neuer Wind auf im Leben der Stuttgarter Banken. Ein Wechselgericht wird 1756 eingesetzt, 1759 eine Ordnung mit Wechselsensalen erlassen, das aus mehreren Mitgliedern der Kammer und Regierung und drei Kaufleuten bestand und Verfehlungen bei Handel und Geldgeschäften rechtlich zu entscheiden hatte. 1781 wird zwei vereidigten Maklern das Privileg erteilt. Statt ihrer werden 1790 drei »Wechselsensale« eingesetzt. Aber auch in dieser Zeit, in der die Rentkammer trotz ihrer Millionenschulden immer noch besser dastand als die Landschaft oder das Kirchengut, in der alle drei, bis zum Jahre 1806, verfassungsmäßig getrennte öffentliche Haushaltungen führten, gab es keinen rechten Auftrieb für Privatbanken. Dazu war das wirtschaftliche Leben im Herzogtum wie in der Residenzstadt viel zu sehr ein Feld des Staatsdirigismus, der alle Lacher auf seiner Seite hatte, wenn, wie im Jahre 1787, der Wert der Ausfuhr aus Württemberg mit

3 Millionen fl den der Einfuhr um eine volle Million überstieg. Das war ein Erfolg, wie er nicht besser ins Schulbuch des Merkantilismus passen konnte, den das Land im wesentlichen mit dem Export von Rindvieh und Leinwandfabrikaten errang. Mit der Rindvieh-Ausfuhr holte man sich allein 632 000 fl. Der Export aus den Württembergischen Eisenwerken stand in der Ausfuhrliste an letzter Stelle und brachte gerade 40 000 fl.

Erst mit König Friedrich kommt das Geldleben wieder in Fluß; er braucht für seine Aktionen gegen und mit Napoleon Kredit. Auch die Bank, die jetzt eine Rolle spielt, ist nicht aus einer genuinen Stuttgarter Tradition gespeist worden. In den Stadtgeschichtlichen Sammlungen des Stuttgarter Stadtarchivs zeigt man heute eine Goldgrundradierung von C. Goog aus dem Jahre 1795: eine Familienszene im Hause Kaulla. Jeder in diesem halben Dutzend stehender Personen geht seinem Auftrag nach. Nur in der Mitte darf sie sitzen, die hochgemiederte Madame Kaulla, Stammutter der neuen, bis in die Zeit des Nazismus blühenden Stuttgarter Judengemeinde, in herrischer Positur. Kaulla, hebräisch chaile, ist die Umschreibung des deutschen Rufnamens Caroline. Selbstverständliche Verbeugung vor der Familienautorität war, daß die ganze Familie den Namen der 1739 geborenen Hoffaktorin annahm. 1797 sind die Kaullas in Stuttgart eingezogen, nicht weil die Stadt das gewollt hätte: man hatte auf allerhöchsten Befehl die Tore öffnen müssen. Auf Initiative der Stuttgarter Kaufmannschaft hin wird den Kaullas im April 1798 der Schutz wieder entzogen. Madame Kaulla und ihr Bruder residieren daraufhin im landesherrlichen Hause: mit dem Geld, das sie mitgebracht haben, stehen sie außerhalb der gesellschaftlich-historischen Ordnung. Hauptsache, der Monarch hat sein ökonomisches Zeughaus für die politisch-militärischen Transaktionen. Am 9. Februar 1800 wird Jacob Kaulla von Hechingen zum Hofbankier in Stuttgart ernannt. In den städtischen »Wegweisern« wird er wegen des Schutzentzugs von 1798 verschwiegen; unter den Adreßbüchern des Hofes erscheint er als Hofbankier. Wer über internationale Beziehungen verfügt und ein Fingerspitzengefühl für die wirtschaftlichen Chancen hat, kann jetzt Geschäfte machen. Für die Rothschilds oder die Guggenheims ist das die hohe Zeit. Die Stuttgarter Kaullas gehören bald dazu. 1802 zieht Herzog Friedrich das Stuttgarter Geldinstitut M. J. Kaulla, die Tochterfirma des Großhandelshauses Kaulla & Co., als Heereslieferant am Wiener Hof ebenso geschätzt wie benötigt, als »Hofbank« ganz zu sich, nachdem dem Monarchen ein maßgebender Einfluß auf die Geschäftsführung fest eingeräumt worden war.

Die Politik des württembergischen Herzogs und baldigen Königs, aber auch das Stuttgarter Finanz- und Wirtschaftsleben haben davon neue Akzente bekommen. Von einem Stuttgarter Erwerbsleben aus zweiter Hand kann bald nicht mehr die Rede sein. Und natürlich hat die Niederlassung der Hoffaktorin Kaulla auch ihre gesellschaftlichen und sozialen Konsequenzen. Die Juden, die mit oder unmittelbar nach den Kaullas in Stuttgart aufgezogen sind, wohnen jetzt in eigenen Häusern; der Hofrat Pfeiffer in der Rotebildtorgasse (Rotebühlstraße), der Hoffaktor Seligmann in der Hoffmannschen Gasse (Kronprinzenstraße), zwei weitere Seligmann, der Schutzjude Benedict, die Juden Isaak, Oppenheimer, Mose Simson und Uhlmann in Miete. Ein paar dieser Namen, die Kaulla in erster Linie, repräsentieren ein paar Jahrzehnte später die jüdische Aristokratie der Stadt. König Friedrich, auch hier ohne irgendwelche politische Bedenken und ganz im Vollgefühl spätabsolutistischer Macht, verleiht am 24. Juni 1806 den Mitgliedern der Familie Kaulla und allen ihren Nachkommen beiderlei Geschlechts die vollen Rechte von Untertanen seines Königreichs. 1817 avanciert die Hofbank zur Königlich Württembergischen Hofbank. Die Familientradition überliefert, die neue Firmierung sei eine Belohnung für die politischen Maklerdienste gewesen, die das Haus mit Hilfe seiner Wiener Freunde dem württembergischen König geleistet habe, als er nach der Schlacht bei Leipzig, peinlich genug, den Übergang von Napoleon zu den Verbündeten habe suchen müssen. Wie immer auch: das Unternehmen war längst ein politischer Faktor. Mehr als alle Aktivposten dürfte die Freundschaft des Hauses mit den Rothschilds zu Buche geschlagen haben. Im übrigen waren sie Könner auf ihrem Gebiete: der 1838 gestorbene Nathan Wolf-Kaulla, Salomon Jacob Kaulla (gestorben 1881), der Geheime Hofrat Leopold von Kaulla (gestorben 1886), der Geheime Hofrat Rudolf von Kaulla, der von 1860 bis 1867 Mitglied der Stuttgarter Handelskammer war und 1870 gestorben ist.

Die Geschichte der neuen Stuttgarter Judengemeinde, die nach vielen Umwegen und Verzögerungen erst am 3. August 1832 beginnt, hat vom jüdischen Hofbankier Kaulla viel profitiert. Er ist der Schrittmacher für die Gleichstellung von Juden und Christen wenigstens in wissenschaftlicher Beziehung; die Verbindung mit dem Kronfinanzgeschäft gibt die Möglichkeit zu Ausgriffen auch auf andere Zweige der Wirtschaft frei. Als der erste Rabbiner des Stuttgarter Bezirks, Dr. Joseph Maier, in einem Gottesdienst am 3. Januar 1835 im Hause des Hofagenten Salomon Jacob Kaulla in der Königstraße 35 feierlich in sein Amt eingeführt wurde, lag in diesem Akt auch eine Anerkennung der Verdienste der Familie Kaulla. Die Bank selbst ist, obwohl mit solchem Titel gekrönt, immer privates Familienunternehmen geblieben. Bis zu ihrer Umwandlung im Jahre 1906 in eine zusammen mit der Württembergischen Vereinsbank gebildete Gesellschaft mit beschränkter Haftung und zehn Millionen Stammkapital war sie eine offene Handelsgesellschaft. Daß sie, vor allen anderen Instituten, dem Stuttgarter Handel und der Stuttgarter Industrie durch Wechsel- und Lombardgeschäfte unter die Arme gegriffen hat, ist in vielen Einzelheiten nachgewiesen. Selbst gründend ist sie nur einmal hervorgetreten, bei der Gründung der Stuttgarter Zuckerfabrik im Jahre 1851.

Als private Großbank bliebt das Haus Kaulla eine Ausnahme in der Stuttgarter Wirtschaft des 19. Jahrhunderts für lange Zeit. Ansonsten stößt man hier, wie andernorts in Europa, zunächst auf den Unternehmer, der nebenher auch Bankgeschäfte betreibt, hernach auf den Bankier, der sich nebenbei auch mit anderen Wirtschaftsbranchen beschäftigt. Der Vollbankier präsentiert sich erst in der dritten Stufe. Die im Jahre 1742 in Stuttgart gegründete Firma G. H. Keller und Söhne führt neben ihrem Spezerei- und Tuchhandel auch ein kleines Bankgeschäft. Das schloß nicht aus, daß Keller späterhin die Kammgarnspinnerei Esslingen ins Leben rief oder 1868 zusammen mit dem Verleger Hallberger die Stuttgarter Straßenbahn finanzierte. Die Firma G. H. Keller und Söhne ist auch das Mutterhaus der Württembergischen Depositenbank von 1867. Blieb diese Bank nur acht Jahre am Leben, so konnte die im gleichen Jahr gegründete Württembergische Hypothekenbank 1967 auf eine hundertjährige Geschichte zurückblicken.

Die im Jahre 1747 gegründete Firma G. H. Keller war auch eines der ersten und besten Stuttgarter Kaufhäuser. Gegen Ende des 19. Jahrhunderts war wohl die Mehrzahl der Stuttgarter Bürger mit Kellerschem Tuch bekleidet. Das war die Zeit, in der man von alten, gut schwäbischen Gewohnheiten abkam und sich nicht mehr den Rock vom Vater auf den Sohn – und womöglich auf den Enkel – vererben ließ, sondern »fein« gekleidet ging. Aus den letzten Jahren des 18. Jahrhunderts kamen auch das 1795 gegründete Haus Stahl & Federer, das sich neben dem Handel in Spezereiwaren und Wildhäuten auch einem Speditions- und Bankbetrieb widmete, auch die 1794 entstandene Firma Dörtenbach & Co., die in ihrer Geschichte bis weit in die Anfangszeiten der Calwer Zeughandelsgesellschaft zurückreicht und neben einem großangelegten Holz- und Salzhandel auch ein Bankgeschäft unterhielt. Eine Ausnahme macht das 1799 gegründete Bankhaus der Gebrüder Benedict, das, reines Geldinstitut, in den vierziger Jahren des 19. Jahrhunderts in solcher Blüte stand, daß es 1845 in der Lage war, die gesamten Schulden der Stadt Stuttgart in Höhe von 135 000 fl zu übernehmen, »hiebei auf jedmöglichen Vortheil verzichtend«. Erst 1869 hat die Firma sich mit der Württembergischen Vereinsbank vereinigt.

In der Mitte des 19. Jahrhunderts konnte Stuttgart schon mit einer ganzen Reihe von Banken aufwarten. 1855 zählte man vierzehn einschlägige Firmen, die Bank- und Wechselgeschäfte erledigten und für achtzehn bis zwanzig Millionen Gulden Wechsel und für annähernd die gleiche Summe Wertpapiere umsetzten. Ob diese Institute in der gleichen Weise zum Stuttgarter Lokalkolorit gehörten, wie das in Augsburg der Fall war, bevor man dort im Verlaufe des Jahrhunderts die Rolle an München abgab, mag füglich bezweifelt werden. Sicher hat der Bau der Eisenbahn und der damit verknüpfte Aufschwung der Stuttgarter Industrie Kapitalbedarf angemeldet. Aber gerade jetzt stellte sich heraus, daß die bestehenden Kreditinstitute viel zu klein waren, zumal dann, wenn sie Handelshäusern angeschlossen waren. 1854 entstand die Stuttgarter Lebensversicherung, im gleichen Jahr, in dem der am 30. Mai 1833 gegründeten »Allgemeinen Rentenanstalt« mit ihrem beträchtlichen Versicherungsbestand eine neue Organisation gegeben wurde; sie sollte jetzt namentlich dem Kontokorrentgeschäft dienen. Ganz den Bedürfnissen dieser Zeit galten die Württembergische Bankanstalt vormals Pflaum & Co. von 1855 oder das Haus der Gebrüder Rosenfeld von 1865. Die Zeit schien jetzt so günstig, daß man auch an langfristige und genossenschaftliche Kredite denken konnte. In den fünfziger Jahren entstehen Sparkassen, Sparvereine, Darlehenskassen, Vorschußkassen. Ende des Jahres 1855 hält Schultze-Delitzsch einen Vortrag über Vorschußvereine im Stuttgarter Gartensaal von Paul Kolb. Das inspiriert den Rechtskonsulenten K. Rödinger und eine Handvoll von dieser Sache begeisterter Leute, am 3. März 1856 auch in Stuttgart eine Vorschußbank zu gründen, um »dem damals fast gänzlich geschwundenen Personal-Credit« wieder Chancen zu geben. 1865 wurde diese Stuttgarter Handwerkerbank als Vorort der Württembergischen Vorschußbanken gewählt, nun im engsten Verkehr mit einer ganzen Reihe von Nachbarinstituten, seit dem 18. September 1866 auch mit den Rechten einer juristischen Person. In den frühen siebziger Jahren durfte sich die Stuttgarter Handwerkerbank »mit Grund zu den größten Vorschuß-Banken« in Deutschland zählen.

Ob diese genossenschaftlichen Banken Stuttgarts – der Handwerkerbank folgten dann die Bank für Gewerbe und Handel, die Stuttgarter Gewerbekasse, die Bank für Haus- und Grundbesitz und die Viehmarktbank Stuttgart – oder die privaten Banken Stuttgarts Industrie finanziert haben, ob sie überhaupt in der Lage waren dazu, bleibt sehr die Frage. Spezielle Kenner waren wenig später der Meinung, der Bankkredit habe der Stuttgarter Industrie damals wenig genützt, weil der Zins, zwischen 6 und 8 Prozent, viel zu hoch gewesen sei. Im übrigen seien die Stuttgarter Banken einschließlich der genossenschaftlichen Kreditorganisationen »gar nicht fähig« gewesen, »größere Kredite zu gewähren, und die auswärtigen Bankinstitute gaben nur großen und bekannten Unternehmen Kredit«. Tatsächlich leben die Handelskammerberichte jener Zeit von der stereotypen Klage, daß alle Stuttgarter Banken, einschließlich der Immobilienkreditbanken, nicht in der Lage seien, den nötigen Kredit aufzubringen.

Verständlich, warum die immer anspruchsvoller profilierte Stuttgarter Industrie auch nach leistungsfähigen Banken verlangte, vor allem nach einer Notenbank, die den Wechselverkehr unabhängig machen konnte. Die Gründung der Stuttgarter Notenbank, 1848 damit einsetzend, daß die Regierung die »württembergischen Capitalisten« zur Gründung und zur Einzahlung von Geldern auffordert, ist ein einziges Gefecht zwischen den Fronten des Gewerbevereins, der Zentralstelle und den Unternehmern. Erst nach den Siegen im Deutsch-Französischen Kriege kommt ein Komitee zustande, das die Errichtung einer Notenbank beschließt, das Projekt der Regierung zur Genehmigung vorlegt und im Sommer 1871 eine Notenbank als Aktiengesellschaft aus der Taufe hebt. Mittlerweile aber war vor diesen, das Vertrauen der württembergischen und Stuttgarter Industrie unmittelbar beeinflussenden, außenpolitischen Erfolgen 1869 die württembergische Vereinsbank gegründet worden, nicht von Bankiers und Finanzmännern, sondern von den einheimischen Unternehmern, die in einem Selbsthilfeakt das nötige Kapital zusammentrugen und sich fremde Einflüsse durch eine Aktiengesellschaft vom Leibe halten wollten. Gustav Schmoller hat sich an der Gründung dieser Bank nicht persönlich beteiligt, publizistisch aber für sie geworben und ihre Konzessionsbedürftigkeit, von den damaligen Gesetzen säuberlich umgrenzt, dabei zu einer Sache minderen Grades gemacht. Vor Schmoller stand Kilian Steiner, der geistige Leiter dieses Unternehmens, ein Bankmann souveräner Art, wie ihn auch die im Württembergischen einsetzende Gründerzeit haben mußte, weit ausgreifend in seinen geschäftlichen Ambitionen, erfahren im Bankwesen als Teilhaber an der Geschäftsleitung der ersten deutschen Effektenbank, der Deutschen Bank, wie an der Beteiligung bei ausländischen Großunternehmen. Außer der »Union«, für die Adolf Kröner 1869 seinen Namen gab, hat die Württembergische Vereinsbank 1881 auch der Fusion der Deckerschen Maschinenfabrik mit der Maschinenfabrik Esslingen die Wege geebnet, 1888 die Stuttgarter Tivoli-Brauerei durch Umwandlung in eine Aktiengesellschaft ermöglicht, die Daimler Motorengesellschaft in Untertürkheim finanziert und die Zahnradbahn von Stuttgart nach Degerloch, der Umwandlung der Firma Behr & Vollmöller in Vaihingen in die »Vereinigten Trikotwebereien« und der 1870 erfolgten Vereinigung der Stuttgarter Chemischen- und Farbwarenfabriken von Rudolf Knosp und Heinrich Siegle mit der Badischen Anilin- und Sodafabrik in Ludwigshafen die finanziellen Grundlagen gegeben: auch dieser größte Schritt der württembergischen Bankgeschichte des 19. Jahrhunderts, durch den der damals erste Chemiekonzern der Welt entstand, war Steiners persönliches Werk.

Indes ist die Württembergische Vereinsbank, seit 1881 mit der Württembergischen Bankanstalt in einer Interessengemeinschaft verbunden, der spektakuläre Sonderfall. Auf die Mehrzahl der »Fabrikanten« gesehen, hat der private Personalkredit aus dem Verwandten- und Freundeskreis am meisten weitergeholfen. Diese nicht weiter aufregende Stuttgarter Bankgeschichte paßt zum äußeren Gang der Stuttgarter Industrialisierung. Seine Bedächtigkeit und sein Mißtrauen hat der Stuttgarter Unternehmer erst mit dem Aufkommen der Eisenbahn und der Technisierung der Betriebe langsam verloren. Im ganzen ist das Stuttgarter Unternehmen auch späterhin nicht der Auswurf der Hochkonjunktur. Nachdem einmal die rissige Gründerepoche als erste Lehr- und Lernzeit überwunden war, entstanden Klein- und Mittelbetriebe, die in der Solidität guter Arbeit und oft erst im Verlaufe von Generationen zu Großbetrieben aufwuchsen. Wirtschaftliches Leben ist nie eitel Zufriedenheit und Ruhe. Man hat, vor diesem sozusagen harmonischen Untergrund, bald von der krisenfesten Stuttgarter (und schwäbischen) Industrie gesprochen. Man tut es heute noch gerne. Wer genauer zusieht, wird Schwankungen und Gefahrenzonen immer wieder erkennen. Im Frühjahr 1857 hat der wachsende Kohlenverbrauch in den Stuttgarter Fabriken eine förmliche Kohlennot heraufgeführt, in der Hauptsache als Folge einer falschen Eisenbahnpolitik. Kaum war die beseitigt, kam, von Amerika importiert, über die norddeutschen Industriegebiete eine neue Krise auf Stuttgart zu; sie machte sich vor allem in der Stuttgarter Korsettindustrie und anderen Textilbranchen bemerkbar. Man glaubte, solchen Anfälligkeiten mit der 1862 eingeführten allgemeinen Gewerbefreiheit entgegengewirkt zu haben: jetzt ist auch für das Neckarschwäbische das »Laisser faire et laisser passer« Maxime. Aber schon die Mitte der sechziger Jahre bringt einen verdunkelten politischen Horizont, drohende Kriegsgefahren, allgemeine Geschäftsstokkungen. Bezeichnend, daß man jetzt zum ersten Mal nach einer Bankenorganisation auf solider Grundlage verlangt. Die Zeit der unkontrollierten Aufstiege schien vorüber.

Der Deutsch-Französische Krieg hat das traute Bild von der Krisenfestigkeit der Stuttgarter Industrie vollends zerstört. Banken schießen wie Pilze aus dem Boden, 1871 die Stuttgarter Bank mit 6 Millionen Talern, 1872 die Süddeutsche Provinzialbank mit 3 Millionen Talern. In den Stuttgarter Kapitalistenkreisen grassiert ein wahres Bankaktienfieber. Die besten und sichersten Werte werden flüssig gemacht. Jeder will am Goldregen teilhaben.

Die Ernüchterung ist vollkommen. Die Überproduktion konnte an den Banken gar nicht spurlos vorübergehen. Die Süddeutsche Provinzialbank trat schon 1873, ihre Mutteranstalt, die Stuttgarter Bank, 1875 in Liquidation. Auch die Württembergische Depositenbank erklärt 1875 ihre Zahlungsunfähigkeit, wie ein Jahr zuvor die Württembergische Kommissionsbank. Die eben erst entstandene »Württembergische Zentralbank für Bauten« und die »Unionbank«, beides Berliner Gründungen in Stuttgart, kamen über ihre Gründungstage gar nicht erst hinaus. Gewiß waren das, von einer einzigen Ausnahme abgesehen, keine Schwindelunternehmen im eigentlichen Sinne des Wortes. Und der sorgsame Statistiker konnte berichten, daß nach Verzug dieser Gründungsgewitter das Normalmaß wieder eingezogen sei.

Aber was ist Normalmaß im industrialistischen Alltag? In den siebziger und achtziger Jahren hätte man in Stuttgart wohl im eigenen Jargon von der legendären Krisenfestigkeit nicht viel gesprochen. Das große internationale Wirtschaftsdebakel von 1857, in der die Überspekulation zusammengebrochen und auch in der Stuttgarter Industrie spürbar geworden war, war noch nicht ganz vergessen. Jetzt, 1873 und 1874, waren in Stuttgart sinnlose Spekulationsauswüchse und härteste Zusammenbrüche dazugekommen. Es kann keine Rede davon sein, daß die Stuttgarter Industrie sich in dieser Gründerkrise als immun erwiesen hätte. Noch Jahre nach diesen spektakulären Zusammenbrüchen, an denen, wie wir heute wissen, neben den französischen Kriegsentschädigungen auch die Überspekulationen in den USA ihren breiten Anteil hatten, lag über der Stuttgarter Industrie ein eigentümlich dumpfer Druck. »Die wirtschaftlichen Ergebnisse des verflossenen Jahres 1879«, heißt es in einem Jahresbericht der Handels- und Gewerbekammer, »unterscheiden sich nur wenig von denjenigen seiner Vorgänger. Fast überall, wohin man blickt, wiederholen sich auch diesmal wieder die Klagen entweder über Geschäftsstille und Mangel an Arbeit oder – auch da wo Arbeit und Absatz nicht mangeln – über geringe Erträge der Arbeit, veranlaßt durch verminderte Konsumptionsfähigkeit, unsolide Konkurrenz, Mißverhältnis zwischen den Preisen der Rohmaterialien und der Produkte daraus.«

Die Nachwehen der ersten großen Weltwirtschaftskrise sind in Stuttgart noch in den frühen achtziger Jahren zu spüren, im Konkurs der Volksbank und der Handwerkerbank. Sie sind beide 1882 aus dem Rennen ausgeschieden und haben der Stuttgarter Gewerbekasse mit einem Aktienkapital von 800 000 Mark Platz gemacht, die 1908 allerdings einen Umsatz von 103 Millionen Mark vorweisen kann. Das war genau ein Jahr, nachdem eine neuerliche Depression um sich gegriffen hatte, in ganz Deutschland, in Württemberg und in Stuttgart aber besonders heftig empfunden wurde, weil, wie die Kammer verschlüsselt sagte, »die dortige wirtschaftliche Lage der Industrie eine besondere Verschärfung begründete«. Mittlerweile war jedem, der die Handschrift wirtschaftlicher Entwicklungslinien auch nur einigermaßen zu lesen verstand, klar geworden, daß die Stuttgarter Industrie als Spezialindustrie ein weites Absatzgebiet brauchte, um rentabel zu sein, daß sie exportieren mußte, wollte sie lebensfähig bleiben, daß sie auch Luxusindustrie war, die in erster Linie von der Kaufkraft und den Verhältnissen der Massen abhängig war und nur gedeihen konnte, wenn günstige Ausfuhrbedingungen nach drüben und hohe Löhne daheim auch den Minderbemittelten einen Luxus gestatten konnten.

So wie jetzt die neuen handelsvertraglichen Reichsabkommen und die neuen Zolltarife ausfielen, war die Stuttgarter Industrie gebettet: von einer Krisenfestigkeit, das heißt Unabhängigkeit, konnte wiederum nicht die Rede sein. Die erste Folge der Krisis war, nach dem Bericht der Stuttgarter Gewerbeinspektoren von 1908, daß die Metallwaren-, Kessel-, Maschinen- und Automobilfabriken, aber auch eine ganze Reihe anderer Stuttgarter Fabriken ihre Arbeiter in Massen entlassen mußten. In allen Stuttgarter Industrien wurde die Arbeitszeit verkürzt. Am 25. Juni 1908 beschloß eine Versammlung von Interessenten, in der Zeit vom 1. Juli bis 31. Oktober eine vierzehnprozentige Einschränkung ihres Erzeugnisses eintreten zu lassen und demzufolge an einem Tag der Woche den Betrieb auszusetzen. Auch die Textilindustrie und das graphische Gewerbe, das Baugeschäft und die dafür tätigen Zuliefererindustrien litten unter mangelnden Aufträgen. »Die Anstrengungen der Stuttgarter Industrie«, sagt der Stuttgarter Kammerbericht über das Jahr 1908 in lapidarer Kürze, »das Abflauen des Inlandabsatzes durch gesteigerte Ausfuhr zu decken, ist in Stuttgart gänzlich mißlungen«. Ungut war, daß man auf dem deutschen Kohlenmarkt die Not zu nutzen wußte und die Kohlenpreise in die Höhe trieb. Dafür war die Stuttgarter Industrie besonders anfällig. Deshalb auch die Kammer: »Neben der wachsenden Überproduktion war es insbesondere das mit der fortschreitenden Konjunktur wachsende Mißverhältnis zwischen Geldbedarf und Kapitalienbildung, die außerordentliche Steigerung der Preise für Roh- und Hilfsstoffe und das gleichfalls mit der steigenden Konjunktur anwachsende empfindliche Mißverhältnis zwischen den Preisen für die Roh- und Hilfsstoffe mit den Fabrikpreisen, was zugleich mit der Verteuerung der Arbeitskraft schon vor dem Ende der Hochkonjunktur hemmend und lähmend eingegriffen hatte und ein weiteres Fortschreiten schließlich unmöglich machte.«

Natürlich ging es langsam wieder aufwärts. Aber wo war das Radikalmittel gegen derlei bodenlose Rückwirkungen? Gab es eine Möglichkeit, sich den veränderten Wirtschaftsbedingungen anzupassen und das Branchenangebot weiter auszubauen? Eine dieser attraktiven Weiterungen war die mit Basteln und mit Sportsinn verknüpfte Zuwendung zur Fliegerei. Als eines der ersten Luftschiffe Zeppelins am 4. August 1908 bei Echterdingen durch eine Sturmböe losgerissen wurde und verbrannte, empfand man das als eine Katastrophe und glaubte doch, nach den bestandenen Siegesflügen über Stuttgart, an eine große Zukunft. Die Vorbereitungen Ernst Heinkels zu seinem ersten Doppeldeckerflug über den Wasen hat Hunderte von Stuttgartern angelockt: »Der Wasen wurde, ob er wollte oder nicht, zum Stuttgarter Flugplatz. Der österreichische Flieger Fiedler landete mit einem selbstgebauten Blériot-Eindecker und wurde bewundert.« Am 19. Juli 1911 war es dann soweit: es wäre fast ein Todesflug geworden.

Die Tatsache indessen, daß Heinkel von der Firma Daimler den einzigen damals bekannten Flug-Motor von fünfzig PS leihweise zur Verfügung gestellt bekam, ist industriegeschichtlich nicht ohne Interesse. Die Anfänge der schwäbischen Flugzeug-Zuliefererindustrie kündigen sich an. 1911 war die Konjunktur so günstig, daß großer Mangel auf dem Arbeitsmarkt herrschte, vor allem im Baugewerbe, wo polnische und italienische Arbeiter Aufnahme fanden, wie sich Jahre zuvor Stuttgarter Textilfirmen Arbeiter aus Tirol, Italien, Böhmen und der Steiermark kommen ließen. Aber schon 1913 war man wieder auf einem Tiefstand, der dem von 1907 um nichts nachstand. Plötzlich wieder Geldknappheit, die den Unternehmer mit einem Schlag zum vorsichtigsten Mann werden läßt, plötzlich politische Spannungen, die an große Exportziffern nicht denken lassen. Wieder kommt es zu weitgreifenden Depressionen, in der Stuttgarter Metall- und Maschinenbranche, in der Textil- und Holzfabrikation. In den langen Wintermonaten registriert man in Stuttgart vermehrte Arbeitslosigkeit. Durch rascheren Beginn staatlicher und städtischer Bauten, durch Notstandsarbeiten will man die Sache in den Griff bekommen. Aber gerade 150 Arbeitslose fallen damit weg. Die übrigen 1957 Arbeitslosen, in erster Linie Metall- und Holzarbeiter, erhalten 1913 eine nach dem Genfer System eingeführte Versicherung von 21 500 Mark.

Daß die Stuttgarter Industrialisierung also ihre sehr handgreiflichen sozialen Resonanzen hat, kann gar nicht übersehen werden. Solange, wie vor der zweiten Hälfte des 19. Jahrhunderts, die Arbeiterzahl noch gering war, mochten die Dinge hingehen. »War indes die Klassenlage der heimischen Arbeiter«, meldet ein Bericht der Schwäbischen Tagwacht von 1907, »denen ohnehin von ihrer früheren Selbständigkeit her mancher Rückhalt geblieben war, noch einigermaßen erträglich, so war diejenige der auswärtigen Arbeiter im allgemeinen kaum erheblich besser als durchschnittlich anderwärts«. Daß der erzogene, der ausgebildete Arbeiter nicht nur benötigt werde, sondern womöglich sich auch über die vielerlei Anfälligkeiten und Unzulänglichkeiten hinwegretten könne, war zunächst die Meinung der Öffentlichkeit und vor allem der schwäbischen Fabrikantenschaft. 1801 wird in Stuttgart ein Armen-Vater oder Almosen-Inspektor angestellt und eine Industrieschule errichtet, 1813 folgt eine zweite. 1817 gründet man eine National-Industrie-Anstalt in der alten Kanzlei, mit der Aufgabe, den Absatz der Erzeugnisse der »Privat-Industrie-Armen«, besonders der Mädchen zu fördern. Gerade in dieser Hinsicht hat dann der Schwäbische Frauenverein mit seiner 1874 konstituierten Töchterhandelsschule auf ganz anderem Niveau den industrialistischen Anforderungen Rechnung getragen, unter dem heute einigermaßen pathetisch anmutenden Programm: »Die Arbeit ist Pflicht und das Recht und die Ehre der deutschen Frau.« Auch der Pietismus hat die Not zu steuern gesucht, durch die 1805 entstandene »Stuttgarter Privatgesellschaft freiwilliger Armenfreunde«, durch die Stuttgarter Stadtmission, die Gottlieb Scholl 1847 ins Leben rief und die 1889 durch die Evangelische Gesellschaft reorganisiert wurde. Auch nach Überwindung dieses vorindustrialistischen Armendaseins, dem Christoph Hoffmann 1845 seinen Artikel »Der Pauperismus oder wie entsteht der Pöbel?« widmete, ist die Reihe der institutionellen oder wie immer privat inszenierten Bemühungen nicht abgerissen, bis hin zum Verein für das Wohl der arbeitenden Klassen und dem Socialharmonischen Verein im Stuttgart der neunziger Jahre.

Ob sich die soziale Situation des Stuttgarter Arbeiters damit wesentlich gebessert hat, müßte noch belegt werden. Namentlich mit der Kinderarbeit muß es schlimm gestanden haben. Der Bericht der württembergischen Gewerbeinspektionsassistentinnen des Jahres 1904 redet davon, daß man oft fünf- bis sechsjährige Kinder beim Handschuhmachen angetroffen habe. Sie seien mit den Fingerchen kaum imstande gewesen, die eisernen Haken zu halten, womit die Enden der Streifen durchgezogen werden. In manchen Ortschaften kämen die Kinder nicht vor 11 oder 12 Uhr nachts zu Bett. Der Lohn wurde nach Pfennigen berechnet. 1898 betrug die Gesamtzahl der gewerblich tätigen Kinder in Württemberg, teilweise nach bloßer Schätzung, 19 546. War Stuttgart ein besonders krasser Fall? Nach einem 1874 erschienenen Schriftchen des Arztes Dr. Burckhardt über »Die Sterblichkeitsverhältnisse Stuttgarts im 19. Jahrhundert« wies Stuttgart damals die größte Kindersterblichkeit in Europa auf. »Die Verhältnisse in den niederen Ständen«, hieß es da, »besonders bei der Fabrikbevölkerung, sind in Stuttgart sehr grelle.«

Sicher sind die Löhne allmählich angestiegen. Aber hier nimmt Stuttgart, den Berichten der Arbeiter und der Gewerkschaften nach zu schließen, eine Sonderstellung ein. Draußen auf dem Lande liegen die Dinge wesentlich anders. 1909 hat man in Stuttgart die durchschnittlich höchsten Löhne im Reich bezahlt. Ein qualifizierter Arbeiter, den die Stuttgarter Industrie als Qualitäts- und Spezialindustrie haben muß, bekommt drei Mark fünfzig die Stunde.

Mit dem Aufschwung der Firma Bosch ändert sich auch das Bild in der Lohnskala der Arbeiterschaft. Bis dahin waren die Leute des graphischen Gewerbes die bestbezahlten. Die konnten mit einem dünnen Spazierstöckchen am Arm und einem steifen Hut auf dem Kopf (»Koks«), mit Vatermörder, gestärkter Brust, Manschetten und Frack (»henta nonter ischt ao no ebbes«) herumflanieren. Jetzt bezogen die Bosch-Leute den »haigschta Loah« (höchsten Lohn). Damals wurde diese naheliegende Maxime zum geflügelten Wort in Stadt und Land: »Halt dei Gosch, ii schaff beim Bosch!« Erst nach dem großen Streik bei Bosch, den die Boscharbeiter verloren und der vielen Hunderten den Arbeits-

platz kostete, kam des Reimes zweiter Teil auf, die grimmige Kehrseite der Medaille: »Hättescht dei Gosch ghalta, no hätt' de dr Bosch bhalta!«
Auch die Mietpreise waren in diesen wenigen Jahren vor und nach 1900 außerordentlich gestiegen. Mit seinen auffallend hohen Lebenskosten stand Stuttgart schon damals auf einsamer Höhe. Mitten in den Zeiten der Hochkonjunktur redet man von Wohnungsnot, betont, daß die Arbeiterwohnungsverhältnisse einer gewaltigen Reformation bedürften, »wenn auch in den letzten Jahren vieles in dieser Hinsicht geschehen ist« (so zu Beginn des Jahres 1915). Mit anderen Worten: die Industrialisierung hat ihre häßliche Kehrseite. Ein Grund für die Mietverteuerung ist die rasch anwachsende Bevölkerung. Der Hauptgrund aber ist sicher die enorme Steigerung der Grundrente. Amtlicherseits wird ausgerechnet, daß die nackte Bodenfläche des Stadtbezirks Stuttgarts und der Kleinmarkung Cannstatt ebensoviel koste wie die ganze Wald- und Landwirtschaftsfläche des Jagstkreises, wolle man sie kaufen oder vertauschen. »Das mobile Kapital beherrscht den städtischen Boden durch die Hypothek, es wird zur Herrin der Gewerbegebiete«. 1895 kostet eine Zweizimmerwohnung in Stuttgart durchschnittlich 280 bis 360 Mark, in Köln in äußersten Fällen 360 Mark, in Augsburg oder Metz durchschnittlich 100 Mark, in Straßburg 112 Mark, in Magdeburg 113 Mark, in Halle an der Saale 135 Mark, in Nürnberg 150 Mark. Kein Wunder, daß man sich im Jahre 1901 entschließt, ein städtisches Wohnungsamt ins Leben zu rufen, das im Juni 1902, vorbildlich für ganz Deutschland, seine Tätigkeit aufnimmt. Hier ist vor allem von »Wohnungsfürsorge« die Rede, die natürlich die Lösung der Arbeiterwohnungsfrage mit einschließt. Kann in den alten Stadtvierteln der Stuttgarter Innenstadt den Arbeitern Wohnraum gegeben werden? Nach einer Enquête der frühen neunziger Jahre bestanden von 1331 untersuchten Wohnungen im Stuttgarter Altstadtbezirk 795 aus einem Zimmer, von denen 738 keine eigene Küche hatten. In den 795 Wohnungen wohnten 2 113 Personen, also durchschnittlich drei, oft auch vier und fünf Personen in einem Zimmer. Die 1 331 Familien hatten für 5 048 Köpfe nur 3 317 Betten, erwachsene Kinder teilten häufig miteinander das Lager, ohne Ansehen des Geschlechts oder auch mit den Eltern. Die durchschnittlichen Mietpreise ergaben, daß man für diese Löcher im Verhältnis anderthalb mal so viel als für herrschaftliche Wohnungen zu bezahlen hatte. Gaben die Mietskasernenquartiere, wie man sie in Stuttgart ungeniert genannt hat, bessere Wohnmöglichkeiten für die Arbeiterschaft? Im Grunde mußten beide Wohnbereiche entfallen: der Talkessel war ausgebucht für kommerzielle Zwecke und für die teuren Bürgerwohnungen, an den Hängen siedelte die »Herrschaft«. Der Industrie, den Arbeitern, die eine Wohnung suchen, bleiben nur die Vororte längs der Neckarebene, die Quartiere im Süden und Westen der Stadt.

Es kann nicht verschwiegen werden, daß hinter diesen bloßen geographischen Fixierungen zunächst bare Ausweglosigkeit stand. Auch hier wird künftige Forschung mit altüberlieferten Legenden im einzelnen aufzuräumen haben. Gewiß hat Stuttgart lange vor 1914 täglich eine verhältnismäßig große Gruppe von Pendlern aufgenommen, die, teilweise aus dem Donau- und Jagstkreis kommend, im Nebenberuf Landwirte waren. Selbst in den bedeutendsten Arbeitergemeinden des Stuttgarter Bezirks – 1910 kommen in Kornwestheim 45 Prozent Arbeiter täglich von draußen, in Obertürkheim 30 Prozent, in Feuerbach 10 Prozent – wäre also der Arbeiterbauer das liebenswürdige Komplementärbild gewesen. Aber man darf dieses Bild sicher nicht in zu freundlichen Farben malen. Was der Bankfachmann Fritz Schumann über »Die Arbeiter der Daimler-Motoren-Gesellschaft Stuttgart-Untertürkheim« 1911 geschrieben hat, ist doch wohl eine Idee zu poetisch geraten, um für uns ganz sachliche Auskunft sein zu können. »Sie sind kein Atom im Meere der Mietskasernen«, meint Schumann, »sondern der Herr Schreiner Soundso und der Herr Taglöhner Soundso spielen noch eine gewisse Rolle in dem benachbarten Kreise. Das Wort Fabrikarbeit hat auch in Württemberg noch nicht ganz den peinlichen dumpfen und drückenden Klang wie etwa im rheinisch-westfälischen Industriegebiet oder im Norden Deutschlands, etwa Berlin oder Hamburg. In Württemberg ist der Arbeiter in kürzester Zeit weg von der Stätte seines Wirkens, rasch befindet er sich in den schönen hügeligen Fluren, inmitten wogender Kornfelder, auf den rebengeschmückten Bergen seines Landes.«

Aber der, der hier bleiben will oder muß, hat keinesfalls beste Wohnbedingungen, zumal sich gerade in den letzten Jahren vor dem Ersten Weltkrieg »eine nicht unbedeutende Agglomeration von Arbeitern in den Stuttgarter Vororten« bemerkbar machte, »die früher auf dem Lande gewohnt hatten«. Der kapitalistische Bauunternehmer hat an der Lösung der Arbeiterwohnungsfrage in Stuttgart keinen Anteil. Hier dominiert, angeheizt durch gut schwäbische Profitlichkeit, das unverhohlene Bestreben, aus dem eigenen Bau möglichst viel »Rente« herauszuschlagen. Bei einer Mietskaserne gelingt das besser als bei einem Einfamilienhaus. Auch die Fabrikanten zögern hier lange, zuzugreifen. Erst im Handelskammerbericht von 1912 heißt es, »in zunehmendem Maße« würden von Industriellen selbst Arbeiterhäuser errichtet. So sind es zunächst auch die Arbeiterbaugenossenschaften selbst, die, 1889 durch ein Reichsgesetz dazu legitimiert, ihre »Spar- und Bauvereine« gründen und sich selbst Boden unter die Füße holen. Die 1910 gegründete »Gemeinnützige Baugesellschaft für Einfamilienhäuser« legt die Kolonie Falterau mit einem halben Hundert Häuser an, die 1912 von den Arbeitern der Daimler-Motorengesellschaft gegründeten Genossenschaft »Gartenstadt eigenes Heim« erwirbt für eine halbe Million Mark ein Baugelände und errichtet dort die Kolonie Luginsland, der »Bau- und Sparverein Kornwestheim« vom Jahre 1907 baut seine Häuser an der Grenze des Stuttgarter Industriegebietes: eine ganze Reihe solcher Bestrebungen wird allmählich sichtbar. Paul Lechler versucht in seinem in Berlin 1895 erschienenen Traktat über die »Nationale Wohnungsreform« die Fronten zu klären, indem er die praktische Lösung der Wohnungsfrage den Wirtschaftspartnern, den Arbeitgebern und Arbeitnehmern gleicherweise auferlegt, vom Staat aber eine Beteiligung bei den Organisationen und eine Garantie für die kreditweise Aufbringung der Mittel erwartet. Der Geheime Hofrat Eduard von Pfeiffer hat fünf Jahre vorher einen »Verein für das Wohl der arbeitenden Klassen« gegründet, ein Unternehmen, das sicher damals das größte und diskutabelste in ganz Deutschland gewesen ist. Schon ein Jahr nach der Gründung, im Jahre 1891, ging man hier an die Errichtung der Kolonie Ostheim. Hier sollten Arbeiter wohnen, Leute, die sonst nirgendwo zum Zug gekommen seien. Der Stuttgarter Gemeinderat und die Presse waren mehr als skeptisch. Aber noch bevor die ersten 134 Wohnungen auf den fünfzig Bauplätzen erstellt waren, waren sie längst gemietet: so viele Wohnungssuchende gab es unter den »niedrigen Klassen«! 1913 besaß der Verein in Ostheim 1 267 Wohnungen, in Westheim 93 Wohnungen, in Südheim 136 und in der Kolonie Ostenau bei Gaisburg 261 Wohnungen. Man hat diese Zwei- bis Drei-Zimmer-Wohnungen alle aus eigenen Mitteln erbaut. Die Stadtverwaltung hat aus ihrer Kasse nur das Geld für die Erstellung und Erhaltung der Straßen gegeben.

Sicher war Eduard Pfeiffer in Sachen Arbeiterkolonie nicht der erste. Die Württembergische Baumwollspinnerei hat in Brühl bei Obertürkheim schon in den sechziger Jahren Arbeiterhäuser bauen lassen. Die Stuttgarter Firma G. Siegle & Co. hatte dann in Vaihingen für eine Wohnkolonie gesorgt. Eduard Hallberger in den siebziger Jahren für die Arbeiter und Beamten seines Verlagsinstituts, die Stuttgarter Straßenbahngesellschaften für mehrere hundert »Dienst-Wohnungen«. Nicht alle diese Unternehmungen haben ein so wohlausgeklügeltes und gutes System wie die Fabrikwohnungen der Württ. Baumwollspinnerei und -Weberei in Brühl, mit geringstem Mietzins, mit freien Nebenräumen, mit unentgeltlichem Gartenanteil, mit freiem Kindergarten, zweiklassiger Schule, einer Fabriksparkasse und einer Lesebibliothek. Wie viel durch diese Notmaßnahmen oder Selbsthilfeaktionen gebessert oder geändert worden ist, in sozial-psychologischem, in volkspädagogischem Sinne, wäre im einzelnen noch nachzuprüfen. Sicher ist, daß die Wohnungen der Stuttgarter Arbeiterkolonie bis zu 30 Prozent billiger waren als die übrigen, daß sie im übrigen den großen Vorzug hatten, in sanitärer Hinsicht viel moderner und sauberer zu sein als die »Arbeiterquartiere mit Mietkasernen« um Stuttgart. Das »Arbeiterwohnungselend, soweit ein solches in Stuttgart noch herrscht«, wie es 1915 heißt, ist damit einigermaßen aufgefangen worden.

Daß die nach 1879 in Württemberg eingerichtete Gewerbe- und Fabrikinspektion durch ihre Anregung und Beratung der Unternehmer in mancherlei Hinsicht Gutes getan hat, ist ohne Zweifel. Die Gewerbeinspektoren haben die Wasch- und Badeeinrichtungen in den Fabriken, die Speisesäle und Kantinen und »Konsumanstalten« besichtigt und sich auch immer wieder als »Vermittler und Verbreiter sozialer Einrichtungen« verstanden. Wenn der eine Arbeitgeber höhere Löhne bezahlte als der in einem anderen, aber ähnlichen Betrieb, so mochte das auch als »Wohlfahrtseinrichtung« gelten. Darüberhinaus aber hat man sich, nachdem 1892 und 1905 ausführliche Dienstanweisungen für die Gewerbeinspektion erlassen worden waren, von dieser Seite auch aus auf dem Gebiet des Wohnungswesens umgetan und den Arbeitern den Erwerb eigener Häuser erleichtert durch die Gewährung von unverzinslichen Darlehen und Bauprämien, durch Bürgschaften und Vorschüsse und schließlich durch Überlassung von Grund und Boden oder wenigstens durch die Mithilfe bei der Gründung von Bauvereinen. Dadurch, daß Arbeiterausschüsse, vor allem aber die in den neunziger Jahren dann üblich gewordenen Arbeitsämter hier mit von der Partie waren, konnte diese ebenso begutachtende wie kontrollierende und beratende Arbeit doch als ein Beitrag gewertet werden zu einem Problem, das für die wachsende Großstadt Stuttgart erstrangig geworden war.

Die Fangarme der Großstadt

Es ist immer noch leichter, über die Stationen des Schmalkaldischen Krieges oder die Entwicklung der absolutistischen Kriegstechnik Auskunft zu geben als über den Expansionsprozeß der deutschen Großstadt im 19. Jahrhundert. Immerhin läßt sich im nachhinein sagen, daß das Stuttgart der sechziger Jahre an den Ausbau der Gegenden um den Feuersee, am Kriegsberg, an der Neckar- und Olgastraße ging, daß in den siebziger Jahren, ohne daß neue Stadtteile damit entstanden wären, Villen und Banken und »gemeinnützige« Gebäude entstehen, daß um 1880, als sich die Gründer-Hausse gelegt hatte, der Prager Bezirk und der Herdweg, die Karlshöhe und Alexanderstraße und Gänsheide angebaut werden. Anfang der neunziger Jahre hat die Stadt die Höhen des Talkessels erreicht und die Niederungen des Neckars. Jetzt muß Neuland gewonnen werden.
Da Platz vorhanden ist, sind auch bald allerlei Erfolge aufzuweisen. Nur über das Ziel zerbricht man sich nicht den Kopf. Großbauten illustrieren das großstädtische Relief. Allein ins Jahr 1895 fallen der Olgabau am Schloßplatz, die Bergkaserne bei Ostheim, der Lindenhof, das Diakonissenhaus in der Rosenbergstraße, das Viktoriahotel an der Friedrichstraße, die Russische Kirche in der Hegelstraße. Ein Jahr darauf wird das monumentale Renommierstück Landesgewerbemuseum vollendet und der Schwabstraßentunnel dem Verkehr übergeben. Schlag auf Schlag geht es jetzt: von 1898/99 und 1901 treten die Pauluskirche an der Bismarckstraße, die Lukaskirche in Ostheim, die Gedächtniskirche an der Hölderlinstraße und die Petruskirche in Gablenberg auf, evangelische Kirchen, dazuhin die katholische Nikolauskirche an der unteren Werastraße. Der Baukatalog dieser Jahre ist, gegenüber früheren Generationen, unvorstellbar besetzt: das Hauptsteuergebäude in der Schloßstraße fällt in diese Zeit, die Württembergische Sparkasse, die Lebensversicherungs- und Ersparnisbank, das Verwaltungsgebäude der Versicherungsanstalt Württemberg, die von Karl Engelhorn gestiftete Volksbibliothek, das Hofkammergebäude, das Eberhard-Ludwigs-Gymnasium bei der Gewerbehalle, das Katharinenstift in den Anlagen, das Verwaltungsgebäude der Allgemeinen Rentenanstalt und mehrere Warenhäuser.

Nachdrücklicher wirkt sich der Ausgriff ins Umland aus. Die 1892 begonnene Ostheimer Kolonie wird 1898 nach vergrößertem Plan ausgebaut, im gleichen Jahr, in dem man auch das Baugesuch zur Gründung der Kolonie Südheim einreicht. Warum Ostheim als Ort, als Begriff so rasch floriert und in ein eigenes Gesicht und Leben hineinwächst, während »Südheim« und das 1902 auf Botnanger Markung errichtete »Westheim« nur Vokabeln bleiben, wäre im einzelnen noch zu untersuchen. Für die Generation um 1900, getragen von dem lauten Selbstgefühl, es herrlich weit gebracht zu haben, war es auf alle Fälle keine Frage. Daß die Stadt, um sich beheimaten zu können, einer Verzahnung mit der menschlichen Umwelt bedarf, daß die gestaltete Stadt »Heimat« werden kann, die bloß agglomerierte nicht, daß Heimat nach Markierungen der Identität und Unverwechselbarkeit des Ortes verlangt: das alles ist damals noch nicht einmal ein Punkt der Diskussion. Die früheren Vororte Gablenberg, Heslach, Berg und Gaisburg, auch Feuerbach, Botnang und Untertürkheim streifen ihren Land-Charakter ab und werden Großstadt-Vorstädte. Das Großstadtbewußtsein wurde davon inspiriert, und man hat es als selbstverständlich, vielleicht sogar als »Planung« hingenommen, wenn sich auf den Höhen, auf der Feuerbacher Heide, in der Gegend des Hasenbergs, der Alten und Neuen Weinsteige, einem Teil von Degerloch und vor allem auf der Gänsheide so etwas wie »Gartenstädte« bildeten.

»Die Anschauung, daß jede Konzentrationsbewegung im wirtschaftlichen Leben ein Zeichen höherer Kultur sei, kann wohl kaum ernstlich bestritten werden.« Man würde den Satz in irgendeinem Schwerindustriellenorgan aus der Saar- oder Ruhrgegend suchen. Aber er stammt von einem fleißigen Kommentator der Stuttgarter Stadtgeschichte des 19. Jahrhunderts und ist im Mai 1909 im »Schwabenspiegel« erschienen, den der Verlag der Württemberger Zeitung in Stuttgart gedruckt hat. Unser Gewährsmann bleibt nicht bei der Analyse spezifisch wirtschaftlich-kapitalistischer Prozesse. »Nicht allein in Handel, Verkehr, Gewerbe, Kunst und Wissenschaft, sondern auch auf ethischen, religiösen, administrativen und gesetzgeberischen Gebieten beginnt die höhere Kultur mit dem Einsetzen von Konzentrationsbestrebungen.« Unter dem Einfluß von Darwins biologischer Entwicklungslehre ist man also auch in Stuttgart der unter Soziologen und Ethnologen der Zeit verbreiteten Meinung, alle Geschichte meine eine gesetzmäßige, von einfacheren zu immer komplexeren, konzentrierteren Formen sich vollziehende Entwicklung und Entfaltung. Der absolute Höhepunkt zeigt sich dort, wo Machtzuwachs und Konzentration am perfektesten sind. »Ganz spezifisch«, meint der Stuttgarter Stadtchronist, »spiegelt sich die Kulturstufe eines Volkes in der Agglomeration der Bevölkerung, der Menschen selbst. Hier, wo nicht mehr das Rein-Stoffliche oder Rein-Ideelle in Betracht kommt, sondern der ganze Mensch gewissermaßen als soziales Wirtschaftstier sich mit seiner vollen Kraft einsetzt, drängt sich uns ein gesetzmäßiger Vorgang in wirtschaftlicher und sozialer Hinsicht auf. Es scheint, als ob sich hier ein Vorgang vollziehe, der außerhalb des Bereiches des menschlichen Willens liege.«

Es ist wichtig, sich dieser wie gesagt im Stuttgart des Jahres 1909 niedergeschriebenen Thesen zu vergewissern, einfach deshalb, weil sie die Grundstimmungen aufdecken, vor die die »Eingemeindung« als unschuldige Vokabel gesetzt ist. Es sei ein Fatum – »höhere Kräfte«, sagt der Stuttgarter Stadthistoriker –, das man hinzunehmen habe: die Wirtschaft ist, wie das Rathenau wenig später in lapidarer Kürze faßt, »unser Schicksal«. Und diese Wirtschaft ist expansiv von Hause aus. Sie dient nicht der Befriedigung von Lebensnotwendigkeit, sondern dem Gewinnstreben. Sie verlangt auch ein neues, aus den Jahresbilanzen der Aktiengesellschaften übernommenes Leitbild der Stadt, den ewig offenen und sich stetig weiter öffnenden Schlund, der dem Druck einer unablässigen Werbung gehorcht und die Auswürfe einer wachsenden industriellen und landwirtschaftlichen Erzeugung verschlingt. Das Mittel wird zum Zweck, die Wanderung zum Ziel. Halbverstandene »Gesetze« und sozialdarwinistische Popularismen legen den Schluß nahe, die Metropole mit dem größten Zuwachs sei auch das Symbol größten Fortschritts. Baal, wie Georg Heym ihn in seinem »Der Gott der Stadt« überschriebenen Gedicht von 1910 nennt, hockt auf seinem Thron, und die Götzen der Machtpolitik feiern auch im Raum der Städte, in einem Mythos der großen Herrscherin Stadt, ihre Feste.

Stuttgart nahm seine Eingemeindungen, wenn in den teilweise langwierigen Verhandlungen mit den Außengemeinden je die Karten ganz auf den Tisch gelegt wurden, immer unter wirtschaftlichen Aspekten vor. Der kommerziellen, der ideologischen Positionen war man sich immer bewußt, so behördlich, so gesetzmäßig die Eingemeindungsakte sich gaben. Die Straßen des 1891 gegründeten Stadtteils Ostheim setzten sich auf Gaisburger Gebiet fort. Das aus Privathänden in städtischen Besitz übergegangene Gaswerk der Stadt lag ebenfalls auf Markung Gaisburg. Schon Ende 1897 begannen die Verhandlungen Stuttgarts mit dieser Gemeinde. Sie fanden ihren vorläufigen Abschluß durch eine Vereinbarung vom 25. März 1899, durch die Gaisburg seinen Übertritt in den Amts- und Gemeindeverband Stuttgart erklärte, wogegen Stuttgart versprach, einige Straßen herzustellen, den Bau einer Straßenbahn dorthin zu betreiben und den neuen Stadtteil mit Gas zu versorgen. Die Amtskörperschaft, der Gaisburg angehörte, widersetzte sich anfangs der Entlassung dieser Gemeinde aus ihrem Verband entschieden. Sie verlangte mindestens eine Abfindung für die Steuerkraft, die ihr durch den Verlust der Gemeinde entstand, von 52 000 Mark, schließlich von 30 000 Mark. Schließlich willigte die Amtskörperschaft ganz in die Lostrennung ein: Stuttgart gab sich freundlich, bewilligte »als Ersatz des Mehraufwands, welcher dieser Körperschaft durch Fortreichung der Gehälter ihrer ständigen Beamten in dem bisherigen Umfang erwächst«, eine Entschädigung von 10 000 Mark und verzichtete für sich und Gaisburg auf den Anteil am beträchtlichen Vermögen der Amtskörperschaft. Durch Gesetz vom 5. Februar 1901 wurde die Eingemeindung Gaisburgs mit Wirkung vom 1. April 1901 verfügt.

Gaisburg war nur der Anfang. Auf den 1. April 1905 wurden Cannstatt, Untertürkheim und Wangen eingemeindet, auf 1. August 1908 Degerloch. Insgesamt wurden 52 000 neue Einwohner zu Stuttgart geschlagen, eine weit entwickelte Mittelstadt für damalige Begriffe, und 3 539 Hektar Gebiet. Allein mit der Eingemeindung Cannstatts hatte Stuttgart seine überbaubare Fläche verdoppelt. Cannstatt zeigte sich als ein schwieriger, eigensinniger Partner in diesen Verhandlungsjahren. Die Herren aus Stuttgart machten geltend, daß Cannstatt, »ohne Parasit zu sein«, in der Hauptsache sein Wachstum und Emporblühen Stuttgart zu verdanken habe, während man auf dem Cannstatter Rathaus unterstellte, daß sich Stuttgart durch diese Einverleibung zwar »die Früchte der Äußerungen seiner Lebenskraft« sichere, andererseits Cannstatt eben seine Selbständigkeit verliere. Schließlich hat man sich dem Sog doch gefügt, nicht ohne noch einmal vor aller Öffentlichkeit erklärt zu haben, das »Opfer der Selbständigkeit eines sehr alten, kräftigen Gemeinwesens« sei »erklärlich nur durch ein außerordentliches Äquivalent«. In der Tat brachte diese Annexion, wie wir nach Cannstatts und Stuttgarts Frühgeschichte leicht ermessen können, viel historisches Prestige mit ins Spiel, anders als bei Wangen, das lediglich als Lieferant von Arbeitern und landwirtschaftlichen Erzeugnissen interessant war, Untertürkheim als Sitz bedeutender, »in der Hauptsache auf Kosten Stuttgarts« gehender Industrie und eines großen Elektrizitätswerks, das Stuttgart in jeder Hinsicht gelegen kam, Degerloch als Villenvorort, der immer selbstverständlicher von Stuttgartern frequentiert wurde.

Was Cannstatt mitgebracht hat, war eine ehrwürdige, sehr viel ältere und gerade in der Frühzeit sehr viel gewichtigere Geschichte als Stuttgart, eine bedeutende Rolle als Verkehrsknotenpunkt, einen Ruf als Bäderstadt, der nur den einen Fehler hatte, daß er mittlerweile durch die Cannstatter Industrie verdrängt worden war. Nach Anfängen der Textilindustrie kam 1861 die Fr. Hesser AG hierher, die vollautomatische Verpackungsmaschinen herstellte und mit ihren neunhundert Beschäftigten für damalige Verhältnisse eine große Sache war, zwei Jahre später die Maschinenfabrik der Gebrüder Decker & Co., am Platz der heutigen Zweigstelle der AEG, 1879 die Misch- und Knetmaschinenfabrik Werner & Pfleiderer, die von 1906 an allmählich ihre neuen Anlagen in Feuerbach aufbaute. Wenn auch die vielerlei kulturellen und sozialen Traditionen der Stadt im Verlaufe des 19. Jahrhunderts, vom Bad, das vor allem König Wilhelm I. gefördert hatte, abgesehen, in eine arg provinziale Atmosphäre ausmündeten, so blieben doch starke individuelle Potenzen in der Stadt, die eigentlich erst in den zwanziger Jahren wieder stärker zum Vorschein kamen und vor allem dann nach 1945, als Cannstatt große städtebauliche Wunden zeigte, zu einer neuen Entfaltung drängten: heute hat Cannstatt wieder ein bemerkenswert eigenständiges Leben.

Untertürkheim, von dessen vielbesuchter Kirchweihe am 28. Mai 1514 sich der Aufstand des Armen Konrad ausbreitete, hatte, wenn auch in den zwanziger Jahren der größte unter den Stuttgarter Neckarvororten, immer noch, obwohl die meisten Einwohner in der Industrie ihren Lebensunterhalt verdienten, etwas vom alten Weingärtnerdorf, das vorzüglichen Wein anbaute. Schon im 19. Jahrhundert verdiente man sich hier auch mit Gipsgewinnung sein Geld, auch mit einer Rouleauxfabrik, zu der dann vor allem um 1880 auch Textilunternehmen und solche der Lebensmittelbranche kamen, 1903 schließlich die Daimler-Motoren-Gesellschaft, die wegen eines Brandes Cannstatt verließ. Um 1930 hatte Untertürkheim einen Riesenbetrieb, 6 Großbetriebe und 9 Mittelbetriebe, ohne daß die Trennung zwischen dem alten, linksufrigen und dem neuen, rechtsufrigen Untertürkheim so recht beseitigt worden wäre. Vom Charakter der alten Weingärtnersiedlung mit ihren Fachwerkbauten, die durchweg verputzt sind und selten irgendeinen architektonischen Schmuck tragen, sieht man heute noch mancherlei.

Degerloch, dessen Namè — loch hat die Bedeutung von Wald, also starker, umfangreicher Wald — ein betulicher Ortspfarrer am Ende des vorigen Jahrhunderts einmal umtaufen wollte, war ursprünglich in der Hauptsache in hirsauischem Besitz. Erst im 14. Jahrhundert ist es württembergisch. Man hat sich hier vor allem ausgedehntem Obst- und Weinbau gewidmet, ohne irgendwie in direktere Beziehungen zu den württembergischen Räten oder gar Herzögen geraten zu sein. Erst als Herzog Carl Eugen in Hohenheim aufzog, sonnte sich Degerloch wie die anderen Filderdörfer, Ruit oder Birkach oder Scharnhausen auch, in der Sonne des milde und leutselig gewordenen herzoglichen Patronatsherren. Er hat den Degerlochern immer wieder »Kirbekuchen« schicken lassen oder den Ortsarmen etliche zwanzig Gulden. Oder er hat die Jungen, Mädchen wie Buben, zu sich zur Kirchweih eingeladen, kostenlos und mit dem allergnädigsten Hinweis auf »hinreichend Essen«. Nur die »Bestecker« mußte die junge Degerlocher Mannschaft selber mitbringen. Daß einmal am Franziskatag in Hohenheim »zerschiedene Teller« abhanden gekommen waren, war eine peinliche Sache für das sonst fromme Pfarrdorf. Im 19. Jahrhundert hat man dann seine Milch nach Stuttgart hinuntergefahren, wogegen die Stuttgarter Degerloch wegen seiner reinen Luft nicht bloß zur Sommerszeit besuchen lernten. Gegen Ende des Jahrhunderts entstand ein eigenes Villenquartier in dem rasch sich vergrößernden Dorf, 1890 bekam es statt der spätgotischen Kirche eine von Leins und Dolmetsch erbaute »im Rundbogenstil«, 1884 die Zahnradbahn, 1904 vom Bopser her auf der Neuen Weinsteige eine elektrische Straßenbahn, was die Zubringerfunktionen Degerlochs – 1902 schon gab es einen zweiten Bahnhof für Arbeiter und Güterverkehr – natürlich stark unterstrich.

Es fällt auf, daß nach dieser ersten Eingemeindungsphase gerade von Vertretern der Stuttgarter Stadtbürokratie vermerkt wurde, von einem weiteren und dringenden Bedürfnis der Stadt nach Neuerwerbungen könne nicht mehr die Rede sein. Vor allem wolle sich die Stadt keine Bedingungen vorschreiben lassen, weder von den Gemeinden selbst noch von den Amtskörperschaften, zu denen sie gehören. Das Verhältnis war umgekehrt als ein halbes Jahrhundert später: viele kleinere Gemeinden wie Kaltental oder Botnang im Süden und Südwesten, Münster im Nordosten suchten damals vor 1914 ihr Heil »im Aufgehen in Stuttgart«, während die Großstadt Stuttgart eine Werbung für ihre Vergrößerungs- und Vereinheitlichungstendenzen gar nicht für nötig hielt.

Zumindest hat man auf dem Stuttgarter Rathaus damals auch die Fragen gesehen, die mit der Vergrößerung gegeben waren, gipfelnd in der ersten und letzten Frage, ob dieses »Groß-Stuttgart«, wie man die Stadt seit 1. April 1905 auch nannte, eine neue Stadt werde. In der Festsitzung der bürgerlichen Kollegien am 3. April meinte denn auch Oberbürgermeister von Gauß, wichtiger als die rechtliche Vereinigung sei »die tatsächliche und wirtschaftliche. Der Vereinigungsgedanke, geboren aus Gegensätzen, aus Interessen und Meinungsverschiedenheiten, muß führen zu gegenseitigem Verständnis, zu der Bereitwilligkeit, über das Sonderinteresse des Stadtteils hinüber stets auf das gemeinsame Interesse der Stadt zu sehen, er muß sich entwickeln zu einem völligen Solidaritätsgefühl.«

Das war leichter gesagt als getan. Mancherlei Tendenzen divergierten da. Auf der einen Seite war die oberbürgermeisterliche Vorstellung von der *einen* Gemeinde, von einem Kollektiv gleicher oder zumindest gleichwertiger Lebens- und Siedlungsbereiche. Auf der anderen Seite tat sich eine schon nicht mehr überschaubare Fläche von Häusern und Siedlungspartikeln auf. Hier wollte man Solidarität und ein gemeinsames, identisches Stadtbewußtsein, dort waren so eigenwüchsige Außenbezirke wie Cannstatt oder das später eingemeindete Feuerbach kaum als leicht zu integrierende Gemeinden anzusprechen.

Ob das eine unbeabsichtigte Reaktion auf die Eingemeindungswelle war oder nicht: gerade in diesen ersten Großstadtjahren Stuttgarts nimmt man das Auftreten individueller Bezirke innerhalb Groß-Stuttgarts wahr, Gruppenbildungen, feine Nuancen und Andersartigkeiten, welche die Rede von egalen Großstadtsumpf Lügen strafen und tatsächlich ja auch in der Bedrängnis des Luftkriegs die Großstadt als einen Bereich von vielen kleinen, sehr homogenen »Heimaten« präsentiert haben. Die jeweils besondere Luft, die in den einzelnen Stadtteilen wehte, geschaffen von bestimmten Familien und Sippschaften und Vereinsgeschichten, von altem und neuem Brauchtum bis hin zu den mundartlichen Abstufungen, hat ein »Zusammenwachsen« eher erschwert als erleichtert.

Ein Posten auf dem Wege dieses schwierigen Integrationsprozesses mag die Einweihung des neuerbauten Rathauses am Nachmittag des 1. April 1905 gewesen sein, just am großen Eingemeindungstag. »Das Rathaus ist ein Werk, von dem wir hoffen, daß es noch jahrhundertelang der Stolz und die Zierde der Stadt sein möge.« So Gauß vor dem König, den Ministern, den Kammerpräsidenten und so weiter: die Repräsentanz des ganzen Landes war da. Die Prognose hat gerade für vierzig Jahre gehalten. Der brabantgotische, wenig gegliederte und unmaßstäbliche Massivbau von Heinrich Jassoy mit seinen drei Millionen Goldmark wurde sehr bald, trotz des Ordenssegens, eine ebenso umstrittene Sache wie der 1954 begonnene Neubau, von dem Experten hilfloserweise vermerken, daß er »lediglich groß« sei. Gleichviel: Architektur wirkt auf ihre Umgebung und die Menschen zurück, und damals muß man angetan gewesen sein von der blendend weißen Haltbarkeit des Mauerwerks, vom Goldglanz der Kupferhelme des Turms, von der Statue der »Stuttgardia« über dem Mittelgiebel. Groß-Stuttgart strahlte.

Die Ausstattung der Großstadt erhielt jetzt manche Begünstigung. Neun Jahre später, am 30. Januar 1914, wurde die neue Markthalle eingeweiht, ein übrigens sehr beachtenswerter Bau, der einem originell weiterverarbeiteten Jugendstil Einlaß gewährt hat, wo, um den Erlaß für den Erstbau von 1864 zu zitieren, »die Frauen und Töchter unserer Weingärtner, geschützt vor den Unbilden der Witterung, ihre Produkte feilbieten« durften. 1906 waren die Stuttgarter Mandate im Landtag von eins auf sechs vermehrt worden: auch im politischen Raum war der Quantität der Stadt Rechnung getragen. Und schließlich ging man an die Vervollständigung der technischen Ausstattung. Die Ende November 1845 in der Nähe des Hoppenlaufriedhofs in Betrieb genommene Gasfabrik hatte ihre Aufgabe recht und schlecht erfüllt. Ab 14. August 1878 versorgte eine neue, in Gaisburg erbaute Gasfabrik die Stadt. Am 1. November 1899 ging dieses Gaswerk als Regiebetrieb in den Besitz der Stadt über. Sie baute zwischen 1906 und 1910 das Gaswerk Gaisburg um und erweiterte es, im gleichen Zeitabschnitt, in dem die Gaserzeugung nahezu um das Doppelte zunahm. Der Gasabsatz befand sich in diesen letzten Jahren vor dem Ersten Weltkrieg in einem wichtigen Strukturwandel. In den Häusern daheim ging man mit der Beleuchtung auf »elektrisch« über, dafür interessierte das Gas bei der Wärmeversorgung: vor dem Bau der neuen Ofenanlage, die am 1. August 1930 ihre Arbeit aufnahm, verrieten die wirtschaftlichen und betriebstechnischen Neuerungen vor 1914 den größten Schritt in der Stuttgarter Gasversorgung. Sie hat, in einer Handvoll Jahre, so viel Gasausbeute ermöglicht, daß bis 1912 sogar sieben Nachbarorte an das Stuttgarter Gasrohrnetz angeschlossen waren.

Ob Stuttgart damals »vor vierzehn« den mitteleuropäischen Vorstellungen einer Großstadt entsprach? Noch in den dreißiger Jahren hat man der Stadt dieses Attribut zuweilen vorenthalten, nicht aus Mißgunst, sondern weil man in der Stadt noch das Residuum von so viel liebenswürdig Kleinräumigem und Eigentümlichem zu entdecken glaubte. Unbewußt dürfte bei solchen Überlegungen die Lage der Stadt mitgespielt haben, das Fehlen einer Hochhaus-City, die periphere und sozusagen unsichtbare Separierung der Industrie, die Weinberge an den Hängen und die Wälder auf den Höhen: das alles hat weit bis in unser Jahrhundert hinein anödende Assoziationen einer Großstadt gar nicht aufkommen lassen. Im Grunde ist das heute noch so.

Um 1900 sind diese Eindrücke noch dadurch unterstrichen worden, daß es »Restaurants, die einer Großstadt würdig wären«, nach einem Bericht von 1901, in Stuttgart »so gut wie gar nicht gibt«. Ein paar Wiener Kaffees, der Kaiserhof, das Hotel Marquardt, das ein Mitarbeiter des Figaro einmal das vornehmste Hotel Deutschlands nannte – das war alles. Eine kurz vor der Jahrhundertwende veröffentlichte Statistik stellt fest, daß Stuttgart mit seinen Gastwirtschaften gegenüber anderen vergleichbaren Großstädten Deutschlands weit zurückstehe: einen aus der Anonymität der Großstadt heraus lebenden Tingeltangel, eine »Berliner Luft«, ein Nachtleben gab es offensichtlich nicht. Wenn schon, dann hat man den Besuchern von draußen landsmannschaftliche Heimeligkeit geboten, in Stapfs Hohenloher Weinstube in der Calwer Straße und anderswo. Und natürlich hatte die Stadt mancherlei »erstklassige« Attraktionen zu bieten, die man im Welzheimer Wald oder im Gäu nicht sah. 1896 zeigte man gelegentlich der Einweihung des Landesgewerbeamtsmuseums einen der ersten Filme, den es gab. Kaum waren Mergenthalers und Lanstons Erfindungen in Technik umgesetzt, kaum die Rotationsmaschinen in Schwung und die Straßenzüge mit Elektrizität versorgt, war auch schon die Reklamewelle da: in Stuttgart stand, um Zeitungsannoncen dieser Jahre zu zitieren, das »größte und leistungsfähigste Haus der Lebensmittelbranche«, der »vornehmste Kinematograph der Residenz«, der »größte Automat (nämlich Essensautomat, d. Vf.) Württembergs«.

Aber während die Superlative in die Welt posaunt wurden, kam die Altstadt in Gefahr, unversehens, ohne daß man es so richtig bemerkt, geschweige denn gewollt hätte. Für den, der Romantik haben wollte, genauer gesagt: der von sozialkritischen Kategorien unbelastet genug war, muß es noch lange in unserem

Jahrhundert ein Dorado gewesen sein, das Stuttgarter »Bohnenviertel«. Amtlich nie so genannt, war es *das* Zeichen Stuttgarter Gemütlichkeit und Originalität, das, wenn nicht schon früher, spätestens im Bombenwurf der Jahre 1944 und 1945 unterging. Wilhelm Löffel, der beliebte Lokal- und Heimatdichter, hat den Wengertern dort, »o'schtreitich« den feinsten Herren, immer wieder Strophen gewidmet, mit der Versicherung:

»'s Volk war leschär ond hot et g'schnauzt
älles hot anander dauzt.
Am beschte isch, net zum vergessa,
d'r Schwong em Bohnaviertel g'sässa.«

Das Stuttgarter Bohnenviertel konnte es, was den eigenständigen Anstrich anlangte, mit dem Tübinger Gogenviertel oder dem Ulmer Fischerviertel aufnehmen. Was an eiliger oder aufgeputzter Großstädterart im »schönen Viereck« oder der Oberen Vorstadt, am Kriegsberg oder der Silberburg sein Wesen oder Unwesen treiben mochte, galt hier nicht. Wir haben eine ganze Wolke von Zeugen dafür, daß man hier gerne zu Hause war und sich um keinen Preis »verändern« wollte: in Reim und in Prosa hat man das zum Ausdruck gebracht. Die »Veschperlesmoischter« oder »Knackwurschtprivatiers«, die da in den mit Tabakrauch geschwängerten Besenwirtschaften an ihrem Wein kauten, müssen in der Tat eine köstliche Sache gewesen sein.

Schon im 17. Jahrhundert galt die Gegend der Brenner-, Pfarr-, Wagner- und Webergasse als »Bohnenviertel«. Die Leute dort lebten in der Hauptsache vom Gemüse- und Weinbau. Eigentlicher Kern war die Webergasse, die südliche Grenze des damaligen Stuttgart, mit einer Stadtmauer von der Außenwelt abgeschnitten. Entlang der Mauer hatte man, um den Platz auszunützen, Bohnen angepflanzt. Als Wahrzeichen des Bereichs galt im 19. Jahrhundert der »Schellenturm«, der, diesen Namen von dem 1811 abgebrochenen Turm an der Ecke Kanal- und Webergasse übernehmend, heute wenigstens noch als Stumpf erhalten ist. Noch bis zum Ende des vergangenen Jahrhunderts hingen, nach ausdrücklicher amtlicher Genehmigung, die Bohnen an Schnüren, das Welschkorn an Stangen girlandenartig an den Häusern — die eisernen Träger dafür waren noch lange sichtbar —, standen die Holzstöße an den Staffeln zum »Spälten« da, überraschten in der Pfarrstraße drei amtlich lizensierte Dunglegen. Wenn im Spätsommer die Obstpressen zum Mosten herausgeholt und im Herbst die Trauben geraspelt wurden, ging ein würziger Erdgeruch durch die Gassen. Die Erdöllaternen über dem Kopfsteinpflaster, der öffentliche Ausscheller: diese Requisiten der »guten alten Zeit« muß es im Bohnenviertel noch lange gegeben haben. Auch den Wengerter, der mit den Kräben auf dem Rücken und der Haue auf der Schulter, mit Korb und Mostkrug, den kläffenden Spitzer voraus, in den Wengert, auf den

Kartoffelacker, zum Gütle zog. Die siebziger und achtziger Jahre haben die Sozialstruktur des Viertels ins Wanken gebracht. Aus einem »knitzen« Weingärtner wurde jetzt ein vermögender Mann: er ließ auf den alten Grundstücken in den neuen Stadtteilen ein Haus bauen, wurde Privatier und freute sich an der märchenhaften Aufwertung von Grund und Boden.

Ob die marxistische Gesellschaftsprognostik vom Kulturpessimismus und der schließlichen Selbstzerstörung der Bourgeoisie recht hat oder nicht: Zeiten moderner technisch-ökonomischer Prosperität haben den Keim des Überdrusses ebenso in sich wie den der latenten Zerstörung sozialer, ökologischer, städtebaulicher Wirklichkeit. Die Gesellschaft vor 1914, die Stuttgarter Geschichte verrät das deutlich, wird von Unsicherheiten und sichtlichem Unbehagen ergriffen, kaum daß die glücklichen Glocken des ersten Januars 1900 verklungen sind. Das neue Jahrhundert hat nicht die »höhere Kultur« gebracht, von der die Toasts des Neujahrhunderttags dahergeredet haben, sondern Ruß, Streiks, Entlassungen, heruntergewirtschaftete Quartiere. Wie sehr der Kontinuitätsbruch das Fassungsvermögen der Menschen überstiegen hat, machen Architektur und Baubestand der Stadt am deutlichsten: was gestern noch erste Klasse war, wird heute zum alten Eisen geworfen.

Der »neue« Bahnhof war, vor kaum einer Generation der Stolz der Stadt, schon abbruchreif. Plötzlich melden sich einige Leute, die mitten im großen Rennen den Atem anhalten: die Denkmalpflege, bislang, wenn es gut ging, Nebenaufgabe irgendeiner Behörde, organisiert und artikuliert sich mitten im Kraftfeld der Interessen. Wenigstens die Bahnhofshalle solle man erhalten, heißt es um 1910. »Denn welchem Stuttgarter, ja welchem Schwaben überhaupt, ist diese Halle nicht an sich schon ein lieber alter Bekannter, den alle einmal recht schmerzlich vermissen würden!« Eine Blütenlese von Verwendungsmöglichkeiten wird vorgelegt. Man könnte die Hauptstraße vom neuen Bahnhof auf die Halle zuführen, als monumentalen Abschluß der Achse, man könnte sie »als eine Art Sammel- und Ruhmeshalle«, als Altertumsmuseum verwenden, ja sie ließe sich ins neue Bahnhofsgebäude als Halle für den Vorortverkehr aufnehmen oder anstelle des Mitteltrakts des Marstalls zu einer großgliedrigen Passage umfunktionieren. Aber der Fürst Henckel-Donnersmarck hatte sich als Käufer des Areals bereits angenommen, und schließlich blieb es bei der wohl geistlosesten Lösung: 1922, als der neue Bahnhof begann, kam in die bis zur Unkenntlichkeit reduzierte Mittelhalle der Ufa-Palast.

Sollte man dem Ausverkauf des alten, des historischen Stuttgart tatenlos zusehen? Wenn man schon die Eberhardskirche abbrechen wolle (sie ist dann stehen geblieben), dann verlange man wenigstens eine Wiederverwendung als Saalbau. Und was das abbruchreife, weil verkehrshindernde Königstor angehe, so solle

man nichts unversucht lassen, das Tor an seiner alten Stelle, der heutigen Einmündung der Königstraße in den Bahnhofplatz zu erhalten. Sei dies aussichtslos, dann müsse man es zum Eingangsportal der Anlagen an der Ecke Schiller- und Cannstatter Straße machen (die beiden Trophäen des Tores brachte Bonatz in einer seiner Bahnsteighallen an, wo sie 1944 zerstört wurden; nur das Königswappen ist vom letzten der zwanzig Stuttgarter Tore heute dort erhalten).
Es wäre zu weit gegriffen, wollte man die Titanic-Katastrophe des Jahres 1912 und den Brand des Stuttgarter Hoftheaters von 1902 im gleichen Atemzuge nennen. Als kurz nach Mitternacht an diesem 20. Januar der glutrote Widerschein auf den Straßen und Plätzen der Stadt lag — es war der größte Brand auch seit denen des 18. Jahrhunderts und bis zu den Fliegerangriffen am Ausgang des Zweiten Weltkrieges —, muß dieser über Deutschland hinaus registrierte gespenstische Eindruck indessen wie eine Warnung empfunden worden sein, zumal sich die sogenannte technische Sicherheit — ein Kurzschluß war Brandursache — als ein Traum erwies. Grund genug, wenigstens gegen die vorsätzlichen Dezimierungen Alt-Stuttgarts einzuschreiten. In den Jahren vor Kriegsausbruch ist die Presse voll von Warnungen. 1899 habe man, mit dem Bau des neuen Rathauses beginnend, eines »Prachtbaus« an der »Stelle alter, winkeliger, gesundheitsschädlicher Häuser«, dies zugleich als Altstadtsanierung verstanden. Jetzt höre man von einer neuen Sanierung, müsse aber doch deutlich sagen — das ist in säuberlichen Untersuchungen nachgewiesen worden —, daß im vorgesehenen Bezirk hübsche Straßenbilder verschwinden würden, originellste Dachlinien, Häuser mit Korbbögen und wunderschönen Kragsteinen. Auf diese »Stuttgarter Eigentümlichkeiten« könne man nicht so ohne weiteres verzichten. Es gehe nicht allein um ästhetische, um städtebauliche Fragen, auch um die, wo man die künstlerisch wertvollsten Baufragmente hernach aufstellen und der Nachwelt erhalten könne. Man nehme Abschied und wünsche dem Verein für das Wohl der arbeitenden Klassen Glück zu seiner Unternehmung.
Er *hat* Glück gehabt. Eduard Pfeiffer, seinem Vorsitzenden, dem Initiator und erstem Finanzier der Aktion, ging es schlicht darum, den Leuten gute Wohnungen zu geben, und zwar in der finstersten und schmutzigsten Ecke Stuttgarts, die den meisten wohl gar nicht bekannt war, dem Viertel zwischen Eberhard- und Steinstraße und Ilgenplatz. Die Generation Friedrich Theodor Vischers hat städtebaulich-soziale Probleme gar nicht gesehen. Einen Mann wie den Ulmer Oberbürgermeister Wagner, der auf kommunalem Boden Kleinbürger-Siedlungen anlegen läßt, gab es in Stuttgart nicht. Eduard Pfeiffer springt in die Bresche. Er betont, unterstützt von einer Kommission, in der Theodor Fischer der wichtigste Mann war, sein Verein wolle keine Gewinne. Man hat welche gemacht, hernach aber treulich an die Stadtkasse abgeführt, »zur weiteren Sanierung oder Verschö-

nerung der Altstadt«. Allein die Grundstückskosten beliefen sich auf dreieinhalb Millionen. Für Abbruch und Neubau benötigte man eben so viel. Pfeiffer gab eine Million, sein Verein für das Wohl der arbeitenden Klassen 250 000 Mark, die Stadt vier Millionen. Außerdem bekam man von der Stadt den Häfelesmarkt im Austausch gegen das Gelände, das sie bei den Straßenverbreiterungen gewann. Der Plan war, als man am 1. April 1906 mit dem Abbruch der siebenundachtzig angekauften Häuser begann, wenige mehrstöckige Gebäude zu errichten, im Erdgeschoß mit größeren Läden, in den Zwischengeschossen mit Geschäftsräumen und in den oberen Stockwerken mit Wohnungen, dazu den »Eberhardbau« als »besonders großstädtisches Gebäude« mit Restaurations- und Clubräumen: in der nationalsozialistischen Ära ist an dieser intensiven Wohn- und Geschäftshausnutzung heftig Kritik geübt worden. Am wichtigsten aber war wohl, daß man »das Neue tunlichst dem Alten« anpassen wollte. Der Grundriß des Geißplatzes sollte nicht angetastet werden, die krumme Straßenführung nicht und ein schöner alter Baum an der Eberhardstraße nicht.

Das Ergebnis der am 1. April 1909 fertiggestellten und bis heute im wesentlichen stehengebliebenen Ecke war eine erfreuliche Sache. Was unter Karl Hengerers Oberleitung, unter Beteiligung anderer Architekten, von Bonatz bei Haus Steinstraße 8, entstanden war, zeigte Qualität und Niveau. Sicher hatte die Vorstellung, gesellschaftliche Interessenkonflikte ließen sich harmonisieren, manchmal zu Malerisches und Gemütliches im sanierten Viertel hervorgezaubert; die Stuttgarter sprachen von »Meistersingerei«. Die blumengeschmückte Freitreppe, über der ein »lustiger dicker achteckiger Erker« saß, die heitere Zechergesellschaft, die Hötzer auf eine Hauswand malte, der Wandbrunnen, der am Durchgang von der Eberhardstraße zum Geißplatz plätschern sollte, im Schatten einer kühlenden Linde: das war zu viel Idylle für eine mit »arbeitenden Klassen« gefüllte Großstadt. Indessen ist Josef Zeitlers Hans-im-Glück-Brunnen an der Kreuzung Geiß- und Schreinerstraße, eingeweiht am 12. Mai 1909, für uns heute noch eine kleine Labsal, nicht zu vergleichen mit den repräsentativen und schweren Denkmälern Adolf Donndorfs, einem der glanzvollsten Männer der Stuttgarter Akademie bis zu seinem Ausscheiden im Jahre 1910, aber vielleicht gerade deshalb reizvoll.

Sehr viel wichtiger war, daß manches von der Leichtigkeit und den gekurvten Linien des Jugendstils in den Duktus der Häuser mit aufgenommen war, daß es kein historisierendes Bauen war. Den Eberhardbau mit seinem Bogen zum westlich anstoßenden Gebäudetrakt hat man »als moderne Schöpfung« empfunden – es waren gerade dreißig Jahre her, daß Josef Egle in der katholischen Marienkirche die Marburger Elisabethkirche zum besten gab. Es waren keine Mietskasernen entstanden und keine Zinspaläste, sondern Häuser, die sich in das

Ensemble des alten Stuttgarts einfügten, an deren Fassaden Männer wie Robert Haug, lange Zeit Direktor der Stuttgarter Akademie, ein sorgfältiges Zeugnis moderner schwäbischer Wandmalerei ablegen konnten.

Kurz: Es sind die ersten Anzeichen eines Gesamtkonzepts, mit dem man »Stadtbaukunst« vorexerzierte, im Zusammenspiel des Architekten und Sozialpartners, des Malers und Verkehrstechnikers und Denkmalpflegers. In der Öffentlichkeit werden jetzt Fragen diskutiert, die vom Stadtbauamt bis jetzt ebensowenig behandelt wurden wie vom Polytechnikum: der städtebauliche Rang der Stuttgarter Altstadt, die Frage, wie man der Bergstadt Stuttgart noch in letzter Minute nach Art der spanischen Treppe in Rom zur Geltung verhelfen könne, wie der Marstall zu überbauen oder der Rosensteinpark zu halten sei, ob die Prag nicht ein großes und billiges Wohnquartier Stuttgarts aufnehmen könne, warum die Absicht, den Schwarzwildpark zu einer Waldstadt zu machen, abzulehnen, dafür aber der Wasen als ein großes Park- und Ausstellungsgelände mit Zoologischem Garten zu gestalten sei: Probleme und Projekte, die doch dartun, daß die Ignoranz der Gründerzeit überwunden war, vielleicht auch die verborgene Beklemmung der Jahre nach 1900.

Künstler, Prediger, Sozialisten

Die befriedigte Bemerkung, die Georg Wochner 1871 in der Stuttgarter Geschichte des letzten Vierteljahrhunderts gab, »angesichts so realer Erfolge der Beharrlichkeit« sei es wohl nicht zu verwundern, »wenn die socialistischen Theorien vom schnellen Glück bis jetzt in Württemberg keinen Boden fanden«, scheint also einigermaßen korrekturbedürftig. Wer ganz auf die Oberfläche sieht, bemerkt zunächst die unangefochtene Dominanz Stuttgarts. Stuttgart *ist* jetzt die Hauptstadt im Lande. Das beginnt im Nahbereich, bei der Versorgung der Stuttgarter Öfen durch die Degerlocher »Kienlesweiber«, die schnell zündendes Kiefernholz in die Stadt brachten. Auch die Stuttgarter Märkte waren zu einem untrüglichen Gradmesser für die führende Stellung der Stadt geworden, wenn auch nur, inmitten einer um sich greifenden Industrialisierung, Überbleibsel zu besuchen waren, die Maimesse auf der Dorotheenstraße, später auf dem Marktplatz, wo die Dreher und Seiler, die Seifensieder und Kammacher aus den Oberamtsstädten und Landorten standen, zusammen mit dem Stuttgarter Handwerk, vor allem den Zinngießern. Größten Anklang fand der Weihnachtsmarkt, der »Christkindlesmarkt«, wo man hölzerne Wiegengäule, Engel in Schättergold oder riesige Lebkuchen bekam, auch Nippes oder Schreibwaren, die hauptsächlich von Elsässern feilgeboten wurden. Und der Stuttgarter Pferdemarkt war für drei Tage ein landeskundiges Ereignis, wo alles zusammenkam, Bauern und Pferdeknechte, Juden und Landjunker. In seiner klüglichen Städterart war Stuttgart sprichwörtlich geworden. Wenn einer draußen im Lande vom Normalmaß abweichen wollte, empfahl man ihm: »Gohscht nach Stuegart en d' Hofapothek ond – kaufscht a' Sälble, daß d'Narrheit vergoht.« Es ließe sich eine ganze Reihe solcher Sentenzen zum Beleg anführen. »In Frankreich glaubt man, die große Welt sey nur in Paris zu sehen, in Württemberg nur in Stuttgart.« Das Wort Carl Theodor Griesingers von 1839 war jetzt ein Faktum. Allenthalben fiel es noch schwer im Schwäbischen, der »großen Welt« oder dem, was man im angebrochenen Industriezeitalter dafür halten mochte, in Gebärde und Kleidung und Sprache Einlaß zu geben. Was die Sprache anging, so versuchten die Geschickteren es – auch dies ein Beleg für das tonangebende Stuttgart – in »Stuttgarter Hochdeutsch«.

Das einst so in Abhängigkeit gehaltene, in ebenso ängstlichen wie bösen Spannungen ausgestandene Verhältnis zwischen Hof und Stadt war in den letzten Jahrzehnten vor der Jahrhundertwende einer liebenswürdigen Achtung gewichen, die im Grunde kein Hehl daraus machte, wo die eigentlichen politischen und vor allem wirtschaftlichen Gewichte lagen. Humor war jetzt dort, wo einst die Drohung mit dem Asperg stand, und an der Jovialität der Beziehungen änderte auch der Kronen- und Militärverdienstorden nichts, die in den schwäbischen Beamten- und Schreiberhimmel bis zum Ende der Monarchie das »von« und eine reichglänzende Milchstraße von Adligen brachte. Als 1871 der Postneubau bezogen und die Feldjägerschwadron aufgelöst wurde, eine Art Elitekorps, die früher Ordonnanzdienste tat, später als Schloßgarde zum Schutze des Schlosses und der Anlagen da war, verlor Stuttgart eine uniformierte Sehenswürdigkeit. Aber hatten die »Planieträppler«, wie man sie zum Schluß nur noch nannte, überhaupt noch einen Sinn? Das bürgerliche Stuttgart hatte längst sein eigenes Leben, seine kommerzielle Autonomie, seinen eigenen Werktag und seine eigenen Feste, die Bürgergesellschaft und den Familienkranz, den Juristenball oder den Ball irgendeines Frauenvereins.

Es wäre nicht gerecht, wollte man den Einflußbereich des Hofes lediglich in der Führung des Hoftheaters sehen. Daß Wilhelm II., der im Oktober 1891 seinem Onkel Karl als König nachfolgte, im Theater indessen eine seiner schönsten Aufgaben sah, spürten bald Stadt und Land. Er hat bald nach seiner Thronbesteigung, am 16. Januar 1892, den einunddreißigjährigen badischen Offizier Joachim Gans Edlen Herrn zu Putlitz zum Hoftheaterintendanten gemacht, nicht ohne Widerspruch. Wenn der alte Putlitz ein guter Intendant gewesen sei, müsse der Sohn nicht das gleiche sein. Es falle keinem ein, einen Leutnant, nur weil sein Vater Philosophieprofessor sei, auf einen philosophischen Lehrstuhl zu berufen, oder weil der Vater Medizinalrat war, ihn zum Direktor eines Krankenhauses zu machen. Aber die »Ära Putlitz« wurde eine Glanzzeit des Stuttgarter Theaters. Ein »literarisches Leben« hatte die Stadt jetzt wohl nicht mehr. Aber eine Hofbühne, deren Leiter mit königlicher Billigung allen Ehrgeiz daran setzte, Stücke herauszubringen, die anderwärts verpönt, wo nicht verboten waren. Das wilhelminische Stuttgart gewann gegen das wilhelminische Berlin den Charakter des Protestes, ein schönes Zeichen dafür, wie es mit dem Geist der Stadt vor 1914 bestellt war. Der Herr Baron war alles andere als ein Bürokrat. Die Legende will, daß er einmal ein Duell austrug und von seinem Herrn dafür für sechs Wochen auf den Asperg geschickt wurde. Jeden Tag fuhr der Theaterdiener mit der Eisenbahn hinaus und wanderte mit der Aktentasche den Berg hinauf, dem Intendanten die Post und die Theaterakten zur Unterschrift vorzulegen. Hugo von Hofmannsthals »Ariadne auf Naxos« mit der Musik von Richard Strauß, mit Max Reinhardt als Premierenregisseur, war wohl einer der größten Theaterabende damals: am Uraufführungsabend dirigierte Richard Strauß seine eigene Komposition, erst vom fünften Abend an nahm Max von Schillings seine Stelle ein. Eine anschließende Richard-Strauß-Festwoche im Großen Haus war nicht nur möglich in Stuttgart, sondern auch ein begeistert hingenommenes Ereignis.

Die angebliche Theaterfeindschaft Stuttgarts im neunzehnten und frühen zwanzigsten Jahrhundert belegt man gerne mit einer ergötzlichen Geschichte aus den Anlagen. Karl Gerok, Dichter und Prälat, wandelt meditierend auf dem Philosophenweg, gegen Regen mit Bedacht durch einen Schirm gesichert. Auf einem der Seitenwege Eleonore Wahlmann, eine der ersten Schauspielerinnen am Hoftheater, arglos und keiner Wettertücke gewärtig. Da setzt starker Regen ein. Gerok sieht die kleine Katastrophe, eilt herbei und beschirmt die Dame, in unnachahmlichem Ineinander von christlicher Nächstenliebe und schwäbisch gedämpfter Galanterie. Man kommt ins Gespräch. Bevor sich Gerok vor dem Haus der Dame verabschiedet, fragt er sie nach ihrem Namen – wenigstens das für die Rettungstat. Das Gegenüber, fast mokant: als Schauspielerin kenne sie doch jeder, »die Wahlmann«. Ob er denn nie ins Theater gehe? Wie *er* denn heiße? Darauf Gerok: das mit dem Theater müsse wohl stimmen. Aber augenscheinlich sei sie auch noch nie in der Stiftskirche gewesen: den Gerok kenne doch jeder.

Abgesehen davon, daß das – freilich in argen Varianten – überlieferte Anekdötchen auf ein happy end zielt, auf das gegenseitige Versprechen, jetzt auch einmal ins Theater respektive in die Stiftskirche zu gehen, ist der versöhnliche Schluß zu schön, um ganz wahr zu sein. Sollte ausgerechnet der musische, von einem herzhaften Hauch guten Dichtertums gestreifte Stuttgarter Ehrenbürger Karl Gerok nie – das Hoftheater, nie Maria Stuart, nie die Räuber, nie Hebbels Nibelungen gesehen haben, nur aus »Rücksicht auf die Schwachen«, aus Traditionsgründen, die »dem geistlichen Stand in Stuttgart den Theaterbesuch wehrt«? Wo ist die Dienstvorschrift der letzten württembergischen Könige und Kirchenherrn hierfür? Niemand anderes als Gerok war es, der dem Charakterspieler und Heldenvater Karl Grunert, einem für Burleskes mit dämonischen Gaben ausgerüsteten Mann, im September 1869 die Grabrede hielt, mit Worten, die tiefste Verbindungen verrieten.

Gab es das nie, Hoftheaterleute, die auch in der Stadt daheim und bekannt waren? »Wer im Jahr 1837 in Stuttgart war, und Agnes Schebest nicht gehört hatte, der war in Rom gewesen und hatte den Papst nicht gesehen.« So eine zeitgenössische Stimme. Sie sei ein »schönes Frauenzimmer«, und die Männerwelt allemal aus dem Häuschen. In der Tat hat man bald ein Schebest-Kommitee gebildet, das nichts anderes wollte, als der Künstlerin ein Denkmal setzen. Lediglich ihre Heirat mit David Friedrich Strauß, eine immerhin mögliche Kopulation, die eine Tragödie in Wirklichkeit wurde, hat die Marmorbüste verhindert. Aber das Theater gehörte dennoch zur Stadt. In der ehemaligen Danneckerei, wo sich später der Königin-Olgabau erhob, gab es seit 1842 ein Café, das von Johann Christian Marquardt, dem Bruder des Hoteliers Wilhelm Marquardt und des langjährigen Gemeinderats Karl Marquardt aufs beste geleitet wurde. Hier saßen die Gelehrten Stuttgarts, wenn sie sich mit auswärtigen Kollegen zu besprechen hatten, hier traf man die Künstler beim Schach und Kartenspiel Hier war auch Gelegenheit, die Stuttgarter Theatergrößen aus der Nähe zu belauschen. Da sah man die Sangesmeister Pischek, Sontheim, Schütky, den zugleich überlegenen Mokkakenner, den unvergleichlichen Reuter-Interpreten Junckermann.

Eine ganze Reihe von Schauspielern ist mit Stuttgart und seinen Bewohnern auf eine sehr persönliche Weise verwachsen. Dazu gehört »die alte Schmidt vom Hoftheater«, die Luise Schmidt geborene Ritter, ein Liebling Stuttgarts, ein reich und vielseitig begabtes Menschenkind, das in der mit dem Waisenhaus einst verbundenen Theaterschule herangebildet worden war, als siebenjähriges Mädchen die Bretter betrat, um sie fortan nicht mehr zu verlassen. Die Schmidt war immer wieder Tagesgespräch. Sie konnte geradezu Volkstheater heraufbeschwören. Als man sie einmal durch anhaltenden Beifall zu neuerlicher Dreingabe bringen wollte, stutzte sie, guckte dem Publikum offen und treuherzig in die Augen und meinte, in langgezogenen Urlauten: »I ka net, i mueß no zum Nääff ond Gaarn hole« (womit der Garn-Neeff auf dem Marktplatz gemeint war). Auch die Schmidt hat Karl Gerok beerdigt, mit einer Strophe als Dreingabe, die bewundernd schloß: »Fünfundsiebzig Jahr? Märchenhaft und wunderbar.« Als ihr Leichenzug zum Pragfriedhof ging, waren die Straßen dorthin ein einziges Spalier von Stuttgartern und Stuttgarterinnen. Wie die Schmidt, haben sie auch die beiden Schuckers gekannt, die nach ihrem Weggang vom Theater am Rande des Bohnenviertels eine kleine Gesangsschule aufmachten und Stuttgarter Originale wurden.

Gab es einen größeren Liebling des Stuttgarter Publikums als die Soubrette Anna Sutter? Sie hatte keine einschmeichelnde, keine schöne Stimme. Aber in ihren schauspielerischen Leistungen war sie von unvergleichlicher Virtuosität. Niemand konnte in den Augen und Sinnen der Stuttgarter die vibrierend-verderbliche Erotik der Salome so deutlich machen, niemand die wegwerfende Raffinesse der Carmen so zum Leben werden lassen wie die Sutter. Als sie, neununddreißigjährig, am Morgen des 29. Juli 1910 von einem verschmähten Liebhaber, der mit List bei ihr eingedrungen war, erschossen wurde und das Schicksal der Carmen leibhaftig hinzunehmen hatte, fielen in Stuttgart für einen Augenblick Theater und Wirklichkeit in eins zusammen. An ihrer Beerdigung nahm die ganze Stadt teil. Noch viele Jahre lang trug das Grab mit der geborstenen Lebenssäule fast täglich frische Blumen, und noch lange sagten alte Stuttgarter beim Verlassen des Krematoriums: »Wir gehn noch gschwind zur Anna Sutter.«

Es ist nicht wahr, daß Stuttgart eine Antitheaterstadt war. Gewiß wird man dieses Urteil nicht von der Zahl der Publikumslieblinge abhängig machen wollen, von Peter Müller, der mit seiner Gestik eher Komiker, aber ein großartiger, unvergeßlicher Sänger war, von Hermann Weil, dessen Charme die Damenwelt umfing, von Karl Erb, den Putlitz in Ravensburg entdeckte, wohl einem der kultiviertesten Sänger seiner Generation, von Egmont Richter, als Schauspieler eine Künstlerpersönlichkeit von hohen Graden, von Raoul Aslan, Schauspieler und Regisseur in einem und als Hamlet noch im Stuttgart der dreißiger und vierziger Jahre unseres Jahrhunderts zitiert. Stuttgart war und ist als Theaterstadt nicht München, wo eine spezifisch künstlerisch-theatralische Atmosphäre daheim ist. Dafür war das Stuttgart um 1900 noch viel zu sehr von einer verbalen Kultur geprägt, von der Stimme der Prediger und Parteien. Und man hat sicher im Werktag der Stadt, allmählich von der Stimme der Industrie angeführt, den Graben zwischen den Theaterleuten und der »Gesellschaft« gespürt. Aber wo war das anders in der wilhelminischen Ära, wenn wir nicht Berlin, Wien oder München ausnehmen wollen?

Wie sehr Stuttgart an »seinem« Theater hing, hat sich plötzlich an jenem 20. Januar 1902 verraten, als der Bau des Jahres 1846 in Flammen stand: die Zeit des Interimstheaters von 1902 bis 1912 und Littmanns Neubau empfand man als eine originäre Stuttgarter Sache, die mit der Zweitrangigkeit des Bundesstaates Württemberg in gar keinem Zusammenhang stand. Der Jubel in den Stuttgarter Vorstellungen übersprang nicht selten die Barriere, die man im Schwäbischen, ob Theatervorstellung, politische Vereinsveranstaltung oder sonstwie öffentliche Kundgebung, allemal einzuhalten gewohnt war. Man trug (und trägt) hier das Herz selten auf der Zunge und die Frauenzimmer nicht auf Händen. Aber die Liebe zum Theater war da. »Begeisterte Theaterbesucher, die das Haus durch den Haupteingang verlassen hatten, eilten, so schnell sie konnten, um das Gebäude herum, in Richtung Neckarstraße, wo sie dann die angebeteten Künstler noch einmal sehen und ihnen erneute Ovationen darbringen konnten.« So ein Gewährsmann ein paar Monate vor Kriegsausbruch.

Vielleicht hat mancher Kritiker das eigentlich schöpferische Element vermißt: es hat dem Theater, vor allem aber dem Musikleben der siebziger und achtziger Jahre am meisten gefehlt. Noch nach 1900, als die Stuttgarter Oper ihren internationalen Ruf hatte, wäre in der Stuttgarter, in der schwäbischen Musik ein Werk wie Gustav Mahlers Neunte Symphonie von 1909 eine undenkbare Sache: im tragischen Unterton der Sätze schwingt freudige Ländlermusik mit, Volksmusik, die das Schwäbische damals, wenn sie je so vorhanden war, in dieser Unmittelbarkeit gar nicht mehr aufzuweisen hatte, geschweige denn, daß sie mit der großen Musik sich hätte so verbinden können wie in einem Wiener Musiksaal. Aber das musikalische Handwerk war in Stuttgart aufs beste aufgehoben. Auch hier haben die beiden letzten Jahrzehnte vor dem Weltkrieg das Niveau der Gründerzeit weit übertroffen.

Am deutlichsten hat das die Stuttgarter Kirchenmusik bewiesen, in einer sehr typischen und charakteristischen Weise verbunden mit der Stadt der Prediger und Prälaten. Da wäre der Kirchenmusikdirektor Gustav Häußler zu nennen, der an der Johanneskirche, später an der Rosenbergkirche Organist und Kirchenchorleiter war, Kirchenmusikdirektor Friedrich Ade, der die gleiche Stelle an der Matthäuskirche versah, vor allem aber Heinrich Lang. Nach Immanuel Faißt, der den Ruhm der Kirchenmusikstadt Stuttgart im 19. Jahrhundert begründete, war es Heinrich Lang, Stiftsorganist und Professor am Konservatorium für Musik, der bis heute als einer der größten Repräsentanten der Musica Sacra in Stuttgart gelten darf. Vielleicht ist seine konservative Musikpraxis daran schuld, vielleicht der rasche Wandel in den Stilkonturen des modernen evangelischen Kirchengesangs – Lang war Mitherausgeber des Württembergischen Gesang- und Choralbuchs von 1912 –, daß sein Bild heute so verblaßt ist. Er war »Klassiker«, auch er. Kam er damit dem Geschmack seiner Hörer entgegen oder nicht: diese historisierend-rezeptive Musikalität ging mit einem ungebrochenen, traditionellen Kirchenchristentum nahtlos zusammen. Wer die unter Lang dirigierten großen Werke hörte, wer ihm an der Orgel lauschte, mag manchmal an das Lutherwort gedacht haben, daß nach dem heiligen Wort Gottes nichts so hoch zu rühmen sei als die Musica, »nämlich aus der Ursache, daß sie aller Bewegung des menschlichen Herzens eine Regiererin, ihrer mächtig und gewaltig ist«.

Und schließlich hatte sich nach der Jahrhundertwende der Ruf Stuttgarts als einer zukunftversprechenden Kunststadt verbreitet, nicht weil einzelne Größen da waren, Theodor Fischer an der Technischen Hochschule, der Graf Kalckreuth und nach seinem Weggang Adolf Hoelzel an der Akademie, Bernhard Pankok, der, Maler, Architekt, Graphiker und Bühnenbildner, eine Kunstgewerbeschule mit höchst modernen Grundsätzen ins Leben gerufen hatte, Pazaurek, der ein Kunstgewerbemuseum von ganz eigenem Rang aufbaute. Entscheidend war, daß diese Künste wie ihre Vertreter in dem noch überschaubaren Weichbild Stuttgarts freundschaftlich zusammenfanden, daß ein Gemeinschaftswirken und eine Gesamtkunst entstand, die auf durchaus originelle und inspirierende Art die Disziplinen aus ihrer Vereinzelung herausholte und einen Bund zwischen Architektur und Malerei schuf. Er war noch lange nach Ausbruch des Ersten Weltkriegs der auch auflebenden Stuttgarter Buchkunst und der Möbel- und Goldschmiedeindustrie förderlich und wirkte bis in die zwanziger Jahre hinein: noch für das Bauhaus war Hoelzel eine Autorität.

Er ist 1905 als Nachfolger des Grafen Kalckreuth nach Stuttgart gekommen, nachdem Ferdinand Hodler, Ludwig von Hoffmann und Hugo von Habermann abgesagt hatten. Vielleicht hat man den in Dachau lebenden Hoelzel anfänglich unterschätzt. Erst nach Jahren wurde klar, daß es nicht nur in München den »Blauen Reiter« und in Dresden die »Brücke« gab, sondern auch in Stuttgart eine eigenständig-moderne Bewegung, die man füglich als originären Beitrag dieser Stadt zur Malerei des zwanzigsten Jahrhunderts bezeichnen darf. »Aus Dachauer Grau einst an der Akademie berufen«, erzählte Willi Baumeister, habe Hoelzel »im Laufe seiner Amtszeit seinen Schafspelz langsam aufgeknöpft« und sei »ein Wolf geworden, als solcher wäre er nicht berufen worden«.

Hoelzels Entwicklung zu einem der revolutionären Künstler hat sich ohne Bruch vollzogen. Wichtig für die Stuttgarter Akademie blieb, daß der Mann auch immer Rechenschaft ablegen wollte und mußte: er war kein Künstler, der nach einer Theorie arbeitete, sondern von unmittelbarer Begabung und reichster Phantasie. Und er war Lehrer aus Leidenschaft. »Die Sache des Lehrers ist es, zu geben, was er hat und kann: Alles.« So hat Hoelzel auch im schönsten Sinne Schule gemacht. »Es war ganz besonders an ihm zu schätzen«, berichtet Oskar Schlemmer, »wie er jeweils verstand, eine künstlerisch-menschliche Atmosphäre zu schaffen, in der die natürlichen Anlagen des einzelnen eine ideelle Erhebung erfuhren, sowohl im individuellen wie im kollektiven Sinn. Unter den älteren, noch aus der Kalckreuth-Klasse übernommenen Schülern war Hans Brühlmann der bedeutendste. Er hat mit anderen Hoelzel-Schülern, worunter Eduard Pfennig gewiß der wichtigste war und in Stuttgart auch am bekanntesten wurde, unter Hoelzels Leitung 1906 und 1907 die »Pfullinger Hallen« ausgemalt. Der Bau wurde zu einer Pionierleistung der jungen Architektur, und die Malerei empfinden wir heute als eines der kräftigsten Zeugnisse der Stuttgarter Malschule vor dem Ersten Weltkrieg. Um 1908 kamen jüngere zu Hoelzel, Alfred Heinrich Pellegrini, eine der stärksten Begabungen, Heinrich Eberhard, Joseph Eberz, Marusja Foell, eine gebürtige Deutschrussin, August Ludwig Schmitt.

Aus München war Theodor Fischer schon 1901 gekommen: in den sieben Jahren seiner Stuttgarter Wirksamkeit ein Mann von bewundernswerter Vitalität und Arbeitskraft, als Hochschullehrer und Architekt, als Städtebauer und Berater, als Preisrichter und Ausstellungsorganisator. Fischer war es, der die Sünden der Stuttgarter Gründerzeit gerade im Hinblick auf die Straßenführung an den Hängen, so gut das ging, wieder ins Lot zu bringen versuchte, der der schwäbischen Baukunst ihre Natürlichkeit zurückgab, nicht nur in Stuttgart, sondern auch in Ulm oder Reutlingen und sonstwo auf dem Lande, der den Schwulst der historischen Dekoration aus dem Instrumentarium des Architekten herausnahm. Was er wollte, waren reine Verhältnisse, keine abstrakten Schönheitsideale, keine epigonalen Klassizismen. Das Wohltuende, das Befreiende an seinem Bauen ist das Fingerspitzengefühl für das Schöne, das zugleich vom Sinn für die gegebenen Notwendigkeiten der Lage und des baulichen Zweckes lebt. Fischer hat als Repräsentant der neuen Stuttgarter Architekturschule aus dem Chaos der »Stile« herausgeführt zu einem neuen Stil. Was er an der Technischen Hochschule begonnen hatte, ist von seinem Schüler und Nachfolger Bonatz großartig weitergeführt worden.

Für Stuttgart legt das Kunstgebäude von 1912 ein unverwelktes Zeugnis ab für Fischers Baukunst. Der Platz brachte die heikelste Aufgabe, schon wegen seiner Nähe zum Baukomplex des Neuen Schlosses, das nicht beeinträchtigt sein wollte. Aber die Aufgabe ist gemeistert, mit einer, nach dem Wiederaufbau durch Bonatz und Wilhelm im Detail teilweise verändernden Leichtigkeit, mit einer Loggia, die nur noch andeutungsweise zu leben scheint. Aber gerade diese Kolonnaden zeigen den Unterschied zu dem, was noch vor zwei, drei Jahrzehnten hingenommen wurde. Durch diesen Portikus ist im Jahre 1913 der Württembergische Kunstverein eingezogen, aus seinem beengten Heim in der Schellingstraße. Das Kunstgebäude war im gleichen Jahr durch die »Große Kunstausstellung in Stuttgart 1913« eingeweiht worden, in der Absicht, wie der Katalog damals sagte, »durch eine solche Eliteausstellung mit dem nötigen Nachdruck in die Reihe der Ausstellungsstädte einzutreten«.

War Stuttgart mit allen diesen Unternehmungen in Theater- und Konzertleben, in Malerei und Architektur um 1900 zu einer Residenz der Musen geworden, so ist das freilich nur die eine Seite ihres damaligen Gesichts. Auf der anderen werden geistige, wenn man so will ideologische Bewegungen sichtbar, die, auf jüngeren oder älteren Traditionen ruhend, der Stadt jetzt auch eine spezifische Rolle innerhalb der Auseinandersetzungen der Zeit geben. Zunächst einmal ist Stuttgart immer noch die Predigerstadt, auch um die Jahrhundertwende.

Hier hörte man den gewaltigen Elias Schrenk, war hingerissen vom prächtigen, originellen Menschentum Samuel Kellers, duckte sich unter den Keulenschlägen eines Jakob Vetter, war – im Hangleiterschen Bau am Marienplatz, im Furtbachhaus oder in der Stiftskirche – unter den Tausenden, die, ob Kirchenchristen, ob Entfremdete, Pastor Paul le Seur an seinen Zügeln hatte. Aber auch an

»eigenen« großen Predigern hatte Stuttgart um 1900 eine ganze Zahl. Da war der Feldpropst und Prälat Otto von Blum, der in der Garnisonkirche den Olgagrenadieren und Siebenern predigte, mit tiefer, metallischer Baßstimme, ein Meister der Sprache, der diesen Kirchenraum mit der barbarischen Akustik vielleicht zum ersten und zum letzten Mal vor einer großen Zuhörerschar mit Leben füllte, Jahre, bevor diese einzige »romanische« Kirche der Stadt mit ihrem immer deutlicheren Sonderdasein, mit ihrer Leblosigkeit im Fliegerangriff des 12. September 1944 zusammensank. Auch die, für damalige Begriffe kleine Schloßkirche zog die Leute an. Dort war Prälat Christoph Kolb, ein Mann von erstaunlichem wissenschaftlichem Ruf, von großem theologischem und kirchengeschichtlichem Wissen, wie das zu seiner Zeit auch die Prälaten Frohmeyer, Merz und Hermann in imponierender Weise demonstrierten. An der Schloßkirche wirkte neben Kolb der Oberhofprediger und spätere Prälat Konrad Hoffmann, eine äußerlich eindrucksvolle Erscheinung, mit leicht ergrautem Haupthaar und blühendem Aussehen: auch er geschliffener Redner, dessen Gottesdienste regelmäßig überfüllt waren. Aber er blieb, aus altem und bedeutendem Theologengeschlecht kommend, allemal auf dem Boden der Wirklichkeit, so sicher, daß er Jahre vor 1914 auf einer Stuttgarter Pfarrkonferenz ängstlichen Gemütern sagen konnte, das Kino – gerade Diskussionsgegenstand – sei weder Gefahr noch Glück, sondern eine Erfindung, die man richtig und falsch gebrauchen könne.

An der Stiftskirche war damals Prälat Gottlieb Weitbrecht. Seine Predigten füllten Sonntag für Sonntag die große Kirche bis auf den letzten Platz. Weitbrecht dürfte für damalige Verhältnisse und Möglichkeiten jene Popularität gehabt haben, die heute eine mit den Wassern aller Medien einschließlich des Fernsehens gewaschene Landesgröße für sich beanspruchen darf. Weitbrecht schrieb bei Steinkopf zwölf Bände für die »Jugend- und Volksbibliothek«, war für Jahre hin das Zugpferd in immer wieder neuen Abendvortragsreihen und gab den vielgelesenen »Christboten« und die »Jugendblätter« heraus. Wenn je der Stiftsprediger nicht ohnehin der erste Geistliche Stuttgarts und zugleich der gesamten württembergischen Landeskirche gewesen wäre: Weitbrecht wäre, von kleiner Statur und fast zartem Körperbau, aber von souveräner Geistigkeit und schönster Konzilianz, unter allen Umständen der erste Mann in der evangelischen Kirche Württembergs gewesen. In der aus dem 19. Jahrhundert kommenden Reihe der Stiftskirchenprediger, in der Sixt Karl Kapff, von der Mitte des Jahrhunderts an der unbestrittene Führer der Evangelischen im Lande, und Karl Burk, gelehrter Lutherforscher, lebendigster Pädagoge und unvergessener Prediger bis in unsere Zeit hinein an erster Stelle standen: in diese Reihe gehört auch der Prälat Christian Römer, ein Kanzelrhetor von dynamischer Wucht, ein

Bußprediger von atemberaubender Prägnanz und großem, auch politisch fundiertem Ernst. Als während des Ersten Weltkrieges die Trompetenbegeisterung verklungen war und auf den Kriegsschauplätzen des Westens Düsternis und Blutröte heraufzog, für manche mit dem Erfolg, daß man sich Geibels törichte Worte, an deutschem Wesen werde noch einmal die Welt genesen, nur noch lauter aufsagte, da warnte Römer in seinem Evangelischen Kirchenblatt, man verleite durch dieses monotone Zitieren das Volk nur zum Hochmut. Der komme vor dem Fall. Man verbaue den Deutschen damit auch den einzigen Weg zur Rettung, den Weg der demütigen Beugung unter die Hand Gottes. Es traf sich gut, daß Römer gerade in diesen Jahren an erster Stelle stand, in denen die Leute dem verwirrenden Spiel von Emotionen und Ideologien so gänzlich ausgesetzt waren. Nicht nur die Stuttgarter Politiker, auch die Stuttgarter Kirchenleute behielten nüchternen Sinn. Auch in den Zeiten leidenschaftlichster Enderwartung war Römer ein zuverlässiger Seelsorger, der nie den Boden geistlicher Nüchternheit unter den Füßen verlor. Für einen Mann wie Christian Römer gab es sie gar nicht, die rabies theologorum. Vielleicht verrät sich da doch ein schwäbischer Grundzug. Es fällt einem die kleine Enttäuschung ein, die der alte Christoph Blumhardt den Berlinern bereitete. Den Geisterbanner und Dämonenbekämpfer wollten sie von Angesicht zu Angesicht sehen. Aber dann stand statt eines großen, hageren, asketisch-hohlwangigen Propheten eine Art alemannischer Bodenseeprälat auf der Rednertribüne, eingebettet in behäbige Rundlichkeit und mit freundlichen, gütigen Augen. Ob man das an der Spree, Männer vom Schlage des Hofpredigers Stoeckers gewöhnt, irgendwie begriffen hat, als Blumhardt den Finger hob und den Berlinern sagte: »Merkt euch, liebe Freunde: Geduuld, des ischt äbbes«!

Was Stoecker, Gründer der Christlich-sozialen Arbeiterpartei, für Berlin war, mochte der spätere Prälat Theodor Traub für Stuttgart sein. Er war eine Generation jünger als jener und keinesfalls von dieser orthodoxen Kirchlichkeit und diesem rigoristischen Konservatismus. Als in den neunziger Jahren einhundertdreiundfünfzig württembergische Pfarrer sich dem Protest Christoph Schrempfs gegen den obligaten Gebrauch des Apostolikums bei der Taufe anschlossen, war es Traub, der die Eingabe dem König überreichte. Mancher Stuttgarter Pfarrer hatte sich der evangelisch-sozialen Bewegung angeschlossen, Stadtpfarrer Mayer-List von der Markuskirche oder Stadtpfarrer Lamparter von der Kreuzkirche. Traub war der Bahnbrecher und Vorkämpfer. Die soziale Not der Zeit vor Augen, genügte ihm bloße Wortverkündigung nicht mehr. Traub hat die »Evangelischen Arbeitervereine« in Württemberg gegründet; er war ihr Landesleiter von 1891 bis 1901. Er hat in den Arbeiterversammlungen unerschrocken für seine Überzeugung gekämpft, als man sonstwo noch mokant die Nase rümpfte oder noch ganz im lorbeerumwundenen Bündnis zwischen Thron und Altar gefangen war. Als gelegentlich des großen Stuttgarter Straßenbahnerstreiks von 1908 die Straßenbahner im Heslacher Dinkelackersaal ihre Lohnforderungen bekanntgaben, in aller Härte und nicht ohne Bedrohlichkeit, meldete sich auch der Stadtpfarrer Traub zu Wort. Andere Amtsbrüder hätten Lachstürme geerntet. Als Traub auf der Rednertribüne stand, wurde es still. »Die Freiheit, die wir als Christen meinen und vertreten, ist eine solche, die Maß halten kann und sich zu keinen Unbesonnenheiten hinreißen läßt.« Auch da hört man etwas von schwäbischer Nüchternheit, von einem, dem Ganzen verpflichteten Instinkt. Im übrigen war Traub so sehr für die Berechtigung der Lohnforderungen, daß den Straßenbahnern das Herz aufging.

Wenn sie es ihm auch nie vergessen haben: der Bogen zwischen Christentum und Sozialismus ist auch im Stuttgart vor dem Ersten Weltkrieg nicht geschlossen worden. Traub, der den Hetzern ebenso entgegenging wie den Schlafhauben, blieb allein. Im Furtbachhaus, wo der — für das damalige Stuttgart repräsentative — Christliche Verein junger Männer saß, wollte man nichts von sozialem Fortschritt wissen, und in der Redaktion der »Tagwacht«, die auch in der Furtbachstraße war, nichts von Sünde und Erlösung. Sicher lag das nicht daran, daß sich die evangelische Kirche Württembergs absolutistisch und als Staatskirche gebärdet hätte. Entscheidend dürfte gewesen sein, daß das naturwissenschaftlich-mechanistische Denken in den Reihen der Arbeiterschaft und die christliche Soziallehre als unvereinbar empfunden wurden.

Die Stuttgarter Arbeiterschaft hatte sich im Sommer 1869 neu organisiert. Damals war der Schreiner Hermann Leickhardt, ein geborener Stuttgarter, aus Hamburg zurückgekehrt, wo er zwei Jahre lang als Mitglied des Lasalleschen »Allgemeinen Deutschen Arbeitervereins« gewirkt hatte. Auf den 8. Juli lud Leickhardt zum Vortrag eines Gastes über »Die Prinzipien Ferdinand Lasalles« ein. Am 11. August gelang es ihm, mit einundzwanzig Mitgliedern eine Stuttgarter Mitgliedschaft beim Allgemeinen Deutschen Arbeiterverein zu gründen. »Von da an begann das proletarische sozialdemokratische Klassenbewußtsein auch hier Wurzel zu fassen und sich auszubreiten.«

Man hat in Stuttgart weder auf ernsthafte Traditionen zurückgreifen noch auf irgendeine Gruppe von Intellektuellen und »Prominenten« rechnen können. Der Stuttgarter Arbeiterbildungsverein hatte sich dieser Neugründung entgegengestellt, weil er, altüberlieferten Grundsätzen zufolge, den Arbeiter aus der »eigentlichen Politik« heraushalten wollte. Marx hatte bei den württembergischen Arbeitern und ihren Organisationsversuchen keine Rolle gespielt. Leute wie der promovierte Philologe und Journalist Christian Gottlieb Abt, der von 1856 bis 1861 in Stuttgart war und 1868 dann wiederum von hier aus seine scharfe Tageszeitung »Die Kritik« herausgab, mit seinem 1861 erschienenen Buch über »Carl Marx und Carl Vogt oder die Bürstenheimer« einer der frühen Marxinterpreten wie der im November 1907 in Stuttgart verstorbene Arzt Arthur Mühlberger mit einigen nicht viel später erschienenen Schriften: solche Leute entdeckte die neue Arbeiterbewegung gar nicht. Marx hatte gehofft, wie er in einem Brief vom 2. Dezember 1864 an Engels schreibt, in Otto von Breitschwert, dem gebürtigen Stuttgarter, einen »Vermittler mit Süddeutschland und speziell dem Schwobaland« gefunden zu haben. Die Hoffnung hat sich nicht erfüllt. Ein Teil der württembergischen Arbeiter mochte wohl annehmen, bei der württembergischen Volkspartei eine Heimat gefunden zu haben. Aber gerade dort wird 1869 erklärt: »Über Deutschland soll keine Diktatur kommen, weder die Bismarcks noch die Diktatur von Marx.«

Hätte Freiligrath noch ein Sprecher der Stuttgarter Arbeiter werden können, der einst mit Marx zusammengearbeitet hatte, 1868 von London nach Cannstatt kam und dort am 18. März 1876 starb? »Schwarzrotgoldene Fahnen deckten sein Grab.« Der einzige Akademiker, der sich den Stuttgarter Arbeitern schon in den siebziger Jahren zur Verfügung stellte, war Albert Dulk, Publizist und Freigeist, Dramenschreiber und Orientreisender, für die Stuttgarter schon deshalb eine Sonderfigur, weil über ihn wegen seines mormonenartigen Ehelebens allerlei gemunkelt wurde. Aber Dulk ging, nicht ohne Größe, seinen Weg. Sein Trauerkondukt in Stuttgart im November 1884 glich einem Volksaufgebot. Von der Stuttgarter Stadtdirektion waren außerordentliche Vorsichtsmaßregeln ergriffen worden. Gegen zehntausend Männer aus ganz Süddeutschland strömten zur demonstrativen Leichenfeier zusammen.

Ein paar Jahre später hat Stuttgart, die »Hochburg der Sozialdemokratie«, wie man die Stadt jetzt nannte, eine Handvoll Arbeiterführer von Format aufzuweisen gehabt. Als ersten wird man Wilhelm Keil zu nennen haben, der am 27. Januar 1896 als »Hilfskraft« in die Redaktion der »Schwäbischen Tagwacht« geholt wurde und siebenunddreißig Jahre lang, seit Frühjahr 1902 als Chefredakteur, dort seine Hauptaufgabe gesehen hat, nicht ohne aus dem Parteiblatt eine moderne Tageszeitung zu machen. Keil, am 24. Juli 1870 in Helsa im Kurhessischen geboren, ist nach 1945 als die Verkörperung der schwäbischen Demokratie empfunden worden, ein Mann, der von ideologischen Verhärtungen, von Prinzipienfragen nie viel gehalten hat. Das Erstaunliche an ihm war, daß sich seine politische Haltung und die Kleinräumigkeit seines Herkommens mit einem weiten geistigen Horizont verbanden. Vor dem Ersten Weltkrieg galt er als der Führer seiner Partei in Württemberg, als der »württembergische Bebel«.

Mehr als durch Keil sind die Anfänge der Stuttgarter Sozialdemokratie durch Karl Kloß bestimmt. Er hat 1874 auf seiner Wanderschaft in Stuttgart Halt gemacht und 1883 den Deutschen Tischlerverband gegründet und hochgepäppelt: er war für lange Zeit der anerkannte deutsche Gewerkschaftsführer. In Stuttgart genoß der Mann, der in seinem Wohnstübchen in einer schmalen Heslacher Gasse noch in den Nächten arbeitete, großes Ansehen. Als erster und zunächst einziger Sozialdemokrat wurde er 1892 in den Stuttgarter Bürgerausschuß gewählt. Durch ihn und den Cannstatter Schriftsetzer Menrad Glaser war die Partei 1895 erstmals auch im württembergischen Landtag vertreten, und schließlich wurde Kloß im Juni 1898 im ersten Wahlgang auch zum ersten sozialdemokratischen Reichstagsabgeordneten Württembergs gewählt. 1908 ist er in Stuttgart gestorben. Die größten Leichenzüge, die Stuttgart wohl je gesehen hat, waren der des Grafen Zeppelin im Jahre 1917 und der des Landtagsabgeordneten Kloß: beidesmal war die Zahl der Teilnehmer so groß, daß die letzten des Trauerkondukts noch am Schloßplatz standen, als die Spitze schon am Portal des Pragfriedhofs angekommen war.

In das Stuttgart vor 1900 gehört auch Klara Zetkin, die in Stuttgart ihr sozialistisches Frauenblatt »Gleichheit« redigierte, nicht ohne Fortune, aber doch mit der köstlichen Manie, jedes Manuskript, ohne Ansehen des Absenders und Autors, so gut wie ganz umzuschreiben. Ob die temperamentvolle, kampflustige Frau, mit großem Wissen und einem seltenen Gespür für Rhetorik begabt, damals in Stuttgart in ihrer Bedeutung so ganz erkannt und mit in den Geist der schwäbischen Residenzstadt einbezogen war? In Sachsen geboren und Lehrerin gewesen, hatte sie in Paris den russischen Emigranten Ossüp Zetkin, einen Arzt, kennengelernt und sich in »wilder« Ehe mit ihm verbunden. Als der Mann Ende der achtziger Jahre an Tuberkulose starb, schlug sich Klara mit ihren zwei kleinen Buben kümmerlich durch. Immerhin besuchten sie jetzt das Stuttgarter Karls-Gymnasium, getragen von Stipendien, die der Rektor des Hauses, der Nationalliberale Gottlob Egelhaaf vermittelt hatte. Es dürfte kaum eine geistige Brücke gegeben haben zwischen ihm und der furiosen Sozialistin, die später auch in der Bewilligung des Kriegskredites die Unterwerfung unter die herrschende Klasse und den Tod der Internationale sah. Für die Stuttgarter Sozialdemokraten war ihre Wohnung in der Rotebühlstraße wohl nicht das, was man ein Refugium nennt, aber sicher der Ort mancherlei wichtiger politischer Impulse. »Sie war, als ich sie kennenlernte«, berichtet Wilhelm Keil, »noch eine stattliche Erscheinung. Wenn sie mit ihren glühenden Wangen, dem breiten Hut mit der üppigen Straußenfeder ein bißchen verwegen auf dem Kopf, am Rednerpult erschien, konnte auch die Vierzigerin einem jungen Manne noch sehr imponieren. Sie hat denn auch, als sie die Vierzig schon erheblich überschritten hatte, sich für die zweite Ehe von einem dreiundzwanzigjährigen Künstler gewinnen lassen.«

Sieben Jahre, von 1890 bis 1897, hat auch Karl Kautsky in Stuttgart gewohnt, der Revolutionär unter den deutschen Sozialdemokraten und der leibhaftige Große Bruder für die Sozialdemokraten zwischen Neckar und Fils und Schwäbischer Alb. In Stuttgart hat Kautsky sein großes Werk »Vorläufer des neueren Sozialismus« erscheinen lassen und, neben anderem, zusammen mit Bruno Schönlank die Massenbroschüre »Grundsätze und Forderungen der Sozialdemokratie«. Nach Kautsky war jeder ein Revolutionär, »der dahin strebt, daß eine bisher unterdrückte Klasse die Staatsgewalt erobert«. Er verlor diesen Charakter auch dann nicht, »wenn er diese Eroberung durch soziale Reformen, die er der herrschenden Klasse abzuringen sucht, vorbereiten und beschleunigen will. Nicht das Streben nach sozialen Reformen, sondern die ausgesprochene Beschränkung auf sie, unterscheidet den sozialen Reformer vom Sozialrevolutionär«. So Kautsky in seinem 1902 erschienenen Buch über »Die soziale Revolution«.

Vielleicht hat die Tatsache, daß man den parteiideologischen Aktivismus nicht aus der Lektüre und von ferne, sondern in der eigenen Stadt und unmittelbar vor der Türe miterlebt hat, die Stuttgarter Sozialdemokraten so hellhörig gegenüber überzogenen theoretischen Konzeptionen und schließlich auch so widerstandsfähig gegen die Ultras gemacht. Sie haben, das ist bezeichnend, gerade hier in Stuttgart, inspiriert durch Klara Zetkin, eines schönen Tages begonnen, die reine Lehre mit der unmittelbaren Eroberung der Gegenwart in eine volle, runde Realität zu bringen. Sollte das nicht gelingen, meinte die Gruppe um die Zetkin, um Friedrich Westmeyer und Artur Crispien, den späteren Innenminister der provisorischen Regierung vom 9. November 1918, so wollte man diese bürgerlichen Stuttgarter Genossen endgültig verlassen. Nach aufgeregtem, nach ernsthaftem Hin und Her machte man es dann auch. Alles, was sich auf dieser Linie wenig später in Berlin nachvollzogen hat, der Ausschluß der achtzehn sozialdemokratischen Abgeordneten aus der Reichstagsfraktion im März 1916, der Ausschluß der Opposition aus der SPD im Januar 1917, die Gründung der USP Anfang April 1917, der sich dann der »Spartakus« anschloß – das alles ist in Stuttgart vorbereitet und vorexerziert worden. Das »Gespenst der Spaltung«, von dem Keil aus Berlin Ende 1915 seiner Frau nach Stuttgart schreibt, war daheim längst erkannt und auf eigene Weise überwunden worden. Niemanden ließ man in Stuttgart im Zweifel darüber, daß die Grundsätze feststanden, daß ihre Anwendung auf das Leben, daß die politische Taktik sich aber nach den jeweiligen politischen und wirtschaftlichen Gegebenheiten und Bedürfnissen richte, und nicht nach den Theorien der Reformisten oder der Revisionisten. Mochte man dann auch in den eigenen Reihen, wie Hervé enttäuscht meinte, statt Revolutionären »gute, zufriedene und satte Spießbürger«

sehen, möglicherweise auch — so Max Weber — »behäbige Gastwirtsgesichter«: man blieb dabei.

Diese Bescheidung wirft ein sehr bezeichnendes Licht auf die Stuttgarter politische Atmosphäre vor 1914. Daß hier das Bürgertum seine wichtige und im Grunde immer noch unangefochtene Rolle gespielt hat, daß die alte liberale Tradition immer wieder neue Impulse zu geben und das Zentrum in eine politische Profilierung hineingefunden hat, wäre anzumerken. Aber solche Farben in der politischen Landschaft sind selbstverständlich und nichts eigentlich besonderes. Eine Besonderheit indessen war, im Vergleich zu anderen, offenen oder verborgenen sozialistischen Strömungen Deutschlands in diesen letzten Jahren vor Ausbruch des Krieges, daß man auch in den sogenannten extremen Kreisen Stuttgarts nicht den Aufruhr, sondern sachbezogene Arbeit und »das gemeinsame Ziel« wollte.

Hatte der Internationale Sozialistenkongreß der Zweiten Internationale, der vom 18. bis 24. August 1907 in Stuttgart stattfand, den Gastgebern, auch den Sozialisten unter ihnen, zu denken gegeben? Von den Bolschewiki war in Stuttgart unter anderen Lenin dabei, als Mitarbeiter in der ersten Kommission, die sich der Militarismus- und internationalen Frage widmete. Schon ein paar Tage später hat Lenin in einem im »Proletari« veröffentlichten Artikel vermerkt, die Stuttgarter Internationale habe sich »durch außerordentlich zahlreiche Beteiligung und vollständige Vertretung« ausgezeichnet. Alle fünf Erdteile hätten ihre Delegierten entsandt; insgesamt seien es 886 gewesen. Der Kongreß sei nicht nur eine grandiose Demonstration der internationalen Einheit des proletarischen Kampfes gewesen, sondern er habe auch im Hinblick auf die Festlegung der Taktik der sozialistischen Parteien eine hervorragende Rolle gespielt. Und an einer anderen Stelle, im »Petersburger Kalender für alle«: »Nicht leere herveistische Drohungen, sondern klares Bewußtsein der Unvermeidlichkeit der sozialen Revolution, feste Entschlossenheit zum Kampf bis ans Ende, Bereitschaft zu den revolutionärsten Kampfmitteln — dies ist die Bedeutung der Resolution des Stuttgarter internationalen Sozialistenkongresses und eine Frage des Militarismus.« Immer wieder hat Lenin später darauf hingewiesen, man solle in den legalen Arbeitervereinigungen nicht »im Geiste der Neutralität« handeln, sondern im Geiste der Beschlüsse des Londoner Parteitages und des internationalen Kongresses in Stuttgart. Übrigens hat die württembergische Regierung damals gelegentlich der Stuttgarter Internationale den Führer der englischen Sozialdemokratie Harry Quelch, der die Haager Konferenz eine »Versammlung von Dieben« genannt hatte, ohne weiteres Gerichtsverfahren aus Stuttgart ausgewiesen. Lenin hat seinen Nekrolog auf Quelch hernach dazu benützt, um den Süddeutschen noch einmal die Leviten zu lesen: sie würden die

Preußen mit ihrem Beamtendünkel, ihrem Bürokratismus und ihrer Polizeiherrschaft hassen, aber selbst handeln wie die schlimmsten Preußen, wenn es um einen Proletarier und Sozialisten gehe. Aber im selben Jahr hat Lenin, am 22. Mai, das entschlossene Vorgehen der württembergischen Sozialdemokraten gegen die Militärvorlage im Reichstag rühmend vor aller Welt hervorgehoben.
Man kann nicht sagen, daß das Stuttgarter politische Leben vor 1914 träge oder verkrustet gewesen sei, nur weil die »Radikalen« sich hier nach der Stuttgarter Internationale von den scharfen Auseinandersetzungen um Bernsteins Revisionismus fernhielten. Es gab eine ganze Reihe von »Fällen«, vom Beutelsbacher Schultheißen Schlör, der in einem Skandalprozeß endete, bis zu den scharfen Invektiven des jungen Christoph Schrempf gegen die orthodoxe Kirchenherrschaft. Vielleicht war, nachträglich gemessen, der Verleger Heinrich Dietz eine der interessantesten Gestalten, Herausgeber der »Neuen Zeit«, Drucker der »Schwäbischen Tagwacht« und des »Wahren Jakob«: in den Jahrzehnten vor 1933 hatte der Verlag J. H. W. Dietz Weltruf. Lenin hat bei Dietz in der Furtbachstraße 12 im April 1901 gewohnt. Die marxistische »Sarja« (Die Morgenröte) ist 1901 und 1902 bei Dietz erschienen, in der auch wichtige Arbeiten von Lenin veröffentlicht worden sind. Schließlich hat Lenin 1902 bei Dietz in Stuttgart in russischer Sprache seine Schrift »Was tun?« erscheinen lassen, sicher eine der wichtigsten programmatischen Publikationen des Leninismus überhaupt.
In der allgemeinen Vorgewitterstimmung vor 1914, die von den sensiblen Geistern festgehalten worden ist, hat die Stuttgarter Atmosphäre etwas erstaunlich Ausgewogenes an sich gehabt. Man würde wohl dafür die Reformen verantwortlich machen, die 1906 in Württemberg die Zweite Kammer der Landstände zu einer reinen, nach allgemeinem Wahlrecht gewählten Volksvertretung und die Erste Kammer der Standesherren zu einer in ihrer Kompetenz erweiterten und wieder arbeitsfähigen Institution umgebildet haben. Im Sinne des Wahlrechts hatte die bisherige Verfassung Anlaß zu heftigster Kritik gegeben. In der Tat war das Wahlrecht praktisch höchst ungleich, wenn Stuttgart mit seinen 250 000 Einwohnern als eine der sieben »guten Städte« ebenso einen Abgeordneten wählen durfte wie Ellwangen, das gerade fünftausend Einwohner hatte. Jetzt war die Zweite Kammer eine reine Volkskammer von 92 Abgeordneten, indem man 63 in den Oberamtsbezirken und sechs in den »guten Städten« direkt vom Volk wählen ließ, während der Rest nach einer Listen- und Verhältniswahl gewählt wurde, nämlich sechs im Stadtbezirk Stuttgart und außerdem noch siebzehn in zwei großen Wahlkreisen, neun im nördlichen (mit Stuttgart) und acht im südlichen Teil des Landes.
Aber diese Modernisierung ist nicht der ausschließliche Grund. Baden und Bayern haben zur gleichen Zeit gleiche oder ähnliche Reformen durchgeführt,

ohne daß sich dort das verhärtete Klima geändert oder die Revolution von 1918 nicht auch Gründe aufgedeckt hätte, die sehr viel weiter zurückreichten und den November-Zusammenbruch durchaus nicht nur als einen dem Augenblick verpflichteten Betriebsunfall entlarvten. In einem Wahlhandbuch des Jahres 1912 liest man: »Das Verhältnis der württembergischen Regierung zur Sozialdemokratie ist nicht ganz dasselbe wie das der Regierungen anderer Bundesstaaten und der Reichsregierung zu ihr. Trotz der Gleichartigkeit der allgemeinen wirtschaftlichen Zustände zeigt das gesellschaftliche und politische Leben in Württemberg nicht dieselbe Schärfe des Klassengegensatzes wie etwa in Preußen und Sachsen.« Manchmal hat man das Gefühl, als ob man in der Stuttgarter sozialdemokratischen Opposition gegen die Reichen und vor allem gegen den Adel nur Pflichtübungen erledigt habe. Das Klima an der großen Cannstatter Neckarschleife und an den Stuttgarter Weinbergen ist milder als drüben im Saarland, wo der Stahlkönig Carl Ferdinand v. Stumm-Halberg von seinen an strengster Leine geführten Arbeitern erhofft, »daß Ihr für die Lockungen der Sozialdemokraten unempfänglich bleibt« und ihnen statt dessen christliche Nächstenliebe und echte Gottesfurcht empfiehlt. Es ist ein Faktum, daß König Wilhelm II., der Urenkel des absolutistischen Friedrich, zu den regelmäßigen Lesern der Schwäbischen Tagwacht gehörte. Man wußte das. Als einmal im Jahre 1909 sich die Hälfte der sozialdemokratischen Landtagsfraktion gelegentlich des Landtagsausflugs nach Friedrichshafen auch am Besuch im dortigen königlichen Schloß beteiligte, wollte man die »Hofgänger« in den eigenen Kreisen nicht mehr leiden. Damals hat Lindemann erklärt, er habe keinerlei Anlaß zu einer Demonstration gegen den König gesehen, die ein Fernbleiben zum Ausdruck gebracht hätte. »Der König von Württemberg hat sich als ein durchaus konstitutioneller Fürst gezeigt und sich von jedem Eingreifen in parteipolitische Verhältnisse zurückgehalten. Der fortschrittlichen Entwicklung unseres Staatlebens hat er sich in keiner Weise in den Weg gestellt.« Unter Pischeks Ministerschaft geschah es, daß die Gewerkschaften zu der großen offiziellen Schiller-Feier des Jahres 1905 herangezogen wurden. Was vordem Provinz der Bürgersleute war, sollte nun auch von den durch den Stuttgarter Theodor Leipart geführten Gewerkschaften geteilt werden. Bei dem Festakt auf dem Platz des alten abgebrannten Hoftheaters, dort, wo heute das Kunstgebäude steht, erhielten die zahlreichen Gewerkschaftsvertreter, unter ihnen viele Arbeiter aus den Betrieben, ihre Plätze unmittelbar neben dem Königspaar. Zu den Feiern in den sechs großen Sälen Stuttgarts hatte man, neben anderen bekannten Persönlichkeiten, Sozialdemokraten als Festleiter eingeladen. Führer des Festausschusses war Baron Putlitz.

Einem Faible des Königs entsprangen diese gesellschaftlichen Demonstrationen nicht. Man hat vielmehr das Gefühl, als ob man es hier in Württemberg mit den gesellschaftspolitischen Anforderungen der Jahre ernster genommen habe und ein gründlicheres Studium, möglicherweise ein Umlernen den großen militärisch-imperialistischen Gesten vorgezogen habe. Karl Victor Riecke, zuletzt Finanzminister, hat »Das Kapital« von Karl Marx nicht nur gelesen, sondern auch sage und schreibe im Württembergischen Staatsanzeiger besprochen. Er ist 1898 gestorben, im gleichen Jahr, in dem der landbekannte Pfarrer Christoph Blumhardt von Bad Boll ins Lager der Sozialdemokratie überwechselte und in einer Göppinger Protestversammlung in Antwort auf die vom Kaiser 1898 angekündigte Zuchthausvorlage von einem »Verbrechen an der Gerechtigkeit« sprach. Das sind Streiflichter. Aber sie können beliebig vermehrt werden. Wesentlich scheint, daß Stuttgart als Stadt und als kommunalpolitischer Raum für die neuen politischen Tendenzen wiederum repräsentativ ist. Auf Friedrich Hack, der als Nationalökonom an der Universität Tübingen, aber auch als jahrelanger Praktiker auf Gemeinde- und Notariatskanzleien 1872 Stuttgarter Stadtschultheiß geworden war, folgte Emil Rümelin, der Bruder des geistvollen Tübinger Universitätskanzlers Gustav Rümelin, ein Finanzfachmann, der 1880 nach Münster in Westfalen gegangen war. Sechs Jahre hielt er es dort aus. Dann trat er, nach einem Umweg in Heilbronn, im September 1889 die Stelle eines Obersteuerrats im Stuttgarter Steuerkollegium an. Im Gegensatz zu seinem Vorgänger wollte Rümelin seine Oberbürgermeisterfunktion politisch aufgefaßt wissen. Zu welcher Parteienrichtung er gehörte, mußte schon seine 1891 erschienene Schrift über die Selbstverwaltung in Beziehung zur sozialen Frage verraten, auch sein von großer Sachkenntnis zeugendes Buch über die Marxsche Dialektik. Als im Herbst 1892 ein neuer Stadtvorstand zu wählen war, wurde Rümelin von der Linken als Kanditat gestellt. Der Wahlkampf war von Aufregungen durchzogen wie wohl keine Oberbürgermeisterwahl in diesen Jahrzehnten. Mit Rümelin kam ein neuer Typ auf den Stuttgarter Oberbürgermeistersstuhl. Seine Vorgänger Feuerlein, Gutbrod und Sick wollten Verwaltung, er wollte auch Politik. Der hochgewachsene, breitschultrige Mann mit seinem schmalen Gelehrtengesicht und seiner sonoren Stimme hat vor allem als Redner immer großen Eindruck gemacht. Auch Heinrich Gauß, in Stuttgart am 7. März 1858 als Archivarssohn geboren und, Jurist von Hause aus, am 19. Mai 1899 zum Stuttgarter Stadtschultheißen gewählt, hatte sein Herz mehr bei denen, die über die provinzielle Enge hinaus auch an das Morgen dachten. Das waren auch für ihn die Sozialdemokraten. Pischek meinte einmal, kurz nachdem er sein Amt als Innenminister angetreten hatte, er wolle dem roten Hahn nicht gönnen, daß er das Stuttgarter Rathaus beherrsche. Aber er hat dort geherrscht, der Hahn, schon lange, bevor im Stuttgarter Bürgerausschuß seit 1906 eine große sozialdemokratisch-volksparteiliche Mehrheit den Ton angab und der Stuttgarter Wahlkreis eine völlig sichere Sache war.

Um ein Paradox zu wagen: vielleicht lag die Modernität dieses politischen Zuschnitts in der eigenständigen alten schwäbischen Tradition. Es ist mehr als ein Zufall, wenn Wilhelm Keil einmal während der Verfassungskämpfe in der Stuttgarter Liederhalle Friedrich Theodor Vischer, den alten »Schartenmaier« zitiert, mit einem Brief, den dieser aus Frankfurt schickt. Die schwäbische Sozialdemokratie beruft sich ihrerseits *auch* auf schwäbische politische Tradition, und fast glaubt man wieder die alten Fronten vor sich zu haben, wenn von sozialdemokratischer Seite im Kampf gegen die Standesherren-Privilegien die Frage aufgeworfen wird: »Wer terrorisiert denn eigentlich? Das nach wirtschaftlichem Fortschritt, politischer Freiheit und tieferer Geistesbildung strebende Volk, das den Kampf gegen eine Handvoll adeliger Reaktionäre führt, oder diese wenigen Reaktionäre, die auf Grund eines aus dem Mittelalter vererbten papierenen Rechts das gesamte Volk vergewaltigen und in seiner Weiterentwicklung hindern?«

Wir haben jedenfalls in diesem bürgerlich-wilhelminischen Stuttgart vor 1914 auch die Heimat der Arbeiterfunktionäre oder der religiösen Sozialisten oder der Männer der Freidenkerbewegung zu sehen. Über den Kammerherren und Schiller-Feiern, den Kaisermanövern und Winterbällen vergißt man zu leicht die ernsten Gesichter der Männer mit den Knebelbärten, die als Drechsler angefangen und als Kontrahenten der Minister aufgehört haben.

Die rote Fahne

Als am 1. August 1914 die ersten mobilisierten Soldateneinheiten zu den Bahnhöfen zogen, in den Mündungen ihrer Gewehre die Blumen dieses Sommers, waren kommunale Fragen zu einer zweitrangigen Sache geworden. Das, was man sich erworben und aufgebaut habe, wolle die Welt einem nehmen und müsse verteidigt werden: so mag die Mehrzahl gedacht haben. Gab es viele, welche die Gefahren durchschaut und sich des Jammers der Ideologien bewußt waren? Auch viele der Linken hatten Ja gesagt. Sie wollten in dieser »Schicksalsstunde« nicht abseits stehen.

Auch Stuttgart hatte die Welle der patriotischen Begeisterung erreicht. Die Vorlesungen des Historikers Gottlob Egelhaaf an der Technischen Hochschule waren so sehr besucht, daß die ältesten Hochschulbeamten versicherten, solchen Andrang nie erlebt zu haben. Egelhaaf hat sich das nicht selbst, sondern den Stimmungen des Augenblicks zugeschrieben. Vielleicht haben sie auch eingemündet in die letzte Kundgebung einer Tradition, die man mit dem Ruf »Hie gut Württemberg allweg« zu feiern gewohnt war. Die Verabschiedung der Truppen im Hof der Rotebühlkaserne war wie ein Sinnbild dafür: der alte, lautere, in politischen Dingen längst ohne Ehrgeiz auftretende, von den Eitelkeiten des Tages kaum mehr verführte »Herr König« steht vor den Soldaten. Sie mußten in einen Krieg ziehen, der, wie man heute weiß, etlichen Verantwortlichen in Deutschland nicht einmal ungewollt kam. Wilhelm hat man um so mehr geliebt, als er mit dieser zwischen Ohnmacht und Aggressionen zerriebenen Politik gar nicht mehr zu identifizieren war. Er war selbst einer von den Geschobenen, der ein paar Jahre zuvor, beim Richtfest des Stuttgarter Rathauses, nur zu sagen wußte, in seiner Jugend sei er gelehrt worden, Stuttgart habe fünfundvierzigtausend Einwohner, jetzt seien es mehr als zweihunderttausend. Für die aufblühende Stadt hatte er nur den einen Wunsch, daß der Gemeinderat »für unabsehbare Zeiten nur solche Beschlüsse fassen möge, die zum wahren Gedeihen beitragen«.

Am Sonntag, den 10. November 1918 hat die Presse noch beides gebracht, den amtlichen Kriegsbericht vom westlichen Kriegsschauplatz, wo die Linien »planmäßig zurückverlegt« wurden, und die ersten Notizen über den Sieg der Revolution im Reich. Gibt es das, eine eigene Geschichte dieser württembergischen Revolution? Württemberg war das Ursprungsland der Unabhängigen Sozialdemokratischen Partei Deutschlands (USPD), von der sich die Spartakusgruppe abgezweigt hatte. Im extremen Flügel der Sozialdemokratie hatten beide Richtungen frühzeitig in Württemberg, vor allem in Stuttgart eine starke Anhängerschaft gefunden. Einzelne Wortführer haben schon vor Kriegsausbruch damit gerechnet, daß sich bei ungünstigem Kriegsausgang eine Gelegenheit zum revolutionären Umsturz bieten werde. Man habe alles darangesetzt, hieß es im Sommer 1919 in einer Art Manöverkritik dieser Kreise, die deutsche Revolution vorzubereiten, in Untergrundarbeit, unter den größten Entbehrungen, unter Dreingabe des Lebens. In den Oktober- und ersten Novembertagen haben beide Gruppen denn auch alle Gelegenheiten benutzt, politische Veranstaltungen und Umzüge und nächtliche Demonstrationen, um auch in Stuttgart den Umsturz einzuleiten.

Aus den Reihen der »alten« württembergischen Sozialdemokratie ist später immer wieder darauf hingewiesen worden, daß den beiden Hand in Hand arbeitenden Gruppen ein wirklicher Kopf gefehlt habe. Es sei deshalb nicht gelungen, die Initiative zum Sturz der Monarchie und zu einem Aufstand zu ergreifen. Viel, zu viel in den Verlautbarungen dieser Wochen sei Importware gewesen. Tatsächlich hat man den Eindruck, daß in dieser Stuttgarter »Novemberrevolution« viel Politik aus zweiter Hand gemacht worden ist. Die extremen Agitationen und Projekte sind von außen inspiriert worden. Die spartakistischen Unruhen in Berlin Ausgang Dezember 1918 haben die Stuttgarter Spartakisten zur unmittelbaren Nachahmung gereizt. Als in der zweiten Novemberhälfte die Landesversammlung der Soldatenräte Württembergs in Stuttgart tagte, in ihrer Sitzung vom 15. November unter anderem von der Stadtverwaltung verlangend, daß alle unbewohnten Villen und Wohnungen schleunigst für die Unterbringung obdachloser Arbeiter verwandt werden, ist das Beispiel anderer Städte, wo die Räte die Herrschaft in den Händen hatten, immer wieder herangezogen worden. Wilhelm Münzenberg, Sekretär der Internationalen Verbindung sozialistischer Jugendorganisationen und einer dieser Wortführer in Stuttgart, hat kaum etwas versäumt, um den Delegierten der Kompanien die neuesten Informationen darüber zu geben, daß und wie »in einzelnen Teilen Deutschlands« die Räte »das historische Gebot der Stunde begriffen« hätten. Auch im bürgerlichen Lager hat man sich übrigens »preußischer« Vorbilder bedient. Es kommt nicht von ungefähr, daß Robert Bosch in Stuttgart nach dem Vorgang der in Berlin gegründeten »Deutschen Gesellschaft 1914« im Sommer 1918 eine »Württembergische Gesellschaft 1918« ins Leben rief, zu dessen Gründungskollegium neben Bosch, der demokratische Abgeordnete Conrad Haußman, der Fabrikant Bruckmann, der Generalstaatsanwalt und Zentrumsabgeordnete Hans Kiene, der Stuttgarter Oberbürgermeister Lautenschlager, der Sozialdemokrat Wilhelm Keil und der Innenminister Köhler gehört haben. Sicher war es die Absicht, einer eigenständig-württembergischen Tradition zum Leben zu verhelfen. Bosch hat diesen Gedanken auch später und mit sehr nachdrücklichen Stiftungen verfolgt. Aber fürs erste geschah das in Form einer Reaktion.

Natürlich steht auch Württemberg im Spätherbst 1918 vor den Fragen eines ökonomischen und sozialen Strukturwandels, vor dem Wechselspiel zwischen politischer Parteienbildung und sozialer Schichtung und vor der Spannung zwischen Reichstreue und Föderalismus, die Person des Königs im Vordergrund. Gerade in diesem Punkt scheint sich indessen eine originär württembergische Situation ergeben zu haben, die der Rede vom Auseinanderklaffen zwischen Verfassung und Verfassungswirklichkeit in Stuttgart ebenso Schranken setzte wie der automatischen Übertragung der Vorstellungen und Vorgänge in den Residenzstädten Berlin, Dresden oder München auf Stuttgart. Während in München unter Eisners Führung eine erste große Massenkundgebung zum Sturz des Königs führte, war man zur gleichen Zeit in Württemberg bemüht, auf der Grundlage der Monarchie eine parlamentarische Regierung zustande zu bringen. Selbst die Führer der linksextremistischen Gruppen haben immer wieder betont, auch in den entscheidenden Stunden, in dem »guten alten Herrn« kein Angriffsziel sehen zu wollen. Wilhelm Keil, unangefochtener Wortführer der Mehrheits-SPD in diesen Tagen, wohl ihr am nachdrücklichsten meinungsbildender Mann und in der »Revolutionssitzung« am Nachmittag des 9. November zum ersten Ministerpräsidenten der Republik vorgeschlagen, war im Grunde vom Monarchisten so weit nicht entfernt. Am Abend dieses 9. November hat sich der letzte württembergische König über den verabschiedeten Finanzminister Liesching und den gewesenen Innenminister Köhler an Keil gewandt, mit der Bitte, ihn vor weiteren Belästigungen schützen und für ein sicheres Geleit nach Bebenhausen sorgen zu wollen. Keil war beglückt darüber, daß »der alte Herr unter sicherem Schutz und unbelästigt die Übersiedlung nach Bebenhausen durchführen konnte«. Unter der Ehrenwache für den Monarchen waren Arbeiter und Soldatenräte.

Was andernorts ein Paradox und eine Provokation gewesen wäre, ist typisch für die Stuttgarter Revolution. Am 4. oder 5. November hatte ein Stuttgarter Bürger, wie der Generaladjutant später berichtete, ein Immediatgesuch an den König gerichtet mit dem dringenden Vorschlag, es möchten zum Schutz der Stadt und vor allem des Königs Bürgerwehren errichtet werden. Der König scheint nicht so ablehnend gewesen zu sein, wenn auch die Ereignisse allein die organisatorischen Vorbereitungen schon gar nicht mehr zugelassen hätten. Seltsam blieb, daß auch die Arbeiterschaft Stuttgarts selbst, die »Roten«, am Landesvater hingen. Politisch-ideologische Komplikationen waren da unvermeidlich. Keil hat in seiner zwanzigminütigen Rede im Hof des Neuen Schlosses am Vormittag des 9. November, der gewichtigsten Rede dieses Vormittags, eine ausweichende Haltung eingenommen. Nach dem übereinstimmenden Bericht der sozialdemokratischen Presse hieß der entscheidende Satz seiner Rede: »Unser neues Ministerium, dessen Ernennung heute veröffentlicht und hoffentlich zum letzten Mal von einem König von Gottes Gnaden unterzeichnet sein wird, wird nur eine Übergangserscheinung sein. In wenigen Tagen wird es einer anderen Leitung Platz machen müssen, in der die Arbeiterschaft einen ihrer Bedeutung entsprechenden Einfluß erhalten muß.« Wer die einzelnen Worte auf die Waage legt, hat die ganze Ideologie dieser Stuttgarter Revolution in der Hand: sie zielt auf vermittelnde und überleitende Aktionen, nicht auf eine totale Gesellschaftsveränderung. Sie lebt nicht von der Gewaltsamkeit und nicht von der ungeniert-illegitimen Praktik, sondern von einer eher konservativen Vorstellungswelt. Keil hat später immer wieder betont, in seiner – übrigens von stürmischem, langanhaltendem Beifall überschütteten – Ansprache im Schloßhof, von einer »Aufhebung der Monarchie« sei nie die Rede gewesen. Er habe »den württembergischen König« gar nicht erwähnt. Wie dem auch sei: weder er noch einer der anderen neun Redner haben an diesem Vormittag in der Stuttgarter Innenstadt vor den Hunderttausend zum Sturz der Monarchie aufgefordert. »Wie hätten wir«, erklärt Keil hernach, »in Württemberg, wo der Monarch einc mustergültige konstitutionelle Haltung einnahm, die aus dem Zusammenbruch des Heeres hervorgehenden Schwierigkeiten noch vergrößern sollen durch Aufrollung der Frage der Staatsform!« Gibt es vernünftigere Revolutionäre?

Die Vorgänge, die unmittelbar zum Stuttgarter 9. November geführt haben, sind heute einigermaßen zu übersehen. Am 30. Oktober gab die USPD in einer Versammlung und anschließenden Straßendemonstration das Signal für »weitere Aktionen«. Dabei wurde ein »Manifest« der Landeskommission und der dreiköpfigen Landtagsfraktion der USPD bekanntgegeben, sicher nicht, wie schon die Mehrheits-SPD meinte, auf Stuttgarter Boden gewachsen. Aber man hat die Deklaration nach guter parlamentarischer Regel angenommen. Diese Stuttgarter Oktober-Aktion, von der USPD als großer Erfolg gefeiert, versuchte man in anderen Städten des Landes zu wiederholen, in Esslingen und Ulm, in Ravensburg und Göppingen. Aber es kam nur zu schwachen Ansätzen. In führender Weise ist damals nur in Stuttgart Politik gemacht worden. Im Land hat man auf die Stuttgarter Inspirationen zurückgegriffen oder die Stuttgarter Vorgänge überhaupt nur zu kopieren versucht. Aus Städten wie Esslingen, Heilbronn, Göppingen kamen am Abend des 8. November Vertrauensleute nach Stuttgart, die sich »informieren und sich dem Stuttgarter Vorgehen« des kommenden Tages anschließen wollten. Stuttgart ist Stellvertreterin des ganzen Landes. Nirgends sonst im Lande ist die Gretchenfrage Republik oder Monarchie so bewußt gestellt, in so komplizierter Weise angegangen und derart ausgestanden worden wie in Stuttgart. Am Sonntag, den 10. November, hat man im Lande draußen das nachgeholt, was in Stuttgart vorexerziert worden war: »Demonstrationen nach dem Vorbild der großen in Stuttgart vom Tage zuvor.«

Einer der Tätigsten unter den Radikalen war der Redakteur Fritz Rück, ein junger und, wie manche Sozialdemokraten meinten, etwas exzentrischer Mann. Er war einer der Hauptorganisatoren des Manifests vom 30. Oktober, in dem unter andrem ein sofortiger Waffenstillstand gefordert worden war, die Auflösung des Reichstages und der Landesparlamente, die Umgestaltung des Heerwesens, die Aufhebung der Einzelstaaten, die Einführung der sozialistischen Republik. Während einer Nachtschicht war es Rück gelungen, im Fabrikhof bei Daimler in Untertürkheim einen Arbeiter- und Soldatenrat zu gründen: die Getreuen unter den Arbeitern standen da, und ein paar Feldgraue als Soldatenvertreter waren schnell gefunden. An der Spitze des Unternehmens war Rück selbst.

Am nächsten Tag trat die Revolutionsinstanz nach russischem Muster auf den Plan. Aber mit der groß angelegten Aktion am 3. November, einem Sonntag, klappte es nicht ganz, zumal der angekündigte, eben aus der Strafanstalt entlassene Karl Liebknecht nicht erscheinen konnte. Immerhin wurde am Montag in den – während dieser Tage führenden – Daimlerwerken und in anderen größeren Betrieben der östlichen Vororte durch Laufzettel, die von einem »Aktionsausschuß« unterzeichnet waren, die Parole zum Demonstrationsstreik ausgegeben. Der aus alten Gewerkschaftlern bestehende Arbeiterausschuß bei Daimler lehnte sich dagegen auf, gab aber dann schließlich unter dem Druck der entschlossenen USPD-Leute nach. Die Bosch-Arbeiter und die große Mehrzahl der Arbeiter in den mittleren und kleinen Betrieben Stuttgarts ließen sich nicht zum Demonstrieren bewegen. Daß dennoch zehn- bis zwölftausend Leute für einen Umzug zusammengekommen sind, muß verwundern. Die Zahl der Auswärtigen, etwa der Arbeiterschaft des Sindelfinger Daimler-Werkes, die für die spartakistischen Angebote nicht unempfänglich war, muß also eine gewisse Rolle gespielt haben. Die sozialdemokratische Tagwacht sprach von »planlosen Demonstrationen«. Innenminister Köhler hatte sie genehmigt, ihre Abordnungen empfangen und »gewürdigt«.

Aufs Ganze gesehen, wird man den Berichterstattern glauben dürfen, die vermerken, daß »die Tage bis zum 8. beziehungsweise 9. November verhältnismäßig ruhig« in Stuttgart verlaufen seien. Im Grund war es eine Handvoll Leute, Rück und Münzenberg, Hoernle und Thalheimer, die, mit Keil zu reden, »die Vorbereitung der Revolution als ihren neuen Beruf ansahen«. Das kann auf der anderen Seite nicht darüber hinwegtäuschen, daß diese ersten Novembertage auch in Stuttgart im Zeichen des Zerfalls der alten Gewalten standen. Es ist ein naiver Irrtum, wie die sonst verdienstvolle Geschichtsschreibung Karl Wellers inspiriert hat, anzunehmen, eine Kompanie Soldaten habe genügt, den Spuk auseinanderzutreiben. Wo wäre diese Einheit zur Hand gewesen?

Im übrigen wäre es falsch, die Machtablösung dieser Tage auf einen »Fall«, auf einen Anlaß zurückführen zu wollen. Köhler hat in der Nacht des 8. November sechzehn Mitglieder des bei Daimler ins Leben gerufenen Arbeiter- und Soldatenrats »wegen der Verbreitung revolutionärer Flugblätter« in Sicherheitshaft nehmen und ins Tübinger Amtsgerichtsgefängnis bringen lassen. Dort waren, das hat den Innenminister wohl ermutigt zu seinem Vorgehen, in der Nacht zum 8. November Rück und Thalheimer eingeliefert worden, die auf der Fahrt nach Friedrichshafen der Polizei in die Hände gefallen waren. Selbst die besonnensten, ältesten Gewerkschaftsleute bei Daimler haben sich aufgelehnt gegen diesen Schritt.

War das der Anlaß? Am Vormittag des 8. November haben die beiden Vorsitzenden des Daimlerschen Arbeiterausschusses, Salm und Schifferdecker, der Bezirksleiter des Metallarbeiterverbandes Karl Vorhölzer, sein Geschäftsführer Hosenthien, Keil und andere bei Köhler wegen Freilassung der Festgenommenen interveniert. Gleichzeitig bekannten sie, daß für den morgigen Samstag, den 9. November, eine Großdemonstration geplant sei. Um Zusammenstöße zu vermeiden, schlage man vor, auf polizeiliche und militärische Vorkehrungen zu verzichten. Andere Absprachen scheinen nicht getroffen worden zu sein. Das Programm für die Großdemonstration ist am Nachmittag dieses 8. November zwischen den Gewerkschaften, der SPD und USPD abgesprochen worden. Auf den Handzetteln, die anderntags dem »werktätigen Volk Württembergs« in die Hände gedrückt wurden, stand unter anderem, daß das »alte Deutschland« nicht mehr sei, Kaiser und Kronprinz abgedankt hätten, daß man »die Einführung einer Republik« fordere, demokratisches Wahlrecht, die Abschaffung der Ersten Kammer, eine Neuwahl, völlige Beendigung des Kriegszustandes, die Beseitigung der Schuldenwirtschaft und die Durchführung des sozialistischen Programms der unterzeichnenden Parteien.

Um halb zehn Uhr am Abend dieses Tages eröffnete Innenminister Köhler in seinem Amtsgebäude eine Besprechung, an der – vorübergehend – Ministerpräsident Liesching und außer den Herren des Kriegs- und Innenministeriums der Stuttgarter Oberbürgermeister, Stadtdirektor Nickel und Polizeidirektor Ludwig teilnahmen. Lautenschlager begann die Runde: die Unruhe in den Arbeiterkreisen, die vor ein paar Tagen in Friedrichshafen zum Einschreiten genötigt habe, dränge auch in den Stuttgarter Großbetrieben zur Entladung. Er habe die Zusicherung seitens der Sozialdemokraten, daß man morgen alles daransetzen wolle, um Ausschreitungen zu verhüten. Aber es müsse damit gerechnet werden, daß die Demonstranten vom Schloßplatz aus zu den Kasernen, zum Rathaus und zu den einzelnen Ministerien zögen, um die Truppen für sich zu gewinnen und sich der Leitung der Stadt und der Regierungsgewalt zu bemächtigen. Er habe eine Beratung des Gemeinderats herbeigeführt, deren Ergebnis der Beschluß gewesen sei, den Dingen, da sie nicht mehr aufzuhalten seien, den Lauf zu lassen. Die Beamten des Innenministeriums verlangen Waffengewalt. Der Stellvertretende Kommandierende General Exzellenz von Schäfer erklärt, daß mit den Truppen, wenn die Versammlung auf dem Schloßplatz zugelassen werde, weiteres nicht verhindert werden könne. Er glaube nicht, daß die Truppe, sollte das notwendig werden, schieße. Vom König kommt der Bescheid, »um seinetwillen« solle kein Blut vergossen werden. Der Minister spricht das Schlußwort: das Militär erkläre seine Ohnmacht. Also müsse man die Dinge geschehen lassen.

Als der Morgen des 9. November heraufzieht, lesen die Leute auf Extrablättern:

> »Mitbürger! Heute vormittag wird die Arbeiterschaft Stuttgarts sich auf dem Schloßplatz und den benachbarten Plätzen versammeln, um von ihren berufenen Führern Mitteilungen über die innenpolitische Lage entgegenzunehmen. Diese Versammlung will der ruhigen und geordneten Überleitung in andere staatsrechtliche Verhältnisse dienen. Die gesamte Einwohnerschaft bitte ich, Ordnung und Ruhe zu halten. Damit dient jeder am besten unserer Stadt und dem Vaterland.
>
> Stuttgart, den 9. November 1918. Namens der Gemeindekollegien:
> Lautenschlager,
> Oberbürgermeister.«

Was sich abgespielt hat, war keine Revolution. »In glänzender, vorbildlicher Disziplin«, berichtete die Presse, seien »die riesigen Arbeitermassen dem Aufruf zur völligen Einstellung der Arbeit gefolgt«, den die Vereinigten Gewerkschaften und die beiden sozialdemokratischen Parteien hätten ergehen lassen. Im Schloßhof und am Schillerdenkmal, wo die Teilnehmerzahl anfänglich nicht so zahlreich war, hat man die Reden mit Beifall quittiert, übrigens da und dort am Neuen Schloß sich ein Vorhängchen heben sehen: die Schloßbediensteten wollten von diesem Spektakulum auch etwas haben. Auf dem Balkon des Rathauses wehte die rote Fahne. Die Reden der Genossen Schwab, Stetter und Sämann dort wurden »nur durch momentane Beifallsäußerungen unterbrochen«.

Am Karlsplatz staffierten einige Soldaten den »goldenen Wilhelm« und seinen Gaul mit roten Fahnen aus; ein Witzbold setzte unter dem Gelächter der Menge dem helmgeschmückten Haupt eine weiße Zipfelmütze auf. Die Maschinengewehrabteilung im Waisenhaus wurde entwaffnet; ein Leutnant, der Widerstand leisten wollte, »war rasch überwältigt«. Der Wache im Alten Schloß nahm man die Gewehre ab. Endlich formierte man sich zu einem Demonstrationszug, der, Soldaten und Zivilisten, mit roten Fahnen und ohne, durch die Innenstadt zog, »bei lebhaft einsetzendem Regen«.

Daß sich während der Reden im Schloßhof und Schillerplatz, zwischen elf und halb zwölf Uhr, ein »wilder Haufe« anschickte, in das Palais König Wilhelms einzudringen – der sich entschieden geweigert hatte, die Stadt zu verlassen oder sein Haus mit Maschinengewehren zu bewaffnen – davon war der SPD, man wird nach allem hin annehmen müssen, auch der USPD vorher nichts bekannt. Wer es war, wird schwerlich noch zu klären sein. Die einen nannten später »Jugendliche«, Keil und seine Leute sprachen von einer »Rotte ungezügelter Burschen«. Der junge Reserveleutnant, der an diesem Tage die Palastwache hatte, der spätere Pfarrer Karl Botsch in Untertürkheim-Luginsland, ließ den Mob erst ein, als ihm einer der Revoluzzer die umgekehrte Helmspitze in die Schädeldecke gehauen hatte. Botsch, nach dem Tode des Königs von der Königin mit dem Degen des Monarchen beehrt, hat zeitlebens an dieser Wunde zu leiden gehabt. Dann stürmten die Helden, Soldaten und Zivilisten, nach oben und zogen die Hausflagge ein. Auf dem Wilhelmpalais wehte die rote Fahne. Musik habe eingesetzt, und – so die linke Presse – Zehntausende hätten gejubelt. Dann seien die Eindringlinge von dem Techniker Esterle wieder abgedrängt und der König vor persönlicher Belästigung bewahrt worden.

Der Auftritt im persönlichen Heim des alten Herrn muß eine peinliche, eine wüste, eine sinnlose Sache gewesen sein. Das Eigentum des Königs sei von denen, die hernach aus und eingingen, unberührt geblieben. Wilhelm selbst hat das Palais nicht, wie ihm angeraten, durch einen Nebeneingang, sondern durch das Hauptportal verlassen. Er hat Stuttgart nie mehr betreten. Am 30. November hat er seine Krone niedergelegt und in einem Gruß von Bebenhausen aus von seinem Land und seinen Leuten Abschied genommen. »Allen, die mir in 27 Jahren treu gedient oder mir sonst Gutes erwiesen haben, danke ich aus Herzensgrund. Ich spreche hierbei zugleich im Namen meiner Gemahlin, die nur schweren Herzens ihre Arbeit zum Wohle der Armen und Kranken in bisherigem Umfang niederlegt. Gott segne, behüte und beschütze unser geliebtes Württemberg in alle Zukunft. Dies ist mein Scheidegruß!«

Die Republik ist auf keiner der Veranstaltungen des 9. November ausgerufen worden. Vielmehr trafen sich am Spätnachmittag des Tages im Landtagsgebäude die Vorstände der beiden sozialistischen Parteien und des Stuttgarter Gewerkschaftskartells: wiederum ist das Stuttgarter Ständehaus Zeuge einer neuen Geschichtsepoche. Zum Präsidenten der Provisorischen Regierung wird Wilhelm Blos gewählt, Parteimann und Historiker, dem man eine volkstümliche »Geschichte der Französischen Revolution« und eine der Jahre 1848/49 verdankt. Er war am Vormittag nicht dabei, sondern in seinem Degerlocher Heim. Ihm sind die fahnen- und tafeltragenden Arbeitergruppen ebenso entgangen wie 1945 vielen Einwohnern der Außenbezirke der Einmarsch der Franzosen und Amerikaner: in modernen Großstädten vollziehen sich solche Akte nicht mehr vor aller Öffentlichkeit. Blos, 1849 geboren, ein bedächtiger, würdiger alter Mann, dessen markante Gesichtszüge ein Leben voller Arbeit verrieten, war nicht gekommen, um ein Amt zu haben. Er will nur, wie der Freund Keil später zu sagen wußte, »als Politiker und Historiker Zeuge des bewegenden Geschehens« sein. Ein paar Stunden später ist er der erste Mann im Staate. Und mitten im Trubel des menschenvollen Saales hat er einem Fräulein in die Schreibmaschine die Proklamation an das württembergische Volk zu diktieren. Er beginnt, nach dem Hinweis auf die »gewaltige, aber glücklicherweise unblutige Revolution«, mit den vier Worten: »Die Republik ist erklärt.«

Auch in den folgenden Wochen hat das Ständehaus seine wichtige Rolle. Es ist der Hauptort in der Auseinandersetzung um die Frage, ob die radikalen Kräfte, ob das Rätesystem sich durchsetzen werde oder die gemäßigte, mit der Vernunft kalkulierende Politik. »Wenn es in Stuttgart rasch und unblutig ging«, schrieb Paul Bonatz später in seine Lebenserinnerungen, »dann ist es — laßt mich meine Bewunderung für diesen schönen, mutigen, damals jungen Paul Hahn immer noch einmal kundtun — allein sein Verdienst«. Der Hinweis hat viel Wahres in sich. Dieser einstige Volksschullehrer und Weltkriegsoffizier, den seine Leute Ende 1918 so geliebt haben, daß sie ihn selbstverständlich auch zu ihrem Soldatenrat wählen, der viele Jahre später von Freislers Volksgerichtshof zu drei Jahren Zuchthaus verurteilt wurde und Himmlers Befehl, ihn zu erschießen, nur deshalb entging, weil wenig später die russischen Panzer einfuhren: dieser hervorragende Mann hat einen beachtlichen Anteil an der raschen und konsequenten Niederwerfung der Ultralinken.

Aber die Rechnung der Geschichte ist selten so einfach, daß sie durch den Arm eines einzelnen beglichen oder liquidiert werden könnte. Das alles, was sich in diesen wenigen Novembertagen in Stuttgart ereignet hat, war ohne Hybris und ohne Blutrausch. »Kronen tanzen auf den Gassen, überlieferte Form und Formel sind zerbrochen durch unseren Vormarsch, und in dem Schmelztiegel der großen Ideen leuchtet das edle Gold der Sozialisierung der Gesellschaft«: solche Sätze, Mitte November von den Stuttgarter Arbeiter- und Soldatenräten den heimkehrenden Soldaten entgegengeworfen, blieben, so kunstfertig sie gesetzt waren, nichts als Literatur. Wilhelm Blos, der in zwei schmalen Bändchen hernach seines Amtes als Historiker waltete und die Ereignisse ordnete und wertete, meinte, dieser Stuttgarter Revolution habe es an etwas gefehlt. Er vermißt in ihr »die allgemeine, alles überbrausende, mitreißende und erhebende Begeisterung«. Moderner gesagt: die schwere Fracht der revolutionären Ideologie, der Abfall der Intellektuellen vom Staate, die unbesiegbare Verkündigung des neuen Propheten, von dem die Massen hypnotisiert sind: das alles hat Stuttgart nicht. Blos und seine Freunde sind keine Hitzköpfe. Sie kennen das Leben. Sie kennen die Geschichte. Selbst die Stadt Stuttgart ist in der Proklamation des 9. November nicht vergessen. Die übrigen Gemeinden des Landes werden aufgefordert, »sich dem von der Stuttgarter Bevölkerung gegebenen Beispiel anzuschließen und in den wirtschaftlichen und sonstigen Beziehungen zur Landeshauptstadt keine Stockungen eintreten zu lassen«. War dies auch gesagt, um an der weiteren Funktion der Landeshauptstadt, die in ein paar Stunden ihre vielhundertjährige Residenzstadttradition verlor, gleich gar keine Zweifel aufkommen zu lassen? Von den sozialistischen Parteien, den Gewerkschaften, dem Arbeiter- und Soldatenrat sei ein Arbeitsausschuß gebildet worden, dem sich General von Ebbinghaus mit seinen Offizieren zur Aufrechterhaltung der Ordnung angeschlossen habe. Diese »Körperschaften« würden »geeignete Fachleute für die Fortführung der Verwaltungsgeschäfte heranziehen, ohne Rücksicht auf ihre politische oder religiöse Gesinnung«. Das war nicht die totale, das war nicht die sozialistische Weltrevolution.

Die Unterschiede zu anderen deutschen Großstädten werden deutlich. In Bremen beschließt der Arbeiter- und Soldatenrat die Übernahme der ausführenden Gewalt im Bremer Staatsgebiet, in Berlin gibt er sich, zum eigenen Schaden, mit der Usurpation partieller Macht, etwa der Hauptstadtverwaltung, schon gar nicht zufrieden, in Frankfurt behält er sie bis zum Sommer 1919, in München wird die Entwaffnung der Bourgeoisie von Toller proklamiert, und von Leviné verwirklicht. Er läßt sich, »Toter auf Urlaub«, die Macht nur nach Massakern aus der Hand nehmen. In Stuttgart steht der 9. November nicht, wie in München, in engstem Kontinuitätszusammenhang mit der vorrevolutionären Zeit. Die wachsende Substanzlosigkeit des monarchischen Prinzips und die zunehmende soziale Mobilität der unterprivilegierten Teile des Volkes war nicht so gravierend, der Hunger hat sich der Leute nicht so bemächtigt, weil – das ist fast die Perversion dessen, was sich die pathetischen Deklarationen der Räteführer als Wirklichkeit erhofften – statt reuiger Kleinbürger und eines »einsamen Riesen« ohne Umland (München) eine mit dem Neckarland verbundene Industriearbeiterschaft da war, die nicht allzuviel hielt vom Rätegedanken. An Münchens

November haben Industrie und Handwerk geringen Anteil; in Stuttgart war eher das Gegenteil der Fall. Als sich am 25. November der neugewählte Stuttgarter Arbeiterrat mit seinen dreihundert Teilnehmern zur ersten Versammlung zusammenfindet, haben sich die labilen Verhältnisse schon recht gefestigt. Gewiß hat die Regierung auch die »Räte« zugezogen. Aber wenn Edwin Hoernle, ein spartakistisch-kommunistisches Programm empfehlend, »wie ein Feldherr auftrat«, mußte er sich von seinen eigenen Leuten Rügen gefallen lassen. Es gab ein durch die Regierung erlassenes Gesetz über die Satzungen der Arbeiter-, Bauern- und Soldatenräte. Nach der am 8. Dezember in Stuttgart stattgehabten Versammlung war es beschlossen worden. Aber gerade auf dieser Versammlung hatte man gemeinsam betont: »Die Vollzugsgewalt liegt ausschließlich in den Händen der Regierung. Die Arbeiter- und Soldatenräte vermeiden jeden Eingriff in die staatliche oder Verwaltungstätigkeit.«

Es hat nicht an Versuchen gefehlt, die Sache noch einmal zum dramatischen Höhepunkt zu bringen. Am 12. Januar war die Verfassungsgebende Landesversammlung zu wählen. Am Freitag vor dem Wahlsonntag zogen aufrührerische, zum Teil bewaffnete Kolonnen durch die Stuttgarter Straßen. Beim Angriff auf das Gebäude der Württemberger Zeitung, das durch Regierungstruppen geschützt war, kam es zu einer Schießerei, bei der es Tote und Verwundete gab. In der Nacht zum 11. Januar wurden sieben Spartakisten verhaftet. Am Samstag räumte Hahn, dem sich die alten Regimenter 119, 125 und 126 unterstellten, das Feld.

Die Wahl am Sonntag brachte der parlamentarischen Demokratie den Sieg. Die Sozialdemokratie erhielt zwölftausend Stimmen mehr, die USPD büßte viertausend ein. Die Sozialdemokraten sandten sieben Abgeordnete nach Weimar, die Demokraten und das Zentrum je vier, die Rechtsparteien zwei.

Die USPD keinen. Das psychologische Moment, gestand sie ein, »die Macht zu ergreifen, wurde verpaßt«. Aber: »Wir stehen Gewehr bei Fuß, eine proletarische Avantgarde des Sozialismus, stets auf dem Posten, stets schlagbereit, achtsam auf jedes Zeichen des mahnenden Sonnenaufgangs.«

Die zwanziger Jahre in Stuttgarter Fassung

Vielleicht gab es in unserem Jahrhundert keine so brodelnde und in hundert Leidenschaften verschlungene Zeit wie die Jahre nach dem Ersten Weltkrieg. Im brutalen Gang der Hitlerdiktatur, in den Luftschutzkellern des Zweiten Weltkriegs hat man sie die »goldenen zwanziger Jahre« zu nennen gelernt. Die aus den Jahren 1914 bis 1918 Davongekommenen werfen sich mit dem Heißhunger ihrer Entbehrungen ins Abenteuer des wiedergewonnenen Lebens. Der geistige Notstand alarmiert tausend Hasardeure, Halbgenies und ein paar wahrhaft große Geister. Talmi und Talent versammeln sich in den Theatern und Kabaretts, in den Studentenbuden und verrauchten Cafés zum hektischen Rendezvous, zu weltstürzenden Resolutionen, zu Transvestitenbällen, zum Predigen, zum Deklarieren. Die Revolution, als politisches Ereignis mißglückt, erobert den Geist. Die bigotte Provinz ist abgetan. Die Stadt, die Großstadt frißt die Kinder der Revolution.

Es ist müßig, heute darüber zu streiten, ob das goldene Jahre waren. Niemand hat sie damals auch nur als gut empfunden. Von Krise und Schande schrieben die Zeitungen, als sei es nachgerade etwas Gewöhnliches. Die Frage ist allenfalls, ob das überall so war, ob durch alle Straßenzüge und Mietskasernen ein Messias gegeistert ist, ob alle großen Städte diesem Virus verfallen sind. Stuttgart scheint, auf die Oberfläche gesehen, keine Ausnahme zu machen. Die wild gewordenen Matrosen, die selten je ein Schiff betraten, dafür aber mitsamt ihrer zweideutigen weiblichen Begleitung alle Gelüste nach »Revolution« besaßen, rasen auch in Stuttgart durch die Straßen. Nicht jedes Auto fahre im Dienst der Spartakisten, erklärt der Arbeiter- und Beamtenausschuß beim Immobilien Kraftwagendepot Untertürkheim Anfang Januar 1919, unmißverständlich verratend, wer die Szene in der abgehalfterten Residenzstadt beherrscht. Die Kronen über den Hoflogen hat man bemerkenswert schnell abmontiert: Landestheater heißt diese Institution jetzt, die ihr Bestehen und Ansehen in allen Jahrhunderten dem Hof verdankte. Im Oktober 1922 versteigert man die Königlichen Kunstsammlungen. Die größten Kisten davon gehen ins valutastarke Amerika:

die Tradition wird ausverkauft, Handelsobjekt wie die Kohle oder die Brotkarte. Zur Erfassung des verschobenen Heeresgutes muß eine Militärpolizei geschaffen werden, die unter dem bezeichnenden Etikett »Schubpol« im Neuen Schloß untergebracht ist und fürs erste leben kann von ihrem Auftrag. Gelegentlich des Januarputsches besetzt am 9. Januar 1919 ein Trupp unter Edwin Hoernles Führung das »Neue Tagblatt« in der Torstraße, um unter Waffendrohung den Druck ihres Kampfblattes »Die Rote Flut« durchzusetzen. Am andern Tag kommt es in der Büchsen-, Kiene- und Königstraße zu schwerem Schußwechsel, den ein Dutzend neugieriger Mitläufer mit dem Leben bezahlt. Was am 2. April am Ostendplatz geschah, als der versprengte Sicherheitssoldat Kirchherr abgeschlachtet wurde, ist nie völlig geklärt worden. Auch bei günstigsten Umständen hätte es in diesen hinterhältigen Kämpfen zwischen den Aufständischen und den »Bluthunden« der Regierung nie geklärt werden können. Über Württemberg war der Belagerungszustand verhängt. Auf der Wangener Höhe und am Abelsberg verschanzten sich Spartakistengruppen, gegen die Geschütze eingesetzt wurden. Kriegsgerichte wurden tätig; die Regierung gab einen amtlichen Gefechtsbericht heraus. Noch im Sommer 1919 schien alles wieder von vorne beginnen zu wollen: einer Handvoll Räte gelang es, Leute der Sicherheitstruppe am 21. Juni ohne Wissen der Befehlszentrale zu einer Demonstration auf den Schloßplatz zu führen. Der gestern noch so genannte »rote Hahn«, begleitet vom späteren Bundesminister Eberhard Wildermuth, ging ihnen mit der Pistole entgegen. Der Aufruhr erstickte im Keim. Noch im August 1920 zerstörten Werksangehörige bei Daimler eine Lieferung Motorgeschütze, die von der Reichswehr bestellt waren, bis zur Unkenntlichkeit.

Auch Stuttgart ist gestreift vom Willen zur totalen Änderung und Neuorientierung und von den Urphänomenen der Auflösung und des Hasses. Aber wohl nur gestreift. München und Berlin, das Rheinische und Thüringische scheint in der krakeelenden Menschheitsdämmerung untergehen zu wollen. Stuttgart zeigt auch in diesem Spektakel ein wunderliches Maß an Haltung. »Mehr Würde!« war ein in Stuttgart ausgegebener Aufruf dieser Tage überschrieben. Freilich schießen auch in Stuttgart die neuen Sekten ins Kraut, die hundert Ausschüsse und Aktionskollektive. Aber bei der Rückkehr der Fronttruppen, erzählt eine mitfahrende Krankenschwester, ist der Stuttgarter Bahnhof als einziger im deutschen Süden mit Fahnen geschmückt. Freilich machen sich bürgerkriegsähnliche Zustände breit und werden Truppenkommandos auf Lastwagen abgeholt. Aber daß die Sozialdemokratie zwischen allen Pendelausschlägen ihren Weg von der klassenkämpferischen Opposition zur konzessionsbereiten Regierungsarbeit geht, ist in Stuttgart ein Richtpunkt für das ganze Land. Möglich, daß in Göppingen, Esslingen oder Friedrichshafen auch härtere, bösere Kraft-

64 *Verabschiedung der württembergischen Regimenter durch den König im Hof der Rotebühlkaserne am 6. August 1914*

65 *Die Revolution in der Rotebühlkaserne 9. November 1918. Verteilen von Waffen*

SCHLOSSGARTEN-HOTEL
UNIVERSUM
BERG & WOLFER
Alles für's Büro
Hier im Hause
MÜNCHNER LÖWENBRÄU MÜNCHNER

68 Das Kaufhaus Schocken auf dem Platz des früheren »Petersburger Hofs« Ecke Eberhard- und Hirschstraße des Berliner Architekten Erich Mendelsohn (1927/28)

69 Der Tagblatturm, Stuttgarts erstes Hochhaus, von E. Otto Oßwald (1924–1927)

66 (links oben) Blick vom Bahnhofsturm in die untere Königstraße um 1930

67 (links unten) Das Rückgrat der Stuttgarter City: der Hauptbahnhof von Paul Bonatz, erbaut in den Jahren 1914–1927. Aufnahme um 1930

70 *Baron von Putlitz (1860–1922). Öl von Bernhard Pankok (1872–1943) aus dem Jahre 1916. Die »Ära Putlitz« war eine der bedeutsamsten der Stuttgarter Oper*

71 *Die 1927 als Mustersiedlung des Deutschen Werkbundes nach den Plänen deutscher und ausländischer Architekten eröffnete Weißenhofsiedlung, gesehen mit den Augen Reinhold Nägeles (Tempera auf Karton, 1927)*

proben hätten gewagt werden wollen. Die Entschlüsse in der Hauptstadt bleiben indessen das bestimmende Ereignis fürs ganze Land. Wenn Franz von Papen 1932 bemerkt, Württemberg habe nach dem 9. November 1918 am schnellsten wieder zur Ordnung zurückgefunden, so fügt Wilhelm Kohlhaas als genauer Kenner der damaligen Verhältnisse an, daß dies den Entscheidungen in Stuttgart zuzuschreiben gewesen sei. Stuttgart stellt Studentenkompanien und Sicherheits- und Einwohnerwehren für München oder Schlesien oder den Harz, zu einer Zeit, als fast jede Großstadt noch so mit sich selbst beschäftigt ist, daß Hilfsdienste für andere Landschaften gar nicht in Frage kommen. In Stuttgart hat man damals aus einer Eisenbahnerkompanie die »Verkehrswehr« geschaffen, aus der sich später der »Deutsche Reichsbahnschutz« im ganzen Reich entwickelt hat. Illegale »Freikorps« gibt es in Stuttgart, von verschwindenden Ausnahmen abgesehen, nicht. Hitler tritt erstmals am 4. März 1920 auch in Stuttgart auf, bei einer Veranstaltung des deutschvölkischen Schutz- und Trutzbundes im Dinkelackersaal. Aber er findet damals – bis 1932 ist er noch zehnmal in Stuttgart – ebenso wenig Anklang wie der erste nationalsozialistische Landesgruppenleiter Munder mit seinen Leuten.

Sicher erleidet auch in Stuttgart die Demokratie Rückschläge. Am 26. August 1920 wird die Öffentlichkeit mit der Nachricht überrascht, die drei Großbetriebe Bosch, Daimler und die Maschinenfabrik Esslingen seien polizeilich besetzt. Sie blieben geschlossen, bis Gewähr dafür gegeben sei, daß der Steuerabzug ohne Gefahren für die Betriebsführung und Angestellten vor sich gehen könne. Zwar hatte sich die große Mehrheit der Arbeiter zum neuen Staat bekannt. Der neue Innenminister Graf wollte indessen ein starker Mann sein, obwohl sein Vorgehen, das Verfahren des Lohnsteuerabzugs, jeder staatspolitischen Klugheit zuwiderlief. Gleichwohl sind Dinge wie dieser Generalstreik, der zehn Tage gedauert hat und dann zusammengebrochen ist, im Stuttgarter Industriegebiet Episoden geblieben. Unter der Überschrift »Die Katastrophe des Maulheldentums« ist der große Streik damals von der Sozialdemokratie ausführlich kommentiert worden, als eine Niederlage der extremistischen Großsprecher. Der Erfolg war übrigens, daß die drei Großbetriebe, in denen der Kampf inszeniert worden war, ihre Tore nur solchen Arbeitern öffneten, die sich durch Unterzeichnung eines Reverses mit dem Steuerabzug einverstanden erklärten. Dabei wurde stark gesiebt. Arbeiter, die sich irgendwie unbeliebt gemacht hatten, fanden keine Aufnahme mehr: der schwachbeschäftigte Daimlerbetrieb hatte beste Gelegenheit, seinen Arbeiterstand zu reduzieren.

In solchen vergleichsweise soliden Situationen konnte es möglich sein, daß Reichsregierung und Nationalversammlung auf den Kapp-Putsch hin nach Stuttgart flüchteten. Über Dresden trafen Ebert, Bauer und einige Minister am Montag, den 15. März 1920, in Stuttgart ein. General Haas von der 5. Division, deren Stab in Stuttgart lag, erklärte nach anfänglich schwankender Haltung: »Wir stehen auf dem Boden der von uns beschworenen Reichsverfassung, stellen uns hinter die vom Präsidenten Fehrenbach nach Stuttgart einberufene Nationalversammlung und übernehmen deren Schutz.« Das Stuttgarter Kunstgebäude, erst seit ein paar Jahren unter den Sehenswürdigkeiten der Stadt, hat am 18. März Reichspolitik erlebt, in der gezügelten, aber auch unmißverständlichen Kritik Scheidemanns an Noskes Politik, die auf die konterrevolutionären Tendenzen in der Reichswehr abhob. Vor der Abreise der Gäste aus Berlin hat übrigens die Stadt Stuttgart noch ein »Festmahl« gegeben. Ob die damalige Zeit an dieser für heutige Begriffe spartanischen Einfachheit schuld war oder der altschwäbische Hang zum Sparen, ist schwer auszumachen: das Festessen bestand aus warmen Schützenwürsten, einem Kipf, Kartoffelsalat und einigen Vierteln Wein. Das Unternehmen fand im Weinkeller des Stuttgarter Rathauses statt, eher eine nachbarliche Gemütlichkeit, als ein Empfang. Blos hat freilich am 16. März, während er die Triebkräfte des Kapp-Putsches ans Licht zu rücken versuchte, rechten Stolz darüber gezeigt, »daß Stuttgart der Reichsregierung und der Nationalversammlung einen geschützten Aufenthalt bieten« könne.

In solchen Bildern auch Provinzialismus suchen zu wollen, wäre so abwegig nicht. Provinz ist biereifrige, geistlose Imitation. Stuttgart ging indessen originäre und eher vorbildliche Wege. Mitten in der betörenden Atmosphäre der zwanziger Jahre, in der man sich die Praktik, Politik auf der Straße zu machen, gar nicht mehr abgewöhnen konnte, ist Stuttgart mit Wachheit und Nüchternheit ausgerüstet. Wilhelm Keil, Gewährsmann dieser Haltung wie kaum ein anderer, hat damals und später Politik immer als eine Sache des gesunden Menschenverstandes wahrgenommen. Es ist kein Zufall, daß er, ohne sein Zutun und ohne daß er sich prädestiniert dazu gefühlt hätte, bald zum Haushaltexperten seiner Partei im Landtag wird. Kurt Schumacher, Ende 1918 noch Mitglied des Groß-Berliner Arbeiter- und Soldatenrats, auf Vermittlung Erich Roßmanns seit 1. Dezember 1920 Redakteur an der »Schwäbischen Tagwacht« in Stuttgart, ist ideologisch härter gestimmt als sein Parteifreund Keil. Seit 1924 im Stuttgarter Landtag, widmet er sich vor allem der Sozialpolitik, den Rechts- und Wirtschaftsfragen. Erwin Schöttle, der um vier Jahre jüngere Freund, berichtet später, der Preuße Schumacher habe die Hemmungen der schwäbischen Schwere fast mühelos überwunden und sei, der »Doktor«, bald zu einem Begriff in der Stuttgarter Partei und im ganzen Lande geworden. Schumacher hat in Stuttgart die Organisation »Schwabenland« aufgebaut, die er dann nach Hörsings Reichsbanner-Gründung im Februar 1924 dorthin überführt. Er hat im Landtag für klare und offene Fronten gesorgt, ob es jetzt für die Vervollkommnung des

Arbeitsrechts einzutreten galt, das ihm das eigentliche Volksrecht auf deutschem Boden schien, oder ob er gegen den Staatspräsidenten Wilhelm Bazille zu Felde zog, der ihm die Politik der bürgerlich-rechtsgerichteten Kreise in das schlimmste Fahrwasser zu bringen schien. Nominell hat Schumacher sein Stuttgarter Landtagsmandat im Januar 1931 aufgegeben, nachdem er am 14. September 1930 in den Reichstag gewählt worden war. Aber er hat Stuttgart noch einmal passieren müssen, als Murr ihn im Juli 1933 aus dem Gefängnis in Plötzensee holen ließ. Fünf Jahre später ist Keil mutig genug, einen Brief mit der Bitte um Schumachers Freilassung an Göring zu schicken. Das Schreiben bleibt unbeantwortet. Wo letzte Hand an den Bau des »Großdeutschen Reiches« gelegt werden muß, kann für so persönliche Feinde, die nichts als Entartung predigten, kein Raum sein. Nach 1945, als Schumacher den Einbruch der totalitären Ideologien abfing und damit die Sicherung einer demokratischen Entwicklung sachlich und seelisch stützte, erinnerte man sich des »Doktors« in Stuttgart wieder. Man wollte »Dr. Schumacher, von dem nun feststand, daß er noch lebte«, fragen, ob er nicht in die Regierung eintreten wolle. Wahrscheinlich hätten ihn Keil und seine Freunde am liebsten zum Ministerpräsidenten gemacht.

Nur um den politischen Hintergrund aufzuhellen, haben wir hier ein paar Namen genannt. Die Frage, inwieweit Stuttgart damals in den zwanziger Jahren im Rahmen der Reichspolitik eine große oder kleine Rolle gespielt hat, ist damit auch gestellt. In der Landeshauptstadt des mit der Verfassung von 1919 so genannten »freien Volksstaates« kamen schon am 28. Dezember 1918 die Ministerpräsidenten der vier süddeutschen Staaten zusammen, um in einer Stuttgarter Erklärung ihr Festhalten am Reich zu bekunden. Diese bemerkenswert früh gefällte Entscheidung, vom Bayern Kurt Eisners mehr als zögernd mitgetragen, hat die württembergische Politik der zwanziger Jahre wie ein roter Faden durchzogen. Vordergründig und oberflächlich gesehen, geht freilich damit auch eine föderalistische Sonderströmung einher. Sicher galt in Württemberg ideologischer Föderalismus weniger als in Bayern. Aber an den praktischen Fragen bundesstaatlicher Ordnung war man hier genau so interessiert. Mochte man das Bekenntnis zum Reich in betonter Absetzung vom bayerischen »Partikularismus« noch so stark herausstreichen: im Kampf gegen Reichstag und Reichsbürokratie war man sich, sofern die sich als Träger der Zentralisierung begriffen, immer einig. Die Kabinette unter Johannes Hieber von 1920 bis 1924, Wilhelm Bazille von 1924 bis 1928 und Eugen Bolz vom Juni 1928 bis März 1933 waren immer darauf bedacht, aus dieser Sicht vermeintlichen oder tatsächlichen Übergriffen von der Berliner Instanz zu wehren. Aber man war auch darauf bedacht, im Stuttgart der zwanziger Jahre den württembergischen Staat als ein konstantes Gebilde zu zeigen. Je mehr draußen im Reich der Parlamentarismus fluktuierte, desto mehr neigte man hier zu einer bestimmten politischen Stabilität. In ihren Reichsratsentscheidungen konnte das die Landesregierungen nur bestärken, die wichtigste politische Ebene, die der steuerlichen und haushaltsinternen Überlegungen, nur günstig beeinflussen.

Mögen also Zusammenhänge von antiparlamentarischer und föderalistischer Gesinnung durchaus sichtbar geworden sein in den Jahren zwischen 1920 und 1933: an einen völligen Bruch, an eine kämpferische Distanz gegenüber »Berlin« ist nie gedacht worden. Bezeichnenderweise konnte in dieser Atmosphäre verborgener Reichstreue eine Tendenz aufkommen wie diese, in Berlin mache man die Gesetze, in München lese man sie, in Stuttgart führe man sie aus. Die Aufgabe, gegen das Reich die Länderstaatlichkeit zu wahren, ist hier nie zu einer Neurose geworden: die aus dem 19. Jahrhundert überkommenen Traditionen haben sich da als positiv und fruchtbar erwiesen. Die Verbindung zur gesamtstaatlichen, zur deutschen Politik ist denn auch im Stuttgart der zwanziger Jahre immer wieder sichtbar geworden, in den Anfängen, wenn der Kanzler Wirth und sein Außenminister Rathenau auf ihrer Rückreise von der Konferenz zu Genua am 9. Juni 1922 im Konzertsaal der Stuttgarter Liederhalle sprachen, vor tausend geladenen Gästen, darunter zahlreichen Gewerkschaftsvertretern, kaum vierzehn Tage, bevor Rathenau das Opfer zweier politischer Mörder wurde. Die Stuttgarter Sozialdemokratie, doch nicht ganz ohne Verlegenheit, wenn eine genuine landespolitische Aufgabe und Programmierung zur Debatte stand, war hocherfreut, als Reichskanzler Hermann Müller am 25. März 1929 gleichfalls in der Liederhalle zum 10. Jahrestag des Kapp-Putsches sprach. »Zum ersten Male in der deutschen Geschichte stand ein aktiver Reichskanzler in Stuttgart vor einer sozialdemokratischen Massenversammlung. Der Stuttgarter Vortrag des Kanzlers war für die Landespartei ein Ereignis« (W. Keil). Und wiederum kam der frische Wind großer Politik in die Stadt, als Eugen Bolz auf dem Stuttgarter Bahnhof an einem Sommertag des Jahres 1932 seinen seitherigen Parteifreund Papen »mit süßsaurer Miene« empfing, den Mann, der Glaubens war, mit einem eigenen neuerlichen Kabinett die Gefahr Hitler gebannt, noch mehr: den Rechtsstaat gerettet zu haben, auch wenn in diesem Augenblick, gestützt auf Gewalt, die preußische Regierung durch Papen ihres Amtes enthoben worden war. Verständlich, warum man dem »Herrenreiter« in Stuttgart einigermaßen reserviert gegenübertrat. Aber Papen war gekommen, um einer süddeutschen Ministerkonferenz zu beteuern, daß die Länder südlich des Mains nichts von ihm zu befürchten hätten.

Landes- und Reichspolitik haben auch in der ersten demokratischen Epoche deutscher Geschichte auf Stuttgarts Atmosphäre abgefärbt, wenn auch nicht mehr in dieser persönlichen Verbindung von Schloß und Regierung, wie das der

Residenzstadt einst zukam. Die Garnison war erheblich vermindert worden. Im bisherigen Kriegsministerium in der Olgastraße richtete sich der Stab der neuen 5. Reichswehrdivision ein, mit dem einarmigen General Ernst Reinhardt an der Spitze, dem dann die Stabsoffiziere oder Generale Baun, Fischer, von Kardorff, Sieglin und Ritter von Molo als Kommandanten von Stuttgart folgten. Das Staatsministerium, seit 1925 in der vier Jahre zuvor durch den Staat erworbenen Villa Reitzenstein in der Heinestraße, der späteren Richard-Wagner-Straße, nahm dort den neuen Sitz des »Landesherrn« ein, unsichtbar für die Stadt: die »Villa« sahen (und sehen) nur die, die dort zu tun haben.

Die Kommunen haben nach dem Zusammenbruch im Sommer 1945 das öffentliche Leben allein auf ihren Schultern getragen. In den Monaten nach dem November 1918 kam ein solches Desaster gar nicht erst auf. Man hat rasch für eine neue staatliche Gewalt gesorgt und im übrigen die Gesetzgebung den neuen Verhältnissen anzugleichen gesucht, in eigener Legitimation und eigener Verantwortung. Die Führung einer Großstadt vom Schlage Stuttgarts war nach dem Kriegsende nicht, wie nach 1945, ans Leitseil von Besatzungsmächten gebunden. Aber man stand 1918 vor Aufgaben, die man sich im Hochgefühl der Goldmarkzeit »vor vierzehn« nicht hätte träumen lassen. Die enge Apparatur der Zwangsbewirtschaftung schien zunächst die einzige Lösung, zwischen Schiebertum und Schwarzschlachtung und »fliegendem Marktgericht« auf dem Schlachtviehhof, die Hunderttausende wenigstens in elementarsten Formen mit dem Nötigsten zu versorgen. Erst im Juli 1921 haben die Bezirksausschüsse für die Lebensmittelversorgung, nach sieben Jahren unerfreulicher Arbeit, ihre Türen geschlossen. Aber noch im Herbst 1922 war es nötig, die Brotversorgung auf Unbemittelte zu beschränken. Im Dezember 1923 wurde die letzte Brotkarte mit ihrer formellen Gültigkeit bis zum August 1924 ausgegeben: am 11. Oktober wird die Reichsmark eingeführt und mit der Überwindung der Inflation auch das Marktverhältnis von Angebot und Nachfrage normalisiert. Die kurz zuvor von den städtischen Betrieben für Strom, Gas und Wasser ausgegebenen Gutscheine konnten nun ebenso entfallen wie die Rationierung des Wohnraums oder alle die mühevollen, letztlich erfolglosen Bemühungen gemeinderätlicher Wohnungskommissionen und Notwohnungsämter und Mieteinigungsinstanzen.

Die Administrative einer modernen Großstadt lebt in sehr wesentlichem Maße vom Zuschnitt der Persönlichkeit ihres Stadtoberhaupts. Die Weimarer Zeit, deren ausgetüftelte und aseptisch-demokratische Verfassung im staatlichen Raum mehr und mehr für ein ohnmächtiges Vakuum sorgte, hat im kommunalen Bereich echte Führungsmöglichkeiten gegeben. Auf der Rückfahrt im Nacht-D-Zug nach Berlin hat Stresemann am Ausgang der zwanziger Jahre einmal, nach einem Besuch beim Kölner Stadtoberhaupt Adenauer, in sein Tagebuch notiert, die Oberbürgermeister seien im heutigen Deutschland die einzigen unumschränkten Herrscher. Karl Lautenschlager, seit 1911 Stuttgarts Oberbürgermeister und am 24. April 1921 abermals auf zehn Jahre zum Oberbürgermeister gewählt, war kein unbedenklicher Jongleur der Macht. Gegen Ende seiner zwanzigjährigen Amtszeit, als Lautenschlager-Ära in die Stadtgeschichte eingegangen, glaubte man ihm Anzeichen von Nachgeben gegenüber den beiden großen Rathausparteien anrechnen zu müssen. Aber die eigentliche Autorität lag nun einmal beim Gemeinderat und seiner jeweiligen Mehrheit. Der Stadtvorstand hatte seine Beschlüsse vorzubereiten und durchzuführen und im übrigen die Dienstaufsicht über die städtischen Ämter zu führen. Lautenschlager hat sich innerhalb dieser Grenzen mit einer bemerkenswerten, ja vorbildlichen Sicherheit bewegt. Vielleicht würde man aus der Rückschau auf seine Amtsführung am liebsten vermerken, daß er sich den zeit- und zukunftsgebundenen Aufgaben der Verwaltung nirgendwo verschlossen, daß er dem Ausbau Stuttgarts zur Großstadt, wo die Argumente dafür sprachen, immer das Wort geredet hat, daß seine Vorliebe der Kunst und Kultur seiner Stadt galt: hier hat das Stadtoberhaupt die Intentionen Stuttgarts aufs glücklichste ergänzt.

Indessen wäre das Bild vom unpolitischen und zwischen den Fronten agierenden Oberbürgermeister durchaus fehl am Platze. Wenn Lautenschlager in der entscheidenden Sitzung am Vorabend des 9. November sein Ja zum Vorhaben der SPD und USPD abgab, dann doch nur deshalb, weil ihm, vielleicht als einzigem, zumindest einzig offen Aussprechenden in der Runde klar war, wie wenig die alten Mächte den Dingen noch gewachsen waren. Als der sogenannte »Aktionsausschuß der Arbeiter- und Soldatenräte« am 20. November beschloß, »die Stadtverwaltung unter Kontrolle zu nehmen«, war es wieder Lautenschlager, der die Räte-Kommission, die da vor ihm erschienen war, geduldig anhörte, »ohne sich zu weiterer Diskussion verlocken zu lassen« (W. Kohlhaas). Auch hier verrät sich der eminent politische Spürsinn des Stadtoberhaupts: eine Woche später war der großartig vorgetragene Anspruch der Räte in sich selber zusammengefallen. Lautenschlager hat diese mit detailliertester Sachkenntnis gepaarte Überlegenheit immer bewahrt, auch während des Dritten Reiches, wo jeder auch nur einigermaßen Sehende wußte, wohin der in Gnaden entlassene Oberbürgermeister zu stellen war.

Es spricht für den Geist und das Niveau dieser städtischen Verwaltung der ersten zwanziger Jahre, daß aus ihren Reihen ein Mann wie Fritz Elsas hervorgehen konnte, ein unerschrockener, lauterer Charakter, der seit 1915 das städtische Versorgungswesen aufgebaut und schließlich das Hauptreferat in der städtischen Wirtschaftsabteilung hatte. Dem Rechtsrat Elsas war schon in den frühen Inflationstagen ein besonderes Unterstützungssystem zu danken, das die Geldrente mit der Sachleistung verband und in der Not der damaligen Tage sicher eines der wirksamsten Instrumente war. 1926 hat Elsas, seit zwei Jahren Vorstand des städtischen Personalamtes, die Geschäftsführung des Deutschen Städtetages übernommen; 1931 wählte man ihn zum zweiten Bürgermeister von Berlin. 1933 seines Amtes enthoben, ist er, ohne daß man ihn zum Auswandern hätte bewegen können, nach dem 20. Juli verhaftet und am 5. Januar 1945 ohne Verfahren ermordet worden.

Was in der Unruhe und in der Bodenlosigkeit der Weimarer Zeit vonnöten war, war eine Verwaltung, die jenseits aller radikalen Ideologisierungsversuche den guten und unabdingbaren Demokratisierungstendenzen nicht nur offen stand, sondern sie auch verstand und sie förderte. Die Stuttgarter Kommunalverwaltung der zwanziger Jahre darf mit ihren führenden Männern zu dieser – von bestimmten Gruppierungen der Ministerialbürokratie oder des Reichswehr-Offizierskorps doch sehr verschiedenen – guten Beisteuer gerechnet werden. Es ist sehr bezeichnend, daß Strölin, in dieser Verwaltung als Nationalsozialist groß geworden, mit Kriegsbeginn sich der »alten« Tradition zuwendet und in Stuttgart mit dem ehemaligen Leipziger Oberbürgermeister Goerdeler Verbindung aufnimmt, dem, als Ausgestoßenem und Geächtetem, Fritz Elsas Unterkunft gewährt hatte. Sicher kam dem geglückten Integrationsprozeß zugute, daß die Verfassungssituation nach 1919 den großen Kommunen viel von ihren Sonderrechten nahm und jenes staatsfeindliche Ressentiment gar nicht erst aufkommen ließ, das Länder wie Preußen oder Bayern von Anfang an in eine Reserviertheit gegen die junge Republik drängte. Alte Rechte eigener Gerichtsbarkeit hat Stuttgart nach 1918 bis auf geringe Reste aufgeben müssen, auch das Vorzugsrecht der eigenen Polizei, obwohl der Gemeinderat noch im Oktober 1921 mit zwei Dritteln seiner Stimmen sich der Verstaatlichung der Polizei zu widersetzen beschlossen hatte. Dafür ist die Stadt als Körperschaft in den letzten Monaten vor dem Januar 1933 auch vom heillosen Dilemma der »Bolzgarden« verschont geblieben.

Im übrigen hat sich der Gemeinderat jetzt selbst als das eigentlich tonangebende Gremium nach vorne geschoben und behauptet. Die Sozialdemokratie hat hier, seit 1926 sogar mit achtzehn Sitzen, ihre dominierende Rolle nie verloren, vor der Rechten, der Bürgerpartei und der Deutschen Volkspartei, den früheren Nationalliberalen, die, 1925 noch mit zwölf und sieben Stimmen vertreten, 1928 abzubröckeln begannen, vor der bürgerlichen Mitte, die sich die Reduzierung auf elf, gar auf neun Sitze gefallen lassen mußte, während das Zentrum im altprotestantischen Stuttgart es auf vier, dann auf sechs Mandate brachte, vor den Kommunisten, denen neun, praktisch bedeutungslose Sitze verblieben. Vor 1914 war über die »beiden bürgerlichen Kollegien« der Stadt in der Presse nie in breiter, ausführlicher Form berichtet worden. In den zwanziger Jahren ändert sich das. Ein besonderes Podium bekommt die Presse im Gemeinderat zwar erst im Januar 1933. Aber das hält nicht ab, schon Jahre vorher in den Tageszeitungen viele der Reden und Debatten wörtlich zu bringen: der Demokratisierung folgt eine Politisierung, in deren Zugriffen und Zwängen dem Gemeinderat weit mehr Interesse entgegenkommt als in den offenbar problemloseren Jahren vor dem Ersten Weltkrieg.

Natürlich standen in diesem neuen, einer Vielzahl sozialer Verpflichtungen sich verschreibenden Staat auch die kommunalen Aufgaben vor anderen, nie geahnten Größenordnungen. 1924 fielen zwar die mit den unmittelbaren Kriegslasten verknüpften städtischen Dienststellen weg, dafür gab es ein vergrößertes Wohlfahrtsamt, das in diesem Jahr über zwanzigtausend Leute zu versorgen hatte, mehr als acht Prozent der Einwohnerschaft. 1932 waren es über dreißigtausend Menschen, Kriegsbeschädigte, Sozialrentner, Arbeitslose, hilfsbedürftige Minderjährige, für welche die Stadt in diesem Jahr nahezu zweiundzwanzig Millionen Reichsmark aufzubringen hatte: der Etat des Wohlfahrtsamtes war zum Hauptposten des städtischen Haushalts geworden, und Stuttgart, mit seinen Richtsätzen an erster Stelle im Reich, mußte sich, ohnehin am Ende seines Leistungsvermögens, sogar die Aufforderung zur Senkung seiner Tarife gefallen lassen.

Neben der Fürsorgetätigkeit, die durch den Wegfall vieler privater Stiftungen auch im organisatorischen Sinne schwieriger, weil unpersönlicher geworden war, gab es noch die Forderungen einer städtischen Gesundheitspflege, die nicht nur in den drei großen städtischen Krankenhäusern, dem Katharinenhospital, dem Bürgerspital und dem Städtischen Krankenhaus in Cannstatt wahrgenommen wurde, sondern auch in einer neuen Form von Gesundheitsfürsorge. 1925, im gleichen Jahr, in dem eine Ärzte-, Zahnärzte-, Tierärzte- und Apothekerkammer mit Sitz in Stuttgart geschaffen wurde, wurde auch die Stadtarztstelle in ein Städtisches Gesundheitsamt umgewandelt. Es amtierten bald vier Bezirksärzte mit Spezialausbildungen, denen Tuberkulosefachärzte beigegeben waren: 1927 hat Stuttgart eine besondere Siedlung mit Liegeveranden im Gewand Ziegelklinge (Heslach) gebaut. Allmählich wird auch *das* Diskussionsgegenstand in den Ärztekreisen der Stadt: die Herzkrankheiten, die in den zwanziger Jahren die Tuberkulose überrunden, die Schädigungen der Konzentrationsfähigkeit und die zunehmende Nervosität als »großstädtische« Krankheiten.

Aber auch die technische Ausstattung der Stadt verlangt nach Verbesserungen, Erweiterungen, Neueinrichtungen. Was 1921 in der Zentrale Münster an Strom produziert wurde, achtunddreißig Millionen kWh, übertrifft Vorkriegsleistungen zwar um das Doppelte, aber reicht bei weitem nicht aus. 1925 wird ein großzügiger Umbau des Dampfkraftwerks in Betrieb genommen, der bis 1929 auf einhundertvierundzwanzig Millionen kWh gesteigert wird, im wirtschaftlichsten Dampfkraftwerk Süddeutschlands, wie man in Fachkreisen anerkennend bemerkt. Und doch benötigt die Stadt mehr und mehr Fremdstrom. Auch in der Wasserversorgung machen sich zunehmende Abhängigkeiten des Großstadtkolosses bemerkbar. 1925 vergrößert man noch einmal die Wasserbehälter, die am Kanonenweg und an der Uhlandshöhe, auf der Geroksruhe und beim Mühlbachhof anderthalb Jahrzehnte zuvor im Zuge der Landeswasserversorgung angelegt worden waren. Aber Stuttgart braucht »eigenes« Wasser. Fast hätte sich ein förmlicher Wasserkrieg zwischen Staat und Stadt entladen. Um 1930 beginnt man im städtischen Neckarwasserwerk in Berg das Wasser nach verbesserten Verfahren zu reinigen und es, mit anderen Filteranlagen teilweise vereinigt, in die Haushaltungen zu leiten, was den Verbrauchern nur das Prädikat »Fäkalwasser« entlockt. Überhaupt wird jetzt, mit der Bezeichnung »Wasserhaushalt« hinlänglich charakterisiert, die Grenze des großstädtischen Ausgriffs langsam bewußt, in der ständig gesteigerten, häufig übersehenen, aber im Stuttgart der zwanziger Jahre doch wohl gelungenen Bemühen um eine saubere Stadt, in der Lebensmittel- und vor allem in der Milchversorgung, die erst 1924 wieder freigegeben und seit 1926 vom »Stuttgarter Milchhof« wahrgenommen wurde.

Stuttgart als Stadtgebilde macht jetzt längst nicht mehr die Figur, die es noch vor hundertzwanzig Jahren als eben avancierte Königsstadt haben mochte. Nach 1918 ist die Großstadt Stuttgart sehr viel mehr Regentin ihres Umlands, aber als Kommune auch sehr viel anfälliger und gefährdeter und aller möglichen künstlichen Stützung bedürftig. Sicher war das ein »Erfolg«, daß im neuen Hauptbahnhof am 19. Dezember 1927 auch die letzten Bahnsteige mit Gleis 1 bis 4 für den Verkehr freigegeben werden konnten und zwanzig Jahre Bahnhofsbau durch Krieg und Nachkriegszeit damit abgeschlossen wurden. Aber die neue Frequenz brachte auch eine neue Beanspruchung des großstädtischen Terrains; der Bahnhofsvorplatz, den Schloßplatz als Brennpunkt des Stuttgarter Stadtverkehrs rasch ablösend, genügte schon zehn Jahre später den Ansprüchen nicht mehr. Sicher war es ein Fortschritt, daß am 13. Oktober 1920 die Strecke von Degerloch zum Schloßplatz erstmals im Durchgangsverkehr befahren werden konnte und das Umsteigen am Bopser wegfiel. Aber die für den Massenverkehr erschlossene Filderverbindung, die von der Stuttgarter Straßenbahnen AG jetzt betrieben wurde, in anderen Bereichen des Stadt- und Vorortverkehrs auch durch private Automobilgesellschaften, so durch die 1926 gegründete Stuttgarter Kraftwagenlinien GmbH, zog eine Menge planerischer Begleiterscheinungen nach sich, für die viel Geld hätte da sein müssen. 1929 kam in Stuttgart auf fünfundzwanzig Einwohner ein Kraftwagen. Neben München stand die Stadt mit diesem statistischen Faktum an der Spitze des Kraftverkehrs im Reich. 1931 meint Eugen Dolmetsch, der verständige Schilderer des alten Stuttgart, der »unersättliche Moloch des Verkehrs« lasse »mit unerbittlicher Strenge Altgewohntes, Gerngesehenes und lieb Gewordenes verschwinden«.

Geld hätte man gebraucht, um den Anforderungen der technisierten Stadt gerecht werden zu können. 1914 war der Stadthaushalt bei siebenundvierzig Millionen in Einnahmen und Ausgaben ausgeglichen. Die Stadt hatte, mitten in einer Wohlstandszeit, neben ihren sonstigen Einnahmequellen nur vierzehn Millionen Mark aus Steuern aufbringen müssen. 1922 mußte zum ersten Male in der neueren Geschichte Stuttgarts ein Defizit im Stadtetat einkalkuliert werden. Das hinderte nicht, einen außerordentlichen Haushalt mit Hilfe von Krediten auf die Beine zu stellen, vor allem durch die vom Württembergischen Städtetag in Amerika aufgenommene Anleihe in Höhe von zehn Millionen Dollar, an der Stuttgart fast zur Hälfte partizipierte: man hat damals von einer kühnen, alles andere als altwürttembergisch-sparsamen Finanzpolitik der Stadt gesprochen. Immerhin konnte damit manches von dem, was an Wohnbauförderung und Verkehrserschließung anstand, finanziert werden, auch die Neckarregulierung weitergetrieben und das Wasengelände erworben werden.

Hat die Industrie der Stadt mitgeholfen, die kommunalen Aufgaben mit entsprechenden Haushaltvolumen zu erfüllen? Zwei Jahre, bevor Porsche für ein halbes Jahrzehnt dort Chefkonstrukteur und Vorstandsmitglied wird, im Juni 1921, will Daimler unter dem Eindruck der hohen Gewerbesteuerziffer seinen Betrieb verlegen. 1924 beginnen die fünf fetten Jahre der Weimarer Zeit, an denen Bosch und Daimler, im Gegensatz zu mancher anderen Branche, teilhaben. Indessen ist es notwendig, gerade in den Preisen mit dem Ausland konkurrieren zu können. Am 28. Juni 1926 tut sich das Daimlerwerk mit der Firma Benz in Mannheim und Gaggenau zusammen, mit der man schon seit 1924 in Interessengemeinschaft stand, und Bosch nimmt im Jahre 1925 die Firma Eisenmann auf, die neben ihm in Stuttgart groß geworden war. Da und dort zeigen sich – bei Bosch, worauf wir hinwiesen, schon lange vor Kriegsausbruch – moderne, soziale Haltungen. Anton Kreidler hat kurz nach Kriegsende die ersten Schritte getan, die Belegschaft am Gewinn seines Unternehmens zu beteiligen. Aber die Inflation erstickt oft schon die Ansätze: man kann von Glück reden, wenn man der Konkurrenz gewachsen ist. An Großbetrieben, an Unternehmen, die über tausend Leute beschäftigen, hat das Stuttgart der zwanziger Jahre lediglich zehn. Die übrigen 234 Stuttgarter Fertigungsbetriebe repräsentieren gewerblichen Mittelstand, der nun freilich das Debakel der Inflation rasch zu überwinden schien. Aber lange hält die einigermaßen positive Entwicklung in der übrigens immer noch landwirtschaftlich mitbestimmten Stadtgemeinde nicht an.

Gewiß war mit der Wiederherstellung der Mark, nunmehr der Reichsmark, sinnvoller Export wieder möglich, und sicher war nun auch die Maschinen- und Werkzeugindustrie, die Holz-, Metall- und Elektroindustrie in der Lage, es den steigenden Zahlen in der Chemie- und Textilbranche gleichzutun. Auch die Musikinstrumentenfabriken, Stuttgarts ureigene Tradition, wie wir wissen, waren jetzt wieder in der Lage, die verlorengegangenen Märkte zurückzuholen. Insofern profitierte die Stadt wenigstens in dieser Handvoll Jahre davon. Bezeichnend ist ja auch, in welchen Jahren sich Filialen größerer Werke in Stuttgart niederließen: 1926 die Deutschen Kabelwerke, 1928 die großen Ölgesellschaften Esso und Deutsche Shell, 1929 die IG-Farben. Stuttgart gilt, wogegen sich Lautenschlager schon 1924 wegen des angeblichen »Goldetats« der Stadt vor der deutschen Presse zu wehren hat, als die teuerste Stadt Deutschlands, als die Großstadt mit der weitaus niedrigsten Arbeitslosenzahl.
Indessen wächst sich die wirtschaftliche Unsicherheit am Ausgang der zwanziger Jahre zu einer Katastrophe aus, vor der auch Stuttgart als Stadt nicht verschont bleibt. 1928 hat Stuttgart sechstausend Arbeitslose. Im Jahr darauf hat sich die Zahl verdreifacht. Ende 1931 ist von den Erwerbstätigen jeder fünfte arbeitslos: über vierzigtausend Arbeitslose sind in der Stadt. Sie stehen diskutierend in den Anlagen herum, hocken zum Skat zusammen, ziehen in Sprechchören durch die Straßen. Mehr als einmal wird eine Gemeinderatssitzung durch blitzartige Zusammenrottungen gestört, bevor die Polizei überhaupt eingreifen kann. Von 1932 an sind sämtliche Pläne zur Förderung des Wohnungsbaus ebenso gestrichen wie alle Erweiterungspläne der Versorgungswerke. Wenn die Stadt überhaupt noch geführt, und nicht – wie der Staat in dieser Endphase – nur noch verwaltet wird, dann hauptsächlich in der Bändigung der täglich steigenden Wohlfahrtslasten: dieser Mehrbedarf, ein Drittel der Haushaltssumme, ist, bei ständig steigenden Steuereingängen, die Hauptaufgabe der Stuttgarter Kommunalpolitik. Ihre schöpferische Seite besteht jetzt nicht mehr darin, einen Jahreshaushalt in langfristige städtebauliche Projekte einzufügen, sondern allenfalls darin, das von Quartal zu Quartal anwachsende Defizit irgendwie auszugleichen. Stuttgart lebt von der Hand in den Mund.
Ob die städtische Eingemeindungspolitik, »zielbewußt und mit geschickter Hand« (W. Kohlhaas) dort wieder aufgenommen, wo sie im August 14 stehengeblieben war, aus dieser Misere irgendwo herausgeholfen hat, darf füglich bezweifelt werden: die Nöte und Unzulänglichkeiten sind doch am Ende nur variiert und vergrößert worden. Ganz im Stil der Vorkriegsvorstellungen wurde noch die Eingemeindung von Botnang, Kaltental, Hedelfingen und Obertürkheim am 1. April 1922 vollzogen. In Obertürkheim war schon im Dezember 1919 über eine Eingemeindung nach Esslingen oder Stuttgart diskutiert worden. Am

8. Juni 1920 haben sich die Obertürkheimer mehrheitlich für Stuttgart entschieden: die Landeshauptstadt hatte für den am zukünftigen Neckarkanal gelegenen Ort eine großzügige Einigung zustande gebracht. Das Innenministerium indessen zögerte mit der Zustimmung. Es fragte auch nach dem Verbleib der Arbeiterwohnsiedlungen Botnang und Kaltental und der Reste des einstigen Oberamts Cannstatt überhaupt: schon kündigen sich Raumordnungsfragen an, die mit dem Ausdehnungsdrang der Großstadt notwendigerweise kollidieren. Schließlich einigt man sich dahin, Schmiden, Fellbach und andere Orte zum Oberamt Waiblingen zu schlagen, den Weiler Brühl als Entschädigung Esslingen zu überlassen und die vier Gemeinden mit ihren knapp vierzehntausend Einwohnern und fast zweitausend Hektar Fläche Stuttgart zu geben.
Wer die Geschichte der Orte auch nur streift, versteht, warum sie ihre Selbständigkeit nur schwer aufgaben. Obertürkheim, altcalwischer Besitz und einer der ältesten Bestandteile der Grafschaft Württemberg, als Außenstelle des Stuttgarter Grafschaftskerns von den Städtern immer wieder mitgenommen, das letzte Mal 1519 von den Esslingern niedergebrannt, hatte sich noch am Ausgang des 19. Jahrhunderts als Gewerbsort einzurichten begonnen. Zwar galt die »Weinles zu Oberdirgenen«, wie sie Franziska von Hohenheim zusammen mit dem Herzog goutiert, immer noch als eine Attraktion: noch heute hat der Obertürkheimer seinen guten Ruf. Aber das wache Weingärtnersdorf war auch Industrieort, und man versteht, warum es, wie Hedelfingen und Botnang übrigens auch, sein Rathaus mit einer schultheißenamtlichen Geschäftsstelle behielt und sich außerdem die Zusage für Schulhausbauten geben ließ. Um die Jahrhundertwende gehörte zur Industrie des Ortes neben einer Ölfabrik der Aktiengesellschaft »Verein deutscher Ölfabriken«, der Eisengießerei Ferdinand Kleemann & Sohn, einer Uhrengehäuse- und Papierhülsenfabrik, vor allem die Württembergische Baumwollspinnerei und -weberei Brühl mit siebenhundert Arbeitern, ein hauptsächlich mit Schweizer Kapital gegründetes Unternehmen, das noch nach dem Ersten Weltkrieg eine führende Stellung hatte. Damals, zu Beginn der zwanziger Jahre, beginnt aus dem Arbeiterbauernort ein städtisch-vorstädtisches Industriegebilde zu werden: die landwirtschaftliche Anbaufläche nimmt von Jahr zu Jahr ab und die alten Bauern- und Weingärtnerhäuser werden aus dem Siedlungskern verdrängt oder in Miethäuser umgebaut.
Auch Hedelfingen gehörte, vielleicht aus den Händen der Grafen von Tübingen kommend, zum ältesten Besitz der Wirtemberger Grafen. Es teilt, den Esslingern gleichermaßen ausgeliefert, bis in die Reformationszeit hinein das Schicksal Obertürkheims oder Uhlbachs. Seine Kirche, nicht ganz von dieser wehrhaften Struktur wie die malerische spätgotische Obertürkheimer Petruskirche, im Schiff romanisch, im Chor spätgotisch, hat bis 1649 zur Nellinger Propstei gehört. Um

die Jahrhundertwende war die Industrialisierung des Ortes noch wesentlich weniger fortgeschritten als die Obertürkheims; die Hedelfinger waren in der Landwirtschaft, im Gewerbe, in den Fabriken der Umgegend beschäftigt. An eigenen Fabriken besaß man nur eine Bleich- und Appreturanstalt und eine Dampfziegelei, beides Kleinstbetriebe. Hier vor allem betrieben die Fabrikarbeiter »nebenher etwas Landwirtschaft in den verschiedensten Abstufungen«. Noch in den zwanziger Jahren hat Hedelfingen »weder ausgesprochen städtischen noch geschlossen dörflichen Charakter«. Fünfundsiebzig Prozent seiner Erwerbstätigen sind in Handel und Gewerbe beschäftigt, was Stadt-Assoziationen nahelegen müßte. Aber mit seinen fast zwanzig Prozent in der Landwirtschaft tätigen Leuten liegt Hedelfingen, gewiß »infolge seiner etwas abgelegenen Lage«, innerhalb der Neckarvororte immer noch an der Spitze, bis sich, noch vor Beginn des Zweiten Weltkriegs, die Landwirtschaft immer weiter vertreiben läßt und, auf ihre Kosten, aus der alten Weinbaugemeinde mit ihrem beachtlichen Wiesen- und Waldbestand, mit Obstbau und Viehzucht, ein Wohnort, ein industrieller Produktionsort wird.

Die beiden hinzugekommenen Orte Botnang und Kaltental – sie sind 1922, um korrekt zu sein, vom Oberamt Stuttgart-Amt getrennt und dem Stadtoberamt zugeteilt worden – waren anders geprägt als die Neckarvororte. Im Cannstatter Becken war das Stuttgarter Stadtoberamt schon immer schwer abzugrenzen und in wirtschaftsgeographischem Betracht immer im Fluß. Die Abgrenzung im Nordwesten gegen Leonberg, wo es weite unbesiedelte Waldungen deutlich gegenüber dem Nachbaroberamt abtrennten, erwies sich bis zum Beginn der dreißiger Jahre als ziemlich stabil. Botnang, gerade noch diesseits dieser deutlichen Grenzmarkierung, als altcalwischer Besitz über eine Reihe von Adelsgeschlechtern am Anfang des 15. Jahrhunderts allmählich an Württemberg gekommen, war seither in seinem Erwerbsleben mit Stuttgart verbunden. 1820 hat der Ort 920 Einwohner und eine Leinwandbleiche, »wo grobe Tücher gebleicht werden«. »Die Einwohner nähren sich auch zum Theil durch Waschen des groben Küchen-Geräths aus Stuttgart.« Eine Generation später meint ein Landestopograph, man könne Botnang »auch ein Bleicherdörfchen nennen, da sich hier alle Weiber mit Bleichen und Waschen von Stuttgarter Leinwand beschäftigen. Die Männer treiben Weinbau.« 1863 hat das Dorf anderthalbtausend Einwohner, zu Beginn des Ersten Weltkrieges etwas über viertausend.

Auch Kaltental hat damals, wenn auch nicht in dieser Stärke, Zuzug von Arbeitern erhalten, die im benachbarten Stuttgart Verdienst fanden. Zur Hälfte kleiner als Botnang bleibt es für viele Jahrhunderte hin das Burgdorf, das Anhängsel dieser 1796 teilweise und 1837 vollends ganz abgetragenen Burg, deren – wenn wir dem Konterfei ganz glauben dürfen – verwegenes Aussehen Hans

Baldung Grien im Jahre 1515 »by stuckart« festgehalten hat. Die Anlage der »Burggrafen von Kaltental« muß eine imposante Sache gewesen sein; spätere Bilder machen das unzweifelhaft. 1318 erwerben die Württemberger Burg und Gut von den Kaltentalern – deren Geschlecht Ende des 18. Jahrhunderts erlischt –, belehnen eine Reihe von Adelshäusern damit, bis sie es 1709 wieder an sich bringen und an Privatleute verkaufen. Erst um 1830 wird das Schloßgut an elf Ortsbürger verkauft, die es unter sich aufteilen. Zu Beginn unseres Jahrhunderts hat Kaltental kaum mehr als tausend Einwohner. Die Erinnerungen an die Zeiten, in denen man ein wenig Feldbau und ein wenig Obstzucht betrieb, vor allem aber mit Milch- und Sandverkauf sein Geld verdiente, waren damals in Kaltental noch durchaus lebendig. Daß erst 1832 aus drei Weilern – Oberweiler, Unterweiler und Schloßberg – eine Gemeinde gemacht wurde, dürfte im Jahre 1922 vergessen gewesen sein: jetzt gehörte man zu Stuttgart. Das war ein größerer Einschnitt als alle Jahrhunderte zuvor.

Die Eingemeindungen am Ende der zwanziger Jahre – am 1. Juli 1929 Hofen mit 1300 Einwohnern, am 1. April 1931 das am 23. April 1907 zur Stadt erhobene Zuffenhausen mit 15630 Einwohnern, ein Monat später am 1. Mai 1931 das kleine, hübsche Rotenberg mit seinen sechshundertfünfzig Einwohnern und zwei Monate später Münster mit fast fünftausend Einwohnern: diese Eingemeindungen gehören schon einer anderen Epoche an. Die Einverleibung Hofens konnte wohl noch als eine Arrondierung des Stuttgarter Neckarbereichs begriffen werden. Der altwürttembergische Ort, der einst mit seinen elf bewohnten Wohnhäusern die Verpflichtung hatte, die Boten der Grafen jederzeit über den Neckar zu führen, wurde von Eberhard dem Greiner ausgetauscht; erst Carl Eugen hat 1753 den Ort – heute immer noch durch die auffallende Ruine des »Alten Schlosses« markiert – zurückgekauft. Ein wenig verdiente man sein Geld hier aus dem Verkauf von Kies, Sand und Ocker, auch noch viel von Feld- und Obstbau, von Viehhandel. Aber sonst war man auf die Fabriken in Richtung Stuttgart angewiesen: die Hofener dürften die Eingemeindung als einen Gewinn angesehen haben.

Nicht so in Zuffenhausen. Zwar war man auch hier durch den Pendlerverkehr mit der Stuttgarter Industrie verbunden. Aber man hatte mittlerweile auch eigene Betriebe. Immerhin ergaben sich Annäherungspunkte zwischen der tüchtigen, jungen Stadt und Stuttgart, in Fragen der Neckarregulierung oder der Verwendung des Burgholzhofgeländes, über das 1927 zwischen beiden Gemeinden ein Vertrag geschlossen wurde. Aber Feuerbach, historisch weit gewichtiger und mit seiner Industrie, von den Namen Jobst und Hauff, Bosch und Gretsch, Werner & Pfleiderer und Leitz, Roser und Behr geprägt, längst eine Potenz von europäischem Maßstab, lag daneben. Gelang es, Feuerbach von Stuttgart aus, im Bündnis mit Zuffenhausen einzukreisen? Oder war es möglich, ja sehr viel sinnvoller – was eine Gruppe dann im letzten Augenblick auch zu realisieren versuchte –, aus Zuffenhausen und Feuerbach, dessen großartiger Oberbürgermeister Geiger bereits Fühler nach Weil im Dorf ausstreckte, einen eigenen Stadtkomplex neben Stuttgart aufzubauen? Erst die Zuffenhausener Gemeindeabstimmung stellte eine größere Bereitschaft zur Eingemeindung nach Stuttgart und nicht zur neu zu schaffenden Trabantenstadt fest. Freilich war auch für die Entlassung Zuffenhausens aus der Amtskörperschaft Ludwigsburg eine Entschädigung von vierhunderttausend Reichsmark von Stuttgart zu zahlen, für den Anschluß von Münster von 175 000 Reichsmark. Jetzt ließ man im Stuttgarter Gemeinderat keinen Zweifel darüber, daß der Zuwachs, so sehr er sich auf der Karte als ein Gewinn ausmachen würde, in Wirklichkeit bei diesen Arbeitsverhältnissen nur Lasten mit sich bringen würde. Die Zeiten waren vorbei, in denen man jede Eingemeindung, in Sieger und Besiegte trennend, als einen kommunalen Triumph feiern durfte. So kam es zunächst nur zur Eingemeindung von Rotenberg und Münster, der Weinbauern- und Fabrikarbeitergemeinde. Die Eingemeindung Zuffenhausens wurde mit nur drei Stimmen Mehrheit im Stuttgarter Gemeinderat beschlossen und nach Genehmigung durch das Stuttgarter Innenministerium dann am 31. März 1932 vollzogen.

Wir gehen kaum fehl in der Annahme, daß die Erwerbungen des Jahres 1933 auch von ideologischen und – damit zusammenhängend – persönlichen Überlagerungen bestimmt waren. Die Planungs-, die Raumfrage, die Aufnahmekapazität der einen oder anderen Stadtstruktur, die beim Zuzug der zwanziger Jahre doch immer deutlicher zur Sprache kam, war jetzt eine zweitrangige Sache. Wo sich der Staat anschickte, sein Gebiet wo irgend möglich zum Großdeutschen Reich auszudehnen, konnte eine Großstadt, die etwas auf sich hielt, nicht gut auf die »Abrundung des Stadtgebiets« verzichten. Neue Wohnbezirke wie die Frauenkopfsiedlung über Rohracker, Neusillenbuch bei der Wilhelmshöhe, die Gartenstadt Luginsland bei Untertürkheim und Im Geiger hinter Cannstatt verstand man »als Ausdruck des Strebens nach ländlicher Ruhe auf der alten städtischen Markung«, als Gartenstädte, in freilich völliger Verkennung dessen, was die originale englische ›garden town‹ schon vor dem Ersten Weltkrieg wollte. Daß eine Landschaft auch zersiedelt werden könne, daß die augenscheinliche Ballung nach Gliederung verlange und möglicherweise Unterzentren und Regionalstädte nahelege, schien kein vorrangiges Problem zu sein. Die im Mai 1931 vollzogene Gründung eines Bezirksplanungsverbandes Stuttgart, der unter Assistenz des gesamten Stadterweiterungsamtes – so hieß das Stadtplanungsamt damals – die Voraussetzungen der städtischen Ausdehnung im Umkreis von zwanzig Kilometern prüfen sollte, war zwei Jahre später vergessen.

Immerhin war mit der neuen Ortsbausatzung vom 24. Juli 1919 das »Dreizonenprinzip« zur Regel gemacht: die städtebauliche Einordnung in industrielle, in reine Wohnviertel, in aufgelockerte Landhausgebiete, die sich beim Ausgriff auf die Höhen schon durch deren natürliche Formen anbot, galt jetzt endlich als Richtschnur. Die willkürliche Hangbebauung hörte jetzt auf, spät genug, und an manchen Stellen zu spät. Sicher lag auch in dieser Gesetzesaktion nicht der Stein der Weisen, zumal die Stadt in ihrem Innenbereich wenig eigenen Grundbesitz hatte und sich manches Projekt nach langen Verhandlungen mit dem Staatsrentamt etwas kosten lassen mußte. Das konnte aber auch nicht verhindern, daß die Wohnbautätigkeit, in der Vorkriegszeit hauptsächlich Privatangelegenheit, nach 1919 in die Hände städtischer und staatlicher Verwaltungen und gemeinnütziger Siedlungsgesellschaften überging. 1923 waren beinahe siebentausend Wohnungsuchende beim Wohnungsamt eingetragen. Bis 1921 stand Stuttgart mit seinen vom Städtischen Hochbauamt geschaffenen Wohnungen, in der Krämerstraße in Wangen, in der Ostend- und Rechbergstraße, in der Sick- und Schwarenbergstraße im Wohnungsbau der deutschen Städte an erster Stelle. Die Inflationszeit brachte einen Stillstand. Dann ging man wieder, mit dem Baujahr 1924, an eine großzügige Förderung des privaten Wohnungsbaus oder an eigene städtische Siedlungen, die im Hallschlag, im Wallmer (Untertürkheim), im Eiernest (oberhalb Marienhospital), am Raitelsberg, in der Abelsbergstraße oder in der Fuchseckstraße und Wagenburgstraße in Gablenberg entstanden oder eine so beachtliche Sache wie die Versuchssiedlung von Döcker und Keuerleber am Kochenhof mit ihren einhundertsiebzehn Wohnungen brachten.

Während jedoch »draußen« in Wangen oder Botnang, in Cannstatt oder Zuffenhausen die Wohnblöcke aus dem Boden wuchsen, schien die Stadt in ihrem Innern sich auch zu wandeln. Wenn der Begriff »Großstadt« nicht nur quantitative, sondern auch qualitative Wandlungen voraussetzt, dann hat sich Stuttgart spätestens in den zwanziger Jahren dahin entwickelt. Spätestens am Ende dieser Zeit haben auswärtige und einheimische Beobachter übereinstimmend festgestellt, daß »Alt-Stuttgart« nicht mehr vorhanden sei. Nicht nur im Straßenverkehr überraschen einen unerwartete Dimensionen, auch im Straßenlärm. 1932 wird das Hupen, ehedem Fahrerpflicht, erheblich eingeschränkt, zur gleichen Zeit, in der ein privater »Verein zur Lärmbekämpfung« gegründet wird. Viel von der alten Bürgergeselligkeit verschwindet; der Sport, vielleicht auch der große Wanderverein, der Schwäbische Albverein vornan, verdrängt die einst unangefochtene Repräsentanz des Oberen Museums in der Kanzleistraße 11. Den Rest besorgen die »Gliederungen« der braunen Bewegung.

Hat man deshalb, als am Vormittag des 21. Dezember 1931, eines klirrend kalten Wintertages, die Flammen aus dem Südostflügel des Alten Schlosses schlugen, diesen Brand so sehr als eine national-württembergische Sache empfunden? Weil insgeheim auch das Gefühl eines Abschieds vom »alten Stuttgart« mit im Spiele stand? In den alten, baumstarken Balken und in der Spreufüllung fand der Brand reiche Nahrung. Gegen halb ein Uhr mittags brach das Feuer, obwohl die Feuerwehren längst am Platz waren, offen aus. Für die vielen Hunderte, die um den Schloßplatz herum zusammenkamen, waren die Augenblicke sicher unvergessen, als das Feuer in Minutengeschwindigkeit die Schloßflügel entlang raste, ein Giebelfenster ums andere Rauch und Flammen ausspie, Dachziegel zu Boden prasselten, Kamine in den Schloßhof stürzten. Das Feuer frißt sich, mittlerweile von Tausenden beobachtet, als ein einzigartiges, schaurig-schönes Schauspiel gegen die Ecktürme vor, gegen die Türnitz, gegen den Südflügel, wo ein Einsturz die Zuffenhausener Feuerwehrleute Ade und Wetzel tödlich verletzt und den Cannstatter Feuerwehrmann Übele im Krankenhaus seinen schweren Verletzungen erliegen läßt.

Die Steine, an denen jahrhundertealte Landes- und Stadtgeschichte hing, sind damals in der Gluthitze verwittert: ein herber Verlust für das originäre, für das unverwechselbare Leben der Stadt. Um so erfreulicher, daß bei den Leuten da und dort noch ein unverfälschtes Stück Stuttgart aufgehoben war. Vielleicht haben sich die Originale der Stadt – für ihre Entwicklung zur »Stadt« wäre es bezeichnend genug – erst in der Biedermeierzeit gezeigt, der baumlange, hagere Gutekunst, den man als den »Totenkopf« kennt, Christian Baudistel, der »Algierer«, Straßenkehrer wie er und unersetzliches Requisit auf den Cannstatter Volksfesten, der schlitzöhrige »Kuhsattler«, der grundmusikalische »Uber«, der in den Stuttgarter Biergärten sein Schicksal vertrinkt, der »Durlacher«, der als Stiefelputzer und Stadtoriginal den Leuten sein Lebensleid nachsingt.

Auch in den zwanziger Jahren präsentiert Stuttgart seine Originale. Sicher hat man damals aus anderen Städten und Landschaften Deutschlands griffigere Namen, von Berlin bis Wien, solche, vor denen sich Sportpaläste vor Lachen schütteln. Stuttgart hat keine »Stars«, die zum Inbegriff einer Bevölkerungsschicht oder einer Epoche hätten werden können. Aber es hat immer noch ein paar liebenswürdige Zentren der Gemütlichkeit, in denen sich die lokale Sonderart Stuttgarts auf köstliche Weise konserviert hat, vom »Professoraboizle« in der Kornbergstraße bis zum Marquardt, wo um zwölf Uhr mittags auch die ein Essen bekamen, die nur einen Eßlöffel in der oberen Rocktasche besaßen. Schlecht, wenn einer entlarvt wurde mit dem Hinweis: »O Kerle, halt doch du dei Gosch, du gohscht jo ens Marquardt ge essa!«.

Im Bohnenviertel hat sich die Stuttgarter Eigenwüchsigkeit zwischen den beiden Kriegen am deutlichsten erhalten. Da ist die Wirtschaft des »Krabbadusel«, in einer Zeit begonnen, in der man noch bei den Sitzungen der Stuttgarter Gemeinderäte Weinkrüge auf den Ratstischen fand. Da konnte man also, mitten in der Dawes- oder Young-Plan-Zeit, die Bürgersleute vormittags an den blankgescheuerten Tischen in den Bäckerwirtschaften sitzen sehen, zu Laugenbrezeln oder Zwiebelkuchen ihren Schoppen trinkend. Reckte der »Besen« im Herbst seinen Arm am Wengertershaus in die Luft, war hohe Zeit für die Weinzähne. Krabbadusels Stube, nach alter schwäbischer Manier im ersten Stock, genauer gesagt: die Besenwirtschaft der Familie Bühler war ein solcher Ort, wo man sich in Stuttgart wohlfühlte. Da saß eine »Blos« zusammen und wartete auf den Wein, den der Krabbadusel von seinem eigenen Weinberg in der Lenzhalde hatte. Einmal saß er, mit mehreren Wengertern, selbst am Tisch und wartete mit zusammengepreßten Lippen, bis »d' Kochabaas em Emmahofa« die von ihm bestellte Flasche Wein auf den Tisch stellte. Irgendwie muß ihm das zu lange gedauert haben. Als sie endlich kam und, ein wenig nach vorne gebeugt, die Flasche auf den Tisch stellte, bläst ihr der Krabbadusel einen ganzen Mund voll Wasser ins Gesicht. Die Wirtin fällt nicht zusammen. Festen Schritts geht sie hinter ihren Schanktisch, nimmt den am Wasserhahnen befestigten Schlauch und – setzt die ganze Gesellschaft so unter Wasser, daß manchem »die Brüh« in den Stiefeln steht. »Soo, ez hent'r euer Fett.« Emanzipation nach Stuttgarter Art.

Es wäre über die Stuttgarter Weinwirtschaft der zwanziger Jahre viel zu erzählen, über den »Buchenhof« auf dem Hasenberg, den man im Volksmund »Korbmöbelhotel« nannte, mit deutlichem Hinweis darauf, daß die Altstadt-Maßstäbe auf befremdliche Weise verlassen waren, über die Weinstube »Mühlbronner«, wo das »Gugommaraquartett« seine Singstunden hielt, den »Federaschmidt«, die »drei Schwestern«, den »Engeles Buck« und andere. Über Politik hat man damals, wie eine Reihe von Lebenserinnerungen bezeugt, in diesen »Beizen« wenig gesprochen. Singen, Gaigeln oder ein gemütlicher »Tapp« waren für die Stuttgarter »Stäffelesrutscher« die größeren Vergnügen. Für Besucher von draußen muß manche Stuttgarter Gemütlichkeit eine unverständliche Sache gewesen sein, etwa »dr Scheißdrecknanz« von Heslach, früher Landjäger im Oberland, bestochen und seines Amtes enthoben, jetzt bei der Kloakenreinigung in der Altstadt unentbehrlich und gerne begleitet vom Kaffeebembale und vom Holdergold. Im übrigen hat sich die Exklusivität des alteingesessenen Stuttgarter Weingärtners- und Bürgertums in den zwanziger Jahren erst langsam auch Ausweitungen mit »ihren« Leuten gefallen lassen, dergestalt, daß auch Männer wie Willy Wiedmann, der Verse servierende Inhaber der »Elsässer Taverne«, zu den »angenommenen« Originalen gehörte oder der auf allen internationalen Fußballplätzen bekannte Schiedsrichter »Angelo Rossi«, der, die eine Virgina mit der anderen anzündend, täglich Gast im Bohnenviertel war und nach seinem aufregenden Geschäft ein Viertele schlürfte.

Daß Stuttgart das mit sozialen und planerischen und wirtschaftlichen Aufgaben überladene Jahrzehnt zwischen 1920 und 1930 nicht nur gerade so bewältigt hat, um leben zu können, daß es Bravheit und Überlegtheit nicht zur Maxime gemacht, sondern innerhalb eines immer wieder ausbalancierten gemeindlichen Rahmens den literarischen und musikalischen und künstlerisch-städtebaulichen Auseinandersetzungen der zwanziger Jahre Heimatrecht gegeben hat, gehört zu seinen großen, geschichtlichen Leistungen. Es ließe sich da, was »das Kulturelle« anlangt, an Institutionelles denken, an den Schulträger Stadt, an das Jahr 1925, wo ein neuer gesetzlicher Verteilungsschlüssel die städtische Beteiligungspflicht von 36 auf 55 Prozent hinaufschnellen ließ, um immerhin zwei Millionen Reichsmark allein für die Jahreswende 1924/25. Indessen hat die Weimarer Zeit auf dem pädagogischen Feld mehr als nur auf die Weiterführung des Alten gebracht. Zu den schöpferischen Neuansätzen gehörte die Volkshochschule Theodor Bäuerles, des späteren, von 1947 bis 1951 amtierenden württembergisch-badischen Kultministers. Bäuerle hatte schon im Mai 1918 einen »Verein zur Förderung der Volksbildung« gegründet, in der Absicht, den Unterprivilegierten der Bildung eine Chance zu geben und den durch den Krieg zu kurz Gekommenen eine Weiterbildung zu ermöglichen. Der in Stuttgart am 10. Oktober 1919 stattgehabte »Württembergische Volksbildungstag« hat diese Intentionen in einer Weise festgelegt, daß das Stuttgarter Exempel weit über Süddeutschland hinaus Beachtung und Nachahmung fand. Für mehr als vierzig Jahre hat die Stuttgarter Volkshochschule, von Arbeitern wenigstens zu dreißig Prozent besucht, von Hausfrauen zu zwanzig, mit ihren drei Jahresabschnitten ihre Arbeit durchgehalten, gefördert auch von der Stadt, die sich, in wunderlicher Verspätung, 1928 ein eigenes Stadtarchiv einrichtete und es dem begabten Karl Stenzel zur Leitung übergab.

Mitberührt war die Stadt auch durch die Existenz der Technischen Hochschule, allein durch die Fragen ihrer räumlichen Ausdehnung. Im Wintersemester 1921/22 erhielt die TH eine neue Verfassung, die sie den Universitäten gleichstellte: sie ist, in manchen architektonischen Perspektiven mit der seit 1924 so genannten Höheren Bauschule, zu einem unmittelbaren Ausstrahlungsfeld auch für den geistigen Zuschnitt der Stadt geworden, in selbstverständlicherem, direkterem Maße, als das noch zur Zeit Friedrich Theodor Vischers der Fall war. Auch die »Süddeutsche Rundfunk AG«, inspiriert durch Theodor Wanners unentwegte Bemühungen, am 12. April 1924 unter Alfred Bofingers Leitung erstmals verlautend, war rasch ein Stück Stuttgarter, schwäbischer Kultur. Obwohl man nach Leipzig und Frankfurt und München auf dem neuen Kampfplatz der Medien ankam, hatte doch 1932 jeder neunte Stuttgarter sein »Radio«.

Übrigens waren die Senderäume der neuen Anstalt seit 1. Oktober 1924 im

Waisenhaus am Charlottenplatz untergebracht, das Schmitthenner damals für seine Aufgabe zum »Haus des Deutschtums« umbaute, in dem das Deutsche Auslandsinstitut seine Bleibe fand. Am 21. Mai 1925 hat man den neu gefaßten Bau eingeweiht, in Anwesenheit Stresemanns, des deutschen Außenministers, des württembergischen Staatspräsidenten und des Oberbürgermeisters: die drei Persönlichkeiten markierten stellvertretend die Bereiche, für die das Auslandsinstitut Anregung und Hilfe war. Es zog viele Fremde nach Stuttgart – 1930 war Gandhi da –, »Ausländer« in allen Schattierungen. Aber nicht nur die Übernachtungsziffern hoben sich, auch die Horizonte Stuttgarts selbst. Dafür sorgte auch das Lindenmuseum, mittlerweile zur weltberühmten Institution geworden. Als Albert Schweitzer 1932 zum fünfzigjährigen Jubiläum des handelsgeographischen Vereins, dessen Leitung Graf Linden 1885 übernahm, die Festrede hielt, hat er als »alter Afrikaner« den unaufhaltsamen Niedergang der Eingeborenenkunst bedauert. Aber man hat in Europa, in Stuttgart, das Geheimnis dieser Kultur verstanden. Bernhard Pankoks Porträt des Grafen, gleichsam ein kleineres Gegenstück zu Tizians Jacopo de Strada, ist wie ein Sinnbild dafür: statt der Renaissance-Venus hält der Graf ein exotisches Figürchen in der Hand. Aus allen diesen Quellen speist sich die literarische Landschaft Stuttgarts: sie ist in den zwanziger Jahren wieder greifbar, wie sie vielleicht nur im Vormärz zu spüren war. Sie hat auch in dieser Nachkriegszeit ihre sozusagen herkömmliche und übliche Seite, in der Mundartdichtung eines Martin Lang oder August Lämmle, in den köstlichen und längst zum schwäbischen Allgemeinbesitz gewordenen Gedichten Sebastian Blaus, dem die lateinische Poesie damals wohl noch eine entfernte, jedenfalls nicht mit seinem eigenen Ingenium identifizierte Sache war. Die Wortlava, die Satzmontage, der Simultanstil von Döblins Alexanderplatz: das darf im Stuttgart der zwanziger Jahre nicht gesucht werden. Indessen verraten die Dichtungen eines Otto Lautenschlager oder Max Reuschle doch auch den fortschrittsgeladenen Duktus, und Eduard Reinacher und Dr. Owlglass, der aus Leutkirch kommende Hans Erich Blaich, beide mit diesem Stuttgart zwischen den Kriegen auf vielfältige Weise verbunden, kennen sie sehr wohl, die Wortkaskaden und die feinen »Silberspäne« der Zeit, ohne daß sie das Gemächliche, das Besinnliche ihres eigenen Lebensraumes irgendwo verleugnen könnten.

Versponnen ist das Schwäbische, wenn es das je einmal war, nicht mehr. Die Novellen Manfred Schneiders oder Walter Erich Schäfers verraten deutlich die Verbundenheit mit dem, was »draußen« geschieht. Was der Stuttgarter Schauspielkritiker Manfred Kyber oder der am Lindenmuseum tätige Rudolf Utzinger schrieben, konnte geradewegs für ein provozierendes literarisches Leben genommen werden: der Kulturteil, die Feuilletonredaktion, die ungenierte Rezension unterm Strich sind in dieser Stadt – noch die Gründerzeitjahre wirken wie Provinz dagegen – zu einer unüberhörbaren Institution geworden. Karl Konrad Düssel hat vom Stuttgarter Neuen Tagblatt aus Hoelzel und seinem Schülerkreis die Wege geebnet, Hermann Missenharter, Theaterkritiker der Württemberger Zeitung, in unvergessener Manier und immer wieder neuen Ansätzen das schwäbische Profil anvisiert, Erich Schairer in seiner großartigen, verwegenen, frohen »Sonntagszeitung« den jungen Publizisten Mut gemacht: die Stuttgarter Presse war damals, wo man weniger von »Medien« und »Kommunikationsmitteln« sprach, aber in erfreulichstem Sinne zu kommunizieren verstand, ein Platz wirklich urbaner Geistesgefechte.

Von der »Freien Bühne« und einem musenfreundlichen Buchhändler der Marienstraße wurden Hesse, Hofmannsthal oder Hauptmann eingeladen, wobei fast jeder dieser Abende in einer Runde von Stuttgarter Freunden auslief. Bei der »Freien Bühne« las Gertrud Eysoldt Hasenclevers expressionistisches Drama »Der Sohn«. In einer Buchhandlung der Charlottenstraße traf sich die Avantgarde, unter ihr so bemerkenswerte Dramatiker wie Bernhard Blume oder Paul Wanner, der eine mit seinem ausgezeichneten »Bonaparte«, der andere mit seinem Kriegsgefangenenstück »P. G.« lange Zeit auf dem Repertoire des Landestheaters, unter ihr auch Männer wie Josef Eberle, sublimer Kenner nicht nur des Schwäbischen und das literarische Gewissen des Süddeutschen Rundfunks in dieser Zeit. Bei den Morgenfeiern des Landestheaters – sie waren so besucht, wie man sich das heute kaum mehr zu träumen wagt – lasen Frank Thiess, in Stuttgart eine Zeitlang Dramaturg, über Dostojewski, Manfred Kyber über das Märchen, Alfred Kerr über Jean Paul. Es ist bezeichnend und darf als ein Sinnbild gelten, daß Bruno Frank einmal in einer solchen Lesung gegen den pausbäckig-landläufigen Begriff vom »schwäbischen« Dichtertum protestierte und geltend machte, daß die Schiller und Hegel und Hölderlin – wie Carl Gustav Vollmoeller, dessen Sprachgewalt er zu rühmen hatte – bei allem selbstgenügsamen Tälerfrieden doch auch von der Sehnsucht ins Ungemessene verspürt hätten.

Vielleicht hat man dort, wo die alte württembergische Wortkultur überhaupt nicht mehr mit erhobenem, mit erinnerndem Finger hinter einem stand, dem Neuen noch unbefangenen Einlaß gewährt. In der Musik hatte Stuttgart aus dem neunzehnten Jahrhundert das Erbe eines weniger schöpferischen als fleißigen, gekonnten Niveaus. An solche Überlieferungen knüpften das »Schwäbische Musikfest« des Landestheaterorchester unter Karl Leonhardt im Juni und September 1925 an, die Feier zum fünfzigsten Jubiläum des Evangelischen Kirchengesangstages 1927 mit drei Aufführungen von Händels »Messias«, das große zwölfte deutsche Bachfest im Juli 1924, wo der Dresdner Kreuzchor sich mit den Stuttgarter und Esslinger Chören maß und an das sich 1931 ein Heinrich-Schütz-Fest in einem bewunderten Niveau anschloß. Wieviel Musikkultur in der Stadt war, bewies ja allein das unvergessene Wendling-Quartett, das mit Reger- und Pfitzner-Spiel Novitäten bot.

Sehr viel erstaunlicher aber ist, daß man die rezeptive, die präzeptorale Tradition auch übersprang, daß man sie, um im Bilde zu bleiben, zu überspielen verstand. Auch hier wäre man geneigt, Institutionen verantwortlich zu machen, das Stuttgarter Konservatorium, das von 1920 an Staatliche Musikhochschule war, unter der Leitung Max von Pauers, dann Wilhelm Kempffs. Kempff war von 1924 bis 1929 in Stuttgart und hat, dies ein lokaler Schnörkel, 1927 das Glockenspiel auf dem neugotischen Stuttgarter Rathaus eingeweiht: er war noch Stuttgarter, als er allmählich schon Weltruf hatte. Nicht die Institutionen allein brachten das Neue, mehr noch die Menschen, die Persönlichkeiten. Es gab in der Stuttgarter Musik der zwanziger Jahre Momente, die blitzartig den großen, den schöpferischen Augenblick ahnen ließen. Die Stunden, in denen Hindemith mit der ihm befreundeten Pianistin Emma Lübbeke eigene Kammermusik vortrug, in den Räumen des Fabrikgebäudes, das der Kommerzienrat Schiedmayer in der Neckarstraße zur Verfügung stellte, sind den anwesenden Kennern, unter ihnen Busch, sein Assistent Stefan Temesvary, der Kunsthistoriker Hans Hildebrandt, als aufrüttelnde Ereignisse geblieben. Am 4. Juni 1921 spielte man Hindemiths Kurzopern »Mörder, Hoffnung der Frauen« und das »Nusch-Nuschi« im Landestheater. Kaum jemand in Deutschland, der den damals Sechsundzwanzigjährigen gekannt hätte. Das Mörder-Drama, nach Kokoschkas überhitztem Text, nahm das Publikum noch einigermaßen ruhig auf. Als im folgenden, frivolen »Nusch-Nuschi« Hindemith mit Stellen aus Wagners Tristan daherkam, mit der Soloposaune aus Markes Auftritt höchstselbst, gab es einen tollen Skandal, wie er wohl einzig in der Geschichte der Stuttgarter Oper blieb. Indessen ist damals in Stuttgart einer der großen deutschen Opernkomponisten seiner Generation entdeckt worden.

Von einem anderen dieser Augenblicke erzählt Hubert Giesen. Von Rudolf von Laban, dem Lehrer Mary Wigmanns, sei er in Stuttgart aufgefordert worden, ein Tanzspiel zu schreiben. »Am denkwürdigsten Premierenabend auf der Bühne unseres Opernhauses saß ich hinter einem Vorhang vor dem Flügel, rechts neben mir ein Harmonium, links eine Celesta, hinter mir alles mögliche Schlagzeug, und ich jonglierte von einem Instrument zum andern, als ich mit erstaunten Augen meinen sich köstlich amüsierenden Lehrer Fritz Busch hinter mir stehen sah. Aus diesem Anfang ist das Tanzspiel entstanden, das weltberühmt wurde.«

Die Ära Busch – Fritz Busch ist 1918 noch als Hofkapellmeister nach Stuttgart berufen worden – war auch in musikalischer Hinsicht eine große Zeit der Stuttgarter Oper. »Wir waren glücklich in Stuttgart«, schreibt Busch später, »und fühlten, daß wir dort Wurzel faßten. Natur und Menschen, die Lebensform des Landes — das alles sagte uns gleichermaßen zu.«

Das Stuttgarter Landestheater war überhaupt in diesem Jahrzehnt ein Sammelbecken von Analysen und Begegnungen und Anregungen. Wenn Caruso im »Bajazzo« oder als Rudolf in »La Bohème« sang, lösten die Familien in der Nacht einander vor der Kasse am Großen Haus ab, für eine oder zwei Eintrittskarten. Die Ära Putlitz ist im Sommer 1920 durch Albert Kehm abgelöst worden, einen geborenen Stuttgarter, den der nationalsozialistische Kultminister Mergenthaler dann am 27. März 1933 in seinem Dienstzimmer mit ein paar Sätzen entlassen hat. Man hat es in diesem demokratischen Jahrzwölft fertig gebracht, in Stuttgart ebenso Experimente zu wagen — im Jahre 1931 etwa mit Ossip Dymows Negerstück »Schatten über Harlem«, das Krawalle auslöste — wie künstlerische Akzente zu setzen. Das Publikum, die Leute von Stuttgart und vom Lande, hat die alte Legende vom theatermüden Stuttgart Lügen gestraft: Busonis »Doktor Faust«, Hindemiths »Cardillac«, Ernst Kreneks »Jonny spielt auf« waren eklatante Erfolge. Vielleicht lag das daran, daß Kehm den Sturm auf das Bollwerk der Operntradition, auf die romantische Tonalität und die traditionelle Linienführung immer wieder aufzuhalten und dosiert zu geben wußte. Kurt Weill und Bert Brecht waren in Stuttgart nicht die ersten. Aber sie sind umjubelt worden.

Auch im Schauspiel hat sich das Landestheater bewußt von der alten Illusionsbühne zurückgezogen. Aufführungen wie Strindbergs »Traumspiel« sind weit über das Land hinaus beachtet worden. Und die bedeutendsten Aufführungen waren zugleich die Werke von Einzelgängern: Ernst Barlachs »Sündflut« und der »Blaue Boll«, freilich kaum registriert von der Öffentlichkeit, Hermann Kasacks »Vinzent«, das erschütternde Van-Gogh-Stück, Franz Werfels »Spiegelmensch«. Man hat diese Aufführungen, die dann auch Bert Brecht und Arnolt Bronnen, Wolfgang Goetz und Alfred Neumann zu Wort kommen ließen, Fritz Holl zu danken, wohl einem der begabtesten Wegbereiter modernen deutschen Theaters im damaligen Deutschland. Holl hat seine Bühne sicher geführt, durch alle Erfolge und durch alle Aufregungen.

Neben den beiden staatlichen Häusern dürfen die privaten Bühnen der Zeit nicht vergessen werden, das »Deutsche Theater« in der Heusteigstraße neben dem alten Zahnradbahnhof, Ende November 1918 in Fortführung des alten »Residenztheaters« eröffnet, das sich freilich ebensowenig halten konnte wie die Volksbühne mit Frank Thieß als Spielleiter und Maria Koppenhöfer als einer der ersten Schauspielerinnen, das Freilichttheater im Bopserwald unter Bruno Peschels Leitung, 1919 wiedereröffnet und im März 1921 durch einen Brand zerstört, das Schauspielhaus in der Kleinen Königstraße unter Claudius Kraushaar, dem König in seinem Reich, der mit glücklicher, mit vornehmer, mit künstlerischer Hand regierte. Kraushaar hat zum ersten Mal in Stuttgart die Dreigroschenoper gebracht. Im Deutschen Theater war echter Wagemut zu Hause: Tollers »Wandlung« gab es da, und Karl Konrad Düssel inszenierte auf der kleinen Vorstadtbühne einen Faust I, der in seiner Intensität von Georg Kaisers »Gas« kaum übertroffen wurde.

Das Große und Kleine Haus hat übrigens seine Dekorationen auch von Oskar Schlemmer und Willi Baumeister bekommen: die Stuttgarter Kunst und die Stuttgarter Bühne lebten und profitierten in nie geahntem Maße voneinander. Sicher hat die Kunststadt Stuttgart Jahre vor 1918 aufzuleben begonnen. Ein so berufener Mann wie Julius Baum hat 1913 nachgewiesen, daß die in Fachkreisen geäußerte Meinung, Stuttgart sei in künstlerischen Dingen »Vorstadt Münchens«, jetzt nicht mehr gelte. Aber in den zwanziger Jahren war die Kunst, der Kunstbetrieb, die Kunstdiskussion vielleicht das eigentliche Ferment, in dem die Königsstadt des 19. Jahrhunderts, jene eigentümliche Mischung aus imperialem Klassizismus und bürgerlichem Pietismus zu einer – wir nehmen das Wort mit allem Bedacht – erfreulichen Ausgabe von moderner Stadt geworden ist.

Gerade das Zusammenwirken der Disziplinen und Gruppen, der Lehrer und Schüler, der Künstler und der Leute ist für die zwanziger Jahre in Stuttgart typisch und prägend gewesen. Stuttgart kam mit seiner Landschaftlichkeit dem künstlerischen Auge entgegen. Paul Klee, sonst gesprächig und von literarisch-breiten Allüren in seinem Tagebuch, vermerkt unter dem zwölften Dezember 1916 nur: »Stuttgart, eine wunderschöne Stadt«. Das moderne Bauen, das in den zwanziger Jahren einsetzt, wird auch von den Stuttgartern geliebt und getragen. Während und nach der Inflationszeit zeigt sich in Stuttgart ein neuer Menschenschlag, wache Leute mit klugen und lebendigen Augen, die das Honoratiorenschwäbisch reden wie jeder andere, mit einem ungenierteren Einschlag vielleicht, keinen Smoking haben und keinen Homburg, aber einen Bubikopf tragen, als so etwas noch Sensationen machte, oder einen Rollkragenpullover und eine Baskenmütze, als man anderswo den Vatermörder trug und sich »deutsch«gerierte. Man traf sie auf den Kunstauktionen oder Antiquariatsmessen oder im Foyer des Landestheaters: ein durchaus der Wirklichkeit gehöriges Geschlecht, das sich mit der Nächstenliebe der Pietisten zu treffen, ja sie zu übertreffen schien. Rudolf Steiner hat in Stuttgart nach 1918 seinen Auftritt versucht, und Rittelmeyer hat hier den Boden für seine Wirksamkeit gefunden. Auch diese Leute haben gebaut, aber ohne an die Stuttgarter Mietshäuser im Westen zu denken, mit ihren ausgetretenen gebohnerten Stiegenhäusern und ihrem aus Küchen- und Abtrittsdüften gemischten Aroma: helle, klare Häuser, voller Ehrlichkeit und Konsequenz. Bauten wie Pankoks Atelierhaus am Stafflenberg hatten 1906 den Anfang ge-

72 *Adolf Hölzel (1853–1934) im Kreise einiger seiner Schüler (Anfang 1914). Von links: Alfred Wickenburg, Ida Kerkovius, Edmund Daniel Kinzinger, Hermann Stenner, Adolf Hölzel, Willi Baumeister (ganz im Hintergrund), Oskar Schlemmer, Heinrich Eberhard*

73 *(umseitig) Der in Stuttgart 1889 geborene und hier 1955 verstorbene Repräsentant und Weiterbildner der Stuttgarter Hölzel-Schule Willi Baumeister in seinem Atelier*

macht. Jetzt, zwanzig Jahre später, nahm man das Kunst- und Architekturangebot, überprüft, geläutert, gefestigt, mit Freuden auf.

Bernhard Pankok gab der Stuttgarter Kunstgewerbeschule, einem Brennspiegel von Impulsen und Pionierleistungen, einen weltweiten Ruf: ein Entwerfer und Gestalter und Bildner bis zu den innenarchitektonischen Details hin, zum impressionistischen Freilichtbild, zum Jugendstilsessel, bis zum Bühnenbild des Stuttgarter Hoftheaters. Adolf Hoelzel wohnte in Stuttgart seit Dezember 1905, zuerst in der Werastraße 59, zog dann mit seinem Abschied von der Akademie am 15. März 1919 ins eigene Haus nach Degerloch, wo er am 17. Oktober 1934 einem Schlaganfall erlag: auch nach 1919 hat Hoelzel an Ausstrahlungs- und Anziehungskraft für die jüngere Generation nichts verloren. »Was Hoelzel sowohl in Dachau wie an der Stuttgarter Akademie bis zu seinem Tode für seine Schüler bedeutete, kann nur der ermessen, der sein langjähriger Schüler war.« So Ida Kerkovius. Erst nach dem Rücktritt Hoelzels wurde anscheinend klar, daß der Mann mit seinen zwölf Jahren Akademietätigkeit, wie Willi Baumeister 1933 schrieb, »als Mensch, als Künstler und Lehrer eine vorbildlich schöne Atmosphäre in Stuttgart geschaffen« hatte, insofern in besondere Stuttgarter Tradition sich einfügend, als er der pädagogischen Provinz ihr spezifisches Gewicht in seinem Arbeiten gab.

Hoelzels Schülerschar hat die eigentümlichsten, gegensätzlichsten Begabungen versammelt. Haben Eberhard oder Marusja Foell mehr das stille, lyrische Element sichtbar werden lassen, hat August Ludwig Schmitt durch die 1927 erfolgte Gründung der »Freien Kunstschule«, an der Hoelzel selbst noch Vorträge hielt, zur Verbreitung der theoretischen Kenntnisse Hoelzels beigetragen, so ist Ida Kerkovius vor allem der kräftigen Farbwelt Hoelzels treu geblieben. Vielleicht war sie auch die einzige, die dem Meister so konsequent auf dem Weg zur absoluten, zum gegenstandslosen Bild gefolgt ist. Aber auch Max Ackermann, seit 1930 Leiter des Seminars für absolute Malerei an der Stuttgarter Volkshochschule, nach Lehrverbot im Jahre 1936 und Übersiedlung an den Bodensee seit 1958 wieder ständig in Stuttgart, hat zu einer absoluten, zu einer »musikalischen« Malerei gefunden. Vincent Weber, 1902 in Monschau geboren, kam in den frühen dreißiger Jahren von Paris, Antwerpen und Düsseldorf immer wieder für längere Zeit zu Hoelzel nach Degerloch. In die Theorien seines Meisters hatte er sich so eingearbeitet, daß ihm Hoelzel attestierte, er sehe in ihm einen der wenigen, die sein künstlerisches Erbe verwalteten. Aber auch Johannes Itten war noch da, in seiner theoretisch-pädagogischen Begabung Hoelzel am vergleichbarsten, Paul Bollmann, Schüler noch aus Kalckreuths Zeiten, Gertrud Koref-Musculus, die 1917 den »unfarbigen«, hoffnungsvollen Hermann Stemmler geheiratet hatte, Gertrud Eberz-Alber oder Lily Hildebrandt.

Vor dem Schweizer Otto Meyer-Amden, der Schlemmer später schrieb, das Gemeinsame sei vor allem ihr beider Ausgangspunkt, »unsere Stellung zu Adolf Hoelzel«, haben wir Oskar Schlemmer und Willi Baumeister zu nennen. Schlemmer, der schon 1920 einem Ruf an das Bauhaus in Weimar folgt, zeigt in seinen Stuttgarter Bildern vorherrschend Geometrie. Die Farben verharren wandbildartig in der Fläche. Aber er läßt auch schon sein künstlerisches Hauptanliegen erkennen, die Durchdringung von Malerei und Plastik und Architektur. Mit der Wandgestaltung im Werkstattgebäude des Weimarer Bauhauses von 1923 hat Schlemmer dann seinen Tribut geliefert zur Utopie gebliebenen Idee eines modernen Gesamtkunstwerkes. Baumeister, mit seinem Lebensgang Stuttgart mehr verbunden als Schlemmer, wirkt auf die Länge eher als Gegensatz zu Schlemmers konsequent realisierten Synthese von Gehalt und Gestalt. Hoelzel schickt ihm einmal, noch ins Feld, die Postkarte, mit der, auch für den Lehrer bezeichnenden Bemerkung: »Sie werden von uns allen der sein, der am höchsten kommt.« Baumeister nimmt alles auf und verwertet alles, freut sich an neuen Experimenten und neuen Lösungen: sein Weg ist reich an Verwandlungen und Entwicklungen, sein Werk voller Kontraste und urzeitlichen Stückungen, voller Spott und Drastik, voller technischer Verwegenheiten und schwer deutbarer Figurationen: eine ganze, eine eigene Welt.

Stuttgart selbst, als Stadt, als städtebauliches Gebilde, hat von diesem Kunstschaffen, das in Künstlerbünden sich manifestierte, dem Hugo Borst eine 1932 auch der Öffentlichkeit zugänglich gemachte bedeutende Privatgalerie widmete, das Max Fischer in Stuttgart zum Sammler der Maler des Bauhauses und des Blauen Reiters machte und den Marchesen Silvio di Casanova zum Stifter von achtzig Bildern moderner schwäbischer Provenienz, die Grundstock war zur Eröffnung der Städtischen Gemäldesammlung am 28. Mai 1925: Stuttgart hat von dieser Kunst und diesem Geist Entscheidendes empfangen. Bildbau und Hausbau nahmen, trotz aller Eigengesetzlichkeiten, voneinander an und erzeugten eine Atmosphäre, die den neu heraufwachsenden Gebilden der Architektur nur günstig war. Was der eigenwillige Pazaurek im Landesgewerbemuseum an modernstem Design zeigte, hat Fachleute aus ganz Europa angelockt, und die gelegentlich des Stuttgarter Kunstsommers 1924 vom damaligen Staatsgaleriedirektor Otto Fischer im Kunstgebäude gezeigte Ausstellung »Neue deutsche Kunst« war ein Ereignis für ganz Deutschland. Die jüngste Malerei werde nicht in München, sondern in Stuttgart deutlich. »Hier ist mit Verständnis und Umsicht«, schrieb Benno Reifenberg in der Frankfurter Zeitung, »eine Auswahl der Kunstwerke unserer Tage getroffen worden, die den seltenen Anspruch auf Gültigkeit machen kann«. Keine Ausstellung der zwanziger Jahre hat dieses Niveau mehr erreicht. Aber es ist bei der Show nicht geblieben. Paul Bonatz, Anführer der

Stuttgarter Architektenschule, hat 1929 seinen Bahnhofbau abschließen können, eine Architektur, die heute so unverwelklich ist wie am ersten Tag. Als er sich im Frühjahr 1911 am Wettbewerb beteiligte, gab er seiner Einsendung das Kennwort »umbilicus Sueviae«: »Wir wußten von Delphi, daß dieses als der Omphalos, der Nabel der Welt angesehen wurde.« Wie sehr ist der Bau zum Nabel des Schwäbischen geworden! Und es war wohl auch kein Zufall, daß sich die Mitglieder der Stuttgarter Regierung am 9. Januar 1919 in den eben fertig gewordenen Bahnhofsturm verzogen: etwas von fortifikatorischer Monumentalität hat der Bau bis heute behalten, freilich auch die wichtige Stellung im baulichen Organismus der Stadt.

Der neue Baukomplex hat entlang der Lautenschlagerstraße ein neues Stadtviertel inspiriert, mit dem 1927 begonnenen Hindenburgbau, der nun freilich trotz seiner Bögen in ein städtebaulich noch ungenutztes Hinterland entließ, mit dem von Bonatz in den Jahren 1929 bis 1931 erbauten Zeppelinhotel, mit der Oberpostdirektion von Luz aus den Jahren 1926 und 1927, einem dreigegliederten Hochhaus mit davorliegendem Flachbau, einem der imposantesten Architekturbilder dieser zwanziger Jahre von fast amerikanischen Dimensionen. Die ganze Stadt war in ihrer Baustruktur in Fluß geraten. Da erstellte Hugo Keuerleber 1926 die Stadthalle an der Neckarstraße und die Architekten des städtischen Hochbauamtes das Heslacher Schwimmbad als ein schönes Beispiel technischer Gestaltung. Da baute Richard Döcker 1927 das Lichthaus Luz an der Königstraße, das lange als das modernste Geschäftshaus Deutschlands galt, und E. Otto Oßwald ein Jahr später den Tagblatt-Turm, das erste Hochhaus der Stadt, der, aufs glücklichste gegliedert und proportioniert, den Leuten wohl höher schien, als er war, und für 1929 ein wahres »Jahr der Hochhäuser« einleiten wollte. Aber der Gemeinderat bremste. Eine Hochhäuserfront an der Königstraße gab es nicht. Die Geschäftshäuser von Breuninger und Englisch wurden niedriger, als die Architekten wollten.

Die Einsprüche kamen nicht deshalb, weil man vor dem Neuen Angst gehabt hätte. Nur vor dem *zu* Neuen wollte man die Stadt verschonen. Im übrigen gab es schon, seit 1926, das Kaufhaus Schocken Erich Mendelsohns, der damals einer der prominentesten Vertreter der modernen Architektur war und den kubischen Bau aus Glas und Beton beherrschte. Die Verbindung zum Ganzen war das Interessantere, das Wichtigere. Richard Herre schuf Inneneinrichtungen und Ausstellungen, die ihrer Zeit weit voraus waren, Adolf G. Schneck, der an der Kunstgewerbeschule lehrte, neue Holzmöbel, Gustav Schleicher trat am Landesgewerbeamt für die neuen Baumethoden ein, Gustav Stotz, der Stuttgarter Geschäftsführer des Deutschen Werkbundes, brachte sie noch einmal alle an einen Tisch, die Industriellen und Architekten, die Künstler und Kunsthandwerker.

Es waren die Monate, in denen man sich die letzten Gefechte lieferte um die 1926 vom Stuttgarter Gemeinderat beschlossene Weißenhofsiedlung, eine Versuchssiedlung mit sechzig Wohneinheiten, die Architekten wie Corbusier, Gropius, Poelzig und Mies van der Rohe in Stuttgart versammelte und in aller Welt als gültige Manifestation einer neuen Architektur und eines neuen Städtebaus angenommen wurde. Die Siedlung ist nicht ohne Kritik aufgenommen worden. Sie sei nichts anderes als »eine schwere Schädigung des Landschaftsbildes von Stuttgart«, ein »Pueblodorf«, das nun ins Neckartal hinunterschaue. Man erinnert sich noch der Postkarten, die damals das Geviert dort oben lächerlich machten, mit der glühenden Afrikasonne, die hinter dem Kriegsberg untergeht, mit Frauen in weißverhüllten Gewändern, mit einfältig dahintrabenden Kamelen. War es ein »Stuttgarter Schildbürgerstreich«? Hinter den architektonisch-baukünstlerischen Einwänden stand der Volkstumsanspruch der Denkmal- und Landschaftspflege. Sie konnte sich mit dieser »von Amerika beeindruckten Mechanisierung mit einem Schuß Wildwest« ebenso wenig befreunden wie mit jener »bolschewistischen Gleichmacherei«. Talmi-Sozialismus sei das. Als Reaktion in mehrfachem Sinne entstand nebenan die Siedlung um den »Holzwurm«, geprägt durch die Männer der Stuttgarter Schule, durch Bonatz und Paul Schmitthenner, den Bonatz 1918 an die TH gerufen hatte. Schmitthenner gehörte nicht zu den Stillen im Lande. Er war Widersacher des Bauhauses in einem leidenschaftlichen Sinne. In seinen Händen lag dann der Wiederaufbau des Alten Schlosses und des Königin-Olga-Baues. Er hat, mit Recht und mit Notwendigkeit, der drohenden maschinellen Vereinfachung modernen Bauens eine sehr persönliche, intim einfühlende Bauweise entgegengesetzt, die sich immer am Rande historischer Vorbilder bewegte.

Auch für Stuttgart waren die zwanziger Jahre nicht golden. Sie waren mehr: ausgewogen, durchdacht, ein Boden, auf dem sich hätte weiterbauen lassen, keine schlüpfrige Abgrundnähe. Man hat hier Expressionismus nicht als Masche abgespult. Unter günstigen soziologischen Bedingungen freilich, hat man keine Extreme aufkommen lassen, kein Vakuum, in dem dann, wie in München oder Berlin, nazistische Heilslehre als eine Sache von Massen sich festsetzen konnte. Das Wichtigste: daß die Stadt zwischen allen verführerischen Angeboten sich selbst treu blieb, daß die nervenkitzelnden zwanziger Jahre in Stuttgarter Fassung statt fahlen Talmiglanz einen Schuß bodenständiger Farbkraft gehabt haben. Stuttgart hat versucht, gerade in diesem zu Extremen neigenden Jahrzehnt, seine eigene Identität neu zu finden, ja sie neu zu festigen. Das Schönste dabei blieb, daß es den Zusammenhang mit dem Hergekommenen nicht verloren, sondern gerade in der Aufgeschlossenheit gegenüber dem Modernen und Aktuellen betont hat. Die Besucher von draußen, von weither, haben das in dieser Stadt immer als höchst angenehm empfunden. Es ist immerhin ein bemerkenswertes Ding, ein Beleg auch für die unzerstörte Substanz der Stadt, daß damals ein Gedicht möglich war wie dieses von Edwin Hoernle, schlicht mit »Stuttgart« überschriebene:

Drüben will der Tag verglühen,
naht die Nacht auf roten Schwingen;
hüben, wo die Linden blühen,
liegt ein Glanz auf allen Dingen.

Von dem Berge führt die Steige
niederwärts in dunkle Gassen,
wo des Sonnenweines Neige
kaum die blinden Scheiben fassen.

Um die Giebel letzter Schimmer –
plötzlich, welches Lichtgefunkel?
Tausend Lampen, tausend Zimmer
strahlen Leben in das Dunkel.

Der Weg in die Feuerhölle

Eine Antwort auf die Frage, ob Stuttgart eine Rolle gespielt hat im Dritten Reich und welche, können wir hier in materieller Vollständigkeit nicht geben. Wann die Nationalsozialisten im Schwäbischen und in Stuttgart zu einem dominierenden politischen Faktor wurden, läßt sich summarisch kaum beantworten; dazu ist das Phänomen »Nationalsozialismus«, dem fast zu Tode diskutierten »Faschismus« ohnehin nicht gleichzusetzen, viel zu differenziert und viel zu sehr mit dem ideologischen Ballast des vergangenen 19. Jahrhunderts beladen. Als es am 4. Mai 1924 in Württemberg einen neuen, zweiten Landtag zu wählen galt, stießen zur Rechten erstmals drei Vertreter des radikalen »Völkisch-sozialen Blocks«, den die Nationalsozialistische Deutsche Arbeiterpartei später aufsog. Nach vielerlei Schwierigkeiten war es zur Regierung einer kleinen Rechtskoalition gekommen, die freilich ein von Ländern wie Bayern beneidetes, ruhiges Arbeiten hatte. In den Neuwahlen vom 20. Mai 1928 hatten die Nationalsozialisten ihre drei Sitze verloren. Indessen waren sie durch die 20 342 NSDAP-Stimmen ermutigt, zusammen mit der etwas günstiger weggekommenen Volksrechtspartei beim Staatsgerichtshof für das Deutsche Reich Klage wegen der für Splitterparteien nachteiligen Bestimmungen des württembergischen Wahlgesetzes einzureichen. Was die politischen Erfahrungen in der Bundesrepublik nach 1945 in das politisch-parlamentarische Leben einzubringen versuchten, die alle Splitterparteien abwehrende Fünf-Prozent-Klausel, galt für einen Staatsgerichtshof von damals nicht. Die beiden württembergischen Kläger bekommen positiven Bescheid. Der württembergische Staatsgerichtshof, obwohl in der Sache selbst anderer Auffassung, schließt sich ihm an. Also verlieren am 6. Juni 1929 ein Sozialdemokrat, ein Zentrumsmann und ein Bauernbündler ihren Stuttgarter Landtagssitz. Dafür ziehen zwei Vertreter der Volksrechtspartei und Professor Christian Mergenthaler als erster Nationalsozialist in den Landtag ein.

Damit war eine Wendemarke gesetzt, auch wenn sie der im Parteiendschungel verunsicherten Mehrzahl nicht aufgefallen sein mag. Unter der Führung des

Zentrumsabgeordneten Eugen Bolz, der statt des vielumstrittenen Bürgerparteiführers Wilhelm Bazille Staatspräsident wurde, aber in alter Kabinettszusammensetzung, wurde die württembergische Politik der Sparsamkeit weitergeführt, leibhaftiges Zeichen der Kontinuität, während in Berlin und im Reich schon brodelnde Unruhe um sich fraß. Als der Reichssparkommissar Moritz Saemisch just in den Monaten der einbrechenden Wirtschaftskrise sein Gutachten vorlegte, bekam Württembergs Finanz- und Verwaltungssituation das Prädikat, die beste im Reich zu sein. Die Politik der Ausgabensenkungen und der stimmigen Haushaltsausgleiche, die Unbedingtheit gouvernementaler Sparpolitik waren hier oberstes Gebot, so sehr, daß sich der Staat sogar spezifisch politische Pflichten glaubte versagen zu können. Sie hätten ihn nicht nur dazu bestimmt, die Forderungen der gesellschaftlich-politischen Kräfte als die elementare Voraussetzung für jede sachliche Arbeit zu disziplinieren, sondern ihm zugleich auch auftragen müssen, die Desintegration der Gesellschaft zu verhindern. Männer wie Bolz oder wohl auch Reinhold Maier, der populäre Stuttgarter Rechtsanwalt, den Bolz dann bald als Wirtschaftsminister in sein Kabinett holte, mögen die Gefahr einer derart entpolitisierten Politik gesehen haben. Aber war es nicht gute, bewährte Tradition im Lande, mit der Vollmacht der Sachlichkeit legitimiert, zunächst einmal Politik als eine Kunst des Möglichen zu praktizieren, das heißt: zu sparen, wenn die Kassen das erforderten, auch dann, wenn die Gefahr einer Bürokratisierung des Staatsapparats dafür in Kauf genommen werden mußte?

Von der Perspektive des Landes her gesehen mochten die Dinge auch im Lot sein. Bei der Reichstagswahl am 14. September 1930, als die NSDAP im Reich in sensationeller Weise von zwölf auf 107 Mandate kam, hatten in Württemberg die Nationalsozialisten den kleinsten Anhang in ganz Deutschland, etwa 130 000 Wähler, genau soviel wie die Kommunisten. Verständlich, warum man jetzt die Propaganda auf Württemberg konzentrierte. Am 7. Dezember 1930 versammelt Hitler seine Uniformierten in Stuttgart und nimmt in der Schillerstraße ihren Vorbeimarsch ab. Zur gleichen Zeit demonstrieren die Sozialdemokraten bei der Gewerbehalle am Hegelplatz und die Kommunisten auf dem Marktplatz. Vierzehn Tage vorher hatte Reichstagspräsident Paul Löbe, ein Sozialdemokrat, der in seinem Geschick und seiner unverlierbar-souveränen Haltung wie geschaffen schien für dieses Amt, in der Stadthalle an der Neckarstraße eine Rede gehalten, der ein demonstrativer Fackelzug des Reichsbanners nachfolgte. Jetzt begann auch für Stuttgart die Zeit, in der über »Politisierung« gar nicht mehr diskutiert zu werden brauchte, weil die Politik schon auf der Straße gemacht wurde. »Unsere Versammlungsreden«, berichtet Wilhelm Keil über die SPD-Arbeit Ende 1930, der Zeit, in welcher der »Stuttgarter NS-Kurier«

zu erscheinen begann, »waren nunmehr überwiegend Kampf und Abwehrreden gegen den ›Faschismus‹.«

Wenig später, am 21. Februar 1931, veranlaßt ein Überfall von Nationalsozialisten auf Reichsbannerleute das Stuttgarter Innenministerium, alle Versammlungen und Aufzüge unter freiem Himmel zu verbieten. Für das Innenministerium war in Ämtereinheit gleichfalls Eugen Bolz zuständig, Zentrumsabgeordneter im Landtag seit 1913 und wohl unter den Nazigegnern der württembergischen Politiker der klarste und beste Kopf. Vielleicht ist ihm vor dem Januar 1933 nur ein Rechenfehler unterlaufen, der, daß er in der Stuttgarter Polizei nur ein loyales, staatstreues Instrument sah. Man müsse und könne das Faustrecht auf der Straße bekämpfen; die Staatsautorität würde den inneren Frieden erhalten können: das ist die württembergische Version. »Ich glaube«, meint er am 21. Februar 1931, trotz aller Stechereien und Schießereien, »wir haben in Württemberg nichts zu fürchten. Wir haben die Kraft, auch bei politischen Verwicklungen Herr zu bleiben, und wir haben den Willen dazu, die ganze staatliche Macht einzusetzen. Ich möchte aber bitten, nicht nervös zu werden. Die politischen Bewegungen, die wir erleben, werden sich auch überschlagen. Ich habe die Überzeugung, daß weder die kommunistische Bewegung uns über den Haufen rennen wird noch die nationalsozialistische. Auch letztere Bewegung wird von selbst wieder abflauen, wenn die Leute lange genug ihre Sprüche dem Volk vordoziert haben. Ich gebe zu, daß in Württemberg die nationalsozialistische Welle noch einen gewissen Auftrieb erfährt, aber ich habe die feste Überzeugung, daß der scharfe Kampf, den wir gegenwärtig gegeneinander führen, seine Wirkung nicht verfehlen wird.«

So, wie Bolz hier die Dinge sieht und im voraus bestimmt, mögen die Besten in der Stadt und im Lande auch gedacht haben. Wer die Sätze genau liest, kann in ihnen nichts anderes erkennen als eine bemerkenswert unabhängige Analyse dieser schreienden und trommelnden Tage, eine Abbreviatur dessen, was Theodor Heuss in seiner 1932 erschienenen Schrift »Hitlers Weg« oder Ewald von Kleist-Schmenzin in seinen Denkschriften dieser Monate, der eine aus schwäbischen und »naumännischen« Traditionen, der andere aus denen des preußischen Konservatismus schöpfend, in freilich sehr viel breiterer Weise auch gesagt haben. Bolz, dreizehn Jahre später als Opfer des 20. Juli hingerichtet, von unbestechlichem Urteilsvermögen und asketischem Zuschnitt, hat selbst in den schlimmsten Stunden nach dem 30. Januar 1933 Ruhe und Würde ausgestrahlt. Was er nicht sah, oder für den Augenblick nicht sehen wollte, ist die Unterwanderung der Polizei durch die Leute der NSDAP. In Württemberg unterblieb der Versuch, die Republik auch gegen solche Feinde zu verteidigen, die sich, mit frommem Mantel behängt und mit manchen politischen Wassern gewaschen, nicht der Fäuste, aber immer wieder neu variierter Agitationen bedienen. Insofern lag das verborgene Elend auch nicht bei den braunen Sympathisanten unter den hohen Polizeioffizieren, sondern in der Überforderung des beamtlichen Ermessensspielraums. Man hätte einen Befehl »von oben« gebraucht. Man hat ihn in der Stunde X aber gar nicht mehr von dort erhalten können, weil die – bewußt verfolgte – Entpolitisierung und Bürokratisierung der Politik an eine Grenze heranführte, die die Ordnungsaufgabe des Staates schließlich nur noch als Aufrechterhaltung der öffentlichen Ruhe und Ordnung, als Polizeiproblem begriff.

Tatsächlich war die württembergische Beamtenschaft in dieser Endphase der Weimarer Republik, wie verläßliche Untersuchungen beweisen, vergleichsweise wenig ideologisiert. Sie schien, wie die Polizei im speziellen Falle, »neutral« – was sich wahrscheinlich schlimmer auswirkte, als wenn die jeweilige politische Färbung in den Bürostuben und Kanzleien schon früher und deutlicher bekannt geworden wäre. Man hat indessen bewußt darauf verzichtet, Farbe zu bekennen, und damit im Grunde jene Bewegung begünstigt, die das immer breiter werdende Machtvakuum im Staate für sich auszumünzen begann. Einer der geistvollsten Männer der Deutschdemokratischen Partei, dieser schlechthin »schwäbischen« Partei des Landtags, der Schriftsteller und Journalist Johannes Fischer, hat den Lauf der Dinge recht klar in Worte gefaßt, wenn er in einer Landtagsrede am 16. Februar 1932 die württembergischen Beamten den Landtagsabgeordneten zurufen läßt: »Ihr könnt reden, was ihr wollt, wir sind schon unterwegs zwischen dem heutigen Staat und dem, der kommen soll, aber in unserer inneren Entscheidung stehen wir schon bei dem nächsten Reich.« Die Prognose der SPD-Kollegen im Landtag, Wilhelm Keils oder Kurt Schumachers, hätte nicht anders gelautet. Tatsächlich hatte die SPD gerade in diesen letzten Monaten eine Untersuchungskommission beantragt, mit der Aufgabe, »Parteibuchbeamte« aus den Reihen der württembergischen Polizei herauszufischen: gerade zwei solcher Leute waren gefunden worden. Wer die Dinge vordergründig sah, mochte beruhigt sein. Keil, durch seine gleichzeitige Tätigkeit im Reichstag ohnehin gewitzter als mancher nur im Stuttgarter Landtag sitzende Kollege, war es nicht. Er nimmt die in wenigen Wochen anders gewordene Atmosphäre zum Anlaß, in der »Schwäbischen Tagwacht« zu Beginn des Jahres 1932 grundsätzlich Stellung zu nehmen. In den jüngsten großen Debatten, die man im Stuttgarter Landtag über die Fragen der öffentlichen Ruhe und Ordnung führte, waren auch die »Boxheimer Dokumente« des Gerichtsassessors Dr. Best verhandelt worden: Best, Nationalsozialist bis zum Exzeß, hatte sich den Plan ausgedacht, eine blutige Parteidiktatur über Deutschland verhängen zu lassen, nur um die nationalsozialistische Heilsdoktrin endlich in ihr historisches Recht zu setzen. Ob das eine oder andere Diktatur-Plädoyer Carl Schmitts, des eindrucksvollsten, aber zugleich umstrittensten Staatsrechtslehrers zwischen den Kriegen, Pate gestanden hat oder nicht: Bests Projekt ließ an Deutlichkeit nichts mehr zu wünschen übrig. »Das Recht, über Leben und Tod jedes Menschen ohne gerichtliches Verfahren zu entscheiden, wird in die Hände der SA gelegt.« Punktum. Keil hat dazu die bürgerlich-brave Frage, wie es sich bei solchen Sätzen mit der Rechtsstaatlichkeit verhalte. Aber er will auch wissen, warum die Nazis von den geplanten Schritten der Regierung *vor* deren Ausführung Kenntnis erhalten hätten, ob der – das war zweifellos die Kernfrage – als ordnungswahrende Bürokratie und als Garant der Sachlichkeit verstandene Staatsapparat überhaupt noch seine Funktionen, seine recht verstandenen, erfüllen könne. »Was sind das für Personen, mit denen in der Stuttgarter Moltkekaserne Übungen mit Gasmasken veranstaltet worden sind? Mit welchen Ausweisen dürfen die jungen Leute zum Zweck solcher Übungen die Kaserne betreten?« Der nationalsozialistische Versammlungsredner Neumann sei in Stuttgart verhaftet worden, als er versucht habe, den Staatspräsidenten Bolz zu ermorden. »Diesem Mörder genehmigte das Stuttgarter Polizeipräsidium das öffentliche Reden in Stuttgart! Auf Plakaten durfte er verkünden, daß er in Rußland als Tschekaführer zum Tode verurteilt worden sei und sich gerade noch über die Grenze retten konnte.« Und dann mit hinreichendem Hinweis auf die Stuttgarter Verhältnisse zu Beginn des Jahres 1932: »Was sich die Stuttgarter Nationalsozialisten angesichts der politischen Einstellung des Polizeipräsidiums herausnehmen, dafür liefert der gestrige Krach in einer öffentlichen Versammlung der Demokratischen Partei den neuesten Beleg. Nach Zeitungsberichten sind bei der Störung der Demokratenversammlung friedliche Teilnehmer mit Stühlen und Messern bearbeitet worden. Ein solcher Vorfall wäre unmöglich, wenn die Nazis nicht mit der Nachsicht der Polizeibehörden und der Gerichte rechnen könnten. Als Beweis dafür, daß solche Überfälle von den Nazis systematisch organisiert werden, dient ein Zirkular eines Sturmführers Schwarz, in welchem zuverlässige PG.s aufgefordert werden, in dem Stuttgarter Künstlerlokal Excelsior die Vorstellungen von Ringelnatz zu stören und ›diesem größten Schweinehund das Handwerk zu legen‹. ›Um unser Tun zu rechtfertigen‹, heißt es in dem Schriftstück weiter, ›fordere ich Sie hiermit auf, am kommenden Sonntag, den ... im Excelsior sich einzufinden.‹ Nach diesen Methoden wurden die Terrorakte gegen die Versammlungen Andersgesinnter, in denen die Nazis nichts verloren hatten, vorbereitet.«

Wie sehr sich das politische Klima jetzt auch in Stuttgart, in einer noch vor wenigen Jahren, ja vor Monaten noch in die Sekurität der Sparwelle und die Ausgeglichenheit der Sozialstruktur eingebettete, im kulturellen und künstlerischen

Bereich selbst Experimenten nicht verschlossenen Stadt verändert hat, illustrieren diese wenigen Sätze. Wie war das möglich, daß das Gezeter der Straße im politischen Konzert zum cantus firmus wurde, daß statt politischer Vernunft Haß um sich griff und schließlich alles, die Leistungen und die Hingabe, die Verantwortung und jenes geduldige, von Bolz apostrophierte Wissen, auch dieser fressende Fanatismus werde sich »überschlagen«, in den Taumel der »Machtergreifung« gerissen wurde: wie war das möglich? Das ist die Frage, die deutsche Frage zur Geschichte dieses Jahrhunderts.

Wer die Komplexität jedes geschichtlichen Vorgangs bedenkt, wird zögern mit einer sogenannten hundertprozentigen Antwort. Haben sich die herrschenden Schichten, als sie mit ihrem Latein am Ende waren, mit »dem Faschismus« verbündet, um mit seiner Hilfe die kapitalistische Gesellschaftsordnung zu retten? Daß mit der nationalsozialistischen Diktatur eine tödliche Gefahr heraufziehe, darüber war man sich, wenn auch in der Minderzahl, hüben und drüben einig; die Ablehnung ging, wenn man den württembergischen Landtag als das soziologische Spiegelbild der Bevölkerung nehmen darf, durch alle Schichten. Sind die Ultrarechten, weil sie gegen die anstürmenden »Demokraten« sich nicht mehr mit normalen Mitteln zu verteidigen imstande waren, zur autoritären Diktatur übergegangen? Gerade in Württemberg hat sich vor und nach 1933 gezeigt, daß zwischen »den Rechtsparteien« und »den Nationalsozialisten«, will man überhaupt bei diesen Formeln bleiben und sie nicht als leer gewordene Hülsen abtun, ein zu tiefer Graben war, als daß von irgendwelcher, politisch relevanter Kollaboration gesprochen werden könnte. Oder haben die Führungsgruppen in Wirtschaft, Gesellschaft und Staatsapparat so etwas wie Faschismusflucht begangen, nur um die eigenen sozialen Privilegien zu halten? In Württemberg hat man eher vom Gegenteil den Eindruck: daß die Trennung von staatlichen und gesellschaftlich-politischen Gesichtspunkten zur fixen Idee geworden war, daß die Bürokratie mit dem Ausbleiben der politischen Vorentscheidung heillos überfordert war.

Eine nur an soziologischen, sozialistischen Denkvorstellungen orientierter Erklärungsversuch wird kaum zu stimmigen Antworten kommen, zumal wenn er nur von der Polarität zwischen Oberklassen und Unterdrückten fasziniert ist und die pluralistische Gesellschaft mit ihren mannigfaltigen und divergierenden Interessen gar nicht sieht. Geistesgeschichtlich gesehen ist »der Nationalsozialismus« doch nur ein Sammelsurium von Angeboten, die im Mülleimer des 19. Jahrhunderts zu finden waren, im ideologischen Wertcharakter eine seltsam unprofilierte und unoriginelle Sache. Ging es letztlich, wer die Qualität und das Niveau dieser »weltanschaulichen« Aktionen mißt, überhaupt um ideologische, um geistige Konzeptionen? Oder war das nicht alles zufällig gewonnenes

Beiwerk, hinter dem man sehr bald die nackte Handhabung dessen sah, worum es den »Nationalsozialisten« ging: die Handhabung der Macht? Die deutsche, die nationalsozialistische Variante des »Faschismus« war zunächst einmal eine Sache der politischen Technik und einer bestimmten politischen Methode, keine spezifische, verbindliche Idee – so sehr man die »Idee«, die verhüllende, in den ersten zwei drei Jahren nach 1933 auch strapaziert hat.

Im übrigen war es das Volk, welches das Placet gab. Die württembergischen Landtagswahlen vom 24. April 1932 machen die Nationalsozialisten mit 23 Abgeordneten mit einem Schlag zur stärksten Fraktion im Stuttgarter Halbmondsaal. Zum Landtagspräsidenten wird am 10. Mai 1932 Christian Mergenthaler gewählt, der Mann, der dann im Jahrzwölft des Dritten Reiches in Württemberg als der gefährlichste, ideologisch unabdingbarste Nationalsozialist agieren sollte. Das Kabinett Bolz bleibt nur geschäftsführend im Amt. Die Wahl eines neuen Staatspräsidenten, eine sinn- und verfassungsgemäße Parlamentsarbeit ist schon gar nicht mehr zustande gekommen. Im Dezember 1931 hatte Stadtamtmann Dr. Karl Strölin, Stuttgarter Oberbürgermeister seit 1933, in einer großen Stadthalle-Versammlung Eugen Bolz als »bald weiland Staatspräsident von Württemberg« apostrophiert. Ein Vierteljahr später war es tatsächlich soweit. Der Landtag war ohnmächtig und hatte seine, vereinfacht gesagt, jahrhundertealte Rolle ausgespielt. Konstruktives sei von ihm nicht mehr zu erwarten, aber auch nicht zu befürchten, meinte Bolz: er begriff die Regierung jetzt, nach dem Berliner Vorbild, als ein Präsidialkabinett von Beamten, deren wesentliche Aufgabe darin lag, die Staatsmaschine nicht still stehen zu lassen. Die Chance war perfekt, in dieses Niemandsland die braunen Bataillone einrücken zu lassen, »nachdem auch hier«, wie Keil das formulierte, »die Entscheidung des Volkes zur Arbeitsunfähigkeit des Parlaments geführt hatte«.

Nach der Bestellung Hitlers zum Reichskanzler am 30. Januar 1933 gab es in Stuttgart kaum mehr Leute, die dem alten »System« auch nur ein Minimum an Lebenschancen gegeben hätten. In der Landtagssitzung vom 31. Januar feierte Mergenthaler »das neue Reich der Ehre, der Freiheit und der sozialen Gerechtigkeit«. Auch Bolz war noch einmal dabei, das letzte Mal. In einer scharfen, für unsere heutigen Empfindungen vielleicht etwas zu landsmannschaftlich und zu parteipolitisch gefaßten Rede hat er hier gegen Hitler und Hugenberg, gegen den »Geist von Potsdam« Stellung bezogen: »Das ist der Geist, der die ganze Welt erobern wollte, der seine Aufgaben überspannt hat, der zum Zusammenbruch führte, das ist der Geist, der in Wirklichkeit die Ursache unseres heutigen Elends ist.« Aber das war eine Stimme in der Wüste. Die Szene beherrschten jetzt die Fackelträger der »deutschen Revolution«. »Damit ist die nationalsozialistische Bewegung zum Totalstaat geworden, mit allen Rechten und Pflichten, die sich daraus ergeben.« So einer der schnell gewonnenen Historiker im März 1935. Um den ungeniert so genannten Totalstaat zu etablieren, fehlte nur noch das Plebiszit. Sie war schon auf den 5. März 1933 ausgeschrieben, die Reichstagswahl. Wahl nur dem Namen nach, von Verhaftungswellen gezeichnet und von den Nationalsozialisten skrupellos für sich beansprucht, brachte sie den Nationalsozialisten auf Kosten der kleinen bürgerlichen Restparteien, der Kommunisten und der Jungwähler 44 Prozent der Stimmen. Zusammen mit der Kampffront Schwarz-Weiß-Rot kam eine knappe Mehrheit von 52 Prozent zustande.

In Württemberg brachten es die »Regierungsparteien« nur auf 46,9 Prozent. Dennoch konnte kein Zweifel über eine »Machtergreifung« bestehen, auch in Stuttgart nicht, wo über ein Drittel auf die NSDAP entfiel. Göring hatte noch in der Nacht des Wahlsonntags unmißverständlich von der Übernahme der Länder gesprochen. Am Abend des 6. März waren denn auch in einer Massenkundgebung auf dem Stuttgarter Marktplatz aus dem Munde Murrs und Mergenthalers die sofortige Beseitigung von Bolz gefordert worden, und die hingerissene Menge gab den beiden Hetzreden frenetischen Beifall. Wie zur Antwort darauf, sah man einen Tag später auf dem Landtag, den Ministerien und den öffentlichen Gebäuden die Hakenkreuzfahnen. Ein Rechtsbruch war es, ein freilich sehr geschickter, daß der Esslinger Nationalsozialist Oberstleutnant a. D. Dietrich von Jagow am Abend des 8. März durch den Reichsinnenminister als Reichspolizeikommissar bestellt wurde, »da Aufrechterhaltung öffentlicher Sicherheit und Ordnung in Württemberg unter gegenwärtiger Leitung der Polizei nicht mehr gewährleistet« sei. In der Sitzung des Staatsministeriums am anderen Tag, in der dann eine Reihe von brieflichen Aktionen beschlossen wurde, erklärte Bolz, er zweifle nicht daran, »daß nach Berlin von Württemberg die falsche Nachricht lanciert worden sei, daß die öffentliche Ruhe und Sicherheit gefährdet sei«. Diese zweitletzte Sitzung der seit 1928 amtierenden württembergischen Staatsregierung ruft peinliche Reminiszenzen an jene Sitzung vom 8. November 1918 hervor: auch jetzt teilt der Regierungschef mit, er habe den Beamten des Innenministeriums gesagt, »sie sollten tun, was sie für richtig halten«. Wer die Straße erobert hatte, der war jetzt der Sieger. Alfred Dehlinger, seit 1924 Finanzminister, hat in dieser Sitzung überhaupt geschwiegen, der stille Protektor der Nationalsozialisten, der unter dem Deckmantel des »Fachmanns« bis 1942 den Nationalsozialisten treuer Diener blieb. Grotesk wurde das Spiel, als wegen der nationalsozialistischen Machtkämpfe hinter den Kulissen die von Bolz bereits verabschiedeten Minister noch einmal in ihre Ämter kamen: erst am 15. März wurde Wilhelm Murr, Gauleiter seit 1928, nach aufgeregten Stunden in Stuttgart, Berlin und München, mit 36 Stimmen gegen

13 Stimmen der Sozialdemokraten und 19 Enthaltungen des Zentrums und der DDP im Landtag, in einer polizeilich bewachten Sitzung, zum neuen württembergischen Staatspräsidenten gewählt. An diesem Mittwochabend zog die SA im Siegesmarsch durch Stuttgart, unter ihr die Schutzpolizei in voller Uniform und »befreit von der unnatürlichen Isolierung durch eine volksfremde Regierung«, begleitet vom jubelnden Beifall der Menge: auch Stuttgart hatte jetzt seinen 30. Januar. In den Schein der Fackeln und Uniformierten schrie Murr: »Wir sagen nicht Aug' um Auge, Zahn um Zahn, nein, wer uns ein Auge ausschlägt, dem werden wir den Kopf abschlagen, wer uns einen Zahn ausschlägt, dem werden wir den Kiefer einschlagen.« Für einen Augenblick hatten selbst Murr und Mergenthaler gehofft, daß die württembergischen Nationalsozialisten in Zukunft eine eigenständige Rolle würden spielen können. Indessen sprach Murr im Tagesbefehl an seine Leute von der »Bewegung, die nun beginnt Staat zu sein«. Der Staat war Hitler. Die Länder waren allenfalls Teile davon, aber nicht eigenständige Glieder. Kaum einen Monat später, am 7. April, erhielt Murr den Titel »Reichsstatthalter«. Württemberg war dem Reiche »gleichgeschaltet«.

Der naive, mit Zahlen und Fakten sich begnügende Beobachter hätte Anhaltspunkte für die Annahme, die nun einsetzende Entwicklung, im Selbstverständnis der Nationalisten mit den Vokabeln »Festigung der Reichsmacht« und »Erneuerung des Volkes und seines Gemeinschaftsbegriffes« umschrieben, sei der Stadt Stuttgart nur zugute gekommen, auch wenn sie nun nicht mehr Landeshauptstadt im genauen Sinne des Wortes war. Tatsächlich ist Stuttgart, geführt von Karl Strölin, der gleich Murr Weltkriegsteilnehmer und Alter Kämpfer war, der sich, was die Reputation des Alten Kämpfers betraf, mit Murr längst messen konnte, aber ungleich intelligenter und verwaltungserfahrener als jener war: tatsächlich ist Stuttgart – die Markungsfläche wuchs um das Doppelte – jetzt größer geworden als je zuvor. Schon am 1. Mai 1933 kamen mit Feuerbach, Mühlhausen, Weilimdorf und Zazenhausen 25 700 Einwohner und ein Gebiet von 3 283 ha dazu, vier Jahre später, am 1. April 1937 brachten die Eingemeindungen von Heumaden, Rohracker, Sillenbuch und Uhlbach 7 000 Einwohner und 1 312 ha. Endlich wurden, mitten im Krieg, am 1. April 1942, Birkach, Riedenberg, Sonnenberg, Plieningen, Hohenheim, Stammheim, Vaihingen und Rohr eingemeindet, zusammen 40 550 Einwohner mit 5 818 ha. Hatten die bisher mit Stuttgart vereinigten Ortsteile »Geschäftsstellen« erhalten, so beließ man den 1942 zugeschlagenen Orten, dem Löwenanteil von allem, was sich je zu Stuttgart gesellte, selbständige »Ortsämter«: die kriegsbedingte Übergangsregelung galt den neuen Verwaltungsmaximen nach 1945 als eine sehr moderne Sache, an der gar nichts mehr auszusetzen war. Stuttgarts Weg zur Großstadt war in diesen wenigen Jahren des Dritten Reiches in quantitativem

Sinne endgültig beschritten. Die Eröffnung des elektrischen Vorortverkehrs Ludwigsburg–Stuttgart–Esslingen noch im Jahre 1933 gehört ebenso dazu wie der Ausbau und die gleichzeitige Elektrifizierung der Strecke Esslingen–Augsburg oder der Ausbau des in den Jahren 1915 und 1916 angelegten Militärflugplatzes Böblingen durch die LUWAG (Luftverkehr Württ. AG), die sich seit 1936 »Flughafen Württ. AG« nannte. Mehr und mehr wuchs Böblingen in den internationalen Flugverkehr hinein, so 1934 mit der Aufnahme einer Südamerika-Linie. Als der größere und ein halbes Dutzend Kilometer näher gelegene Flughafen Echterdingen noch vor seiner Fertigstellung bei Kriegsausbruch 1939 von der Luftwaffe an sich gezogen wurde, war dort zwischen 1940 und 1944, der Zerstörung des Flughafens, ein bescheidener Zivilverkehr möglich. Und mit dem Jahre 1935 kam die Autobahn, zunächst einmal Teilstrecken auf der Linie Karlsruhe–Stuttgart–München, der dann der Ausbau von Teilstrecken der Bundesstraße nach Heilbronn, wo 1935 der moderne Neckarkanal einen vorläufigen Abschluß fand, und der Straße nach Waiblingen–Backnang–Schwäbisch Hall folgte, die letztere, wie man sich sagte, auch aus strategischen Gründen: Hitler wollte seine Leute möglichst schnell in der »Tschechei« haben.

Neben diesen, Stuttgart alle unmittelbar berührenden Verkehrsbegünstigungen gab es auch Hoch- und Tiefbauten, die in Stuttgart selbst entstanden, die Hofener Brücke von 1935, die Technischen Werke der Stadt in der Lautenschlagerstraße, von 1934 bis 1936 mit unverkennbaren Merkmalen des nationalsozialistischen Monumentalstils aufgeführt, der Bau des Heizkraftwerkes Stuttgart GmbH, mit dem man 1941 begann. Aber das waren, aufs Ganze gesehen, nur Ansätze. Die Kirchenbauten, worunter als evangelische Bauten die von Weippert 1933 in Sillenbuch gebaute Martin-Luther-Kirche, die ein Jahr später von Klatte stammende Degerlocher Hoffeldkirche, die dort 1936 eingeweihte, 1951 vollends abgebrochene Haigstkirche, die Kaltentaler Thomaskirche von Mayer, Eckert und Seytter aus dem Jahre 1938, als katholische die 1933 geweihte Kirche St. Clemens in Botnang und die von Hummel geschaffene Kirche St. Christophorus in Wangen von 1936 zu nennen wären: die Kirchenbauten kamen ebensowenig aus städtischer Provenienz wie der große Krankenhausbau dieser Zeit, das 1936 erneut konzipierte, am 28. April 1940 eröffnete, nach seinem Stifter benannte Robert-Bosch-Krankenhaus, dem unter den von städtischer Seite durchgeführten Neubauten die 1937 dem Cannstatter Krankenhaus angeschlossene Hautklinik nicht an die Seite zu stellen war. Angesichts der Bevölkerungsentwicklung haben sich Schulbauten freilich nicht vermeiden lassen. Eine 48. Volksschule wurde 1935 bezogen, zwei weitere 1937 und eine 51. im Kriegsjahr 1939, eine neunte Mittelschule 1937, eine vierte Sonderschule 1936, eine achte Gewerbliche Berufsschule 1937 und eine sechste Kaufmännische Berufsschule im

Jahre 1939. Immerhin ist 1938 in Stuttgart eine Wirtschaftsoberschule als erste in Deutschland eröffnet worden. Aber man darf auch nicht vergessen, daß das katholische Mädchengymnasium St. Agnes in den Jahren 1936 bis 1939 verschwunden und Stuttgarts berühmte, führende Freie Waldorfschule 1938 aufgelöst worden ist, daß das »Evangelische Töchterinstitut« nur durch die Übernahme durch die Stadt im Jahre 1937 diesem Schicksal entgangen ist.

Überhaupt wird man, bei kritischer Betrachtung der Dinge, auf wesentliche und originäre Neuerungen nicht stoßen. Die haben sich in Ordensburgen und Autobahnviadukten, in olympiagerechten Sportanlagen und kriegsgerechten Betonbunkern niedergeschlagen. So gesehen, erweist sich die Kriegszeit seit September 1939 fast als ein Glücksfall: die großstädtischen Ansprüche und Notwendigkeiten werden durch die an die Existenz greifenden Realitäten der »Kriegswirtschaft« verdeckt oder verschluckt. Natürlich haben sich auch im Groß-Stuttgarter Raum Schritte zum Bau von Siedlungen gezeigt. Aber zu Lösungen eines auf spezifisch städtische Bedürfnisse abgehobenen, mit den modernen städtebaulichen Theorien sich auseinandersetzenden Stils, gar noch in einer avantgardistischen Art vom Schlage der Weißenhofsiedlung, hat sich dieses angeblich auch sozialistische Regime nicht verstanden. Statt dessen hat man, den braunen Schaustellungen zuliebe, 1933 das Neckarstadion und 1937 die 1944 zerstörte Schwabenhalle geöffnet. Wäre die Stuttgarter Altstadt nicht in den Bombenangriffen zusammengesunken: nach dem Kriege wäre dieses Geviert, längst sich selbst überlassen und ohne Anteilnahme der öffentlichen Hand, nicht mehr zu retten gewesen. Eine Diskussion um die Stuttgarter Altstadt gab es schon einmal, wie wir wissen. Der Erste Weltkrieg und die Inflation haben diesen Anlauf erstickt, und die Weltwirtschaftskrise und Hitlers Kriegspolitik haben die eigentlichen Großstadtprobleme, zumal einer alten Stadt, vollends überdeckt. Es spricht für Karl Strölins kommunalpolitischen Blick, daß er schon 1935 in einer offiziellen Schrift über »Reichsplanung« die »Durchführung von Altstadtsanierungen« zur Sprache gebracht hat. Sanierung sei bis jetzt fast ausschließlich auf privatwirtschaftlicher Grundlage durchgeführt worden, die einzelnen Bezirke seien freihändig angekauft und die Vorhaben, ohnehin meist gekoppelt mit einem starren, gesunder Entwicklung entgegenwirkenden Bebauungsplan, »ohne organischen Zusammenhang« realisiert worden: da spricht der erfahrene kommunale Verwaltungsmann, der im Kern die gleichen Nöte sieht wie wir heute noch. Die braune Einfärbung verrät sich erst dort, wo Strölin in Sanierungsgebieten »die Forderungen des Gesamtwohls« verwirklicht sehen will und die Gleichung Sanierungsbezirk = Elendsquartier den nationalsozialistischen Großstadteffekt laut werden läßt. Strölin entdeckt in den alten, historischen Baubezirken »auch soziale und staatspolitische Krank-

74 Die obere Königstraße, geschmückt zum 15. Deutschen Turnfest 21.–30. Juli 1933. Neben der Hakenkreuzfahne und der Fahne des Deutschen Turnerbundes hat auch noch die schwarz-weiß-rote Fahne trotz vollzogener Etablierung der Hitler-Diktatur einen bemerkenswerten Anteil

75 *Der Stuttgarter Gemeinderat besichtigt das neue Robert-Bosch-Krankenhaus 1940. Robert Bosch im Gespräch mit Oberbürgermeister Dr. Strölin (zweiter von links). Ganz links der ehemalige Oberpolizeidirektor Paul Hahn*

heitsherde«, die ihm dann den vielsagenden Satz entlocken: »Ein Zeitalter von geschlossener Weltanschauung, wie es der Nationalsozialismus in Deutschland begründet hat, wird auch in der Lage sein, an Stelle des Abgebrochenen im kulturellen Sinn gleichwertiges Neues zu schaffen.« Man kann sich lebhaft vorstellen, wie nationalsozialistische Altstadtsanierung ausgesehen hätte, zumal das Stadtbild dieser Leute als solches im Grunde eine antistädtische Sache war: man will die weiträumige Stadtanlage, »zur Hebung der Volksgesundheit und zugleich aus Gründen des Luftschutzes und der Feuersicherheit«, man will aufgelockerte Städte, »um allen Volksgenossen einwandfreie, gesunde Wohngelegenheiten zu verschaffen«.

Hinter dem halb politischen, halb »natürlichen« Romantizismus, dem Ideal vom ländlich-gesunden Städtertum, das ein einziges Paradoxon war, lauert die fixe Idee von Blut und Boden, unter der Ära Strölin auf das – zugegebenermaßen optimale – Exempel Stuttgart projiziert: das vielgepriesene Stuttgart »zwischen Wald und Reben« ist nichts anderes als ein Angebinde aus Nazizeiten. Tiefere, die kommunalen Situationen nach dem Einzug des Industrialismus auslotende Gedanken hat man sich nach 1933 nicht gemacht. Das erhellt schon daraus, daß das Ziel schlicht negativ formuliert ist: auf alle Fälle keine verdichtete »Stadt«. Den gleichen Eigensiedlungs-Häuserbrei also, der uns noch lange nach 1945 zu schaffen gemacht hat? Die besondere nationalsozialistische Variante liegt darin, daß die einzelnen Stadtzonen nach »rassischen« Gesichtspunkten aufgegliedert sind, daß die Siedlungen am Stadtrand »grundsätzlich den rassisch wertvollsten Volkskreisen vorbehalten werden«, während die asozialen Elemente »in Beschäftigungsanstalten, Arbeitshäuser und dgl. geschlossene Einrichtungen« abzuwandern haben. Strölin ist allen Ernstes der Meinung, bei allen städtebaulichen Sanierungsmaßnahmen stehe »im Vordergrund die Sorge um die rassische Zukunft unseres Volkes«. Aber er weiß zugleich, daß das, was die Städte an Finanzen haben, und was das Reich (noch) zuschießt, zu großen Unternehmungen nicht hinreicht, »daß auf der bisherigen rechtlichen und finanzwirtschaftlichen Grundlage eine umfassende Altstadtsanierung überhaupt nicht durchgeführt werden kann«. Deshalb die Stuttgarter Denkschrift, die er zusammen mit seinem Rechtsrat Asmuß ausgearbeitet und Anfang 1935 vorgelegt hat, mit dem Ziel, das Vermögen des deutschen Hausbesitzes im ganzen und das des einzelnen Gebäudeeigentümers durch besondere steuerliche und baurechtliche Auflagen zu »erhalten«. Aber die Programme für Altstadtsanierungen blieben ebenso Theorie wie Abbruch- oder Neubaufragen. Am Ende waren Kasernen – in Stuttgart mit Großbauten auf dem Burgholzhofgelände und bei der Funkerkaserne – wichtiger.

Wenn kulturhistorische Bemühungen einer Stadt erst richtig ihre originelle

Farbe geben – vieles spricht dafür, auch wenn die verkehrstechnischen oder sozialen Dinge damit höchst ungebührlich zu Selbstverständlichkeiten werden –, dann hat es in den Jahren der nationalsozialistischen Herrschaft keinen Zuwachs gegeben. Von Staats wegen wurde die seit 1901 so bezeichnete »Akademie der bildenden Künste« im Jahre 1941 mit der Kunstgewerbeschule zu einer »Staatlichen Akademie der bildenden Künste« zusammengefaßt, nachdem 1938 aus der »Württembergischen Hochschule für Musik« von 1922 eine »Staatliche Hochschule für Musik« geworden war. 1942 begann die 1919 ins Leben gerufene Landesturnanstalt als Reichssportschule, ein Jahr später die Süddeutsche Büchereischule. Mehr als neue Etikettierungen – vom Württembergischen Landestheater (seit 1925) zum Württembergischen Staatstheater (seit 1933) – waren das nicht, wenn man davon absehen will, daß mit gewissen Neuorganisationen auch immer die besseren Kontrollmöglichkeiten gegeben waren. Es waren die Nachhutgefechte der »Gleichschaltung«, die nun auch die Felder der Kunst und Wissenschaft und Erziehung ergriff und auch dort, mit dem Redner Heidegger des Jahres 1933 zu reden, »durch Zucht gestraffte Bereitschaft zum Einsatz bis ins Letzte« verlangte.

Wo waren die Zeiten geblieben, in denen Stuttgart sich als eine von klassizistischem Bauen und Handwerken geformte Stadt vorstellte, als sie sich zum Umschlagplatz für Bücher und Literaten heraufarbeitete, als sie sich, in diesem knappen, mit vielerlei anderen Sorgen beladenen Jahrzehnt zwischen 1920 und 1930, einen weit über Deutschland hinausgreifenden Ruf als Kunst- und Theaterstadt schuf? Nach 1933 hat Stuttgart von diesem Ruf nur noch gezehrt. Allenfalls die neue Etikette »Stadt der Auslandsdeutschen«, von der gleich noch zu reden sein wird, war eine originäre Neuschöpfung; durch Strölins Vorsitz im Deutschen Auslandsinstitut war das städtische Engagement zum Ausdruck gebracht. Aber gerade diese Institution geht in ihren Anfängen, wie wir wissen, auf Initiativen der Jahre vor dem Ersten Weltkrieg zurück. Der Umbau des Waisenhauses zur geeigneten und würdigen Arbeitsstelle im Jahre 1925 ging auf das Konto der »Systemzeit«. Verständlich, warum im Neuen Reich, imperialistischen Ausgriffen von allem Anfang zugetan und in der Situation des »Deutschtums« draußen immer zugleich auch einen Boden politischen Nachholbedarfs erkennend: verständlich, warum sich jetzt »die Arbeit des Instituts« »vervielfältigte« und an räumliche Weiterungen gedacht werden mußte. Deshalb die Überlassung des Wilhelmpalastes durch die Stadt im Jahre 1934. »In Würdigung der Verdienste« der Stadt Stuttgart um die Deutschen und das Deutschtum im Ausland verlieh Hitler durch den Gauleiter und Reichsstatthalter Murr gelegentlich der feierlichen Einweihung des »Ehrenmals der deutschen Leistung im Ausland« (Wilhelmspalais) am 27. 8. 1936 der Stadt Stuttgart die Bezeichnung »Stadt der Auslanddeutschen«. Es ist keine Frage, daß auch jetzt noch in den einzelnen, forschenden, beratenden und werbenden Abteilungen im »Haus des Deutschtums«, wie man das Waisenhaus hieß, verläßliche, wissenschaftlich verantwortbare Arbeit geleistet wurde.

»Das Deutsche Ausland-Institut«, so im offiziellen Prospekt von 1935, »steht im Dienste der Arbeit am Gesamtvolkstum, die den geistig-seelischen und völkisch-weltanschaulichen Zusammenschluß aller Deutschen auf der Erde zu einer einigen großen Volksgemeinschaft bezweckt.« Das war freilich ein eindrucksvolles Programm.

Im Reichsgesetzblatt vom 2. April 1933 war ein »Vorläufiges Gesetz zur Gleichschaltung der Länder mit dem Reich« vom 31. März publiziert worden. Ein staats- und verfassungsrechtlicher Trick, wie die Argwöhnischen meinen mochten. In Wirklichkeit war diese »Gleichschaltung« der entscheidende Schritt auf dem Weg zur perfekten Diktatur, auch für die Gemeinden. Im Paragraphen zwölf war zu lesen, daß die gemeindlichen Selbstverwaltungskörper hiermit aufgelöst würden. »Sie werden neu gebildet nach der Zahl der gültigen Stimmen, die bei der Wahl zum Deutschen Reichstag am 5. März 1933 im Gebiet der Wahlkörperschaft abgegeben worden sind. Dabei bleiben Stimmen unberücksichtigt, die auf die Wahlvorschläge der Kommunistischen Partei oder solche entfallen sind, die als Ersatz von Wahlvorschlägen der Kommunistischen Partei anzusehen sind.« Praktisch bedeutete das für Stuttgart, daß als »Opposition« nur noch eine Handvoll SPD-Mitglieder in Frage kam. Und über die brachte am 25. Juni 1933 der Schwäbische Merkur, bis 1941 auf dem Markt, mit einer im ganzen verblüffend sachlichen Berichterstattung und teilweise mit Artikeln, die zu den kleinen Kabinettstückchen bleibender Geschichtsschreibung gerechnet werden dürften: »Auf Grund der Erklärung des Reichsministers des Innern, wonach die Mitglieder der Sozialdemokratischen Partei Deutschlands von der weiteren Ausübung ihrer Mandate in Volksvertretungen sofort auszuschließen sind, hat Staatskommissar Dr. Strölin verfügt, daß die sozialdemokratischen Stadträte zu den Verhandlungen des Gemeinderats, seiner Abteilungen und Ausschüsse nicht mehr zugezogen werden und daß auch die Betrauung dieser Stadträte mit der Vertretung der Stadt in Gesellschaften, Vereinen und dergleichen widerrufen wird.« Drei Wochen später, am 14. Juli 1933, beschloß die Hitler-Regierung auf Grund des Ermächtigungsgesetzes das Gesetz über die »Neubildung von Parteien«. Gründlich und lapidar hieß es darin: »In Deutschland besteht als einzige politische Partei die NSDAP.«

Was durch die Deutsche Gemeindeordnung vom 30. Januar 1935 also Gesetz für das ganze Reichsgebiet geworden war, hatte das Gleichschaltungsgesetz im Grunde schon erledigt. Obwohl demokratisch gewählte Gemeinderäte entgegen der Württembergischen Gemeindeordnung nach Reichstagswahl-Proporz – und nicht einmal danach – über Nacht aufgelöst worden waren, hatte der Württembergische Gemeindetag noch Vorschub geleistet, indem er in seiner Stuttgarter Sitzung vom 5. April 1933 einstimmig erklärte, der Gemeindetag stelle sich »freudig hinter die nationale Regierung« und sei »gewillt, mit ihr tatkräftig auf eine Wiedererstarkung von Volk und Land hinzuarbeiten«. Allenthalben arrangierte man sich. Auf der einen, großen Seite Opportunismus und Geltungssucht, auf der anderen, schwachen Seite ein deutlicher Zug von Resignation. Auch der Gemeinderat hatte aufgehört, ein parlamentarisch-demokratisches Gebilde zu sein. Nicht umsonst war die am 1. April in Kraft getretene Deutsche Gemeindeordnung von offizieller Seite als »das Grundgesetz des nationalsozialistischen Staates« bezeichnet worden. Die Absicht war, »die in der örtlichen Gemeinschaft lebendigen Kräfte des Volkes« nach »einheitlichen Gesichtspunkten auszurichten«, oder, wie es noch unverblümter hieß, in »Einklang mit den Zielen der Staatsführung zu bringen«. »Die Selbstverwaltung der Gemeinde ist nur eine Fortsetzung der Staatsverwaltung mit anderen Mitteln.«

Das Eigenleben der Gemeinde war ausgelöscht. Von hier aus konnte es gar keine Verbindungslinien geben zu irgendwelchen größeren planerischen oder gemeindeinternen Leistungen: die Gemeinde als solche gab es gar nicht mehr. Die Stadtindividualität war »dem Reich« geopfert. Man hat mit Recht bemerkt, daß Toynbees »Begegnung« und Herausforderung, dieses Widerspiel zwischen Anruf und Antwort, eine Sache der Stadt geblieben sei und sich nur dort in wirkungsvollem Umfang und mit genügender Kontinuität abgespielt habe. Eine der elementarsten Ausdrucksformen städtischen Lebens ist der Dialog: Mittel, zur Menschlichkeit zu erziehen, zur Gerechtigkeit zu gelangen und vom rohen Machtdenken sich zu befreien. Das ist bürgerlich, städtisch im großen, bleibenden Sinne dieses Wortes. Hat die nationalsozialistische Diktatur solche Urbanität je ermöglichen können, je begriffen? Nur wo Unterschiede geschätzt werden und Opposition geduldet wird, kann ein Kampf in Dialektik verwandelt werden. Wo wäre das möglich gewesen in den Städten des Dritten Reiches? Statt langer Diskussion hatte man jetzt den Führergrundsatz auch in die Stadt verpflanzt. Gemeindliche Willensbildung und der Vollzug waren in der Hand des Oberbürgermeisters vereinigt. Er ist der »Führer der Gemeinde«. Er hat neben allen Verwaltungsaufgaben »für die Verwirklichung des nationalsozialistischen Gedankengutes in der gesamten Gemeindeverwaltung einzustehen«. Er wird nicht gewählt, sondern berufen im Zusammenwirken von Partei und Staat. Die Zahl der Stuttgarter Gemeinderäte, seit 1919 sechzig Abgeordnete, wird auf vierzig reduziert. Nach der Gemeindeordnung von 1935 standen dem Oberbürgermeister dreizehn Beigeordnete und 36 Ratsherren zur Seite. Die

Ratsherren waren trotz ihres romantischen, nur aus der nationalsozialistischen Mentalität zu erklärenden Namens nicht viel mehr als Jasager und hatten allenfalls für die dauernde »Fühlung der Verwaltung mit allen Schichten der Bürgerschaft« zu sorgen.

Strölin, in Berlin am 31. Oktober 1890 als Sohn des württembergischen Offiziers und späteren Generalmajors Karl von Strölin geboren, nahm als Offizier am Ersten Weltkrieg teil und blieb bis 1920 bei der Reichswehr, aus der er im Hauptmannsrang ausschied. 1923 promovierte er nach seinem Studium zum Dr. rer. pol. mit einer Gießener Dissertation über »Die wirtschaftliche Lage der Arbeiterklasse und des Mittelstandes der Stadt Stuttgart vor und nach dem Kriege«, 1927 wurde er Stadtamtmann beim Städtischen Gaswerk, wo er übrigens im gleichen Jahr auch die Geschäftsführung des Landesverbandes der württembergischen Gaswerke übernahm. Strölin war nach seinen eigenen Worten ein »gläubiger Nationalsozialist«. Seit Oktober 1923 gehörte er der NSDAP an und war schon in den Jahren 1924 und 1925 Bezirksleiter der NSDAP in Stuttgart. Am 1. Januar 1931 trat er wieder in die neugegründete NSDAP ein und ließ sich für die Oberbürgermeisterwahl am 26. April 1931 als Kandidat der Nationalsozialisten aufstellen. Er erhielt 25 814 Stimmen, wenig mehr als der Kandidat der Kommunisten, während man Karl Lautenschlager 115 178 Stimmen gab, ein Zeichen, wie wenig im Frühjahr 1931 und am Jahresende, wo die letzte Gemeinderatswahl vor 1933 der NSDAP mit sieben neuen nationalsozialistischen Stadträten gerade einen Achtungserfolg brachte, noch an einen Umsturz zu denken war. Jetzt war die Stunde gekommen. Am 16. März 1933 zog der kommissarische Innenminister Jonathan Schmid die Verwaltung der Hauptstadt an sich und setzte seinerseits Strölin, den Führer der NSDAP-Gemeinderatsfraktion, als Staatskommissar für das Bürgermeisteramt ein. Am 9. Mai erlebt der Gemeinderat die Farce einer Abschiedsveranstaltung für Lautenschlager; mit den Stimmen der Gemeinderäte des Zentrums, der Volkspartei und des Christlichen Volksdienstes läßt sich Strölin zum Oberbürgermeister »wählen«. Am 30. Juni wird er von der Regierung unter Murr als solcher bestätigt. Der Aufgabe, Führer Stuttgarts zu sein, hat sich Strölin, ans Arbeiten gewöhnt, im Gemeinderat als einer der verläßlichsten und gründlichsten Kenner der Vorlagen und Drucksachen bekannt, mit aller Konsequenz entledigt. Am gleichen Tage, an dem der Reichstag zu Berlin Hitler das Ermächtigungsgesetz in die Hände legt, verkündet Strölin vom Balkon des Stuttgarter Rathauses aus: »Wir geben der Planie den Namen Adolf Hitlers. Wir wollen seinen Namen für alle Ewigkeit mitten in das Herz der Stadt Stuttgart einbrennen.«

Wer nur auf solche Töne hört, könnte versucht sein, die Rolle Stuttgarts in den heillosen Jahren zwischen 1933 und 1945 mit der Vokabel »Nazistadt« zu belegen. Es gab dieses braune Stuttgart. Was sich im Verlaufe des Jahres 1933 in der Stadt zutrug, war bestürzend genug. Wenn im Vorort Münster ein Plakatklebertrupp der NSDAP von Reichsbannerleuten und Kommunisten in einer Winternacht in den Neckar gejagt wurde, so mochte das eher an ein bayerisches Bauerntheater erinnern. Wenn aber, wie am 5. Dezember 1931, in der Cannstatter Oberrealschule der Hausinspektor Stumpp, der einer kommunistischen Zettelklebekolonne entgegentrat, erschlagen wurde, dann war das ein sicher fassungslos hingenommenes Zeichen dafür, daß man dabei war, Politik mit Brutalität zu verwechseln. Der in der Neujahrsnacht 1931 vor einem Parteilokal in der Sophienstraße erstochene vierundzwanzigjährige Nationalsozialist Ernst Weinstein – die Sophienstraße hieß von 1933 bis 1945 Ernst-Weinstein-Straße – war dafür ein für Stuttgart einziger, aber erschütternder Beweis. Er hätte zur Besinnung führen müssen. Aber er ist als Opfer gewertet worden.

Nach dem eher gespenstischen als feierlichen Fackelzug des 15. März 1933 erlebten die Stuttgarter jüdischen Geschäfte ihre ersten, von der SA provozierten Radauszenen. Jüdische Mitbürger waren, ohne daß die Polizei eingegriffen hätte, dem Treiben nationalsozialistischer Rowdies preisgegeben. Kein Zweifel, daß »Idealisten« dem neuen, »ordnenden« Regime ihre Hand liehen. Aber es waren auch viele Gestrauchelte darunter, ob in Württemberg mehr als anderswo, wäre noch nachzuprüfen. Unter den Anführern der neuen Machthaber traten Gestalten auf, die gerichtsbekannt waren, eine heroische Vergangenheit offerierten, die rasch als Lüge entlarvt war, völkische Elite sein wollten, wo sie kurz zuvor Funktionäre der roten Internationale waren und so fort. Bischof Wurm hat später einmal gesagt, man habe bald nicht mehr unterscheiden können, wer einst rot und jetzt braun, und früher braun und jetzt rot war. Männer wie Keil haben, solange das noch möglich war, kein Blatt vor den Mund genommen, wenn es, im Landtag, in der Presse, in Parteiversammlungen, diese elitären, in Wirklichkeit höchst obskuren Existenzen zu entlarven galt.

Weil diese erste Garnitur so rasch verschwand, wie sie gekommen war, hat mancher wohl geglaubt, diese Ausschreitungen hinnehmen zu müssen. So sicher Oberbürgermeister Dr. Lautenschlager, als er noch vor der Bestellung Strölins den Bürgermeister Dr. Gottfried Klein, seinen eigenen und langjährigen Mitarbeiter, gehen ließ, weil der die Hakenkreuzflagge nicht hatte auf dem Rathaus dulden wollen. Wenig später, noch im Jahre 1933, hat man die drei Glasgemälde, die Adolf Hoelzel in den Jahren 1928 und 1929 für das Treppenhaus des Stuttgarter Rathauses geschaffen hatte, aus ihren Fassungen gebrochen. Der Feldzug der »Verdeutschung« hatte begonnen. Was man darunter verstehen mochte, illustriert die Szene vor dem Stuttgarter Polizeipräsidium in der Dorotheenstraße, in das Eugen Bolz am Montag, den 19. Juni 1933, gebeten worden (und alleine zu Fuß gegangen) war. »Um die Mittagszeit begann sich der Platz vor dem Gebäude mit jungen Leuten, die offenkundig herbeordert waren, und mit nie fehlenden Neugierigen zu füllen. Wohleingeübte Sprechchöre stießen die Rufe aus: ›Heraus mit dem Landesverräter‹, ›Nieder mit dem Landesverräter‹, ›Landesverräter sollen aufgehängt werden‹. Immer mehr Menschen wurden herbeigezogen, so daß auch die anschließenden Plätze dicht gefüllt waren, immer lauter und häufiger wurde das Geschrei, immer stärker die Spannung und Erregung.« »Gegen ein Viertel vor 13 Uhr«, berichtet ein Augenzeuge, »öffneten sich plötzlich die Türen des Gebäudes und Bolz erschien auf der Schwelle, hinter ihm SA- und SS-Führer. Festen und ruhigen Blickes überschaute er die Masse auf der Straße. Wie gebannt hielt sie einige Augenblicke inne und selbst die wüstesten Schreier schwiegen. Da stand nun der Mann, den sie als Landesverräter beschimpft hatten, aufrecht und unerschrocken, gleichsam fragend: Was habt ihr gegen mich vorzubringen? Selbst in dieser Stunde imponierte er ihnen noch.« Erst als er das bereitgestellte Polizeiauto bestieg, brach die Furie los. Die Menge drängte mit wüstem Geschrei heran. Einzelne stiegen auf die Trittbretter, schrien und spuckten den im Wagen sitzenden Altstaatspräsidenten an und schlugen ihn mit Fäusten. Da die Lage bedrohlich wurde, zog einer der SA-Führer die Pistole und hob sie wie zum Schutz gegen die Angreifer. Die das Auto Umdrängenden wichen zurück und der Wagen konnte anfahren. Während er sich mühsam durch die dichte Menge kämpfte, wurde Bolz mit Pferdemist, faulen Eiern und Kohlestücken beworfen. Die Verfolger ließen erst ab, als der Wagen am Charlottenplatz vorbei in die Planie einbog und Richtung Schloßplatz davonfuhr.

Eine »bestellte Menge« sei das gewesen, wollte ein Chronist glaubhaft machen. Max Miller, dem wir diesen Bericht verdanken, fügt freilich an, man habe unter dieser Szene auch Leute gesehen, die Bolz nahestanden, aber irgendwie enttäuscht worden waren und nun »am ehrlosen Treiben des Pöbels sich beteiligten oder doch mit Behagen zuschauten«. Wir haben keinen Anlaß, dieser Bemerkung zu mißtrauen. Sicher ist, daß statt der verdrängten Komplexe der – wir wiederholen es – »Zukurzgekommenen« in Stuttgart wieder bald Ernüchterung um sich griff, daß man gelegentlich der Reichskristallnacht am 9. November 1938, um Regiefehler zu vermeiden, in Stuttgart Ortsfremde einsetzen mußte. Als gegen 3 Uhr in der Frühe die Synagoge in der Hospitalstraße lichterloh brannte und, wie der NS-Kurier berichtete, »der mondbeschienene Himmel vom Flammenschein sich rötete«, war freilich die Zahl derer, die in Hitlers Reich die Erlösung des Jahrhunderts sahen, doch sehr viel kleiner geworden. Das Mißverhältnis zwischen ideologischem Anspruch und Wirklichkeit trat jetzt offener zu Tage. Auf der einen Seite sprach der NS-Kurier, sichtlich unzufrieden mit der Volksstimmung in Stuttgart, es sei doch unter dem »Feuerschein am Himmel des Stuttgarter Talkessels« sicher »manchem gedankenlosen Volksgenossen zum Bewußtsein« gekommen, »wie viele Juden auch in Stuttgart noch in aller Ruhe und unter dem Schutz des nationalsozialistischen Staates ihre Geschäfte ausüben« könnten. Auf der anderen Seite notiert die Gattin des Landesbischofs Theophil Wurm in ihr Tagebuch: »In der Stadt scheußliche Judenverfolgungen, die Synagoge haben sie heute nacht angezündet und alle Judenläden demoliert. Alles auf Befehl von Herrn Goebbels wegen des Attentats in Paris. Man schämt sich und sagt: Was wird darauf kommen.« Gehörte die Schreiberin zu den wenigen, die über andere Informationen als nur die über Rundfunk und braune Presse vervielfältigten verfügten, so waren die Leute schon von dem, was sie sehen mußten, angewidert oder erschreckt. »Es hat mich sehr stark beeindruckt«, vermerkt ein jüdischer Augenzeuge des Stuttgarter Synagogenbrandes, »wie ich in den Gesichtern der Umstehenden starke Ablehnung, ja Abscheu ohne Worte lesen konnte – die Nazis im Dienst selbstverständlich ausgenommen.«

In kaum einem halben Jahrzehnt hatte sich die Spreu vom Weizen geschieden. Der Architekt Ernst Guggenheimer, der in den Jahren 1951 und 1952 die neue Synagoge in Stuttgart wieder gebaut hat, erzählt, wie ihm damals der ehemalige Oberbürgermeister Dr. Lautenschlager in aller Öffentlichkeit die Hand gereicht und sich nicht gescheut habe, das auszusprechen, was andere gedacht hätten: daß diese Untaten Schmach und Schande über das deutsche Volk brächten. Längst hatte Direktor Hans Walz von der Firma Bosch, »dessen menschliche Größe in unseren Kreisen nie vergessen wird«, wie der Leiter der aus der »Kristallnacht« herausgewachsenen Jüdischen Mittelstelle festhielt, seine Hilfsaktionen zugunsten jüdischer Mitbürger in Stuttgart anlaufen lassen. Für die entsprechenden Organisationen der Bekennenden Kirche, ein Netz von weitreichenden Beziehungen über ganz Deutschland und die Schweiz, arbeitete in Stuttgart Pfarrer Kurt Müller von der Reformierten Kirche in der Lange Straße, Pfarrer Mörike, damals in Flacht, Pfarrer Hermann Diem, während dieser Jahre in Ebersbach, und viele andere.

Ob sich überhaupt noch jemand in der Öffentlichkeit daran erinnerte, daß man im April 1933 in der Stuttgarter Presse unter der liebenswürdigen Überschrift »Ein Besuch im Schutzhaftlager auf dem Heuberg« über den Einbruch völlig andersartiger Dimensionen ins politische Leben berichtete? Im »berüchtigten Bau« 19 seien »die sogenannten schweren Nummern, vor allem die sozialdemokratischen und kommunistischen Funktionäre, auch verschiedene Abgeordnete, Stadträte, Beamte, Lehrer«. Zur Bewachung stünden fünfhundert SA-Leute und sechzig Ulmer Schutzpolizisten im Lager. Summa: »Der Gesamteindruck der

76 Kurt Schumacher, bei der schwäbischen Sozialdemokratie als der »Doktor« bekannt und verehrt (fünfter von links), im Kreise von Parteimitgliedern aus Stuttgart und dem Lande

77 Die evangelischen Landesbischöfe Theophil Wurm (Stuttgart), August Marahrens (Hannover) und Hans Meiser (München, von links nach rechts) vor einer Besprechung mit Hitler im Jahre 1934

78 Die unter lautstarker Assistenz von Teilen der Bevölkerung vollzogene Verhaftung des ehemaligen württembergischen Staatspräsidenten Dr. Eugen Bolz (mit Hut im Auto) am 19. Juni 1933 vor dem Polizeipräsidium in der Dorotheenstraße

79 Ausschnitt aus dem Bericht des Stuttgarter NS-Kuriers vom 10. Nov. 1938

Gerechter Volkszorn übt Vergeltung

In Stuttgart und im ganzen Gau Demonstrationen gegen die Juden
Die Synagogen wurden niedergebrannt / Zertrümmerte Schaufenster bei den jüdischen Geschäften / Aktion in tadelloser Disziplin

Als in Stuttgart und im Gau Württemberg die Kunde eintraf, daß der Gesandtschaftsrat vom Rath in Paris seinen Verletzungen erlegen ist, fanden in allen größeren Orten unseres Gaues erregte Protestkundgebungen gegen die Juden statt. Gegen drei Uhr nachts standen die beiden großen Synagogen in Stuttgart und Bad Cannstatt in hellen Flammen, die bis zum Anbruch des Tages vollständig aus- und niedergebrannt waren.

Durch die tadellose Zusammenarbeit aller Stellen, vor allem der Feuerwehr, wurde verhindert, daß außer den Synagogen weitere Werte vernichtet wurden. Aus Ulm, Heilbronn, Göppingen, Tübingen, Schwäb. Hall, Laupheim, Horb, Rexingen und Haigerloch traf die Nachricht ein, daß sämtliche dort befindlichen Synagogen gestern nacht niedergebrannt sind.

Das in den Synagogen befindliche Aktenmaterial wurde von der Gestapo sichergestellt. Eine ganze Anzahl von Juden, schätzungsweise über hundert, sind in der letzten Nacht in Stuttgart und in den angegebenen Orten in Schutzhaft genommen worden. Den Juden selbst ist nichts weiter passiert.

Die oben angegebenen Städte im Gau melden ebenfalls, daß sämtliche jüdische Läden von der erregten Menge bei der spontanen Kundgebung zertrümmert und heute vormittag geschlossen wurden.

Die heute früh an die Arbeitsstätten eilenden Volksgenossen gaben an den Brandstätten und demolierten Geschäften ihrer Freude und Genugtuung darüber Ausdruck, daß die ruchlos jüdische Mordtat in Paris an einem deutschen Volksgenossen auf diese Art gesühnt wurde. Die Menschen strömten in den Vormittagsstunden zu Hunderten an die Brandstätten und haben mit der jüdischen Pest nicht das geringste Mitgefühl. Mit Abscheu reden die Volksgenossen von dem jüdischen Pack, das in der heutigen Nacht einen empfindlichen Schlag versetzt bekam. Bei den Demonstranten wurde ein großer Eifer und ein nicht zu überbietender Zorn wahrgenommen. Es waren keinesfalls Volksgenossen, die eine Uniform, noch ein Parteiabzeichen getragen haben. Der Einsatz der Feuerwehr war ausgezeichnet und die Männer bemühten sich geradezu, die Nachbarhäuser vor Beschädigungen zu schützen.

Juden haben unsere Langmut mißbraucht

Seit der Machtübernahme im Januar 1933 sind wir fein glimpflich und säuberlich mit den Juden verfahren. Wir haben, was ja selbstverständlich war, ihren Einfluß in der Oeffentlichkeit und im wirtschaftlichen Leben ausgeschaltet; wir haben uns durch die Nürnberger Gesetze gegen ihre frechen Uebergriffe geschützt. In ganz Deutschland konnten die Juden ungehindert leben. Ihre Rassegenossen außerhalb der deutschen Reichsgrenzen aber schürten und hetzten in der gemeinsten Weise, sie und die Freimaurer und noch andere finstere Mächte bliesen in das Feuer, das sie zu einem Weltenbrand entfachen wollten. Nur der ruhigen und klaren Haltung des Führers ist es zu verdanken, daß die anderen Völker, bei denen die Juden so schändlich das Gastrecht mißbrauchten, von einer Katastrophe bewahrt blieben.

Die Einsicht, die nun allenthalben in der Welt einkehrte, paßte freilich schlecht in das Programm der internationalen Verbrecher. Wie der tödliche Schuß auf Wilhelm Gustloff alle Feinde des neuen Deutschlands einigen sollte, so sollte auch der feige Ueberfall auf den Gesandtschaftsrat vom Rath eine neue Front der Kriegsverbrecher gegen Deutschland formen. Dabei spekulierte jenes Gesindel auf die Langmut und unendliche Geduld des deutschen Volkes. Der „Fall Gustloff" wurde von Deutschland ja auch nicht gesühnt; warum sollte man jetzt nicht wieder in gleicher Weise die Weltmeinung auf diese abgefeimte Art aktivieren können? So dachten die internationalen Juden mit ihrem mehr oder weniger stark getarnten Anhang.

Die Erregung auf dem Siedepunkt

Nun ist in den gestrigen Nachmittagsstunden Gesandtschaftsrat vom Rath gestorben. Das deutsche Volk hatte mit einer Erregung ohnegleichen von dem Ueberfall in der deutschen Botschaft in Paris Kenntnis genommen. Aber das deutsche Volk hat Disziplin bewahrt, obwohl es wahrlich schwer war, weiterhin noch ruhig zu verharren. Und so lange man noch auf die gesundheitliche Wiederherstellung des wackeren Beamten rechnen konnte, so lange ballten sich nur die Fäuste. Als jedoch vom Rath seiner Verwundung erlag, da mußte es mit der Beherrschung vorbei sein.

Nur einmal haben wir jetzt nach dem alttestamentlichen Spruch „Auge um Auge, Zahn um Zahn" gehandelt, nur einmal, und das verlangte unsere Würde.

Zu spontanen Vergeltungsmaßnahmen fanden sich in der gestrigen Nacht in Stuttgart und in allen größeren Städten unseres Gaues die Volksgenossen zusammen. Die Synagogen, diese Tempel talmudistischer Rachsucht und Verschwörung, gingen zum größten Teil in Flammen auf. In Stuttgart war es gegen 3 Uhr in der Früh, als sich der mondbeschienene Himmel vom Flammenschein rötete. Die Synagoge in der Hospitalstraße brannte lichterloh. Mit der gewohnten Schnelligkeit ging die rasch an den Brandplatz geeilte Feuerwehr an ihre Arbeit, und aus vielen Strahlrohren ergossen sich die Wassermassen auf die benachbarten Gebäude.

Das nächtliche Schauspiel hatte verständlicherweise noch viele Zuschauer angelockt. Ueberall empfand man Freude darüber, daß auf diese Weise wenigstens ein ganz bescheidener Bruchteil der Verbrechen der Juden eine Sühne fand. Jedenfalls vollzog sich der Ablauf der Geschehnisse in einer eindrucksvollen Disziplin. Dies zu betonen wäre eigentlich für uns überflüssig. Wir weisen jedoch auf diese Tatsache hin, damit draußen, jenseits der Reichsgrenzen, nicht vielleicht jemand auf den absurden Gedanken kommen könnte, es hätte sich hier um wilde Ausschreitungen gehandelt.

Jüdische Gemeindepflege durchsucht

Wie gesagt, die Synagoge in der Hospitalstraße brannte innen gänzlich aus. Bis in die Mittagsstunden hinein loderten die Flammen empor; die starken Umfassungsmauern des Gebäudes bleiben allerdings stehen. Nicht erfaßt von dem Feuer wurde das Gebäude der jüdischen Gemeindepflege und der Schule, das ja bekanntlich mit der Synagoge einen zusammenhängenden Komplex bildet. Die Feuerwehrmänner sorgten auch mit aller Kraft dafür, daß die Flammen von der brennenden Synagoge nicht auf dieses Gebäude übersprangen. Daß man die Räume der jüdischen Gemeindepflege einer eingehenden Durchsuchung unterzog, ist wiederum selbstverständlich, denn wie wir ja von einer Razzia aus Berlin wissen, wurde dort eine erstaunlich große Zahl von Schußwaffen gefunden.

Brand auch in Cannstatt

Das Verhalten des jüdischen Schuldirektors war im übrigen auch so, als ob er ein schlechtes Gewissen hätte, und als ob in seinen Schränken noch Material vorhanden wäre, das die Juden in Stuttgart nicht unerheblich belasten könnte. Dieses Material wurde ordnungsmäßig sichergestellt. Zu gleicher Zeit brannte auch die Synagoge in Bad Cannstatt nieder. Da diese in der Hauptsache aus Holz gebaut und nur mit Mauerwerk leicht verkleidet

80 Aufnahme eines alliierten Aufklärers nach den schwersten Angriffen auf die Stuttgarter Innenstadt 1944

81 Jungmädeleinsatz bei der Tübinger- und Fangelsbachstraße am 8. Okt. 1943

• After jeeping for 3,500 miles
all over Germany, talking with
Allied and German engineers,

82 Blick vom Leonhardsplatz zum Rathaus im April 1946

83 Trümmerräumung vor dem Hotel Marquardt Ende September 1945. Vorn Roderich Klett, in der Mitte der damalige Referent für den Wiederaufbau, Arch Eugen Mertz, und Oberbürgermeister Dr. Arnulf Klett

Besichtigung war, daß die Schutzhäftlinge, wie sie auch selbst anerkennen, durchaus menschenwürdig untergebracht sind.« So unser lieber Gewährsmann in gemütlichem Wochenend-Plauderton. Das Schlimmste am Überfall des Dritten Reiches war nicht, daß sich droben auf dem Heuberg gesinnungsfeste Männer die Hände blutig schuften mußten, während auf dem Kriegsberg die TH-Studenten ihre »Alte Burschenherrlichkeit« auf ihren Häusern schmetterten und im Königsbau ein dienstfertiger Historiker, auch er bürgerlich-bewegt, völkischen Geist über »Deutsche Burgen und Ritter« bot. Weit schlimmer war, daß Recht und Sitte in dämonischer Weise pervertiert wurden, daß man auf dem Boden Schillers kein Gespür mehr dafür hatte für das, was dem Menschen seine Würde gab und was sie ihm entzog. Als »durchaus menschenwürdig« dürfte man auch empfunden haben, daß man im März 1933 jüdische Schauspieler wie Fritz Wisten und Hermann Weil, zu den Großen Alten am Landestheater zählend, nach Hause schickte, weil Mergenthaler jetzt Leute haben wollte, »die einen heldischen Zug im Herzen haben«, daß man Karl Adler, der das Stuttgarter Konservatorium seit 1922 leitete und zu einem Institut von internationaler Geltung machte, überfiel, mit Stahlruten ohnmächtig schlug und hernach ins Krankenhaus schaffen ließ. Adler schreibt später, er habe gar nicht die Zeit gehabt, darüber nachzugrübeln, daß sein Lebenswerk mit einem Schlag zerstört worden sei. Noch bevor es jüdische Kulturbünde im übrigen Deutschland gibt, wachsen aus der musikalischen Arbeit im Jüdischen Lehrhaus zu Stuttgart ein neuer Chor und ein neues Orchester hervor, deren Leitung Karl Adler übernimmt. »Wir nannten uns ›Stuttgarter jüdische Kulturgemeinschaft‹, denn damals fühlten wir uns noch als Stuttgarter.«

Anzeichen für eine gezielte Hetze gegen die wohl bis ins 13. Jahrhundert zurückzudatierende Stuttgarter Judengemeinde, die im November 1348 schon einmal durch Brandstiftung ihre Synagoge verlor, durch das Testament Eberhards im Bart formell verboten wurde, durch Herzog Friedrich I. 1598 aber einen Betsaal und am Markt ein Haus angewiesen bekam: Anzeichen für eine Liquidierung dieser und anderer Überlieferungen hat man für Stuttgart schon aus den frühen dreißiger Jahren. Über dem Verelendungsprozeß der Juden, bemerkt die »Gemeinde-Zeitung« vom 1. September 1931, breiteten »sich die Schatten einer wüsten judenfeindlichen Hetze« aus, die Gefahr, »daß immer größere Volksschichten vom Antisemitismus ergriffen, daß immer tiefere Klüfte des Nichtverstehens und Nichtverstehenwollens aufgerissen werden«. Man glaubte freilich immer noch in den Reihen der jüdischen Gemeinde, die Rechtsstaatlichkeit und das »ungeschriebene Gesetz der Moral« hinter sich zu haben. Daß das Kernstück dessen, was man Lehre des Nationalsozialismus nennen mochte, eine Art biologistischer Geschichts- und Staatsinterpretation war – nicht die Klassen, aber die Rassen machen Geschichte –, blieb noch verborgen. Als 1933, wo die 4 490 Seelen zählende Stuttgarter Judenschaft sogar noch einen Zugang von 300 Juden erhält, die Hetzereien planmäßiger werden, wandern aus Stuttgart nur wenige Juden aus. Die große Auswanderung setzt erst nach der »Kristallnacht« ein. Sie ist in Stuttgart noch bis 1941 möglich, wo im August noch 70 Juden die Abreise nach den USA gelungen ist. Am Samstag, den 1. April 1933, wird in Stuttgart der Judenboykott ausgerufen, als »Abwehraktion gegen die jüdischen Volksschädlinge«, wie der NS-Kurier kommentiert. Auf einer entsprechenden Marktplatz-Kundgebung erklärt ein Stuttgarter Stadtrat: »Man muß Judengegner aus Selbsterhaltungstrieb sein.« Allmählich werden Fälle bekannt, in denen vor dem Stuttgarter Standesamt demonstriert wird, weil Eheschließungen zwischen Juden und Deutschen vollzogen worden waren. Das Jahr 1935 bringt den Nürnberger »Reichsparteitag der Freiheit« und die Gesetze »zur Reinheit des deutschen Blutes und der deutschen Ehre«. Jetzt war es »gesetzlich«, in den Juden minderwertiges »Menschenmaterial« zu sehen, während die Stuttgarter Parteitagsteilnehmer bei ihrer Rückkehr mit Fackelzügen geehrt wurden. Die einschneidende gesetzliche Wende führt mit der Vierten Verordnung zum Reichsbürgergesetz vom 25. Juli 1938 praktisch zum Berufsverbot der zwanzig noch arbeitenden jüdischen Ärzte in Stuttgart und schließlich zu einem Hagel von Gesetzen und Verordnungen. Die Minderheit »Juden« – daß von einer »Rasse« nicht gesprochen werden kann, haben die Wissenschaftler anscheinend vergessen – wird aus der Gesellschaft hinausmanövriert. »Es gibt nur noch deutsche Geschäfte«, meldet der NS-Kurier am 15. November 1938. »Mit stolzer Genugtuung können wir im übrigen feststellen, daß in den vergangenen zwei Jahren die Entjudung des Wirtschaftslebens besonders in unserem Gau große Fortschritte gemacht hat, so daß es sich jetzt, genau betrachtet, nur noch um einen kurzen Schlußakt handelt, bei dem das Wirtschaftsleben vollends entjudet wird. Die vorhandenen Einzelhandelsgeschäfte – in Stuttgart sind es nicht mehr sonderlich viel – werden wohl jenen Geschäftsleuten übertragen, die ihre Ladengeschäfte durch die Altstadtsanierung verlieren.« Anfang 1939, wo man in einer ersten von der Stadtverwaltung Stuttgart zusammengestellten »Judenliste« immerhin noch 2 100 Glaubensjuden in der Stadt registriert, dann den jüdischen Zahnärzten, Tierärzten und Apothekern die Approbationen entzieht, vollzieht sich eine erste Deportation unter dem Stichwort »Juden in jüdische Häuser« gleichsam in kleinem und stadtinternem Stil.

Dann setzt der wirkliche »kleine Schlußakt« ein, die »Endlösung«: der rassistische Wahnsinn sieht in den Juden jetzt das Ungeziefer, das vernichtet werden muß. »Niemand ist in der Lage«, schreibt Maria Zelzer, die Chronistin der letzten Stuttgarter Judenschaft, »jene beispiellos grausame Tragödie zu verewigen; selbst die jüdischen Mitbürger nicht, die ihre Erlebnisse niedergeschrieben haben. Worte sind zu arm und der Ausdruck zu schwach, um alles so wiederzugeben, wie es geschah. Die nüchternen Tatsachen aber sind auch ohne Schilderung eine Dokumentation der Gewalttaten der Mächtigen gegen die Hilflosen.« Die nach Theresienstadt, Auschwitz oder Izbica deportierten Stuttgarter Juden wurden vom November 1941 ab in der Hospitalstraße oder vor allem auf dem Killesberggelände gesammelt, dort verköstigt und auf dem Hauptbahnhof verladen. Es ist schlecht denkbar, daß niemand von der Öffentlichkeit das zu Gesicht bekommen hätte. Die Stadtverwaltung hat diese Aktionen wie übrigens auch die Verkaufsstelle für Juden im Hause Seestraße 39, den sogenannten Judenladen, sogar filmen lassen. Der Funktionärsstaat, geführt von einer Handvoll Aparatschiks, die keine Menschen mehr sind, beklatscht von Verführten und Enthemmten und Halbwüchsigen, gibt auch Stuttgart den Widerschein tödlicher Kälte. Auch hier macht man nationalsozialistische Morgenfeiern mit Fichte und Eroica. An den Straßenbahnhaltestellen ist die neueste Nummer des »Stürmer« ausgehängt. Die Politik des Hasses wuchert immer weiter, und sie greift nach Anfälligsten zuerst. Als einzige Stimme dafür die Martha Haarburgers, aus ihrem Bericht über 1943: »Ich fahre mit der Straßenbahn von Sillenbuch zur Arbeit und gerate auf der Plattform – ins Innere des Wagens zu gehen ist den Juden verboten, auch mit der von der Gestapo ausgestellten Fahrgenehmigung – in eine Gruppe halbwüchsiger Schüler. Sie schreien: ›Werft die Jüdin hinaus!‹ – sie erkennen die Jüdin ja am gelben Stern. Während der vollen Fahrt durch den Sillenbucher Wald fühle ich mich am Rücken angerührt. Die Schüler hinter mir schreien und schimpfen, Buben und Mädchen. Vor mir stehen einige Jungen, die ich sehr ernst, ruhig ansehe. Sie blicken betreten weg und rühren sich nicht. So beruhigen sich auch die andern, und es passiert nichts.« Die gleiche Berichterstatterin aus Theresienstadt im Juni 1943: »Die schwäbischen Häftlinge verbindet die gemeinsame Heimat. Wir betonen unsre Herkunft aus Württemberg und reden kräftig schwäbisch, wenn wir einander begegnen. Ein Stuttgarter Rechtsanwalt (Erich Dessauer), der in der Gaskammer von Auschwitz endete, grüßt sogar einmal ›Hie gut Württemberg allewege‹.« Nichts verrät besser den Widersinn der zwölf Jahre nationalsozialistischer Geschichte als diese Nachricht aus einem der Todeslager. 1942 sind noch 774 Glaubensjuden in Stuttgart, Anfang 1945 noch 150. Von den fast fünftausend Stuttgarter Juden konnte die starke Hälfte emigrieren. Vom Rest haben nur 250 die nationalsozialistische Herrschaft überstanden. Mehr als 2000 sind ermordet worden.

Gerechterweise muß hinzugefügt werden, daß dieser Akt des grauenvollen Dramas auch vom Chor derer begleitet wird, die gegen das Hitler-Regime Stellung bezogen haben. Wer die Quellen prüft oder jene Zeit noch aus eigenem Erleben kennt, weiß, wie hundertfältig hier die Abstufungen waren, wieviel Jugendsünde dabei war und wieviel bloßer Ehrgeiz, wie leicht man sich heute über die Gewissensnöte von damals hinwegredet, wie sehr man unterscheiden muß zwischen dem Geschrei der Massenkundgebungen und der aufopfernden, in aller Stille getanen Arbeit im Widerstand. Der verdeckte oder offene Gegenzug gegen Hitler begann in dieser Stadt, die Strölin und seine Leute, in treuer Gefolgschaft großstadtfeindlicher Naziideologie, zu gerne als »eine einzige Gartenschau« gesehen hätten: dieser Gegenzug beginnt schon sehr früh. Während Männer wie Wilhelm Keil aktiven Widerstand als sinnlos empfanden und die ganzen Jahre über, wie übrigens auch der Bolzsche Freundeskreis mit Felix Walter, Gebhard Müller und anderen im »Europäischen Hof«, sich mit seinen Gesinnungsgenossen in öffentlichen Lokalen Stuttgarts treffen konnte, haben andere, gezwungen von ihrem politischen Gewissen oder geführt von ihrer religiösen Überzeugung, in Stuttgart laut ihre Stimme gegen Hitler erhoben. Kurt Schumacher darf dabei nicht vergessen werden: noch am 1. Februar 1933 hat er auf dem Stuttgarter Marktplatz die Arbeiter zur gemeinsamen Kampffront zusammenzuzwingen versucht, in einer Rede, die mit der Wucht ganz eigenen Ausmaßes zum »gewaltigsten Gegenschlag« aufrütteln will. Den braunen Männern, die in den dunklen Ecken standen, dürfte der Augenblick die Erinnerung an jene Reichstagsrede Schumachers vom 21. Februar 1932 wachgerufen haben, in der der hagere »Doktor« damals unter lärmenden Protesten der Nazi-Abgeordneten erklärte: »Die ganze nationalsozialistische Agitation ist ein dauernder Appell an den inneren Schweinehund im Menschen ... Wenn wir irgendetwas beim Nationalsozialismus anerkennen, dann die Tatsache, daß ihm zum ersten Mal in der Politik die restlose Mobilisierung der menschlichen Dummheit gelungen ist.« Und zum Schluß an die Nationalsozialisten persönlich: »Sie können tun und lassen, was Sie wollen, an den Grad unserer Verachtung werden Sie niemals heranreichen.« Als Schumacher am 6. Juli 1933 in Berlin verhaftet wird, konstatiert der NS-Kurier: »Mit Dr. Schumacher ist einer der schamlosesten sozialdemokratischen Hetzer nicht nur Württembergs, sondern ganz Deutschlands unschädlich gemacht worden. Mit einem an Hysterie grenzenden verbrecherischen Haß verleumdete er nationalsozialistische Führer und die nationalsozialistische Bewegung. Kein Württemberger wird es vergessen, wie der rote Obergenosse in öffentlichen Versammlungen und in der ›Schwäbischen Tagwacht‹ vom Leder zog.« Tatsächlich hat Murr den bestgehaßten Gegner im Lande vom Berliner Gefängnis am Alexanderplatz dann zur Sonderbehandlung ins Polizeigefängnis nach Stuttgart und von dort ins Konzentrationslager auf den Heuberg bringen lassen. Ende 1933 erfolgte die Einlieferung in das Konzentrationslager Kuhberg bei Ulm, 1935 ins KZ Dachau. Todkrank, aber doch überraschend ist Kurt Schumacher am 16. März 1943 aus dem KZ entlassen worden.

Was Schumacher vor der Reichstagswahl am 5. März 1933 zustande bringen wollte, eine geschlossene Abwehrfront der Linken, scheint auch in der Initiative des kommunistischen Teils der Stuttgarter Arbeiterschaft gelegen zu haben. Noch am Spätnachmittag des 30. Januar 1933 formierten sich die vor dem Gebäude der »Süddeutschen Arbeiterzeitung« diskutierenden Menschen vom Hans-im-Glück-Brunnen aus zu einem Demonstrationszug gegen den Kanzler Hitler. Weder Polizei noch SA waren erschienen. Dafür waren die Dinge doch zu schnell gekommen. Schon Tage vorher aber hatte die KPD von Stuttgart und vom Lande Württemberg sich an den Allgemeinen Deutschen Gewerkschaftsbund, an den AFA-Bund, an die SPD, die christlichen Gewerkschaftler und alle Belegschaften gewandt, unter der Parole »Generalstreik gegen die faschistische Terrorherrschaft«. Am Abend des 31. Januar 1933 trifft sich die KPD im Dinkelacker-Saalbau zu einer Kundgebung; auch die angrenzenden Gärten sind besetzt. Jeder scheint zu ahnen, daß in den letzten Stunden Dinge von schicksalhaftem Gewicht passiert sind. Die Sprecher der württembergischen KPD, Albert Buchmann, Willy Bechtle und Willi Bohn, erläutern den Standpunkt ihrer Partei und rufen noch einmal zum Generalstreik auf. Stürmischer Beifall, als mitten in die erregte Menge die Nachricht gebracht wird, die Belegschaften der Textilwerke Mössingen hätten die Arbeit bereits eingestellt. Man beruft sich auf das Jahr 1920. Damals habe dieses Kampfmittel die Republik zum ersten Mal vor einem konterrevolutionären Staatsstreich bewahrt. Am Schluß der Kundgebung ziehen Zehntausend auf den Wilhelmplatz, wo Willy Bechtle wieder auffordert, unerschrocken den Kampf gegen die Nazis zu organisieren und gemeinsam zu handeln.

Aber der Kampf findet nicht statt. Der Arm der Kommunistenführer sinkt, mitten in der Aktion. Einzelne Leute der SPD empfehlen loyale Mitarbeit. Die Führung des Gewerkschaftsbundes ruft zur Teilnahme an den Mai-Kundgebungen der Nationalsozialisten auf. Ob die einen Gewerkschaftler gefehlt, die anderen ihre Maifeiern in den Stuttgarter Wäldern abgehalten haben: der Überfall auf die Gewerkschaftshäuser am 2. Mai 1933 läßt keinen Zweifel mehr darüber, wer die Macht hat. Die politisch orientierte Arbeiterschaft hat nur noch die Möglichkeit, aus dem Versteck heraus zu agieren. Am 2. März 1933 reißt einer die Türe des Übertragungsraumes im Stuttgarter Rundfunk auf und ruft, mitten in die Direktsendung des Englisch-Unterrichts, kurz nach 15 Uhr: »Nieder mit Hitler! Es lebe die Freiheit! Wählt Sozialdemokraten!« Die Techniker im Waisenhaus waren so erschrocken, daß sie vergaßen, das Mikrophon abzuschalten.

Die Beteiligten, unerkannt entkommen, anderntags festgenommen, stellte man vor ein Schnellgericht.
Eine Sensation für Stuttgart und ein Politikum für das ganze Reich war der Zwischenfall gelegentlich der Stuttgarter Hitlerrede am 15. Februar 1933. »Bei der Übertragung der Rede aus der Stadthalle«, so der amtliche Bericht, »kam es etwa um 9.15 Uhr zu einer Störung, die bis zum Ende der Veranstaltung nicht behoben war. Das Kabel, durch das die Stadthalle mit dem Telegraphenamt verbunden ist, wurde in der Nähe der Stadthalle in einem Hofe in der Werderstraße an einer Stelle, an der es oberirdisch an einer Hauswand entlangläuft, mit einer Axt durchschlagen, so daß die Übertragung durch den Rundfunk unterbrochen wurde. Die Polizei hat am Abend noch zahlreiche Personen festgenommen, die im Verdacht stehen, das von der Stadthalle zum Telegraphenbauamt führende Kabel zerschnitten zu haben.« Die Idee, Hitlers erstes Auftreten als Reichskanzler zu stören, kam von dem kommunistischen Funktionär Kurt Hager. Er sprach die Einzelheiten mit Eduard Weinzierl ab. Der war zuverlässig und wohnte in unmittelbarer Nähe der Stadthalle. Weinzierl hatte kurz zuvor mit einigen Freunden versucht, durch den Einbau einer Sirene in der Stadthalle eine Versammlung mit dem nazifreundlichen Preußenprinzen August Wilhelm, dem »Auwi« zu stören. Für drei Sekunden hatte das wenigstens geklappt. Hitlers Malheur war größer. Als Weinzierl mit einem Freund die Wachmänner in der Nähe des Kabels anspringt, sie in ein Handgemenge verwickelt, währenddessen Hermann Medinger seinen Freund Alfred Däuble auf seine Schultern steigen läßt, der mit zwei kräftigen Schlägen das Kabel durchschneidet und alle vier in der totalen Verwirrung samt der Axt entkommen – da bleibt vom Jubelruf des Josef Goebbels »Mindestens zwei Millionen Menschen werden den Reichskanzler hören« nichts mehr. Ein Knacks in den Lautsprechern. Dann Stille. Freilich, man war in den Anfangszeiten des Rundfunks an derlei Störungen gewöhnt. Nach einer Weile meldete sich eine Stimme: »Die Übertragung ist im Augenblick gestört; wir schalten wieder um zur Stadthalle.« Wieder Stille. Schließlich: »Die Rede des Reichskanzlers kann nicht weiter übertragen werden. Sabotage macht das unmöglich. Weitere Meldungen erfolgen nach der sofort aufgenommenen Untersuchung.« Nicht viel später wurde ein Flugblatt verteilt, dessen Text von Hans Ruess und Willi Bohn stammte: »Wir Antifaschisten haben Hitler das Wort entzogen! Wir rufen alle zum gemeinsamen Widerstand gegen das Naziregime auf, gegen die faschistische Diktatur, die unser Volk in eine Katastrophe führt.« Karl Maier hat von der Stuttgarter Naturfreunde-Siedlung »Eiernest« aus diese Flugblattaktionen weitergeführt.
Dieser Zwischenfall blieb nicht ohne Bedeutung. Daß Hitlers offenbar schon früher genährte Abneigung gegen Stuttgart und das Schwäbische sich jetzt zur

ausgesprochenen Antipathie steigerte, mochte noch hingehen. Wilhelm Murr, ohnehin nicht der Star unter den Statthaltern, in Hitlers engster Umgebung von Anfang an als Notlösung empfunden, hatte paradoxerweise noch am meisten davon zu spüren: *einen* Sündenbock mußte Hitler für alles und jedes haben. Als Murr gar noch am 31. März 1938 Bischof Wurm nach viereinhalbjähriger Pause zu einer Unterredung empfängt, unter anderem über Rassefragen, übergeht ihn Hitler nach seiner Stuttgarter Rede vom 8. April 1938 bei der Begrüßung der »Amtsleiter« und lädt dessen Rivalen Mergenthaler zur Fahrt mit sich nach München und dem Obersalzberg ein. Von 1941 an sucht jeder der beiden Trabanten einen anderen Protektor, Mergenthaler in Bormann, Murr in Himmler. Wesentlich ist am Stuttgarter Vorfall vom Februar 1933 auch nicht, daß er zu einem scharfen Briefwechsel zwischen Bolz und Hitler führte oder in der »Geheimen Haftsache« des Stuttgarter Oberlandesgerichts vom 9. April 1936 sein gerichtliches Nachspiel hatte. Wichtig ist allein, daß die lapidare Prognose, die faschistische Diktatur führe in eine Katastrophe – sie hätte manchem geistigen Repräsentanten Deutschlands in diesen Tagen alle Ehre gemacht –, aus dem Munde gleichsam namenloser Fronten kommt, unmißverständlich bezeugend, wo man die neuen Machthaber durchschaute, noch ehe sie recht zum Zuge gekommen.

Zunächst scheinen die ad hoc unternommenen, irgendwo plötzlich zum Vorschein kommenden Stör- und Widerstandsaktionen zu überwiegen. Als am Sonntag, den 1. Juli 1934, die Nachricht von der Niederschlagung der Röhm-Revolte nach Stuttgart kommt, reagieren die Stuttgarter Antifaschisten sofort, verteilen nach wohlüberlegtem Schlüssel Flugblätter mit dem Vermerk, die Nationalsozialisten befänden sich in einer ernsten Krise. Dreißig Jahre nachdem Karl Liebknecht im August 1907 in einer Jugendkonferenz in Stuttgart die Jugend zum Kampf gegen Militarismus und Krieg aufgerufen hatte, stehen 24 junge Menschen vor dem Ersten Strafsenat des Stuttgarter Oberlandesgerichts, weil sie an vielen Stellen der Stadt »Nieder mit Hitler! Nie wieder Krieg!« an die Wände geschrieben hatten. Dunkel wird den Richtern bewußt, daß es sich hier um ein ganzes Gitternetz kommunistischer, sozialdemokratischer, aber auch konfessioneller Gruppen handeln muß: man hat nur eine Handvoll Leute davon. Den Reichsbannerführer Karl Molt, der mit seinen Freunden durch den großen Reichsbanner-Aufmarsch in der Nacht vom 7. zum 8. März 1933 vor den Toren Stuttgarts hoffte, eine Wende herbeiführen und die Stabilisierung des Naziregimes unterbinden zu können: Molt hat man nie gefunden, auch nicht nach einer Großaktion, bei der ein ganzer Stadtteil abgeriegelt wurde. Er ist schließlich auf den Rat seiner Freunde ins Ausland gegangen.

Überhaupt hat sich allmählich der sozialistisch-kommunistische Widerstand in mehr geschlossenen, mehr organisierten Aktionen vollzogen, parallel dem in der evangelischen Kirche wie in der SPD gleichermaßen stattfindenden Reinigungs- und Erneuerungsprozeß. Nichts von dem war geworden oder gar geblieben, was Kurt Heinig in einer Wahlversammlung am 24. Februar 1933 in der Stuttgarter Stadthalle oder Thälmann drei Tage später in einem offenen Brief noch verwirklichen wollten, die »Eiserne Front«, die »antifaschistische Einheitsfront«. Dafür haben die einzelnen Gruppen nach der Selbstauflösung der Parteien im Juni und Juli 1933 jetzt nicht mehr auf den Wegen des Zufalls, sondern in überlegten und korporativen Zusammenhängen ihre Angriffe wirksam werden lassen. Man trifft sich bei den ›Bergfreunden Cannstatt‹, einer Gruppe der Naturfreunde, und begreift sich in seiner politischen Arbeit im wesentlichen »nur« noch als Antifaschist. Verhaftungen, Einberufungen zum Militärdienst und Hausdurchsuchungen unterbrechen die Widerstandstätigkeit. Aber immer wieder finden sich innerhalb der »Naturfreunde« und der kommunistischen Turn- und Sportbewegung Gruppen zur Fortsetzung der begonnenen Arbeit zusammen. Viele haben ihre Arbeit in aktive Aktionen ausmünden lassen; mancher hat sein Leben dafür gelassen. Unter ihnen sind Männer wie Alfred Borghammer, der am 9. Juni 1911 in Stuttgart geboren ist, die Waldorfschule besucht und nach Kursen an der Kunstgewerbeschule den Schriftsetzerberuf erlernt hat. 1938 hat man ihn zu zwölf Jahren Zuchthaus verurteilt; auf dem Hohenasperg ist er am 21. Juli 1943 gestorben. Zu ihnen gehört auch Adolf Gerst, der am 29. Oktober 1943 verhaftet, am 9. Mai 1944 zum Tode verurteilt und am 22. Juni 1944 hingerichtet worden ist.

Welcher Art diese Arbeit war, erfährt man aus den Aktenstößen, die sich über eine andere Stuttgarter Gruppe während der nationalsozialistischen Jahre angesammelt haben. Ihr haben Kommunisten, Sozialdemokraten, Reichsbannerleute und auch nichtorganisierte Gegner des Regimes angehört, meist junge Leute zwischen zwanzig und fünfundzwanzig. Sie haben an belebten Punkten der Stuttgarter Innenstadt, am Hauptbahnhof, auf dem Schloßplatz oder am Wilhelmsbau selbsthergestellte Flugblätter durch Sprengkörper in die Luft geschleudert, und sie haben Zeitungen verbreitet, die aus dem Ausland eingeschmuggelt oder von ihnen selbst gemacht worden waren. Auch in die Briefkästen der dicht besiedelten Arbeitersiedlungen, auf dem Hallschlag oder im Wallmer in Untertürkheim, hat man Flugblätter und Zeitungen gesteckt. Bei besonderen Anlässen klebten die Angehörigen der Gruppe ihre Plakate oder malten Losungen wie »Hitler bedeutet Krieg!« an die Wände. Die Gestapo hat nach dieser Stuttgarter Gruppe, die mit Verbindungen nach Esslingen und ins Remstal drei Jahre tätig war, fieberhaft gesucht. Erst 1936 konnten die Verantwortlichen ausfindig gemacht und verhaftet werden. In den Jahren 1936 und 1937 wurden 26 Mitglieder in mehreren, voneinander getrennten Strafprozessen abgeurteilt. Ewald Funke, der Leiter dieser Gruppe, wurde vom Volksgerichtshof zum Tode verurteilt und hingerichtet. Vier Verurteilte kamen nach Verbüßung ihrer Strafen in die Konzentrationslager Buchenwald, Dachau und Sachsenhausen. Auch eine Frau, Liselotte Herrmann, am 23. Juni 1909 geboren, war unter den Verhafteten. Schon in der Berliner Viktoria-Louise-Schule, wo sie das Abitur machte, war sie mit einer Arbeit über den Marxismus hervorgetreten. 1929 wird sie an der Stuttgarter TH immatrikuliert und in einen Kreis sozialistischer Studenten aufgenommen, der Stunden und Nächte an die Diskussion politischer Lebensfragen setzt. 1932 studiert sie an der Universität Berlin, wird aber exmatrikuliert, weil sie einen Aufruf gegen Krieg und Faschismus mit unterschrieben hat. 1934 ist sie bei ihren Eltern in Stuttgart und wohl eine der Aktivsten in der Stuttgarter Widerstandsgruppe. Am 10. Dezember 1935, von Denunzianten verraten, wird sie von der Gestapo geholt. Am 17. Juni 1937 verhängt man das Todesurteil über sie, wohl eine der ersten Frauen Deutschlands, die als antifaschistische Kämpferin unter dem Fallbeil endet.

»Die Gründe für das Anwachsen der Unzufriedenheit«, sagt ein umfassender Bericht der Stuttgarter Politischen Landespolizei vom August 1935, »liegen zum großen Teil in den niedrigen Löhnen, denen eine zunehmende Verteuerung der Lebenshaltung und insbesondere in Stuttgart auffallend hohe Mietpreise gegenüberstehen. Zum Teil wird auch die schlechte Stimmung in den Betrieben darauf zurückgeführt, daß die Vertreter der Gefolgschaften nicht immer das Vertrauen der Gefolgschaftsmitglieder besitzen und nicht immer, insbesondere bei der Durchführung sozialer Maßnahmen im Betrieb, den Betriebsführern gegenüber energisch genug auftreten und daß noch viele Betriebsführer von einer nationalsozialistischen Betriebsführung keine Ahnung haben, sondern nur auf ihren Vorteil bedacht sind.« Ob diese versuchsweise Antwort nicht zu sehr von materiellen Kategorien bestimmt ist? Immerhin macht sie klar, daß von dem, was in dieser Polizeiakte »nationalsozialistische Betriebsführung« genannt wird, in den Stuttgarter Fabriken noch nicht viel zu merken war. Dafür wurde bei Daimler-Benz in Untertürkheim, in einer Auflage von 300 bis 400 Exemplaren, eine selbst hergestellte illegale Zeitschrift »Mercedes« verteilt, bei Bosch, in halb so starker Auflagenhöhe, der »Rote Boschzünder«. Für Funktionäre waren der »Pionier des Kommunismus« mit etwa 400 Stück und der »Kommunistische Pressedienst« mit 100 Stück bestimmt.

Selbstverständlich konnten diese Blätter nicht alle in Stuttgart gesetzt und gedruckt werden. Aus dem offenen Kampf, den man im Frühjahr 1933 noch allen Ernstes wollte, war der glimmende Funke des Widerstandes geblieben. Ihn zu verstärken, war ein naheliegender Wunsch. Aber ganz aus eigenen Kräften konnte man ihn nicht mehr realisieren. Die engere Führung der KPD in Stuttgart beschloß deshalb früh, Unterstützung bei den Schweizer Antifaschisten zu suchen und mit ihrer Hilfe die »Süddeutsche Arbeiterzeitung« zum 1. Mai 1933 erscheinen zu lassen. Das war zugleich die Geburtsstunde der »Transportkolonne Otto«, die, geführt von Willi Bohn, für Jahre hin antifaschistische Kampfliteratur aus der Schweiz nach Deutschland geschafft hat. Am Bodensee unterhielt das gefährliche Unternehmen ein förmliches Generalstabsquartier; es hat, gleichfalls für Jahre, gefährdeten Antifaschisten auch als Durchgangsstation gedient.

In der Endphase des Dritten Reiches, in der Kriegszeit waren diese Stuttgarter Widerstandsgruppen dezimiert oder ganz ausgehoben worden. Aber mittlerweile waren andere dafür installiert. Da gab es eine Gruppe Schlotterbeck, der unter anderen der Mechaniker Gotthilf Schlotterbeck, geboren am 1. Februar 1880 in Bempflingen, Maria Schlotterbeck geborene Kugel, am 17. März 1885 in Oferdingen geboren, Gertrud Lutz geborene Schlotterbeck, der ledige Techniker Erich Heinser, der verheiratete Schlosser Emil Gärttner, Sofie Klenk, Else Himmelheber, Emmi Seitz geborene Ramin und der verheiratete Kraftfahrer Hermann Seitz angehört haben: sie sind alle am 30. November 1944 »wegen Vorbereitung zum Hochverrat« hingerichtet worden. Die Todesurteile, richtiger gesagt: der Mord an dieser Familie, haben in Stuttgart-Untertürkheim, wo die Schlotterbecks zuhause waren, beträchtliche Unruhe hervorgerufen. Antifaschistischer Arbeit hat auch »Die Dritte Front« gegolten, die Dr. Wilhelm Goetz von seiner Wohnung in Degerloch aus geleitet hat, auch die noch im Oktober 1940 beschlossene sogenannte »Revolutionäre Bewegung«, die sich das Ziel gesetzt hatte, gemeinsam und planmäßig gegen den Krieg zu kämpfen und seit 1941 Flugschriften in ganz Baden und Württemberg verbreitet hat. Und schließlich hat auch noch das Nationalkomitee Freies Deutschland, nach Hitlers furchtbarer Niederlage bei Stalingrad am 12. und 13. Juli 1943 auf einer Konferenz in Krasnogorsk von Offizieren und Soldaten, Arbeitern und Intellektuellen ins Leben gerufen, als eigene Sektion in Stuttgart Fuß gefaßt. Die wichtigsten Männer dieser Gruppe waren Anton Hummler, in Stuttgart am 12. Februar 1908 geboren, und der am 25. Oktober 1899 in Oberesslingen geborene Steindrucker Max Wagner. Sie sind beide am 4. August 1944 vom Volksgerichtshofe zum Tode verurteilt und am 25. September hingerichtet worden. Die Verbindung mit Herbert Bogdan, dem Leiter der illegalen Organisation in Berlin, ist in der Hauptsache von ihnen hergestellt worden, noch im Sommer 1943.

Es liegt in der Natur der Sache, daß wir über dieses, nun eben gar nicht braune Stuttgart zwischen 1933 und 1945 trotz vergleichsweise günstiger Quellenlage und Berichterstattung bis heute keine erschöpfenden Auskünfte geben können.

Ein Namensverzeichnis der Stuttgarter Widerstandskämpfer, die in den verschiedenen Konzentrationslagern ermordet worden oder auf andere Weise umgekommen sind, gibt es nicht. Nach einer Übersicht der Vereinigung der Verfolgten des Naziregimes haben in Stuttgart 1486 Menschen, 985 Männer und 501 Frauen, ihr Leben im Widerstandskampf gelassen. Selbst wenn an dieser schauerlichen Zahl mancherlei zu korrigieren wäre: daß Stuttgart in der kurzen, in jeder Hinsicht überzogenen Geschichte der nationalsozialistischen »Bewegung« eine aktive, ja eine positive Rolle habe, wird man nach allem hin nicht sagen können.

Dafür haben, nicht zuletzt, auch die Kirchen, ihre Pfarrer, ihre Bischöfe gesorgt. Man war sich in den Kreisen der kommunistischen oder sozialistischen Gegner nicht so recht im klaren, was sich von dort als Beisteuer erwarten lasse. Die Meinungen, belastet wohl auch durch den überkommenen Dualismus zwischen Christentum und Sozialismus, gingen da auseinander. Das Ordnungsgefüge der katholischen Kirche war hier genereller und ausgeprägter als in den evangelischen Landeskirchen. Das Konkordat zwischen Deutschem Reich und Kurie vom 20. Juli 1933 schien eine sehr viel sicherere, stärkere Ausgangsposition zu geben, die sicherer war als die vielfältig schattierten Szenerien der evangelischen Kirchen im Jahre 33. Angesichts dieser Gunst, aber wohl auch aus taktischen Erwägungen hat Johannes Baptista Sproll, 1919 Mitglied der Verfassunggebenden Landesversammlung und seit 29. März 1927 Bischof von Rottenburg, gelegentlich einer Rede in Stuttgart am 8. Februar 1933 aktive Teilnahme am Leben des Staates gefordert, wenn er sich auch gleichzeitig gegen solchen Nationalsozialismus wandte, der bislang gegen »den politischen Katholizismus« zu Felde gezogen war. Auch die Stuttgarter Mai-Unterredung zwischen Sproll und den neuen Leitern des württembergischen Staates dürfte diesen Grundtenor gehabt haben: Zusammenarbeit schon deshalb, weil sich das neue Regierungsprogramm den Kampf gegen den Marxismus auf die Fahnen geschrieben habe, aber auch die Anerkennung der katholischen Konfessionsschule und der katholischen Jugendverbände. Aber die Eingaben der katholischen Geistlichen aus der Diözese häuften sich, die von einer Gleichschaltung zwischen eigener und Staatsjugend sprachen. Lange brauchten hierüber keine Dispute geführt zu werden. Am 9. April 1934 lasen die Württemberger die groß aufgemachte Meldung: »Katholische Jugend tritt zur HJ über.« Der bisherige Stadthauptmann des katholischen Jugendbundes »Neudeutschland« in Groß-Stuttgart, Hans Dollberg, war, nach vielerlei Recherchen auch in Rottenburg und nach reiflicher Überlegung, »als Privatperson« mit zwei Gruppenführern und einem Teil ihrer Gruppen in die Staatsjugend übergewechselt. Dem Beispiel der Stuttgarter Neudeutschen folgten viele im Lande. Sproll hatte ihnen nichts in den Weg gelegt, aber auch gebeten, niemand solle sich auf seine stillschweigende Duldung berufen. Er hatte vielmehr am 8. Januar 1934 in der Landeshauptstadt zum Thema »Aufgaben der Zeit« gesprochen, in einer Ansprache, die mit dem Ruf endete: »Wir wollen das Rad der Geschichte nicht zurückdrehen.« Wollte der Rottenburger Bischof noch einmal durch politische Balance die schon gefährliche Situation – drei Geistliche der Diözese waren Tage zuvor in Schutzhaft genommen worden – im Gleichgewicht halten? Die Aufregung um Sprolls Stuttgarter Rede war noch nicht abgeklungen, als ein zweiter Trommelwirbel ertönte. 1933 gedachte die katholische Kirche des 1900. Todestages ihres Stifters. Das Jahr wurde am 20. Januar 1934 in Stuttgart abgeschlossen, in einer Feier, an der Bischof Sproll teilnahm und der Tübinger Theologe Karl Adam Festredner war. Adam, noch vor einem halben Jahr zwischen deutschem Volkstum und katholischem Christentum überschwenglich Brücken bauend, konstatiert jetzt, daß es für den Katholiken keine Ethik, auch keine heldisch-nationale gebe, die nicht zugleich im Religiösen begründet sei. Seine Abrechnung mit Rosenberg, wohl die erste öffentliche in Deutschland, seine Hinweise auf die christliche Bedeutung des jüdischen Volkes wertet ein nationalsozialistischer Geschichtsschreiber unter der Überschrift »Staatsfeinde« wenig später als eine miese Lobrednerei auf die jüdische Geschichte, gefährlich deshalb, weil in Stuttgart »die katholische Jugendvereinigung auf der Straße zu demonstrieren versuchte und von der Polizei zerstreut werden mußte.« Adam erhielt Lehrverbot. Sproll war nicht mehr weit davon, auch vor aller Öffentlichkeit als Staatsfeind deklariert zu werden. Er hat in den kommenden Monaten und Jahren, immer konsequenter und immer klarer, den Standort der Kirche und des Christentums gegenüber der nationalsozialistischen Pseudoreligion abgegrenzt, bevor er dann 1938 den Naziführern den Fehdehandschuh endgültig hingeworfen und, des Landes verwiesen, seiner Diözese von Klöstern der Diözese Augsburg aus bis zum Kriegsende den Weg gewiesen hat.

Daß die Haltung der evangelischen Kirche für Stuttgart von weitaus größerer Resonanz war, sein mußte, bedarf keines weiteren Kommentars. Stuttgart mit seiner Stiftskirche, als Sitz des Landesbischofs, dieses evangelische Stuttgart hat auf eine klare Haltung des Kirchenführers in dieser Notzeit um so mehr gewartet, als die pietistische Farbe aus der Stadt noch längst nicht gewichen war. Daß sich gerade in den Stundenleuten Württembergs in den dreißiger Jahren wieder das alte Erbübel, pietistisches Sich-Drein-Geben in politische Unvermeidlichkeiten, breit gemacht habe, ist eine wohl kaum haltbare Hypothese. In einem Theologengespräch in Korntal, kurz nach dem 20. Juli 1944, wurde die Frage erörtert, was der einzelne unter uns getan hätte, wenn der Attentäter ihm die Absicht der Tat in seelsorgerlichem Anliegen zuvor mitgeteilt hätte. Einer der Führer des Pietismus in Württemberg antwortete am radikalsten. Unter Hinweis auf das, was in Buchenwald gesehen worden und beabsichtigt sei, wovon er durch ein Gemeindeglied zuverlässige Kunde habe, sagte er: »Hingekniet wäre ich mit ihm und hätte um den Erfolg der Tat gefleht.« Anwesende Lutheraner, denen der Name Buchenwald dabei zum erstenmal zu Ohren kam, haben bei diesen Worten erschrocken den Kopf geschüttelt. War die letzte Entscheidung für oder gegen Hitler, auch bei denen, die verordnete Diener der Kirche waren, nichts anderes als persönliche Stellungnahme? War Dietrich Bonhoeffer nicht gerade über der Frage des Widerstandes mit Zweifeln und Skrupeln aus dem Leben gegangen?

Theophil Wurm hat seine Kirche klug und mutig durch die Fährnisse des Dritten Reiches geführt, ohne Eitelkeiten, ohne das Pathos des Männlichen und Heldischen, ganz auf die Kräfte des Glaubens vertrauend, aber auch von sehr konkreten, politischen Erfahrungen geleitet: eine souveräne Figur, wenn man seine geistige Wachheit und Lauterkeit zum Maßstab nimmt. Wurm ist 1929 zum Kirchenpräsidenten gewählt und 1933 vom Landessynodalausschuß aufgefordert worden, die Amtsbezeichnung Landesbischof anzunehmen, just in einem Augenblick, in dem der Landeskirche hätte ein Reservoir handfester Kontinuitäten zur Verfügung stehen sollen. Indessen haben die Schlachten zwischen denen, die als »Deutsche Christen« ein zeitgerechtes, germanisches Christentum wollten und denen, die nur in der Bibel und im Bekenntnis die Grundlagen der Kirche sahen, für Württemberg nur den Erfolg gehabt, daß die Kirche wie aus einem Reinigungsbad um so gefestigter hervorging. Daß dem so war, ist in erster Linie das Werk Theophil Wurms. »Es geht heute darum, ob das Evangelium in seiner ganzen reformatorischen Kraft und Tiefe einziger Grund und Quell der Verkündigung in unserer Kirche ist oder ob daneben allerlei dem Evangelium wesensfremde Anschauungen eine ausschlaggebende Bedeutung gewinnen sollen.« So der Bischof, der nicht das war, was man einen brillanten Redner nennt, in einer Kanzelansprache am 22. April 1934. Es war dem Bischof in unabdingbarer Weise darum zu tun, daß »die Kirche des lebendigen Gottes und seines Christus im deutschen Volk und Land und besonders auch im schwäbischen Land ihre Stätte habe«. Daß Wurm in der Abwehr der nationalsozialistischen Eingliederungspolitik, mit der man die württembergische Landeskirche in eine Reichskirche einfangen wollte, ebenso erfolgreich war wie in der über zahllose Hindernisse hinweghelfenden Mitarbeit bei der Konstituierung der Vereinigten Evangelischen Kirche in Deutschland, war ein Aufbau mitten im Abbau des Dritten Reiches und darf als sein Lebenswerk angesehen werden. Im Kampf gegen den Ministerpräsidenten und Kultusminister Mergenthaler, gegen den von ihm rücksichtslos etablierten »Weltanschauungsunterricht«, gegen die finanzielle Vergewaltigung der Landeskirche, gegen die Entziehung der Theologischen Seminare hat Wurm die Sprache und die Taktik des Widerstands gelernt. Im Widerstand gegen das »lebensunwerte Leben«, gegen die Unterdrückung der kirchlichen Presse und des christlichen Buchhandels, gegen die Vernichtung des Lebens der Juden und Mischlinge, ja schließlich gegen die totalitäre Verlogenheit des öffentlichen Lebens hat er diese Sprache eingesetzt, ohne müde, ohne unwesentlich, ohne doppelbödig zu werden.

Man versteht, warum Gauhauptstellenleiter Hornickel bei einer Amtswalter-Versammlung in der Reutlinger Listhalle am 15. November 1943 erklärte, der Plan zur Zerstörung der deutschen Kirche sei schon ausgearbeitet und der Landesbischof Wurm und der Bischof Galen seien in die Reihe der deutschen Gegner Churchill und Stalin einzureihen. Man versteht auch, warum Theophil Wurm in Stuttgart gerade in den heißesten Tagen des Kirchenkampfes immer wieder deutliche Beweise eines tiefen und unorganisierten Vertrauens entgegengebracht wurden, warum man diesen Mann als das Gewissen Stuttgarts empfand. Als am 8. September 1934 der nationalsozialistische »Rechtswalter« August Jäger in Stuttgart im Gebäude des Oberkirchenrats am Alten Postplatz erschien, um Wurm wegen »Verschiebung« von Kirchengeldern zu stellen, begann auch eine Zerreißprobe für die württembergische Landeskirche. Wurm wurde vom Reichsbischof am 14. September beurlaubt, tags darauf vom Innenministerium mit Hausarrest belegt. Unter den führenden Geistlichen der Stadt wurden der Stiftsprediger Prälat D. Theodor Schrenk und Dekan Lic. Wilfried Lempp ihres Amtes enthoben. Am 6. Oktober 1934 wird Wurm in seiner Wohnung in Schutzhaft genommen. Kaum zehn Tage später stehen Scharen von Gemeindegliedern vor seinem Haus, ihm ihre Treue zu versichern; der unterdessen abgesetzte Bischof dankt ihnen in kurzer Ansprache. Am 21. Oktober versammeln sich etwa siebentausend Menschen vor dem Haus des Landesbischofs, mehr als an allen Sonntagen zuvor. Als einige der anwesenden Pfarrer von der Polizei abgeführt werden, wächst die Erregung aufs heftigste: »Gebt unsere Pfarrer frei! Gebt das Evangelium frei!« Noch am Sonntag, den 11. November, war ein halbes Tausend Tübinger Theologiestudenten nach Stuttgart gereist, um vor dem Oberkirchenratsgebäude – »Wurm ist unser Landesbischof« – gegen die reichskirchlichen Machenschaften und Rechtswidrigkeiten zu protestieren.

Der Oktober des Jahres 1934, wo eine einfache unter der Hand verbreitete Einladung genügte, um die größte Stuttgarter Kirche mit einer nur aus Pfarrern und Pfarrfrauen bestehenden Gemeinde zu füllen, brachte eine wahrhaft brüderliche Gemeinschaft zwischen Bischof und Pfarrern und bekennenden Gliedern der württembergischen Landeskirche. Sie ist mit dem 15. April 1934 eingeleitet worden, diese gefahrenumlagerte, aber ungemein wache und starke Zeit, als Bischof Wurm in der Stiftskirche in einer Erklärung nach der Predigt der unwahren Mitteilung entgegentrat, der württembergische Landessynodalausschuß habe ihm das Vertrauen entzogen. »Nicht um meinetwillen, sondern um unserer Kirche willen werde ich eine auf diese Weise erzwungene Absetzung nicht anerkennen.« Spontan hat sich danach die Gemeinde auf dem Schillerplatz versammelt und die Lieder angestimmt: »Aus tiefer Not schrei ich zu dir« und »Ein feste Burg ist unser Gott«. Stuttgart, dieses Stuttgart ist von den Nazis nie eingenommen worden.

Sicher bietet die Atmosphäre Stuttgarts während der zwölf Jahre des Tausendjährigen Reiches, verglichen mit München, wo man sich doch bis 1933 und noch danach als »Vorort« Süddeutschlands fühlte und seinen »deutschen Beruf« auch mit einer spezifisch ideologischen Komponente innerhalb der Tagespolitik versah: sicher bietet Stuttgart dagegen nur dünne Konturen politisierter Gespanntheit. Von Mergenthaler abgesehen, der im Schulkampf einer heimtückischen Art von Fanatismus Raum gab, hat Stuttgart sicher nicht die gefährlichste Spezies von Naziführern beherbergt. Innenminister Dr. Jonathan Schmid und sein Stellvertreter, Dr. Gottlob Dill, waren eher toleranten und ausgleichenden Schlags. Besucher Stuttgarts im Jahre 1938 und 1939 wundern sich über die friedliche und häusliche Stimmung in der Stadt. Wer genauer zusieht, stößt auf eine breite Wand von Überdruß und Ablehnung, gestützt von allen Schichten und Gruppen des Volkes: auch im Hinblick auf die Gegnerschaft des Nationalsozialismus, nicht nur auf seine Inspiratoren und Repräsentanten an sich, geht die nur soziologische, die nur klassenbezogene Betrachtung in die Irre. Man wird ja nicht vergessen dürfen, daß die Stuttgarter »Interessengemeinschaft oppositioneller Lehrer« (IOL) lange Zeit eine »Marxistische Arbeiterschule« unterhielt, daß die IOL auch vom Christlichen Volksdienst beschickt worden ist, daß die Freie Waldorfschule Stuttgart unter dem Grafen Bothmer, Unterschlupf für alle, nur nicht für Nazis, sich mit Recht von Mergenthaler sagen lassen mußte, »allzu humanitäre Einstellung zum Leben und zur Erziehung« passe »nicht zu den Zielen der Partei«. Und schließlich ist daran zu erinnern, daß Goerdeler bereits im Sommer 1936 Beziehungen zu Stuttgart aufgenommen hat. Nach seinem Rücktritt als Oberbürgermeister von Leipzig erhielt er von der Firma Bosch einen Vertrag, der ihn als Vertreter auswies und ihm das Reisen erleichterte. Goerdeler verstärkte nach dem Drama von Stalingrad seine Tätigkeit, vor allem unter den Generalen. Sein Verbindungsmann im Hause Bosch war, neben Bosch und Hans Walz, der Baurat Alfred Fischer, der nach dem Attentat am 20. Juli verhaftet wurde. Nach monatelanger Haft wurde Fischer am 12. Januar 1945 vom Volksgerichtshof unter Freisler freigesprochen, kam jedoch ins KZ, aus dem er am 3. April 1945 dank höherer Verwendung freikam.

Strölin, mit dem Goerdeler, auch mit Paul Hahn und Theodor Bäuerle in Verbindung stehend, während des Krieges regelmäßig in Stuttgart zusammenkam, war längst sehend geworden. 1936 dämmert ihm auf einer Amerikareise die Erkenntnis, daß der Kampf gegen eine Weltkonstellation in eine Katastrophe führen müsse. Die Gespräche und Überlegungen im Goerdeler-Kreis veranlassen ihn 1943, eine Denkschrift an den Reichsinnenminister zu schicken. Sie fordert unter anderem die Wiederherstellung des Rechtsstaates, eine Beseitigung des Parteieinflusses durch die Rückkehr der Verwaltungshoheit, die Einstellung der Kirchenverfolgungen, eine »völlige Abkehr von der unmenschlichen Behandlung der jüdischen Einwohner«, eine Überprüfung der Zustände in den KZ. Im Ministerium hat diese, an den Programmen des Goerdeler-Kreises orientierte Denkschrift nach Strölins Worten »wie eine Bombe« eingeschlagen. Die Verbindungsaufnahme mit Rommel, die mit ihm, General Speidel und dem ehemaligen Reichsaußenminister von Neurath geteilte Auffassung, daß Hitler, falls er nicht zur Einsicht zu bringen sei, festzunehmen und vor ein Kriegsgericht zu stellen sei, führt zu Haussuchungen durch die Gestapo, zu immer wieder neuen Verhören. Schließlich machen ihn Denunziationen bei Freisler und Himmler zu einem mehr als unsicheren Kantonisten. Er wird zum einfachen Parteigenossen degradiert. Schließlich läuft am 19. April 1945 beim SD in Stuttgart ein Funkbefehl des Reichssicherheitshauptamtes ein, Strölin sei »wegen Aufnahme der Verbindung mit den alliierten Truppen zwecks kampfloser Übergabe der Stadt sofort festzunehmen«. Es ist die Zeit, in der Bürgermeister oder Ortsgruppenleiter, wer es auch sei, über den Haufen geschossen werden, wenn auch nur der Verdacht auf Defaitismus sich meldet. Aber der Stuttgarter Funker, der den Spruch annimmt, behält ihn bei sich.

Strölins Weg durch die Nazijahre hätte etwas von dem des Dutzenddeutschen an sich, wenn er ihn nicht von 1933 an in aller Öffentlichkeit stellvertretend für eine ganze Stadt gegangen wäre. Den Leidenskelch der nationalsozialistischen Herrschaft hat Stuttgart bis zur Neige leeren müssen, im buchstäblichen Sinne des Wortes: es hat diese fürchterliche Rechnung mit seinem Gesicht und seiner Geschichte zu bezahlen gehabt. Schon im Ersten Weltkrieg, am Morgen des 22. September 1915, gegen 8.15 Uhr, erschienen vier französische Maschinen über der Stadt. Zehnmal hat sich das damals wiederholt, mit insgesamt 22 Todesopfern. Der Presse, den Pfarrern an den Gräbern nahm Oberbürgermeister Lautenschlager das Wort vorweg, wenn er sagte, eine Stadt sei angegriffen worden, welche »die friedlichste Bevölkerung der Welt in ihren Mauern« berge. Zwanzig Jahre hielt man mit derlei Vokabeln zurück. Als der Rundfunk am 1. September 1939 den Kriegsausbruch meldete, ging es nicht mehr, wie am 1. August 1914, mit Sträußen und Girlanden und Marschmusik zum Bahnhof.

Die Stimmung war ernst, ja gedrückt; Stuttgarter Einheiten wurden meist in den Nachtstunden auf dem Kornwestheimer Güterbahnhof verladen, wie zu einem verdächtigen Geheimunternehmen. Vom Zuspruch des Volkes konnte keine Rede sein.

Um Stuttgart zog sich ein Ring schwerer Flakstellungen, von Vaihingen im Südwesten bis zum Schmidener Feld im Nordosten. Am westlichen Rande des Talkessels auf dem Birkenkopf entstand die heute unter dem Trümmerberg begrabene Flakfestung. In der Stadt selbst waren Schnellfeuergeschütze postiert: auf den Werksdächern von Bosch und Daimler, auf den Türmen der Moltkekaserne und des Hauptbahnhofs, auf eigens erstellten Flaktürmen. Standen die Menschentrauben auch schweigend vor den Toren der Stuttgarter Kasernen: in die jahrelang vorbereiteten und geübten »Luftschutzmaßnahmen« mochte man noch einiges Vertrauen haben. Die »Verdunkelung«, die weißen Pfeile, die öffentlichen Luftschutzräume, die Sammelstellen, die Notausstiegsschächte: das alles war da, diszipliniert und überprüft, bis hin zu einem von Stadtbaudirektor Scheuerle entwickelten künstlichen Vernebelungsverfahren, das, originäre Beisteuer der Stadt zum Luftkrieg, Stuttgart lange vor den Blicken der gegnerischen Flieger verborgen hielt.

Man glaubte, hundert Gerüchten und parteioffiziellen Deklarationen zufolge, zunächst gar nicht an Einflug, an den Angriff von Flugzeugen aus Frankreich oder von der britischen Insel. Wer indessen den fliegenden Motorenprüfstand von Daimler-Benz sah, jene Ju 52, die, im Rumpfbug einen neuen Reihenmotor testend, über den Dächern kreiste, dem hätte schon jetzt klar werden können, daß Stuttgart ein Zentrum der Kriegsindustrie und vor allem der deutschen Luftrüstung war. »Stuttgart, a city important to the aircraft industry«: so sah man das »drüben«.

Es ist viel darüber geschrieben worden, ob und unter welchen strategischen, politischen, ideologischen Vorstellungen der Luftkrieg des Zweiten Weltkrieges inszeniert worden ist. Von ernstzunehmender englischer Seite ist vor Jahren erzählt worden, vom anglo-amerikanischen militärischen Planungskomitee »Crossbow« sei für den seit dem 15. Juni 1944 praktizierten Beschuß Londons mit deutschen V 1-Raketen gefordert worden, eine deutsche Großstadt dem Erdboden gleich zu machen. In Abwandlung dieses ursprünglichen Plans habe man daraufhin beschlossen, eine Reihe von vernichtenden Angriffen gegen eine deutsche Stadt zu fliegen und hierfür einstimmig Stuttgart ausersehen. Ob der schwäbischen Hauptstadt nun eine spezielle Strafaktion galt oder nicht: mit ihren Spezialfabriken für Düsenmotoren, Zündkerzen, Einspritzpumpen und Elektroaggregaten war sie ein lohnendes Angriffsziel. Schon Ende 1942 haben die englischen Bomberstrategen fünf Ziel-Systeme für den kommenden Luftkrieg festgelegt. Er sollte sich vor allem gegen zehn deutsche Städte richten, deren Industriezweige entscheidendes Gewicht hatten. Wegen der »large concentration of precision engineering factories in the Stuttgart district« stand Stuttgart nach der Kugellagerstadt Schweinfurt an zweiter Stelle.

Freilich sollte diese Art von Kriegführung – kombinierte Bomberoffensive mit Flächenbombardierung – auch ihren psychologischen Effekt haben. Immer ist in den angloamerikanischen Lagebesprechungen und Memoranden betont worden, der Schwerpunkt der Operationen richte sich gegen die Moral der Zivilbevölkerung, insbesondere gegen die Industriearbeiter. Gutachtliches Material hierfür hat die Studie des Professors F. A. Lindemann, des späteren Lords Cherwell geliefert, mit dem Hinweis, die aufgelockerten Häuserpartien der besseren Klassen erforderten einen Mehraufwand an Bomben, die rein militärischen und industrialistischen Ziele seien ohnedies schwer zu finden und zu treffen: man müsse vor allem auf die deutschen Arbeiterwohnviertel zielen. Bei größter Kräftekonzentration sei es möglich, in allen deutschen Städten mit mehr als 50 000 Einwohnern die Hälfte der Wohnungen zu zerstören.

Ob in Stuttgart das Ziel, im tieferen und gültigeren Sinne des Wortes, erreicht worden ist, bleibt sehr die Frage. Nach Auskunft derer, die derlei unfaßliche Konzepte in die Praxis umzusetzen hatten, die britischen Bombenflieger, blieb Stuttgart bis zuletzt ein schwieriges Ziel. Die Stadt in ihrem tief eingeschnittenen, teilweise von Hügeln verdeckten Tal hatte zu große Streulagen, die das area-bombing so leicht nicht machten. Fehlten noch moderne Bomben, wie während der Angriffsserie vom Juli 1944, so mußten die Erfolge in Stuttgart ausbleiben, die den Briten ein Jahr zuvor in der »Schlacht von Hamburg« beschieden waren.

In den Bombennächten hat sich ein Anhänglichkeitsgefühl, ein Heimatgefühl entwickelt, das gerade das Gegenteil lebendig machte: den verbissenen Wunsch, da zu bleiben und standzuhalten. »Aus dieser Aufstellung siehst Du«, so der Brief an einen Soldaten der deutschen Luftwaffe in Frankreich vom 22. August 1944, »daß Deine geliebte Heimatstadt stark angeschlagen ist. Es soll für Dich ein Ansporn sein, diese Luftgangster zu vernichten. Solche Brüder wollen uns die Freiheit bringen? Danke schön! Heute soll noch hoher Besuch von Berlin kommen – Josefle – (Goebbels, d. Vf.), dann werden wir wohl in den nächsten Tagen wieder etwas abkriegen.« Das spricht weder für naive Hitlerhörigkeit noch für jene moralischen Erfolge, die man mit dieser so gräßlichen wie zynischen Erfindung »Luftkrieg« glaubte haben zu können. Sicher war man auch gereizt und nervös geworden, wie jener Nachmittag des 6. Februar 1945 verriet, wo die Leute nach Vollalarm mit solchem Ungestüm in den Rathausbunker drängten, daß ein paar Kinder in der Menschenmenge blutüberströmt liegen blieben. Und doch hat Strölin in seinen Berichten über die Juli- und Septemberangriffe des Jahres 1944 immer wieder sagen müssen, daß die Stuttgarter Bevölkerung sich großartig gehalten, daß sie alles, was in ihren Kräften stand, getan habe, um wieder Wohnlichkeit in die zerstörten Gevierte zu bringen, daß sie »selbst ganz wesentlich dazu beigetragen« habe zur Überwindung des Schlimmsten. Hat die ständige Geißel der Luftangriffe, im Vergleich zum Aufwand, mehr erbracht als einen mageren Beitrag zum Sieg der Alliierten?

Ein teuer erkaufter Sieg. Und für Stuttgart ein Weg in die Feuerhölle. Der erste Stuttgarter Nachtalarm ließ lange auf sich warten. Er wurde erst am 30. Juni 1940 gegeben. Dann war der Bann gebrochen. Jetzt wußte man's: auch Stuttgart würde daran glauben müssen. Die sechs Angriffe bis Ende August 1942 waren Nadelstichoperationen, Einflüge, ins Belieben der Besatzungen gestellt. Aber wer die Möglichkeit hatte, sein bewegliches Hab und Gut aus der Stadt herauszuschaffen, tat es jetzt. Auch Staat, Stadt und Kirchen hatten ihre Wertsachen und Kunstgegenstände und Archivalien, soweit das möglich war, an »sichere« Plätze verlagert. Der Beginn des Jahres 1943 bringt die Zusammenarbeit von britischen und amerikanischen Luftwaffeneinheiten. Es kommt System in den Luftfeldzug gegen die »Festung Europa«. Der elfte Angriff auf Stuttgart am 6. September 1943 ist der erste Tagesangriff; »Tag und Nacht mit vereinten Kräften« ist auf den Flugblättern zu lesen, die zusammen mit den Bomben vom Himmel fallen. Im Frühjahr 1944 kommen Bomberverbände mit mehr als 800 Flugzeugen in der Nacht. Aber die eigentlichen Massen fliegen erst in der Zeit der schwersten Schläge, zwischen dem 16. Juli 1944 und 21. Januar 1945, über Stuttgart. Es ist die Phase der massiven Großangriffe, die ausmündet in den Schlußabschnitt, in dem von den Mosquitos jene kleineren Überraschungsangriffe geflogen wurden, die das schwer zerstörte Stuttgart in den letzten Monaten vor seiner Besetzung durch französische und amerikanische Truppen hinzunehmen hat. Aber erst die Angriffe im Juli und September 1944 löschen das vertraute Bild des alten, des organisch gewachsenen Stuttgart aus. Auf Grund aller Einzelmeldungen gab der Oberbürgermeister das Fazit dieses Jahres: »Ende 1944 waren fast alle Kirchen, Krankenhäuser, die meisten öffentlichen Gebäude, die Industrie- und Wirtschaftsbetriebe, die TWS und ungefähr 70 Prozent aller Häuser mehr oder weniger beschädigt.«

Wieviel Zerstörung im brutalsten Sinne dieses Wortes hinter der nüchternen Behördensprache liegt, läßt sich kaum mehr ahnen. Ganze Familien, ganze Sippen sind in einer Nacht verschwunden, ganze Straßenzüge, in denen Generationen gelebt und gewerkelt haben; nicht einmal mehr die Kulissen sind davon da, nicht einmal mehr die Bilder. Bischof Wurm hat damals in einem Brief an seine Stuttgarter Pfarrer eine Linie zu den ersten großen Städten der Antike gezogen, über deren Straßen sich heute Grasnarben ziehen. Man könnte den Verlust begreiflich machen und Zahlen bringen. Die Einwohnerzahl Stuttgarts verminderte sich von 458 429 am 17. Mai 1939 auf 266 067 am 30. April 1945. In Stuttgart wurden insgesamt 39 125 Gebäude, das sind 57,5 Prozent des damaligen Bestandes, zerstört oder beschädigt. Den 4 562 Luftkriegsopfern in Stuttgart dürften etwa 1 200 bis 1 600 tote alliierte Flieger gegenüberstehen, im Hinblick auf das, was diese Flüge sonst noch gekostet haben, keine allzu günstige Relation. Wenn man das Stuttgarter Volumen – 53 Luftangriffe von insgesamt 8 300 meist viermotorigen Bombern mit schätzungsweise 12 000 Spreng- und 1 300 000 Brandbomben – und vor allem die Luftkriegstoten mit denen anderer südwestdeutscher Städte, mit Heilbronn (84 Promille, ein Promille = ein Tausendstel), Würzburg (38 Promille) oder gar Pforzheim (222 Promille) vergleicht, dann wird man sogar sagen müssen, daß Stuttgart mit seinen zehn Promille der Vorkriegseinwohnerzahl glimpflich davonkam.

»Als der Lärm abebbte und man ins Haus hinaufgehen konnte«, berichtet Wolfgang Zeller, der letzte Pfarrer der Garnisonskirchengemeinde, »um nach Brandbomben und Schadenstellen zu suchen, war der Himmel ringsum hell erleuchtet von Feuerbränden. Ein gewaltiger Sturm wütete und trieb den gefährlichen Funken- und Feuerflug über die Stadt hin. Dabei war es empfindlich kalt. Nahe bei uns stand ein Haus der Wiederholdstraße in Flammen; auch droben in der Eduard-Pfeiffer-Straße brannte es. Viel schlimmer müßte es im Stadtinnern zugehen. Als es hell war, machte ich einen Gang durch die Stadt. Schon beim Schwimmbad (Büchsenbad) begannen die Absperrungen. Der Turm der Hospitalkirche stand in Flammen, die Schloßstraße abwärts ebenso die große Kuppel des Landesgewerbemuseums. Ich wandte mich durch die Kasernenstraße, die Gymnasiumstraße abwärts zum Hospitalkirchenplatz. Wo man hinkommt Brand und Rauch, daß die Augen brennen. Die Feuerwehr arbeitet fieberhaft. Schlauchleitungen liegen auf den Straßen. Polizei regelt den Verkehr. Immer wieder begegnen mir Geschädigte mit dem Nötigsten, auch einmal ein einzelnes Kind mit einer geretteten Puppe im Arm.« Und an anderer Stelle: »In der Lerchenstraße kamen wir eben dazu, wie durch einen Kellerausstieg Leichen herausgeseilt wurden ... Mit dem Abtransport geht es wegen der verschütteten Straßen langsam. Wieviel Leichen mögen noch in den Kellern liegen? Der Wagen mit der Tafel ›Städt. Altpapier- und Lumpensammlung‹ ist zum schauerlichen ›Schüdderump‹ geworden. Und immer wieder fahren Lastwagen an, mit 15 bis 20 Särgen beladen. Mancherorts haben sich Bagger durch die Trümmerhitze durcharbeiten müssen, bis man dann verkohlte, zusammengeschrumpfte Leichen fand. An den Rändern der Schuttkegel, der Schuttwüsten, sind diese kaum mehr identifizierbaren Menschenüberreste aufgereiht worden ...«

Niemand wird heute den Namen Stuttgart im Ernste aussprechen wollen, der nicht auch dieser Nächte gedenkt. Was aus den Freunden und Verwandten geworden ist: vielleicht erfährt man's Ende der Woche. Elektrisches Licht fehlt, und Gas, und nur der dringendste Wasserbedarf kann aus Wasserwagen gedeckt werden. Das total geschädigte Gebiet der Innenstadt wird, weil es teils unmöglich, teils unvertretbar scheint, die Elektrizitäts-, Gas- und Wasserversorgung, das Fernsprechnetz und die Kanalisation bis zu den wenigen stehengebliebenen Einzelgebäuden wieder herzustellen, nach den Septemberangriffen des Jahres 1944 zur Sperrzone erklärt. Hier ist ein verstärkter Wach- und Streifendienst eingerichtet. Die untereinander verbundenen Keller dürfen keinesfalls zum Schlupfwinkel von Ausländern und zum Anreiz zu Plünderungen werden. »Es muß damit gerechnet werden, daß die Ratten und Mäuse unter den Trümmern allerhand Nahrung finden.«

Aber es ist für Stuttgart, nach dem Prolog vor dem 30. Januar 1933, nach dem Aufmarsch der Machthaber, nach den Gegenzügen der Widerstandsleute nur die zweitletzte Szene: mitten in diese ausgebrannte Wüstenei schiebt sich der letzte, der fünfte Akt. Jetzt begann der Krieg auch auf der Erde nach dem alten Stuttgart zu greifen. Am 31. März 1945 hatte die 1. Französische Armee unter General Lattre de Tassigny bei Speyer und Germersheim den Rhein überschritten. Am 8. April verläuft die französische Front von Ettlingen über Pforzheim, am Nordufer der Enz entlang über Mühlacker bis Bietigheim. Der Vormarsch, in mehreren Kolonnen erfolgend, ist in seinem Hauptstoß auf Freudenstadt gerichtet. Am 17. April wird es genommen. Drei Tage später ist im Norden Stuttgarts Ludwigsburg, im Westen Weil der Stadt, im Süden Tübingen und der Schönbuch von den Franzosen besetzt; vom Schönbuch aus dringen am Nachmittag des 20. April französische Abteilungen bereits gegen den Südrand von Stuttgart vor. Unterdessen hatte die 7. Amerikanische Armee unter General Path in breiter Front den Raum zwischen Heilbronn und Bayreuth erreicht. Heilbronn und Crailsheim waren ebenso hart umkämpft worden wie Nürnberg. Jetzt rücken amerikanische Einheiten gegen Stuttgart von Crailsheim über Backnang und vom Remstal her vor. Am 20. April ist die Gegend bei Esslingen erreicht; die Amerikaner stehen im Nordosten und Osten vor den Toren der Stadt. Stuttgart ist eingeschlossen.

Murr, jetzt »Reichsverteidigungskommissar«, hat Gegenmaßnahmen geplant, die freilich von schierer Angst diktiert und nicht ohne Widersprüche sind: totale Evakuierung der Stadt, Verteidigung der Stadt bis zum Letzten, Zerstörungs- und Lähmungsmaßnahmen innerhalb der Stadt, um dem Gegner nach einer Besetzung seine und der Bevölkerung Versorgung zu erschweren oder unmöglich zu machen. Strölin, der als einstiger kommunaler Beamter auch in den fröh-

lichsten Nazizeiten »seine« Stadt gegen unqualifizierte Zugriffe der braunen »Goldfasanen« verteidigt hat, sucht Murr diese Sinnlosigkeiten, vor allem die geplante totale Evakuierung, auszureden. Die Wehrmacht, seit Dezember 1944 als Ortskommandant von Stuttgart Oberst Freiherr von Scholley, hat eine »Rundumverteidigung« im Sinn. Am 16. Oktober 1944 hatte man den Volkssturm aufgerufen. In Stuttgart sollen 55 Bataillone aufgestellt werden. Aber im Januar 1945 stehen erst vier marschbereit. Vier weitere sind bei der Einnahme der Stadt gerade in der Aufstellung begriffen. Alles andere bleibt Papier.
Der Druck auf die Wehrmacht verstärkt sich in diesen letzten Tagen mehr und mehr. Die Rücknahme des Befehls zur Sprengung der Brücken hat Strölin nicht erreicht, wohl aber die Rettung des Berger Stegs, über den die Landeswasserversorgung läuft. Damit war schon viel gewonnen. Am 7. April übergibt Oberst v. Scholley, seines Postens enthoben, die Geschäfte Oberstleutnant Marbach. Der hatte sich auf eigene Faust von Karlsruhe aus in Richtung Schwarzwald abgesetzt und war, obwohl Ritterkreuzträger, vor ein Kriegsgericht gestellt und zum Tode verurteilt worden. In letzter Sekunde war dem Hochdekorierten eine Bewährungsfrist eingeräumt worden. Die Verteidigung Stuttgarts soll ihm die Gelegenheit zur Rehabilitierung sein. Marbach bringt den Befehl mit, Stuttgart sei zur »Festung« erklärt und müsse, wie Königsberg, bis zum letzten verteidigt werden. Dem neuen, zu allem entschlossenen Stadtkommandanten wie seinem Vorgesetzten, dem General Kurt Hoffmann, sucht Strölin die Funktion Stuttgarts als einer Lazarettstadt nahezubringen.
Strölin, Tag und Nacht auf den Beinen und gewiß nur davon getrieben, zu retten, was noch zu retten ist, läßt am 10. April einen französischen Mittelsmann zu sich kommen, der nachts mit dem Fallschirm in der Nähe Stuttgarts abgesprungen war. Nachdem er von ihm einen verläßlichen Eindruck hatte, wagt er es, ihm folgende Nachricht zur Beförderung »an das Kommando der alliierten Streitkräfte« anzuvertrauen: »Die Bevölkerung und der Oberbürgermeister (von Stuttgart) sind zur Übergabe der Stadt bereit. Es wird daher dringend gebeten, von Luftbombardierung und Artilleriebeschuß abzusehen. Durch Angriff von Süden könnte auf beiden Seiten Blutvergießen vermieden werden. Der Oberbürgermeister bittet um eine ritterliche Behandlung der Bevölkerung.«
Der Schritt war gewagt. Am 19. und 30. März waren die »Führererlasse« der »verbrannten Erde« ausgegeben worden. Murr hatte den »Neroplan« unter dem hämischen Stichwort »Schwabentreue« ausgegeben. Strölin, der nun mit Bischof Wurm und dem katholischen Dekan Rudolf Spohn in dauernder Verbindung steht, hat letzte Auftritte mit dem immer mehr zusammenfallenden Wilhelm Murr. Der Oberbürgermeister findet auch Unterstützung bei Dr.-Ing. Otto Fahr, dem Obmann der sogenannten »Industriellen Selbstverwaltung«, bei Dr. Knör-

zer von der Firma Bosch, Direktor Huschke von Daimler-Benz, schließlich bei einem Kreis von Männern, die sich zum Widerstand gegen die Wahnsinnspolitik entschlossen haben, zu denen der beim Kriegsschädenamt der Stadt Stuttgart dienstverpflichtete Rechtsanwalt Dr. Arnulf Klett gehörte. Mit ihm hat Strölin am 8. April in seinem Büro Verbindung aufgenommen.

Dort, in der Schönleinstraße, reißen in der Nacht vom 20. auf 21. April die Telefongespräche nicht ab. Gegen 2.00 Uhr nachts bespricht Strölin mit Klett Maßnahmen zur Verhinderung von Zerstörungsbefehlen. Gegen 6.00 Uhr morgens stellt der OB in Cannstatt fest, daß es den Berger Steg noch gibt. Wenig später erhält Strölin in seinem Büro den mysteriösen Telefonanruf eines angeblich französischen Offiziers, der wegen Übergabe der Stadt verhandeln will. »Als ich ihn nach Name und Dienstgrad fragte, wich er unsicher aus.« Strölin wußte, daß eine solche Aktion andernorts dem Stadtvorstand das Leben gekostet hatte. »Ich ließ das Gespräch sogleich auf den Kampfkommandanten umlegen. Oberstleutnant Marbach, der sein Quartier in der Villa Porsche am anderen Ende der Stadt hatte, war selbst am Apparat. Als ich sagte, ein französischer Offizier wolle ihn sprechen, damit die Stadt übergeben würde, unterbrach er mich sofort: ›Ich habe Befehl gegeben, die Stellung zu räumen, Artillerie deckt den Rückzug. Sie selbst verlassen bis spätestens 16.00 Uhr über Obertürkheim die Stadt.‹ Damit hing er ab.«

Wie Strölin hinterher erfuhr, hat General Hoffmann, der ihm zuvor mehrmals versprochen hatte, im gebotenen Augenblick den Räumungsbefehl zu geben, die Truppen aus Stuttgart beordert. Damit war für den Oberbürgermeister der Weg frei zur Übergabe. Im Gasthof zum »Ritter« in Degerloch, dem Hauptquartier des Kommandanten der 3. Algerischen Infanteriedivision, hat Oberbürgermeister Dr. Strölin am Sonntag, den 22. April 1945, vormittags 11.00 Uhr die Stadt übergeben. In einem Gastzimmer erwartete ihn der französische General, hinter einem Schreibtisch stehend. »Als ich ihm gegenüberstand, erklärte ich: ›Oberbürgermeister von Stadt Stuttgart. Ich übergebe die Stadt‹.«

Zwei Stunden später rückten auch Einheiten der 100. Amerikanischen Division auf der Straße von Fellbach her im Stadtgebiet ein. An diesem Sonntagmorgen fiel der Vorhang vor dem letzten Akt der Geschichte Alt-Stuttgarts. Was die Stadt in diesen letzten zwölf, vierzehn Monaten geduldet und gelitten hat, wird kein Chronist je ganz beschreiben können. Man sieht noch die Kreuzigungsgruppe der Leonhardskirche vor sich, Hans Seyffers wunderbar eindringliches Werk, den brechenden Gekreuzigten, die männlich schöne Haltung des Johannes, das Antlitz Magdalenens in namenlosem Schmerz. Ein Wunder hat dieses Mahnmal belassen, mitten zwischen ausgebrannten Mauern, zwischen Eisenwerk, das die Brandhitze in wilde Bogen schmolz.

Die Stunde Null und danach

Für den Fall, daß man selbst obdachlos sein würde, hatte die Stadtverwaltung als Treffpunkt die Eberhardsgruppe in den Anlagen verabredet, das »Sinnbild der schwäbischen Treue«. Ob man je dort im angegebenen treulichen Sinne zusammenkam, kann der Chronist nicht sagen. Für manchen heute mag die uneingestandene Reminiszenz an ein »Preisend mit viel schönen Reden« apostrophiertes Alt-Württemberg mitten im grauenvollen Zusammenbruch der Hitler-Diktatur einigermaßen befremdlich klingen. Aber es gab Leute in den beiden letzten Kriegsjahren – es waren nicht die dümmsten und einfältigsten –, die in der Wiederaufrichtung der württembergischen Monarchie eine reale politische Chance sahen. Es fällt überhaupt schwer, sich die Atmosphäre einer Zeit auch nur in den Umrissen zu rekonstruieren, in der generationenlang Gebautes eine rauchende Trümmerecke war und die Zvilisation wieder in ihren Urzustand zurückfiel, in der – wenigstens seit 1. April 1946 – im Postamt 9 auf dem Hauptbahnhof drei Münzfernsprecher für Stadtgespräche zu finden waren und außerhalb des Postamtes sage und schreibe ein Fernsprechhäuschen aufgestellt war, in der auf einer Ärzteversammlung im Winter 1946/47 festgestellt wurde, daß Schwerkranke auch in Räumen mit einer Temperatur unter 0 Grad untergebracht seien, in der auf den Wagen der Reichsbahn – wenn sie fuhr – »allied forces« stand und die Abteile nicht beleuchtet waren, weil keine Leuchtkörper da waren und die vorhandenen aus ihren Fassungen gestohlen wurden, in denen »wildes« Baden im Neckar wegen Bombentrichtern im Flußbett untersagt war.

Geschichte sei, meditiert der alte Goethe einmal, eine Art, »sich das Vergangene vom Halse zu schaffen«. Bei Licht besehen, ist das ein großartiges Wort, in die schönsten und eigentlich befreienden Räume der Geschichte führend, die Prozesse des innerlichen Wachsens ebenso andeutend wie die des Fertig-werden-müssens mit der Vergangenheit. Im Sommer 45 hat man den unendlich langen Weg, den man benötigt, um seiner eigenen, zumal verwilderten und perversen Geschichte Herr zu werden, den wir in seiner Schwere heute noch kaum ermessen, geschweige denn hinter uns gebracht haben: im Sommer 45 hat man diesen

85 Amerikanische Militärparade am 4. Juli 1947. Auf der Ehrentribüne am Königsbau, erster von links Wilhelm Keil als Präsident des Landtags von Württemberg-Baden

84 (umseitig vorn) Blick vom Mahnmal Birkenkopf zur Stadt: »Dieser Berg, nach dem Zweiten Weltkrieg aufgetürmt aus den Trümmern der Stadt, steht den Opfern zum Gedächtnis, den Lebenden zur Mahnung«

Weg nicht gesehen. Überleben war alles. Daß die Dinge zerstört waren, der Staat, die Nation, die Häuser, das Recht, das Gewissen, die Seele – das war viel zu groß und viel zu tief, als daß man es hätte begreifen können. Wer nicht Hand an sich selbst legte in diesen Tagen, sah weg, wenn einer der letzten deutschen Landser, die fahlen Gesichts und stoppelbärtig, in wechselnden Gruppen, die Straßen hinunter schlurften, ausscherte und irgendwo in der Ecke sein Schnellfeuergewehr zu Boden legte und einen Bauernkittel anzog: überleben war alles. Generale und Dienstwagen mit Generalsabzeichen, so die vierte Bekanntmachung der Militärregierung, seien von der deutschen Zivilbevölkerung zu grüßen. »Männer durch Hutabnahme.« Nachtausweise gab es nur für dringenden Verkehr außerhalb der Sperrzeiten. Jede Versammlung von mehr als fünf Teilnehmern war bei der Militärregierung anzumelden. Weil das Kontrollratsgesetz vom 30. November 1945 militärische Ausbildung verbot, wurde ein Stuttgarter Turnlehrer im Jahr darauf zu sechs Monaten Gefängnis verurteilt, weil er Jungen in Formation hatte marschieren lassen. Ein paar Wochen nach dem Einmarsch wurde die Stadtverwaltung mit fünfhundert Mark bestraft, weil auf einem städtischen Amt ein Briefbogen benützt wurde mit dem Kopf: »Der Oberbürgermeister der Stadt der Auslandsdeutschen.«

War die politische Not die größere, die Ende 1946 noch am augenfälligsten war, als der Entnazifizierungsausschuß des Länderrats die Absicht äußerte, den Spruchkammerbescheid in die Kennkarte eintragen zu lassen? Oder war es die Existenzangst, die einen gar nicht so recht in Friedenszeiten hineingehen, die Monate, ja die halben Jahre nach dem Mai 1945 als Urlaub empfinden und immer wieder neue Kriegspsychose aufkommen ließ? Jeder Stuttgarter müsse einsehen, erklärt der Oberbürgermeister über Radio Stuttgart am 8. September 1945, »daß ihm bei dem derzeitigen verhältnismäßig bescheidenen Kohlenbestand keine Kohle zu Haushaltszwecken zugeteilt werden kann«. Im nächsten Jahr bekommt man ein paar Braunkohlenbriketts, dafür darf man, in diesem ausnahmsweise strengen Winter 1946/47, zum Theater- und Kinobesuch zwei oder drei Scheiter Holz mitbringen. Ärztlichen Sonntagsdienst gibt es erst wieder seit April 1947. Arbeitsausschüsse tun sich beim Aufspüren von Kartoffellagern innerhalb und außerhalb der Stadt hervor. Was immer auch von privater und städtischer Hand aus unternommen wird, in wahrhaft abenteuerlichen Aktionen, um sich unmittelbar vom Land zu versorgen, endigt nicht selten in den Ausfuhrsperren, die von den Landkreisen verhängt werden. 7316 Stuttgarter Familien lassen sich Ährenlesescheine ausstellen. Das Ereignis des Jahres 1946 ist nicht die – erst jetzt bekannt gewordene – Nachricht, daß sich Wilhelm Murr und seine Ehefrau am 14. Mai 1945 in Egg in Vorarlberg nach der Festnahme durch die Franzosen vergiftet hatten und als Walter und Luise Müller aus Ulm dort begra-

ben waren – Vergangenheit und Zukunft stehen still –, sondern die Wiederaufnahme des Eisenbahnverkehrs Stuttgart–Cannstatt im Juni und die Cralog-Schulspeisung für zehntausend Schüler im November, für das Jahr 1947 auf alle Fälle die Fettspende der Gebrüder Eitel und des Schwabenvereins Chikago, die 19 800 Pfund Schmalz nach Stuttgart schicken.
Ist an einen sinnvollen Wiederaufbau überhaupt zu denken? Dafür braucht man zunächst einmal Geld. Die steuerlichen Möglichkeiten sind für die Kommune beschränkt. Einmal denkt man an eine Brückenbenützungsgebühr im Gemeinderat. Auch eine Holzplastik nageln zu lassen wie im Ersten Weltkrieg, erwägt man. Aber woher die Plastik, noch wichtiger: woher die Nägel nehmen? Der Schwarzhandel, sagen wir es vornehmer: der Tauschhandel ist zur Selbstverständlichkeit geworden. Lakonisch berichtet im Juli 1947 die Militärregierung: »Geld wird eigentlich nur noch zur Bezahlung der Mieten, der bewirtschafteten Waren, der Steuern, im Verkehr mit den Behörden und öffentlichen Einrichtungen (Eisenbahn, Post, Theater) und in Gaststätten angenommen. Der übrige Markt spielt sich im Schleich- und Tauschhandel und in Kompensationsgeschäften ab.« Die Welt ist anders geworden, und mit ihr die Nomenklatur im öffentlichen und kommerziellen Leben. Ein »Amt für Besatzungsleistungen« gibt es jetzt, nicht das kleinste unter den städtischen Ämtern; bis Mai 1948 hat das Besatzungskostenamt der Stadt einhundertdreiundsiebzig Millionen Mark ausbezahlt. Es gibt jetzt Warenhäuser »auf Rädern« und »bewegliche Reparaturwerkstätten«, »Tauschvermittlungsgroßunternehmen« und die phantasievollsten Angebote von Annahmestellen für Färberei und Stoffbemalung und Änderungen. Die »Vermittlung von Liebesgabensendungen« erfolgt für den, der es haben will, auf gewerblicher Grundlage. Nur die Politik ist fürs erste verboten. Am 25. Juli 1945 genehmigt der Kommandeur der Militärregierung Stuttgart-Stadt, Oberstleutnant Charles L. Jackson, einen Stadtrats-Vorschlag nach berufsständischen Grundsätzen. »Die Bildung eines Stadtrats wird genehmigt. Es dürfen jedoch keine politischen Parteien gebildet werden. Der Oberbürgermeister nennt die Leute, die er für geeignet hält. Die frühere Parteizugehörigkeit spielt keine Rolle. Von diesen Stadträten muß ebenfalls ein Fragebogen ausgefüllt werden. Auf keinen Fall darf Politik getrieben werden.«
Der neue Oberbürgermeister – das geht in Stuttgart nahtloser als in manchem Alb- oder Schwarzwalddorf. Nachdem Strölin am Sonntag, den 22. April, die Stadt den Franzosen übergeben hatte, wird ihm gegen zwölf Uhr des folgenden Tages von einem französischen Verbindungsoffizier erklärt, der Kommandierende General bedaure, ihn seines Postens wieder entheben zu müssen. Es bestehe eine Anordnung dieser Art. Als Zeichen der Wertschätzung und im Hinblick darauf, daß der Oberbürgermeister auf seinem Posten geblieben sei, über-

lasse man ihm den Vorschlag für einen Nachfolger. Bis 14.00 Uhr hat Strölin Zeit. Er überlegt sich das lange und zieht auch seinen Vorgänger Lautenschlager in die Wahl. Dann aber kommt er »nach verschiedenen anderen Erwägungen« zu dem Entschluß, den Rechtsanwalt Arnulf Klett vorzuschlagen, der seit November 1944 beim Kriegsschädenamt dienstverpflichtet und als Sprecher eines Widerstandskreises mit Strölin bereits in Verbindung war. Doktor Klett ist gegen 13.30 Uhr bei Strölin. Er bittet sich Bedenkzeit aus. Dann sagt er zu. Um 14.00 Uhr haben die Franzosen den neuen Namen. Um 17.00 Uhr kommt ihre Bestätigung des Einverständnisses.

Arnulf Klett, bis zur Stunde Stuttgarter Oberbürgermeister, heute nicht nur das älteste diensttuende Stadtoberhaupt der Bundesrepublik, sondern augenscheinlich das vitalste, brachte in glücklichstem Sinne eben das mit, was die Stadt mit ihren zerschundenen und leeren Straßen, mit ihren grotesken Ruinenlandschaften, in denen sich die Hitze dieses wunderschön-gleichmäßigen Sommers fing: Klugheit, einen selbstverständlichen, nicht weiter diskutierten Glauben an die Vernunft im Menschen, und eine unbekümmerte, unverdrossene Art, zuzupacken. Nicht der »Staat«, nicht irgendeine Apparatur von oben her hat das öffentliche Leben nach der Stunde Null in Deutschland wieder in Fahrt gebracht, sondern die Gemeinde, die sich als Selbstverwaltung im großartigsten Sinne des Wortes bewährt hat. Die Geschichte dieser kommunalen Leistung, welche die Suche, die krampfhaft gewohnte, nach einer behördlich-ministeriellen Oberaufsicht deshalb entfallen lassen kann, weil sie sie schlicht entbehrlich machte, ist noch nicht geschrieben. Arnulf Klett wird eine hervorragende und unvergeßliche Rolle in ihr spielen. Für Wochen und Monate ist er die einzige öffentliche, wir müssen hinzufügen, deutsche Instanz in der Stadt und, wer deren Rang berücksichtigt, im Lande. Eine Landesregierung gibt es erst seit 24. September, ein Landgericht Stuttgart seit vierzehn Tagen vorher. »Der Oberbürgermeister« ist in diesen Tagen, in denen es um nichts anderes geht als die bloße Existenz, als die »Bürgernähe« der Verwaltung jenseits großer staatspolitischer Deklarationen gar nicht erst gefordert zu werden braucht, die Institution schlechthin, wie nie in der Geschichte Stuttgarts zuvor. Klett hat, ohne Gemeinderat, mit einem Mitarbeiterstab, der alles andere als komplett ist und aus Entnazifizierungsgründen rasch wechselt, für alles zu sorgen gehabt, für die Telefonanschlüsse, für die Wahl von Arbeitnehmervertretern, für die Meldung aller Kraftfahrzeuge und Arbeitspferde, für Dieselöl und für den Aufbau einer Landesverwaltung.

Auch Klett, der geborene Stuttgarter, schließt sich an das von Ideologien nie erreichte Substrat altschwäbischer Tradition an. Das »Hie gut Württemberg allweg« bekomme jetzt seinen eigentlichen und existentiellen Sinn, heißt es in einem seiner ersten Aufrufe. Er habe, gesteht er in seinem ersten öffentlichen

Wort an die Stuttgarter vom 14. Mai 1945, selbst in diesem Augenblick von seinem köstlichen Humor getragen, »vor einigen Wochen das Schwabenalter erreicht«. Er habe als Anwalt immer wieder gegen »Übergriffe des nationalsozialistischen Systems anzukämpfen gehabt«, sei deshalb in Schutzhaft gewesen und habe in »diesen Fällen das Vertrauen meiner Auftraggeber gerechtfertigt«. Er bitte jetzt seinerseits um das Vertrauen aller seiner Mitbürger. »Ich brauche es für die unter den schwierigsten Umständen übernommene Aufgabe, die Grundlagen für die Verwaltung und den Wiederaufbau der gemeindlichen Einrichtung, für Ernährung, Verkehr und Arbeit zu schaffen und als Treuhänder der aufbauwilligen Einwohnerschaft bei der Besatzungsbehörde zu wirken.«

Im letzten Halbsatz verrät sich das spezifisch Politische. Vordergründig gesehen, erschien der neue Oberbürgermeister als der Prototyp des tüchtigen, schaffigen Stuttgarters, der zwei, drei Jahre später das Kompliment, Stuttgart sei mit seinem Aufbau mit weitem Abstand allen anderen Städten voran, gelassen in Empfang genommen hat, den Literaturkundigen allenfalls daran erinnernd, daß Nicolai die praktische Vernunft des Schwaben schon vor hundertfünfzig Jahren aufgefallen ist, fast betroffen feststellend, daß in Stuttgart manches »dem Preußischen ähnlich ist«. Aber der Fleiß allein war es nicht. Sehr viel entscheidender war, daß er mit einer stupenden Portion Wachheit und Instinkt gepaart blieb, mit dem Spürsinn für eine Politik, die nicht als ein Pochen auf das, was sein müßte, praktiziert wurde, sondern allenfalls als die Kunst dessen, was möglich war. Der vergleichsweise unpolitisierte Raum der Kommunalverwaltung kam dieser einzig denkbaren Zielsetzung aufs beste entgegen, und Klett, der freiberufliche Rechtsanwalt, fügte sich ihr ein, als ob das immer schon so gewesen wäre. Fundamentale politisch-weltanschauliche Gefechte schienen da müßig. Der einzige Gedanke, »unsere einzige Richtlinie«, hieß es im ersten großen Rechenschaftsbericht des Jahres 1946, sei gewesen: »Unser schönes Stuttgart muß allen Zerstörungen des Krieges zum Trotz wieder mit neuem Leben erfüllt werden.« Und schon am 5. September 1945 findet sich im Nachrichtenblatt der Stadt der Hinweis, die Lehre des Schicksals müsse sein, »Unzufriedenheit, Streit, Parteihader und alles Gift ein für allemal in sich abzutöten«. Klett und seine Leute gingen davon aus, daß »nur die Verständigung der Gerechtigkeit zum Durchbruch verhelfen und verhindern« könne, »daß wir in den Strudel des persönlichen Untergangs unserer bisherigen Zwingherren hineingezogen werden«. Die Arbeit an der Seite der Besatzungsmächte war immer wieder von schwersten Proben belastet, und Klett hat nach dem ersten Jahr offen davon gesprochen, »daß man mir und meinen Mitarbeitern in der Bevölkerung gelegentlich vorwirft, wir zeigten den Amerikanern gegenüber nicht genügend Rückgrat. Ich kenne die Formulierung sehr wohl, wenn es heißt: ›D'r Oberbürgermeister stoht halt net na.‹ Ich nehme diese Vorwürfe nicht auf die leichte Schulter. In dieser ernsten Stunde aber weise ich sie mit Energie zurück. Ich erhebe für meine Mitarbeiter und mich den Anspruch, daß uns das Wohl und Wehe der Stadt nicht minder nahe geht als jedem einzelnen von Ihnen. Aus diesem echten Gemeinschaftsgefühl heraus handeln und verhandeln wir.«

Während unter diesen Auspizien das Morgen und Übermorgen angegangen wurde, machten sich die Besatzungsmächte, getreu den Grundsätzen, die im sogenannten Potsdamer Abkommen hinsichtlich Militarismus und Nationalsozialismus noch als verbindlich galten, an die Entnazifizierung. Solange die Franzosen da waren – die Trikolore auf der Villa Reitzenstein wurde am 8. Juli mittags zwölf Uhr eingeholt –, wurde dieses Geschäft, wie in den hernach in den französischen Besatzungszonen überhaupt, nicht ganz so prinzipiell gehandhabt. Den Franzosen ging es mehr darum, aus dem neuen Territorium herauszuholen, was sie brauchten. Und das war fast alles: Maschinen und Rohstoffe, die Lehrmittel der Schulen und die Apparaturen der Krankenhäuser. Jede deutsche Familie hatte einen Herrenzivilanzug einschließlich Weste und Hut abzuliefern. Den Amerikanern ging es um »reeducation«. Waren sie in Rücksicht auf historisch Überkommenes, auf die föderativen Traditionen loyal, ja entgegenkommend: in der Säuberung, in der »Erziehung zur Demokratie« kannte ihr missionarisch-aufklärerischer Eifer kein Pardon. Mitte September waren bei der Stadtverwaltung 1 700 Personen entlassen: am 29. Juli 1945 ging im kleinen Konzertsaal der Wilhelma die erste Spruchkammerverhandlung über die Bühne. Bis Ende Januar 1948 waren nahezu alle Personen, die in der US-Zone einen Meldebogen abgegeben hatten, überprüft. 73 Prozent davon waren »Nichtbetroffene«. Von den »Betroffenen« waren die Verfahren von dreiundachtzig Prozent erledigt, rund zwei Drittel durch Amnestien, ein Viertel durch Spruchkammerverfahren.

Während also versucht wurde, die Vergangenheit zu liquidieren, mit Praktiken, die in ihrem politischen und moralischen Wert um so umstrittener sein mußten, je mehr sie von den Besatzungsmächten lanciert und nicht eigenen Motivationen entsprungen waren, meldeten sich eigene politische Ansätze und eigene Parteien. Die antifaschistischen Kampfbünde, die sich schon Ende April vor allem in den Vororten, in Münster, Stammheim, Hedelfingen, Untertürkheim, Botnang oder Sillenbuch zusammengefunden hatten, waren die ersten. Wohl unmittelbar noch aus dem Widerstand gegen das sich überschlagende NS-Regime herausgewachsen, waren sie, offiziell vom 25. Mai an verboten, häufig die Keimzellen der Arbeitsausschüsse, die nun, im Januar 1946 von der Militärregierung genehmigt, wiederum vor allem in den Vororten dort unentbehrliche Arbeit geleistet haben, wo es um konkrete und praktische Dinge ging, um die Unterstützung der Verwaltung, um Heizmaterial, um ärztliche Versorgung, um örtliche Sonderprobleme. Wo sich indessen der Rätegedanke durchsetzen und man sich als souveränes Exekutivorgan verstehen wollte, spürte man Kräfte, die einen Riegel vorschoben: die Erinnerungen an den November 1918 waren noch nicht verklungen. Als erste Partei, als Institution von den Amerikanern tatsächlich lange favorisiert, war die KPD erschienen, die anscheinend schon Ende August 1945 zugelassen worden ist. Die Stuttgarter SPD, »illegal« gelegentlich einer Rede Schumachers vor rund dreihundert früheren Parteifunktionären in der Handelsschule am 11. Juli 1945 gegründet, wurde offiziell am 4. September genehmigt, die DVP in eben diesen Tagen, die Christlich-Soziale Volkspartei, die dann am 13. Januar 1946 beschloß, sich in die Christlich-Demokratische Union Deutschlands einzugliedern, Ende Oktober 1945, während die Gründung des Württembergischen Gewerkschaftsbundes dem Oberbürgermeister schon am 11. Mai 1945 gemeldet werden konnte. Ob und welches Gehäuse man für diese Aktivitäten finde, war ein von den Besatzungsmächten zunächst gar nicht forciertes, geschweige denn gesuchtes Problem. Klett hatte schon im Mai, im Rahmen seines Auftrages, die Konstituierung einer Landesverwaltung vorzubereiten, den Franzosen einen berufsständischen Beirat von sechzehn bis vierundzwanzig Persönlichkeiten vorgeschlagen. Aber erst in der amerikanischen Besatzungszeit ist, nachdem gelegentlich auch einmal die Möglichkeit einer Personalunion von Stuttgarter Oberbürgermeister und Chef der Landesverwaltung diskutiert wurde, die Frage einer Landesregierung in realistischerem Maße angegangen worden, über die Landrätekonferenzen, deren fünfte am 21. November 1945 in Schnait, an der auch der Stuttgarter Oberbürgermeister teilnahm, schließlich das amerikanische Gesetz über die Vorläufige Volksvertretung für Württemberg-Baden erbrachte. Sie hatte, in einer feierlichen Eröffnungssitzung am 16. Januar 1946 im Großen Haus der Staatstheater erstmals zusammenkommend, den Weg freizumachen für eine vom Volk gewählte Regierung und eine Ablösung der von den Amerikanern inspirierten württembergisch-badischen Regierung, für die Reinhold Maier nach früherem Abwehren am 11. August eine Ministerliste eingereicht hatte und die am 24. September 1945 vereidigt worden war.

Wie Reinhold Maier immer wieder betonte, war der Name Württemberg-Baden eine von den Amerikanern ersonnene Verbindung. Auch der Sitz Stuttgarts als Mittelpunkt dieses Verwaltungsgebiets gehörte zu den amerikanischen Plänen. Wegen des französischen Vorausgriffs konnte das Regional Military Government in Stuttgart erst am 4. Juli 1945 mit seiner Arbeit beginnen. Indessen war Stuttgart, so sehr es mit Wunden, mit Löchern des Krieges überzogen war, noch zu anderen, noch weiter ausgreifenden Funktionen von den leitenden Männern der amerikanischen Besatzungsmacht ausersehen. Schon im Spätsommer 1945 planten die Amerikaner eine lose Zusammenfassung ihrer »states«. Auf den 17. Oktober 1945 riefen sie die Ministerpräsidenten zu einer Konferenz nach Stuttgart zusammen, um die Möglichkeit für die Koordination zu schaffen. »Wir haben die Ministerpräsidenten dieser Länder zusammengerufen«, erklärte Lucius D. Clay, »um ein solches Instrument für Zusammenarbeit zu schaffen, und zwar mit dem Sitz in Stuttgart. Es wird ihre Pflicht sein, Post, Finanzen usw. in ein System der Zusammenarbeit zu bringen. Sie werden ein permanentes Sekretariat in Stuttgart einrichten.« Der Länderrat, dem die Ministerpräsidenten eindreiviertel Stunden nachher sein Statut gegeben hatten, hatte seinen Amtssitz in der Villa Reitzenstein. Stuttgart war für zwei Jahre so etwas wie eine westdeutsche Landeshauptstadt, wohl seiner geographischen Lage wegen, vielleicht auch deshalb, weil der zerstörte Nordwesten noch lange in einer Art Todesstarre lag. Jedenfalls hat der Länderrat, jene »Vorbereitung auf Deutschland«, wie ihn Reinhold Maier 1965 genannt hat, in seiner 32. Sitzung in Stuttgart von Clay zum letzten Mal besucht und am 28. September 1948 von seinem Generalsekretär Erich Roßmann verabschiedet, nicht zuletzt für die Entstehung der Bundesrepublik eine wichtige, konstitutive Rolle gespielt. Vor allem die Rede, die der amerikanische Außenminister James F. Byrnes am 6. September 1946 im Großen Haus der Württembergischen Staatstheater vor deutschen Politikern und hohen Verwaltungsbeamten der US-Zone gehalten hat, muß in diesem institutionellen und besatzungstopographischen Zusammenhang gesehen werden, ganz abgesehen davon, daß sie von höchster politischer Bedeutung war, weil sie von der bisherigen amerikanischen Deutschlandpolitik, von der Phase einer alleinigen »Niederhaltung« Abschied nahm und weiten Kreisen der deutschen Bevölkerung Ermutigung und Zuversicht gab.

Noch einmal, ein paar Monate nach Auflösung des Parlamentarischen Rates, war Stuttgart mit größeren politischen Strukturen in unmittelbare Verbindung gebracht worden, jetzt freilich ganz im Potentialis: 1949 wäre die Stadt beinahe Bundeshauptstadt geworden. »Carlo Schmid, Mitglied des Parlamentarischen Rates, vom Landtag Württemberg-Hohenzollerns gewählt«, berichtet Gebhard Müller, »und ich als Regierungschef dieses Landes, hatten, lebhaft unterstützt von dem Stuttgarter Oberbürgermeister Dr. Klett und dem Mitglied des Parlamentarischen Rates, Felix Walter, dem zuständigen Ausschuß für die Wahl der neuen vorläufigen Bundeshauptstadt Stuttgart vorgeschlagen. Trotz stärkster Konkurrenz von Kassel, Bonn, Frankfurt und mehreren anderen deutschen Städten, hatte dieser Vorschlag gute Aussichten. Das Angebot Stuttgarts, das das völlig unzerstörte Schloß Ludwigsburg mit seinen Hunderten von Räumen, seinen riesigen Höfen innerhalb und vor dem Schloß mit einbezog, das für den Anfang nahezu alle geplanten Ministerien hätte aufnehmen können, war sachlich gut fundiert und konnte mit seinen Zahlenangaben jeder Nachprüfung standhalten, was – im Gegensatz zu denen unserer Konkurrenten – in dem Abschlußbericht des Ausschusses rühmend erwähnt wurde. Stuttgart als Bundeshauptstadt hätte damals große Vorteile gehabt und gebracht.«

Es gehört zu den Eigenheiten dieser Stadtgeschichte und ihrer Mentalität, daß aus dieser Bewerbung und ihrer schließlichen Niederlage hierzulande zu keiner Minute ein Volksdrama geworden ist. Als am 25. März 1952 die Verfassungsgebende Versammlung für den zu bildenden Südweststaat zusammentrat, im festlich geschmückten Plenarsaal des württembergisch-badischen Landtags in der Heusteigstraße, wo dieser am 18. Juli 1947 mit seiner 35. Sitzung erstmals zusammenkam, hat Stuttgart davon Notiz genommen, aber nicht mit triumphalen Allüren. Es gab keinen Empfang der Stadt für die Abgeordneten, keine Theateraufführung, keine Stadtrundfahrt. Es schien so, als ob man mit nüchternster Haltung an die Dinge herangehe, ob nun die Landesregierung gegen eine Teilung ihrer Residenzrechte mit einer potentiellen Bundesregierung in der Stadt war, oder ob sie eine Zentrierung ganz Baden-Württembergs unter Stuttgarter Führung anstrebte.

Die Stadt mußte, das war zumindest ebenso wichtig, ihre Gemeindevertretung haben. Zunächst gab es einen Gemeindebeirat, dessen Mitglieder im wesentlichen von den eben lizenzierten Parteien vorgeschlagen waren und der mit seinen dreiunddreißig Mitgliedern erstmals am 12. Oktober 1945 im Speisesaal der Technischen Werke unter dem Vorsitz des Oberbürgermeisters zusammentrat. Dann, im Jahr darauf, wählte man am 26. Mai 1946 den ersten Gemeinderat, in dem die SPD 17 Sitze erhielt, die CDU 12 Sitze, die DVP 10 Mandate und die KPD sechs. »Als Gesamteindruck der Wahl des vergangenen Sonntags«, schrieb Josef Eberle, selbst bisher Mitglied des Stuttgarter Gemeindebeirats, »ergibt sich die hoffnungsfrohe Betrachtung, daß das deutsche Volk nach seinem Sturz in den Abgrund anfängt, sich wieder auf ein besseres Selbst zu besinnen, daß es nach dem Schock der Katastrophe sich wieder gefunden hat und daß die Demokratie keine uns von außen her aufgezwungene Form des politischen Lebens ist.«

Mittlerweile lief der Wiederaufbau auf vollen Touren. Wenn man auch die überregionalen Aufgaben Stuttgarts anscheinend leidenschaftslos und sozusagen selbstverständlich hinnahm, so gab es auch zu keiner Stunde eine Diskussion darüber, ob sich der Wiederaufbau noch lohne, ob man nicht mit einer topographisch glücklicheren Akzentverlagerung oder Neugründung besser fahre. Die nahezu fünf Millionen Kubikmeter Trümmermasse war 1953 im wesentlichen abgeräumt, nein, zugleich verwertet: Stuttgart war lange Zeit die führende Stadt darin, daß sie die Trümmerräumung fast von Anfang mit der Trümmerverwertung koppelte, was dem Mangel des Umlandes an Beton-Zuschlagstoffen ebenso entgegenkam wie »dem praktischen, die Arbeitsmethoden rationalisierenden Sinn unserer Landsleute« (A. Klett). Immerhin lag der Anteil der Trümmerbaustoffe an den Massivdecken und Kaminformsteinen der Neubauten bei rund fünfzig Prozent: aus der alten Stadt ist unmittelbar die neue geworden.

Man hat zunächst versucht, durch freiwillige, einmalige oder fortlaufende Spenden diesen Neubau der Innenstadt, wenn man so sagen darf, die Neugründung Stuttgarts zu finanzieren. Ein Spendenaufruf vom Januar 1946 ergab bis 30. April rund 800 000 Reichsmark. Dann behalf man sich mit Wiederaufbaufonds, mit Wiederaufbaulotterien, mit der Wiederaufbaukreditkasse, bis auch hier die Währungsreform vom 20. Juni 1948 andere Möglichkeiten und andere Voraussetzungen bot. Was geleistet worden ist, war bewunderungswürdig. Bis 1950 sind rund zehntausend Quadratmeter Brückenverkehrsfläche mit einem Aufwand von rund 5 Millionen Reichsmark und 3 Millionen D-Mark geschaffen worden, an Verkehrsfläche bis zu diesem Jahr rund dreihunderttausend Quadratmeter gewalzte Straßen, hundertzwanzigtausend Quadratmeter gepflasterte Straßen und einundzwanzigtausend Quadratmeter Asphaltstraßen. Die Einweihung der König-Karl-Brücke am 27. September 1948 wurde als ein Ereignis nicht bloß verkehrstechnischer, sondern auch politischer, »überbrückender« Natur verstanden. Die Straßenbahn befuhr schon am Jahresende 1945 über 92 Prozent der friedensmäßigen Strecken. Das erste Flugzeug, von München kommend, landete am 3. Oktober 1948 auf dem Echterdinger Flugfeld.

Es gab Überraschungen in diesen Jahren ausschließlicher, totaler Arbeit. Die Bevölkerungszunahme gehört dazu, die Ende 1948 mit 470 000 Einwohnern fast 97 Prozent des Vorkriegsstandes erreicht hatte, auch die in tatsächlich unheimlichem Sinne sichtbare Zunahme der Autos, die lange vor der Währungsreform jegliche Kalkulation über den Haufen warf und deren Bewirtschaftung im April 1948 praktisch zusammengebrochen war. Schon im Oktober 1946 wurde auf Verlangen der Militärregierung im Geviert Calwer-, Linden-, Kronprinz- und Büchsenstraße ein Parkplatz geschaffen; die Führerscheinausgaben und die Strafanzeigen im Straßenverkehr stiegen und stiegen, während der Zugverkehr nach der Währungsreform schlagartig zurückging.

Man macht es sich zu leicht, wenn man in dieser Wiederaufbauphase nur die Trümmerkarren, nur die Wohnungsbaugesellschaften, nur die »Aufbaugroschen« und Baurestkredite sieht. Neben der programmgemäßen Etablierung der alten und weniger neuer Parteien flackerte da und dort der Ansatz zu unvorhergesehenen politischen Auseinandersetzungen auf. 1947 spielte die Sozialisierungsfrage im kommunalen Wahlkampf eine gänzlich überraschende Rolle, und am 28. Oktober 1948 kam es nach einer Protestkundgebung des Gewerkschaftsbundes zu Demonstrationen in der Königstraße, die im unteren Teil erst durch

Einsatz von Tränengas auseinandergetrieben werden konnten. Einer der Jugendlichen hatte ein Transparent mit der Aufschrift »Die Polizei ist ein Werkzeug des Kapitals – Wir fordern sozialistische Einheit.«

Man vermißt aus der Rückschau vor allem die geistige Auseinandersetzung, das Schritthalten der Leute in ihrer menschlichen, in ihrer personalen Existenz, den Wiederaufbau in den seelischen Bezirken. Arnulf Klett hat bemerkenswert früh, im Juni 1945, den Kapellmeister Willy Steffen zum Musikbeauftragten der Stadt bestellt und schon im August eine städtische Kunstkommission einberufen, wenn auch erst ab Januar 1947 in Hans Schumann ein hauptamtlicher, im schönsten Sinne des Wortes führender Kulturreferent gewonnen werden konnte. Man weiß noch, in welcher Betroffenheit man den ersten Konzerten im Juni oder Juli lauschte: jeder einzelne Ton fast war ein Geschenk, eine Offenbarung. Auch in publizistischer Hinsicht, wo man zunächst wie zu Zeiten der ersten Druckpressen auf Plakatanschläge angewiesen war, wurde »wiederaufgebaut«. Was Josef Eberle, zunächst erster deutscher Sendeleiter bei Radio Stuttgart, mit der am 17. September 1945 im Maschinensaal des Tagblatt-Turmhauses feierlichst übergebenen »Stuttgarter Zeitung« geschaffen hat, als einer Stimme, die der dem Lande innewohnenden Kultur ebenso zum Wort verhalf wie den politischen und geistigen Bewegungen draußen, ist unvergessen. Die am 12. November 1946 lizenzierten »Stuttgarter Nachrichten«, lange Zeit dann von Otto Faerber herausgegeben, haben sich bald als ein wichtiges Instrument innerhalb der öffentlichen Meinung erwiesen. Aber der große geistig-politische Raum, als ein Lebensboden und ein Lebenselement verstanden, ist, nach dem Abräumen der nazistischen Zutaten, eher vom Bewahren als vom Erneuern bestimmt gewesen; im schulisch-erzieherischen Bereich blieb vieles, blieb das meiste beim alten. Das Brüchige der Zeit, meint ein kritischer Beobachter Stuttgarts im Jahre 1948, zeige sich hier nicht so kraß, es sitze mehr im Verborgenen, im Kern der Dinge. Keine verwahrlosten Jungen am Bahnhof, keine Schwarzhändler an bestimmten Stellen der Stadt wie anderswo. Aber irgendetwas sei doch nicht richtig. »Die alten Verlage suchen eine neue Lizenz zu bekommen und viele neue dazu. Einer der amerikanischen Offiziere, die damit zu tun haben, wundert sich darüber, daß keiner von ihnen sich den Kopf darüber zerbrochen zu haben scheint, ob nicht nach allem, was geschehen ist, ein ganz neuer Impuls gefunden werden müsse – aber jeder dieser Verlage habe nur einen Wunsch: »*Sein* großes Handbuch wieder aufzulegen!«.

Man wird von einer Generation nicht zu viel verlangen dürfen. Die Aufgabe, die ihr vor allem einmal zukam, den Kindern, die ahnungslos zwischen den Trümmern spielten, den Alten, die durch den nebligen Morgen tappten, zunächst einmal ein Dach über dem Kopf zu geben: diese Aufgabe hat sie gemeistert. Zuerst komme das Fressen, und dann die Moral, sang es in der Dreigroschenoper. So verfremdend grob, so ideologisch angriffig hat es bei denen, die freiwillig oder unfreiwillig im Frühsommer 1945 die Schaufel in die Hand nahmen, niemand gemeint. Aber sie waren sich doch darin einig, daß man fürs erste würde dem Wohnen und Schlafen sein Recht geben müssen, dem Essen, und wenn's gut ging, einer leidlich warmen Stube. Es ist Unvorstellbares geleistet worden, von großen Amtsträgern, vom kleinen Mann, vom Arbeiter, den manchmal nur der freie Sonntag zur nächsten Woche hinüberrettete, vom Schauspieler, der unerkannt Schwerstarbeit tat, vor allem: von der Hausfrau, auf der alles lastete. Die – fällige, gerechte – Wiedergutmachung ist dort geschehen, wo das Gesetz sie nicht befahl, für Monate, für Jahre hindurch. Kann man es dieser Generation verdenken, wenn sie, nach diesen teuflischen Zerstörungen, den Bogen wieder geschlossen sehen wollte, wenn sie sich wieder daran erinnerte, daß in Stuttgart zur Verkündigung des Evangeliums von altersher der Morgenchoral vom großen Stiftskirchturm gehörte? »Seit der Schreckensnacht des 25. Juli 1944«, schreibt der Chronist dieser Tage, Hermann Vietzen, »hatte das Choralblasen aufgehört. Vom Oktober 1946 an ertönte der Morgenchoral wenigstens an Sonntagen zwischen 8.30 und 9.00 Uhr vom Tagblatt-Turm herab; seit 1. Oktober 1947 wieder täglich um 7.45 Uhr.« Nichts illustriert den Ton und den Charakter des Stuttgarter Wiederaufbaus besser als die Wiedereinführung dieses Brauchs.

Im Spannungsfeld der Großregion

Daß es nicht genügen konnte, die Trümmerlandschaften zu beseitigen und Wieder-Aufbau lediglich als Wieder-Gutmachung des Zerstörten zu verstehen, war den Einsichtigen bald klar. Mochten im Politischen restaurative Tendenzen – mit Recht je länger, desto weniger – noch hingehen, mochten die Anforderungen des Materiellen und ihre Bevorzugung gegenüber den Ansprüchen des Geistes zunächst plausibel erscheinen: das städtebauliche Gefüge ist ein untrügliches Spiegelbild der gesellschaftlichen Veränderungen, denen die Stadt, im guten wie im bedenklich-bösen Sinne, gar nicht ausweichen kann. Nunmehr schon altem Brauch entsprechend, hatte Arnulf Klett im April 1945 seinen ersten Mitarbeitern auch einen Referenten für Wiederaufbau eingereiht, den Architekten Eugen Mertz.

Er sah tatsächlich seine Aufgabe nicht nur darin, wiederherzustellen, sondern dem ausgebrannten Stuttgart eine neue Aufgabe, eine neue Zukunft zu geben. Vor einem kleinen Kreis von Männern der amerikanischen Militärregierung, der Ministerien, der Stadtverwaltung und der Industrie und des Handels erläuterte er am 25. Oktober 1945 erstmals seine Pläne. Es ging ihm dabei nicht um Straßenzüge oder Verkehrsachsen oder Erholungsschneisen. Er wollte, in einer an sich richtigen Motivation, dem Ganzen zunächst einmal seine Idee geben. Er gehe an die Sache »in erster Linie als Mann der Wirtschaft, der klar sieht und sich bemüht, das, was unmöglich scheint, möglich zu machen. Entscheidend ist, für den Wiederaufbau und die neue Stadtgestaltung eine natürlich entwickelte, tragfähige und vor allem wirtschaftlich fundierte Idee zu haben, um die sich Gesamtaufbau ordnen und gruppieren kann.« Die Idee: Stuttgart sollte eine Kur- und Badestadt werden und damit die wirtschaftliche Basis für einen baldigen Wiederaufbau haben. Mertz, der von Cannstatt kam, »wollte die Mineralwässer von Cannstatt und Berg nach Stuttgart hereinleiten, das Neue Schloß zum Kurhotel, die Akademie zum eigentlichen Kurmittelhaus und Badegebäude, das Kunstgebäude zur Trinkhalle und den Olgabau zum offiziellen Kurcafé machen. Der Königsbau sollte Geschäftshaus bleiben und der Schillerplatz Kunstzentrum der

Stadt werden. Aus der Kur- und Badestadt Stuttgart sollte so das führende Wirtschafts -und Handelszentrum des Südwestens werden« (H. Vietzen).

Selbst wer berücksichtigt, daß in diesen Tagen die Innenstadt immer noch so sehr einem verlassenen Schlachtfeld glich, daß man die alten Bauten und früheren Funktionen kaum mehr erkennen und also leichter mit neuen Sinngebungen jonglieren konnte: irgendwie schien das Projekt doch den Gaul am Schwanz aufzuzäumen. Man wollte zunächst einmal Wohnungen haben, und keine Kurpromenade. Der Plan erinnere, kommentiert die Stuttgarter Zeitung, »an den berühmten Potemkin, wenngleich dieser sich mit der Fata Morgana einfacher russischer Bauerndörfer begnügte. Unser Zauberer aber baut ›bhäb‹ neben das Bohnenviertel ein Nesenbach-Deauville, ein württembergisches Biarritz, ein schwäbisches Monte Carlo«. Interessant ist, daß in dieser ersten Planungssitzung im Kern schon das gefordert wird, was hernach im offiziellen Plan der entscheidende neue Schritt war, die verkehrsmäßige Entlastung der Königstraße »durch Schaffung einer breiten Parallelstraße im Zuge etwa Lautenschlager-, Calwer Straße unter entsprechendem Ausbau des Alten Postplatzes«, abgesehen natürlich von der gleichfalls erhobenen Forderung nach allgemeinen Richtlinien für ein sauberes Straßenbild – mittlerweile waren selbst in der Königstraße die mindesten Behelfsbauten entstanden – und nach Gelände für Siedlungsbauten. Immerhin hatte Mertzens Bad-Stuttgart klar gemacht, daß Wiederaufbau und Neuplanung ein und dasselbe waren. Schon am 24. November 1945 wurde ein Wettbewerb für die Neugestaltung des Stadtkerns ausgeschrieben, an dem sich alle in der Innenstadt geborenen oder vor dem 1. Oktober 1939 ansässigen Architekten beteiligen durften. Von möglichen neuen Funktionen Stuttgarts war jetzt nicht mehr die Rede. Die Landeshauptstadt und die Industriestadt, die vererbte und augenscheinlich unangefochtene Hauptaufgabe, schien Funktion genug. Dafür machte man zur Aufgabe, den Altstadtkern vom Verkehr freizuhalten und für den ruhenden Verkehr genügend Parkflächen freizuhalten. Erst im November 1947 – die Preisträger mußten ja auch noch politisch überprüft werden – wurden die Ergebnisse veröffentlicht; einen ersten Preis gab es gar nicht. Mittlerweile hatte, im April 1947, eine Hochschulgruppe »Stadtplanung und Verkehr«, die 1945 unter Leitung von Professor Pirath aus freien Stücken eine Generalplanung für die Innenstadt erarbeitet hatte, 1946 an die Außenbezirke gegangen war, ihre Arbeit beendet. Und schließlich war, nachdem Eugen Mertz am 1. Dezember 1945 aus städtischen Diensten ausscheiden mußte, am 1. Mai 1946 eine Zentrale für den Aufbau der Stadt Stuttgart, die »ZAS« gegründet und mit ihrer Leitung Richard Döcker betraut worden. Als Döcker einen Ruf an die Technische Hochschule annahm, wurde am 27. Februar 1947 sein Stellvertreter Walter Hoß zum Nachfolger gewählt.

Der Stuttgarter Generalbebauungsplan, unter der beredten Führung von Hoß vollends ausgearbeitet, ist in der Technischen Abteilung des Gemeinderats am 24. Mai 1948 einstimmig angenommen und zwei Tage später vom Gemeinderat zur verbindlichen Grundlage für die Verkehrsfragen und für die Flächennutzung der weiteren Aufbauplanung Stuttgarts bestimmt worden. Die Grundkonzeption ist späterhin nie verlassen und auch von keiner Seite je ernsthaft bestritten worden, obwohl der Plan, nach vielerlei privaten Raufereien und noch mehr eleganten, aber kostspieligen Behördengefechten erst am 4. Juni 1953 Rechtskraft erlangte. Was er brachte, war zunächst einmal eine neue Verkehrsgestaltung der Kesselstadt. Neben dem Ausbau der Großverkehrsader im Talbett, der Neckar- und Hauptstätterstraße, ist zur Entlastung der Königstraße, aber auch zur besseren Erschließung der Weststadt, eine zweite Achse im Zuge der Rote- und Friedrichstraße geplant. Durch Querverbindungen am Bahnhof und am Fuße der Karlshöhe werden diese Verkehrszüge zu einem Verkehrsrechteck ergänzt: es soll die eigentliche City tangieren und begrenzen. Innerhalb dieses Rechtecks sollen weitere Querdurchbrüche das Innere der City sanieren und in ihrer Weiterführung nach außen durch Tunnelbauten zu engeren Verkehrsbeziehungen mit den entfernteren westlichen und östlichen Randbezirken führen. Die Kreuzung zwischen den beiden Hauptverkehrsbändern im Raum Cannstatt ist das große Gegenstück zum Verkehrsrechteck der Kesselstadt: sie sieht die durchgreifende Umgestaltung des Wilhelmplatzes dort und die Anlage eines großen Rundverkehrsplatzes in Berg vor, der den Fernverkehr auf sich vereinigen und das große Landesverkehrskreuz bilden wird. Vorgesehen ist dazuhin, die Vereinigung aller Schienenwege zu einem zentralen Durchgangsbahnhof in der unmittelbaren Nähe dieses Verkehrskreuzes: die riesige Eisenbahnanlage soll künftighin nicht mehr in den Kessel eingestülpt sein.

Im wesentlichen, das macht dieser Plan je länger, desto deutlicher klar, sind die Hauptakzente durch die neuen Verkehrsprojekte gesetzt: die — historisch leicht erklärbare — Größe und Grenze des Stuttgarter Bebauungsplans nach dem Zweiten Weltkrieg. Die Größe verbirgt sich darin, daß mit der Absicht, den verkehrstechnischen Anschluß an die nähere und weitere Umgebung der Stadt perfekt zu machen, jahrhundertealte Unzulänglichkeiten ausgeräumt sind. Die Grenze kündigt sich dort an, wo man in großen Achsen — manchmal, ohne das ausdrücklich zu beabsichtigen — den Verkehr in die Stadt hereinholt, statt ihn, was in den frühen fünfziger Jahren noch nicht das Kardinalproblem sein mochte, möglichst draußen zu halten. Jedenfalls waren und sind Schienen-, Straßen- und Wasserverkehrswege, teils durch Siedlungen bedingt, teils sie in befruchtender Wechselwirkung rechtfertigend, wichtigste Bestandteile dieser Planung, die vom Hauptbahnhof ausgehende Schnellbahnspinne, welche die Neckartalachsen eben-

so heranholen wie sie die »Aufsiedlung« der Filder ermöglichen soll, die Tangentialstraße, die aus dem Raum Waiblingen eine Verbindung mit der Autobahn zu schaffen hat, der Ausbau des Neckar-Wasserwegs und die Dezentralisation der Hafenanlagen, die zwischen Wangen und Hedelfingen einem weiteren Industriegebiet Auftrieb zu geben hat. An Siedlungsbänder dachte man, von Vaihingen über die Kesselstadt und Cannstatt in den Raum von Waiblingen hinein, vom Norden der Kesselstadt über Weilimdorf, Zuffenhausen, Zazenhausen, Mühlhausen, Aldingen bis Waiblingen, auf der Filderebene im Süden von Vaihingen über Leinfelden, Echterdingen, Bernhausen nach Neuhausen und zum Höhenrand des Neckartals. »In einer gesunden Mischung von Wohn- und Arbeitsstätten und versehen mit den nötigen kulturellen Einrichtungen sollen die Teilgemeinden dieser Bänder ein ihrem Charakter entsprechendes Eigenleben führen können, und soll vor allem der tägliche Pendelverkehr auf ein Mindestmaß beschränkt werden.« So Arnulf Klett, 1948, 1954 und 1966 durch Bürgerwahl bestätigt, im Jahre 1950. Im kleinen Nesenbachtal mit seinen großartigen Erweiterungen, wohin sich der Kessel schließlich öffne, in der jenseits des nördlichen Kesselrandes sich ausdehnenden Feuerbacher Talniederung hätten sich »selbständige Siedlungsgebilde, getrennt und durchdrungen von Waldhöhen, Weinbergen und Obstgärten«, zu einem Ganzen vereinigt. »Die Idealforderung des neuzeitlichen Städtebaus, die in einen Kern und zahlreiche Trabantenstädte aufgelöste Großstadt, ist hier durch die Natur bereits vorgezeichnet« (A. Klett).
Das Urteil über den im Grunde also einen Neubau meinenden Wiederaufbau Stuttgarts ist rasch gefällt. Wer die ungemein komplexen Hintergründe der Gesamtplanung berücksichtigt, wer vor allem daran denkt, daß gegen die Bodenspekulation nichts geschehen war und die Kernprobleme der Bodenfrage ungelöst bleiben wie eh und je, wird mit einer schnellen Antwort weniger zufrieden sein. Merkwürdig bleibt im übrigen, wie kontrovers die Interpretation von Bebauungsplan und Bebauungsstil selbst bei den Experten war. Ein so welterfahrener Kenner wie Ernst Egli rechnet Stuttgart zu den Städten, in deren Wiederaufbau versucht worden sei, »durch welche Mittel immer, das Alte im Stil des Zerstörten nachzuahmen«. Die Ergebnisse seien deshalb schlechter gewesen. Werner Fleischhauer zählt in seiner breitangelegten Bestandsaufnahme der schwäbischen Baukunst nach dem Kriege, gleichfalls mit spürbar negativen Assoziationen, Stuttgart zu den Kommunen, wo man, anstatt das Alte mit dem Neuen zu verbinden und die künstlerisch wertvolle Altstadt vom Durchgangsverkehr zu entlasten, »unter Opferung des alten Stadtgrundrisses mittels breiter Durchbrüche und Vergrößerung des Straßenraumes« den Durchgangsverkehr quer durch den Stadtkern geleitet habe, während man beim Wiederaufbau der alten Reichsstadt Heilbronn »die überkommene Straßenführung sorglich« gewahrt habe.

Walter Hoß wollte, ausgehend von der freilich zu beherzigenden Erkenntnis, daß es ein unwandelbares Stadtbauprogramm nicht gebe, Weite, Auflockerung, Grünverbindungen: darin stecke auch das Lebensgefühl der Menschen von heute. Man wolle nicht mehr die »steinerne Stadt«, »vielmehr die Aufhebung der Schwere, Durchsichtigkeit, verglaste Fassaden. Die Farbe kommt zu ihrem Recht. Wir versuchen Heiterkeit in die gestalteten Bilder unserer Umgebung zu bringen. Man denke auch an den Zauber des vielfarbigen Lichtermeeres der Großstadt-City bei Nacht.« Gerade der Mobilität, im wörtlichen und übertragenen Sinne des Wortes, wollte Hoß ihren Platz gönnen. »Der heutige Mensch bewegt sich rascher als die Vorfahren. Nicht zuletzt damit hängt es zusammen, daß er ein anderes Raumerlebnis hat als sie. Das Dynamische ist uns gemäßer als das Statische. Ich will damit nicht sagen, wir wüßten nur noch unruhige auseinander- und ineinanderfließende Raumgebilde zu schätzen. Wir wollen dem überhasteten Menschen von heute friedvoll in sich ruhende Räume schenken, aber an der richtigen Stelle. Während die Vorfahren im weniger Begrenzten von heute sich verloren vorkämen, muß der moderne Großstädter sich das Gefühl von Sicherheit in dem ihm umflutenden Verkehr aneignen. Sogar freuen kann sich der Großstädter des gesteigerten Tempos.«

Es ist klar, daß solche, den Stuttgarter Wiederaufbau nachhaltig bestimmende Prinzipien mit dem Alten und speziell mit der Bewahrung des Alten in Konflikt geraten mußten: der »zwecks Durchführung einer Querverbindung« geschehene Abbruch des Kronprinzenpalais war vielleicht der lauteste, quälendste, am längsten anhaltende Streitpunkt. Die Stuttgarter Öffentlichkeit war in ihrer Mehrzahl gegen den Abbruch, und die Regierungsstellen zögerten lange mit ihrem Placet. Selbst Männer wie Bonatz haben darauf aufmerksam gemacht, daß das Palais, von seinem nicht geringen architektonischen Wert abgesehen, »für das städtebauliche Bild und die Geschlossenheit des Schloßplatzes« wesentliche Bedeutung habe. Die Presse, allen voran die Stuttgarter Zeitung, hat immer wieder von der »drohenden Gewitterwolke« gesprochen, die mit dem geforderten Abbruch über den Gemütern hänge. Sie hat sich entladen. Heute sitzt der »Kleine Schloßplatz« an der Stelle, bei Umzügen für die Menschenmengen ein großartig getrepptes Szenarium, in seiner ungenierten Höhe den Königsbau als altmodische kleine Sache links liegen lassend, mit seinem Schlund, der die staubenden Autos hinausstößt, eine freilich geringe Bereicherung.

Daß die Frage, ob man das Neue Schloß wieder aufbauen solle, überhaupt auftauchen konnte, paßt in diese schlimmen Dissonanzen. 1949 ging durch die Zeitungen die Nachricht vom Plan einer amerikanisch-schweizerischen Bankgruppe, an der Stelle des Stuttgarter Neuen Schlosses ein Geschäfts- und Bürogebäude zu errichten. Am 22. April ließ das Finanzministerium wissen, es sei noch nichts ent-

86 Das Stuttgarter Kammerorchester unter Karl Münchinger in der 1954–1956 von A. Abel und R. Gutbrod wiedererbauten Liederhalle

87 Das Stuttgarter Ballett mit Marcia Haydée, John Cranko, Egon Madsen, Ana Cardus, Richard Cragun (erste Reihe, von links)

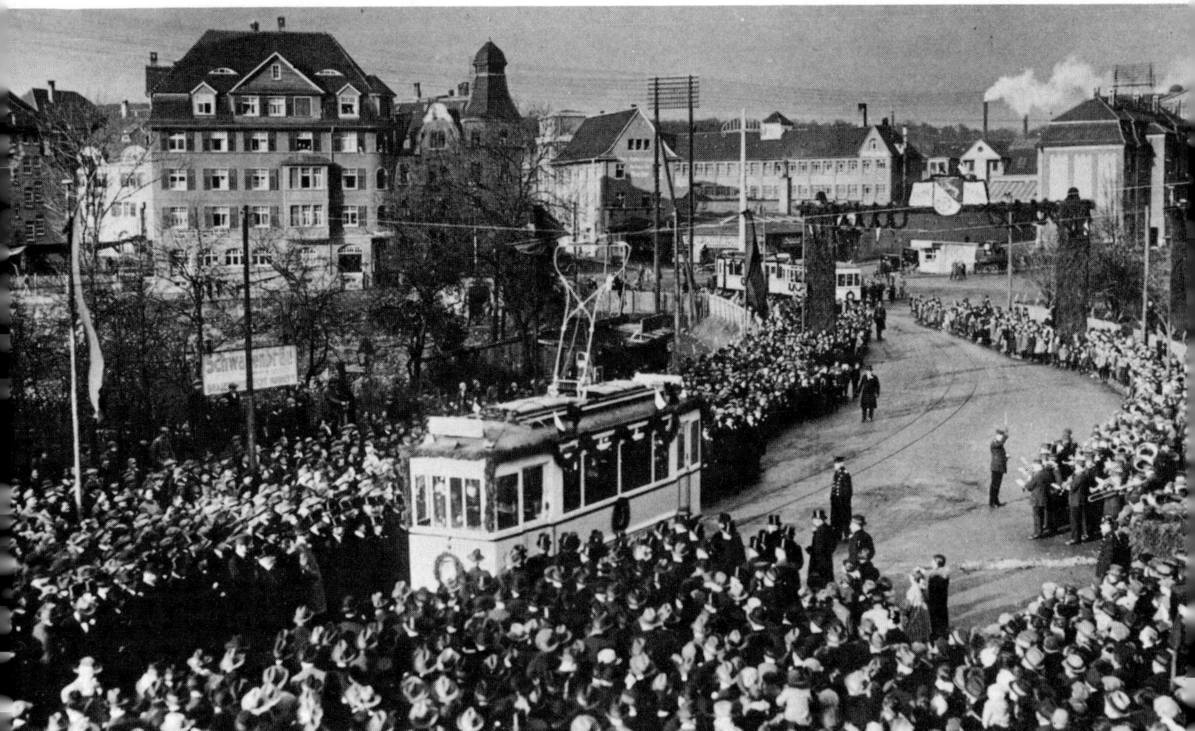

88 *Degerloch (alte Hauptstraße, heute Epple-Straße), vor 1914*

89 *Feuerbach 1926: Einweihung der Straßenbahnlinie nach Weilimdorf*

schieden, weil »Erörterungen über die künftige Verwendung des Neuen Schlosses als verfrüht« zu betrachten seien. »Zur Aufnahme der Ministerien«, so das Ministerium, sei das Schloß allerdings »baulich nicht geeignet« (heute sitzt das Finanzministerium unter anderen selber drin, d. Vf.). Noch im Februar 1954 wird von Landtagsseite aus im Hinblick auf den vom Land ausgeschriebenen Wettbewerb um die zukünftige Verwendung des Neuen Schlosses betont, die zu beteiligenden Architekten hätten volle Freiheit, ob sie »die Lösungen auf der Grundlage eines Abbruchs oder des Wiederaufbaus des Neuen Schlosses vorzögen«. Daß sich der Landtag selbst und sein Ältestenrat bis dahin zu den entscheidenden Fragen gar nicht geäußert hatte, stieß auf erbitterte Kritik im ganzen Lande. Die Deutsche Akademie für Städtebau und Landesplanung hatte sich am 23. Februar in ihrer Stuttgarter Sitzung einstimmig für das Votum entschieden, daß das Neue Schloß das »Herzstück der Stadt« von »hohem architektonischem und städtebaulichem Rang« sei und seine »Eingliederung in den Schloßplatz so bedeutsam«, daß »die Wiederherstellung und sinnvolle Verwendung dieser einzigartigen Bauanlage eine kulturelle Verpflichtung« sei. Einer der bedeutendsten Stuttgarter Ärzte erinnerte an eine frühere ärztliche Begegnung mit Wilhelm Murr und dessen Hinweis, das Neue Schloß sei nicht gerade das beste, man werde es abreißen und an seine Stelle Besseres setzen. »Sind wir Testamentsvollstrecker des Dritten Reiches?« Der – noch heute amtierende und auch für die Stuttgarter dieser Jahre unentbehrliche – Karikaturist der Stuttgarter Zeitung zeigte den Hof des Schlosses, richtiger: die Profile totalen Verfalls, vor denen zwei greuliche Barbaren die Keulen schwangen.

War die Wiederaufbaumaxime, Tag und Nacht mit Fleiß, mit Gründlichkeit verfolgt, in Vandalismus umgeschlagen? Hatte man in dieser hemdsärmeligen Leidenschaft, unter allen Umständen sich wieder möglicht schnell zu etablieren, zu einem eigenen Stil gefunden? Kaum, daß der Entwurf für das neue Rathaus publiziert war, wurden fachmännische Stimmen laut, die in diesem Bau krampfhaft wenigstens nach einer Spur von Originalität suchten und im übrigen meinten, hier sei eigentümlich paradoxe Romantik am Werk, welche »die sachlichen Bedürfnisse der Technik und der Verwaltung einem vorgefaßten Baugedanken zuliebe in ein starres Kostüm der Modernität« zwänge.

War überhaupt genügend Geld da, um diesen öffentlichen Aufgaben gerecht zu werden? Was die Stadt anlangte – Kronprinzenpalais oder Neues Schloß waren nicht in städtischer Hand –, so hatte man unter den denkbar ungünstigsten Voraussetzungen angefangen. Bürgermeister Josef Hirn, der hochverdiente erste Finanzreferent und Stadtkämmerer Stuttgarts nach dem Zusammenbruch, hatte in der Sitzung des Gemeinderats vom 21. Dezember 1945 erklären müssen, das Haushaltsjahr 1945 ende mit einem Fehlbetrag von rund vierzig Millionen. »Das schwerkriegsbeschädigte Stuttgart kann sich allein nicht helfen.« Erst für das Rechnungsjahr 1948 hat man wieder zum alten, bewährten Verfahren zurückkehren können, Haushaltplan und Haushaltsatzung bei Beginn des Rechnungsjahres zu verabschieden. Damals freilich hatte die sorgsame Großrechnung ergeben, daß die Stadt Stuttgart nach der Währungsreform »nicht mehr wie vor dem Kriege aus dem vollen zu schöpfen vermag, sondern wie fast alle ihre Bürger von der Hand in den Mund leben muß«.

Unbestritten bleibt, daß man wie Theodor Heuß einmal gelegentlich eines ersten Rückblickes auf die anfängliche bundesrepublikanische Zeit gegenüber Konrad Adenauer vor aller Öffentlichkeit sagte, »saumäßig geschafft« hatte. Von 1948 bis 1954 waren vom Gemeinderat allein fünfhundertvierzig Bebauungspläne festzustellen, große und kleine – wobei die kleinen oft mehr Zeit in Anspruch nahmen. Fünfundachtzig Prozent waren rechtskräftig geworden. In der gleichen Zeitspanne waren zweiundvierzig Baulandumlegungen mit einer Fläche von 87 Hektar bearbeitet worden. Und was die Baugesuche anging: allein vom 1. Oktober 1952 bis 30. September 1953 wurden 9 937 Baugesuche mit einem angegebenen Gesamtwert von über 231 Millionen DM bearbeitet, davon 8 550 genehmigt; in den beiden folgenden Jahren nahmen diese Zahlen zu. Über das, was vom Bund und Land durch öffentliche Mittel beigesteuert wurde, hatte die Stadt mit ihren Mitteln eine »Baulückenaktion« gefördert und 1954 rund siebzehntausend Wohnungen mitfinanziert.

Daß die Planungsverfahren und Rechtsauseinandersetzungen, die Besitzeinweisungen und Besitzeintragungen mehr und mehr im Widerspiel mit den Nachbargemeinden zustande kamen, mußte dem Eingeweihten auffallen. Was die Nachbarn taten und nicht taten, war zu Beginn der sechziger Jahre bald ebenso wichtig wie die Kardinalfrage der fünfziger Jahre: ob der Staat sich mit der kommunalen Innenstadtplanung arrangieren könne oder nicht. Daß durch Anordnung der Militärregierung vom 2. Juni 1945 »die Gemeinde Fellbach vorläufig zum Gebiet Groß-Stuttgart« geschlagen wurde, war ein dem Augenblick gehörender Akt. Man mußte wissen, wieviel arbeitsfähige Männer es dort gab, und das konnte der Oberbürgermeister rascher feststellen lassen als der Landrat. Als die Amerikaner in Stuttgart saßen, war die Anordnung denn auch wieder am 9. Juli rückgängig gemacht.

Aber daß die Zeit der großmächtigen Eingemeindungen, die selbstherrliche Dominanz vorüber war, brauchte kaum mehr unterstrichen zu werden. Die Satzung über die Verwaltung der äußeren Stadtbezirke, vom Gemeinderat in seiner Sitzung vom 22. November 1946 einstimmig genehmigt und am 1. März 1947 in Kraft getreten, wollte dem Rechnung tragen und aus den jüngsten Erfahrungen die Lehren ziehen: die »Bürgermeister« der äußeren Stadtteile und ihre Mannschaft hatten sich in den letzten Kriegs- und Nachkriegsmonaten ebenso bewährt wie die, von Verwaltungsnarren oder oberflächlichen Zeitgenossen totgeglaubte Sonderart der »Vororte«. Ab jetzt gab es »draußen« sogenannte »Bezirksämter«, die »zur besseren Erfüllung der Gemeindeaufgaben durch eine ortsnahe Verwaltung, zur Zusammenfassung der in der örtlichen Gemeinschaft lebendigen Kräfte und zu Erhaltung und Pflege ihrer geschichtlich begründeten heimatlichen Eigenart« ihre Arbeit aufnehmen sollten.

In gewissem Sinne war dieser, in der Hauptsache Josef Hirn zu dankende Verwaltungsakt eine Wiedergutmachung in mehr als quantitativem Sinne. Mehr als die Hälfte aller Einwohner lebten in den zugewachsenen Stadtbezirken: das war ein Faktum. Aber es ging gar nicht darum. In der Bedrängnis der Bombennächte und den schlimmsten, wehrlosesten Besatzungstagen wurde man plötzlich gewahr, daß die knappen Aktionen des Jahres 1933 mehr als nur Flächen und Zahlen gebracht hatten: Feuerbach mit Weilimdorf, Mühlhausen, Zazenhausen. Weil im Dorf, einst von den Pfalzgrafen von Tübingen den Württembergern übergeben, war schon im 19. Jahrhundert eine stattliche Sache, »sehr freundlich und von Wäldern umgeben«. »Die Einwohner treiben mit ihren Gartenproducten, mit Milch, Hülsenfrüchten usw. viel Handel nach Stuttgart, sind meist wohlhabend, und gehören zum Theil zur Secte der Pietisten.« Am 14. Oktober 1954 entschloß sich der Stuttgarter Gemeinderat zur Schreibweise »Weilimdorf«. Zazenhausen, im vorigen Jahrhundert nur halb so groß und Filiale von Kornwestheim, war freilich viel älter, zeigte schon zu Beginn des 18. Jahrhunderts größere Gebäudereste aus der Römerzeit und gehörte dann, als Burgort, in das Verteidigungskonzept der Altenburg. Mühlhausen mit seiner wunderschönen, weil nahezu unberührt gebliebenen Veitskapelle, deren Anklänge an Prager Parler-Bauten heute im Stuttgarter Stadtbezirk ebenso eine Attraktion sind wie die immer noch spürbare Idylle zwischen Weinbergen, alten Fachwerkhäusern und großen Kellerhälsen: Mühlhausen brachte als Exklave böhmischer Kunst und als ehemaliges Patronatsdorf der Freiherrn von Palm, jener für die Geschichte des späten Heiligen Römischen Reichs hochbedeutsamen Familie, eine unverwechselbare vergangen-gegenwärtige Aura für »Groß-Stuttgart« mit. Und Feuerbach schließlich, das alte Biberbach der Calwer Grafen und hernach für mancherlei Dynasten eine wichtige Stelle, wenn auch ganz in der biederen, altwürttembergischen Färbung: Wein- und Ackerbau war da zu Hause, und auch Viehzucht, »indem das nahe Stuttgart für die Milch einen bedeutenden Absatz gewährt«. Um die Jahrhundertwende die Zehntausendergrenze überschreitend, hatte man Feuerbach am 15. März 1907 zur Stadt erhoben: seit 1864 war eine bedeutende, man darf sagen, mächtige Industrie in Feuerbach entstanden, eine Kapazität mit vielen tausend Beschäftigten, mit denen die von Stuttgart 1942 noch rasch erworbenen Vororte

nicht aufwarten konnten. Wenn wir von der Solitude, dem vielleicht in Carl Eugens eigenen Skizzen entstandenen, jedenfalls in Philippe de la Guêpières »Goût grec« zwischen 1767 und 1769 dann vollendeten Kleinod, von dem immer noch bäuerlich anmutenden Arbeiter-Zubringerdorf Stammheim, das früher auch ein wenig Weinbau hatte, absehen, waren es Fildergemeinden, die 1942 zu Stuttgart kamen: Birkach, im Städtekrieg 1448 von den Esslingern heimgesucht, dem Carl Eugen 1780 seine Kirche stiftete und in deren Herrschaftsstuhl die fromm gewordene (und evangelisch gebliebene) Franziska von Hohenheim saß, ein paar Jahre, bevor hier die erste Industrieschule des Landes gegründet wurde, Riedenberg, das 1346 an Württemberg verkauft wurde, Möhringen und Vaihingen, die 1295 und 1297 vom Esslinger Spital aus den Händen der Tübinger Pfalzgrafen gekauft wurden und bis 1802 Außenbastionen der Reichsstadt Esslingen waren, ein im politischen wie kulturellen Bereich ganz anders gestimmter Bereich, als es der altwürttembergische war, Plieningen, das schon seinem Namen nach die einstige Zugehörigkeit zu dem von 650 bis 750 im Neckargau herrschenden merowingischen Geschlecht der Pleonungen verrät, Hohenheim, das, 1432 von den Esslingern gekauft, 1676 von der arm gewordenen Reichsstadt an Immanuel Garb, einen geschickten und vermögenden Merkantilisten, und schließlich an den Herzog Carl Eugen selbst überging, der seit 1785, anstelle der mittelalterlichen Wasserburg der Bombaste von Hohenheim, ein ländlich-romantisches Schloß mit mancherlei Berühmtheiten bis zum »echten Einsiedler« entstehen ließ.
Stuttgart war groß geworden und zu einem Sammelbecken der verschiedensten, historisch-gegenwärtigen Entwicklungszüge und Farbmischungen, und – war kleiner geworden. Seine Gesamteinwohnerzahl, in den sechziger und frühen siebziger Jahren fast identisch, konnte indessen beträchtliche Strukturverschiebungen kaum verdecken. Gewiß, in Frankfurt, Hannover oder Düsseldorf hat die Bevölkerung stärker als in Stuttgart abgenommen und die Zahl der Einpendler ist stärker gestiegen: etwas von der alten Stuttgarter Kontinuität verrät sich selbst in diesen jüngsten, von schweren Umbrüchen gezeichneten Zeit. Wer indessen in der Stuttgarter Region im Stadtkreis Stuttgart den am dichtesten bevölkerten Gebietsteil erkennt – eine Bevölkerungsdichte von 3 056 Einwohnern pro Quadratkilometer –, bemerkt bei näherem Zusehen auch, daß dieser Verdichtungsprozeß in einzelnen, einigermaßen klar geprägten Perioden verlief. Von 1871 bis zum Beginn des Zweiten Weltkrieges füllte sich der Kern. Stuttgart wuchs in dieser Zeitspanne um das Zweieinhalbfache; 1939 zählte es fast eine halbe Million. In der zweiten Periode, in den Kriegs- und Nachkriegsjahren von 1939 bis 1950, wuchs die Einwohnerzahl nur in den Landkreisen. Als dann 1950 die Einwohnerzahl der Vorkriegszeit wieder erreicht war, wohnten neben den ehemaligen Stuttgartern Tausende von Vertriebenen in der Stadt, rund acht Prozent der

Gesamtbevölkerung. Im Jahrzehnt zwischen 1950 und 1960 hat die Bevölkerung in der Stuttgarter Großregion um einunddreißig Prozent zugenommen: Stuttgart selbst hat daran um so weniger einen Anteil, als seit den sechziger Jahren, einer vierten Periode, immer mehr Familien aus Stuttgart wegzogen, so daß die Bevölkerungsverluste eigentlich nur äußerlich »ausgeglichen« scheinen.

Wir wissen, daß derlei latente Veränderungen, die selbstverständlich für das, was man noch vor hundert und vor fünfzig Jahren unter »Stuttgart« verstand, in mehrfacher Hinsicht von Bedeutung sind und von »einer Stadt« gar nicht mehr so eindeutig reden lassen: wir wissen, daß diese Umstrukturierung nicht großstadtspezifisch ist. Auch Esslingen oder Göppingen weisen Zahlen in ähnlichen Proportionen auf. Indessen ist dort die Abgabe, der Verlust nicht so deutlich wie in Stuttgart. Zwischen 1962 und 1971 zogen mit rund 711 000 Personen mehr Menschen aus Stuttgart fort, als es je Einwohner hatte. Stuttgart hat in diesem Zeitraum – die Zuwanderung berücksichtigt – insgesamt 79 000 deutsche Einwohner verloren, allein 67 000 an die alten fünf Nachbarkreise Böblingen, Esslingen, Leonberg, Ludwigsburg und Waiblingen. Fast jeder dritte »Stuttgarter« hat dort seinen Wohnsitz genommen. Knapp zwei Drittel dieser Wanderungsverluste wurden durch Ausländer ausgeglichen: ihre Zahl ist 1971 mit 85 000 mehr als doppelt so groß wie zehn Jahre vorher. Weil dazuhin die Zahl der Geburtenüberschüsse immer positiv war, hat sich Stuttgarts Wanderungsdefizit nicht um 29 000, sondern nur um rund 9 000 Personen verringert.

Was diese »Auswanderer« den Bezirken draußen gebracht haben – knapp zwanzig Prozent ihres Bevölkerungszuwachses –, ist mehr als nur statistisch interessantes Zahlenmaterial. Die Städter, die Großstädter bringen in die bis dahin noch einigermaßen ländlich gestimmten Bezirke ihre Stadtgewohnheiten mit: Stuttgart läuft nicht nur über, sondern wird zur Trägerin eines Verstädterungsprozesses, der nun ebenso als Zersiedelungsvorgang begriffen werden darf wie als Import veränderter Verhaltensweisen, faßbar im wirtschaftlichen und kulturellen Leben einzelner Leute. Die Gemeinden der Randzone werden in ihrem Siedlungsbild erheblich verändert, sie werden, weil die Wahl des neuen Wohnortes »draußen« in erster Linie vom neuen Wohnwert her motiviert ist, zum attraktiven Feld für Eigenheimwünsche. Wie gravierend sich diese Entwicklungstendenzen für einzelnen Gemeinden auswirken, mag daraus ersichtlich sein, daß Fellbach, Leonberg, Korntal, Ditzingen, Rommelshausen oder Musberg ohne den Zuzug aus Stuttgart ein negatives Gesamtergebnis für die Wanderungen aufzuweisen hätten.

Das historisch eigentlich Entscheidende aber liegt darin, daß sich spätestens seit den fünfziger Jahren eine derart intensive Verflechtung Stuttgarts mit dem Umland herausgebildet hat, in soziologischer, in kommerzieller, in kulturanthropologischer Hinsicht, daß von »Stuttgart« im herkömmlich-abgegrenzten Wortsinne ebenso wenig mehr gesprochen werden kann wie von einer spezifischen Stuttgarter Stadtgeschichte. Gewiß erfüllt Stuttgart »seine« städtischen, genauer gesagt: hauptstädtischen Funktionen, gewiß liegt ein Stück modernster Geschichte und ein Stück nächster Zukunft darin, daß Stuttgart für »seine« technische Ausrüstung sorgt, für »seine« sozialen Verpflichtungen und »seine« kulturellen Intentionen. Aber das alles geschieht in einem gar nicht mehr in »hüben« und »drüben« aufzudröselnden Konnex mit der näheren und allmählich sogar weiteren — etwa bis zur Backnanger Gegend — greifbaren Umgebung, der die Rede von einem spezifischen Stuttgarter »Stadtgefühl« zu einer höchst problematischen Sache macht: allemal steht die Mobilität der Leute daneben, eine der modernen Stadt grundsätzlich und hart zusetzende Sache. Noch um 1950 hat sich der Stuttgarter Raum in »relativer Ruhe« befunden. 1964 war der gesamte Raum bis auf wenige Ausnahmen »von hoher Mobilität erfaßt«, wobei sich »vor allem ein Ring höchster Intensität um die Stadt Stuttgart« zeigte (K. Schwarz). Stuttgart selbst, vor hundert Jahren eine Stadt, in der »man saß«, leidet in deutlichstem Maße unter diesem pausenlosen, den Begriff »Stadt« in völlig neuen Dimensionen zeigenden Wandern — auf hundert Wegzüge kommen heute rund 75 Ortsumzüge innerhalb der Stadtgrenzen —, abgesehen davon, daß die Wanderungsverluste bei den gehobeneren Berufsgruppen besonders hoch sind und man zugleich von einer Art negativer Auslese sprechen könnte.

Anders ausgedrückt: der »Ballungsraum«, der noch vor kurzem eine akademische Sache für Zitate und Dissertationen war, ist heute eine politische Realität. Die Region Mittlerer Neckar, nach dem Ruhrgebiet das größte Industriegebiet in der Bundesrepublik, mit raschem Bevölkerungswachstum, größtem Ausländeranteil und hoher Erwerbsquote, ist durch die am 1. Januar 1973 rechstkräftig gewordene Gebietsreform ein zusammenhängendes Planungsgebiet, mit rund 2,3 Millionen der einwohnerstärkste unter den zwölf Regionalverbänden Baden-Württembergs. Stuttgart als hochverdichteter Kern befindet sich in der Mitte dieser gesetzlich mit der Planung betrauten, vom Staat nur beschränkt Weisungen erhaltenden Region. Dicht an der Stuttgarter Stadtgrenze befinden sich im Norden, Südosten und Südwesten die Städte Ludwigsburg, Esslingen und Böblingen-Sindelfingen, die mit ihren jeweils rund 80 000 Einwohnern eigene Gewichte haben und als »Mittelzentren« fungieren, dazwischen liegen, wiederum in der unmittelbaren Nähe Stuttgarts, Gemeinden verschiedener Größe, mit Einwohnerzahlen zwischen sechstausend und dreißigtausend, die größeren freilich im allgemeinen in weiteren Abständen. Göppingen, zur Region gehörig und 35 Kilometer vom Regional- und Landeszentrum Stuttgart entfernt, ist weiter weg als Tübingen und Reutlingen, die nicht zur Region Mittlerer Neckar gehören.

Stuttgarts Geschichte wird künftig vor allem innerhalb dieses Spannungsfeldes zu sehen sein. Hat die Stadt daher besondere Chancen? Obwohl in der Zeit zwischen 1961 und 1970 die neuen Stadtteile Stuttgart-Freiberg und Stuttgart-Fasanenhof entstanden, hat sie »noch Platz«: die wenigsten zusätzlichen Flächen in der Region Mittlerer Neckar wurden im letzten Jahrzehnt in Stuttgart mit 832 ha in Anspruch genommen. Das Verhältnis zwischen Grünfläche und bebauter Fläche ist immer noch günstig: landwirtschaftlich genutzte Fläche und Wald machen in Stuttgart zusammen mehr als die Hälfte der Gesamtfläche aus. Zwar ist die Anzahl der Wohnungen, die durchschnittlich auf ein Wohngebäude entfallen, die sogenannte »Behausungsziffer«, in Stuttgart im Vergleich zu den Außenbezirken recht hoch. Aber das würde für die »Stadt« sprechen, deren Charakteristikum seit Jahrhunderten in ihrer Verdichtung liegt. Die Groß- und Hochhausbauweise hat in Stuttgart bei vergleichsweise geringem Flächenbedarf eine Wohnweise und -versorgung ermöglicht, die denen in den Landkreisen, wie Statistiker nachgewiesen haben, um nichts nachsteht.

Indessen weist die Stadt Eigenheiten auf, die zu denken geben. In der Großstadt Stuttgart wohnen sehr viel mehr Erwerbsfähige als in den übrigen Teilen der Region, vor allem viel mehr Ledige, Männer und Frauen, als in den übrigen größeren und kleineren Gemeinden. Es sind alles in allem Leute, die aufgrund ihres Alters einer Arbeit nachgehen können und die zudem in größerem Maße als in den Landkreisen ohne Familienanhang sind. Das wäre, vordergründig gesehen, so etwas wie eine Binsenwahrheit: eine Großstadt vom Schlage Stuttgarts benötigt, mit ihren administrativen, industrialistischen, kulturellen Einrichtungen, ein breites Spektrum spezifischer Berufe und Funktionen aus allen Daseinsbereichen. Aber dahinter stecken auch handfeste Probleme, allein dann, wenn es sich bei den Einpersonenhaushalten um alte Menschen handelt: die heute nur noch schwer zu bewältigenden Altenprobleme werden in einer solchen Stadt an Schärfe zunehmen.

Sie werden, verknüpft etwa mit denen, die am anderen Ende der Skala, bei den Jugendlichen sichtbar werden, eine in der Stadt konzentrierte »Leistungsgesellschaft« überhaupt zum Problem machen. In der Region Mittlerer Neckar liegt das Schwergewicht, im Gegensatz zum Frankfurter Wirtschaftsraum, auf der industriellen Produktion. Der Industriebesatz mit 202 Beschäftigten pro tausend Einwohner ist hier am mittleren Neckar mit Abstand am höchsten. Von den insgesamt 190 Betrieben der Region mit mehr als fünfhundert Beschäftigten konzentrieren sich knapp ein Drittel auf die Stadt Stuttgart. In Stuttgart stellt der produzierende Bereich rund die Hälfte des Bruttoinlandprodukts, während in den Landkreisen auf diesen Bereich mehr als zwei Drittel entfallen. Stuttgart erfüllt, im Gegensatz zu den Mittel- und Unterbereichen draußen, zudem als kommerzielles und geistiges Zentrum eine Aufgabe: Handel, Verkehr und übrige Dienstleistungen haben hier die andere Hälfte. Dennoch wohnen in Stuttgart, nimmt man das Bruttoinlandprodukt zur Grundlage, die »reichsten Leute« in einem am meisten industrialisierten Bezirk: an den nichtlandwirtschaftlichen Beschäftigten der Region hat Stuttgart einen Anteil von über vierzig Prozent.

In den einzelnen Branchen konzentriert sich immer noch Wesentliches in der Stadt. Im Stahl-, Maschinen- und Fahrzeugbau arbeiten 72 000 Leute, 34 Prozent der Region, in Stuttgart, in der Elektrotechnik und Feinmechanik liegen die prozentualen Werte noch ein wenig höher. Mit dem Großmarkt in Stuttgart-Wangen, der nur zu 35 Prozent aus Stuttgart selbst beschickt wird, zu übrigen Teilen aus der weiteren und weitesten Umgebung, mit dem Vieh- und Schlachthof Stuttgart, dem drittgrößten der Bundesrepublik, kommt die Stadt großen überregionalen Aufgaben nach.

Aber es sind da auch Entwicklungen im Gange, die Stuttgart von seinem Umland unterscheiden. Noch überwiegen die mittleren und kleineren Betriebe. Aber die großen schieben sich nach vorne, in einem Konzentrationsprozeß, der nur zu einem Teil akzentuierterer internationaler Verflechtung zugute geschrieben werden darf. Zudem macht sich eine gewisse Sättigung bemerkbar. Die verfügbaren Flächen, wohl auch der Arbeitsmarkt sind ausgeschöpft. Die wirtschaftliche Expansion beginnt aufzuhören. Einzelne Betriebe verlagern sich nicht in die peripheren Gebiete, sondern in einen Umkreis von fünfzehn bis zwanzig Kilometer. Ein eigentlicher »Wegzug« wird selten daraus. Die Geschäftsleitung zumindest bleibt in Stuttgart. Auf diese und frühere Entwicklungen hin hat sich ein fast unübersehbares Netz wirtschaftlicher und betrieblicher Verflechtungen gebildet. Von den »großen Steuerzahlern« der Stadt Stuttgart gehörten 1971 zu 229 Unternehmen mit dem Geschäftssitz in Stuttgart insgesamt 2 634 auswärtige Betriebsstätten. Nur 429 davon, kaum mehr als sechzehn Prozent, liegen in der Region Mittlerer Neckar.

Im übrigen ist in Stuttgart der Anteil der im tertiären Bereich beschäftigten Personen überdurchschnittlich hoch. Die Umstrukturierung von der Industrie- zur Dienstleistungsgesellschaft ist in vollem Gange. Während man draußen »verstädtert«, hat die gewerbliche Konzentration in Stuttgart ihren Höhepunkt schon erreicht. Hier zeigt sich der Umschlag am deutlichsten. Kündigen sich Nachteile für Stuttgart an? Wird die Stadt innerhalb einer mächtig aufstrebenden Wirtschafts- und Siedlungskonzentration »eingemauert« und zur bloßen Zuliefererzentrale degradiert? Oder ist die City Stuttgarts der Punkt der »regionalen Ausstrahlung« in weiterhin unangefochtenem Ausmaß? Daß sie der Verkehrsbezirk mit dem größten Verkehrsaufkommen in der Region Mittlerer Neckar ist, ist unbestritten. Allein mit seinem Bankenviertel vom Hospitalplatz über die Theo-

90 *Der Freiberg, bis 1809 steuerfrei, trägt seit 1961 einen neuen Stuttgarter Stadtteil. Im Vordergrund der Max-Eyth-See*

91 *Die Großstadt verlangt eigene und neue Lösungen: Stuttgart-Asemwalds Hochbauten, davor eine Handvoll Einzelhäuschen*

92 *(umseitig) Der Schloßplatz mit Umgebung heute*

93 *(umseitig hinten) Im Alten Schloß am »Schwäbischen Sonntag« 1973*

dor-Heuss-Straße bis zum Schloßplatz spielt Stuttgart im hochindustrialisierten Wirtschaftsraum eine zentrale Rolle. Siebzig Prozent der Landesverbände Baden-Württembergs haben ihren Sitz in Stuttgart. Die Statistiken der Messe- und Fremdenverkehrsstadt Stuttgart leben immer noch von aufsteigenden Kurven. Und natürlich sind es die kulturellen Institutionen, die Stuttgart mit unverwechselbaren Chancen in die Region einzubringen hat. Man denkt da allein an die berufsbegleitenden Teilzeitschulen, die in Stuttgart von nahezu fünfzig Prozent der Schüler des Mittleren Neckarraums besucht werden. Man denkt an die Vielzahl der übrigen Fachhochschulen und der Universität: je kostspieliger der Unterhalt, desto größer ihr Einzugsbereich. Von der Stuttgarter Universität sind immer Ausstrahlungen ausgegangen, bis hin zu Golo Mann, der als großartig gültiger Historiker und als ein Mann von souveräner Handhabung des Wortes für das Stuttgart der frühen sechziger Jahre — leider nur für sie — ein Glücksfall war, bis hin zu Fritz Leonhardt oder Frei Otto, die der Stuttgarter Architektenschule neues Gewicht in der Welt gegeben haben. Es ist die Stuttgarter Schauspieltradition, die mit Peter Palitzsch einem neuen Höhepunkt zuging, es ist die Stuttgarter Oper, in der John Crankos Kombinationen von Witz, tänzerischer Virtuosität und dramatischen Effekten die Welt begeisterten: noch ist der Schock über seinen tragischen, am 26. Juni 1973 gemeldeten Tod nicht ganz überwunden. Es ist die Musikstadt Stuttgart mit ihren Chören und der neuen, 1956 erbauten Liederhalle, die wohl nur in der Berliner Philharmonie ihresgleichen hat, mit den Stuttgarter Philharmonikern und dem Symphonieorchester des Süddeutschen Rundfunks, mit dem Stuttgarter Kammerorchester Karl Münchingers, unter dessen unbestechlicher Diszipliniertheit diese fünfzehn Leute, in einem Siegeszug seit 1945, die musikalische Welt erobert haben. Und man wird in diesem sporadischen Rundblick an Stuttgarts Museen denken, an das Württembergische Landesmuseum, das im Alten Schloß im Laufe der Jahre eine schöne Heimstatt gefunden hat, an die Staatsgalerie in der Konrad-Adenauer-Straße, die mit ihren rund viertausend Gemälden zu den großen Kunstsammlungen Deutschlands zählt, an das Lindenmuseum, das wieder eines der bedeutendsten deutschen Völkerkundemuseen geworden ist, an das Staatliche Museum für Naturkunde im Schloß Rosenstein — es wären hier noch eine ganze Reihe anderer Institutionen zu nennen bis hin zu den kleinen und kleinsten: eine Kapitale wie Stuttgart lebt hier von allen ihren Zutaten wie im Mimischen, wo man »das Marquardt«, das Theater der Altstadt, das Renitenztheater, das Stuttgarter Marionetten-Theater nicht missen möchte. Auch die Stuttgarter Presse nicht, wo Josef Eberle mitten in den Stürmen der Jahre, zwischen den Verschiebungen und Veränderungen nicht nur bei den Stuttgarter Blättern, sondern auch in den Räumen der politischen Anschauungen und Entscheidungen zur feinen publizistischen,

literarischen Autorität wurde, die ein unverwechselbares Niveau geschaffen hat: auch er ein Glücksfall für die Stadt.
Aber man hat keinen Grund, in die Fanfaren zu blasen. Geschichte, zumal solche, die an der Schwelle zur Zukunft steht, gibt keinen Anlaß zu naiven Beruhigungen. Innerhalb der Stadt Stuttgart hält mit 205 Ausländern je tausend Einwohner der Stadtbezirk Mitte die Spitze. Das ist ein mit sozialen Problemen behaftetes Faktum und für die Entwicklung der »Stadt« Stuttgart nicht ohne Bedenklichkeiten. Die Region ist für Stuttgart schon da, in der Belegung der Hotels, in der immer wieder und schon ganz selbstverständlich auf die Umgebung ausgegriffen wird, in der Krankenhausbelegung, in der Wasserversorgung oder in der Abwasser- und Müllbeseitigung. Und das sogenannte »Dauergrünland« Stuttgarts hat abgenommen, mit der höchsten Prozentzahl in der ganzen Region, der Hafenumschlag ist zurückgegangen, die Situation Stuttgarts im internationalen Eisenbahnnetz ist heute »in einer Abseitslage«, zu schweigen vom Flughafen, der, trotz seiner vergleichsweise zahmen Frequenz, mit seinem Lärm zumindest den Anwohnern schwer zu schaffen macht, nicht zu reden von den Tausenden von Pendlern, die Stuttgart vor fast unlösbare Probleme stellen und den Häusern, den Straßen der ganzen Stadt härter zusetzen als viele Wochen des Krieges. Wird die Stadt ausgehöhlt, zugunsten früherer Trabanten, die im Windschatten Stuttgarts groß wurden und heute selbstsichere Eigengrößen sind?

Bessern, Bewahren, Planen

Die Grenzen sind sichtbar geworden, gewiß. Aber dem ungewissen Gefühl der frühen siebziger Jahre, unübersehbar drohenden Entwicklungen ausgeliefert zu sein, ist zehn Jahre später der Zugriff und die ebenso technologisch wie ökologisch orientierte Tat gefolgt: das ist der Unterschied zwischen diesen beiden »Epochen«. Um 1972 oder 1973 hat man in Stuttgart »die Dinge kommen sehen«, in einer belegten, um nicht zu sagen bedrückten Stimmung. Der Aufbruch der 1968er-Generation mit ihrem gebrochenen Verhältnis zu Tradition und Kontinuität und ihrer ungenierten, ja radikalen Forderung einer grundlegenden gesellschaftlichen Reform, hat so etwas wie heimlichen Katzenjammer hinterlassen. Er endigte entweder in schlimmen Verstiegenheiten, die schließlich vor verbrecherisch-anarchistischen Aktionen nicht mehr halt machten, oder in nostalgisch-resignativer Wehmut, die der biedermeierlichen Entsagung von einst um nichts mehr nachstand.

Aber neben diesem Weg in die Sackgasse hat sich eine neue – altersmäßig wohl kaum sehr verschiedene – Generation gemeldet, die weniger ideologische Generalisierungen haben wollte als möglichst präzise Erkenntnisse und möglichst abgesicherte, pragmatische Handreichungen. Jetzt entschloß man sich, die – wie immer im einzelnen gearteten – Lebens- und Arbeitsräume den veränderten Gegebenheiten anzupassen und die ebenso vielfältigen wie ungleichen Trends »in den Griff zu bekommen«. Was ein paar Jahre vorher noch als eine gewissermaßen mythische Neuschöpfung empfunden worden war, der Raum »Mittlerer Neckar«, war jetzt als »Region Mittlerer Neckar« RMN eine schnell gehandelte und tägliche Sache. Hatte man sich noch in den sechziger Jahren in eher sporadischen und vergleichsweise unwissenschaftlichen Anläufen dem »Raum um Stuttgart« genähert, so wußte man es jetzt genau: die RMN bot in Untergrund, Oberflächenformen, Bodenbeschaffenheit und Vegetation eine Vielfalt, die zu deutlichen Unterschieden in der Siedlungs- und Nutzungsverteilung führte. Daß sich daraus eine weitgehend radial auf Stuttgart bezogene räumliche Struktur herausbildete, in der die Beziehungen der außenliegenden Teilräume untereinander weniger entwickelt sind, erschien auch dem eiligeren Beobachter als eine ganz zweifellose Sache.

Erst bei näherer Betrachtung stieß man auf drei Faktoren, die es bei Vergleichen der RMN mit anderen Räumen des Bundesgebiets zu berücksichtigen galt. Zunächst: Die Region weist eine ausgeprägte naturräumliche Gliederung auf. Dies behinderte nicht nur die Anwendung eines idealtypischen Entwicklungsachsenkonzepts, sondern führte auch in einigen Teilräumen zu einer besonders ernsten Belastung der ökologischen Verhältnisse. Sodann: Die Wohnraumpräferenzen und das Eigentumsstreben der ansässigen Bevölkerung geben zu einer im Vergleich zu anderen Stadtregionen exzessiveren Landnutzung Anlaß. Dadurch wird die Möglichkeit, ein zentralörtliches System durchzusetzen, erheblich erschwert. Die ohnehin durch die politischen Mehrheitsverhältnisse im Landtag und in den Gemeinden forcierte Entwicklung des »ländlichen Raumes« machte — damals — ein derartig bündiges »System« doppelt schwierig.

Indessen war auch klar geworden, daß die Branchen und Betriebsgrößenstruktur der Industrie und des Gewerbes in der Region RMN eine relativ hohe Stabilität der wirtschaftlichen Entwicklung gewährleisteten. Noch 1979 errechnete man sich daß damit die RMN »voraussichtlich als einzige Stadtregion in der Bundesrepublik Deutschland auch im nächsten Jahrzehnt in begrenztem Umfang Wanderungsgewinne« (E. Kossak) erzielen werde. Freilich war dieser Prognose die bittere Erkenntnis verschwistert, daß das biologisch-klimatische Potential große Unterschiede innerhalb der RMN aufweise und dementsprechend zur Entwicklung erheblicher Disparitäten beitrage. Immer noch wirken sich der landwirtschaftliche Ertragreichtum und die Verkehrsgunst des Neckarbeckens und seiner angrenzenden Täler gegenüber den hier benachteiligten Bereichen — dem Keuperbergland und der Schwäbischen Alb — recht folgenreich aus. Die natürlichen Standortvorteile bedingen eine intensive Besiedlung. Und sie wird ihrerseits zum Ansatzpunkt für eine andauernde Konzentration im Kernraum und führt auf diese Weise zu einem ausgeprägten Gegensatz zwischen Verdichtungsraum und dünnbesiedeltem »ländlichem Raum«.

Waren mithin die Grenzen der weiteren Verdichtung in der RMN erklärt, so war damit zugleich vor den Folgeerscheinungen gewarnt: begrenztes Wasserangebot, die Verknappung biologisch besonders leistungsfähiger Böden, die Zunahme der Verschmutzung von Wasser und Luft. Deutlich erwies sich, daß die regionale Infrastruktur in der RMN eben nicht mehr »im ganzen in Ordnung« war. Verkehrstechnisch zeigte sich, daß die Region nach wie vor »radial in bezug auf Stuttgart erschlossen« blieb. Ausreichend leistungsfähige Tangentialverbindungen zur Erschließung der außenliegenden Teilräume untereinander und gleichzeitig zur Entlastung des Kernraumes und seines Verkehrsnetzes vermißte man jetzt sehr. Als Mangel erwies sich aber auch, daß in der RMN so gut wie keine Primärenergie gewonnen wird. Statt dessen zeigt sie sich als Wassermangelgebiet, in dem auch, um einmal dem kulturellen Aspekt Raum zu gönnen, die Standorte vor allem der weiterführenden Schulen häufig genug vom Netzplan der »Zentralen Orte« abwichen.

Gleichviel: Stuttgart ist der Kern der RMN. Im Zuge der 1971 und 1974 in Gesetze gefaßten Verwaltungsreform in Baden-Württemberg ging innerhalb der RMN, das sind jetzt der Stadtkreis Stuttgart und die Landkreise Böblingen, Ludwigsburg, Rems-Murr, Esslingen und Göppingen, die Zahl der am 27. Mai 1970 selbständigen 363 Gemeinden auf 178 am 1. Januar 1975 zurück. Die Region hatte, so berechnete man 1974 nach Ausgang dieser Verwaltungsschlacht »Regionalreform«, die man damals gerne als das »Jahrhundertwerk«, wo nicht im Lande draußen, so doch im Landtag und in den Ministerien in Stuttgart bezeichnete: die Region hatte eine Fläche von 3655 qkm und 2,4 Millionen Einwohner. Als am 9. Juli 1974 das Gemeindereformgesetz in Kraft getreten war, grenzten an die Stadt Stuttgart von diesem Zeitpunkt ab nur noch 15 Städte und Gemeinden (bisher waren es 21), die 43 zuvor selbständige Gemeinden umfaßten. Damit standen Stuttgart sehr viel größere und leistungsstärkere Gemeinden gegenüber: sechs davon zählten zwischen 10 000 und 20 000 Einwohner, sieben zwischen 20 000 und 50 000 und zwei zwischen 50 000 und 100 000 Einwohner.

Dem Schritt zur »Vereinfachung« folgte der Schritt zum Verbund. Am 28. November 1973 ging in Stuttgart die konstituierende Sitzung des Regionalverbandes Mittlerer Neckar über die Bühne. Am 6. Februar 1974 wurde der ehemalige Arbeitsminister Walter Hirrlinger (SPD) zu seinem Vorsitzenden gewählt. Der andere Akteur war der aufgrund des Nachbarschaftsverbandsgesetzes vom 7. April 1974 tätige Nachbarschaftsverband Stuttgart als Träger des Flächennutzungsplanes: jetzt sollte Ernst gemacht werden mit einer verbindlichen Abstimmung und Koordinierung. Zum Nachbarschaftsbereich des Nachbarschaftsverbandes Stuttgart mit Sitz in Stuttgart gehören die Stadt Stuttgart, die Städte und Gemeinden Böblingen, Sindelfingen, Leonberg, Magstadt, Renningen, Rutesheim und Schönaich vom Landkreis Böblingen, die Städte und Gemeinden Aichwald, Denkendorf, Esslingen am Neckar, Filderstadt, Leinfelden-Echterdingen, Neuhausen a. d. F. und Ostfildern vom Landkreis Esslingen, die Städte und Gemeinden Aldingen, Asperg, Ditzingen, Gerlingen, Korntal-Münchingen, Kornwestheim, Ludwigsburg und Möglingen vom Landkreis Ludwigsburg und die Städte und Gemeinden Fellbach, Korb, Kernen, Waiblingen und Weinstadt des Rems-Murr-Kreises.

Mitten in diese administrative Umbruchzeit, in der wir aus heutiger Sicht gewiß eine echte Zäsur und Epochengrenze erkennen, fiel der Tod des Stuttgarter

Oberbürgermeisters Arnulf Klett, ein weiteres Zeichen dafür, daß eine Ära der Stuttgarter Stadtgeschichte zu Ende gegangen war. Arnulf Klett starb am 14. August 1974 während eines Kuraufenthaltes auf der Bühler Höhe im Schwarzwald. Die Trauerfeier am 21. August in der Liederhalle unterstrich, wie sehr dieser Mann und das Geschick dieser Stadt durch drei Jahrzehnte hindurch in unmittelbarer Weise miteinander verknüpft waren. Jürgen Hahn, viele Jahre hin sein Stellvertreter, konnte damals im Beethovensaal nur immer wieder verweisen auf die führende Kraft dieses Mannes. Klett war kein Platzhalter und schon gar kein Verwaltungsbeamter im fragwürdigen Sinne dieses Wortes. »Er war der Motor, der alles bewegte, dessen Antrieb bis in die letzte Amtsstube des Rathauses zu spüren war. Dieser rastlose Oberbürgermeister schätzte Mitarbeiter, die ebenso wie er unentwegt arbeiteten. Es war eine Freude mit und unter einem solchen Chef sich für eine Aufgabe einzusetzen. Wenn er sich für eine Sache entschieden hatte, dann konnte man seiner Unterstützung sicher sein. Als Oberbürgermeister dieser Stadt hatte er ein klares Konzept mit weitgesteckten Plänen. Die Hartnäckigkeit, mit der er diese Pläne verwirklichte, die persönlichen Initiativen, mit denen er vom raschen Telefongespräch bis hin zur direkten Einwirkung auf einzelne Vorhaben Einfluß nahm, waren bewundernswert. Sein Arbeitspensum, das er sich selbst setzte, war übermenschlich.«

Klett konnte vor allem als Redner ein ungemein origineller Mann sein: er war, eigentlich nicht nur wegen seines Titels und seiner Funktion als Stuttgarter Oberbürgermeister, einer der populärsten Männer des deutschen Südwestens in dieser ersten Nachkriegsgeneration. »Der Stolz auf Stuttgart, den er pflegte, das Image des größten ›Bauernschultes‹, der enge Kontakt zu allen Schichten der Bevölkerung waren ihm ein wichtiges kommunalpolitisches Mittel, die Selbstverwaltung durch Aktivierung des Bürgersinns und der Bürgerschaft zu stärken. Das besondere Interesse unseres Oberbürgermeisters galt den großen infrastrukturellen Projekten, der Wasserversorgung, dem Ausbau des Nahverkehrs, der U-Bahn, der S-Bahn, der Versorgung mit Gas und Strom, den Straßenbauvorhaben, der Entwicklung des Flughafens, dem Neckarhafen und dem Ausstellungsgelände Killesberg. Durch den Bau der Liederhalle und den von der Stadt mitgetragenen Bau des Kleinen Hauses der Württembergischen Staatstheater wurden die Voraussetzungen für die Entwicklung eines reichen kulturellen Lebens geschaffen. Seine ganze Liebe galt dem Musikleben unserer Stadt, dem Stuttgarter Kammerorchester, den Philharmonikern, der Musikhochschule, dem Ballett der Staatstheater und dem Theater überhaupt.«

Die erste Generation in der Stuttgarter Stadtgeschichte nach dem Zweiten Weltkrieg hat zweifellos klargemacht, daß man, neben der Förderung kultureller Stadtfunktionen, auch sehr handfeste Vorstellungen von Kommunalpolitik gehabt hat. »Vielfältig waren seine Beziehungen zur Industrie und Wirtschaft«, hat Jürgen Hahn beim Trauerakt in der Liederhalle noch einmal festgehalten. »Von Anbeginn an galt seine besondere Aufmerksamkeit und Förderung den wirtschaftlichen Unternehmen. Durch die Ansiedlung von neuen Betrieben der Elektroindustrie und vor allem des Buch- und Verlagswesens veränderte und stützte er Stuttgarts Wirtschaftsstruktur. Nicht wegen der Gewerbesteuer, sondern weil Dr. Klett wußte, daß das Leben in einer Stadt sich nur entwickeln kann, wenn Arbeitsplätze Anziehung ausüben, wenn ein lebhafter Einzelhandel das pulsierende Herz der Innenstadt bildet, wenn Dienstleistungsbetriebe aller Art zur Verfügung stehen und eine der Stadtentwicklung günstige Infrastruktur bilden.«

Am Ende lief derlei kommunalpolitische Zielrichtung, in einer so zusammenwachsenden Region wie am Mittleren Neckar zumal, auf die Frage nach dem Stellenwert der Kernstadt in ihrem Umland hinaus: davon hat der Erste Bürgermeister Stuttgarts bei diesem Rückblick auf die Ära Klett bezeichnenderweise verbis expressis nicht gesprochen. Um so unmittelbarer hat sie der Nachfolger auf dem Oberbürgermeistersessel angegangen. Die mit Spannung erwartete Oberbürgermeisterwahl fand am 10. November 1974 statt: mit 64,4 Prozent wurde die höchste Wahlbeteiligung bei Oberbürgermeisterwahlen nach 1945 in Stuttgart erreicht. Und die Spannung war mit diesem Tag nicht einmal gelöst, weil keiner der 14 Kandidaten die absolute Mehrheit erreichte. Am 1. Dezember 1974 kam es zu einem zweiten Wahlgang. In ihm wurde der seitherige Staatssekretär im baden-württembergischen Finanzministerium Manfred Rommel (CDU) mit 58,9 Prozent der abgegebenen Stimmen zum neuen Oberbürgermeister der Stadt Stuttgart gewählt. Die Wahlbeteiligung lag mit 64,5 Prozent sogar noch höher als drei Wochen zuvor. Der Architekt Peter Conradi, SPD, hatte beim zweiten Wahlgang den respektablen Anteil von 39,5 Prozent erreicht.

Manfred Rommel, schon zwei Jahre später auf der 19. Ordentlichen Hauptversammlung des Deutschen Städtetags in Stuttgart zum Präsidenten des Deutschen Städtetags gewählt und in seinem liebenswürdigen, gerne mit Humor durchsetzten politischen Klarblick bald seinerseits ein weithin über das Land hinaus geschätzter Kopf, unter mancherlei Ehrungen war die am 21. Januar 1978 verliehene Theodor-Heuss-Medaille vielleicht die bezeichnendste für ihn; Manfred Rommel hat ein Jahr nach seinem Amtsantritt am 4. November 1975 so etwas wie eine Regierungserklärung abgegeben. Sie war, dies ist das historisch Aufschlußreichste an dem Dokument, nicht mit irgendwelchen der Wirtschafts- oder Kulturförderung zugehörigen Vokabeln überschrieben, sondern mit »Gedanken zur Kernstadt-Umland-Frage in der Region Mittlerer Neckar«. Das war das Problem Numero eins.

Es sollte es bleiben, auch morgen und übermorgen. Rommel, erzogen durch die Aufgabenstellungen in der Finanzverwaltung, war erfahren genug, mit seinem Papier keine definitive Lösung ein für allemal anbieten zu wollen, sondern eine Diagnose der Verhältnisse und Vorschläge für eine Therapie. Zwischen 1961 und 1974 habe die Zahl der deutschen Einwohner von Stuttgart um 100 000 (−16,2 Prozent) abgenommen, das entspreche der Einwohnerzahl der Stadt Esslingen. Die Landkreise um Stuttgart hätten im gleichen Zeitraum 260 000 deutsche Einwohner (+20,5 %) hinzugewonnen. Allein in den letzten vier Jahren habe die Stadt Stuttgart 44 000 deutsche Einwohner verloren. Dies treffe vor allem die fünf inneren Stadtbezirke, die innerhalb von vier Jahren 25 Prozent ihrer deutschen Wohnbevölkerung eingebüßt hätten.

Dieser Verlust an deutscher Bevölkerung habe zwei Gründe, die Abwanderung und den Rückgang der Geburtenzahl. Der Rückgang der Geburtenzahl sei zu einem Drittel auf die Überalterung der deutschen Wohnbevölkerung in Stuttgart zurückzuführen, die wiederum eine Folge der Abwanderung sei. Die Verluste der Abwanderung seien ausschließlich durch Abwanderung in die Umlandkreise eingetreten: von 1966 bis 1974 habe der Abwanderungsverlust der Stadt Stuttgart bei den deutschen Einwohnern insgesamt 58 000 per saldo, der Abwanderungsverlust an die Umlandkreise aber 59 000 betragen. Mithin: ohne die Abwanderungen in die Umlandkreise hätte die Stadt Stuttgart noch tausend deutsche Einwohner hinzugewonnen. Statt dessen seien gerade die unmittelbar angrenzenden und mit dem Verkehrsnetz der Stadt Stuttgart gut verbundenen Nachbargemeinden besonders stark angewachsen, Ditzingen in den Jahren 1961 bis 1974 um 74,5 Prozent, Leinfelden-Echterdingen um 82,1 Prozent, Filderstadt um 89,3 Prozent, Ostfildern um 51,4, Böblingen um 48,6 und Sindelfingen um 67 Prozent.

Aber auch Firmen seien in auffallendem Maße abgewandert. Zwischen 1948 und 1975 habe Stuttgart durch Verlagerungen 18 200 Arbeitsplätze verloren (und 4000 durch Zuwanderung gewonnen), bei Betrieben anderer Branchen habe die Stadt im gleichen Zeitraum durch Abwanderung 6300 Arbeitsplätze abgeben müssen (und 2600 gewonnen). Von den aus Stuttgart abgewanderten Arbeitsplätzen seien im Bereich der Industrie 67 Prozent in das Gebiet des Nachbarschaftsverbandes und 89 Prozent in das Gebiet der Region zugewandert, im Bereich der übrigen Branchen 82 Prozent in das Gebiet des Nachbarschaftsverbandes und 95 Prozent in das der Region übergegangen. Das widerlege im übrigen die These, Abwanderungen von Industriebetrieben aus Stuttgart kämen ländlichen Räumen außerhalb des Verdichtungsgebietes zugute.

Auch bei der Frage nach den Ursachen für diese Entwicklungstrends wollte sich Manfred Rommel im November 1975 in diesen seinen Therapievorschlägen von

94 Das Planetarium (1977) im Mittleren Schloßgarten. Kuppelsaal für ca. 300 Personen, ausgestattet mit einem Zeiss-Projektionsgerät VI., ein Geschenk an die Stadt Stuttgart.

95 Der Zuschauerraum des Großen Hauses der Württembergischen Staatstheater wurde 1983/84 nach den Originalplänen Max Littmanns rekonstruiert.

96 Die Hanns-Martin-Schleyer-Halle (1983) in unmittelbarer Nähe des Neckarstadions, eine der modernsten Sport- und Veranstaltungshallen Europas, faßt bis zu 10 000 Zuschauer.

97 *Die Calwer Passage, errichtet 1975–1978, modernes Beispiel einer Einkaufsstraße.*

98 *Das Bohnenviertel. Ein erfreuliches Nebeneinander von historischen und neuen Häusern ließ ein von Vielfalt geprägtes Wohnquartier in der Innenstadt entstehen.*

99 Die Aktenordnerfabrik Leitz in Feuerbach, Beispiel für qualitätvollen Industriebau.

100 Der neue Verwaltungsbau der Firma Züblin (1983/84) zwischen Möhringen und Vaihingen.

allen ideologisierten »Analysen« distanzieren. Es gehe nicht um die Feststellung von Schuld oder Unschuld, sondern um eine nüchterne Prüfung der Gründe. Ein wichtiger Grund liege darin, daß die Stadt Stuttgart als Zentrum der drittgrößten Wirtschaftsregion und zweitgrößten Industrieregion im Bundesgebiet besonders stark die negativen Folgen der mit dem wachsenden Wohlstand einherschreitenden Motorisierung zu spüren bekommen habe. Stuttgart sei die Verkehrsdrehscheibe des Mittleren Neckarraums. Die meisten Stuttgarter Stadtbezirke seien weit stärker mit Individualverkehr belastet als die Umlandgemeinden. Trotz großer finanzieller Aufwendungen der Stadt Stuttgart für Straßenbau, Straßenunterhaltung, Ausbau des öffentlichen Nahverkehrs, Unterbringung des ruhenden Verkehrs habe die Umweltbelastung durch Lärm und Abgase bislang eher zugenommen.
Ein weiterer Grund sei im starken Anteil älterer Wohnungen am Gesamtwohnungsbestand, insbesondere in den alten Stadtbezirken zu suchen. Während nach der Wohnungszählung 1968 die nach 1948 gebauten Wohnungen im Stuttgarter Westen nur mit 41 Prozent, im Stuttgarter Osten nur mit 38 Prozent, im Stuttgarter Süden nur mit 20 Prozent, in Feuerbach nur mit 42 Prozent, in Zuffenhausen nur mit 31 Prozent und in Bad Cannstatt nur mit 42 Prozent beteiligt gewesen seien, seien zum gleichen Zeitpunkt nach 1948 gebaute Wohnungen am Gesamtwohnungsbestand in Sindelfingen mit 80 Prozent, in Leinfelden-Echterdingen mit 76 Prozent und in Ditzingen mit 67 Prozent beteiligt gewesen. Die Stadt Stuttgart, so lautet jetzt das Urteil, sei aus finanziellen Gründen nicht in der Lage gewesen, die Sanierung und Modernisierung der Altwohnbaubezirke im gebotenen Umfange voranzutreiben.
Bei der Suche nach Gründen habe man auch zu berücksichtigen, daß die Stuttgarter Umlandgemeinden im Vergleich zu den Stuttgarter Stadtbezirken wesentlich besser mit öffentlichen Einrichtungen ausgestattet seien. Beispielsweise komme im Nachbarschaftsverband ohne Stuttgart ein Hallenbad auf 25 000 Einwohner, eine Großturn- und Sporthalle auf 13 500 Einwohner, in Stuttgart indessen ein Hallenbad auf 103 000 Einwohner (nach Fertigstellung der gegenwärtig laufenden Vorhaben ein Hallenbad auf 69 000 Einwohner) und eine Sporthalle auf 77 000 Einwohner. In einzelnen Umlandgemeinden komme sogar ein Hallenbad auf 8500 bzw. 9000 Einwohner, während in den Stuttgarter Stadtbezirken West, Mitte und Nord mit rund 114 000 Einwohnern kein einziges öffentliches Hallenbad zu finden sei.
Die Situation der siebziger Jahre wird in Rommels Denkschrift ebenso klar angegangen wie die – von der Stadtforschung ausgeklammerte oder immer mit einem großen Fragezeichen versehene – Gretchenfrage, woher die Abwanderung aus der großen Stadt denn nun eigentlich komme. Rommel weist ungeniert

darauf hin, daß in den Umlandgemeinden neue Fest- und Versammlungshallen entstanden seien, in Sindelfingen, in Böblingen, Esslingen, Fellbach, Filderstadt, das gehe bis zu Gemeinden in der Größe von 35 000 oder 40 000 Einwohnern hinunter. In Bad Cannstatt sei die Stadt Stuttgart hingegen bemüht, den Einsturz des traditionsreichen Cannstatter Kursaales, des einzigen größeren Saalkomplexes in Cannstatt, zu verhindern.

Und natürlich sei das Bauland im Umland wesentlich billiger als in der Stadt Stuttgart. Das wirke sich auf das Niveau der Mieten aus. Die Kernstadt ist unverhältnismäßig teuer, will man einigermaßen adäquat wohnen. Und sie hat wesentlich höhere Realsteuerhebesätze als die Umlandgemeinden. Während die Hebesätze bei der Gewerbesteuer im Umland im Jahr 1975 zwischen 300 und 345 Punkte gelegen hätten, betrage der Gewerbesteuerhebesatz in Stuttgart 410 Punkte. Bei der Grundsteuer A und B betrage der Hebesatz in Stuttgart 250 Punkte, während er im Umland bei der Grundsteuer B in der Regel bei 210 und 220 Punkten liege.

In der Finanzmisere muß damals des Pudels Kern gelegen haben. Rommel hat tatsächlich seine erste große Aufgabe auch in der Sanierung der städtischen Finanzen gesehen. Trotz der Einplanung höherer Realsteuerhebesätze, trotz nachhaltiger weiterer Heraufsetzung von Gebühren und Tarifen, trotz drastischer Sparmaßnahmen im Verwaltungshaushalt, trotz unterstellter, aber nicht gesicherter Verbesserungen im kommunalen Finanzausgleich, trotz Einplanung von Schuldaufnahmen bis an die Grenze des haushaltsrechtlich Zulässigen werde die Stadt Stuttgart nur mit Mühe in der Lage sein, bereits begonnene Investitionsvorhaben fortzuführen, sie werde allenfalls wenige zusätzliche Vorhaben in Angriff nehmen können. Denn: mit den Einwohnern wandern aus Stuttgart auch die finanziellen Möglichkeiten ab. Der Verlust eines jeden Einwohners bedeutet den Verlust von mehr als 500 DM. Aber die finanzielle Belastung bleibt. Wenn nichts geschehe, würden im Umland weiterhin große Baugebiete erschlossen werden, während die Stadt Stuttgart die Folgekosten zur Erschließung ihrer schon vor Jahren geplanten Baugebiete, wenn überhaupt, nur in geringem Umfange aufbringen könne.

Der entscheidende Grund für die Finanzierungsschwächen der Stadt Stuttgart und für ihren Rückstand in der Infrastrukturausstattung liege, so ihr Oberbürgermeister, darin, daß die Stadt für die Erfüllung der zentralen Aufgaben, die ihr als Kernstadt des Mittleren Neckarraums obliege, finanziell unzulänglich ausgestattet sei. In der Konkurrenz mit ihrem Umland habe die Kernstadt eine um so schwerere Position, je stärker von Bevölkerung und Infrastruktur her das Gewicht des Umlandes drücke. Keine vergleichbare Kernstadt im Bundesgebiet habe ein so großes und so stark verstädtertes Umland wie Stuttgart. Den rund

600 000 Einwohnern Stuttgarts stünden 1,8 Millionen Einwohner der Region gegenüber, also dreimal so viel.
Es lasse sich keine mathematische Formel finden, durch die sich die Leistungen der Stadt Stuttgart für ihr Umland und umgekehrt die Belastungen Stuttgarts durch das Umland auf Heller und Pfennig nachweisen ließen. Da schlügen ebenso die Krankenhäuser zu Buche, die Stuttgart für eine zentral gesundheitliche Versorgung des Mittleren Neckarraums zur Verfügung stelle, wie das Verkehrsnetz – an einem durchschnittlichen Werktag kommen 25 Prozent der Wagen von außerhalb –, mit dem Ausbau der U- und S-Bahn werde diese Belastung noch drastischer. Aber es geht nicht um Aufrechnen, sondern um die unmittelbar sich festfressenden Auswirkungen und um die Folgen. Wenn die Verhältnisse im Mittleren Neckarraum so geregelt blieben wie sie gegenwärtig geregelt sind, werde sich die Abwanderungstendenz aus Stuttgart beschleunigen. Die Lebensverhältnisse in den Umlandgemeinden würden immer besser, die in den Stuttgarter Stadtbezirken immer schlechter. Vor allem die älteren Stuttgarter Stadtbezirke, die für die Funktionsfähigkeit die größte Bedeutung hätten, würden von dieser Entwicklung betroffen: Überalterung der Wohnbevölkerung, leerstehende Wohnungen, Sicherheitsprobleme, ausfallende Kaufkraft auf den Märkten, ungesunde, weil ghettoähnliche Konzentrationen von ausländischen Mitbürgern würden die Lage kennzeichnen. Gleichzeitig werde die Zersiedlung des Umlandes fortschreiten und immer neue für Naherholung und Landwirtschaft wichtige Flächen zerstören. Im Falle weiterer Abwanderungen werde sich Stuttgart nicht zu jenem hochdifferenzierten Dienstleistungszentrum entwikkeln können, das die Bevölkerung des Landes zu seiner Versorgung brauche und das notwendig sei, um die Arbeitsplatzprobleme von morgen zu lösen. Stuttgart werde in der Konkurrenz zu anderen großen Verdichtungsräumen, in denen die Verhältnisse besser geordnet seien, zurückfallen. Man solle sich da keine Illusionen machen: Dienstleistungen, für die Stuttgart als Standort ausfalle, würden häufig für Baden-Württemberg ausfallen, mit allen Konsequenzen für das Angebot an leistungsfähigen Arbeitsplätzen.
Die – tatsächlich – künftige Entwicklung ist in dieser Denkschrift des Oberbürgermeisters vom November 1975 doch sehr klar gesehen. Auch die zentrale kulturelle Funktion der Stadt Stuttgart werde in dem Maß gefährdet werden, in dem die alten Stuttgarter Stadtbezirke von einer deutschen Bevölkerung verlassen würden, die sie im Vergleich zum Umland für unbewohnbar halten müsse. Ein reges kulturelles Leben im Stuttgarter Stadtzentrum hänge von einer belebten Innenstadt ab, die nicht Brennpunkt von Sicherheitsproblemen und sozialen Mißständen sein dürfe. Der wichtigste Standortvorteil der Gemeinden im Umland liege in der engen Nachbarschaft zur Kernstadt Stuttgart. Eine

Kernstadt trage wie ein Baumstamm ihr gesamtes Umland. Es bringe nichts, wenn sich die Äste immer besser entwickelten und dafür der Stamm ausgehöhlt werde, bis er eines Tages das zu schwer gewordene Astwerk gar nicht mehr tragen könne. Oder auch: es bringe nichts, wenn das Fundament des Hauses immer brüchiger werde, statt dessen aber die einzelnen Stockwerke ausgebaut würden.

Die Therapie setze da ein, wo die alten Stadtbezirke menschenfreundlicher, besonders fußgängerfreundlicher und kinderfreundlicher würden. Maßnahmen der Verkehrsberuhigung gehörten dazu. Daß Kulturoffenheit einer Großstadtpolitik eigen sei, sei selbstverständlich. Stuttgart habe bewiesen, durch die Übernahme des Symphonieorchesters und der Musikschule – die Kommunalisierung beider Institutionen trat mit dem 1. Januar 1976 in Kraft, trotz düsterer Finanzlage –, daß es an dieser Kulturoffenheit nicht fehle. Entscheidend sei, daß die Verzerrung des Wettbewerbs mit dem Umland im Interesse einer gesunden Entwicklung der ganzen Region beseitigt oder gemildert werde. Dazu gehöre, daß im Umland nicht mehr im bisherigen Umfange Bauland erschlossen werden dürfe. Es müßten gleichwertige Lebensverhältnisse in den Stuttgarter Stadtbezirken und in den Umlandgemeinden geschaffen werden. Es sei nicht einzusehen, weshalb sich der Bürger mit schlechteren Lebensumständen begnügen solle, nur weil er zufällig in Plieningen oder im Stuttgarter Westen und nicht in Filderstadt oder in Böblingen wohne. Es sei auch nicht einzusehen, warum eine Stuttgarter Firma erheblich mehr Gewerbesteuer zahlen solle als eine Firma, die sich, ein paar Meter von der Stuttgarter Stadtgrenze entfernt, in einer Umlandgemeinde angesiedelt habe.

Wie immer auch: Stuttgart, die Kernstadt, zieht gegenüber dem Umland, dem dichtbesiedelten, den kürzeren. Die Stellung der Stadt als eines Oberzentrums ist vergleichsweise schwach, weil die benachbarten Mittelzentren Esslingen, Ludwigsburg, Böblingen/Sindelfingen Teilfunktionen des Oberzentrums in den Sektoren Arbeitsstättenangebot, Einzelhandels- und Dienstleistungsangebot sowie den Bereichen Kultur, der Bildung und der Freizeit übernommen haben. Das Zentralitätssystem wird durch kleinräumige Konkurrenz »zentraler Orte« – man denkt da an die Doppelzentren wie Ludwigsburg–Kornwestheim, Waiblingen–Fellbach, Bietigheim–Besigheim oder Böblingen–Sindelfingen – ebenso beeinträchtigt wie durch Teilräume ohne eindeutige Zentralitätsstruktur (Strohgäu, Filderraum). Die »starken« Mittelzentren im »ersten Ring« wie die disparate Siedlungsentwicklung im »zweiten Ring« haben die Entwicklungschancen der von Stuttgart weiter entfernten Mittelzentren – Herrenberg, Vaihingen an der Enz, Backnang, Göppingen-Geislingen – ganz im Gegensatz zu den landes- und regionalplanerischen Absichten und Zielsetzungen wesentlich gehemmt.

Die historische Entwicklung der Industrialisierung der Region hat die Konzentration der Industrie- und Gewerbeansiedlung entlang des Neckarlaufs gefördert und diesen Achsenraum der Industrie wegen seiner naturräumlichen Begrenzung bald »vollaufen« lassen. In den frühen sechziger Jahren zwang das, in Seitenachsen auszuweichen, die, wie das nördliche Strohgäu oder das Remstal, aus ökologischen Gründen nur bedingt dazu geeignet waren. Dabei fällt auf, daß Entfernungen unter 20 km zum Zentrum Stuttgart auch bei relativ hohen Grundstücks- und Erschließungskosten bevorzugt blieben. Indessen wurde auch damit das Konzept der Landesentwicklungsplanung, die Stärkung nämlich der äußeren Mittelzentren wie Herrenberg, Schorndorf oder Backnang, unterlaufen.

Hätten Eingemeindungen, die Rommel in der erwähnten Denkschrift für gar nicht so unmöglich gehalten hatte, wesentlich geholfen? Hätte weitere »Industrialisierung« innerhalb Stuttgarts die Lage günstiger gemacht, ja wäre überhaupt aus langfristiger Perspektive solches Industriegebiet innerhalb der Stuttgarter Markung noch aufzufinden gewesen? Die Verlagerung von Betrieben und Beschäftigten aus Stuttgart, so eine Auskunft des Jahres 1979, beschleunigte sich. Zunehmend würden mittlere und größere Betriebe verlagert. Und wiederum: die wichtigste Ursache für derlei Standortverlagerungen sind fehlende Flächen für die Entwicklung der Industriebetriebe im Stuttgarter Stadtraum.

So ist es schwer geworden für Stuttgart – dessen Wohnbevölkerung am 31. Oktober 1975 erstmals unter die 600 000-Marke fiel, um »neue Firmen« zugkräftig zu werben, obwohl die Stadt allein ein Fünftel des Industrieauslandsumsatzes von Baden-Württemberg trägt und sich der Anteil des Auslandsumsatzes auch in der Exportquote verrät: 1973 betrug diese im Bundesdurchschnitt 21,5 Prozent, im Land Baden-Württemberg 22,2, in Stuttgart 29,2, in der übrigen Region Mittlerer Neckar 21,7 Prozent. Bei einzelnen Branchen und Firmen liegt der Exportanteil noch weit höher. In Stuttgart gibt es Firmen mit einem Exportanteil von 80 Prozent. Bei Werkzeugmaschinen, Elektrowerkzeugen, elektronischen Erzeugnissen, Fotogeräten und Kraftfahrzeugen liegt der Exportanteil zwischen 40 und 60 Prozent.

Aber im Verbund lassen sich derlei Entwicklungen und Ergebnisse nur schwer festlegen. Es ist bezeichnend, daß der Regionalverband Mittlerer Neckar keinerlei Wirtschaftsförderungskompetenzen besitzt, im Gegensatz etwa zum Verband Großraum Hannover, der in eigener Regie Bodenvorratspolitik betreiben kann und auch betreibt. Man sah in Stuttgart in der Mitte der siebziger Jahre nur, daß das unternehmerische Standortverhalten eine nur schwer kalkulierbare Größe ist und daß auf der anderen Seite die Stadt inmitten einer blühenden Arbeitsplatzkonkurrenz in der Region – und angesichts tatsächlicher oder wenigstens erwarteter Konjunktur – einen immer schwerer werdenden Stand haben werde. In einem Zeitungsbericht vom 1. Juli 1976 wurde unter der Überschrift »Im Rathaus bangt man um Arbeitsplätze« der Stuttgarter Oberbürgermeister Rommel zitiert, der den »Wachstumskarneval« in den Umlandgemeinden kritisiert und den baden-württembergischen Landtag aufgefordert habe, Konsequenzen nicht zu scheuen, wenn »das unsinnige und ungesunde Wachstum in Goldgräbereuphorie« nicht gebremst werde.

Beinahe hätte man angesichts eines solchen Spinnennetzes von miteinander konkurrierenden Problemen und Aufgaben vergessen, daß Stuttgart, für sich, für die Konsumenten aus dem Umland, für wen auch immer, eine ganze Reihe nicht allein konventioneller und tradierter, sondern auch neugewonnener Funktionen erfüllt. Stuttgart ist Einkaufsstadt in einem ganz selbstverständlichen Maß. Die Klett-Passage, mit einem Gemeinderatsbeschluß vom 12. September 1974 nach dem früheren Oberbürgermeister Arnulf Klett benannt, beweist diese Attraktion ebenso wie etwa die 1976 eröffnete »Marienpassage« oder die 1985 bezogene Ladenstraße hinter dem damals mit seinen Angeboten erstmals auftretenden »Schwabenzentrum«. Stuttgart spielt in diesem Zusammenhang eine offenbar führende Rolle. Das Kaufkraftgefälle ist nach einer Statistik Mitte 1985 innerhalb der Bundesrepublik immer noch deutlich ausgeprägt. An der Spitze der Einkommensskala stehen, sieht man einmal von den Stadtstaaten ab, die Einwohner Baden-Württembergs. Hier liegt die Pro-Kopf-Kaufkraft um 5,1 Prozent über dem Bundesdurchschnitt. Ebenfalls auf der Sonnenseite liegen die Bürger Hessens mit einem Plus von 2,2 Prozent. In allen übrigen Flächenstaaten liegt das Einkommensniveau unter dem Bundesdurchschnitt. Eine noch stärkere Differenzierung bringt ein Kaufkraftvergleich zwischen Stadt- und Landkreisen beziehungsweise Gemeinden. Bei den Kreisen wird die Rangordnung angeführt vom Landkreis Starnberg (+ 31,3 %), Baden-Baden (+ 28,9 %), dem Hochtaunuskreis (+ 26,6 %) und Stuttgart (+ 25,1 %). Auf den nächsten Plätzen folgen Pforzheim, Düsseldorf und München.

Eine der neugewonnenen Funktionen Stuttgarts ist die der Bankstadt Stuttgart. Sie ist vielleicht, sieht man von den Filialen der beiden großen deutschen Banken in der Stadt einmal ab, vielleicht eingeleitet worden durch die am 1. April 1975 vollzogene Fusion der Württembergischen Landessparkasse und der Girokasse Stuttgart. Die Stuttgarter »Landesgirokasse« gehört heute zu den größten und vor allem am reichhaltigsten mit Filialen versehenen Banken der Bundesrepublik. Eine 1984 veröffentlichte Bestandsaufnahme hat ergeben, daß Stuttgart »ein bedeutender Bankplatz mit wachsender Internationalität« sei und zur Spitzengruppe aufschließe, zu der Frankfurt und Düsseldorf gehörten. Man zählte 126 Kreditinstitute mit 401 Geschäftsstellen in der Stadt. Zwei Jahre später, im April 1986, schien es, als ob Ministerpräsident Späth mit seinen Bemühungen sich dem Ziel nähere: Vom 1. Januar 1987 sollte es in Baden-Württemberg eine Landesbank einmaliger Prägung geben, eine Landesbank Baden-Württemberg, in der die Stadt Stuttgart – gerade in räumlich-zentralörtlicher Hinsicht – eine wichtige Rolle hätte spielen können. Wenn sich auch diesmal badische Bedenken gemeldet haben, mit Hinweis auf die verletzte »Selbstachtung des badischen Landesteils«, der nur noch Ja sagen dürfe zur neuen Landesbank, wenn auch merkwürdigerweise mit dieser Hoffnung auf eine Bankschöpfung ganz neuer Art die Befürchtung verknüpft ist, Stuttgart müsse als Börsenplatz gegenüber Frankfurt von Regierungsseite gestärkt werden, wolle es nicht vollends zu einer unbedeutenden Regionalbörse absacken – – verwirklicht sich das Projekt, wird die neue Landesbank Stuttgart als Stadt ein weiteres Gewicht geben.

Die Messestadt Stuttgart hat ihr Gewicht schon mehrfach nachgewiesen. Vielleicht ließ sich das schon ablesen aus dem Umstand, daß man am 21. Januar 1981 in der Liederhalle ein zentrales Stuttgarter Messe- und Kongreßbüro eröffnete: man war aus dem eher amateurhaft betriebenen Stadium in das der »Profis« übergegangen. Im Februar 1986 hat der Geschäftsführer der Stuttgarter Messe- und Kongreß-GmbH (SMK), Walter Gehring, bekanntgegeben, daß die SMK im Jahre 1985 ihren Umsatz noch einmal um 10,8 Prozent auf 36 Millionen DM gesteigert und damit innerhalb von vier Jahren verdreifacht habe. Insgesamt hätten mehr als 2,3 Millionen Menschen Veranstaltungen der SMK in den Messebauten auf dem Killesberg, der Lieder- und der Hanns-Martin-Schleyer-Halle besucht. Summa summarum: »Das beste Ergebnis unserer vierzigjährigen Geschichte«. Im laufenden Jahr 1986 solle es noch besser werden. »Wir erwarten einen zweistelligen Umsatzsprung.«

Darf man von einer »Jugendstadt« Stuttgart – in den Stadtteilen sind die Jugendhäuser in den siebziger Jahren nur so aus dem Boden geschossen – reden, von einer »Bäderstadt« – mit der »Stuttgarter Kur« vor der Haustür –, von einer »Krankenhausstadt« mit einer ungemein reichen Palette von Kliniken, vom Katharinenhospital als dem größten Krankenhaus im Landesteil Württemberg bis hin zur kleinen Cannstatter Spezialklinik für Sportverletzte, die am 12. September 1973 eröffnet wurde und damals neben Hellersen bei Lüdenscheid das einzige Modellkrankenhaus dieser Art in der Bundesrepublik war? Von einer »Sportstadt« Stuttgart wird man gewiß reden dürfen, ob hier nun 1973 das Deutsche Turnfest über die Bühne ging, übrigens in ausdrücklicher Erinnerung an das Stuttgarter Deutsche Turnfest des Jahres 1933, oder die Europäische Jugendsportwoche, ob die Deutsche Fechtmeisterschaft ausgetragen wurde oder, wie im Januar 1984, ein Sechstage-Rennen, dessen Bahn in der

Hanns-Martin-Schleyer-Halle mit 285 m länger war als die üblichen Bahnen. Die Schleyer-Halle, benannt nach dem am 5. September 1977 von Terroristen entführten und ermordeten Stuttgarter Industrieverbands- und Arbeitgeberpräsidenten Dr. Hanns Martin Schleyer, brachte gewiß eine große Bereicherung der Möglichkeiten in Sachen Sport. Aber man würde Stuttgart Unrecht tun, wollte man seine Sport-Lebendigkeit lediglich auf neuerworbene organisatorische Möglichkeiten zurückführen. Wie sehr die Stuttgarter an ihren Sportlern und ihren Vereinen hängen, wie sehr das Herzenssache der Stadt (und des Landes) ist, verrät das Debakel des Stuttgarter VfB, der am 14. April 1975 aus der Bundesliga abgestiegen, erst am 21. Mai 1977 wieder aufgestiegen ist und schließlich am 26. Mai 1984 Deutscher Fußballmeister geworden ist. Der VfB ist eigentlich ein Cannstatter Verein, der ursprünglich klassische und originäre Stuttgarter Fußballklub sind die »Kickers«, die »Blauen«, deren Platz in Degerloch 1975 eine neue Tribüne erhalten hat: der Treffpunkt der Stuttgarter Fußballfans schon in Jahren und Jahrzehnten zuvor.

Und natürlich ist Stuttgart »Kulturstadt«. Man hätte hier mit einer gewissermaßen äußerlichen Bestandsaufnahme zu beginnen, mit dem »Mediensitz«, den das Pressehaus in Stuttgart-Möhringen ebenso repräsentiert wie das am 8. Mai 1976 eingeweihte neue Funkhaus des Süddeutschen Rundfunks in der Neckarstraße. Natürlich gehörten die vielen Schulhausneubauten dazu, im besonderen betreut vom Stuttgarter Schul- und Kulturreferenten Dr. Hans Schumann, der am 18. Januar 1978 nach einunddreißigjähriger Tätigkeit bei der Stadt Stuttgart mit allem Dank verabschiedet worden ist. Daß Stuttgart den Namen einer »Schulstadt« im besonderen führen darf, dankt man Männern wie ihm: Tatsächlich hat er im besonderen dafür gesorgt, daß im Funktions-Überangebot einer Großstadt die Etikette einer »Universitätsstadt« sich nicht fremd ausmachte. Das inoffizielle Wappen der Universität Stuttgart zeigt, auf allen möglichen Signets bis hin zu den Autoklebern, das Stuttgarter Rössle: die Universität versteht sich als einen spezifischen Teil dieser Stadt. Die Einweihung des naturwissenschaftlichen Zentrums der Universität auf dem Vaihinger Pfaffenwald am 12. März 1976 hat diesen Konnex unterstrichen, mitten in einer Zeit, die den »Gründungen« ebenso zugetan war (und ist) wie den Auflösungen. Am 31. März 1984 ist Württembergs älteste Pädagogische Hochschule in Esslingen nach 173 Jahren fruchtbarsten Wirkens geschlossen worden. Derlei Wandlungen im Bildungswesen hat auch Stuttgart verspürt, so am 5. Mai 1979, als Schüler und Lehrer des Hölderlin-Gymnasiums und viele mitmarschierende Eltern in der Stuttgarter Innenstadt aufzogen und gegen die geplante Schließung ihrer Schule demonstrierten. Das war im gleichen Jahr, in dem mehr als 15 000 Studenten an der Stuttgarter Universität immatrikuliert waren und das

Stadtoberhaupt die Stuttgarter Bevölkerung um Mithilfe bei der Wohnungssuche der Studenten bat.

Schumanns Nachfolger Fritz Richert vor allem hat man es zu verdanken, wenn die Stadt Ausstellungen arrangieren ließ, die nun vor allem der Zeitgeschichte gegolten und zu einer echten Auseinandersetzung mit der Vergangenheit aufgefordert haben. Mit »Kultur unterm Turm« (nämlich unter dem weitgehend freigewordenen Tagblatt-Turm) hat man nicht nur diese moderne Form von Geschichtspräsentation umschrieben, auch Kunst und Literatur kamen hier in einer unkonventionellen Weise zu Wort, auch die ganz erfreulichen Abende unter der Überschrift »Wissenschaft« beziehungsweise »Dichtung im Rathaus« wären dazu zu zählen. Bestimmte Aktionen seitens des Staates im Landespavillon (seit 1977) gehören dazu, nicht eigentlich aber die Stauferausstellung des gleichen Jahres, die Bundespräsident Walter Scheel am 25. März 1977 eröffnete: Sie ist, am 5. Juni beendet, von 671 000 Besuchern genossen worden, aber eben »nur« genossen: der damit verbundene zweite Teil, das Nachleben der Staufer und damit die kritische Auseinandersetzung, ist nicht entfernt so massenweise besucht worden.

Immer wieder hat man in der Stuttgarter Kulturarbeit des Jahrzehnts zwischen 1973 und 1983 den Satz »Kultur für alle« gehört. Tatsächlich gab (und gibt) es Exempel dafür, neben dem Hegelpreis den Förderpreis für junge Literaten, neben den Konzerten des Melos-Quartetts die Lesungen in der Buchhandlung Niedlich, neben den Städtischen Sammlungen im Kunstgebäude den »Museumsbus«, der am 5. September 1978 in Betrieb genommen wurde und mit dem Stuttgarter Schüler kostenlos zu Führungen in den Museen und Ausstellungsinstituten der Stadt gefahren werden. Nicht allein das »großstädtische Angebot« macht es, vielmehr das stadteigene, das originäre. Die Sache lebt dann, wenn man darin auch das Gesicht und die Mentalität der jeweiligen Stadt erkennen kann. Stuttgart ist dieses Kunststück auf alle Fälle gelungen, etwa in einem seiner ureigenen Bereiche, dem der Verlagsstadt Stuttgart, der die Stuttgarter Buchwochen im Landesgewerbeamt seit vielen Jahren das Wort reden. Im November 1984 hat der Stuttgarter Oberbürgermeister zu ihrer Eröffnung vermerkt, Stuttgart heiße Buchstadt in einem besonderen Maß. »In Stuttgart kommt auf 3500 Einwohner ein Verlag – so die Relation zwischen Mensch und Buch. In München dagegen kommt auf 3900 Einwohner ein Verlag, in Hamburg und Berlin sind es schon 9400, also ist Stuttgart eindeutig besser. Hier wird auch auf 95 Einwohner umgerechnet ein Titel produziert, in München auf 130 und in Berlin auf 466 Einwohner.«

Daß Stuttgart mit dem Theater so seine Schwierigkeiten hatte, wissen wir; die pietistisch durchwirkte Distanz von allem Ästhetischen hat die Leute in der

Stadt noch im 19. Jahrhundert sehr dediziert Stellung nehmen lassen gegen die böse Sinnlichkeit des Theaters. Vielleicht sind die Fronten erst unter dem letzten württembergischen König Wilhelm II. zurückgenommen und schließlich überhaupt beseitigt worden. Er hat das Theater, würdig und liebenswert wie er war, als seine persönliche Domäne betrachtet. Und er hat es gefördert, wo er nur konnte. Es sollte noch einmal länger als ein halbes Jahrhundert dauern, bis die Stuttgarter im königlichen Theaterbau, ausgeführt von Max Littmann und eingeweiht am Vorabend des Ersten Weltkriegs, »ihr« Haus erkannten. Im »Großen Haus der Württembergischen Staatstheater«, wie es offiziell hieß (und heißt), entdeckte man jetzt die »Alte Oper« und meinte, sie sei einer der schönsten Theaterbauten in deutschen Landen, der wie ein Wunder in den Luftangriffen erhalten geblieben ist: man müsse ihn nur von allen lieblosen Überstreichungen der letzten Jahrzehnte befreien. Ein »Förderverein Alte Oper« fand sich zusammen, der unter der unermüdlichen Führung des Stuttgarter Landtagsabgeordneten Peter Wetter schließlich dreieinhalb Millionen Mark auf die Beine brachte: der persönliche Tribut an ein liebgewordenes Haus und an ein Stück geistig-künstlerischer Heimat im Herzen Baden-Württembergs. In einem Festakt am 31. Oktober 1984 haben Oberbürgermeister Rommel und Ministerpräsident Späth das restaurierte Große Haus wiedereröffnet. Der alte Glanz strahlte von neuem, wenn man auch der Gefahr, Denkmalpflege in allzu puristischer Art zu traktieren, nicht immer entgangen ist. Für die Renovierungsmaßnahmen wurden seit 1966 insgesamt 75,7 Millionen Mark aufgewandt. Daran haben sich das Land Baden-Württemberg mit 40,6 Millionen, die Landeshauptstadt mit 31,6 Millionen und der »Förderverein Alte Oper« mit dem genannten Betrag beteiligt.

Was das Schauspiel anging, so hatte Stuttgart spätestens in den Jahren der Weimarer Republik, als »Der arme Konrad« (1924) oder »Zyankali« (1929), die Stücke des Stuttgarter Arztes Friedrich Wolf auf die Bühne kamen, seine eigenen – und leidenschaftlichen – Theaterauseinandersetzungen. Ging es in diesen Gefechten eher um das Thema, in »Zyankali« beispielsweise um die kategorische – vielgespielte und verfilmte – Stellungnahme gegen den Paragraphen 218, so schien es in den siebziger Jahren in Stuttgart mehr um die Arten – und Unarten – der Inszenierung zu gehen, um die Frage letztlich, wie »aktuell« die Aktualisierung eines – selbst nun historischen und »vergangenen« – Bühnenstückes sein dürfe. Es zeigte nur die Spitze des Eisbergs, wenn die Zeitungen am 21. September 1977 verblüfft berichteten, der Stuttgarter Schauspieldirektor Claus Peymann habe zu einer Spendenaktion für die in Stammheim inhaftierte Gudrun Enßlin, für die angeklagte Angehörige einer Terroristengruppe aufgerufen. Peymann hat Stuttgart, in einer doch frostig gewordenen

Umgebung, nach Ablauf der Spielzeit 1978/79 verlassen. Fast das ganze Ensemble ging mit ihm nach Bochum.

Das Stuttgarter Theaterleben ging weiter, auch in einer ganz individuellen, spezifisch stuttgarterischen Version. Das »Theater in der Altstadt«, dem nach seiner durch Brand verursachten Zerstörung eine neue Bleibe in der Unterführung des Charlottenplatzes geschaffen wurde, spricht dafür, auch das »Theater im Westen«, das Alte Schauspielhaus hinter dem Wilhelmsbau, das 1984 nach völliger Renovierung wieder zu arbeiten begann. Es hat, am 6. November 1909 eröffnet, durch die Architekten Albert Eitel und Eugen Steigleder in sieben Monaten in der Kleinen Königstraße errichtet, zweimal dem Württembergischen Staatstheater als Heimstatt gedient, einmal vor dem Ersten Weltkrieg, als der Neubau am Anlagensee aufgeführt wurde, und zwischen 1950 und 1962, als erst einmal, durch H. Volkart, ein neues »Kleines Haus« gebaut werden mußte.

Vergleicht man mit München, so präsentiert sich Stuttgart weniger als Theaterstadt – in München gibt es Dutzende von Theatern, bis hin zu den kleinsten Probetheatern, München zahlt bei weitem die meisten Theaterzuschüsse – denn als Musikstadt. Wenn Baden-Württemberg nicht nur in den Werbeprospekten, sondern auch bei den »Insidern« als »Orchesterparadies« gefeiert wird, so hat Stuttgart daran einen führenden Anteil, nicht nur im organisatorisch-institutionellen Sinne – das Stuttgarter Kammerorchester, das Melos-Quartett oder die Philharmoniker, die am 20. Januar 1974 ihr fünfzigjähriges Bestehen feiern konnten, sind Zeugnisse dafür –, sondern eben auch in schöpferisch-kulturellem Betracht. Die Stuttgarter »Tage der Neuen Musik« sind längst zu einem viel zitierten Pendant zu den – sehr viel älteren – Donaueschinger Musiktagen geworden. Und als im August 1984 350 junge Musiker aus nahen und fernen Ländern nach Stuttgart kamen, um bei Hellmuth Rilling und anderen namhaften Dozenten zu lernen, erwies sich das als ein weithin wirkendes Ereignis. Rillings Internationale Bachakademie darf wohl heute als der am hellsten beleuchtete Ausdruck des Stuttgarter Musiklebens gelten, stellvertretend für eine Unzahl großartig geformter und geschulter Chöre und Orchester.

»Kultur für alle«, wir sagten es, sollte das – und soll – das sein, und eben nicht die routinemäßige Kopie irgendeiner beliebig austauschbaren Allerweltskultur. Zu den originären Traditionen einer »Stuttgarter Kultur« gehört das Planetarium. Es war im Hindenburgbau untergebracht und, für das ganze Land zum Inbegriff geworden, in einer Bombennacht im Juli des Jahres 1943 zugrunde gegangen. Am 4. April 1974 hat der Stuttgarter Gemeinderat den Neubau eines Planetariums in den mittleren Schloßgartenanlagen beschlossen. Arnulf Klett selber war der große Förderer des Unternehmens, er hat beträchtliche zusätzliche Mittel aus privater Hand und aus Industriekreisen herangeholt. Am 22.

April 1977 ist das neue Stuttgarter Planetarium eingeweiht worden, längst wieder ein – ungemein originell geführter – Anziehungspunkt für Leute aus dem ganzen Land und aus allen Altersgruppen und Schichten.

Denn darin liegt eine der deutlichsten Funktionen dieses »neuen« Stuttgart: Umschlagplatz für »Kultur« zu sein, in einem sonsthin nicht erlebbaren und ersetzbaren Sinne. Als Lothar Späth, der selbst von kommunaler Arbeit und Verantwortung herkommend, am 30. August 1978 neuer Ministerpräsident Baden-Württembergs geworden war, wurde das auch für diese »Kulturstadt« Stuttgart ein wichtiges Datum. 1984 zog Lothar Späth mit seiner Familie von Bietigheim-Bissingen in die Dienstwohnung auf die Solitude um. Damit war er Stuttgarter geworden. »Ich freue mich, Sie als Bürger der Stadt Stuttgart willkommen zu heißen.« Mit diesen Worten begrüßte damals Oberbürgermeister Rommel den baden-württembergischen Ministerpräsidenten im Rathaus. Hauptgrund des Besuchs war allerdings, eine von Land und Kommune gemeinsam eingehaltene Marschroute festzulegen, für künftige Investitionen ebenso wie für Fragen der Partnerschaft im Mittleren Neckarraum. Noch deutlicher ging es bei diesem Spitzengespräch um Stuttgarts Zukunft, vor allem um die »Kulturmeile« an der Konrad-Adenauer-Straße und um das Wilhelma-Areal.

Die umfassende Renovierung, man darf sagen die Neugewinnung des Wilhelmatheaters ist mittlerweile in Angriff genommen worden. Und der Rohbau der Musikhochschule an der Neckarstraße steht auch. Späth meinte in diesem Gespräch vom 15. März 1984, man dürfe die »Jahrhundert-Chance« für die Gestaltung einer Kulturmeile in Stuttgart nicht verschenken. Die kulturellen Zentren Stuttgarts müßten schrittweise ausgebaut werden. Der erste Schritt sei die Renovierung des Wilhelmatheaters. Daran hätten sich der Ausbau und die Sanierung der Solitude-Anlage anzuschließen (mittlerweile hat man den Plan einer »schwäbischen Villa Massimo« für den Offiziantenbau der Solitude entwickelt). Ein Landes-Geschichtsmuseum solle dann – in längerfristiger Perspektive – in die Kulturmeile um Staatsgalerie, Großes Haus und Landesbibliothek eingegliedert werden. Schließlich könnte der Bau eines großen Konzertsaales für die Musikhochschule die Gesamtkonzeption abrunden.

Die neue Staatsgalerie ist das erste fertige Stück unter diesen Projekten: eine Attraktion Stuttgarts weit über den deutschen Südwesten hinaus. Gewiß hat sich auch in Sachen Kunst und Kunstsammlungen anderswo etwas getan, man bräuchte da nur an die Kunststiftung Baden-Württemberg zu denken, die sich am 17. Dezember 1977 in Stuttgart konstituiert hat, oder an das Künstlerhaus in der Reuchlinstraße, das zwischen 1982 und 1984 für nahezu zwei Millionen DM umgebaut worden ist und in dem neben den traditionellen Formen – der bildenden Kunst, der Literatur und dem Theater – auch die neuen, grenzüberschreitenden Kunstformen wie Performance, Multimedia, Aktionskunst und elektronische Musik vertreten sind. Man erinnert sich da, beim Versuch einer Bestandsaufnahme, sogleich an die Galerie der Stadt Stuttgart, die Eugen Keuerleber, ein Mann der ersten Stunde, aus karger, um nicht zu sagen kleinkarierter Enge zu einer faszinierenden Sammlung vor allem modernen Kunstguts heraufgeführt hat. 1961 standen Keuerleber als Ankaufsbetrag die Summe von 75 000 DM zur Verfügung, 1985 eine halbe Million. 1985 waren 120 000 Besucher im Kunstgebäude zu Gast. Jetzt ist ein Neubau am »Kleinen Schloßplatz« auf dem Terrain des ehemaligen Kronprinzenpalais im Gespräch. Er soll auch eine städtische Kunsthalle aufnehmen, um Ausstellungen zeigen zu können, die bisher an Stuttgart vorbeigegangen sind. Auch die Stadt wird dann ein »großes« Museum haben, wie sie es seit 1973 im – zur Hälfte städtischen – Lindenmuseum hat, das nach sieben Jahren Sanierung am 14. Juli 1985 wiedereröffnet worden ist. Jetzt kann man dort durch die schummrige Gasse des alten Bazars von Taschkurgan im Norden Afghanistans gehen, das Männerhaus von Sepik auf Neuguinea besuchen oder über die pittoresken Maskenzüge aus dem Kameruner Grasland staunen: unter den westeuropäischen Völkerkundemuseen hat das Stuttgarter Museum seinen besten Platz.

Der Neubau der Staatsgalerie, im Beisein von Gästen des In- und Auslands von Ministerpräsident Späth am 9. März 1984 seiner Bestimmung übergeben, macht freilich das Rennen unter allen diesen Großgeschenken. Peter Beye, ihr Direktor, schätzte bei der Eröffnung auf 500 000 Besucher im ersten, neugierigsten Jahr. Als man im März 1985 zählte, waren's mehr als 1,3 Millionen. Der englische Architekt James Stirling, der 1977 den Wettbewerb um einen Entwurf gewann, hat in sechsjähriger Bauzeit für rund 90 Millionen Mark den größten Kulturbau der baden-württembergischen Nachkriegsgeschichte geschaffen. Viele Experten halten es für ein architektonisches Meisterwerk, für eine gelungene Mischung aus Altem und Neuem, aus Ruhe und Dynamik. Neben Holleins brillanter »Stadtkrone« für Mönchengladbach, dem Museum auf dem Abteiberg, war Stirlings Staatsgalerie zur Zeit ihrer Eröffnung gewiß der Museumsbau mit dem größten städtebaulichen Ehrgeiz. Mit einer trapezförmigen Brücke nimmt der Architekt die Verbindung zur benachbarten alten Staatsgalerie auf. Von der übernahm er auch die U-Form. Aber Stirling versetzt seine Struktur zurück und umschließt mit ihr die zentrale Rotunde und die reichlich gebotenen Terrassen für Skulpturen. Die Oberstimme, die den mit Travertin und Sandstein verkleideten Mauern angehängt ist, durchkreuzt das Materialpathos und jede dumpfe Repräsentanz auf erfrischend-freche Weise. Feierlichkeit kommt am ehesten in der zuvor so gerühmten wie beschimpften Rotunde auf. Aber auch hier wird die Heroik immer wieder gebrochen durch groteske Fensterformen, durch die Farbigkeit der Metallteile oder durch das überdimensionierte Ausstellungsstück: ein Monument aus Kunst (und Ironie) für Kunst.

Stuttgart hätte diese – auch in der Phalanx der großen internationalen Museen geltende – Attraktion nicht, wäre nicht viele Jahre hindurch zäh geplant worden. Das scheint, formuliert man es so, wie eine Binsenwahrheit. Aber auch die Entwicklungen einer Kommune werden längst nicht mehr durch die huldvollen Entscheidungen irgendeines Residenten bestimmt oder durch die Mehrheitsbeschlüsse zu dem, was zufälligerweise auf der Tagesordnung der Gemeinderatssitzung steht. Auch in der Stadt, zumal der großen, präsentiert sich Geschichte, das heißt Entwicklung und Veränderung, als der auf ein breites Bett von Wechselwirkungen gezwängte hochtechnisierte – nunmehr elektronisch geführte – Steuerungsprozeß. Die Verwaltung eines so komplexen Gebildes wie der Stadt umfaßt (fast) alles. Schon dieser Qualität wegen kann sie sich nicht mehr erlauben, sich in einer Art administrativem Stakkato von Haushaltjahr zu Haushaltjahr zu hangeln: langfristige Planung ist noch der einzige Weg.

Planungsorganisation war denn auch in den siebziger Jahren in Stuttgart eines der ersten Themen. Gab das Innenministerium »schon« 1956 die Errichtung einer Planungssammlung bei den Regierungspräsidenten bekannt, so folgte nach 1972 eine Reihe von Empfehlungen und Erlassen an die Gemeinden, zur Führung einer Gemeindestatistik, zur Information über die Verbindlichkeiten des Landesentwicklungsplanes, zur Aufklärung über die Raumordnungen und über die Planungszeiträume und so weiter. Natürlich gehörten zu den Einzelthemen innerhalb dieser verästelten Planungsstruktur die Wohnungsmodernisierung oder überhaupt der Wohnungsneubau und in ganz besonderem Maße natürlich die Verbesserung der Verkehrssituation. Gerade sie schien in Stuttgart und im Stuttgarter Raum zwischen Landschaftsschutz und einigermaßen verkehrsgerechter Modernisierung eingelagert: am 20. Juli 1974 hat der Gemeinderat ein deutliches »Nein« zum Flughafenausbau ausgesprochen. Auch die Landesregierung hat sich je länger desto deutlicher einer vorsichtigen Anpassung angeschlossen; am 3. Dezember 1979 hat Ministerpräsident Späth erklärt, das Land spekuliere nicht auf einen Großflughafen mit interkontinentalen Dimensionen.

Dafür gab es auf der anderen Seite den zügigen Ausbau des öffentlichen Verkehrsnetzes. Er fand seinen Höhepunkt in der am 29. September 1978 vollzogenen Einweihung der S-Bahn. Beim Festakt im S-Bahnhof Stadtmitte (und dieser und jener »Hocketse« in den Haltebahnhöfen »draußen«) ging damals – zu Recht – das Wort vom »Jahrhundertereignis« von Tisch zu Tisch. Am 4. Februar 1981 ist der Stollen für die S-Bahn von der Haltestelle Schwabstraße in Richtung Vaihingen angeschlagen worden. Diesen – gerade für die »Benützung«

der beiden Bauteile der Universität so wichtigen – letzten Teil hat man am 14. September 1985 eröffnet, sieben Jahre, nachdem man am 19. Dezember 1978 die Bodenseeautobahn Stuttgart–Singen dem Verkehr übergeben hatte.

Aber das Planen (und Verwirklichen) galt immer weniger den Formen der Neuerschließung und immer mehr der Revitalisierung des Alten. Als am 1. März 1979 Baudezernent Hanspeter Bruckmann in einem Interview um eine Stellungnahme zum neuen Flächennutzungsplan gebeten wurde, war noch einmal deutlich gesagt worden, warum man »auf dem Rathaus« der Sanierung von Altbauten gegenüber dem Wohnungsneubau den Vorzug gebe. Daß der Gemeinderat sich am 4. Oktober 1973 für die Erhaltung der Markthalle Martin Elsaessers aussprach, für den an städtebaulich besonders heikler Stelle sich bestens bewährenden Bau eines stillen und geistvollen Menschen, der neben Bonatz der beste Schüler von Theodor Fischer war und ganz im Gegensatz zu Schmitthenner frei von politischem Machtwillen blieb, daß diese Entscheidung damals fallen konnte, wirkt heute wie ein Signal für die Veränderung der Lage.

Jetzt wurde nicht mehr »flächensaniert«, indem man ganze Straßenzüge umlegte. Just in dem Augenblick, in dem – am 14. Januar 1979 – mit der Weihe der Schloßkirche der Wiederaufbau des Alten Schlosses beendet war, begann man sich auf den Sinn und die Schönheit des Überkommenen zu besinnen: Nach dem Einbau einer Tiefgarage leuchtete der Schillerplatz wieder in seiner alten Würde (9. November 1973), wofür dann der Stadt, nach Fertigstellung des Marienplatzes und des IBM-Gebäudes in Vaihingen, der Paul-Bonatz-Preis verliehen wurde. Und Anfang Oktober 1978 wurde, nach Fertigstellung der Tiefgarage bei der Landesbibliothek, der Karlsplatz von Autos frei. Ein paar Wochen später, am 17. November, fuhr die letzte Straßenbahn über den Schloßplatz: jetzt entstanden Fußgängerzonen, vom Hauptbahnhof bis zur Marienstraße, in zweifellos reizvollster Form in der am 1. September 1978 »fertig« gewordenen Calwer Straße und »Calwer Passage«, einer den Architekten Hans Kammerer und Walter Belz großartig gelungenen, urbane Bauformen des 19. Jahrhunderts mit Gegebenheiten der Gegenwart verknüpfenden Einlage in diese hier beginnende und noch erkennbare Raster-Monotie des (alten) Stuttgarter Westens.

»Stadterneuerungsplanung« hieß jetzt die Losung: ein umständliches Wort für ein unendlich mühsames und umständliches Gemeinschaftswerk. Denn damit waren nicht nur Arbeitstitel wie »Bauen« und »Wohnen« gemeint: die Stadt selbst sollte wieder leben, und gerade die Innenstadt, durch die man 15 oder 20 Jahre zuvor die großen Verkehrsstränge wie die Theodor-Heuß-Straße zog, und die jetzt im August oder September in allerlei »Nächten« aufleuchtete, in der »Französischen Nacht« oder dem »Schwäbischen Sonntag«, in der »Lateinamerikanischen Nacht« oder dem Stuttgarter »Weindorf«. Sicherlich war vieles »gemacht« dabei. Wer aber weiß, wie wenig Künstlichkeit bei den Stuttgartern und (ebenso erscheinenden) Remstälern oder Älblern verfängt, wird in der behaglichen Begleitmusik zu derlei Arrangements doch auch die wiedergewonnene Stimme des heimatlich angerührten Stadtbürgers erkennen.

Und »Stadthäuser« wollte man denn nun auch im Rathaus. Am 9. Mai 1973 schied Günther Farenholtz aus dem Amt des Beigeordneten für die Bauverwaltung aus, am 25. Oktober dieses Jahres wurde Hanspeter Bruckmann zu seinem Nachfolger gewählt. Als Bruckmann anfing, war die altüberlieferte Fixierung auf Neubaugebiete, auf das Birkacher Feld, auf Weil im Dorf oder Sillenbuch Mitte noch eine ganz selbstverständliche Sache. Man wollte neue Baugebiete, wobei eigentlich gar nicht definiert war, *was* man wollte. Mit Bruckmann begann man, einen Rahmenplan für Stuttgart West zu erstellen. Jetzt erst setzte sich die Erkenntnis durch, daß mit »Revitalisieren« alles möglich (und wohl auch notwendig) sei. Jetzt registrierte man, daß Modernisierungen in der Regel nur in den Gebäuden vorgenommen werden, die von Deutschen bewohnt werden, daß in den »Ausländerhäusern« praktisch nichts mehr geschah. In derlei fataler Erkenntnis lag die Wende in Stuttgarts neuester Geschichte. Sie wurde abgeschlossen durch Maßnahmen ganz neuer Art, dadurch beispielsweise, daß man 1978 Zuschüsse von 700 000 Mark für Schallschutzfenster in 550 Wohnungen bewilligte, oder ein Jahr darauf drei Architekten unter Vertrag nahm, deren Aufgabe die Eigentümerberatung war. Am 12. Juli 1979 hat der Gemeinderat die Vorlage »Generelle Vorbereitung der Stadterneuerung« beschlossen. Jetzt war gewissermaßen in ein Gesetz gebracht, was man in diesen wenigen Jahren in Sachen »Stadtleben« erfahren und gelernt hatte.

Natürlich waren damit am wenigsten Neubauten gemeint, wiewohl Stuttgart seither ganz erstrangige Architekturzutaten erhalten hat, im lichten Züblin-Haus Gottfried Böhms droben in Möhringen, im Allianzkomplex an der Charlottenstraße oder vielleicht auch im »Schwabenzentrum« an der Eberhardstraße. Mit dem Amtsantritt Bruckmanns wandte man sich einer Ecke zu, die man fast vergessen und einem trostlosen Dahinvegetieren überlassen hatte: dem Bohnenviertel. Allein das Leonhardsviertel mit seinen 749 Einwohnern im Jahre 1978 hatte zwischen 1970 und 1978 eine Abnahme der Deutschen in Höhe von 43 Prozent und einen Ausländeranteil von 49 Prozent (1978) zu verzeichnen. Von einer »einseitigen Sozialstruktur« sprach der Situationsbericht noch sehr gezähmt in diesem Jahr. Die Sanitärausstattung der zu 88 Prozent aus Mietwohnungen bestehenden Häuser liege »weit unter dem Stuttgarter Durchschnitt«. Rund die Hälfte aller Wohnungen werde mit jeweils einzelnen Kohleöfen beheizt.

Daß hier Abhilfe geschafft werden müsse, wollte man nicht Slums im Herzen

101/102 Die Staatsgalerie, der bedeutendste Museumsbau der Stadt, erhielt 1979–1984 einen Erweiterungsbau nach den Plänen des Engländers James Stirling, ein beachtliches Zeugnis anspruchsvollen, zeitgenössischen »postmodernen« Bauens. Oben Außenansicht. Unten: der Innenhof.

103/104 *Das städtische Mineralbad Leuze (1984). Ergebnis einer fruchtbaren Zusammenarbeit zwischen den Architekten Rudolf und Ingeborg Geier und dem Gestalter Herbert Otto Hajek.*

105 *Die neuen schnelleren Stadtbahnwagen ersetzen Zug um Zug die alte Straßenbahn.*

106 *Die S-Bahn verbindet die Stadt mit ihrem Umland.*

107 *Der Neubau (1985) des Staatlichen Museums für Naturkunde am Löwentor.*

von Stuttgart haben, wurde deutlich genug. 1939 sollte in das Geviert zwischen Pfarrstraße und Charlottenstraße, zwischen Olgastraße und Esslinger Straße ein großes Technisches Rathaus. Damals brachte man es fertig, 70 Prozent dieses Gebiets in städtischen Besitz zu bringen. Glücklicherweise ist der großflächige Abbruch nicht zuletzt wegen des Krieges unterblieben. Abweichend von früheren Plänen hat der Gemeinderat am 19. Februar 1976 beschlossen, das Gebiet, soweit es von den erreichbaren Lagebedingungen her möglich war, bevorzugt »dem Wohnungsbau zuzuführen« und den dort vorhandenen städtischen Grundbesitz zur Förderung des Wohnens zu angemessenen Bedingungen zur Verfügung zu stellen. Was aus diesem Beschluß unter der Führung Hanspeter Bruckmanns geworden ist, kann sich sehen lassen. Es ist unter dem Stichwort »Bohnenviertel« mittlerweile in halb Europa gerühmt und gefeiert worden (nur aus der Umgebung des Ministerpräsidenten hat man ungeniert angemerkt, daß das Wohnen dort zu teuer sei). »Durch die überwiegende Orientierung der Wohnungen auf einen straßenabgewandten Innenhof«, hieß es in der Preisbegründung des vom Innenministerium durchgeführten Landeswettbewerb 1983 Baden-Württemberg, »und die Schließung der Blockränder zur Lärmschirmung wurde die Wohnsituation entscheidend verbessert. Das Parkierungsproblem wurde durch den Bau einer Tiefgarage unter dem begrünten Innenhof gut gelöst. Die Zufahrt zur Tiefgarage ist bei der gegebenen Situation günstig angeordnet. Lobenswert ist auch das Bemühen um eine differenzierte Baugestaltung, die bei der erzielten baulichen Dichte eine verhältnismäßig günstige Wohnatmosphäre schafft.«

1990 ist Schluß. Der Stuttgarter Baubürgermeister hat schon zu Ausgang der siebziger Jahre mehrfach öffentlich erklärt, ab 1990 sei kein Platz mehr da, um Wohnungen oder Häuser beziehungsweise Baugelände zu vergeben. Dann könne man nur noch »Kleinigkeiten« nachkommen und befriedigen, Sportstätten und dergleichen. Wie haben sich die Zeiten verändert! In den Jahren vor dem Ersten Weltkrieg, als man nach imperialistischer Manier munter eingemeindete, haben weder Häuslebauer noch Fabrikanten (oder gar Leute der Stadtverwaltung) auch nicht im mindesten daran gedacht, daß es einmal buchstäblich zu Ende gehen könne. Jetzt, in den frühen achtziger Jahren, steht Stuttgart am Ende. Man muß mit den überantworteten Pfunden wuchern, das Bedrohte bewahren, sich auf das, was man hat, besinnen. Die Innenstadt wird »repariert«. Und die Außenbezirke, die Stadtteile, bekommen ihr eigenes Gesicht und ihren eigenen Mittelpunkt (wieder). Plieningen erhielt am 11. Oktober 1974 ein eigenes Heimatmuseum, in würdiger Arrondierung der schon vorhandenen Stadtteilmuseen, im Feuerbacher Rathaus wurden im November 1979 die Werke einheimischer Maler ausgestellt, und drunten im Neckartal wurden ein paar Tage später die »Hedelfinger Kulturtage« eröffnet, Rohracker wird nachziehen, und Untertürkheim oder Degerloch rüsteten sich zur Herausgabe von Heimatbüchern, die so etwas wie lokale Bestseller wurden: Das Stuttgarter Stadtbewußtsein teilt sich in Stücke. Was in den Jahren der Eingemeindungs-Euphorie bloß noch als Zubrot und Zahlenmaterial galt, die »Außenbezirke«, findet jetzt wieder (oder überhaupt erst) seine eigene Identität. Stuttgart West hat 1984 den ersten Band eines eigenen Heimatbuches erhalten. Noch in den zwanziger Jahren wäre ein solcher Sondergang ganz undenkbar gewesen.

Natürlich haben allerlei Sanierungsmaßnahmen dies Aufkommen städtischen Regionalbewußtseins begleitet, wohl in aller Absicht auch gefördert. Im Frühjahr 1983 glich das Gelände zwischen der oberen Rotebühlstraße und der oberen Reinsburgstraße noch eher einer Mondlandschaft. Dann wandelte sich das frühere Baitinger-Areal zu einem Schmuckstück mit Tiefgarage, Kindertagesstätte, störungsfreien Gewerbebetrieben und Spielflächen mit viel Grün. In Vaihingen ist am 7. September 1978 mit der Ortskernsanierung begonnen worden; am 3. Dezember dieses Jahres gab es dort auf dem Marktplatz – bezeichnenderweise – erstmals einen Vaihinger Weihnachtsmarkt. Niemand redet in diesem Falle mehr von »Stuttgart« (wie alle Welt von den »Stammheimer« Prozessen spricht). Im Januar 1979 stimmte der Gemeinderat dem Antrag des Technischen Ausschusses zu, die »Gesamtanlage Marktstraße« in Bad Cannstatt unter Denkmalschutz zu stellen. Um der Sicherheit willen nahm man das – mittlerweile von seinen jüngeren Bauteilen befreite und wunderschön herausgeputzte – »Klösterle« gleich dazu. Ein paar Wochen später wurde Rotenberg unter Denkmalschutz gestellt. Mit der Sanierung der Cannstatter Altstadt – es wäre noch Weilimdorf zu nennen, das alte Degerloch und so fort – hat man Beispielhaftes geleistet, ohne Zweifel. Am 3. September 1981 ist die Stadt Stuttgart mit dem Ersten Preis des Landeswettbewerbs »Bürger – deine Gemeinde. Alle bauen mit« für Städte mit mehr als 100 000 Einwohnern ausgezeichnet worden. Die Gestaltung der Cannstatter Marktstraße trug nicht zuletzt zu dieser Auszeichnung bei. Die kriegszerstörte Großstadt Stuttgart – als Denkmalpflegerin.

Hinter solchen Veränderungen verbergen sich wesentliche soziologische und kommunalpolitische Veränderungen. Erst seit dem 21. Oktober 1975 gibt es ein »Gesetz zum Schutz der Natur, zur Pflege der Landschaft und über die Erholungsvorsorge in der freien Landschaft«. Mittlerweile gibt es Dutzende von einschlägigen Bemühungen und Aktionen, die alle Beteiligten – und nicht zuletzt die Industrie – Millionen kosten, aber dann auch Ergebnisse bringen wie das vom 15. Februar 1980, daß sich die Wasserqualität des Neckars in den letzten acht Jahren um 40 bis 50 Prozent gebessert habe. Und die Besserung der Stadtqualität bringt wieder Leute in die Stadt, und bringt vor allem andere Leute, worunter auch das gehobene Bürgertum und die Akademikerschaft zu finden ist, im Bohnenviertel ebenso wie im Kreidlergelände, auf dem Weilimdorfer Löwenmarkt ebenso wie in der Cannstatter Marktstraße.

Ist Stuttgart wieder eine »Stadt zum Leben«? Was ist zu spüren von einem »Stadtbewußtsein«? Am 30. April 1977 hat die Stadtillustrierte »Stuttgarter Leben« im 52. Jahrgang ihr Erscheinen eingestellt: war das nur eine technische, verlegerische Angelegenheit? Markierte die am 9. Dezember 1975 aufgestellte achteckige »Info-Säule« auf dem Stuttgarter Marktplatz, damals die erste ihrer Art in der Bundesrepublik, den Beginn anderer Formen urbaner Kommunikation und anderer Funktionen neuer Medien? Am 7. März 1980 hat die »Stuttgarter Zeitung« gemeldet, so hoch wie gegenwärtig, nämlich mit 16,6 Prozent, sei in Stuttgart der Anteil der Ausländer unter der Bevölkerung noch nie gewesen. War diese Meldung nur das äußere Zeichen für tiefgreifende Wandlungen, an deren Ende sich ein anderes Stuttgart entpuppt?

Oder zeigt sich Stuttgart auch in der zweiten Hälfte der achtziger Jahre noch als jene liebenswürdige Mischung aus Schaffigkeit und Redlichkeit, aus Fleiß und Originalität, die Friedrich E. Vogt einmal mit dem immer wieder gehörten Liedlein gemeint hat: »Dia steile Stuagarter Stäffela – / Dees woiß a jedes Kend – / Send schuld, daß mir em ganza Land / Halt d »Stäffelesrutscher« send!« Eine Stadt bekommt ihren Sinn und ihren Beruf nicht dekretiert. Stuttgart konnte davon, daß ihm die Landesregierung am 1. Januar 1977 die offizielle Bezeichnung »Landeshauptstadt« verliehen hat, wie man im Schwäbischen sagt, »nicht herunter beißen«. Wie hieß – oder heißt – die eigentliche Formel für die Stadt? Den Slogan »Partner der Welt« hat Oberbürgermeister Rommel aus dem Werbevokabular der Stadt ein für allemal gestrichen. Was statt dessen? Die Stadt habe viel Sehenswertes, meinen Einsichtige und Kenner, aber sie verkaufe das nicht richtig. Stuttgart habe in seinem Werbekonzept zu sehr auf Wein und Bier abgehoben und allem, was darüber hinausgeht, zu wenig Bedeutung beigemessen. Daran könne dann auch ein Europa-Gipfel, wie er im Sommer 1983 in Stuttgart stattgefunden hat, nicht viel ändern.

Einer Stadt vom Volumen Stuttgarts muß es wie ein Geschenk sein, wenn sie nicht nur besucht und benutzt, sondern auch, ganz einfach, geliebt wird. Pro-Kopf-Einkommen und alle statistische Zahlenwelt hin und her: der eigentliche Stadtwert offenbart sich in allen jenen kulturellen Resonanzen, in denen eine Stadt zum Schönsten wird, was sie zu geben hat: zum Gehäuse. In Martin Walsers Roman »Ehen in Philippsburg« ist zwischen den Zeilen davon die Rede, wenn Hans Beumann zum Hochhaus des »Philippsburger Tagblatts« geht, aber doch nur freundlichst vertröstet wird, wenn Benrath in seinem Stuttgarter Hotelbett aufwacht und feststellt, daß ihm »die ganze Stadt als eine riesige

Schmiede« erscheint und daß »die Straßenbahn, die unten vorbeikreischte, in seinen Träumen eine Rolle gespielt« hatte. Daß die literarischen Apostrophierungen Stuttgarts bis heute nicht nachgelassen haben, ist für das, was seine seelische Innenseite ausmacht, ein gutes Zeichen. Jüngst hat Gerhard Vescovi das Stuttgart des Jahres 1948 zum Schauplatz eines Romanes »Der Blaue Esel« gemacht. Remigius Landwasser schwankt zwischen dem Studium der Theologie und der Medizin wie einst Buridans Esel, der sich zwischen zwei Heuhaufen nicht entscheiden konnte. Er verhungerte darob. Landwasser verdient einstweilen sein Brot an Stuttgarter Haustüren, er verkauft Bohnerwachs.

Ist die städtische Eigenkraft Stuttgarts, seine Urbanität, ein unerschöpfliches, ein unzerstörbares Gefäß? Die Schönheit Stuttgarts haben wir auf alle Fälle noch, irgendwann im frühen Winter, wenn der Kessel mit Nebel gefüllt ist, und man nur noch die dunklen Höhenzüge sieht, den Frauenkopf, den Fernsehturm wie einen Schaft, wie eine Lanze. Und drüben den Rand des Kräherwalds und den stumpfigen Bismarckturm: im Nebel schwimmt die winterliche Stadt. Die Vokabel »Schönheit« muß man immer noch gelten lassen. Auch dann noch, wenn die Nacht eingefallen ist, wenn die Konturen der Gebäude wie scharfe Striche vor dem Himmel erscheinen, wenn alles, das Widersprüchliche, das Reizvolle, das Häßliche ins Märchenhafte entrückt ist. Dann staunt man über die zitternde, flimmernde Lichterkarte, in die diese nüchterne, in Zucht und Arbeit großgewordene Stadt sich wie in einen Zauber hüllt.

Zeittafel

10 000–4 500 v. Chr.	Mittlere Steinzeit: Reste eines Rastplatzes auf dem Birkenkopf (»Stuttgarter Gruppe«, auch am Frauenkopf, beim Bopser und auf der Burgholzhöhe)
4 500–2 000 v. Chr.	Jungsteinzeit: Fundstellen vor allem der »Schussenrieder« (Tonwaren mit glatten Zickzackbändern) im Stuttgarter Raum
1 800–900 v. Chr.	Bronzezeit: Funde auf fast allen Höhen im Gebiet von Groß-Stuttgart
6. Jahrh. v. Chr.	Keltische Fürstengrabhügel auf dem Steinhaldenfeld
85–90 n. Chr.	Militärischer Schwerpunkt der neuen Neckargrenze wird nach Cannstatt gelegt. Römische Besatzung in Cannstatt. Zwei Kastelle auf der Altenburg. Ein römisches Gehöft am Fuße des Bopsers (ehem. Flur Immenhofen). Keltisch-römische Siedelreste am Ostfuß des Kriegsbergs. Römischer Töpfereibetrieb unterhalb der Doggenburg am Fuß des Kräherwaldes
1. Jahrh. n. Chr.	Keltische Fernstraße im Zuge des Feuerbacher Wegs
um 155	Verlegung der Garnison Cannstatt an den äußeren Limes
um 500	Alemannisches Fürstengrab auf dem Ailenberg bei Obertürkheim
Anfang 6. Jahrh.	Entstehung der -hausen-Orte in Stuttgart (so Mühlhausen, Zazenhausen, Zuffenhausen)
Mitte 6. Jahrh.	Anlage der -heim-Orte (u. a. Stammheim, Kornwestheim, Schmidheim [heutiges Schmiden], die beiden Türkheim)
6.–7. Jahrh.	Alemannisches Kindergrab in den Oberen Anlagen. Auf dem östlichen Talhang Stuttgarts kleiner Friedhof der frühalemannischen Zeit
6.–7. Jahrh.	Alemannische Reihengräber u. a. in der Gegend des späteren Tunzhofen am Ostfuß des Kriegsbergs bzw. im Gelände des Güterbahnhofs
Anfang 7. Jahrh.	Entstehung von Tunzhofen (heutiger Güterbahnhof – von der städtischen Kanzlei in der Mitte des 15. Jahrhunderts auch Tuntzlingen genannt), wenig später von Immenhofen (heutiger Wilhelmsplatz)
2. Hälfte 7. Jahrh.	Die Mittelpunktskirche St. Martin auf der Altenburg wird errichtet, an einem Platz, an dem der schwäbische Herzog spätestens um 700 Hof halten kann

um 700	Herzog Gottfried von Schwaben beurkundet in Cannstatt die Schenkung des vicus biberburgus an der Neckarmündung des Biberbachs, des Feuerbachs, an das Kloster St. Gallen
926–948	Unter Herzog Hermann I. von Schwaben wird das Pferdegestüt, der »stuotgarte« angelegt (G. Wein)
um 950	Herzog Ludolf von Schwaben baut zum Schutz des stuotgartens eine Wasserburg (Kern des heutigen Alten Schlosses)
1024–1039	Aus dem Besitz der Herzogin Gisela von Schwaben gelangt der Besitz Stuttgart vermutlich in die Hände des Saliers Kaiser Konrads II.
1083	Die Kapelle auf der Burg Wirtemberg wird geweiht
Mitte 11. Jahrh.	Adelbert II. Graf von Calw erhält wohl durch Tausch von seinem Vetter Kaiser Heinrich III. das Gebiet von Stuttgart
Ende 11. Jahrh.	Unter Bruno von Calw wahrscheinlich Umbau der Burg Stuttgart
um 1160	Hugo de Stůkarten, vermutlich im »Steinhaus im Forst« zwischen Feuerbacher und Stuttgarter Tal residierend, schenkt für seinen Jahrtag zwei Talenta seiner Einkünfte zu Stammheim (bei Calw): erste Nennung Stuttgarts
um 1170	An eine vermutete älteste Leonhardskapelle wird ein südlicher Turm und ein Schiff angebaut: Kern der heutigen Stiftskirche
1. Hälfte 13. Jahrh.	Stuttgart vermutlich im Besitz des Markgrafen Hermanns V. von Baden (1190–1242) und seiner Gemahlin Irmgard von der Pfalz (1202–1259)
1251	Graf Ulrich I. der Stifter von Wirtemberg heiratet Mathilde, Tochter des Markgrafen Hermann V. von Baden, und erwirbt damit Stuttgart
2. Drittel oder Mitte 13. Jahrh.	Stuttgart wird zur Stadt erhoben
1286	Das Stuttgarter Stadtgericht erscheint erstmals urkundlich
1286	König Rudolf von Habsburg belagert sechs Wochen lang Stuttgart; königliche Wagenburg auf dem Esslinger Berg (Eugensplatz); Friedensschluß mit Graf Eberhard dem Erlauchten; Stuttgart soll zur Schleifung der Mauer ausgeliefert werden
1287	König Rudolf erneut vor Stuttgart. Er bricht sieben Burgen bei Cannstatt. Neuerlicher Friedensschluß zwischen dem König und dem Grafen
1290	Das forum mercatorium, der Stuttgarter Marktplatz, wird erstmals genannt
1304	Erste Nennung einer Ziegeleisiedlung in der späteren Oberen Vorstadt
1312	Am 31. Juli unterwirft sich Stuttgart dem Reich und der Stadt Esslingen. Stuttgart wird eine Reichsstadt minderen Ranges unter Esslingens Führung

1312	Älteste Siegel der Stadt mit der Umschrift »Si(gillum) UNIVERSITATIS BURGENSIUM IN STVTGARTEN« (Siegel der Bürgergemeinde von Stuttgart)
1321	Verlegung des im Reichskrieg zerstörten Stifts Beutelsbach samt Erbbegräbnis nach Stuttgart, Konstituierung des Chorherrenstiftes Stuttgart
1323	Die Pfarr-Rechte der Martinskirche auf der Altenburg (Cannstatt) gehen auf die Stuttgarter Stiftskirche über
1. Hälfte 14. Jahrh.	Die Alte Weinsteige wird angelegt
1327–1347	Neubau des hochgotischen Stiftskirchenchores
um 1330	Bau der Leonhardskapelle
1348	Die jüdische Gemeinde verliert im November ihre Synagoge durch Brandstiftung
1350	Die Stadt Stuttgart erhält einen Stadtvogt
1366	Katharina von Helfenstein, Witwe Ulrichs IV., kauft beim Oberen Tor einen Häuserkomplex auf und errichtet ein Spital darin
1378	Im Städtekrieg beschießen die Reichsstädte die Mauern der Stadt und zerstören Tunzhofen
1393	Urkundliche Nennung des »Gartens meiner Frau von Mailand«, der Barbara Visconti von Mailand, der Gattin Eberhards III. des Milden, des ersten Stuttgarter Lustgartens
1408–09	Die Leonhardskirche erhält einen neuen Chor
1. Viertel 15. Jahrh.	Die Vorstadt bei St. Leonhard entsteht
1417	Heirat Eberhards des Milden mit Henriette von Mömpelgard
1423	Stuttgart wird Münzstätte des Landes
1432	Graf Ludwig erteilt den Stuttgartern das Privileg, Kinder, die sich gegen den Willen ihrer Eltern verheiraten, enterben zu dürfen
1433	Beginn des Neubaues des Langhauses der Stiftskirche
1435	Errichtung des Herrenhauses am Markt; Sitz des Stadtgerichts, dessen Vorsitzender der Vogt ist
um 1440	Die spätere Obere Vorstadt (Turnierackervorstadt) entsteht
1442	Ulrich der Vielgeliebte erhält den Stuttgarter Herrschaftsanteil des Hauses Württemberg
1446	Die Uffkirche wird dem Stuttgarter Stift inkorporiert
1448–1450	Die Leonhardsvorstadt erhält einen Graben
1451	Errichtung einer Stadtschreiberstelle
1455	Ordnung der Bruderschaft des Stuttgarter Schmiedehandwerks
1456	Stuttgart erhält ein Rathaus Das Stuttgarter Stadtgericht wird Obergericht
um 1460	Umbau des Langhauses der Leonhardskirche
1471	Ulrich bestimmt, die St. Ulrichskirche in der Oberen Vorstadt zu erweitern (spätere Spitalkirche)

1473	Ulrich gründet das Dominikanerkloster in der Oberen Vorstadt und übergibt ihm den begonnenen Kirchenbau mit der Hofstatt
1474	Das Hauptstätter Tor wird errichtet
1482	Im Münsinger Vertrag wird die Herrschaft Württemberg wieder vereinigt; Hof und Kanzlei des Landes kommen für »yetzo« nach Stuttgart
1483	Eberhard im Bart nimmt mit seiner Gemahlin Barbara von Gonzaga Wohnsitz in Stuttgart
1483	Reuchlin kommt im Gefolge Eberhards im Bart nach Stuttgart und bleibt hier mit Unterbrechungen bis 1519
1483	Wahrscheinlich erster Buchdruck in Stuttgart
1490	Baubeginn des Westturm-Aufbaus der Stiftskirche
1492	Herzog Eberhard im Bart erteilt der Stadt Stuttgart »Ordnungen und Satzungen«
1493	Beendigung des Baus der (späteren) Hospitalkirche
1494	Das Seegassentor wird erbaut
1503	Der Stuttgarter Bürgermeister erhält einen »Staat« (Dienstanweisung)
1508	Die Stadt läßt ein »Ehehaften-Buch« (Stadtgesetzbuch) anlegen und hernach von Herzögen und Landschaft bestätigen
1513	Die Besserer aus Ulm gründen eine – kurzlebige – Handelsgesellschaft in Stuttgart
1514	Am 7. Juli versammeln sich, gelegentlich des Aufstandes des Armen Konrad, gegen tausend Weingärtner und Bauern in der Oberen Vorstadt
1515	Stuttgart wird zusammen mit Tübingen das Recht erteilt, einen Landtag zu beantragen
1519	Stuttgart wird dreimal von feindlichen oder herzoglichen Truppen besetzt. Erste Anzeichen reformatorischer Bewegung
1519	Der Schwäbische Bund nimmt Stuttgart ein
1520	Stuttgart wird dem Kaiser bzw. dem Hause Habsburg übergeben
1520	Bitte der Kaiserlichen Gesandten an den Kaiser, die Regierung des Landes künftig in Stuttgart zu belassen
1522	Erzherzog Ferdinand zieht als neuer Stadtherr Stuttgarts ein (25. Mai)
1525	Im Bauernkrieg hält sich der Magistrat neutral
1531	Fertigstellung des »großen« Stiftskirchenturms
1532	Die Stelle eines Stuttgarter Landpropstes wird errichtet
1533	Berufung von Johannes Brenz als Stuttgarter Stiftspropst
1534	Herzog Ulrich zieht wieder in Stuttgart ein (15. Mai); Evangelischer Gottesdienst in der Stiftskirche
1536	Herzog Ulrich übergibt das Dominikanerkloster samt Kirche der Stadt Stuttgart (»Bürgerhospital«)

1537	Erste Anschaffungen für eine »Liberey« auf dem Rathaus
1540	Herzog Ulrich erläßt die Stuttgarter Weingartpfahlordnung
1542–44	Neubau der Alten Kanzlei als Steingebäude; 1566–1567 um ein Stockwerk erhöht
1546/47	Die Stadt im Schmalkaldischen Krieg wiederholt von den Spaniern besetzt
1547	Konstituierung eines eigenen Stuttgarter Dekanats (Stadt und Amt Stuttgart mit Nellingen und das Klosteramt Denkendorf umfassend)
1547	Die Stuttgarter Bürgermeister dürfen künftig nicht länger als zwei Jahre im Amt bleiben (Verordnung vom 6. April)
1548	Einführung des Interims
1551	Herzog Christoph bestätigt das Landschaftsrecht, die Regierung von Stuttgart nur im Notfalle »zu verrücken«
1551	Herzog Christoph teilt mit, die Besetzung von Rat und Gericht der Stadt Stuttgart stehe dem Landesherrn, nicht der Stadt zu
1553	Aufstellung eines umfassenden Bauprogramms für das Alte Schloß; bis zum Ende des Jahrhunderts im wesentlichen ausgeführt
1553	Bau des Alten Lusthauses
1559	Gründung eines Pädagogiums
1572	In der Esslinger Vorstadt entsteht ein »Gebrechenhaus« (Holzhaus für Erkrankte)
1575	Herzog Ludwig läßt eine neue Rennbahn für Ritterspiele anlegen
1576	Erste Arbeit für die Grafenstandbilder im Chor der Stiftskirche
1577	Gegen Zahlung einer Abstandssumme durch Herzog Ludwig hat die Stadt auf »Wandel« in der Schloßgegend zu verzichten
1578	Der Stiftsfruchtkasten beim »Stock« wird erbaut (1596 neue Fassade)
1580–82	Bau des Stuttgarter Landschaftshauses (Landtags)
1583	Beginn des Lusthausbaues
1592	Der Große See wird mit einer Brustwehr umgeben
1597	Der evangelische Synodus in Stuttgart konstituiert sich
1607	Herzog Friedrich I. läßt eine Gruft in der Stiftskirche anlegen
seit 1617	sind in der Regel Oberräte als fürstliche Kommissäre bei der Besetzung des Stuttgarter Magistrats zugegen
1618	Eine Gesellschaft von Bürgern und Hofbeamten stiftet eine Figural- und Instrumentalmusik in der Stiftskirche
1619	Die erste wöchentliche Zeitung Stuttgarts erscheint
1626	Anlage des Hoppenlau-Friedhofes
1634	Nach der Schlacht bei Nördlingen verläßt Herzog Eberhard III. die Stadt
1635	Die Jesuiten ziehen in der Stiftskirche ein

1638	Truppen des Herzogs Bernhard von Weimar besetzen vorübergehend die Stadt; sie werden abgelöst von den Kaiserlichen
1638	Herzog Eberhard III. kehrt am 11. Oktober wieder aus dem Straßburger Exil zurück
1663	Baubeginn des »Prinzenbaues« (Umbau 1711–1714)
1673	Herzog Eberhard III. läßt das Armbrusthaus im Lustgarten zum Theater umbauen
um 1700	Stuttgart erhält ein Taxis'sches Postamt
1704	Gründung einer Hofbank
1705	Baubeginn der ersten Stuttgarter Kaserne (Kern des Waisenhauses)
1707	In Stuttgart findet die erste Maskerade statt
1710	Herzogliches Dekret vom 25. Februar, mit Strenge gegen die Stuttgarter Pietisten vorzugehen
1710	Baubeginn des Waisenhauses (1788 vollendet)
1712	Eberhard Ludwig beginnt mit den Kanalisationsarbeiten am Neckar (1713: Wasserstraße Heilbronn–Ludwigsburg)
1718	Ludwigsburg wird »Residenz und dritte Hauptstadt«
1724	Ludwigsburg »alleinige und beständige Residenz«
1734	Herzog Karl Alexander verlegt den ordentlichen Sitz des Hofes und die Mehrzahl der Regierungsbehörden wieder nach Stuttgart zurück
1737	Trockenlegung des Großen Sees
1740	Carl Eugen legt den Grundstein für eine Kaserne, die spätere »Akademie« (Carlsschule)
1744	Carl Eugen wird mündig
1744	20. April: Vertragliche Zusicherung Carl Eugens, daß Stuttgart der ständige Sitz des Hofes und der Kanzlei bleibe
1746	Am 3. September legt Herzog Carl Eugen den Grundstein zum Neuen Schloß
1746	Eine Leichenordnung teilt die Bevölkerung der Stadt in sechs Klassen ein
1749	Baubeschluß der Straße Stuttgart–Ludwigsburg–Bietigheim (–Heilbronn)
1751	In einer Feuerordnung wird die Verblendung der Fachwerkhäuser empfohlen
1753	Stuttgart erhält eine herzogliche »Polizei-Deputation«
1757	Eine Häusernumerierung wird eingeführt; Brand des sog. Neuen Baus
1761	In der Hirschgasse fallen 41 Gebäude einem Brand zum Opfer
1762	13. November: ein großer Teil des Gartentraktes des Neuen Schlosses brennt bis zum Mittelbau aus
1763	Baubeginn des Schlosses Solitude, 1767 vollendet
1764	Carl Eugen verlegt den Sitz des Hofes nach Ludwigsburg

1765	gründet Carl Eugen eine öffentl. Bibliothek in Ludwigsburg, die 1775 nach Stuttgart ins Herrenhaus übertragen wird (spätere Landesbibliothek)
1770	Georg Wilhelm Friedrich Hegel wird in Stuttgart geboren
1770	Im Erbvergleich läßt sich die Landschaft bestätigen, daß Stuttgart der beständige Sitz von Hof und Kanzlei bleibe
1770	Christoph Dionys von Seeger legt ein Projekt der späteren Carlsschule vor
1775	Carl Eugen verlegt den Sitz des Hofes wieder nach Stuttgart
1775	Am 18. November wird die Carlsschule von der Solitude nach Stuttgart verlegt
1781	Die Carlsschule wird durch kaiserliches Dekret vom 22. Dezember zur Hochschule erhoben
1782	Der Regimentsmedicus Friedrich Schiller flieht nach Mannheim
1782	Residenzbauplan von Reinhard Ferdinand Heinrich Fischer
1785	Baubeginn des Schlosses Hohenheim (1791 vollendet)
1785	Der »Schwäbische Merkur« erscheint
1787	Christian Friedrich Daniel Schubart wird nach zehnjähriger Haft auf dem Asperg entlassen und zum Hof- und Theaterdichter in Stuttgart ernannt
1790	In der neuen Polizeiordnung werden Dungstätten in der Innenstadt und in der reichen Vorstadt (Obere Vorstadt) verboten
1794	Herzog Ludwig Eugen hebt die Hohe Carlsschule auf
1797	Der Karlsplatz wird angelegt
1800	In der Nacht vom 11. zum 12. Mai Aufruhr wegen der bekanntgewordenen Absicht, die Gelder der Landschaft (des Landtags) wegzuführen und in Sicherheit zu bringen
1800	Jacob Kaulla wird zum Hofbankier ernannt
1802	Auftrag des Stadtrats über den Bürgermeister Johann Hehl an den Baumeister Azel, einen Bauplan für die Stadt zu entwerfen
1803	Der Magistrat übergibt dem Kurfürsten zwei Pläne zur Anlage von Vorstädten
1803	Beginn der Anlage der Oberen Königstraße
1805	30. Dezember: die Landschaft (Landtag) wird aufgelöst
1805	In den Oberen Anlagen entsteht der Botanische Garten
1806	1. Januar: Kurfürst Friedrich nimmt die Königswürde an
1806	Stuttgart erhält eine neue kirchliche Einteilung
1806	Am 15. Dezember Bekanntmachung des Königs über die Absicht, die Königstraße anzulegen (1809 mit Pflaster und Gehwegen versehen)
1807	6. Januar: Huldigung vor König Friedrich in Stuttgart; Aufführung der Oberen Anlagen
1808	Stuttgart erhält eine eigene Polizeidirektion

1808	Die Oberen Anlagen werden dem Publikum freigegeben (6. Oktober)
1808	Bau der Eberhardskirche, von der Solitude geholt
1809	Thouret erhält den Auftrag, einen Residenzbauplan auszuarbeiten
1810	In Berg wird die erste Maschinenspinnerei des Landes gegründet
1810	Der Cotta-Verlag zieht von Tübingen nach Stuttgart
1811	Der Stuttgarter Obervogt wird unmittelbar dem Innenministerium unterstehender Stadtdirektor
1811	Die Neckarstraße erhält ihren Namen (1837 verlängert)
1812	Gottlob Heinrich Rapp veranlaßt die erste Kunstausstellung in Stuttgart
1812	Die Stuttgarter Pietisten fassen den Plan zu einer eigenen Bibelgesellschaft
1813	Der Stadtmagistrat erhält am 16. Februar eine neue Organisation, womit ihm die städtische Administrative und die bürgerliche Rechtspflege zugewiesen wird. Aufsichtsbehörde ist, bis 1923, die Stadtdirektion
1814	Empfang des Kronprinzen Wilhelm durch die Bürgerschaft
1817	Ausgestaltung der Unteren Anlagen
1818	Die Mitglieder des Stadt- oder Gemeinderats erhalten das Recht zur selbständigen Verwaltung des Gemeindevermögens (Ergänzungen durch das Verwaltungsedikt von 1822)
1818	Gründung der Württembergischen Sparkasse
1818	Stiftung des Landwirtschaftlichen Hauptfestes (Volksfestes)
1818	Thourets Generalplan für die Vergrößerung und Verschönerung der Residenzstadt (Januar), vom König am 6. Januar 1819 genehmigt
1819	Württemberg erhält am 25. November eine Verfassung
1819	Gustav Schwab wird Professor am Stuttgarter Obergymnasium
1819	Gründung des halbamtlichen »Vereins für Gewerbe und Handel« mit Centralstelle in Stuttgart
1819	Grundsteinlegung des Katharinenhospitals
1820	Baubeginn des (alten) Katharinenhospitals (bis 1828)
1824	Gründung des Stuttgarter Liederkranzes
1824	Nach Abbruch der Stammburg Wirtemberg errichtet Salucci das Mausoleum auf dem Rotenberg
1825	Wolfgang Menzel tritt in Cottas Verlag ein
1827	Gründung des Württembergischen Kunstvereins
1827	König Ludwig I. von Bayern erwirbt die Boisseréesche Gemäldesammlung (von 1819–1827 in Stuttgart)
1828	Friedrich Jobst beginnt in seinem 1808 gegründeten Unternehmen mit der fabrikmäßigen Herstellung von Chinin
1829	Gründung einer Kunst- und Gewerbschule

1830	Fertigstellung des Schlosses Rosenstein
1830	Pariser Julirevolution: Fackelzug der Stuttgarter Bürgerschaft für den König
1830	Gründung der »Gesellschaft für die Beförderung der Gewerbe« mit Sitz in Stuttgart
1832	Generalbauplan von Gottlob Christian Eberhard Etzel
1833	Die Koseritz'sche Verschwörung; Teilnahme von Stuttgarter Handwerkergruppen
1834	Grundsteinlegung des Wilhelmspalais (bis 1840)
1835	Baubeginn des großen Bazars in der Oberen Königstraße (1838 vollendet)
1835	Der erste Rabbiner der Stuttgarter Judengemeinde wird in sein Amt eingeführt (3. Januar)
1835	Die Wilhelmsbrücke entsteht (1838 vollendet)
1836	Der Weiler Berg wird nach Stuttgart eingemeindet
1837	Thourets Plan, den Schloßplatz durch zwei niedere, zweistockige Gebäude einzufassen und durch Kolonnaden mit den zwei Schloßflügeln zu verbinden
1837	Kursaal Cannstatt von Thouret fertiggestellt
1838	Baubeginn der Staatsgalerie (1843 vollendet)
1839	Der königliche Privatgarten (»Rosengarten«) entsteht
1839	Das Schillerdenkmal wird eingeweilt (8. Mai)
1840	Die Polytechnische Schule wird gegründet (1876 Polytechnikum, 1890 Technische Hochschule, 1967 Universität Stuttgart)
1841	Friedrich Weidle gründet das spätere »Evangelische Töchterinstitut«
1842	Baubeginn der Wilhelma (1846 Einweihung)
1842	Grundsteinlegung für die Jubiläumssäule am Schloßplatz
1843–55	Stuttgart wird mit Heilbronn und Friedrichshafen durch die »Stammbahn« (des Eisenbahnverkehrs) verbunden
1845	Die Villa Berg wird gebaut (bis 1853)
1845	Gas wird eingeführt, zunächst hauptsächlich als Straßenbeleuchtung
1845	Johann Lorenz Schiedmayer geht im Klavierbau zum Maschinenbetrieb über
1846	Baubeginn des Kronprinzenpalais (1847 vollendet) am Schloßplatz
1846	Etzel beginnt den Bahnhofsbau
1846	Eisenbahnlinie Stuttgart–Ludwigsburg und Stuttgart–Esslingen fertiggestellt
1847	»Brotkrawall« in Stuttgart; es kommt zu einem Volksauflauf
1847	Die 1818 gegründete Landwirtschaftliche Schule in Hohenheim wird zur Akademie erhoben
1848	Die Centralstelle für Handel und Gewerbe in Stuttgart wird gegründet

1848	Am 10. und 11. April Anzeichen von Tumultversuchen
1849	Die Reste der Nationalversammlung (»Rumpfparlament«) werden in Stuttgart auseinandergetrieben (18. Juni)
1851	Mörike läßt sich in Stuttgart nieder
1852	Eröffnung der Maschinen- und Kesselfabrik von Gotthilf Kuhn in Stuttgart-Berg
1853	Gründung der Württembergischen Handelsgesellschaft in Stuttgart
1854	Die Stuttgarter Handelskammer wird durch königliche Verordnung als offizielle Vertretung des Handels und der Industrie anerkannt
1855	Baubeginn des Königsbaues (1859 vollendet)
1860	Baubeginn des Polytechnikums durch Egle; Eröffnung der Börse
1862	Die Wassersäule an der Alten Kanzlei erhält eine Merkur-Plastik
1863	Grundsteinlegung der Liederhalle (1875 vollendet)
1863	Neubau des Bahnhofs (bis 1867)
1868	Die Pferdeeisenbahn von Stuttgart nach Berg wird eröffnet und 1869 bis Cannstatt erweitert
1869	Eine Gruppe der Stuttgarter Arbeiterschaft tritt unter Führung von Hermann Leickhardt dem Allgemeinen Deutschen Arbeiterverein bei (1. August)
1869	Friedrich Theodor Vischer kommt nach Stuttgart (bis zu seinem Tode im Jahre 1887 in Stuttgart)
1869	Gründung der Württembergischen Vereinsbank
1870	Eröffnung der Großen Gartenbauausstellung (Anfänge des Stadtgartens)
1871	Eröffnung von Nills Tiergarten im Herdweg
1873–75	Mehrere Stuttgarter Großbanken treten in Liquidation
1876	Die Johanneskirche wird eingeweiht
1876	Aus dem 1829 gegründeten Polytechnikum entsteht die Technische Hochschule
1878	Die neue, in Gaisburg erbaute Gasfabrik versorgt die Stadt
1882	Die allgemeine Telefonanstalt wird eröffnet. Verbindungen nach Cannstatt, Feuerbach und Esslingen ab 1884
1882	Bei Paul Reißer sind die ersten elektrischen Glühbirnen zu kaufen
1882	Gründung des Württembergischen Vereins für Handelsgeographie
1884	Die Zahnradbahn nach Degerloch wird eröffnet
1884	Eröffnung der Städtischen Sparkasse
1884	Die erste Stuttgarter Innung, die Küferinnung, entsteht
1885	Erste große Ausfahrt von Daimlers Automobil (10. November)
1886	Bosch beginnt in der Rotebühlstraße mit seiner Werkstatt

1889	Hangleiter errichtet sein Zirkusgebäude auf dem Marienplatz
1890	Eduard Pfeiffer gründet den »Verein für das Wohl der arbeitenden Klassen«
1890	Vereinigung der Stuttgarter Straßenbahngesellschaft zu der »Stuttgarter Straßenbahnen AG«
1892	Wilhelm Kloß wird als erster Sozialdemokrat in den Stuttgarter Bürgerausschuß gewählt
1893	Einweihung der König-Karl-Brücke
1895	Eröffnung des Nordbahnhofs (1. November)
1896	Eröffnung des ersten Elektrizitätswerkes (2. Juli)
1896	Alle Stuttgarter Straßenbahnlinien werden elektrisch
1896	Wilhelm Keil tritt in die Redaktion der »Schwäbischen Tagwacht« ein
1898	Ausbau der Kolonie Ostheim
1899	Baubeginn am neuen Rathaus
1901	Gottlieb Honold entwickelt bei Bosch den Hochspannungszünder
1901	Theodor Fischer wird an die Technische Hochschule berufen
1901	Eingemeindung Gaisburgs
1902	Brand des Stuttgarter Hoftheaters (20. Januar)
1902	Das 1894/95 als privates Unternehmen erbaute Elektrizitätswerk wird städtisch
1903	Gründung des Neckar-Donau-Kanal-Komitees
1904	Elektrische Straßenbahn Bopser–Neue Weinsteige–Degerloch
1905	Cannstatt, Untertürkheim und Wangen werden nach Stuttgart eingemeindet
1905	Einweihung des neuen Rathauses in Stuttgart (1. April)
1905	Hoelzel wird an die Akademie berufen
1906	Vermehrung der Stuttgarter Landtagsmandate von einem auf sechs im Zuge der Verfassungsreformen
1906	Im Bürgerausschuß eine sozialdemokratisch-volksparteiliche Mehrheit
1907	Die Zweite Internationale in Stuttgart (18.–24. August, »Stuttgarter Internationale«)
1908	Eingemeindung von Degerloch
1909	Bosch zieht nach Feuerbach
1910	Die »Gemeinnützige Baugesellschaft für Einfamilienhäuser« legt die Kolonie Falterau an
1911	Einweihung des Lindenmuseums
1912	Das Gustav-Siegle-Haus wird eingeweiht
1912	Eröffnung des Großen und Kleinen Hauses der Landestheater
1912	Baubeginn des Kunstgebäudes (1913 eingeweiht)
1914	Einweihung der Markthalle (30. Januar)
1917	Einweihung des Deutschen Auslandsinstituts in Stuttgart

1918	Theodor Bäuerle gründet einen »Verein der Förderung der Volksbildung«
1918	Am 30. Oktober gibt die USPD Signal für »weitere Aktionen« in der Stadt; Manifest eines sofortigen Waffenstillstandes und Errichtung einer sozialistischen Republik
1918	8. November: Sitzung im Innenministerium; Lautenschlager und Minister Köhler vertreten die Meinung, man müsse die Dinge geschehen lassen
1918	9. November: Mob im Wilhelmspalais; die Republik wird erklärt
1918	30. November: Wilhelm II. entsagt der Krone
1918	20. November: Beschluß des Aktionsausschusses der Arbeiter- und Soldatenräte, die Stadtverwaltung unter Kontrolle zu nehmen
1919	10. Januar: bei Umzügen der Spartakisten kommt es zu Schießereien in der Stadt
1919	12. Januar: Wahl zur Verfassungsgebenden Landesversammlung
1919	15. März: Die neue württembergische Gemeindeordnung hebt die Bürgerausschüsse auf
1919	24. Juli: neue Ortsbausatzung (»Dreizonenprinzip«)
1919	25. September: Verfassung für den freien Volksstaat Württemberg
1920	Während des Kapp-Putsches flüchtet die Reichsregierung nach Stuttgart; die Nationalversammlung wird nach Stuttgart einberufen (15. März)
1920	Putlitz wird am Landestheater durch Albert Kehm abgelöst
1920	Die Strecke Degerloch–Schloßplatz wird erstmals im Durchgangsverkehr befahren
1920	Das Stuttgarter Konservatorium wird Staatliche Musikhochschule
1921	Karl Lautenschlager wird in seinem Amt als Oberbürgermeister (seit 1911) bestätigt (24. April)
1922	Eingemeindung von Botnang, Kaltental, Hedelfingen und Obertürkheim sowie des Rot- und Schwarzwildparks
1922	Inbetriebnahme des neuen Hauptbahnhofs
1924	Einweihung des Jassoy-Baus der Technischen Hochschule
1924	Seit dem 12. April sendet der Süddeutsche Rundfunk (seit 1. Oktober im Waisenhaus)
1924	Ausstellung »Neue deutsche Kunst« im Kunstgebäude
1925	Das Staatsministerium nimmt seinen Sitz in der Villa Reitzenstein
1925	Die Stadt Stuttgart erhält ein Gesundheitsamt
1925	Ein Umbau des Dampfkraftwerks der Stadt
1926	Fusion der Daimler-Motoren-Gesellschaft mit der Benz & Cie zur Daimler-Benz Aktiengesellschaft

1926	Die Stuttgarter Kraftwagenlinien GmbH wird gegründet
1927	Die letzten Geleise im Hauptbahnhof (1–4) werden dem Verkehr übergeben
1927	Werkbundausstellung »Die Wohnung, Stuttgart 1927« mit Weißenhofsiedlung
1928	Das Wilhelmpalais geht in den Besitz der Stadt über
1928	Das Tagblatt-Turmhaus wird eingeweiht; das Kaufhaus Schocken (Horten) in der Eberhardstraße und der Mittnachtbau werden eröffnet
1929	Vereinigung von Weilimdorf mit Feuerbach
1929	Der erste Nationalsozialist zieht in den Landtag ein (6. Juni)
1929	Am 1. Juli wird Hofen eingemeindet
1930	Hitler nimmt in der Schillerstraße einen Vorbeimarsch ab (7. Dezember)
1931	Am 1. April wird Zuffenhausen eingemeindet
1931	Am 1. Mai wird Rotenberg eingemeindet, am 1. Juli Münster
1931	Karl Lautenschlager wird in seinem Amt als Oberbürgermeister bestätigt
1931	Brand des Alten Schlosses (21. Dezember)
1931	Der Zeppelinbau des Württembergischen Spar- und Giroverbandes und das Breuninger-Hochhaus werden eingeweiht
1931	Porsche läßt sich mit seinem Büro in Stuttgart nieder
1932	Fünfzigjähriges Jubiläum des Handelsgeographischen Vereins
1932	24. April: Die Nationalsozialisten werden zur stärksten Fraktion im Landtag
1932	10. Mai: Mergenthaler Landtagspräsident
1933	31. Januar: Angehörige der KPD treffen sich in der Dinkelacker-Halle, ziehen zum Wilhelmsplatz und rufen zum Generalstreik auf
1933	15. Februar: gelegentlich der Hitler-Rede in der Stadthalle wird das Kabel von Hermann Medinger und Alfred Däuble durchschnitten
1933	1. Februar: Kurt Schumacher fordert auf dem Stuttgarter Marktplatz die Arbeiter zum gemeinsamen Komplott auf
1933	15. März: Erste Radauszenen gegen jüdische Geschäfte in der Stadt
1933	15. März: Wilhelm Murr wird im Landtag zum neuen württembergischen Ministerpräsidenten gewählt
1933	16. März: Dr. Karl Strölin wird zum Staatskommissar für Stuttgart bestellt
1933	7. April: Murr wird Reichsstatthalter
1933	Eingemeindungen von Feuerbach und Weilimdorf, Mühlhausen, Zazenhausen (1. Mai)

1933	Am 9. Mai scheidet Oberbürgermeister Dr. Karl Lautenschlager aus dem städtischen Dienst aus
1933	9. Mai: Karl Strölin wird zum Oberbürgermeister gewählt
1933	19. Juni: Der ehemalige Staatspräsident Bolz wird in der Dorotheenstraße gelegentlich seiner Verhaftung von einer Volksmenge belästigt
1933	25. Juni: Die sozialdemokratischen Gemeinderäte werden zu den Verhandlungen des Gemeinderats nicht mehr zugezogen
1933	Deutsches Turnfest in Stuttgart
1933	Eröffnung des elektrischen Vorortsverkehrs Ludwigsburg–Stuttgart–Esslingen
1934	15. April: Nach dem Gottesdienst und einer Erklärung des Landesbischofs Wurm versammelt sich eine Gemeinde auf dem Schillerplatz zu einer Treuekundgebung für den Bischof und die württembergische Landeskirche
1934	6. Oktober: Landesbischof Wurm wird in seiner Wohnung in Schutzhaft genommen
1934	Der katholische Theologe Karl Adam rechnet auf einer Festrede mit Rosenbergs »Weltanschauung« ab
1934	Beginn des Baus der Technischen Werke in der Lautenschlagerstraße
1935	Beginn des 16 km langen Autobahnabschnitts Degerloch–Wendlingen (Einweihung dieses ersten Autobahnabschnitts Herbst 1936)
1936	»Flughafen Württemberg AG« in Böblingen
1936	Hitler verleiht durch den Gauleiter und Reichsstatthalter Wilhelm Murr der Stadt Stuttgart die Bezeichnung »Stadt der Auslandsdeutschen«
1936	Goerdeler nimmt Beziehungen zu Robert Bosch und Mitarbeitern auf
1937	Eingemeindung von Heumaden, Rohracker, Sillenbuch und Uhlbach (1. April)
1937	Die Schwabenhalle wird eröffnet (1944 zerstört)
1938	Die Württembergische Hochschule für Musik wird zur »Staatlichen Hochschule für Musik«
1938	9. November: Brand der Stuttgarter Synagoge
1939	Eröffnung der Reichsgartenschau
1940	30. Januar: Erster Nachtalarm
1940	28. April: Das Robert-Bosch-Krankenhaus wird eröffnet
1941	Beginn des Heizkraftwerkbaus
1941	Akademie und Kunstgewerbeschule werden zur »Staatlichen Akademie der bildenden Künste« zusammengefaßt
1941	Vom November ab werden die zu deportierenden Juden vor allem auf dem Killesberggelände gesammelt

1942 Die Landesturnanstalt in Stuttgart wird zur Reichssportschule erhoben

1942 Eingemeindung von Birkach mit Riedenberg, Möhringen mit Sonnenberg und Fasanenhof, Plieningen mit Hohenheim, Stammheim, Vaihingen mit Rohr, Büsnau und Solitude (1. April)

1944 Die Stuttgarter Innenstadt wird durch vier Fliegerangriffe Ende Juli und Mitte September vernichtet

1945 10. April: Oberbürgermeister Strölin übermittelt dem Kommando der Alliierten Streitkräfte durch einen Mittelsmann eine Kapitulationserklärung der Stadt Stuttgart

1945 22. April: Oberbürgermeister Strölin übergibt vormittags 11.00 Uhr im Gasthof Ritter in Degerloch dem französischen Kommandanten die Stadt Stuttgart

1945 22. April: Dr. Strölin schlägt Dr. Klett zum neuen Oberbürgermeister vor; die Franzosen bestätigen Dr. Klett am gleichen Tag

1945 14. Mai: Wilhelm Murr und seine Ehefrau vergiften sich in Egg in Vorarlberg nach der Festnahme durch die Franzosen

1945 4. Juli: das Regional Military Government nimmt in Stuttgart seine Arbeit auf

1945 8. Juli: Die Franzosen ziehen die Trikolore in der Villa Reitzenstein ein; die Amerikaner rücken nach

1945 25. Juli: Vom Kommando der Militärregierung Stuttgart-Stadt wird ein Stadtrat-Vorschlag nach berufsständischen Grundsätzen gebilligt

1945 17. September: Feierliche Übergabe der Stuttgarter Zeitung an Josef Eberle und Mitarbeiter

1945 24. September: Vereidigung der Regierung Reinhold Maier durch die Amerikaner

1945 12. Oktober: Der Gemeindebeirat tritt erstmals unter Vorsitz des Oberbürgermeisters im Speisesaal der Technischen Werke zusammen

1945 17. Oktober: Der Länderrat mit Sitz in Stuttgart konstituiert (am 28. September 1948 stellt er seine Arbeit ein)

1945 25. Oktober: Eugen Mertz legt als Referent für den Wiederaufbau erstmals seine Pläne vor

1945 24. November: Ausschreibung eines Wettbewerbs für die Neubebauung des Stadtkerns

1946 1. Mai: Gründung der ZAS (Zentrale für den Aufbau der Stadt Stuttgart)

1946 26. Mai: Wahl des ersten demokratischen Gemeinderats nach zwölf Jahren Diktatur

1946 29. Juli: Erste Spruchkammerverhandlung im Kleinen Konzertsaal der Wilhelma

1946	6. September: James F. Byrnes, der amerikanische Außenminister, hält seine Stuttgarter Rede
1946	Der VfB Stuttgart wird süddeutscher Fußballmeister
1946	12. November: Lizenz für die Stuttgarter Nachrichten
1946	22. November: Die Satzung über die Verwaltung der äußeren Stadtbezirke wird vom Gemeinderat einstimmig genehmigt (ab 1. März 1947 in Kraft)
1948	26. Mai: Der Gemeinderat bestätigt den am 24. Mai von der Technischen Abteilung einstimmig angenommenen Generalbebauungsplan als verbindliche Grundlage für die weitere Aufbauplanung (1953 Rechtskraft)
1948	3. Oktober: Das erste Flugzeug landet auf dem Echterdinger Flugfeld
1948	Oberbürgermeister Dr. Klett wird durch Volkswahl bestätigt (hernach wieder 1954 und 1966)
1948	27. September: Wiedereinweihung der König-Karls-Brücke
1950	Der VfB wird zum ersten Mal Deutscher Meister
1952	25. März: Die Verfassungsgebende Versammlung für den zu bildenden Südweststaat tritt in Stuttgart zusammen
1953	Im November wird die Mittlere Filderlinie eingeweiht
1954	Landtagswettbewerb für die künftige Verwendung des Neuen Schlosses wird im Februar ausgeschrieben
1954	Am 10. Juni Baubeginn des Fernsehturms unter der Leitung des Architekten Fritz Leonhardt (am 6. Februar 1956 vollendet)
1955	Im Juni wird der Omnibusbahnhof in den Oberen Anlagen in Betrieb genommen
1955	Einweihung der Hochschule für Musik im Oktober
1956	Feierliche Einweihung des neuen Rathauses (im Mai) Konzerthaus der Stuttgarter Liederhalle (erbaut von den Architekten Adolf Abel und Rolf Gutbrod) im Juni eingeweiht
1957	Im August wird das Hochhaus Romeo im Wohngebiet Rot bezogen
1958	Eröffnung des Stuttgarter Hafens (31. März)
1958	Feier der Vollendung des gesamten Wiederaufbaus der Stiftskirche (1. Juni)
1961	Eröffnung der Bundesgartenschau in Stuttgart (1950 Deutsche Gartenschau)
1961	Stuttgart-Freiberg
1970	Stuttgart-Fasanenhof
1970	Erster »Schwäbischer Sonntag« in Stuttgart (30. August)
1973	4. Oktober: Der Gemeinderat spricht sich für die Erhaltung der Markthalle Martin Elsässers aus
1973	25. Oktober: Hanspeter Bruckmann wird zum neuen Baubürgermeister gewählt

1973 28. November: Konstituierende Sitzung des Regionalverbandes Mittlerer Neckar in Stuttgart

1974 4. April: Der Stuttgarter Gemeinderat beschließt den Neubau eines Planetariums

1974 7. April: Aufgrund des Nachbarschaftsverbandsgesetzes nimmt der Nachbarschaftsverband Stuttgart seine Tätigkeit auf

1974 9. Juli: Das Gemeindereformgesetz tritt in Kraft; Stuttgart grenzt an 15 Städte und Gemeinden (bisher waren es 21), die zuvor 43 selbständige Gemeinden umfaßten

1974 20. Juli: Der Gemeinderat spricht ein deutliches »Nein« zum Flughafenausbau aus

1974 14. August: Oberbürgermeister Arnulf Klett stirbt während eines Kuraufenthalts auf der Bühler Höhe

1974 12. September: Das Einkaufszentrum unter dem Bahnhofplatz erhält durch Gemeinderatsbeschluß die Bezeichnung »Klett-Passage«

1974 1. Dezember: Staatssekretär Manfred Rommel wird mit 58,9 Prozent der abgegebenen Stimmen zum Oberbürgermeister gewählt

1975 31. Oktober: Stuttgarts Wohnbevölkerung fällt erstmals unter die 600 000er-Marke

1976 1. Januar: Das Symphonieorchester und die Musikschule werden in städtische Regie übernommen

1976 8. Mai: Einweihung des neuen Funkhauses des Süddeutschen Rundfunks in der Neckarstraße

1977 1. Januar: Stuttgart erhält von der Landesregierung die amtliche Bezeichnung »Landeshauptstadt«

1977 25. März: Eröffnung der Staufer-Ausstellung im Alten Schloß und Kunstgebäude durch Bundespräsident Walter Scheel

1978 1. September: Die »Calwer Passage« wird eröffnet

1978 29. September: Einweihung der S-Bahn

1978 17. November: Die letzte Straßenbahn fährt über den Schloßplatz

1979 Mit der Weihe der Schloßkirche (14. Januar) ist der Wiederaufbau des Alten Schlosses abgeschlossen

1981 3. September: Stuttgart wird mit dem Ersten Preis des Landeswettbewerbs »Bürger – deine Gemeinde. Alle bauen mit« ausgezeichnet

1983 Europa-Gipfel in Stuttgart

1984 9. März: Nach sechsjähriger Bauzeit und einem Kostenaufwand von 90 Millionen Mark wird der Neubau der Staatsgalerie seiner Bestimmung übergeben

1984 15. März: Aufnahme des Gesprächs zwischen Ministerpräsident Späth und Oberbürgermeister Rommel zur Gestaltung einer Kulturmeile in Stuttgart

1984	31. Oktober: Wiedereröffnung des restaurierten Großen Hauses der Württ. Staatstheater
1985	Beginn der umfassenden Restaurierung des Wilhelmatheaters
1985	14. Juli: Wiedereröffnung des Lindenmuseums
1985	14. September: Eröffnung des letzten Bauteils (Schwabstraße – Vaihingen) der S-Bahn

Nachwort

Die Stadt, jede Stadt, steht heute im Schnittpunkt sozialer, politischer, technischer, architektonischer: öffentlicher Entwicklungslinien. Nicht allein wegen ihrer quantitativen Umrisse präsentiert sie sich jeweils als ein Mikrokosmos für sich, der freilich auf hundertfältige Weise mit Umland und Region verflochten ist: bei genauerem Zusehen gerade für die historische Perspektive ein ungemein dichter Komplex von Fragen und Problemen, die ein einzelner ebenso wenig erschöpfend darstellen kann wie das — wohl immer in Spezialfragen aufgegliederte — Team. Niemand kann sich der Schwere des Wagnisses, das dieses Buch darstellt, mehr bewußt sein als der Verfasser.

Tröstung liegt möglicherweise nur darin, daß alle Geschichtsschreibung Abkürzung ist. Die Geschichte einer Großstadt in materieller Vollständigkeit zu fordern, hieße das geschichtswissenschaftliche Grundgesetz gerade dort pervertieren, wo es am allerwenigsten praktikabel ist. Eine gewisse Legitimation darf vielleicht in dem Faktum gesehen werden, daß die Geschichtswissenschaft in ihrer konventionellen und vor allem in ihrer »zeitgeschichtlichen« Version immer mehr Gefahr läuft, angesichts einer Fülle von Detailuntersuchungen die Orientierung zu verlieren und die notwendige Zusammenfassung der Einzelergebnisse nicht mehr leisten zu können. Um einer Bestandsaufnahme willen, zu der dieses Buch einen Versuch macht, muß der intensive Forschungskontakt mit der Quelle von Zeit zu Zeit unterbrochen werden. Als Gegengabe sollte indessen ein Bild erwartet werden dürfen, das die disparaten Linien zusammenführt und der Spezialforschung wiederum Veranlassung gibt, diese Generalisierungen zu überprüfen und dort, wo es notwendig wird, zu differenzieren.

Gerade bei der Stadtgeschichte, die heute bei uns ihren Schwerpunkt bezeichnenderweise immer noch im Mittelalter setzt, ist das »Thema« desto weniger sichtbar, je moderner und je verwirrender die Zeitabschnitte sind, die sich aufdrängen. Man vermeint, einem Manne wie Jan Huizinga folgen zu müssen, der die neuesten Zeitläufte schlicht als formlos empfindet. Den roten Faden zu finden, war in unserem Falle nicht schwer. In der Beschreibung des Königreichs Württemberg von 1863 heißt es, »von einer Geschichte der Stadt Stuttgart im politischen Sinn des Wortes« lasse sich nicht reden. Die »selbständigere korporative Stellung« Stuttgarts datiere »aus der jüngsten Zeit«. Und in lapidarer Sicherheit: »Die Entwicklung und die besonderen Schicksale der Stadt sind nur Reflex der Landesgeschichte«. Es galt, an die Stelle von Rümelins – geistvoller – Bemerkung die Bemühung um die bürgerlich-urbane Eigenständigkeit Stuttgarts zu setzen, um ein berühmtes Wort Rankes zu variieren, »die Auseinandersetzung beider Prinzipien« transparent zu machen, der Monarchie und der kommunalen Selbstverwaltung, »mit welcher alle anderen Gegensätze zusammenhängen«. In der Tat liegt hier die Fundamentallinie der Stuttgarter Stadtgeschichte. Der Weg von der Stadt im Windschatten der Residenz zur mündig gewordenen Hauptstadt ist das große Thema ihrer Geschichte.

Quellen- und Literaturverzeichnis

Quellen

A. Die *edierten* Quellen bietet, für die Zeit bis zum Ausgang des Mittelalters, das von *A. Rapp* bearbeitete Urkundenbuch der Stadt Stuttgart (Württ. Geschichtsquellen 13, 1912). Dort findet sich auch eine – freilich gleichfalls längst überholungsbedürftige – Übersicht über handschriftliche Bestände. Eine umfassende Reihe von weiteren Queleneditionen wäre hier anzufügen, von *A. L. Reyschers* Sammlung der württ. Gesetze (1–19, 1828–1851), wo das die Residenzstadt angehende Material mit Sorgfalt zusammengetragen ist, bis zu den Württ. Regesten von 1301 bis 1500 (Urkunden u. Akten des Württ. Hauptstaatsarchivs, Abt. 1), die von 1916 bis 1940 erschienen und wertvolle Ergänzungen für die Frühzeit Stuttgarts bieten. Als Bände 11—13 der Veröffentlichungen des Archivs der Stadt Stuttgart hat *P. Nägele* 1956 das Bürgerbuch der Stadt Stuttgart aus den Jahren 1660–1706 ediert und vorzüglich kommentiert, als Band 26 hat *G. Wunder* 1974 die Stuttgarter Steuerliste von 1545 bearbeitet und publiziert. Als Bände 8 und 9 der Veröffentlichungen der Kommission für geschichtliche Landeskunde in Baden-Württemberg, Reihe A, Quellen, hat K. Leipner 1972 die wichtigen Lagerbücher der Stadt und des Amtes Stuttgart (1520–1534) herausgegeben.

B. Die *handschriftlichen* Quellen zur Stuttgarter Stadtgeschichte lagern, was die ältere Geschichte anlangt, nur zu einem geringeren Teile im Stadtarchiv Stuttgart. Über »Die Hauptbestände des Stadtarchivs Stuttgart« gab sein verdienstvoller ehemaliger Direktor, *Dr. Hermann Vietzen*, der auch vorliegendem Buch seine Erfahrung hat zuteil werden lassen, einen noch gültigen Überblick in ›Neue Beiträge zur südwestdeutschen Landesgeschichte. Festschr. f. M. Miller‹ (Veröff. der Kommission f. geschichtl. Landeskunde in B.-W., Reihe B, 21 [1962], S. 354–358). Die Hauptmasse des übrigen, selbstverständlich auch in den Kommunalarchiven der Region Mittlerer Neckar und darüber hinaus zu findenden, Stuttgart betreffenden Archivguts findet sich im Hauptstaatsarchiv Stuttgart und im Staatsarchiv Ludwigsburg. Wertvolles handschriftliches Material zur Stuttgarter Stadtgeschichte bewahren auch die Württembergische Landesbibliothek und das Schiller-Nationalmuseum in Marbach auf.

Literatur

Bibliographien

Nahezu 3 000 Titel unter dem Stichwort »Stuttgart« verzeichnen die von *W. Heyd* begründete, von *Th. Schön, O. Leuze, H. Ihme* u. *W. Irtenkauf* fortgeführte »Bibliographie der Württ. Geschichte« und ihr Nachfolgeorgan »Landesbibliographie von Baden-Württemberg«, wobei hierunter zwar Ausstellungs-, Tagungs- und Festschriften subsumiert sind, nicht aber die einschlägige Literatur der Landesgeschichte, der Kultur- u. Sozialgeschichte, die Memoirenliteratur u. ä. Eine knappe Übersicht bietet die »Bibliographie zur Städtegeschichte Deutschlands« von *E. Keyser* (1969, S. 85–86), für die Zeit 1945–1970 das von der Stadtbücherei Stuttgart im Dezember 1970 herausgegebene Ausstellungs-Verzeichnis (»Stuttgart 1945–1970«).

Zur Gesamtgeschichte

Die neuere Stadtgeschichtsschreibung Stuttgarts hat *Karl Pfaff* eingeleitet (Geschichte der Stadt Stuttgart, nach Archival-Urkunden u. andern bewährten Quellen, Th. 1: 1845, Th. 2: 1846). Im Vorwort vermerkt er zu Recht, bislang sei eine Geschichte Stuttgarts nicht erschienen, »welche den Anforderungen, die man an eine solche mit Recht machen kann, auch nur einigermaßen entspräche«. Die Stuttgart betreffenden Ergüsse der Humanisten- und Barockzeit sind in der Tat, so interessant einzelne Passagen sein mögen, in erster Linie Historie ad maiorem gloriam des Herrscherhauses. Pfaff hat zum ersten Mal die Kommune Stuttgart ins Blickfeld gerückt, mit allen Mängeln, die einer an der Schwelle zur kritischen Geschichtsschreibung stehenden Publikation haften bleiben, mit allen Unsicherheiten, die ein in Quellen badender – aber gerne auf wissenschaftliche Rechenschaft verzichtender – Mann wie er haben mußte. Ob man seine – gewiß kleine – Auflage viel gelesen hat, mag füglich bezweifelt werden. Als *Julius Hartmann* 1886 seine »Chronik der Stadt Stuttgart« erscheinen ließ, ein für die Verhältnisse der Zeit erstaunlich naives Sammelsurium von Daten und Fakten, nannte er 5 Bücher: das sei »alles in den letzten 70 Jahren Gedruckte«. *Pfaff* wird lediglich als »unhandlicher Doppelband« gerühmt. Gegenüber der breiten und modernen zeitgeschichtlichen Komponente bei *Pfaff* betonen die »Bilder aus Alt-Stuttgart« von *M. Bach* u. *C. Lotter* (1896) die noch romantisch oder biedermeierlich getragene Stadtbeschreibung. In einem von *Max Bach* geschriebenen Forschungsrückblick »Zur älteren Litteratur über Stuttgart« (S. 89–92) erscheint *Pfaff* gar nicht, dafür eine Reihe Reiseführer, ein Zeichen, wie sehr sich das Niveau geändert hatte und die Forschungskontinuität abgerissen war. Die 1905 gelegentlich der Rathauseinweihung vom Gemeinderat herausgegebene, von einem Autorenkollektiv bestrittene »Geschichte der Stadt Stuttgart« hätte einen neuen Anfang setzen können, da sie mit ein paar hochqualifizierten Partien aufwarten konnte. Aber der Band, pfundschwer mit Gründerpracht ausgestattet, scheint keine sichtbaren Spuren hinterlassen zu haben, selbst die darin von *J. Hartmann* ausgesprochene »badische« Gründung der Stadt nicht. Eine umfassende Stadtgeschichte aus einer Hand gab es nicht mehr. 1927 hat *Eugen Schneider*, erfahren in dieser Spezies, eine 93seitige Schrift »Die Geschichte der Stadt Stuttgart. Ein Abriß« erscheinen lassen. Erst danach setzt mit dem Flurnamenwerk von *Helmut Dölker* (1933) wissenschaftliche Detailforschung ein, die dann mit den Arbeiten von *K. O. Müller*, *H. Decker-Hauff* und *G. Wein* Stuttgarts mittelalterliche Stadtgeschichte auf neue Füße gestellt hat. Bleibende Verdienste um die Stuttgarter Tradition hat sich *Gustav Wais* erworben. Seine mit Akribie ausgeführten Arbeiten vornehmlich zur Stuttgarter Topographie haben eingesetzt, als die Stadt ihren »alten Ton« verlor, sie sind auf den Markt gekommen, als das alte Stuttgart in Asche lag (besonders: Alt-Stuttgart. Die ältesten Bauten, Ansichten u. Stadtpläne bis 1800 (Veröff. des Archivs der Stadt Stuttgart 8, 1941) – Alt-Stuttgarts Bauten im Bild (1951) – Die Stuttgarter Stiftskirche (1952, zusammen mit A. Diehl) – Alt-Stuttgart. Die ältesten Bauten, Ansichten u. Stadtpläne bis 1800 (1954) – Stuttgart im 19. Jahrhundert (1955) – Die St. Leonhardskirche und die Hospitalkirche zu Stuttgart (1956) – Stuttgart vor der Zerstörung, 1958). Daneben ist auch das Buch von *H. Hildebrandt*, Stuttgart wie es war und ist ([3]1967) viel gelesen worden. Ein großer Wurf ist der bislang erschienene 1. Band der Stadtgeschichte von *Hansmartin Decker-Hauff*, Geschichte der Stadt Stuttgart, Band 1: Von der Frühzeit bis zur Reformation (Städt. Sparkasse Städt. Girokasse 1966), mit einer Fülle von Anregungen und grundlegend vor allem für die dynastisch-genealogische Seite dieses ersten stadtgeschichtlichen Zeitabschnitts.

Eine besondere Heimat hat Stuttgarts stadtgeschichtliche Forschung – vor üblichen dokumentarischen Unternehmungen wie dem 1971 in der hundertsten Ausgabe erschienenen Adreßbuch oder originellen wie dem »Stuttgarter Leben« – in der vom Stadtarchiv seit 1936 herausgegebenen Publikationsreihe »Veröffentlichungen des Archivs der Stadt Stuttgart«. Ihre 35 Bände und 8 Sonderbände sind im folgenden in den einzelnen Abschnitten im wesentlichen aufgeführt.

Signatur einer Stadt

H. Ammann, Vom Lebensraum der mittelalterlichen Stadt. Eine Untersuchung an schwäb. Beispielen, in: Berichte zur dt. Landeskunde 31 (1963), S. 284–316 – Der Baugrund von Stuttgart. Erläuterungen zum Baugrundkartenwerk. Stadtmessungsamt 1968 – *M. Brecht*, Philipp Jakob Spener und die Württ. Kirche, in: Geist u. Geschichte der Reformation. Festgabe H. Rückert, Arbeiten z. Kirchengesch. 38 (1966), S. 443–459 – *B. Döring*, Geographische u. historische Elemente der Stadtentwicklung in Stuttgart, in: Raumforschung u. Raumordnung 29 (1971), S. 194–196 – *G. Erlbeck*, Die alte »Schweizer Straße« im Schönbuch, Zeitschr. f. württ. Landesgesch. 29 (1970), S. 126–148 – *E. Fraas*, Die natürlichen Verhältnisse von Stuttgart (1906) – *P. Goessler*, Das Stadtbild von Stuttgart, Mitteilungen des Verschönerungsvereins 4 (1931), S. 6–15 – *R. Gradmann*, Süddeutschland 1 u. 2 (1931, darin Stuttgart bes. 2, S. 211–213) — *ders.*, Stuttgarts Stadtbild, Lage und Landschaft, in: Berichte zur dt. Landeskunde 17 (1965), S. 193 bis 205 – Gründungsversammlung des Deutschen Ausland-Museums Stuttgart. 10. Januar 1917 (1917) – *Fr. Haaß*, Beiträge zur Gesch. der Verkehrspolitik im süddeutschen Raum, Württ. Vierteljahrsh. f. Landesgesch. 26 (1917), S. 307–407 – *J. J. Hässlin* (Hrsg.), Stuttgart ([3]1968) – *J. Hartmann*, Stimmen über Stuttgart aus vier Jahrhunderten, Schwäb. Chronik (Beil. Schw. Merkur) 1879, S. 730, 769, 801, 821 u. 861 – *ders.*, Schwabenspiegel aus alter und neuer Zeit (Württ. Neujahrsblätter NF, Blatt 6, 1901) – *ders.*, Schwäbische Selbstbeleuchtung in alter und neuer Zeit. Des Schwabenspiegels zweiter Teil (Württ. Neujahrsblätter NF, Blatt 8, 1903) – *O. Lohr*, Aus der Geschichte der Stuttgarter Auslandsbeziehungen, Institut für Auslandsbeziehungen, Mitteilungen 1 (1957), S. 59–63 – *D. Narr*, Zur Stellung des Pietismus in der Volkskultur Württembergs, Württ. Jahrbuch für Volkskunde 1957/58, S. 9–33 – *M. Schaab*, Straßen und Geleitswesen zwischen Rhein, Neckar und Schwarzwald im MA und der früheren Neuzeit, Jahrbücher für Statistik u. Landeskunde von B.-W. 4 (1958), S. 54–75 – *Fr. Schaub*, Über Verkehrslinien im schwäb.-alemannischen Raum im 17. u. 18. Jh., Alemannisches Jahrb. 1953, S. 325–348 – *A. Scheuerbrandt*, Südwestdeutsche Stadttypen und Städtegruppen bis zum frühen 19. Jahrh. Ein Beitr. z. Kulturlandschaftsgesch. u. zur kulturräumlichen Gliederung des nördl. B.-W. u. seiner Nachbargebiete (Heidelberger Geogr. Arbeiten 32, 1972) – *K. Steiff/G. Mehring*, Geschichtliche Lieder und Sprüche Württembergs (1912) – *K. Weller*, Die Reichsstraßen des Mittelalters im heutigen Württ., Württ. Vierteljahrsh. f. Landesgesch. 33 (1927), S. 1–43 – *E. Wever*, Das Stadtbild von Stuttgart. Ein siedlungsgeographischer Versuch (Stuttgarter Geographische Studien, Veröff. des Geogr. Seminars der TH Stuttgart 1, 1924)

Bruchstücke der Frühzeit

G. Bersu, Römisches Gebäude im Rotwildpark bei Stuttgart, Germania 6 (1922), S. 177 bis 122 – Fundberichte aus Schwaben, 1893 ff. – *P. Goessler*, Vor- u. Frühgesch. v. Stuttgart-Cannstatt. Eine archäologische Heimatkunde (1920) – *Fr. Hertlein/O. Paret/P. Goessler*, Die Römer in Württemberg: 1. *Fr. Hertlein*, Die Gesch. der Besetzung des röm. Württ. (1928) 2. *Fr. Hertlein/P. Goessler*, Die Straßen u. Wehranlagen des röm. Württ. (1930) 3. *O. Paret*, Die Siedlungen des röm. Württ. (1932) – *H. Maier*, Die altsteinzeitliche Wohnhöhle »Kleine Scheuer« im Rosenstein, in: Mannus 28 (1936), S. 235–252 – *P. Maier*, Aus Stuttgarts Mittelsteinzeit. Das Stuttgarter Tardenoisien, seine Entdeckung und seine Typen, in: Schwäb. Tagwacht 1931, Nr. 212 – *ders.*, Mesolithikum aus Stuttgart, in: Germania 16 (1932), S. 186 f. – *O. Paret*, Zur Wiederherstellung u. Deutung des römischen Gebäudes im Rotwildpark bei Stuttgart, in: Germania 6 (1922), S. 122 f. – *ders.*, Eine Schussenrieder Siedlung bei Cannstatt, in: Germania 8 (1924), S. 60–65 – *ders.*, Ein zweites Fürstengrab der Hallstattzeit von Stuttgart-Bad Cannstatt, Nachrichtenblatt für deutsche Vorzeit 13 (1937), S. 241 f. – *ders.*, Groß-Stuttgart in vorgeschichtlicher Zeit (Veröff. des Archivs der Stadt Stuttgart 9, 1949) – *ders.*, Württemberg in vor- und frühgeschichtlicher Zeit (1961) – *E. Peters*, Die Stuttgarter Gruppe der mittelsteinzeitlichen Kulturen (Veröff. des Archivs der Stadt Stuttgart 7, 1941)

Punkt im Plan der Dynasten

O. Borst, Zur älteren Gesch. Esslingens bis zum Auftreten der Reichsstadt, Esslinger Studien 6 (1960), S. 7–57 – *ders.*, Esslingen am Neckar. Gesch. u. Kunst einer Stadt ([2]1967) – *A. Diehl*, Die Entstehung Stuttgarts, Zeitschr. f. württ. Landesgesch. 6 (1942), S. 262–278 – *H. Dölker*, Die Flurnamen der Stadt Stuttgart in ihrer sprachlichen und siedlungsgeschichtlichen Bedeutung (Tübinger Germanistische Arbeiten 16, 1933) – *E. Ennen*, Frühgesch. der europäischen Stadt (1953) – *dies.*, Die europäische Stadt des Mittelalters (1972) – *H. Fein*, die staufischen Städtegründungen im Elsaß (Schriften des Wiss. Instituts der Elsaß-Lothringer im Reich 23, 1939) – *H. Haering*, Der Reichskrieg gegen Graf Eberhard den Erlauchten von Württemberg in den Jahren 1310–1316 u. seine Stellung in der allg. dt. Gesch., Württ. Jahrbücher 1910, S. 43–70 – *G. Haselier*, Die Markgrafen von Baden und ihre Städte, Zeitschr. für die Gesch. des Oberrheins 107 (1959), S. 263–290 – *E. Hamm*, die Städtegründungen der Herzöge v. Zähringen in Südwestdeutschland (Veröff. des Aleman. Instituts Freiburg i. Br. 1, 1932) – *H. Jankuhn/W. Schlesinger/H .Steuer* (Hrsg.), Vor- und Frühformen der europäischen Stadt im Mittelalter I (Abhandlungen der Akad. der Wissenschaften in Göttingen, Phil.-hist. Klasse 83, 1973) – *E. Keyser*, Die städtebaul. Entstehung Stuttgarts, in: Zeitschr. f. württ. Landesgesch. 23 (1964), S. 402–412 – *W. Kittel*, Stufen der Stuttgarter Stadtentwicklung. Nach Dr. Karl Weidle, Der Grundriß v. Alt-Stuttgart usw., in: Schwäb. Heimat 14 (1963), S. 4–10 – *W. Kurze*, Adalbert und Gottfried von Calw, Zeitschr. f. württ. Landesgesch. 24 (1965), S. 242–308 u. S. 417–420 (*ders.*, Der Todestag Adalberts II. von Calw) – *R. Meinel*, Die Burgstellen in den Stuttgarter Wäldern, Blätter des Schwäbischen Albvereins 73 (1967), S. 6–9 – *K. O. Müller*, Traditiones Hirsaugienses, Zeitschr. f. württ. Landesgesch. 9 (1949/50), S. 21–46 – *H. Patze*, Die Bildung der landesherrlichen Residenzen im Reich während des 14. Jahrhunderts, in: *W. Rausch* (Hrsg.), Stadt und Stadtherr im 14. Jahrhundert (Beiträge zur Gesch. der Städte Mitteleuropas 2 [1972], S. 1–54) – *H. Planitz*, Die deutsche Stadt im Mittelalter. Von der Römerzeit bis zu den Zunftkämpfen (1954) – *R. Rau*, Die Verlegung des Beutelsbacher Stifts nach Stuttgart, Zeitschr. f. württ. Landesgesch. 20 (1961), S. 191–198 – *W. Rausch* (Hrsg.), Die Städte Mitteleuropas im 12. u. 13. Jahrhundert (Beiträge zur Gesch. der Städte Mitteleuropas 1,

1963) – *Fr. Rörig*, Die europäische Stadt und die Kultur des Bürgertums im Mittelalter (1955) – *H. Schmidt*, Die kirchlichen Verhältnisse in und um Stuttgart im Mittelalter, Südwestdeutsche Blätter für Familien- u. Wappenkunde 11 (1959/65), S. 387–389 (Vortragsbericht v. *H. Maurer*) – *E. Schneider*, Die Anfänge der Stadt Stuttgart, Württ. Vierteljahrsh. f. Landesgesch. 28 (1919), S. 1–20 – *H. Stoob*, Formen und Wandel staufischen Verhaltens zum Städtewesen, in: Forschungen zum Städtewesen in Europa I (1970), S. 51–72 – Studien zu den Anfängen des europäischen Städtewesens. Reichenau-Vorträge 1955–1956 (Vorträge u. Forschungen. Hrsg. vom Institut für geschichtl. Landesforschung des Bodenseegebietes in Konstanz, geleitet von Th. Mayer IV, 1958) – Stuttgarts frühere Befestigungen, Neues Tagblatt 1903, Nr. 129, S. 10 (kleiner, aber wichtiger Hinweis) – *I. K. Sommer*, Die Chronik des Stuttgarter Ratsherrn Sebastian Küng (Veröff. des Archivs der Stadt Stuttgart 24, 1971) – *K. Weidle*, Der Grundriß von Alt-Stuttgart. Seine Gliederung, seine Ausgangsformen u. sein Wachstum von den Anfängen bis zur Gegenwart. 2 Teile (Veröff. des Archivs der Stadt Stuttgart 14 u. 15, 1961) – *G. Wein*, Die mittelalterlichen Burgen im Gebiet der Stadt Stuttgart (Veröff. des Archivs der Stadt Stuttgart 20 u. 21, 1967 u. 1971) – *K. Weller*, Die staufische Städtegründung in Schwaben, Württ. Vierteljahrsh. f. Landesgesch. 36 (1930), S. 145–268 – *ders.*, Die Grafschaft Wirtemberg u. das Reich bis zum Ende des 14. Jahrhunderts, Württ. Vierteljahrsh. f. Landesgesch. 38 (1932), S. 113–163 u. Zeitschr. f. württ. Landesgesch. 4 (1940), S. 18–47 u. S. 209–237

Der Garten der Gotik

H. Bardua, Stuttgarter Wappen. Wappenführung und heraldische Traditionen der Stadt u. ihrer Vororte (Veröff. des Archivs der Stadt Stuttgart 18, 1973) – *E. Blessing*, Einteilung Württembergs in Ämter, in: Historischer Atlas von B.-W., Beiwort zur Karte VI, 10 (1972, mit Karten »Entwicklung des Amtes Stuttgart von 1350 bis 1850«) – *A. Diehl*, Zur Baugeschichte der Stuttgarter Stiftskirche, Württ. Jahrbücher 1936/37, S. 83–101 – Festschrift zur Einweihung der wiedererbauten Hospitalkirche Stuttgart am 21. 2. 1960. Hrsg. vom Ev. Pfarramt der Hospitalkirche Stuttgart – *W. Friz*, Die Stiftskirche zu Stuttgart (1929) – *W. Grube*, Vogteien, Ämter, Landkreise in der Geschichte Südwestdeutschlands. Hrsg. v. Landkreistag B.-W. ([2]1960) – *J. Hartmann*, Zwei Kloster-Inventare vom Ende des fünfzehnten Jahrhunderts. 1. Ausstattung des Stuttgarter Dominikanerklosters 1473, Blätter f. württ. Kirchengesch. NF 1 (1897), S. 137–142 – *V. Himmelein*, Die Ev. Veitskirche in Stuttgart-Mühlhausen (Große Baudenkmäler 254, 1971) – *H. Koepf*, Die Stuttgarter »Parlerpläne« und die Stuttgarter Bauhütte des Mittelalters. Amtsblatt der Stadt Stuttgart 1951, Nr. 12, S. 5 f. — *ders.*, Die Stuttgarter Parlerpläne, in: Neue Beiträge zur Archäologie u. Kunstgesch. Schwabens (1952), S. 58–64 – *ders.*, Die Baukunst der Spätgotik in Schwaben, Zeitschr. f. württ. Landesgesch. 17 (1958), S. 1–144 – *G. Kopp/Th. Sorg*, Die Stiftskirche in Stuttgart ([3]1967) – *C. Meckseper*, Stadtplan u. Sozialstruktur in der deutschen Stadt des Mittelalters, in: Bauwelt 63 (1972), S. 52–57 – *A. Mettler*, Zur Baugesch. der Stuttgarter Stiftskirche im 12.–14. Jahrhundert, Blätter f. württ. Kirchengesch. 41 (1937), S. 123–139 – *A. Rapp*, Zur Verfassung und Verwaltung Stuttgarts bis um 1500, Württ. Jahrbücher 1909, S. 127–134 – *E. Schneider*, Über die Entstehung und ältere Verwaltung von Stuttgart, Literar. Beilage des Staatsanzeigers f. Württ. 1921, S. 143–153 – *K. Stenzel*, Aus der Vergangenheit der Esslinger Vorstadt, in: Schwäb. Heimatbuch 1936, S. 122–130 – *ders.*, Aus der Gesch. der Turnierackervorstadt, Schwäb. Heimatbuch 1937, S. 112–122 – *K. Weingand*, Die Stuttgarter Häuser des Baumeisters Aberlin Jörg, Zeitschr. f. württ. Landesgesch. 15 (1956), S. 133–135

Die siebentorige Renaissance-Residenz

A. E. Adam, Das Untheilbarkeitsgesetz im württ. Fürstenhause nach seiner geschichtl. Entwicklung. Diss. Tübingen, Stgt. 1883 – *M. Bach*, Eine poetische Beschreibung des alten Schlosses in Stuttgart von Nikodemus Frischlin, Besondere Beilage des Staatsanzeigers f. Württ. v. 24. 6. 1892, S. 118–121 – *G. Bossert*, Zur Geschichte Stuttgarts in der ersten Hälfte des 16. Jahrhunderts, Württ. Jahrbücher 1914, S. 138–242 – *ders.*, Zur Schulgesch. von Stuttgart und anderwärts, Besondere Beilage des Staatsanzeigers f. Württ. 1914, S. 55–65 – *G. Burger*, Die südwestdeutschen Stadtschreiber im Mittelalter (Beiträge zur Schwäb. Geschichte 1–5, 1960) – *H. O. Burger*, Renaissance Humanismus Reformation. Deutsche Literatur im europäischen Kontext (Frankfurter Beiträge zur Germanistik 7, 1969) –*H. Butz*, Niklaus von Wile. Zu den Anfängen des Humanismus in Deutschland und in der Schweiz, Jahrbuch für die Gesch. der oberdeutschen Reichsstädte 16 (1970), S. 21–105 – *A. Diehl*, Die offene Armenfürsorge in Stuttgart vor der Reformation, Württ. Vierteljahresh. f. Landesgesch. 42 (1936), S. 36–92 — *W. Dörr*, Dreihundertfünfundsiebzig Jahre Stuttgarter Löwenapotheke. 1559–1934 (Südd. Apothekerzeitung 1934, Nr. 25/6) — *W. Fleischhauer*, Renaissance im Herzogtum Württemberg (1970) – *O. Gönnenwein*, Marktrecht u. Städtewesen im alemann. Gebiet, Zeitschr. für die Gesch. des Oberrheins 98 (1950), S. 345–376 – Graf Eberhard im Bart von Württ. im geistigen und kulturellen Geschehen seiner Zeit. Verfaßt von Bibliothekaren der Württ. Landesbibliothek (1938) – *W. Grube*, Haupt- und Residenzstädte in Altwürttemberg, Zeitschr. f. württ. Landesgesch. 25 (1966), S. 9*–13* – *W. Irtenkauf*, Graf Eberh. i. Bart u. seine Beziehungen zum Frühhumanismus, in: Beiträge zur Landeskunde, Regelm. Beilage zum Staatsanzeiger für B.-W., Nr. 4, August 1969, S. 1–6 – *P. Joachimsohn*, Frühhumanismus in Schwaben, Württ. Vierteljahrsh. f. Landesgesch. 5 (1896), S. 63–126 u. 257–291 – *J. Klaiber*, Die Stuttgarter Schützenfeste im 16. Jahrhundert, Besondere Beilage des Staatsanzeigers f. Württ. v. 5. 6. 1901, S. 33–64 – *M. Krebs* (Hrsg.), Johannes Reuchlin 1455–1522. Festgabe seiner Vaterstadt Pforzheim zur 500. Wiederkehr seines Geburtstages (1955) – *E. Maier*, Geschichte der Volksschule in Stuttgart (Veröff. des Archivs der Stadt Stuttgart 10, 1951) – *H.-M. Maurer/K. Ulshöfer*, Johann Brenz. Reformator u. Organisator der Evangelischen Landeskirche in Württemberg. Eine Gedächtnisausstellung z. 400. Todesjahr. Ausstellungsverzeichnis (1970) – *W. Maurer*, J. Reuchlin und das Judentum. Theologische Literaturzeitung 77 (1952), S. 535–544 – *B. Moeller* (Hrsg.), Der Konstanzer Reformator Ambrosius Blarer 1492–1564. Gedenkschrift zu seinem 400. Todestag (1964) – *H. Mosapp*, Reformationsgesch. der Stadt Stuttgart (1911) – *R. Rau*, Zum Tübinger Vertrag 1514, Zeitschr. f. württ. Landesgesch. 9 (1949/50), S. 147–174 – *J. Rauscher*, Zur Gesch. des Stuttgarter Dominikanerklosters, Württ. Vierteljahrsh. f. Landesgesch. 35 (1929), S. 250–272 – *ders.*, Johannes Brenz in Stuttgart, Württ. Vierteljahrsh. f. Landesgesch. 38 (1932), S. 263–275 – *Chr. Fr. Sattler*, Gesch. des Herzogthums Würtenberg unter der Regierung der Herzogen, Tübingen 1769 ff. – *E. Schneider*, Stuttgart im Bauernkrieg, Württ. Vierteljahrsh. f. Landesgesch. 10 (1901), S. 400–416

Widerspiele zwischen Hof und Stadt

G. Bossert, Die Hofkantorei unter Herzog Christoph v. Württ., Württ. Vierteljahrsh. f. Landesgesch. 7 (1898), S. 124–167 – *ders.*, Die Hofkantorei unter Herzog Ludwig, ebda. 9 (1900), S. 253–291 – *ders.*, Die Hofkapelle unter Herzog Friedrich 1593 bis 1606, ebda. 19 (1910), S. 317–374 – *ders.*, Die Hofkapelle unter Johann Friedrich 1608 bis 1628, ebda. 20 (1911), S. 150–208 – *ders.*, Die Hofkapelle unter Eberhard III. 1628–1657. Die Zeit des Niedergangs, der Auflösung u. der ersten Versuche der Wiederherstellung, ebda. 21

(1912), S. 69–137 – *M. Brecht*, Die Stuttgarter Hofbibliothek unter Herzog Christoph und Herzog Ludwig, Zeitschr. f. württ. Landesgesch. 20 (1961), S. 351–354 – 350 Jahre Württ. Staatsorchester. Eine Festschrift hrsg. von den Württ. Staatstheatern (1967) – *J. Frischlin*, Eine schöne lustige und kurtzweilige Comödia von dem Hochgeborenen Fürsten und Graff Hansen von und zu Wirtemberg usw. (1612) – *W. Grube*, Stuttgart als herzogliche Residenzstadt, in: Schwäb. Heimat 17 (1966), S. 113–121 – *I. Hanack* (Hrsg.), Die Tagebücher des Herzogs Johann Friedrich von Württemberg aus den Jahren 1615–1617 (Göppinger akademische Beiträge 49, 1972) – *Chr. Kolb*, Das Stift in Stuttgart während der Okkupation durch die Jesuiten 1634–1648, Blätter f. württ. Kirchengesch. 22 (1918), S. 42–109 – *L. Krapf/Chr. Wagenknecht* (Hrsg.), Stuttgarter Hoffeste. Texte u. Materialien zur höfischen Repräsentation im frühen 17. Jh. (= Neudrucke deutscher Literaturwerke 26, 1979) – *R. Krauß*, Die englischen Komödianten im heutigen Württemberg, Württ. Vierteljahrsh. f. Landesgesch. 7 (1898), S. 89–100 – ders., Zur Gesch. des Schauspiels am württ. Hofe bis zum Tode Karl Alexanders, Württ. Vierteljahrsh. f. Landesgesch. 16 (1907), S. 377–411 – *ders.*, Deutsche Wanderkomödianten in Stuttgart während des 17. u. 18. Jahrhunderts, in: Schwabenspiegel 1 (1907/08), S. 353–354 – Kurtze Beschreibung dessjenigen, was von einem Fremden in der ... Residentz-Stadt Stuttgardt, vornehmlich auf dem daselbstigsten Lust-Haus ... Merckwürdiges zu sehen (1736) – *H. Meyer*, Georg Rudolf Weckherlin. Dichter, Diplomat. 1584–1653, in: Schwäb. Lebensbilder 6 (1957), S. 101–113 – *Th. Musper*, Haben die Jesuiten das Brenzbild verbrannt?, in: Schwäb. Heimatbuch 1935, S. 22–25 – *ders.*, Hollar in Stuttgart, ebda. 1937, S. 73–80 – *J. Öttinger*, Wahrhaffte historische Beschreibung der fürstlichen Hochzeit und des hochansehnlichen Beylagers, so Johann Friedrich ... in der fürstlichen Hauptstatt Stuttgardten a. 1609 ... celebriret und gehalten hat (1610) – *A. Schahl*, Heinrich Schickhardt. Architekt und Ingenieur, Zeitschr. f. württ. Landesgesch. 18 (1959), S. 15–85 – *E. Schmid*, Die Jesuiten in Stuttgart 1634–1648, Württ. Vierteljahrsh. f. Landesgesch. 27 (1918), S. 133–151 – Vorstellung Stuttgartischer jüngst-gehaltener Hochfürstl. würtemberg-hessischer Heimführungs-Begängnis usw. (1675) – *G. R. Weckherlin*, Kurtze Beschreibung dess zu Stutgarten bey den Fürstlichen Kindtauf und Hochzeit jüngst-gehalttenen Frewden-Fests (1618)

Der lautlose Sieg

P. Antony (Hrsg.), Joh. V. Andreä, ein schwäb. Pfarrer im Dreißigjährigen Krieg (Schwäb. Lebensläufe 5, 1970) – *G. Barth*, Zur Gesch. der Stuttgarter Wirtshäuser, in: *M. Bach/C. Lotter*, Bilder aus Alt-Stuttgart (1896), S. 93–109 – *W. R. Beyer*, Hegels Mitarbeit am »Würtembergischen Volksfreund«, Deutsche Zeitschr. f. Philosophie 14 (1966), S. 709–724 – *H. O. Burger*, Die Gedankenwelt der großen Schwaben (1951) – Der »Urbanbecher« – Zunftpokal der Stuttgarter Weingärtner, in: Generalanzeiger des Stuttgarter Neuen Tagblatts 1909, Nr. 14, S. 1 – Der Weinbau um Stuttgart, in: Schwäb. Merkur 1878, S. 2109 – Die Geschichte des Weins und Weinbaues in Stuttgart, in: *B. Haug* (Hrsg.), Schwäb. Magazin von gelehrten Sachen 1778, S. 1–16, 142–156, 226–243, 592–601, 703–713 u. 746–761 – *E. Diehl*, Ein Gang durch die Württ. Bibelanstalt. Zum 125jährigen Jubiläum neu bearb. (1937) – *H. Dölker*, Von den Stuttgarter Straßen zum Stuttgarter Wein, in: Schwäb. Heimat 17 (1966), S. 177–182 – *Fr. Ernst*, 500 Jahre Landtag in Württemberg. Festrede bei der Jubiläumsfeier in Stuttgart am 27. November 1957, Zeitschr. f. württ. Landesgesch. 17 (1958), S. I–XVI – *H. Fausel*, Johann Valentin Andreä, in: Schwäb. Heimat 5 (1954), S. 119–124 – *ders.*, Von altlutherischer Orthodoxie zum Frühpietismus, in: Zeitschr. f. württ. Landesgesch. 24 (1965), S. 309–328 – *Fr. Fritz*, Altwürttembergische Pietisten, in: Für Arbeit u. Besinnung 4 (1950), 1 ff. und 9 u. 10 (1965 u. 1956) – *ders.*, Die Evang. Kirche Württ. im Zeitalter des

Pietismus, Blätter f. württ. Kirchengesch. 55 (1955), S. 68–116 u. 56 (1956), S. 99–167 – *P. Gehring*, Um Hegels Landständeschrift. Friedrich List im Spiel?, in: Zeitschr. f. philosophische Forschung 23 (1969), S. 110–121 – *W. Grube*, Der Stuttgarter Landtag 1457 bis 1957. Von den Landständen zum demokrat. Parlament (1957) – *H. R. G. Günther*, Psychologie d. dtsch. Pietismus, Deutsche Vierteljahrsschr. f. Lit. Wiss. u. Geistesgesch. 4 (1926), S. 144–176 – *J. Hartmann*, Unsere Namen [über Stuttgarter Namen], in: Schwäb. Chronik, Beilage Schw. Merkur 1881, S. 100–101, 121–122 u. 140–141 – *M. Hasselhorn*, Der altwürtt. Pfarrerstand im 18. Jahrhundert (Veröff. der Kommission f. geschichtl. Landeskunde in B.-W., Reihe B, 6, 1958) – *G. W. Fr. Hegel*, Jubiläums-Ausgabe, Hrsg. v. *H. Glockner*, 1927 ff. – *E. Hölzle*, Das Alte Recht u. die Revolution. Eine polit. Gesch. Württembergs in der Revolutionszeit 1789–1805 (1931) – *ders.*, Württ. im Zeitalter Napoleons u. der Deutschen Erhebung (1937) – *Chr. Kolb*, Zur kirchl. Gesch. Stuttgarts im 18. Jh., Blätter f. württ. Kirchengesch. 2 (1889), S. 49–85, 145–163 u. 3 (1890), S. 34–52 u. 160–170 – *ders.*, Die Anfänge des Pietismus u. Separatismus in Württ. (1903) – *R. Krauß*, Stuttgarter Faßnacht in alter Zeit, Sonntagsbeilage zum Schw. Merkur Nr. 33 v. 21. 1. 1922, S. 7 – *H. Lehmann*, Pietismus u. weltliche Ordnung in Württemberg vom 17. bis 20. Jahrhundert (1969) – *ders.*, Die württ. Landstände im 17. u. 18. Jahrhundert, in: *D. Gerhard* (Hrsg.), Ständische Vertretungen in Europa im 17. u. 18. Jahrhundert (Veröff. des Max-Planck-Instituts für Gesch. 27 (1969), S. 183–207) – *R. Lieske*, Protestantische Frömmigkeit im Spiegel der kirchlichen Kunst des Herzogtums Württ. (Forschungen u. Berichte der Staatl. Denkmalpflege in B.-W. 2, 1973) – *E. Lempp*, Gesch. des Stuttgarter Waisenhauses. 1710–1910 (1910) – *P. Nägele*, Stuttgarter Scharfrichter durch drei Jahrhunderte, Südwestdeutsche Blätter für Familien- u. Wappenkunde 9 (1957), S. 482–83 (Vortragsbericht von *H. Maurer*) – *D. Narr*, Zur Stellung des Pietismus in der Volkskultur Württembergs, Württ. Jahrb. f. Volkskunde 1957/58, S. 9–33 – *ders.*, Berührung von Aufklärung und Pietismus im Württ. des 18. Jahrhunderts. Einführung in die Problematik, in: Blätter f. württ. Kirchengesch. 66/67 (1966/67), S. 264–277 – *ders.*, Geistliche Äußerungen zur Fasnacht, besonders aus dem 18. Jahrhundert, Zeitschr. f. württ. Landesgesch. 28 (1969), S. 180–195 – *Fr. Nicolin*, Der junge Hegel in Stuttgart. Aufsätze u. Tagebuchaufzeichnungen 1785–1788 (Marbacher Schriften 3, 1970) – *Fr. J. Mone*, Weinpreis zu Stuttgart von 1479–1576, Zeitschr. für die Gesch. des Oberrheins 14 (1862), S. 37–39 – *A. Rapp*, Die Bedeutung der Konfession in der Gesch. Württembergs (Sammlung gemeinverständl. Vorträge u. Schriften aus dem Gebiet der Theologie u. Religionsgesch. 120, 1926) – *J. Ritter*, Hegel und die Franz. Revolution (Arbeitsgemeinschaft f. Forschung des Landes Nordrhein-Westfalen. Geisteswissenschaften 63, 1965) – *G. Rümelin*, Altwürttemberg im Spiegel fremder Beobachtung, in: Württ. Jahrbücher 1864, 1, S. 262–355 – *R. Rürup*, Joh. Jak. Moser. Pietismus u. Reform (Veröff. des Instituts f. europ. Gesch. Mainz 35, 1965) – *A. Schäfer*, Das Stuttgarter Patriziat bis zu Reformation, Südwestdeutsche Blätter für Familien- u. Wappenkunde 7 (1955), S. 342–344 (Vortragsbericht von *H. Maurer*) – *E. Schömbs*, Das Staatsrecht Joh. Jak. Mosers (1701–1785). Zur Entstehung des historischen Positivismus in der deutschen Reichspublizistik des 18. Jahrhunderts (Schriften zur Verfassungsgesch. 8, 1968) – *E. Schmid*, Die Jesuiten in Stuttgart 1634–1648, Württ. Vierteljahresh. f. Landesgesch. 27 (1918), S. 133–151 – M. Schmidt, Speners Pia Desideria. Versuch einer theolog. Interpretation (Theologia viatorum III. Jahrb. der Kirchl. Hochschule Berlin 1951, S. 70–112 – *G. Ströhmfeld*, Stuttgart in der Landwirtschaft, in: Tagblatt 1922, Nr. 385, S. 5, Nr. 390 S. 5 u. Nr. 391, S. 5 – *J. Trautwein*, Religiosität u. Sozialstruktur. Untersucht anhand der Entwicklung des württ. Pietismus (Calwer Hefte zur Förderung biblischen Glaubens usw. 123, 1972) – Von dem ältesten Schulwesen in Stuttgart, als ein Beitrag zur Litteraturgesch. von Württ., in: *B. Haug* (Hrsg.), Schwäb. Magazin von gelehrten Sachen 1776, S. 233–60, 299–314, 398–416, 559–566 u. 722–725

Residenz auf Abruf

W. Fleischhauer, Barock im Herzogtum Württemberg (1958) – *W. Haas*, Die Architekten Retti und La Guêpière am Neuen Schloß in Stuttgart, in: Deutsche Kunst u. Denkmalpflege 1960, S. 30–38 – *J. Hartmann*, Zur Lebenshaltung in Stuttgart vor 200 Jahren, in: Besondere Beilage des Staats-Anzeigers f. Württ. 1914, S. 80 – *H. A. Klaiber*, Der württ. Oberbaudirektor Philippe de la Guêpière. Ein Beitrag z. Kunstgesch. der Architektur am Ende des Spätbarock (Veröff. der Kommission f. geschichtl. Landeskunde in B.-W. 9, 1959) – *ders.*, Die Entstehung der Fassade des Neuen Schlosses, Schwäb. Heimat 7 (1956), S. 48–50 – Kurzer Auszug des Plans, die neue Armen-Versorgungs-Anstalt in der Herzogl. Residenzstadt Stuttgart betr. vom 31. Juli 1776 – *A. Marquart*, Zur Geschichte der Registratur der Stadt Stuttgart, Württ. Vierteljahrsh. f. Landesgesch. 15 (1906), S. 477–483 – *E. Müller*, Die Zwingburg des Absolutismus, Schwäb. Heimat 1959, S. 54 bis 73 – Revidirte, herzogliche Gassen-Säuberungs- und Brunnen-Ordnung anno 1774 (1774) – *O. Widmann*, R. F. Fischer 1746–1812. Ein Beitrag zur Gesch. des Louis XVI. in Württemberg (1928)

Das Bündnis mit Wissenschaft und Kunst

Ausstellung ›Die Hohe Carlsschule‹. Hrsg. v. Württ. Landesmuseum Stuttgart unter Mitwirkung des Hauptstaatsarchivs Stuttgart u. a. 4. 11. 1959–31. 1. 1960 (1959) – Beschreibung, wie der Grundriß zu einer neuen Casern von dem minderjährigen Landesfürsten Karl Eugen gelegt worden (1740) – *R. Buchwald*, Friedr. Schiller ([4]1959) – *H.-W. Engels*, Gedichte u. Lieder deutscher Jakobiner (Deutsche revolutionäre Demokraten, Hrsg. u. eingel. v. W. Grab I, 1971) – *B. Gerlach*, Die literarische Bedeutung des Hartmann-Reinbeckschen Hauses in Stuttgart. 1779–1849, Diss. Münster 1910 – *A. Götze*, Goethes Beziehungen zur Lithographischen Anstalt der Gebrüder Boisserée, Deutsche Vierteljahresschr. f. Lit. Wiss. u. Geistesgesch. 44 (1970), S. 738–746 – *K. Häring*, Stuttgarter Konzerte von Ende des 18. Jahrhunderts usw., in: Schwabenspiegel 20 (1926), S. 267 f. – *J. G. Hartmann*, Kurze fragmentarische Gesch. des württ. Hoftheaters usw. (1799/1800) Manuskript der Württ. Landesbibl. Stgt. HB XV, 11 – Herzog Karl Eugen von Württ. u. seine Zeit. Hrsg. v. Württ. Geschichts- u. Altertums-Verein 1 (1907), 2 (1909) – *J. Klaiber*, Stuttgart vor hundert Jahren (1870) – *R. Krauß*, Das Stuttgarter Hoftheater von den ältesten Zeiten bis zur Gegenwart (1908) – *G. Lang*, Gesch. der Stuttgarter Gelehrtenschule von ihren ersten Anfängen bis zum Jahre 1806 (Gesch. des humanistischen Schulwesens in Württ., Hrsg. v. d. württ. Kommission f. Landesgesch., Bd. 3, Halbbd. 2, Tl. 1, 1928) – *L. Lohrer*, Cotta. Gesch. eines Verlags 1659–1959 (1959) – *dies.* (Bearb.), Cotta. Dokumente Handschriften Bücher aus drei Jahrhunderten. Ausstellung der Stuttgarter Zeitung aus Beständen der Cottaschen Handschriftensammlung. Landesgewerbeamt Stuttgart 18. 6.–27. 7. 1959 (1959) – *E. Müller*, Der junge Schiller (1947) – *ders.*, Der Herzog und das Genie. Schillers Jugendjahre (1955) – *ders.*, Neues zu Schillers ›Räubern‹, Schwäb. Heimat 10 (1959), S. 185–195 – *E. Nau*, Hohenheim. Schloß u. Gärten usw. (1967) – *E. Neuhäuser* (Hrsg.), Goethe reist durchs Schwabenland. Aus Goethes Tagebüchern u. Briefen (1949) – *Fr. Nicolai*, Beschreibung einer Reise durch Deutschland u. die Schweiz i. Jahre 1781, Berlin 1783 ff. – *Fr. Nicolin* (Bearb.), Hegel 1770–1790. Leben. Werk. Wirkung. Eine Ausstellung des Archivs der Stadt Stuttgart (Veröff. des Archivs der Stadt Stuttgart. 2. Sonderband 1970) – *A. Osterberg* (Hrsg.), Tagebuch der Gräfin Franziska v. Hohenheim, späteren Herzogin v. Württ. (1913) – Policei-Verordnungen für die Herzogl. Residenz-Stadt Stuttgart (1790) – *H. Scheel*, Süddeutsche Jakobiner. Klassenkämpfe u. republikanische Bestrebungen im deutschen

Süden Ende des 18. Jahrh. (Deutsche Akad. der Wissenschaften zu Berlin. Schriften des Instituts f. Gesch., Reihe I, 13, 1962) — *J. Sittard*, Zur Gesch. der Musik u. des Theaters am württ. Hofe I (1890), II (1891) — *G. Storz*, Der Dichter Schiller (³1963) —*R. Uhland*, Gesch. der Hohen Karlsschule in Stuttgart (Darstellungen aus der württ. Gesch. 37, 1950) — *ders.*, Die Entstehung u. Entfaltung des Zeitungswesens in Stuttgart u. Württ., in: Beil. der ›Stuttgarter Nachrichten‹ v. 22. 1. 1964, S. 38–40 — *ders.* (Hrsg.), Herzog Carl Eugen, Tagbücher seiner Rayßen usw. (1968) — *G. Wais*, Die Schiller-Stadt Stuttgart (1955) — *B. v. Wiese*, Friedrich Schiller (1959) — *B. Zeller* (Hrsg.), Schillers Schwabenreise. Bilder, Briefe, Berichte (Jahresgabe 1959 der Höheren Fachschule für das graphische Gewerbe Stuttgart) — *ders.*, Gottlob Heinrich Rapp (1761–1832). Ein Beitrag zur Gesch. der Kultur des Stuttgarter Bürgertums, in: Natur u. Idee. Festschr. Andreas B. Wachsmuth (1966), S. 298–327

Die klassizistische Königsstadt

M. Brecht, Die Anfänge der historischen Darstellung des württ. Pietismus, Blätter f. württ. Kirchengesch. 66/67 (1966/67), S. 44–51 — *P. Faerber*, Nikolaus Thouret. Ein Baumeister des Klassizismus (1949) — *A. Feulner*, Skulptur u. Malerei des 18. Jahrhunderts (Handbuch der Kunstwissenschaft 1929) — *J. Friz*, Sammlung der Polizeigesetze u. Verordnungen f. die Residenzstadt Stuttgart (1829) — *O. Gerhardt*, Stuttgarts Kleinod. Die Geschichte des Schloßgartens, Rosensteins sowie der Wilhelma usw. (1936) — *K. Greiner*, Der Zustelldienst in Stuttgart zu Beginn des 19. Jahrhunderts, Postgeschichtl. Blätter aus Württ. 10 (1966), S. 12–14 — *J. Hagel*, Generalbauplan für die Residenzhauptstadt Stuttgart. Thourets verschollener Plan aus dem Jahre 1818 ist wiedergefunden, in: Beitrr. z. Landeskunde Nr. 1 v. Febr. 1985, S. 1–5 — *W. Hauser*, Stuttgarter Stadtpläne von 1640, 1743, 1831, nebst Erläuterung (1903) — *C. v. Kielmeyer/G. Jäger* (Hrsg.), Amtlicher Bericht über die Versammlung deutscher Naturforscher und Ärzte zu Stuttgart im September 1834 (1835) — *H. Klaiber*, Der Wilhelmspalast, ein Werk des Giovanni Salucci, Württ. Vierteljahrsh. f. Landesgesch. 35 (1929), S. 287–297. — *H. A. Klaiber*, Der Übergang vom Spätbarock zum Klassizismus in der württ. Architektur, Zeitschr. f. württ. Landesgesch. 19 (1960), S. 151–164 — *M. Landenberger*, Ludwigsburger Porzellan (1963) — *P. Lauser*, Wer hat den Schloßplatz in Stuttgart angelegt?, in: Schwäb. Chronik, Beil. Schw. Merkur 1913, Nr. 227, S. 5 f. — *K. Leipner*, Stuttgarts Stadterweiterungen, in: *E. Maschke/J. Sydow* (Hrsg.), Stadterweiterung u. Vorstadt (Veröff. der Kommission f. geschichtl. Landeskunde in B.-W., Reihe B, 51 (1969), S. 126–132) — *C. Lotter*, Die Stuttgarter Straßenbezeichnungen, in: Stuttgarter Mitteilungen f. Kunst u. Gewerbe 1905/06, S. 51–59 — *M.*, Zur Entwicklungsgesch. der Haupt- u. Residenzstadt Stuttgart, in: Neues Tagblatt 1903, Nr. 111, S. 9 u. Nr. 154, S. 1 — *M. Miller*, Die Organisation u. Verwaltung von Neuwürttemberg unter Herzog u. Kurfürst Friedrich (1934) — *J. G. Pahl*, Bemerkungen über Stuttgart, in: National-Chronik der Teutschen 1802 — Revidirtes Gesetz über das Gemeinde-, Bürger- und Beisitz-Recht im Königreiche Württemberg. Mit erl. Zusätzen usw. (1834) — *A. L. Reyscher*, Erinnerungen aus alter u. neuer Zeit (1802 bis 1880) (1884) — *G. Rümelin*, Der württembergische Volkcharakter, in: Reden u. Aufsätze. 3. Folge (1894), S. 375–405 — St. Eberhard. Gotteshaus im Herzen Stuttgarts. Erinnerungsblätter des 150jährigen Bestehens usw. (1961) — *O. Schmitt*, Vom Wesen schwäbischer Kunst, in: Dichtung u. Volkstum. N. F. des Euphorion 38 (1937), S. 129 bis 143 — *W. Speidel*, Giovanni Salucci der erste Hofbaumeister Kg. Wilhelms I. v. Württ. usw. (Darstellungen aus der württ. Gesch. 26, 1936) — *E. J. Zeller*, Stuttgarts Privatgebäude von 1806 bis 1844 usw. (1845)

Bürger und Biedermeier

Aktenmäßige Darstellung der im Königreich Württ. in den Jahren 1831, 1832 u. 1833 statt gehabten hochverrätherischen u. sonstigen revolutionären Umtriebe (1839) – *M. Bach,* Stuttgarter Kunst 1794–1860 (1900) – *K. Breitenbücher* (Bearb.), Karl Gerok. Schwäb. Jugend (Schwäb. Lebensläufe, hrsg. v. *H. Christmann,* 7, 1970) – *H. Buck,* Schwäb. Dichter u. Schriftsteller als polit. Journalisten von der Julirevolution bis zur Reaktionszeit 1830–1850. Münchener Diss. 1951 – Das Buchdruckerfest in Stuttgart. Gefeiert den 24. Juni 1840 usw. (1840) – Der Festzug der Württemberger, zur Feier der fünfundzwanzigjährigen Regierung Seiner Majestät des Königs Wilhelm usw. (1841) – Die allgemeine Ersparnis-Gesellschaft in Stuttgart, Schwäb. Chronik, Beil. Schwäb. Merkur v. 25. 12. 1840, S. 1405 – *E. Dolmetsch,* Bilder aus Alt-Stuttgart ([2]1930) – *ders.,* Aus Stuttgarts vergangenen Tagen usw. (1931) – Einrichtung u. Fortgang der gegen den Bettel u. zu besserer Versorgung der Armen getroffenenen Arbeits- u. Industrieanstalten in Stuttgart, Schwäb. Merkur 1801, S. 71 u. 75 ff. – *O. Elben,* Die Schillerfeste in Stuttgart 1825–1874, Schwäb. Merkur 1875, S. 1157 u. S. 1165 f. – *W. Fleischhauer,* Das Bildnis in Württemberg 1760–1860 (1939) – *K. Fricker,* Wilhelm Raabes Stuttgarter Jahre im Spiegel seiner Dichtung (Veröff. des Archivs der Stadt Stuttgart 6, 1939) – *Fr. Fritz,* Gesch. des Stundenwesens im Amtsoberamt Stuttgart, Blätter f. württ. Kirchengesch. 26 (1922), S. 98–129 – *ders.,* Die Stuttgarter Amtsdiözese nach den napoleonischen Kriegen, ebda. 48 (1948), S. 17–55 – *K. Gerok,* Jugenderinnerungen ([4]1890) – *G. Gerok* (Hrsg.), Karl Gerok. Ein Lebensbild aus seinen Briefen u. Aufzeichnungen zusammengestellt (1892) – *M. Gerster,* Franz Liszt in der Stuttgarter ›Glocke‹, in: Schwabenspiegel 31 (1937) Nr. 19 – *K.-J. Grauer,* Wilhelm I. König v. Württemberg usw. (1960) – *C. Th. Griesinger,* Silhouetten aus Schwaben (1838) – *ders.,* Humoristische Bilder aus Schwaben (1839) – Guckkastenbilder aus Stuttgart u. Schwaben (1841, ab 8. Lieferung: Hrsg. v. *F. C. Ehrhardt*) – *Fr. W. Hackländer,* Der Roman meines Lebens I. II ([2]1879) – *J. Haering,* Württ. unter dem Einfluß der Julirevolution, Zeitschr. f. württ. Landesgesch. 1 (1937), S. 446–454 – *J. E. Hartmann,* Stuttgarts romantische Umgebungen. Ein Führer usw. (1847) – *ders.,* Stuttgarts Gegenwart. Topographisch-statistisches Handbuch usw. (1847) – *H. Mayer* (Hrsg.), Heinrich Heine. Beiträge zur deutschen Ideologie (Ullstein Buch Nr. 2822, 1971) – *H. H. Houben,* Karl Gutzkow als württembergischer Politiker, Württ. Vierteljahrsh. für Landesgesch. 20 (1911), S. 149–263 – 150 Jahre Paulinenpflege Stuttgart 1820–1970 (1970) – *E. Jenal,* Wolfgang Menzel als Dichter, Literarhistoriker u. Kritiker (Neue deutsche Forschungen 133, 1937) – *Fr. Kauffmann* (Hrsg.), Eduard Mörike u. seine Freunde. Eine Ausstellung aus der Mörike-Sammlung Dr. Fritz Kauffmann (1965) – *A. Kolb,* Stuttgarter musikalische u. unmusikalische Originale (um 1860) – *Fr. Kool/W. Krause,* Die frühen Sozialisten 1.2 (dtv 4102 u. 4103, 1972) – *M. Koschlig,* Unbekannte Bildnisse Mörikes u. seiner Freunde, Jahrb. der Deutschen Schillergesellschaft X (1966), S. 130–159 – *R. Krauß,* Amalie v. Stubenrauch, in: Neues Tagblatt 1926, Nr. 170, Beilage – *H. Laube,* Reise durch das Biedermeier, hrsg. v. F. H. Körber (1965) – *K. A. Leibbrand,* Stuttgart. Die Anstalten u. Vereine für Wohlthätigkeit usw. (1869) – *A. Lewald* (Hrsg.), Allgemeine Theater-Revue 2 (1836), S. 274 f. (über Amalie Stubenrauch) – *H. Luck,* Stuttgarter Erinnerungen aus dem Jahre 1848, in: Schwäb. Chronik, Beil. Schwäb. Merkur 1898, S. 453–454, 557–58 u. 621–22 – *B. Mann,* Das Ende der Deutschen Nationalversammlung im Jahre 1848, Hist. Zeitschrift 214 (1972), S. 265–309 – *K. Mommsen* (Hrsg.), Georg Herwegh usw. (Sammlung Insel 37, 1969) – *Th. Musper,* Der Stuttgarter Brotkrawall von 1847 usw. Schwäb. Merkur 1938, Nr. 208, Sonntagsbeilage – *A. Palm* (eigentl. A. Müller), Briefe aus der Bretterwelt usw. (1881) – *P. A. Pfizer,* Polit. Aufsätze u. Briefe. Hrsg. u. erl. v. *G. Küntzel* (Hist.-politische Bücherei 3, 1924) – *Th. Plieninger,* Beschreibung von Stuttgart usw. (1834) – *M. Rehm,* Königin Katharina v. Württemberg usw. (1968) – *W. Reinöhl* (Hrsg.), Revolution u. Nationalversammlung 1848. Schwäb. Urkunden (1919) – *A. Ritz*, Der Hochwächter usw., in: Der Schwabenspiegel 27 (1933), S. 97–98 – *W. Schieder*, Anfänge der deutschen Arbeiterbewegung. Die Auslandsvereine im Jahrzehnt nach der Julirevolution von 1830 (Industrielle Welt. Schriftenreihe des Arbeitskreises f. moderne Sozialgesch. 4, 1963) – *H. Schiller*, Briefe der Amalie Stubenrauch an F. W. Hackländer, in: Amtsblatt der Stadt Stuttgart 1956, Nr. 27, S. 9 – *W. Schoof*, Freiligrath u. das Schwabenland, Schwäb. Heimat 14 (1963), S. 111–113 – *E. Schraepler*, Handwerkerbünde u. Arbeitervereine 1830 bis 1853 usw. (Veröff. der Hist. Kommission zu Berlin 34, 1972) – *E. Schuppe*, Der Burschenschafter Wolfg. Menzel. Eine Quelle zum Verständnis des Nationalsozialismus (1952) – *R. Stadelmann*, Soziale u. polit. Gesch. der Revolution von 1848 (^{2}1971) – *R. Stadelmann/W. Fischer*, Die Bildungswelt des deutschen Handwerkers um 1800 usw. (1955) – *K. Stenzel* (Hrsg.), Neues aus Wilhelm Hauffs Lebenskreis usw. (Veröff. des Archivs der Stadt Stuttgart. Sonderheft 1938) – *G. Taddey*, Georg Herwegh u. Württemberg. Ideologisches Wunschbild u. Wirklichkeit, Zeitschr. f. württ. Landesgesch. 29 (1970), S. 189–212 – *R. Uhland*, Stuttgart als Tagungsort der Naturwissenschaftler u. Ärzte, in: Ärzteblatt B.-W. 25 (1970), S. 396–406 – *M. Vester* (Hrsg.), Die Frühsozialisten 1789–1848. I. II (Klassiker rororo Nr. 264/66 u. Nr. 280/82) – Vollständiges Programm des Festzuges der Württemberger usw. (1841) – *J. v. W.*, Stuttgart u. die Stuttgarter, in: Die Grenzboten 1847, I. Semester, S. 539–45 – *H. J. Weitz*, Jean Paul in Heidelberg u. Stuttgart 1817–1819 usw., in: Festgabe f. Eduard Behrend (1959), S. 183–190 – *H.-G. Werner*, Gesch. des politischen Gedichts in Deutschland v. 1815 bis 1840 (1969) – *W. Winkler*, Wolfgang Menzels Bedeutung in den geistigen Auseinandersetzungen des 19. Jahrhunderts (Sprache u. Kultur der germanischen u. romanischen Völker 25, 1938) – *B. Zeller*, Gustav Schwab im literarischen Leben seiner Zeit, Zeitschr. f. württ. Landesgesch. 20 (1961), S. 268–289 – *U. Zeller*, Der Stuttgarter Beobachter als Hochwächter (1830–33), in: Kultur- u. Universalgesch. Festschr. Walter Goetz (1927), S. 328–346

Schein und Schatten der Gründerzeit

1868–1968. 100 Jahre Stuttgarter Straßenbahn (1968) – *P. Beck*, Stuttgart eine Großstadt, in: Augsburger Postzeitung 1885, Nr. 264 – Die Stuttgarter Stadterweiterung mit volkswirtschaftlichen, hygienischen u. künstlerischen Gutachten. Hrsg. v. Stadtschultheißenamt Stuttgart (1901) – *O. Elben*, Lebenserinnerungen 1823–1899 (Darstellungen aus der württ. Gesch. 22, 1931) – Entwicklung der Stadt Stuttgart in den Jahren 1872 bis 1892. Schwäb. Merkur 1893, S. 285–86 – *O. Feucht*, Stuttgarts Wundergarten. Schwäb. Heimat 7 (1956), S. 187–192 – *R. Gradmann*, Lebenserinnerungen (Lebendige Vergangenheit. Schriftenreihe des Württ. Gesch.- u. Altertumsvereins I, 1965) – *O. Günther*, J. C. Fischer usw., Schwäb. Lebensbilder 6 (1957), S. 367–385 – *J. Hartmann*. Stuttgart 1864–1889 usw. (1889) – *H. Hildebrandt*, Stuttgarter Fasching gegen Ende des 19. Jahrhunderts, Schwäb. Heimat 5 (1954), S. 24–26 – *A. K.*, Stuttgarter Indiskretionen (1892) – *Ch. Kaiser*, Die Stuttgarter Pferde-Eisenbahn usw. (1885) – *P. F. Krell*, Stuttgarts neuere Bauthätigkeit, Zeitschr. f. bildende Kunst 10 (1875), S. 44–53 u. 107–116 – *P. Lahnstein*, Stuttgart vor hundert Jahren (1967) – *K. Lotter*, Die baul. Entwicklung Stuttgarts, bis zum Regierungsantritt König Karls I. v. Württ. (1891) – *G. Lukács*, Karl Marx u. Fr. Th. Vischer, in: Deutsche Zeitschr. f. Philosophie 1 (1953), S. 471–513 – *K. Luttenberger*, Die Entwicklung Stuttgarts zur Großstadt im 19. Jahrhundert, in: Schwabenspiegel 2 (1908/09), S. 261–264 – *M. Miller/P. Sauer*, Die württ. Gesch. v. der Reichsgründung bis heute (1971) – *H. Missenharter*, Faust dritter Teil, in: Schwäb. Essays (1946), S. 232–253 – *A. Möglich*, Das Wachstum Stuttgarts von 1871–1900, Neues Tagblatt 1905, Nr. 48, S. 1 f. – *E. Nägele*, J. G. Fischer usw. (1913) – *G. Egelhaaf*, Lebens-Erinnerungen. Hrsg. v. A. Rapp (Veröff. der Kommission f. geschichtl. Landeskunde in

B.-W., Reihe A 5, 1960) – *O. Schairer*, Die Gesch. des Stuttgarter Liederkranzes usw. (1924) – *Fr. Schlawe*, Friedr. Th. Vischer (1959) – *Fr. Th. Vischer*, Die Verlegung der Universität Tübingen nach Stuttgart usw., in: Südd. Monatshefte 1 (1904), S. 734–750 – *G. Wochner*, Stuttgart seit fünf und zwanzig Jahren usw. (1871) – *Th. Wurm*, Erinnerungen aus meinem Leben usw. (1953)

In den Umbrüchen der Industrialisierung

H. Ayen, Die Stuttgarter Effektenbörse in ihrer geschichtl. Entwicklung usw. Würzburger Diss. (Masch.) 1923 – *E. Bader*, Stuttgarter Bergwerk- u. Steinbruchbetriebe in alter Zeit (Veröff. des Archivs der Stadt Stuttgart 5, 1939) – *G. Barth*, Stuttgarter Handel u. Handlungshäuser in vergangener Zeit (1896) – *O. Borst*, Staat u. Unternehmer in der Frühzeit der württ. Industrie, Tradition. Zeitschr. f. Firmengesch. u. Unternehmer-Biographie 11 (1966), S. 105–126 u. 153–174 – *ders.*, Die wirtschaftlichen Führungsschichten in Württ. 1790–1850, in: *H. Helbig* (Hrsg.), Führungskräfte der Wirtschaft in Mittelalter u. Neuzeit 1350–1850 I (Deutsche Führungsschichten in der Neuzeit 6, [1973], S. 229 bis 279) – *E. Braun* u. a., Bosch 1961 usw. (1961) – *Chr. Brommer*, Ein Verlust f. Stuttgart. Der Wegzug der badischen Anilin- und Sodafabrik vor 50 Jahren, Schwäb. Merkur 1939, Nr. 73, S. 13 – *H. Bundschuh*, Lohn- u. Lebensverhältnisse der Arbeiter in der Industrie des Neckartals usw., Heidelberger Diss. (Masch.) 1923 – Das Stuttgarter Fürsorgeheim. Seine Entstehung u. seine seitherige Entwicklung (1909) – *L. Dessauer*, Die Industrialisierung von Groß-Stuttgart (1916) – Die Allgemeine Rentenanstalt zu Stuttgart 1833–1933 (1933) – Die Württ. Vereinsbank Stuttgart. 1869–1919 (1919) – *A. Druckenmüller*, Der Buchhandel in Stuttgart seit Erfindung der Buchdruckerkunst usw. (1908) – *W. Fleischhauer*, Die Stuttgarter Wandteppich-Manufaktur (1698–1737), Zeitschr. f. württ. Landesgesch. 13 (1954), S. 249–261 – *K. Fleischmann*, Das Industriegebiet des württ. Unterlandes ... Tl. 1 (Veröff. des geogr. Seminars der T.H. Stuttgart, Reihe A, 26, 1930) – *G. Franz*, 100 Jahre Landesproduktenbörse Stuttgart e.V. (1963) – Fünfzig Jahre Bosch 1886–1936 (1936) – *P. Gehring*, Pläne eines Stuttgarter Polytechnikums um 1817 usw., Zeitschr. f. württ. Landesgesch. 27 (1968), S. 397–416 – *J. Giefel*, Die Seidenzucht in Stuttgart u. Ludwigsburg, Neues Tagblatt 1904, Nr. 103, S. 1 – *R. Grotz*, Entwicklung, Struktur u. Dynamik der Industrie im Wirtschaftsraum Stuttgart usw. (Stuttgarter Geogr. Studien 82, 1971) – *Fr. Hammer*, Gesch. des Stuttgarter Buchdrucks (1934) – *E. Hasselmann*, und trug hundertfältige Frucht. Ein Jahrhundert Konsumgenossenschaftlicher Selbsthilfe in Stuttgart (1964) – *A. Hegele*, Gottlieb Daimler. Der Schöpfer des Automobils (1934) – *Th. Heuß*, Robert Bosch, Leben und Leistung (1946) – *R. Hoffmann*, Daimler-Benz Aktiengesellschaft, Stuttgart-Untertürkheim (Musterbetriebe der Wirtschaft 12, 1930) – 100 Jahre Technische Hochschule Stuttgart usw. (1929) – *G. Küster*, 75 Jahre Bosch 1886–1961 (Bosch-Schriftenreihe 9, 1961) – *H. Knapp*, Der Bahnhof in Stuttgart vom Standpunkt eines Laien aus beurteilt (1844) – *R. Krauß*, Alt-Stuttgarts Jahrmärkte u. Messen, Württ. Vierteljahrsh. f. Landesgesch. 27 (1918), S. 45–60 – *P. Lechler*, Aus der Mappe eines Armenpflegers ([2]1920) – *Th. Leipart*, Beitrag zur Beurtheilung der Lage der Arbeiter in Stuttgart usw. (1900) – *J. M. Müller*, Schlaglichter aus dem Genossenschaftsleben ... Eine Stuttgarter Genossenschaftsgesch. (1878) – *Fr. Nallinger*, Gottlieb Daimler u. Karl Benz, in: Die Großen Deutschen 5 (1957), S. 380–389 – *A. Neher*, Zur Lage der weiblichen Dienstboten in Stuttgart usw. (1908) – *R. Rau*, Frühe Handwerkerordnungen im württ. Raum, in: *E. Maschke/J. Sydow* (Hrsg.), Städtische Mittelschichten (Veröff. der Kommission f. geschichtl. Landeskunde in B.-W., Reihe B, 69, 1972 [1972], S. 94–103) – *F. Rörig*, ›Territorialwirtschaft u. Stadtwirtschaft‹, in: Wirtschaftskräfte im Mittelalter. Abhandlungen zur Stadt- u. Hansegesch., Hrsg. v. P. Kaegbein ([2]1971), S. 421–446 – *Fr. Schildberger*, Chronik der

Mercedes-Benz Fahrzeuge u. Motoren (1966) – *R. Schlegel*, Die Entwicklung der Buchdruckereien in Stuttgart (1964) – *W. Schmierer*, Von der Arbeiterbildung zur Arbeiterpolitik usw. (Schriftenreihe des Forschungsinstituts der Friedr.-Ebert-Stiftung, Reihe B, 1970) – *Fr. Schumann*, Die Arbeiter der Daimler-Motoren-Gesellschaft usw. (Schriften des Vereins für Socialpolitik 135, 1911) – *P. Siebertz*, Gottlieb Daimler usw. (²1941) – *K. Späth*, Das Wohnungs- und Verkehrswesen v. Stuttgart usw. (1922) – *R. Spaeth*, Die verkehrswirtschaftl. Bedeutung der Neckarkanalisierung usw. (1966) – *K. Strölin*, Die wirtschaftl. Lage der Arbeiterklasse u. des Mittelstandes der Stadt Stuttgart usw., Gießener Diss. (Masch.) 1923 – *A. Wankmüller*, Die Farbenfabrik des Apothekers Heinr. Siegle in Stuttgart, in: Beiträge zur württ. Apothekergesch. 8 (1968), S. 143–145 – *K. Weidner*, Die Anfänge einer staatl. Wirtschaftspolitik in Württ. (Darstellungen aus der württ. Gesch. 21, 1931) – *R. Wissell*, Des alten Handwerks Recht u. Gewohnheit, 2. Aufl., hrsg. v. *E. Schraepler* (Einzelveröff. der Hist. Kommission zu Berlin 7, 1971) – *W. Zorn*, Handels- u. Industriegesch. Bayerisch-Schwabens 1648–1870 usw. (Veröff. der Schwäb. Forschungsgemeinschaft usw., Reihe 1, Bd. 6, 1961) – *W. Zuerl*, Deutsche Flugzeugkonstrukteure usw. (²1941) –

Die Fangarme der Großstadt

Fr. Bartholomäi, Ortschronik von Botnang bei Stuttgart usw. (1920) – *J. Baum*, Sanierung der Altstadt in Stuttgart, in: Architektonische Rundschau 1909, S. 85–92 – *ders.*, Der Neubau der Altstadt in Stuttgart, in: Burgwart 12 (1911), S. 55–57 – *ders.* (Hrsg.), Die Stuttgarter Kunst der Gegenwart (1913) – *Chr. Böhm/A. Buck/K. Fischer*, Das Amtsoberamt Stuttgart (1915) – Chronik der Haupt- und Residenzstadt Stuttgart 1898 ff. (bis einschließl. 1912, ersch. 1898–1915) – *Th. Fischer*, Stadterweiterungsfragen mit besonderer Rücksicht auf Stuttgart (1903) – *J. Häuselmann*, Die kommunale Baupolitik in Stuttgart, Schwäb. Merkur 1922, Nr. 63, S. 5 – *R. Hartog*, Stadterweiterungen im 19. Jahrhundert (Schriftenreihe des Vereins zur Pflege der kommunalwissenschaftlichen Aufgaben 6, 1962) – *H. Jassoy*, Das neue Rathaus in Stuttgart, Besondere Beilage des Staats-Anzeigers f. Württ. 1900, S. 33–41 – *Fr. Keidel*, Bilder aus Degerlochs Vergangenheit (1926) – *J. Keinath* (Hrsg.), Untertürkheimer Heimatbuch (1935) – *H. A. Kurfeß*, Die Neckarvororte von Stuttgart usw. (Stuttgarter Geogr. Studien, Reihe A, 18/9, 1929) – *C. L.*, Stuttgarts bauliche Entwicklung 1911–1915, Schwäb. Merkur 1916, Nr. 193, S. 5–6 – *A. Lambert*, Die Sanierung der Altstadt u. die Sehenswürdigkeiten, die dadurch beseitigt werden sollen, Neues Tagblatt 1906, Nr. 63. Jg. (1906), Nr. 10 v. 13. 1. 1906, S. 17–18 – *P. Lemcke*, Das Gast- u. Schankwirtschaftswesen in der Stadt Stuttgart, Besondere Beilage des Staats-Anzeigers f. Württ. 1900, S. 211–214 – *P. Lörcher*, Die Gesch. der Stuttgarter Straßenbahnen AG von 1928–1958 (1963) – *C. Lotter*, Eine Wanderung durch die Altstadt Stuttgart, Schwäb. Merkur 1905, Nr. 5, S. 5–7 – *A. Mack*, Die bauliche Entwicklung v. Stuttgart auf dem Platze des abgebrannten Hoftheaters u. dessen Umgebung (1903) – *K. Pfaff*, Gesch. Möhringens auf den Fildern (1854) – *M. Reichert*, Die Vorortsbildung der süd- u. mitteldeutschen Großstädte (1934) – *F. Schuster*, Vorschläge zur Erhaltung der Bahnhofvorhalle und des Königstores in Stuttgart sowie des Pliensauturmes in Esslingen, Mitteilungen des Bundes f. Heimatschutz in Württ. u. Hohenzollern 3 (1911), S. 1–13 – *P. Schmohl*, Die bauliche Entwicklung Stuttgarts, in: Mitteilungen des Bundes f. Heimatschutz in Württ. u. Hohenzollern 4 (1912), S. 1–21 – *E. Springer*, Verfassung u. Verwaltungsorganisation der Städte. 4. 2. Königreich Württ. (Schriften des Vereins f. Socialpolitik 120, 1905) – *R. Uhland*, Der Brand des Stuttgarter Hoftheaters usw., Schwäb. Heimat 15 (1964), S. 122–132 –

Künstler, Prediger, Sozialisten

Fr. Balser, Sozial-Demokratie 1848/49–1863. Die erste deutsche Arbeiterorganisation ›Allgemeine deutsche Arbeiterverbrüderung‹ nach der Revolution (Industrielle Welt 2, 1962, Text- u. Quellenband) – *O. v. Breitschwerdt*, Aus stiller Klause (1889) – *R. Brügel*, Unvergessenes Stuttgart. Begegnungen nach der Jahrhundertwende (1958) – *H. Daiber*, Das neue Kunstgebäude in Stuttgart, in: Theodor Fischer, Öffentliche Bauten (1922), S. 217–264 – *A. Dulk's* sämmtliche Werke, hrsg. v. E. Ziel, I (1863) – *H. Elsas*, Arthur Mülberger, in: Medic. Correspondenz-Blatt 79 (1909), S. 75–78 – *W. Fleischhauer*, König Wilhelm II. u. die bildende Kunst, in: Wilh. II., Württembergs geliebter Herr (1928), S. 185–200 – *W. Fleischhauer/J. Baum/S. Kobell*, Die schwäb. Kunst i. 19. u. 20. Jahrhundert (1952) – *P. Grohmann* u. a. (Hrsg.), Der Internationale Sozialistenkongreß Stuttgart 1907 (= Beitrr. z. Gesch. des Sozialismus und der sozialen Bewegungen in Süddeutschland 1, 1977) – *E. Gerhäuser*, Stuttgarts Bühnenkunst usw. (1917). – *M. Greiner*, Mein Stuttgart usw. (1949) – *H. Hohloch*, Der Christl. Verein Junger Männer Stuttgart, sein Werden, Wachsen u. seine Verfassung, in: Ev. Gemeindeblatt für Stuttgart (1930) Nr. 40 – *W. Holzheuer*, Karl Kautskys Werk als Weltanschauung usw. (Münchener Studien zur Politik 21, 1972) – *H. Karlinger*, Theodor Fischer, ein deutscher Baumeister (1932) – *K. Kautsky*, Der Weg zur Macht. Mit einem Anhang: Kautskys Kontroverse mit dem Parteivorstand. Hrsg. u. eingel. v. *G. Fülberth* (1971) – *K. Kautsky* jr. (Hrsg.), August Bebels Briefwechsel mit K. Kautsky (Quellen u. Untersuchungen z. Gesch. der deutschen u. österr. Arbeiterbewegung II, 1971) – *W. Keil*, Erlebnisse eines Sozialdemokraten 1 (1947) – *ders.*, Karl Kloss, ein großer Arbeiterführer, in: Bürger i. Staat 4 (1954), H. 12 – *F. Klein/A. Laschitza/B. Radlak/F. Tych*, Die Stellung der internationalen Arbeiterbewegung zu Militarismus und Imperialismus zwischen den Kongressen in Stuttgart und Basel 1907–1912, in: Beiträge zur Gesch. der Arbeiterbewegung 15 (1973), S. 42–63 – *R. Krauß*, Die Ära Putlitz, in: Almanach der württ. Landestheater 1926, S. 52–67 – *P. Läuter*, Bibliographie des Verlages J. H. W. Dietz in Stuttgart für die Jahre 1882 bis 1922, in: Beiträge z. Gesch. des Buchwesens 3 (1968), S. 223–253 – *K. Leipner*, Porträts von 4 Stuttgarter Oberbürgermeistern, in: Amtsblatt der Stadt Stuttgart 1967, Nr. 22, S. 11 – *G. Rümelin*, Geistiges Leben in Württ. unter der Regierung König Wilhelms II. (1916) – *G. Runge*, Die Volkspartei in Württ. v. 1864 bis 1871 usw. (Veröff. der Kommission f. geschichtl. Landeskunde in B.-W., Reihe B, 62, 1970) – *O. Uhlig*, Das moderne Arbeitsamt usw., Amtsblatt der Stadt Stuttgart 1970, Nr. 37, S. 6–7 – *Fr. Westmeyer*, Wohnungselend in Stuttgart (1911) – *R. Zanker*, Zirkus-Kunst in Alt-Stuttgart usw., Schwäb. Merkur 1940, Nr. 186, S. 8 – *ders.*, Geliebtes altes Stuttgart. Erinnerungen u. Begegnungen ([3]1965)

Die rote Fahne

W. Blos, Denkwürdigkeiten eines Sozialdemokraten 1. 2. (1914–1919) – *ders.*, Von der Monarchie zum Volksstaat. Zur Gesch. der Revolution in Deutschland, insbesondere in Württ. 1. 2. (Zeitgenöss. Memoirenwerke, 1922/23) – *P. Bonatz*, Leben u. Bauen (1950) – *W. Benz*, Süddeutschland in der Weimarer Republik. Ein Beitrag z. deutschen Innenpolitik 1918–1923 (Beiträge zu einer hist. Strukturanalyse Bayerns im Industriezeitalter 4, 1970) – *J. S. Drabkin*, Die Novemberrevolution 1918 in Deutschland (1968) – *W. Elben*, Das Problem der Kontinuität in der deutschen Revolution von 1918/19 (Beiträge z. Gesch. des Parlamentarismus usw. 31, 1965) – *E. Hoernle*, Rote Lieder (1968) – *W. Keil*, Erlebnisse eines Sozialdemokraten 2 (1948) – *W. Keil*, Der ›Sturm‹ auf das Wilhelmspalais. Eine geschichtl. Klarstellung zum 9. November 1918 in Stuttgart. Staatsanzeiger 7 (1958), Nr. 85, S. 2–3 – *W. Kohlhaas*, Chronik der Stadt Stuttgart

1913–1918 (Veröff. des Archivs der Stadt Stuttgart 16, 1967) – *ders.*, Der 9. November 1918 im Stuttgarter Wilhelmspalais, in: Zeitschr. f. württ. Landesgesch. 37 (1978), S. 307–361 – *L. v. Köhler*, Zur Gesch. der Revolution in Württ. (1930) – *K. Mattes*, Zum 8. und 9. November 1918, Württ. Vierteljahrsh. f. Landesgesch. 39 (1933), S. 329–332 – *E. Matthias*, Zwischen Räten u. Geheimräten. Die deutsche Revolutionsregierung 1918/19 (1970) – *E. Reinhard*, Von den Soldatenräten usw., in: Deutsche Revue 44 (1919), S. 108–126 – *F. Rück*, November 1918. Die Revolution in Württ. (1958) – *R. Rürup*, Probleme der Revolution in Deutschland 1918/19 (Vorträge des Instituts f. europ. Gesch. Mainz 50, 1968) – *E. Schneider*, Der 9. November 1918 im Wilhelmspalast, in: Aus der württ. Gesch. Vorträge u. Abhandlungen (1926), S. 263–268 – *K. Weller*, Die Staatsumwälzung in Württ. 1918–1920 (1930) – *ders.*, Beiträge zur Gesch. der Novembertage 1918 in Württ., Württ. Vierteljahrsh. f. Landesgesch. 37 (1931), S. 177–192

Die zwanziger Jahre in Stuttgarter Fassung

H. Ballensiefen (Red.), 50 Jahre kommunale Elektrizitätsversorgung in Stuttgart (Schriftenreihe der Techn. Werke der Stadt Stuttgart 3, 1954) – *H. Bernath*, Das deutsche Auslandmuseum und -Institut in Stuttgart, in: Museumskunde 14 (1919), S. 38–40 – *O. Borst*, Nellingen. Geschichte u. Gegenwart einer Fildergemeinde (1971) – *G. Busch*, Fritz Busch, Dirigent (1970) – Die zwanziger Jahre in Stuttgart. Eine Dokumentation. Stuttgart: Turmhaus-Druckerei (o. J.) – *B. Dopheide*, Fritz Busch. Sein Leben u. Wirken usw. (1970) – *Fr. Elsas*, Die Lebensmittelversorgung einer Großstadt im Kriege unter besonderer Berücksichtigung Stuttgarts (1917) – *ders.* (Hrsg.), Stuttgart. Das Buch der Stadt (1925) – Festschr. der Württ. Staatstheater Stuttgart anläßlich der Eröffnung des Kleinen Hauses. 5. Oktober 1962 – *O. Fischer*, Die Ausstellung neuer deutscher Kunst im Kunstgebäude, in: Kunst u. Kultur in Schwaben. Stuttgarter Kunstsommer 1924. Hrsg. v. *Fr. Schneider/J. Frank* (Jahrb. des Vereins f. Fremdenverkehr 1 (1924), S. 79–96) – *M. Greiner*, Mein Stuttgart usw. (1949) – Gründungs-Versammlung des Deutschen Auslands-Museum Stuttgart. Museum u. Institut zur Kunde des Auslanddeutschtums und zur Förderung deutscher Interessen im Ausland. 10. Januar 1917 (1917) – Hoelzel und sein Kreis. Der Beitrag Stuttgarts zur Malerei des 20. Jahrhunderts. Katalog der Eröffnungsausstellung des Württ. Kunstvereins Stuttgart 1961 – *H. Hoppenlauer*, Stuttgart damals. Erinnerung an eine Jugend nach dem Ersten Weltkrieg, in: Schwäb. Heimat 1 (1950), S. 145–152 – *J. Joedicke/Chr. Plath*, Die Weißenhofsiedlung (Stuttgarter Beiträge 4, 1968) – *E. Keuerleber* (Bearb.), Galerie der Stadt Stuttgart. Zur Wiedereröffnung im Kunstgebäude am 8. September 1961 (1961) – *W. Kohlhaas*, Chronik der Stadt Stuttgart 1918–1933 (Veröff. des Archivs der Stadt Stuttgart 17, 1964) – *E. Kratzsch* (Bearb.), 50 Jahre kommunale Gasversorgung Stuttgart 1899–1949. Stuttgart. Technische Werke usw. (1949) – *H. Nowarra*, 60 Jahre Deutsche Verkehrsflughäfen (1969) – *Fr. Nüßle*, Die administrative Einteilung des unteren u. mittleren württ. Neckargebietes usw. (Stuttgarter geogr. Studien, Veröff. des Geogr. Seminars der T.H. Stuttgart, Reihe A, 20/21, 1930) – *K. Pirath*, Verkehrsprobleme u. Landesplanung im Wirtschaftsgebiet Stuttgart–Heilbronn (1930) – *H. G. Ritzel*, Kurt Schumacher usw. (rowohlts monographien 184, 1972) – *P. Schmitthenner*, Der Wiederaufbau, in: Württemberg 4 (1932), S. 49–55 (des Alten Schlosses) – *M. Scheck*, Zwischen Weltkrieg und Revolution. Zur Geschichte der Arbeiterbewegung in Württemberg 1914–1920 (= Dissertationen zur neueren Geschichte 10, 1981) – *H. Scholz*, Herr seiner Welt. Der Lebensroman Ferdinand Porsches (1962) – *W. Scholz*, Stuttgarter Theatererinnerungen, in: Schwaben 11 (1939), S. 613–616 – *F. S. Sendler*, Die Reichsregierung und die Nationalversammlung in Stuttgart während des Kapp-Lüttwitz-Putsches. Stuttgarter wiss. Arbeit 1977 – *K. Stenzel*, Das Archiv der Stadt Stuttgart, in: Korrespondenzblatt des Gesamtvereins (der deutschen Altertumsvereine) 80 (1932), S. 144–148 – *H. Vietzen*, Ein Stadtteil wandelt sich. Aus der Gesch. des Bahnhofviertels in Stuttgart (1973) – *G. Wais*, Das letzte Tor von 20 Stadttoren, in: Stuttgarter Zeitung Nr. 64 v. 17. 3. 1951 – *H. Zimmermann*, Alte Stuttgarter Gestalten, Schwäb. Merkur 1938, Nr. 285, Sonntagsbeilage.

Der Weg in die Feuerhölle

Akademie der bildenden Künste Stuttgart, Stadt der Auslandsdeutschen (1939) – *H. Bardua*, Stuttgart im Luftkrieg 1939–1945 (Veröff. des Archivs der Stadt Stuttgart 23, 1967) – *W. Besson*, Württemberg und die deutsche Staatskrise 1928–1933 (1959) – *W. Bohn*, Stuttgart: Geheim! Ein dokumentarischer Bericht (Bibl. des Widerstandes, 1969) – *R. Breitling*, Die nationalsozialistische Rassenlehre usw. (1971) – *M. Clemenz*, Zur Entstehung des Faschismus (1972) – *R. Csaki*, Das Deutsche Auslandsinstitut in Stuttgart als Wegbereiter für die gesamtdeutsche Volks- u. Kulturforschung, in: Dichtung u. Volkstum NF Euphorion 41 (1941), S. 206–211 – Den Deutschen im Ausland dient seit mehr als zwei Jahrzehnten das Deutsche Ausland-Institut in Stuttgart, der Stadt der Auslandsdeutschen (1939) – *W. J. Doetsch*, Württembergs Katholiken unterm Hakenkreuz (1969) – *Th. Dipper*, Die Ev. Bekenntnisgemeinschaft in Württ. 1933–1945 usw. (Arbeiten zur Gesch. des Kirchenkampfes 17, 1966) – *H. P. Fuchs* (Red.), Stuttgart im Dritten Reich. Katalogwerk zum gleichnamigen Ausstellungszyklus der Landeshauptstadt Stuttgart. Hrsg. v. Kulturamt 1982–1984. 5 Bde.: Völkische Radikale in Stuttgart [1] – Prolog. Politische Plakate der späten Weimarer Republik [2] – Friedr. Wolf. Die Jahre 1927–1933. Ein Beispiel [3] – Die Machtergreifung. Von der republikanischen zur braunen Stadt [4] – Anpassung, Widerstand, Verfolgung. Die Jahre von 1933 bis 1939 [5]. Blaicher Verlag Gerlingen – *R. Galler*, Arbeiterwohnungsbau in Stuttgart 1933 bis 1937, Diss. München (Masch.) 1939 – *G. Geist* (Red.), Deutsches Ausland-Institut Stuttgart (1935) – *H. Hermelink* (Hrsg.), Kirche im Kampf usw. (1950) – *O. Hesse*, Gesch. von Feuerbach (1909) – *H. Kilian*, Die Zerstörung Stuttgarts 1944 und darnach (1984) – *K. Leipner*, Chronik der Stadt Stuttgart 1933–1945 (= Veröff. des Archivs der Stadt Stuttgart 30, 1982) – *R. Maier*, Ende u. Wende. Das schwäb. Schicksal 1944–1946 usw. (1948) – *H. C. F. Mansilla*, Faschismus u. eindimensionale Gesellschaft (Sammlung Luchterhand 18, 1971) – *H. Matzerath*, Nationalsozialismus u. kommunale Selbstverwaltung (Schriftenreihe des Vereins f. Kommunalwissenschaften 29, 1970) – *M. Miller*, Eugen Bolz (1951) – *E. Nolte*, Der Faschismus in seiner Epoche ([2]1965) – *W. Ostertag*, Chronik von Weil im Dorf (1926) – Richtfest des Robert-Bosch-Krankenhauses, in: Der Boschzünder 20 (1938), S. 73–74 – *G. Ritter*, Karl Goerdeler. Zum Widerstand im 3. Reich (1957) – *M. Saemisch*, Gutachten des Reichskommissars über die Verwaltung der Stadt Stuttgart (1932) – *B. Scheurig*, Ewald v. Kleist-Schmenzin. Ein Konservativer gegen Hitler (1968) – *E. Schlenker* (Bearb.), Das Erlebnis einer Landschaft. Ein Bildbericht von der Reichsgartenschau Stuttgart (1939) – *A. Schweitzer*, Die Nazifizierung des Mittelstandes (Bonner Beiträge zur Soziologie 9, 1970) – *H. Schwenkel*, Der Gutshof Klein-Hohenheim u. sein Eichenhain, in: Württemberg 3 (1931), S. 2–10 – Stadtjugendring Stuttgart in Zusammenarbeit mit der Vereinigung der Verfolgten des Naziregimes–Bund der Antifaschisten (Hrsg.), Auf der Spur des Dritten Reiches. Eine alternative Stadtrundfahrt durch Stuttgart 1933–1945 [o. J.] – *K. Strölin*, Die Durchführung von Altstadtsanierungen, in: Reichsplanung 1 (1935) S. 143–147 – *ders.*, Das Stuttgarter Kleineigenheim mit Landzulage, in: Zentralblatt der Bauverwaltung 55 (1935), H. 34 – *ders.*, Der Kampf gegen die Arbeitslosigkeit in der Stadt Stuttgart (1936) – *ders.*, Ansprache zum 25. Jahrestag des Deutschen Ausland-Instituts Stuttgart, in: Deutschtum im Ausland 25 (1942), S. 5–8 – *ders.*, Stuttgart im Endstadium des Krieges (1950) – *K. Vondung*, Magie u. Manipulation. Ideologischer Kult u. polit. Religion des Nationalsozialismus (1971) – *Wk*, Württemberg, Kernland auslanddeutscher Arbeit, in: NS-Kurier Nr. 398 v. 27. 8. 1936, S. 3 – *W. Wippermann*, Faschismustheorien (Erträge der Forschung 17, 1972) – *Th. Wurm*, Erinnerungen aus meinem Leben (1953) – *M. Zelzer*, Weg u. Schicksal der Stuttgarter Juden (Veröff. des Archivs der Stadt Stuttgart, Sonderband 1964) – *dies.*, Stuttgart unterm Hakenkreuz. Chronik der Stadt Stuttgart 1933–1945 (1983)

Die Stunde Null und danach

Abbruch des Kronprinzenpalais?, in: Schwäb. Heimat 1 (1950), S. 93–94 – *H. P. Bahrdt*, Die moderne Großsadt (^{2}1969) – *U. Borsdorf/L. Niethammer* (Hrsg.), Zwischen Befreiung und Besatzung. Analysen des US-Geheimdienstes über Positionen und Strukturen deutscher Politik 1945 (1976) – Charlottenplatz Stuttgart. Ein Verkehrsbauwerk für die Zukunft. Stuttgart: Tiefbauamt (o. J.) – Das Stuttgarter Rathaus, in: Schwäb. Heimat 2 (1951), S. 262–63 – Der Charlottenplatz in Stuttgart usw., Stadt Stuttgart: Techn. Referat (1966) – DGB-Kreis Stuttgart (Hrsg.), Arbeiterbewegung und Wiederaufbau Stuttgarts 1945–1949. Materialsammlung u. Katalog zur Ausstellung usw. 28. 4.–3. 7. 1982 (1982) – *R. Doecker*, Der Schloßplatz in Stuttgart. Ein städtebauliches u. architektonisches Problem (o. J.) – *Ch. Farenholtz* (Hrsg.), Städtebauliche Grundlagen usw. (1968) – Fünfundzwanzig Jahre Oberbürgermeister. Festschr. f. Dr. Arnulf Klett (Veröff. des Archiv der Stadt Stuttgart, 3. Sonderband 1971) – 50 Jahre kommunale Elektrizitätsversorgung in Stuttgart (Schriftenreihe der Techn. Werke 3, 1953) – *G. Himmelheber*, das Kronprinzenpalais in Stuttgart, in: Schwäb. Heimat 8 (1957), S. 46–51 – *W. Hoss*, Planung u. Aufbau in Stuttgart, in: Amtsblatt der Stadt Stuttgart 1954, Nr. 42, S. 1–8 – *R. Keller*, Stuttgart als Stadt des Buchhandels, in: Württ. Land 1953, S. 42–46 – *H. A. Klaiber*, Der Wiederaufbau des Neuen Schlosses zu Stuttgart, in: Deutsche Kunst u. Denkmalpflege 1966, S. 117–127 – *A. Klett*, Bürger, Gemeinde, Staat. Aus dem Wirken einer Stadtverwaltung in den Jahren nach dem Zusammenbruch (1948) – *ders.*, Aufbau u. Stadtplanung in Stuttgart, in: Zeitschr. f. Raumforschung 1950, S. 130–134 – *G. Kopp*, Stiftskirche in Stuttgart, in: Schwäb. Heimat 1 (1950), S. 268–69 – Konzerthaus Stuttgarter Liederhalle (1956) – *R. Lempp*, Zur Frage des Kronprinzenpalais, in: Schwäb. Heimat 2 (1951), S. 110–111 – *H. Lenz*, Straßen u. Plätze (1967) – *J. Maeckle*, Die finanzwirtschaftl. Struktur der Stadt Stuttgart. Heidelberger Diss. (Masch.) 1953 – *R. Maier*, Der Länderrat des amerikanischen Besatzungsgebiets, Zeitschr. f. württ. Landesgesch. 24 (1965), S. VI–XV – *ders.*, Erinnerungen 1948–1953 (1966) – *G. Müller*, Beinahe wäre Stuttgart Bundeshauptstadt geworden, in: Baden-Württemberg 19 (1972), S. 1–2 – *Th. Musper*, Querelen gegen Stuttgart, in: Schwäb. Heimat 2 (1951), S. 111–114 – *L. Niethammer*, Aktivität und Grenzen der Antifa-Ausschüsse 1945. Das Beispiel Stuttgart, in: Vierteljahreshefte für Zeitgeschichte 23 (1975), S. 297–331 – *G. Raff*, Chronik der Stadt Stuttgart 1954–1960 (= Veröff. des Archivs der Stadt Stuttgart 28, 1978 – *W. E. Schäfer*, Die Stuttgarter Staatsoper 1950–1972 (1972) – *R. Schmidt*, Zur Schloßplatzfrage, in: Schwäb. Heimat 2 (1951), S. 159 – Stadt Stuttgart. Aus der Sozialarbeit nach dem 2. Weltkrieg (1959) – *A. Stütz/K. Hägele*, Die neue König-Karls-Brücke usw., in: Die Bauzeitung 54 (1949), S. 61–76 – *H. Vietzen*, Chronik der Stadt Stuttgart 1945 bis 1948 (Veröff. des Archivs der Stadt Stuttgart 25, 1972) – Wichtige Fragen zum Wiederaufbau Stuttgarts, in: Schwäb. Heimat 1 (1950), S. 43–48

Im Spannungsfeld der Großregion

O. Beck, Das Problem der Pendler am Beispiel Stuttgart, in: Raumforschung u. Raumordnung 12 (1954), S. 236–237 – Deutscher Städtebau 1968. Die städtebauliche Entwicklung von 70 deutschen Städten usw. (1970) – *Ch. Farenholtz*, Vom Flächennutzungsplan zum Stadtentwicklungsprogramm, in: Raumordnungsforschung u. Raumordnung 29 (1971), S. 210–214 – *E. Ferber*, Die Nachkriegsentwicklung der Stuttgarter Theater, in: Stuttgarter Jahrbuch 4 (1958/59), S. 39–49 – *O. Feucht*, Der Wald um Stuttgart (Schriften des Schwäb. Heimatbundes 1, 1951) – *W. Finkbeiner* (Hrsg.), Stuttgart – die Stadt, in der wir leben (1972) – *H. Fischer*, Viertelsbildung und sozial bestimmte Stadteinheiten, untersucht am Beispiel der inneren Stadtbezirke der Großstadt Stuttgart, in: Berichte zur deutschen Landeskunde 30 (1963), S. 101–120 – *R. Grotz*, Zweigbetriebe u. Betriebsverlagerungen Stuttgarter Industriebetriebe, in: Informationen 20 (1970), S. 467 bis 479 – *J. Hahn*, Zur Verwaltungs- u. Gebietsreform im Verdichtungsraum Stuttgart, in: Raumforschung u. Raumordnung 29 (1971), S. 226–233 – *G. Hecking*, Die Verteilungs- u. Dienstleistungsgesellschaft als städtische Funktion usw. Stuttgarter Diss. 1971 – *K. Honolka*, K. Münchinger u. das Stuttgarter Kammerorchester, in: Stuttgarter Jahrbuch 1954/55, S. 81–84 – *K. Hottes*, Die wirtschaftsgeographischen Auswirkungen der Neckarkanalisierung zwischen Heidelberg u. Plochingen, in: Berichte zur deutschen Landeskunde 23 (1959), S. 411–422 – *M. Irle*, Gemeindesoziologische Untersuchung zur Ballung Stuttgart usw. (Mitteilungen aus dem Institut für Raumforschung 42, 1960) – *G. Isenberg*, Die raumwirtschaftliche Lage der Stadt Stuttgart im Verhältnis zu ihren Nachbargemeinden, in: Raumforschung u. Raumordnung 29 (1971), S. 200–201 – *K. Kaiser/M. v. Schaewen*, Stuttgart und die Region Mittlerer Neckar (Zahl u. Leben 13, 1973) – *J. Körber*, Die neuere Entwicklung des Großstadtraumes Stuttgart, in: Berichte zur deutschen Landeskunde 23 (1959), S. 423–438 – *R. Milczewsky*. Eine Stätte der internationalen Begegnung. Das Institut für Auslandsbeziehungen in Stuttgart, in: Stuttgarter Leben 38 (1963), S. 255–257 – *W. Meckelein*, Der Mittlere Neckarraum als dynamische Einheit, in: Der Mittlere Neckarraum (Monographien deutscher Wirtschaftsgebiete 10 [1969], S. 24–29) – *Prognos* (Hrsg.), Die Entwicklung des Wirtschaftsraumes Stuttgart bis 1975 usw. (1964) – *B. Rasch*, ›Großrelais‹. Typenentwicklung für die städtebaul. Optimierung von Verkehrsknotenpunkten usw. (1970) – *K. Schwalb*, Klimaplanung der Stadt Stuttgart, in: Die neue Stadt 3 (1949), S. 68–72 – *H. Schwedt*, Großstädtische Siedlungen. Untersuchungen zur Entstehung gemeinschaftlicher Lebensformen in neuen Stuttgarter Wohngebieten. Tübinger Diss. (Masch.) 1960 – *G. Steuer* (Hrsg.), Der Mittlere Neckarraum (Monographien deutscher Wirtschaftsgebiete 10, 1969) – Stuttgart u. sein Wirtschaftsgebiet (Westdeutsche Wirtschaftschronik I, 1954) – *J.-D. Waidelich*, Vom Stuttgarter Hoftheater zum Württ. Staatstheater usw., Münchener Diss. (Masch.) 1957

Bessern, Bewahren, Planen

B. Bajt u. a., Gedanken zur Stadtplanungspraxis deutscher Großstädte, dargestellt am Beispiel der Stadt Stuttgart, in: Structur 1974, S. 145–152. – *R. Bernhard*, Das Alte Schauspielhaus. Kleinod im Herzen Stuttgarts (1984) – *W. Bollmann*, Stuttgart. Leitbilder unserer Stadt (1977) – Rob. Bosch Stiftung GmbH (Hrsg.), Beitrr. zur Stadtforschung Bd. 1 Vorstudien zu einem Forschungsprogramm Bd. 2 Pilotstudien zu einem Forschungsprogramm Stuttgart (1979, 1982), mit ausführl. Lit. – *N. Bongartz*, Jahrzehntelang hart am Abbruch vorbei. Das ›Klösterle‹ in Stuttgt.-Bad Cannstatt, in: Denkmalpflege in Baden-Württemberg 15 (1986), S. 17–24 – *H. Bruckmann/J. Hagel/G. Stegmaier*, Von der Gründerzeit zur Gegenwart. Beitrr. zum Stuttgarter Westen I

(1984) – Deutsche Bundesbahn, Bundesbahndirektion Stuttgart (Hrsg.), Der Tunnel. Verbindungsbahn der S-Bahn Stuttgart. Dokumentation ihrer Entwicklung (1985) – Chronik der Stadt Stuttgart 1973 ff., Stadtarchiv Stuttgart, Mskr. – *K.-H. Dehler*, Zielprognosen der Stadtentwicklung. Unters. am Beispiel kleinräuml. Bevölkerungsprognosen (= Schriftenreihe d. Bundesinstituts f. Bevölkerungsforschg. 3, 1976) – *K. Drollinger*, Großstadtentwicklung im Industriezeitalter I Bebauung (1862–1977) u. funktionale Gliederung (1977), Beiwort z. Karte IV, 12 des Hist. Atlasses v. Baden-Württemberg. Hrsg. v. d. Komm. f. geschichtl. Landeskunde i. Bad.-Württ. 9. Lieferung 1982 – *J. Eicken* (Bearb.), Die Wohnbautätigkeit in Stuttgart von 1970 bis 1979 (= Statist. Informationsdienst, Sonderheft 2, 1980) – Flughafen Stuttgart. Wir leben mit ihm! Hrsg. v. d. Schutzgemeinschaft gegen den Großflughafen Stuttgart (1977) – *H. Freudenberger*, Stuttgart. Ein Führer durch Stadt und Landschaft (1977) – *W. Gehring*, Kulturpolitik in Stuttgart (1978) – *A. Glück* (Red.), Landeshauptstadt Stuttgart. Hochbauten 1970–1985 (= Internat. Industrie-Bibliothek 122, 1984) – *J. Hagel*, Stuttgart im Spiegel alter Karten und Pläne. Ausstellung des Hauptstaatsarchivs Stuttgart. Katalog, hrsg. v. Württ. Geschichts- u. Altertumsverein (1984) – *ders.*, Stuttgart vor 125 Jahren. Mit einem Rückblick auf 25 Jahre Vereinsarbeit des Verschönerungsvereins der Stadt Stuttgart 1961–1986 (1986) – *H. Harfst/D. Rommel* (Bearb.), Die gewerbl. Wirtschaft in Stuttgart. Ergebnisse der Betriebsbefragung 1975/76 (= Statist. Informationsdienst, Sonderheft 1, 1976) – *O. Heckmann/W. Peter* (Red), 50 Jahre Bau- u. Heimstättenverein Stuttgart (1974) – *G.-M. Hellstern/H. Wollmann*, Wohnungspolitik, Programme, Maßnahmen u. Akteure, in: Pilotstudien zu einem Forschungsprogramm Stuttgart, Hrsg. v. d. Rob.-Bosch-Stiftg. 1982, S. 159–382 – *H. Heuer/R. Schäfer*, Institutionelle und formale Aspekte des Steuerungssystems (unter bes. Berücksichtigung der Region Mittlerer Neckar), ebda., Bd. 1, S. 191–262 – Hochbauamt der Landeshauptstadt Stuttgart (Hrsg.), Kunst i. d. Architektur (1986) – *K. u. G. Hoffmann*, Architekturführer Stuttgart u. Umgebung ([3]1983) – *U. Hoffmann*, Probleme des Stadtklimas Stuttgart, in: Stadtklima 1977, S. 65–85 – *H. Horak*, Die Wirtschaft der Landeshauptstadt Stuttgart, in: Mittlerer Neckar 1978, 2, S. 18–22 – *K. Heydenreich* u. a., Theater der Altstadt 1958–1978 (1978) – *W. Ignée/F. Werner*, Alte Stadt mit neuem Leben. Architekturkritische Gänge durch Stuttgart (1976) – *K. Kaiser*, Großstadt zwischen Wald und Reben. Zukunftsaussichten der Stuttgarter Landwirtschaft, in: Württ. Wochenblatt f. Landwirtschaft 144 (1977), S. 2592–2994 – *Kammerer + Belz, Kircher u. Partner*, Werkbericht (1985) – *R. Kern*, Jemand zugestiegen bitte. Eine anekdot. Chronik über die Straßenbahnen Stuttgarts usw. (1978) – *G. Kilpper*, Für die Wiederherstellung der Stuttgarter Weißenhofsiedlung, in: Schwäb. Heimat 29 (1978), S. 76–78 – *D. Kölmel* u. a., Die Alte Oper in Stuttgart usw., in: Sonderbeil. der Stuttgarter Nachrichten Nr. 254 v. 31. 10. 1984 – *E. Kossak*, Grundlagen u. graue Lit. in der Region Mittlerer Neckar, in: Rob. Bosch-Stiftg., Beitrr. z. Stadtforschg. Bd. 1, S. 301–360 – *R. Krier*, Rekonstruktion zerstörter Stadträume, demonstriert am Beispiel der Innenstadt Stuttgarts, in: Inventur 1975, S. 93–98 – *H. Lenz*, Spaziergänge mit Hermann Lenz. Stuttgart deine Straßen (1975) – *Fr. Robel/U. Hoffmann/A. Riekert*, Daten u. Aussagen zum Stadtklima v. Stuttgart usw. (= Beitrr. zur Stadtentwicklung 15, 1978) – *[M. Rommel]*, Gedanken zur Kernstadt-Umland-Frage in der Region Mittlerer Neckar. Masch.schr.Mskr. v. 6. Nov. 1975, Stadtarchiv Stuttgart Ka 311 – *K. Ruge/W. Kunick*, Biotopgutachten für den Flughafen Stuttgart usw. (1978) – *W. E. Schäfer*, Die John Cranko-Schule, in: Stuttgart illustriert 9 (1977), S. 3 – *H. Schleuning* (Hrsg.), Stuttgart-Handbuch (1985) – *H. Schmitt*, Stuttgarter Stadtteilfeste. Über neue Formen großstädt. Geselligkeit, in: Forsch. u. Berichte zur Volkskunde in Baden-Württemberg 3 (1974–1977), S. 9–28 – *K. W. Schmitt*, Architektur der Nachkriegszeit in Stuttgart, in: *H. Heißenbüttel* (Hrsg.), Stuttgarter Kunst im 20. Jh. (1979), S. 206–230 – *Th. Sievers*,

Der Stuttgarter Westen als Erlebnisraum. Eine Stadtbildanalyse (1973) – Neue Staatsgalerie und Kammertheater Stuttgart. Hrsg. v. Finanzministerium Baden-Württemberg (1984) – Statistische Blätter der Stadt Stuttgart. Hrsg. v. Statist. Amt Bd. 31 (1973) ff. – *G. Steuer/G. Huhndorf* (Red.), Der Mittlere Neckarraum (= Monographien deutscher Wirtschaftsgebiete 10, ³1978) – Schulverwaltungsamt und Hochbauamt der Landeshauptstadt Stuttgart (Hrsg.), Berufliches Schulzentrum Heilbronner Straße (1981) – Stuttgart 85. Hrsg. v. d. Stuttgarter Messe- u. Kongreß-Gesellsch. [1985] – Tiefbauamt, Abt. U-Bahn- und Nachrichtenamt (Red.), U-Bahn Stuttgart. Haltestelle Hauptbahnhof (1973) – *F. E. Vogt*, Stuttgart und die Stuttgarter (1957) – *J. Voigt*, Ein Architekt im Sog des Nationalsozialismus, in: *P. Schmitthenner*, Kolloquium z. 100. Geburtstag. Veranstaltet v. d. Fakultät für Architektur u. Stadtplanung u. dem Hist. Inst. der Univ. Stuttgart (1985), S. 13–40 – *F. Werner*, Stuttgarts städtebauliche Situation, in: Stuttgarter Zeitung v. 19. 7. 1975

Namenregister

Orts-, Gebäude- und Straßenregister

Orte

Vorstädte, Stadtteile, Siedlungen

Gebäude

Straßen Gassen Plätze

Flurnamen, Gewässer

Sachregister

Fotonachweis

Robert Bosch GmbH, Stuttgart: 61, 63, 75
Luftbild Albrecht Brugger, Echterdingen: 92 (2/53754)
Daimler-Benz AG, Stuttgart: 60, 62
Deutsche Bundesbahn, Bundesbahndirektion Stuttgart: 106
Joachim Feist, Pliezhausen: 95, 98
Friedrich-Ebert-Stiftung, Bonn-Bad Godesberg: 76
Hugo Jehle, Stuttgart: 86
Felicitas Karg, Stuttgart: 73
Kraufmann und Scheerer, Stuttgart: 93
Landesbildstelle Württemberg, Stuttgart: 1–46, 48–55, 58, 66–70, 74, 80, 82, 84, 90, 91 (Luftbild Nr. P 2252)
Louis Leitz, Stuttgart: 99
Gebr. Metz, Tübingen: 59, 88
Werner H. Müller, Stuttgart: 94, 97, 101–105
Gertrud Schumacher, Stuttgart: 77
Staatliches Museum f. Naturkunde, Stuttgart (Foto: Hanns E. Haehl): 107
Staatsgalerie, Stuttgart: 71
Stadtarchiv, Stuttgart: 56, 64, 65, 81, 83, 85, 89
Dr. Wolf Strache, Stuttgart 96
Archiv Stuttgarter Zeitung: 78
Madeline Winkler-Betzendahl, Stuttgart: 87
Württembergischer Kunstverein (Heinrich Eberhard), Stuttgart: 72
Ed. Züblin AG, Stuttgart (Foto: Gottfried Planck, Stuttgart): 100

Die Stadt Stuttgart mit ihren Eingemeindungen von 1901 bis zur Gegenwart

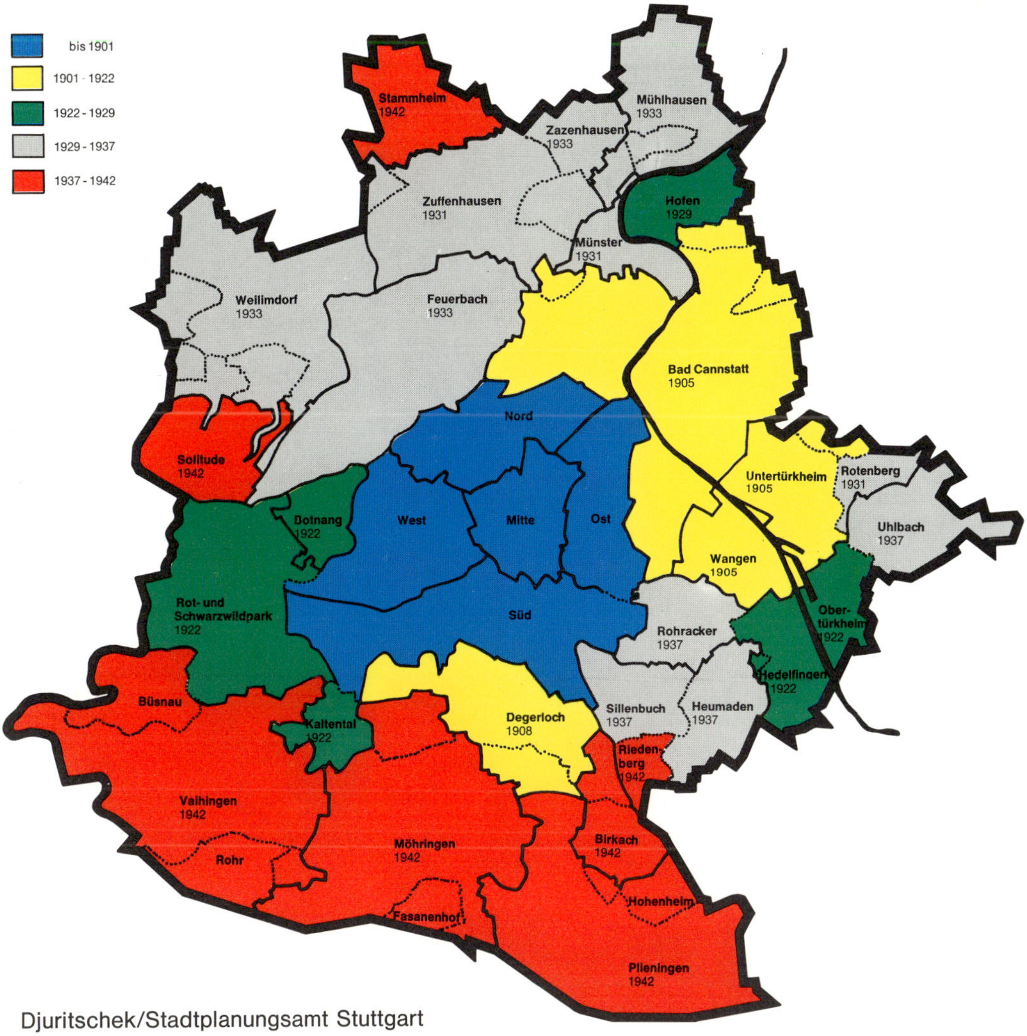

Djuritschek/Stadtplanungsamt Stuttgart

Umseitig:
Stadtplan von Fr. Bohnert aus „Stuttgart seit 25 Jahren" von Gg. Wochner, Stuttgart 1871. Schwarz und hellrot = vor 1846, grau und dunkelrot = nach 1846

Ziegelei
Infanterie
Caserne
Militairhospital
Cult-Ministerium
Alt. Post
Post Platz
Synagoge
Karls-Linde
Reinsburg
Silberburg
Rappen Weg
Calwer Thor
Brauerei
Markt
Platz
Wilhelms
Platz
Weissenburg
Holz
Garten
Liederhalle
Marien Str.
Wannen Str.